潘雨廷／著

潘雨廷著作集

典藏本

第四册

读易提要

上海古籍出版社

引　言

潘雨廷先生(1925—1991),上海人,当代著名易学家。生前担任华东师范大学古籍研究所教授、中国《周易》研究会副会长、上海道教协会副会长。潘雨廷先生早年就读于上海圣约翰大学教育系,毕业后师从周善培、唐文治、熊十力、马一浮、杨践形、薛学潜等先生研究中西学术,专心致志于学问数十载,融会贯通,自成一家,在国内外有相当的影响。潘雨廷先生毕生研究的重点是宇宙与古今事物的变化,并有志于贯通东西方文化之间的联系,对中华学术中的《周易》和道教,有深入的体验和心得。潘雨廷先生著述丰富,其研究涉及多方面内容,具有极大的启发性。他的著作是二十世纪中国文化所取得的重要成果之一。本书由张文江根据潘雨廷夫人金德仪女士保存的遗稿整理而成。

本书提要钩玄,揭示西汉至近代有代表性的易学典籍的要义。共分十卷:一、两汉(附先秦),14 篇;二、魏晋,12 篇;三、南北朝隋唐,12 篇;四、宋(上),16 篇;五、宋(下),51 篇;六、元,19 篇;七、明,14篇;八、清(上),45 篇;九、清(下),39 篇;十、近代,22 篇。本书介绍易学典籍约二百余种,可作为读《易》者的参考书之一。

目次

1

易学史简介（代序）

1960 年左右准备写易学史。约 1955 年至 1965 年间在收集资料，得一有关的易学文献，即研习之而写《读易提要》。写提要之原则，注意著者之时代背景，决不以后世之思想论古人之得失，必以当时之思潮，考察著者对时代、对古人之认识，并注意其对易学发展所起之作用。总计写成五百余篇，惜于文革期间损失过半，幸存二百余篇，今正在陆续增加。况其文虽失，尚能记其旨，故以《读易提要》为写易学史之基础，或可免空论之失。

至于易学史之范围，亦于 1960 年左右有一极大变化。在变化前，视易学史为经学史之一部分。读《易》既多，渐知经学不足以尽易学。即使在两汉盛行经学之时，已有《易林》、《太玄》、《太平经》、《周易参同契》等，可谓非经学之正宗，然未可谓非易学之名著。又孟、京之说本立学官，不可谓非经学，然孟、焦、京之传，有施、梁忌孟于前，翟、白轻焦于后。京氏丧身，尤见政治斗争之险。未久而京氏易仍立学官，然孟、京之易二千年来，不与经学并论，况民间尚有费、高之易。于魏晋后易学发展，更非经学可囿。然则易学地位须属六经之原，尚宜包括其他各种思想文化，且所包括之思想文化因时代

1

而变,此易学所以繁赜,故不可无易学史以见其发展之迹。今先成易学史纲目,名之曰《易学史简介》。简介云者,讨论易学史之内容以求正于时彦。

1984 年 2 月

第一章　绪　　论

迄今为止,尚未见有易学史问世。最大的问题,对易学的认识非常不一致,故写易学史的立论有困难。惟有关易学的文献尚存二千种以上,于整理古籍时,宜先有全面的了解。然则不论对易学认识的是非,准历史唯物主义之原则,先叙述历代存在的易学及其发展的事实,已是研究我国思想文化之不可缺少的环节。能比较全面地正确地了解易学发展史,可肯定有其价值。至于今后的发展,如何批判继承,如何古为今用,当进一步研究。

今于易学的基本内容,分自然科学、宗教、哲学三方面论之。然此三方面的关系,又因时代而变。且易学有其整体概念,决不可分,为叙述方便,不妨由合而分,亦不妨由分而合。分以见易学早已渗入各种学科,而合各种学科中所认识的易学,始可理解易学的整体。唯其渗入学科的众多,故易学在我国能历三四千年而不衰。此是功是过殊难下定论,亦不必作简单判断。

易学本身究竟是什么? 这一问题为研究易学的基本问题,亦为写易学史首先要认识的问题。《庄子·天下篇》有言:"《易》以道阴阳。"此以阴阳明《易》,可谓得其要。按《天下篇》的作者是否庄子,今尚未定论。然在战国时,已存在《易》道阴阳的概念,似可无疑。自秦汉后所有的易学文献,并不否认易学最基本内容是阴阳。今以易学史论,须由战国时上推阴阳概念与易学的关系。以下即以《易》道阴阳的观点,叙述易学与各种学科相互发展的史迹。

一、易学与自然科学

易学的基本文献,必须以《易经十二篇》为主。其间分三部分,(一) 十翼,(二) 二篇,(三) 卦象。然此是汉代的情况(详下)。总结近人考证,十翼的形成可能在春秋末至东汉初,二篇的形成可能在西周至春秋末或及战国中期。二篇的内容尚多记录商代的史迹,然最早存在的《易》是卦象。而自然科学与易学的联系,必须以认识卦象为出发点。这一方面的工作,尚未引起学术界的充分注意。或仅以二篇十翼的文字为主,则对自然科学与易学的联系,未能得实质性的认识,故始终可认为是后人的穿凿附会。如最基本的阴阳概念,十翼中不一而足。推而考诸二篇,即谓二篇中无"阳"字,"阴"字亦仅《中孚》九二爻"鸣鹤在阴"一见,故二篇的思想尚未注重阴阳,此种观点实未认识卦象所致。因易学的存在,就是立足于阴阳符号的形成,有此符号即可代表各种事物及其变化。此符号发展成文字外的另一系统,此一系统的基础就是阴阳。《系辞》作者已理解此义,故曰:"阴阳之义配日月",因日月是最可具体代表阴阳的客观事物。又曰:"一阴一阳之谓道","乾道成男、坤道成女",则因男女成夫妇,又属生物本身的阴阳。而此类具体的阴阳事物,二篇中随处可见,如"七日"、"八月"、"日中见斗"、"月几望"、"帝乙归妹"、"匪寇婚媾"、"女子贞不字,十年乃字"、"见金夫,不有躬,无攸利"、"取女吉"、"女归吉"等等,莫非取诸自然现象与社会现象的阴阳变化,以当由阴阳符号组合成的六十四卦与三百八十四爻。故以阴阳为基础的认识论,决不起于十翼的作者,上推至二篇的编辑者早已理解,其来源就是观察卦象符号。此卦象符号的来源,又有数字的关系,故研究易学和推寻早期的易学史,必须以易学的象数为主,亦就是与自然科学联系的核心。且对易学象数的认识随时代而变化,实与自然科学的发展属平行的系统。惜自汉后将易学纳入经学,则地位虽尊,其象数的发展有种种束缚,难免走入歧途。迄今尚未见能对易学象数作一全面的评价,而易学象数实为吾国科技史的基础,亦就是《系辞》作者已理解的伏羲氏始作八卦的伏羲易及其发展的史迹。或忽视对卦爻的认识,决不能总结秦汉以来二千多种易学文献,亦不能上推吾国古史中有特殊地位的阴阳学说。故易学史宜始于伏羲易,宜以自然科学的知识以认识易学,而自然科学的知识尤宜注意时空环境,方能不违反历史唯物主义之原则。唯对时空环境的认识方法,对古史年代之证实,生物之遗传性等等,则宜以二十世纪八十年代的自然科学知识为准。

二、易学与宗教

史前的人类已有原始宗教的信仰,与史前的人类已对自然科学有认识相似。而吾国易学的特殊性,就是以最简单的阴阳学说作为认识论的基础。此阴阳概念既可属于自然科学的原理,亦可归诸原始宗教的信仰,而抽象的阴阳概念本身亦在逐步发展。人类的文化由史前进入有史时期,经数千年之进化,本宜有自然科学史、宗教史,而在吾国更应有独特的易学史。然在吾国古籍中,因认识方法不同,故既无自然科学史,亦无宗教史。虽有大量的易学文献,实结合自然科学、宗教、哲学为一,仍无客观叙述易学发展的易学史。由是对易学本身尚未能认识,则既非单纯的宗教宣传,亦不合于简单的逻辑推理,势必加上神秘、伪科学等等成见。究其原因,基本产生于汉董仲舒的尊儒。因汉儒的观点,有可贵的大一统思想。然更有极大的缺点,就是此大一统思想的实质,大大落后于春秋战国时的大一统思想。故易学的内容,至汉儒而大变。更进一步言,虽有束缚的汉易内容,一般学者亦未予深究,乃仅取史籍所记载的事迹作简单化的评论。此与以汉观汉的历史唯物主义思想未合,故以之视汉代的易学史尚未可,更何可误以为先秦的思想。又董仲舒的思想不可讳言有宗教色彩,其来源于齐国的方士,与易学有密切联系,然不可忽视内含极丰富的自然科学理论。

且吾国属多民族国家,各民族本身各有其原始宗教的信仰,亦有其对自然科学的认识。而阴阳学说全国普遍存在,此易学所以能一跃而登六经之原的重要地位。各地区的种种宗教信仰皆逐渐附入,由是增加易学的神秘。且以信仰为主的思想与实验为主的思想比较,自然前者为宗教迷信的伪科学,后者方属真正的科学。在我国因有易学的整体思想,且对此整体思想尚未经科学的认识,故分入各学科的应用,难免产生神秘感。故于真正的阴阳学说既未有明确的认识,则吾国以之为主的自然科学史与宗教史,亦未能作客观的叙述,其根源在未能写出吾国特有的易学史。尤其是易学中所包含的种种迷信思想,皆产生在各地各民族的各种原始宗教中。至于有特殊发展的阴阳原理,早已脱离宗教迷信而属于自然科学的认识,这一点方属易学的宝贵处。然亦每多在宗教中发展,且对其发展的认识,因时空因人而异。故未能深入研究吾国的各种原始宗教及汉后发展的佛道两教,就难以理解阴阳学说的重要及易学本身究竟是科学还是伪科学的问题。

三、易学与哲学

吾国文化的分类与现代西方文化的分类,有明显的不同,自七略至四部,已近二千年未变,由甲乙丙丁四部成经史子集四库,内容基本相似。所谓经部相称于哲学而又截然不同。哲学乃种种用知之学,实相应于经子两部。而经学之范围,又大于哲学之范围。因经学宜包括文史哲三大类,故文当集部,史当史部,哲当子部。而经部之文献,属史子集三部之原。故经非一书,宜有五经、六经、九经、十三经,或增入《大戴礼》,又有十四经之目。而易学者本分两部分,一部分收入经部,一部分收入子部。今以哲学之概念论易学,宜合观经子两部中之易学文献。而经部中之易学文献,本有六经之原之称。于子部中之易学文献,亦可当子部之原。然而这一概念有其作用,而未为一般学者所重视。尤其是经学家,每小视子部中之易学文献。更以吾国之史实言,由春秋时之经,发展成战国时之子。秦汉后基本由黄老道结合各种原始宗教逐步酝酿而产生道教,且印度的佛教思想不断由西域及海路传入。在东汉时期佛道两教思想在相互影响下各自成长,而易学在其中所起的作用正未可忽视。更有重要的事实,吾国无完备的科技史。考诸先秦的生产力及种种生产方式,完全有其特色。由发掘所得的古物,足可以事实证明。然当时的科技知识实总结在易学中,故易学以阴阳为基础的认识论,早已起过大作用,且大可古为今用。惜研究易学者,每为经部所囿而忽乎子部中之易学,故易学之哲学始终未能阐明其要。今能合观所有易学文献,则除为六经之原,尚宜为儒释道三教之原。更宜理解在吾国的文化思想中,又为科技之原。此易学在吾国的发展是功是过是一问题,而历史事实是又一问题。必须面对历史事实,比较全面地认识史迹,方可进一步论其功过是非。故今日写易学史,初步决定以自然科学、宗教、哲学三方面之时空为准,叙述其发展源流。一言以蔽之,当以易学与自然科学为基础,方能阐明吾国的生产力及由是产生之种种思想文化。

第二章 易学的原始资料(三古)

用不同的资料,自然有不同的认识。认识易学的观点所以纷纭不一,就在于对资料的取舍不同。要而言之,易学的原始资料,当以《汉书·艺文志》的观点为划时代认识。

《汉书·艺文志》:"《易》曰:'宓戏氏仰观象于天,俯观法于地,观鸟兽之文,与地之宜,近取诸身,远取诸物;于是始作八卦,以通神明之德,以类万物之情。'至于殷周之际,纣在上位,逆天暴物,文王以诸侯顺命而行道,天人之占可得而效,于是重《易》六爻,作上下篇。孔子为之《彖》、《象》、《系辞》、《文言》、《序卦》之属十篇。故曰:'易道深矣!人更三圣,世历三古。'及秦燔书,而《易》为筮卜之事,传者不绝。"

这一"人更三圣、世历三古"的观点,二千年来基本未变,即伏羲作卦,文王系二篇,孔子传十翼。今存二千余种易注,大半在研究时越三古而经三圣合著之《易经十二篇》。虽对三圣的偏重点有极大差别,然莫不因注《易》者有不同时代背景及本身条件,故产生对三古三圣不同的认识,是即所谓易学。直接理解历代易注之内容,殊能理解吾国二千年来思想文化发展之概况。

除研究易学哲理外,历代早已有人以史学观点对《易经十二篇》来源加以考据。或知史而未知哲,仍非研究易学的目的。然由考据以得比较正确的原始资料,当属研究哲理之基础。

自清末殷墟甲骨文出土,对古史的理解早已不同。以易学论,近年来各种原始资料的发现,对传统观点亦有极大变化。今仍视形成《易经十二篇》为划时代的认识,就在兼及三古之时,方能完成整体的易学原理。考《易经十二篇》内容确有三部分,以当三个历史时期的作品。此三个时期的原始资料近年来皆有所发现,恰能补足《易经十二篇》所未备。

一、卦象的原始资料

1977 年于西岐凤鸣村发现西周甲骨,内有以数字结合成奇字表示阴阳的变化,今已初步证实为周初的"卦象"。历代有认为卦本于数的观点,今已得证实。其时间在公元前十一世纪,与殷墟甲骨的时间相近。且在全国各地此种符号皆有发现,可见以阴阳为基础的"卦象",已属吾国各民族共有的文化。此为今日所得卦象的原始资料。合诸古说,公元前十一世纪尚属下限,上限当推至有史以前的伏羲氏。伏羲氏始作八卦的原始资料,可与原始宗教的情况相比。如距今二至三万年前的山顶洞人,已有葬礼,有殉葬物,则当时早已理解阴阳的变化。

7

二、二篇的原始资料

1973 年由马王堆出土《周易》二篇,对研究易学有重要作用。此墓下葬于文帝前元十二年(前 168),为今日所见最早之全文。卦次不同于《序卦》,亦见长江流域与黄河流域所传之易学不同。然以一卦为单位基本全同,最重要的用九用六亦同。今本以《序卦》为次者,当由杜田生传出,观"十翼"之异多同少而二篇无异者,可证二篇早已传遍天下,其来甚古。此属第二个历史时期的作品。未发现前最早的二篇原物,惟能推原于残缺的熹平(172—178)石经。今得早于熹平三百余年前的全文,其价值可喻,且更可见成二篇之下限当提前。今据《左传》昭公二十九年(前 513)载蔡墨言龙,初见引用"用九",可作为基本已成二篇的下限,古传文王系二篇仍可视为上限。故以公元前十一世纪至公元前六世纪,作为易学之"中古"。中古之易,综合种种现象以归于卦爻之变。

三、十翼的原始资料

十翼非一时一人之作,由马王堆帛书观之,汉初尚未统一。故最后的形成更应下移,当以扬雄(前 53—19)为下限。因雄草《太玄》于建平四年(前 3),其内容全法《易经十二篇》,包括卦象、二篇、十翼三部分。至于传说十翼作于孔子者,可视为上限,正继承蔡墨之时。其间约五百年,为完成易学第三部分之"下古"。下古之易学,皆在说明卦象与二篇的含义。此五百年间易著极多,选定今本之十翼,基本已属董仲舒尊儒后的观点。长沙出土的十翼不同,尚有取于黄老道的观点。若《易纬·乾凿度》等,更为不可忽视的易学名著。焦京之说,迄今仍包含在迷信的外衣中,不为学术界所重视而未能提出其合理的核心,即为传统的经学观点所束缚。

综上三古之时,列表如下:

三古	时　间	代表人物	内　容
上古	约二万年前—公元前十一世纪	伏羲—文王	以"卦象"为主。不可限于首乾、序卦等,当以象数为主。
中古	公元前十一世纪—公元前 551 年—公元前 479 年	文王—孔子	以卦象二篇为主。不可限于二篇,以观象系辞为主,不限于儒家之说。
下古	公元前 551 年至公元前 479 年—公元前 53 年至公元 19 年	孔子—扬雄	以卦象二篇十翼为主。不可限于十翼,以兼取象数理为主,可分可合,庶得易学整体概念。

第三章　汉　　易

汉易者,指汉代之易注,时当刘邦称帝(前 206)至献帝退位(220)。此一时代的易学由先秦传来。杜田生传《易》,秦时未绝,与其他儒家典籍完全不同。故《易》非专属儒家经典为当时事实,今得马王堆帛书,确可证明。然对后世有影响的汉易,主要在确定"十翼",时间在整个西汉。既定十翼,乃有未立学官之费氏易。费氏易者,仅以十翼解二篇,迄今仅知《易经十二篇》者,仍为费氏易所囿。能发展十翼者,本有孟焦京一派。今以卦次纳甲之理推之,实继承马王堆之源流,属长江流域的古说,如孟氏卦气、焦氏易林、京氏八宫等。扬雄法《周易十二篇》而另成《太玄经》,主要变阴阳二进位制为三进位制,使孟氏卦气图进一步科学化,为伏羲易的一大发明。其理与老子"道生一,一生二,二生三"相合,宜为道教取则成三洞的分类,当时的一百七十卷《太平经》必有所取材于《太玄》。《太玄》"筮法"取三十六,可证大衍数必完成于西汉,《易林》乃相应而生,庶成爻变之极致。此于数学原理有所发展,以策数观之,实已理解"二项式"。

东汉之易,已取费氏易为主,幸孟京之传尚未失。今所存汉易原始资料且可见其义例者,惟荀、郑、虞三家而已。荀注重卦变升降之象,实"十翼"中本有之理,属汉易世传之法。郑注《易纬》用爻辰,决非迷信,有准于京氏易以合诸乐理天象,犹见易理之原。虞注取纳甲,继《参同契》直承孟京,庶合天地人三才一体之象。虞氏会稽人,与魏伯阳同乡,虞否定马融、郑玄等说,正属地域之见,而长江流域的易学,正未可忽视。又虞氏取象之繁赜,可反映当时社会动乱的形象,能不恶不乱而拟议之,尤见汉易之可贵。且可由之以制器,方属易学之大用,此用已失于秦,及汉易亡,其理亦不为学者所理解。故能由汉易而知易象,知易象而知制器,似属今后发展易学之方向,亦即易学本具之科学原理。

第四章　魏晋易

此一历史时代的主要易学文献,为魏王弼、晋韩康伯之易注,故名魏晋易,其影响直至隋唐,时间以曹丕黄初元年至隋炀帝大业十四年(220—618)。王弼生于黄初七年(226),仅二十四岁而亡,当虞翻之卒已十四岁,故汉易与魏晋易以虞、王为终始,正可相接。同时期人之注《易》如是不同,可明确反映汉魏间之时代思潮。然不同之中仍有同者,皆有以发展易象。虞氏欲以纳甲之次破"帝出乎震"之次,实为陈抟之先声,然有据月之运行,此为汉易之可贵处。而王氏必破乾为马、坤为牛者,实忽乎动物之天性,此魏晋易之尚虚无实,有不可弥补之缺陷。自孔疏用王韩注后,迄今仍有以王注为主而不重视汉易者。今依历史发展情况观之,决不可不言汉易。若王注仍有其重要性者,已得风气之先。而历代视王注尚老而虚,犹未能得其肯綮。因当时黄老道已成宗教信仰,视老子之道相应于三才,于养生之理早已结合。而弼所尚之虚,与黄老道完全不同,与韩非子之《解老》《喻老》亦异,盖已有取于佛教初步传入而尚未完备的般若学说。孔疏自序曰:"其江南义疏十有余家,皆辞尚虚玄,义多浮诞。原夫易理难穷,虽复玄之又玄,至于垂范作则,便是有而教有。若论位内位外之空,就能就所之说,斯乃义涉于释氏,非为教于孔门也。"此唐初尚见之十余家义疏,与王韩注相比更属虚玄。不知王注与汉易相比早已尚虚,可证王弼之旨已有得佛之般若,即以其理注《易》注《老》,乃成"玄学"。玄学以发展老庄尚虚的一方面,正可与佛教之理相互渗透,而易学亦成为三玄之一。

然魏晋易虽以王韩注为主,汉易仍在流传。虞注入蜀,范长生重视之,时当两晋之际。南北朝后,北方仍传郑易,且传京氏易者尤多。干宝合以周室史事,能扩大玩辞之旨。合而言之,汉易注《易》之法为道教取则,王韩注《易》之理为佛教所资。且佛教般若之说既备,无根之玄学自然不能相敌,故不得不成为道教之一部分。而道教本尚汉易之象,自《太平经》起莫不用之。范长生善虞氏易,部分之注仍在。葛洪轻视老庄之言,犹不以王注为是,其重视象数以承郑隐之汉学。以时考之,郑隐尚年长于王弼,本为汉之经学家,汉亡而归于道,与虞翻取纳甲以吞三爻之宗教思想同。当时重视外丹之修炼,实为化学之原始情况,由之以反身,内丹亦同时兴起。且自《参同契》起,莫不用卦象为符号,乃增加易学之神秘性。且葛洪之族孙葛巢甫造《灵宝无量度人经》塑造道教之最高天尊,名之曰"元始天尊",实取诸《乾象》"大哉乾元万物资始"之象,又"天尊"之名,亦本诸《系》上"天尊地卑乾坤定矣"之义。其名为陶弘景所重视,由是道教之极致,已由《道德经》之理归诸《易经》之理,此决非经学家所能理解的易学。况《度人经》塑造的天境,由八卦渐增其阴阳,由十六、三十二而六十四,亦为创新。八卦因重成六十四卦之理,实为陈抟建立先天图所取则。至于道教取汉易之象数,所以优于王韩注之尚虚。且玄学不得不归诸道教者,实因易学的象数确有所指,决非空言所能比。故象数对外须合天地万物之自然规律,对内须合生理心理之客观变化。由象数以得理,其理斯贵。若舍象数而徒尚其理,亦何贵乎玄之又玄。故《易》老结合,方为魏晋易之可贵处。然与王注《易》《老》之内容大相径庭,似不可不辨。

第五章　唐　　易

唐易之时,指李渊武德元年至哀帝天祐四年(618—907),此一时代的易学,尤见三教鼎立之势。凡阅读《隋书·经籍志》之书目,见佛道二教之文献众多,势必与儒抗礼。况汉后董仲舒之儒,早与燕齐方士相合,北朝法之,又有崔浩与寇谦之相结合之儒。以《易》论,本不为儒家所专用。经魏晋易之发展,《易》老又结合,则汉易之象数逐步全属于道教。又汉易所示之礼制,未必适用于唐。哲理之深入,佛老之象早已超越汉儒而上之,此见孔疏所以用王弼注而不用汉注之时代思潮。且以魏初之思为有,以正佛老之空玄,亦合汉唐间佛老思想发展之客观事实。又孔疏虽用王注,而每引汉注以补王韩之虚,乃能确立经学家之易。虽然,汉易象数之精,孔颖达实未理解,宜有所发展之唐易并不在孔疏。

以佛学论,自鸠摩罗什入长安(401)始完备般若之说,其后之发展方有理可据。惟于整个佛学之理解,不得不加判教,判教的方法就在佛老之理相互渗透。道教分三洞,由来已古,佛教典籍中之法数亦兼而有之。最后智𫖮(538—597)成天台宗之判教,不得不认为已受吾国儒道哲理之影响。故中国佛教的成立,犹总结汉唐间之佛学发展。或以佛教来源于印度之理观之,对天台宗之判教难免有憾,实则佛教教理本身亦在发展。玄奘(600—664)亲往印度取经之壮举,对唐代佛学有大作用。计自贞观三年往十九年返(629—645),而孔疏成于贞观十六年(642),正当玄奘在印。迨玄奘载誉而回,佛学一新面目。未久高宗(650—683 在位)继位,以老子为李氏祖先。由是儒释道鼎立之局面形成,并行不悖,五彩缤纷,为吾国哲理发展的一个高峰。然玄奘之名虽历久不衰,而唯识之学仅三传而绝。故唐代佛学有大影响于后代者有二:其一,慧能(638—713)之禅宗;其二,法藏(643—712)之贤首宗。此二宗早有相互影响。当实叉难陀等译出八十华严,促使建立贤首宗。贤首宗之旨,正欲以华严之理,以合天台与慈恩两宗。而华严之象对吾国哲学思想之发展,包括文学艺术等有密切联系。唐易之可贵部分,即在李通玄(?—730)、澄观(738—838)等能以易象合于华严。由是易象所指之实,不仅为内外丹,为"元始天尊",又有"艮为文殊,震为普贤,兑为观音"等(见李通玄《新华严经论》),于"有往有复名修菩萨道"之象,合诸复泰等消息卦(见《疏钞》卷一)。由是卦象依旧,内含之实义大增神秘感,且二十四向、八卦方位图等,屡屡应用成华严之境。可见以易学象数为坐标的汉易,唐代极为流行,唯孔疏中并不重视。而汉易的文献,幸有李鼎祚辑成《周易集解》以保存之。其书上于代宗即位日(762),自序曰:"圣人以此洗心退藏于密,自然虚室生白,吉祥至止,坐忘遗照,精义入神";又曰:"集虞翻、荀爽三十余家,刊辅嗣之野文,补康成之逸象,各列名义,共契玄宗。"可见李氏已用老《易》相合之玄宗观汉易之象,又曰:"原夫权舆三教,钤键九流,实开国承家修身之正术也。"则更见在贤首宗建立后之易象,可与华严法界合观。然后以道教教理创三教合一之说,尤能尽易象之妙。故高宗所立之三教,经武则天之尊佛,迨百年后已用易象合之,又得风气之先,惜代宗未必能喻李鼎祚上书之旨。今合诸当时之时代思潮,方喻唐易之特色。李通玄与李鼎祚之书,有异曲同工之妙。易象能会通三教,又见汉易之重要。

第六章　宋　　易

宋易者非指宋朝,前及五代而下及元明,当指后梁开平元年至崇祯甲申(907—1644)。此一时代的易学有大发展,著述者蜂拥而起,南宋高宗下诏进《易》,达易学之高峰。概而论之,宋易之佼佼者,不外起于五代之陈抟(890?—989)以启宋易,成宋易整体之象而传及元明未变者为朱熹(1130—1200)。

考易象本身,视之为符号最为适当。以数学观点视之,犹代数中之未知数,可任意代入事物。且易象经三教之利用,种种形象莫不可以此为喻。由是渐生数学抽象之概念,此即陈抟建立先天图的时代思潮。以理推之,先天八卦之次可能古已有之,扬雄尚法之而成三进位制。惜今无具体实物可证,阙疑为是。然成于宋初,决不可更疑,迄今已逾千年,亦可视为陈抟更法《太玄》而成。先天之次,方合阴阳自然之序,同于二进位制,当然是事实。此为宋易的可贵基础,发展于邵雍,肯定、重用之为朱熹。相并俱起的,包括河图洛书之数,亦即《本义》前所载的九图。无此九图,何能有宋易之特色。

以佛教论,经唐末五代之乱,各宗皆衰,唯不用经典之禅宗独盛。禅机云者,犹显其思维之象。其象或不可以文字显,实有其精义,而易象早在起此作用。陈抟于佛教已得其要,《道枢》中引其观空之层次,殊精深。又对当时五代之混乱形势,必已见及将有统一之局面。于华山自定藏骨处,选汉代能造五里雾之张楷,实亦取法汉易卦气之象。故其一生以道教的内丹为本,出入无疾,合三才三教之理。其思维形象可云至赜至动,然后以简化成加一倍法的象数示之,实得阴阳之要。邵子继之而作《皇极经世》,于易学亦有大发明。周子之《太极图说》,盖合儒老而言。程子有言,一个艮卦可当一部《法华》(《法华》或引作《华严》),则合儒佛而言。或未喻魏晋易的发展史实,决不能说明无极、太极争论之目的。或未喻唐易权舆三教之象,艮卦何能收天台贤首两宗之绪。故未能出入佛老,既不知理学之旨,亦不解易象所指。朱子集理学之大成,于《易》著《本义》、《启蒙》以继承易学,已得当时之极致。其特点有三:其一,取陈抟先天图总结卦象,以明阴阳之本旨。其二,明辨二篇十翼以定十二篇。其三,作《启蒙》以发展《易林》之象,恢复《易》本卜筮之古义。此三者实与三古之易学同义,归诸数学原理,实为宋易之莫大进步。然宋开理学以结合三教而必排佛老,乃自陷于宗教而不知,于穷通变久之易象,执其理而不能化,宜自朱子后即无大发展。

若宋易二篇十翼之注,承《程传》所倡,一变王弼之虚而为伦常之理,各自发挥,本可反复不尽。于取象之法,继邵雍之一爻变,由都絜、沈该具体应用之,以启观察之例,从之者不一而足。继干宝而合史事论之者,李光、杨万里辈亦代不乏人。此当四库分"二派六宗"之正统注《易》,其见实拘。所谓旁及之天文、地理、乐律、兵法、韵学、算术、以逮方外之炉火等,实不可不加注意。因易象之应用无穷,且各有应用之法,此犹数学有众多分支,以备各类科学需要时所取则云。

由宋至明之易学发展,对先后天图象与河图洛书之配合关系,从卦次的排列方位到五行之生克制化各有较深的认识。此莫不与今日新兴的各种数学分支的概念有密切联系,且确有所指。惜自乾隆开四库后,此类著作基本被忽视。今日对宋易之研究,不可不注意之。

第七章 清 易

清易指清代之易,自顺治元年至宣统三年(1644—1911)。此一时代的特点,转宋易而汉易,转机之时在雍正。宋易之终为康熙之《周易折中》,汉易之始为乾隆之《周易述义》。前者陈迹具在,能得宋易之精髓;后者仅属草创,徒得汉易之皮毛,不及惠栋之《周易述》有家学可循,已具汉易之规模。唯从汉易者贸然以非宋易,全然未察其渊源。取《周易集解》之资料,绝不顾李鼎祚集此资料之旨。迄今不知有唐易者,即理学排佛老而"自贻伊戚"。宋之理学家能知佛老之理而排之犹可,清代之朴学家什九未究佛老而顿废宋易先天之象,使汉宋间七百余年之思维进化全部消灭,清之朴学家不能辞其咎。若恢复汉易之象,其功未可没。惟有焦理堂之易学三书,能知汉易之缊而旋其趋,初识王注之得时,方见易学发展之方向,故成为清易中之有见者。或止于虞氏者如张惠言,更上而止于郑玄者如曹元弼,清之恢复汉易已尽于此。

若朴学之可贵者,能核实资料。虽不乏卓识者,惜文献残缺,知史而未知哲者亦大有其人。故以易道论,知古而能出入者殊未多得,由是易道之晦其来已久。清易之著作数量最夥,虽不乏有真知灼见者,然大半皆陈陈相因,人云亦云,整个学术界陷入今古文之争,其何以知时。幸有殷墟甲骨文发现,其争始息,而清朝亦不久而亡。故赖清易而复见汉易之象,正可补王弼扫象之失。今正宜继之以得先秦制器尚象之旨,庶可得易学之用。至于已得之三教之象,亦当准史实以补足之。由是以验宋易之得失,庶可论清代之各种易著。观《古今图书集成》与《四库全书》之性质,本属不同类型。而《四库提要》之评论,对学术发展有莫大关系。以易学论,知古而不知今的观点,尤其明显。故理学的最大缺点为封建意识,非但未加改革,反而变本加厉。而对宋易有时代气息、有自然科学思维的著作,莫不以不见于古而痛加排斥,不知正因为古所未有,乃为时代之发展。且从《古今图书集成》能直接得其内容,既恢复原书后内容即归《四库》而被束缚,况《提要》之介绍已不见易学发展之事实,尤其是有关三教的哲理及对自然科学的认识,此对今日自然科学落后的现象不无关系。

第八章　现代易

自清亡迄今(1911—1984)名之曰现代易,已有七十余年。其间发生五四运动,有废读经之风,易学的地位首当其冲。实因经学中积弊重重,孔家店非加纠正不可。于五经之原的《易经》早已成为迷信之渊薮,尤宜加以澄清。然于历史事实不可不知,知之方能鉴之。故有关易学著作仍多是之非之,观点参伍错综,不可胜数。主要之争无非对三古资料之未能核定,殷墟甲骨中仅有龟卜而无筮占,由是皮之不存毛将焉附。对秦汉以来之易学,经一二世的淘汰,已乏客观研究者。

中华人民共和国成立后,学术界已认识易学有朴素辩证法之理,1960 年兴起讨论热潮。又考古工作解放后成绩斐然。今知公元前十一世纪已普遍用数字表示阴阳变化,则易学已得原始资料,可证明三易之说当有所据,阴阳八卦之理其来实古。可思考者,何以历代用之而不替,且每一历史时期皆能发展。此不可思议的价值,似神秘而仍有理可循,然必须以今日科学成就加以认识,乃知易学象数决不是单纯的迷信。现代易所反映的情况,正与三古之际以及秦汉以来动乱时期的易著相似。依马克思主义而论,即生产力发展而生产关系未能适应所致。幸有解放而努力提高生产力,思想文化的建设亦有欣欣向荣的景象。对易学的认识与发展当继往开来,进一步了解其科学性,以纠正其神秘性。今首先提出时间问题加以说明,初步认为易学最有科学性者,能以阴阳符号的变化表示时间。时间的实质,已有据于客观天象以及人类遗传之生物钟,然后定天地人三才的坐标。此皆从实际出发以得的理论,确属宝贵的遗产。故现代易的发展方向,当重视科学的发展,尤当以认识时间为准。更宜注意者,今日之时间自 1972 年起已用铯周期。

第九章 科 学 易

科学云者,必须以实验为证,然后以具体数据总结其理。要而言之,有理论与应用两方面。理论以增进对客观世界的认识,须包括生物界以及人类本身。应用须提高人类进一步适应自然界,亦有以改变自然界,此皆以自然科学论。然须理解所谓科学的理论与应用,本身始终在随时代进化,故内容亦因时代而不同。时代的含义指相当长的一段时期,或理论或应用有所突破,科学的内容亦相应而变。且科学须分类而研究,各科各有其发展史,如数学史、物理学史、生物学史等。今以科学史论,每种史的划时代未必相同。时至今日,西方已发现必须相互通气,方能相互促进而使整个科学进步,且已及自然科学与社会科学相互通气的时代。

自然科学的基本原则,迄今仍用数学为本。能用数学语言表示其理,其理论庶可比较正确。所研究的客观对象,不外天文、地质的外形结构,而归诸物理化学的深入分析,实即宏观微观两端。更重要的方面,由客观自然条件的成熟,适应于生命产生而有生物。自产生生物后,主要有反馈能力,则于自然界中又有生物进化问题。不可忽视的事实,今已进化成人,宜理解人在自然界中的地位。故今日已归纳研究自然科学的三大课题:其一,宇宙演化;其二,物质结构;其三,生命起源。此三大基本课题外,又注意其间的关系。唯生物有进化,因有有生命的宇宙与无生命的宇宙之别。无生命的宇宙亦在演化,然与生物进化似有原则性的差别,此即物质变化多样性。既有种种动植物,自然各有其生存条件。生物对自然界、生物对生物,又自然产生种种关系。其间必有相互适应、相互排斥两方面,造成今日所谓"生态平衡"的问题。而人为生物界之骄子,尤宜有所创造。然本属自然界与生物界的产物,当然未可离开自然界与生物界而独立。故须知相互间之系统,又须知相互间之控制。且其间之联系,以信息为不可或缺的条件。此系统论、控制论、信息论三大学科,既为沟通研究宇宙、物质、生命三大课题的桥梁,又为沟通自然科学社会科学的通衢。由于自然科学的发展,全人类的思维不能不起相应的变化。以吾国的情况论,正宜以最新的自然科学成就,合诸马克思主义的哲学原理,为吾国社会主义建设服务。于古代文化,尤宜以历史唯物主义的观点,实事求是的精神,尽量发挥古为今用的作用。准此原则,反观吾国历史上的主要思想体系就在易学,惜迄今仍在神秘的外衣下,尚未显出其基本的科学性。考西方产生有整体的科学思想,虽曰萌芽于希腊,实起于文艺复兴(当吾国明初),且须连续二百年后始有成绩。牛顿(1642—1727)盖与李光地(1642—1718)同年,其时的易学正在总结宋易。然牛顿的科学理论,进入二十世纪已为普朗克的量子论、爱因斯坦的相对论所代替。以爱因斯坦的科学理论考察古代思想,与以牛顿的科学理论考察古代思想,对评价古代认识论的价值有极大的不同。此仅以西方的科学史论。或考察吾国的科学史,对所谓科学性的问题尤难下简单的判断。故必须以历史唯物主义之原则,证实吾国本有的客观史迹。在此事实中,必有合乎科学原理的思想,否则决不会产生东方的灿烂文化,历数千年而不衰。而此合乎科学原理的思想,是否可与牛顿时代的科学思想比较,是否可与爱因斯坦时代的科学思想比较,是否可与企图结合自然科学与社会科学的信息论比较,凡此等皆有利弊。故必须考察易学中本具的科学思想,某些观点当然是陈旧的,早为牛顿时代的科学思想所否定。而某些观点的确新颖,如早知时空合一,早有数学模型,早在研究信息论,且皆有相当成就。故未加分析而论科学易,势必对易学产生两种截然不同的观点,简单地褒贬之,皆未能解决问题。

今准以上原则,对易学发展的史迹,乃可以科学的观点略加综述。所谓科学易者,其理论或应用在易学中本具或已为历代易学家论及,基本在象数中。凡易学象数内含各种最基本的数学原理,形成种种数学模型,自然保存有大量信息,足可与西方的各种科学相应。此决非以今日西方的科学成就加以穿凿附会,现逐一简介之。

一、阴阳概念——来源于光,相对客观事实为地球自转。有生命后,生物有向光性、逆光性。约九亿年前起,生物进化有雌雄以当阴阳,皆属人类之先天本性。易学以阴阳为原则,即基本具备的科学性。

二、八卦概念——来源于阴阳概念的三次组合,由重视阴阳的变化而产生。当时不必知"先天卦序",然有原始宗教后,逐步了解阴阳经三次变化有八种不同的情况,为巫师所掌握以应用于筮占。此为吾国产生二进位制最原始的历史事实,且能始终保存。用八卦之象为基础以分析客观事物,其法易简,殊合科学原理。

三、五行概念——计数用十进制,全人类基本相同,因其初便于用手指计数。吾国突出阴阳概念,自然产生十数分阴阳而有五进位制,以当左右手。五数代入水、火、木、金、土而成五行,似当在有五进位制以后。

四、四时四方的认识——对时间有四时的认识,对空间有四方的认识,此于高等动物已有。人能合观之,且得抽象的四数以当阴阳二数与八卦八数之间。这一易学独有的科学思想来源极早,当产生在金、木、水、火、土五行说之前。能合观四时四方,以形成"世界""宇宙"等时空统一的概念,有极深邃的科学哲理。或以牛顿的科学思想观之,可谓最不科学的根源。如以爱因斯坦的相对论观之,则价值完全不同,因时空相须决不可分。惟牛顿执一于时间不变以得万有引力,而其内心必有阴阳相对的思维,是即万物变化之源当有第一推动力的上帝,上帝的实质所以变化时间。及爱因斯坦方能彻底统一时空的关系,自然不必再有第一推动力的问题。吾国的哲理从实际经验而来,《周易·乾卦》卦辞又总结古代思想而成"元、亨、利、贞"四字,即完成合一时空之理。凡元属东方春,亨属南方夏,利属西方秋,贞属北方冬,完全总结农业生产的事实,以得此极可宝贵的科学理论。

五、历法的形成——农业社会能成立,基本已了解有一年的周期,客观事实为地球的公转。且先已理解朔望月的周期,合诸一年约有十二月,因生十二数的周期。十与十二相合为六十周期。初用以记日(已得殷墟甲骨为证),一年为六甲子,产生周天为360°的基本坐标。且吾国之天文以恒星为中心,既非日心说,亦非地心说,定十二辰次,即以二十八宿为周期,以北辰为定点,且用岁星纪年,此完全合乎科学原理。又抽象十二月十二辰次而得十二地支之周期,可与八卦因重成六十四卦的十二画相联系。因巫师掌握八卦变化后,当然需要掌握更复杂的情况。

六、卦爻概念——巫师能利用六次阴阳变化成六十四卦后,对阴阳本身又用数字以示其变化,则六十四卦中尚可相互变通,是之谓爻(已得周墟甲骨为证)。《春秋》内外传中皆有所记载,名之曰"之卦"。《淮南子》所谓"周室增以六爻",郑玄注三易曰:"《连山》《归藏》以不变为占,《周易》以变者为占",即记录周初文化的大进步。然4096种变化周初未必能用,仅得用九、用六以说明卦爻变化之理。以实物为证,初尚用一、五、六、七、八诸字表示,九字在西周中期始发现,故完备大衍筮法,已在战国汉初。唯爻之概念,确已见于西周初。此由阴阳变成卦后,又使卦变成爻,成立卦爻概念后,庶当所谓"周易"。以今日数学的概念喻之,阴阳变成卦,有函数的意义,变成之卦又可更变,则有泛函的意义。故能编成卦爻辞及二用的二篇,与殷墟卜辞有原则性的不同,已由卦爻结构的象数作为整体概念,用以分析事物之关系,基本已脱离宗教而独立。卦爻象数的关系,可与今日数学中高维空间的数据相比拟。

七、河图洛书之成立——准《洪范》之说,阴阳五行已合一于"次七稽疑",以数示之即五行生成图,亦即宋朱熹后名之曰"河图"者。今考察其理,即十进位制化成阴阳五行二种进位制。凡生数一二三四五,即五行之水火木金土。六七八九乃当阴阳之变化,凡用六阴变阳,体七阳不变,体八阴不变,用九阳变阴,十即综合阴阳体用,犹五土之综合四时。此图有封闭性的形象,五十两圆合以四方奇偶数,以成"河图太极图"的形象。1379……2468……以十数为周期,各可螺旋发展。或不用十而成九,则五行封闭而阴阳开放,以当卦爻数可无穷增加。古已由八卦(2^3)成六十四卦(2^6),又由六十四卦增变成四千九十六卦(2^{12})。然自汉《易林》及宋朱子以数学二进位制的原理整理成《启蒙》后,即无发展。此实生产力未提高,故无此需要,迄今仍唾弃在卜筮迷信之中。安知其作用正由电脑中运用而显其价值。然阴阳开放性的形象,以体用之周期论,又成汉之"明堂位",宋朱熹后名之曰"洛书"

者,实即《洪范》九畴。则以四正四维奇偶数分观之,各自成1397,2486周期之变。此三三为九,又启发扬雄完成三进位制。故开放性与封闭性,周期性与螺旋性,本身又成为阴阳之变。此属数论,亦属解析几何,的确在河图洛书中,能显出数学信息。于二进制与三进制,更可为各方面应用。

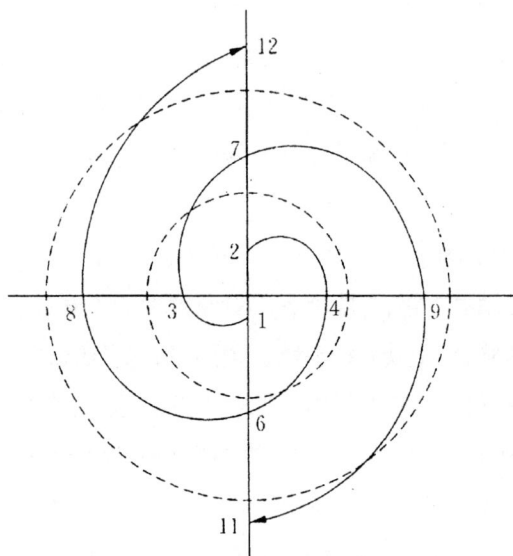

图一

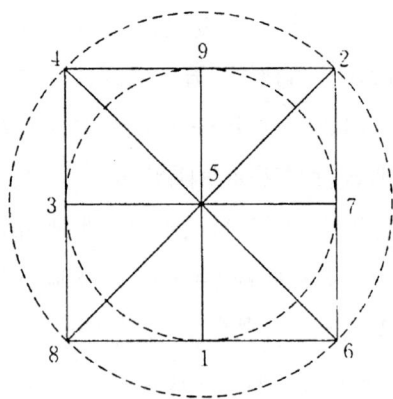

图二

八、三才概念——观二篇分析事物的原理,已本天地人三才之道,如乾二曰"见龙在田",乾三曰"君子",乾五曰"飞龙在天"。如以自然科学观此三才之道,当然又属不合科学原理,混乱不清。爱因斯坦研究物理学,极于时空合一而止,于生物学非所研究。而波尔、薛定谔等即对生物学大感兴趣,影响华生、克里克发现双螺旋结构而建立分子生物学,则对研究生命起源问题较孟德尔—摩尔根以染色体为单元的遗传学又推进一步,直接可与化学联系。由是自然科学的三大课题又与吾国天地人三才之道的分析方法可合而观之。宇宙演化即天道,物质结构即地道,生命起源即人道。今正须研究此三者之关系,尤要者吾国对此三大问题已有数学模型。此因自春秋而战国,当时的生产力大发展,人之思维亦有大进步,乃能对客观宇宙的认识总结成象数,所谓"参天两地而倚数",则八卦成父母六子,以分六七八九,其象数自然配合。凡一六为天之生,故以 $60 \times 6 = 360$ 为天圆的度数。由圆周分五属五行,一三五阳为参天,故阳为 216 度;二四阴为两地,故阴为 144 度;是当地六成天一 360 度的阴阳。四九为地之生,以生东南西北四方。故以地方分为九州,中州以及四正四维,此有合于井田制的几何图形,是当天九成地四的阴阳。人参天地而生,其数二七为地之生,属人之女子,天七成地二,以当七数为期。三八为天之生,属人之男子,地八成天三,以当八数为期。《内经·上古天真论》中记述男女之生理情况,以七八而言,全本统计以得之数据。此对天地人三才的认识基础,以相应于阴阳动静之数,皆易学所本具的科学知识。以岁实分辨男女的生理情况,庶可得三十年为一世的生物钟。六十进位制巴比伦亦有,今已未详其六十数之来源。在吾国确知为十干十二支之合,合之之用,初记日数,尚未知用之纪年。商帝每取天干为名,其名用十数周期,似已在考察遗传的时间。决定取三十年为一世,其来甚古,此与用干支纪年有密切联系。以人类生物钟的周期,合诸岁实的周期,亦属极科学的记录时间的方法。以之代太岁纪年,迄今已用二千余年,不可不察其科学意义,实可当人类适应自然界的坐标。凡孟京易皆用纳甲爻辰当"日月运行一寒一暑"之象,今存之古籍中《参同契》亦沿用之,当炼内外丹的坐标。此三才贯通之整体理论,吾国早已用数学语言,可云大得风气之先,亦即易理、医理之相通处。

第十章 结 论

写易学史前先写此简介者,以明其体例耳,原则已详于第一章绪论。第二章三古,即《易经十二篇》为易学的原始资料。然有西岐凤鸣村之甲骨、长沙马王堆之帛书等相继出土,对易学的认识,不可不进一步推敲。此先定三古之纲要,其详非简介所能尽。一言以蔽之,准历史唯物主义之准则,以科学方法验证古代阴阳思想及其发展之情况。且见阴阳之理经三古而有相同者,此易学之整体理论所以能历久不衰。然相应于世事势必有变,易学名著莫不能善取其变以考察阴阳之原、时代之缊,探赜索隐、藏往知来,不乏能开风气之先者。此历代之易注,所以仍有其价值。紧接三古叙述由汉至现代之易学概貌。然取三古之原始资料既有变化,对历代易注之评价自然不同。今日之整理古籍,于哲学类已兼及《道藏》《佛藏》,因不理解佛老之哲理,殊未能深入了解二千年来的中国哲学史。而易学恰在三教中起中和作用,此为前人所忽视者,特重点叙述以解经学之缚。现代易之内容,大半在考核原始资料,为研究易学哲理之基础,然未可忽乎二千年来易学发展的历史事实。最后叙述科学易者,可视为现代研究易学之方向。然须综观二万年的史迹,分八点简介之,举例而已。是否正确,请不吝教正为幸。

一九八四年二月

卷一

两汉（附先秦）

1.《孟氏易》提要

《孟氏易》一卷，汉孟喜著。按《汉志》："《易》章句孟氏二篇。"又："《孟氏京房》十一篇，《灾异孟氏京房》六十六篇。"《隋志》云："《周易》八卷。汉曲台长孟喜章句，残阙。梁十卷。"《释文叙录》云："十卷，无上经。"又引《七录》云："下经无旅、节，无上《系》。"隋唐后全书皆佚。清惠栋、张惠言、孙堂、马国翰等皆辑有《孟氏易》，所存无多，以一卷论。

孟喜字长卿，东海兰陵人。从田王孙受《易》，好自称誉，得易家候阴阳灾变书，诈言师田生且死时，枕喜膝独传。喜同门梁丘贺以为不然。今以所存者观之，所谓易家候阴阳灾变书，似即卦气。考卦气之说，初见《易纬稽览图》，或确系先秦古说，至孟氏必有所发挥。其间十二辟卦之消息，实合易象卦义。以震、离、兑、坎为四正，又与《说卦》之次合。冬至起中孚，夏至取咸，既同上下《系》所释诸爻之第一爻，亦为《序卦》卦次之第三十一卦与第六十一卦，凡此皆有据于二篇十翼。惟公、卿、大夫、侯所值之卦，于易象未允自然。当时之说亦已失传，今则仅存之迹耳，阙疑为是。观扬雄《太玄》之次尚准卦气，可见西汉之盛

25

行。盖一年为三百六十五又四分日之一既为事实,则六日七分之说即有所本。七分者,八十分之七之简称,以算式示于下:

$$6\frac{7}{80}日\times60=365\frac{1}{4}日$$

又一日以二十四小时,一小时以六十分计,则汉曰"七分"者,当今日二小时零六分,式如下:

$$\frac{7}{80}日\times24=2\frac{1}{10}小时 \qquad \frac{1}{10}小时\times60=6分$$

故六十卦值日,凡一卦当六日又二小时零六分,又以四正卦之二十四爻当二十四节气,以十二辟卦之七十二爻当七十二候,即三候一气,二十四气一年,亦皆有合于气候之自然变化。然以"蚯蚓结"、"麋角解"、"水泉动"等等当之,则有限于地域焉。

再者,焦延寿之说实同乎此,自云尝从孟喜问《易》,必非虚言。《汉书》:"其(焦氏)说长于灾变,分六十卦,更直日用事,以风雨寒温为候,各有占验,房用之尤精。"孟康注曰:"分卦直日之法,一爻主一日,六十四卦为三百六十日,余四卦震、离、兑、坎为方伯监司之官。所以用震、离、兑、坎者,是二至二分用事之日,又是四时各专王之气,各卦主时。其占法各以其日观其善恶也。"后焦氏以此法传于京房,《汉志》有称《孟氏京房》者,张惠言曰:"此京氏注孟也",诚是。盖孟、焦而京,其法同,故京氏注之。若孟氏卦气与田王孙准《序卦》、《杂卦》之次,不免有异,故喜以改师法而不得为博士。或"章句二篇"未必改师法。今所存者,尚有释《序卦》、《杂卦》,可见孟氏未尝以卦气而废之也。惜所存什九为片言只字,大义已晦矣。若《坤》上曰:"阴乃上薄,疑似于阳,必与阳战也。"于《益》上《象》作"遍辞",曰"遍,周布也"等,皆为可取之古义。

夫施、孟、梁丘三家易,同为田王孙弟子,于宣帝时皆立于学官。又施雠尝于甘露二年(前52)与五经诸儒杂论同异于石渠阁,是年京氏二十六岁,或已受《易》于焦氏。故《孟氏易》之成必在其前,约当宣帝即位之初,即公元前 70 年左右。

2.《焦氏易林》提要

《焦氏易林》十六卷,汉焦延寿著。延寿字赣,或名、字互易,梁人。贫而好学,梁王供其资用而学成,尝学于孟喜。昭帝时,由郡吏举小黄令,有治绩。《汉书》云:"其说长于灾变,分六十卦,更直日用事,以风雨寒温为候。"是乃发挥孟氏之卦气图。若《易林》盖自有所得,或于晚年任小黄令时所著欤。考京房生于昭帝甲辰(前 77),后尝学于焦氏,赣常曰:"得我道以亡身者,必京生也。"以京氏二十五岁论,即宣帝戊辰(前 53),赣成此书,可以是年当之。是书于《隋志》始有著录,此外尚有《易林变占》十六卷,已佚。李鼎祚《集解》于随卦辞引焦赣曰:"汉高帝与项籍,其明徵也。"当属《变占》中语。然则以史事证《易》其来亦远矣,惜惟存一言耳。若此书独全,不亦大幸乎。唐王俞、宋程沙随等序之校之,盖有功焉。又旧本首有费直序文,谓焦延寿当王莽时人,则未合史实,后人伪托之迹显然可见,不足信也。

此书盖以一卦变六十四卦为言,所以尽用九、用六之六爻发挥,总凡四千有九十六卦,各系四言韵语(间或有三言)以象之,其辞质朴古雅,决非后人所依托。若后人之略改其辞以神其说,或亦难免,然何可因之而疑及焦氏之著《易林》哉。或谓焦氏此书无与于《易》,则非知言。盖凡所系之辞,莫不渊源于《易》,且以《诗》、《书》、《左传》及史迹等以实其象,可谓善于文矣。如乾之贲(䷀→䷕)曰:"室如悬磬,既危且殆,早见之士,依山谷处",即本贲五"贲于丘园"之义。且引《左传》之"室如悬磬",盖取虽危殆而君子则不恐,是犹贲三《小象》之"终莫之陵也"。又如坤之否(䷁→䷋)曰:"六龙争极,服在下饰,谨慎管籥,结禁毋出",即坤上卦变。坤上曰:"龙战于野",故曰:"六龙争极。"坤五曰："黄裳"，故曰："服在下饰"，"下饰"即裳。坤四《象》曰："慎不害也"，《文言》又曰："盖言谨也"，故曰："谨慎管籥。"《文言》尚曰："天地闭，贤人隐"，故又曰："结禁毋出"，即"括囊"之义。可知焦氏实深通易象而著此，孰谓无与于《易》哉。或仅以卜筮视之，亦小视焦氏者也。

更可综合之卦以明之。如随(☳☱)者，阴随阳也。其辞曰："鸟(或本作"乌")鸣东西，迎其群侣，似有所属(或本无此句)，不得自专，空反独还。"首句即"出门交"之义，后三句犹或"系"或"失"，末句则"上穷"之义。而乾之随(☰→☱)，乃随乾(盖必以本卦为贞，之卦为悔)也。其辞曰："乘龙上天，两蛇为辅，踊跃云中，游观沧海，安乐长处。"不亦吉乎。若坤之随(☷→☱)，则当随坤之晦。故其辞曰："举被覆目，不见日月，衣衾簟簠，就长夜室。"盖"向晦"则"入宴息"，其可既"向明"，犹覆目而不见日月乎。此随乾之所以吉，随坤之所以不吉，亦即随卦辞曰"元贞利贞，无咎"，而不曰"元亨，利牝马之贞，无咎"也。反之而随之乾(☱→☰)、随之坤(☱→☷)，则其义恰反。乃既贞于随，而犹不安其处，盖狂妄之人也，故其辞曰："鼻目易处，不知香臭，君迷于事，失其宠位。"若之坤宜得"安贞"之象，故其辞曰："唐虞相辅，鸟兽喜舞，安乐无事，国家富有。"然则焦氏之观象系辞，不亦简明乎。盖莫不本于《易》，唯不知易象者，乃不知焦氏之精义焉。

他若同系一辞者，象同之故耳，《周易》中亦常见。如二系"拔茅茹，以其汇"，三系"月几望"等是也。以《易林》言，同者甚多，有全同者，有同一二句者，今亦略举一例。如观之中孚(☴→☱)，睽之比(☲→☷)，其辞同曰："鼎炀其耳，热不可举，大路壅塞，旅人心苦。"盖睽者乖而异，吉惟小事，其可比乎。无德者以问鼎，亡国破家相继，旅人之心，不亦苦乎。若观，则有大观之象者也。奈之中孚，象变初二，以"童观"、"窥观"者染鼎，与睽之比之象，何所异哉。而九五大观者，象当观之剥(☴→☶)，在上以"观我生"，故其辞曰："寿如松乔，与日月俱，常安康乐，不罹祸忧。"又此辞凡三见：观综临，故临之剥(☱→☶)

之辞亦同；大壮之解（䷡→䷧）者，解其壮伤，故其辞又同。由是观之，则焦氏著此书，用心实勤，宜得天佑而不佚也。

3.《京氏章句》提要

《京氏章句》一卷，汉京房著。京氏始末，详《京氏易传》提要。若著此书之时，亦以三十岁论，为公元前48年。《隋志》《新唐志》皆云："《京房章句》十卷。"《释文叙录》云："《京房章句》十二卷。"又引"《七录》云十卷，录一卷目"，于唐后佚。清张惠言、孙堂、马国翰等皆有辑本。今以一卷论。

夫京氏有《易传》，盖以尚占为主，因其未佚，先儒于京氏多以术家视之，清惠栋所阐明之京氏犹然。迨张惠言辑成《章句》，始以经学视之，其言曰："自君明长于灾异，易家世应、飞伏、六位、十甲、五星、四气、六亲、九族、福德、刑杀，皆出京氏。然尝推求汉唐以来引京氏言灾异者，皆举其《易传》，而未尝及《章句》。至陆德明、李鼎祚往往引京氏之文，率与《易传》大异，盖出于《章句》。将非京氏自以《易》说灾异，而未始以灾异说《易》，后世之言京氏者失其本邪？"然则张氏之于京氏，可谓知其本矣。按京氏之言灾异，事迹具在，不必讳言者也。然上承孟喜、焦赣，学有所出，岂舍经文而妄言灾异者可比。有《章句》之存，可为佐证。更有进者，若《易传》中如八宫等，既密合于卦象，亦必相传之古义无疑，或以卜筮而小视之，未可也。今以《章句》论，惜所存者鲜，已不易究其大义，唯于大畜卦曰："谓二变五，体坎，故'利涉大川'；五天位，故曰'应乎天'。"则虽徒十九字，而爻变取象之例已具，谓由大畜二变五而正位，卦成家人；二三四互坎，为"大川"，二正应五天位，为"应乎天"。详下图：

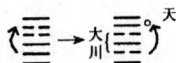

夫爻变者,《易》之大义也,与卦变相对,荀、虞二家备言之。或推其说之最古而存于今者,爻变即京氏此节,卦变即蔡景君之剥上来三而谦,是乃西汉古说而仅存者,可不宝之乎?且见荀氏之言升降,亦有本乎京氏易者也。若虞氏之世传孟氏易,宜其同乎京氏矣。

4.《京氏易传》提要

《京氏易传》三卷,汉京房著。房本姓李,吹律自定为京氏,字君明,东郡顿丘人。治《易》,事焦延寿。易著凡十余种,惜徒存书名耳,惟《易传》三卷未佚,亦云幸矣。按京氏于元帝初元四年以孝廉为郎,后为石显所谮而被诛,年四十一,时当建昭二年(前37)。是书以成于三十岁论,即初元元年(前48)。刘向曰:"诸易家说皆祖田何、杨叔、丁将军,大义略同,唯京氏为异党。"盖诸易家皆以尚辞变象为主,京氏则以尚占为主,是以异。夫以蓍策得卦凡四千有九十六,其师焦氏已各系之辞,若取象之原,未始有说。而京氏易者,盖本宫世、干支、五行生克之说,以明卦象变化之迹,故足以成其师说。考京氏易著中,《隋志》尚载有"《周易守林》三卷",是必系明四千有九十六卦之变象。惜其卷已佚,无以佐证耳。

以此书论,明六十四卦三百八十四爻之变化,其所分宫世,与易象殊合,确有功于易道者也。引孔子曰:"《易》有四象,一世、二世为地易,三世、四世为人易,五世、六世为天易,游魂、归魂为鬼易。"或亦有所据欤?凡六世即八纯之错卦。非穷理尽性,安能见阴阳不测之神?其唯不易,天、神、鬼易至焉。此前三易,即《系》曰:"六者非它,三才之道。"若鬼易者,《系》曰:"精气为物,游魂为变。"上句犹归魂之义乎。又兑宫归魂,卦为归妹,可见取"归"字者,即"归妹"之"归"。夫魂之或游或归,变由上而下,乃有凝执,与三才之由下而上恰倒,故为鬼易,以别于三才之神也。

再者八宫之卦,密合于先天图,特作五图以明之,图见如下:

一、先天方图与八宫

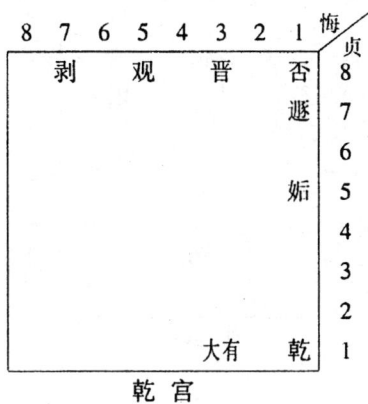

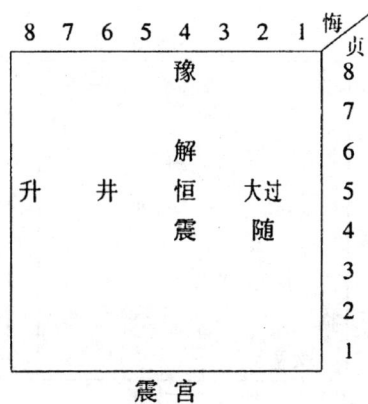

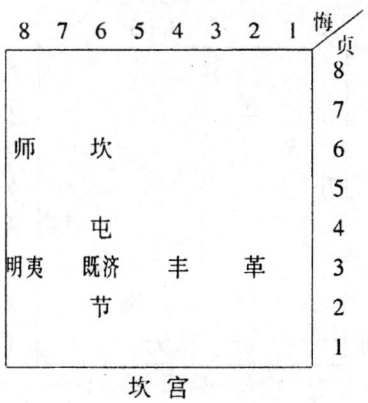

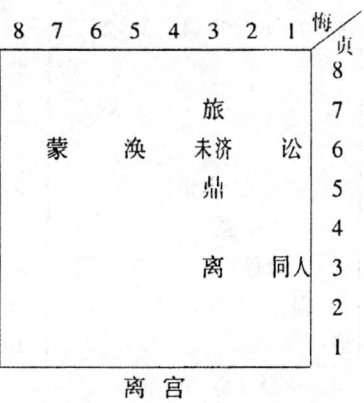

8	7	6	5	4	3	2	1	悔 贞
剥	观	晋	否					8
							遯	7
								6
							姤	5
								4
								3
								2
				大有			乾	1

乾宫

8	7	6	5	4	3	2	1	悔 贞
坤		比						8
								7
								6
								5
复								4
								3
临								2
泰		需		大壮		夬		1

坤宫

8	7	6	5	4	3	2	1	悔 贞
			豫					8
								7
			解					6
升		井		恒		大过		5
			震		随			4
								3
								2
								1

震宫

8	7	6	5	4	3	2	1	悔 贞
								8
								7
								6
		蛊		巽				5
颐		益		噬嗑		无妄		4
		家人						3
								2
		小畜						1

巽宫

8	7	6	5	4	3	2	1	悔 贞
								8
								7
师		坎						6
								5
		屯						4
明夷	既济		丰		革			3
		节						2
								1

坎宫

8	7	6	5	4	3	2	1	悔 贞
								8
			旅					7
蒙	涣		未济		讼			6
			鼎					5
								4
			离		同人			3
								2
								1

离宫

31

	8	7	6	5	4	3	2	1	悔\贞
8									
7		艮		渐					
6									
5									
4									
3		贲							
2		损		中孚	睽	履			
1	大畜								

艮 宫

	8	7	6	5	4	3	2	1	悔\贞
8							萃		
7	谦	蹇		小过			咸		
6							困		
5									
4									
3									
2						归妹	兑		
1									

兑 宫

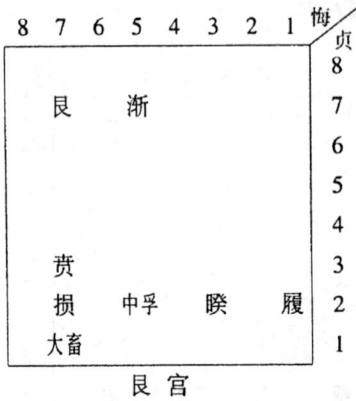

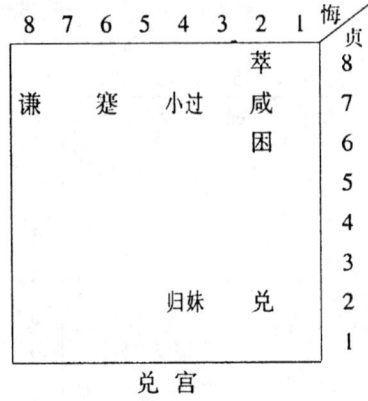

二、先天方图与四易

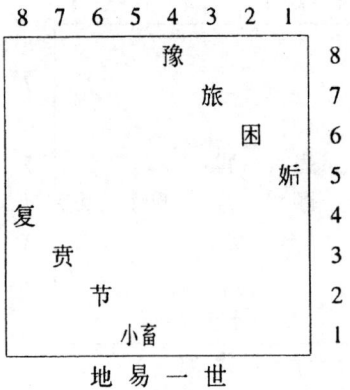

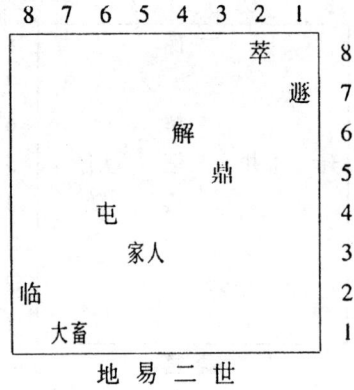

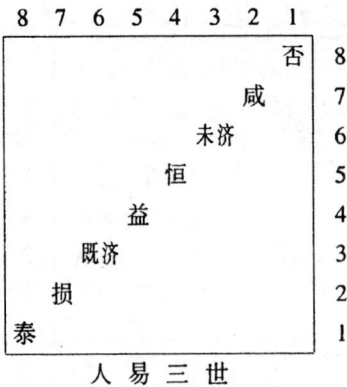

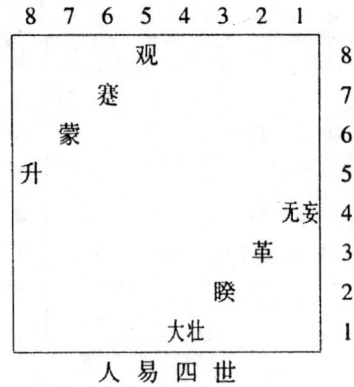

	8	7	6	5	4	3	2	1	
				豫					8
					旅				7
						困			6
							姤		5
	复								4
		贲							3
			节						2
				小畜					1

地 易 一 世

	8	7	6	5	4	3	2	1	
							萃		8
								遯	7
				解					6
						鼎			5
				屯					4
					家人				3
	临								2
	大畜								1

地 易 二 世

	8	7	6	5	4	3	2	1	
							否		8
						咸			7
					未济				6
				恒					5
			益						4
		既济							3
	损								2
	泰								1

人 易 三 世

	8	7	6	5	4	3	2	1	
			观						8
			蹇						7
			蒙						6
	升								5
							无妄		4
						革			3
					睽				2
				大壮					1

人 易 四 世

32

```
  8 7 6 5 4 3 2 1
    剥               8
  谦               7
        涣           6
      井             5
          噬嗑       4
        丰           3
            履       2
              夬     1
     天 易 五 世
```

```
  8 7 6 5 4 3 2 1
  坤               8
      艮           7
        坎         6
          巽       5
          震       4
            离     3
              兑   2
              乾   1
   天 易 六 世（八纯卦）
```

```
  8 7 6 5 4 3 2 1
          晋       8
        小过       7
              讼   6
            大过   5
    颐             4
  明夷             3
      中孚         2
    需             1
     鬼 易 游 魂
```

```
  8 7 6 5 4 3 2 1
        比         8
          渐       7
  师               6
      蛊           5
              随   4
              同人 3
          归妹     2
            大有   1
     鬼 易 归 魂
```

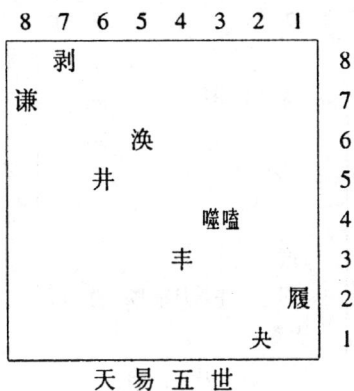

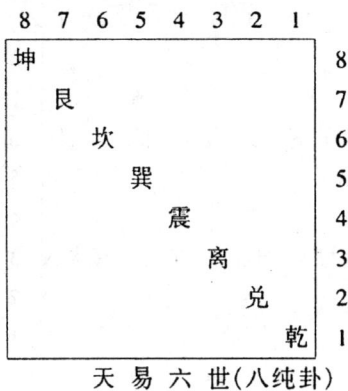

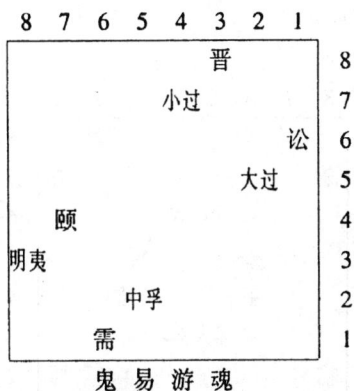

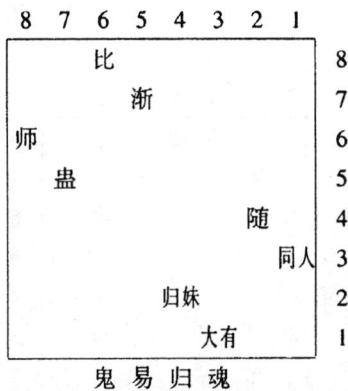

三、八宫相合图

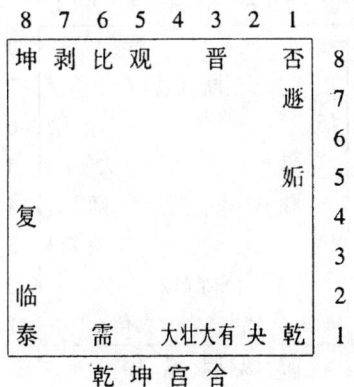

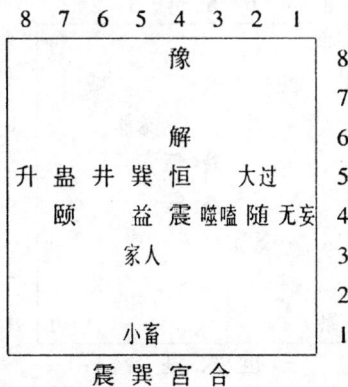

```
  8 7 6 5 4 3 2 1
  坤剥比观 晋 否   8
              遯   7
              姤   5
  复               4
  临               2
  泰 需 大壮大有夬乾 1
     乾 坤 宫 合
```

```
  8 7 6 5 4 3 2 1
            豫     8
            解     6
  升 蛊 井 巽 恒 大过 5
    颐   益 震 噬嗑 随 无妄 4
          家人     3
            小畜   1
     震 巽 宫 合
```

33

8	7	6	5	4	3	2	1	
								8
					旅			7
师	蒙	坎	涣		未济	讼		6
					鼎			5
		屯						4
明夷		既济		丰	离	革	同人	3
			节					2
								1

坎 离 宫 合

8	7	6	5	4	3	2	1	
						萃		8
谦	艮	蹇	渐	小过		咸		7
						困		6
								5
								4
		贲						3
	损		中孚	归妹	睽	兑	履	2
	大畜							1

艮 兑 宫 合

四、世魂相合图

8	7	6	5	4	3	2	1	
				观	豫			8
			蹇	旅				7
		蒙			困			6
升							姤	5
复							无妄	4
		贲			革			3
			节		睽			2
			小畜	大壮				1

一 世 四 世 合

8	7	6	5	4	3	2	1	
	剥				萃			8
谦							遁	7
			涣	解				6
		井			鼎			5
		屯			噬嗑			4
			家人	丰				3
临							履	2
大畜							夬	1

二 世 五 世 合

8	7	6	5	4	3	2	1	
坤							否	8
	艮					咸		7
		坎		未济				6
			巽	恒				5
			益	震				4
		既济			离			3
	损					兑		2
泰							乾	1

三 世 六 世 合

8	7	6	5	4	3	2	1	
		比		晋				8
			渐	小过				7
师							讼	6
		蛊			大过			5
		颐			随			4
明夷							同人	3
			中孚	归妹				2
			需		大有			1

游 魂 归 魂 合

五、世魂同位图

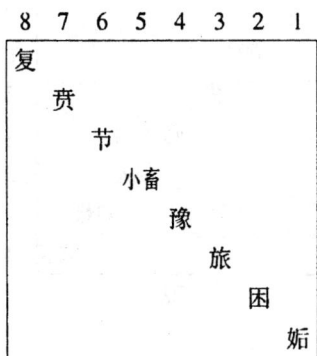

一世

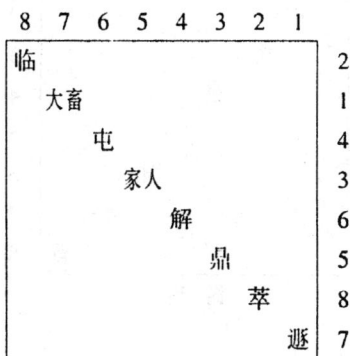

二世

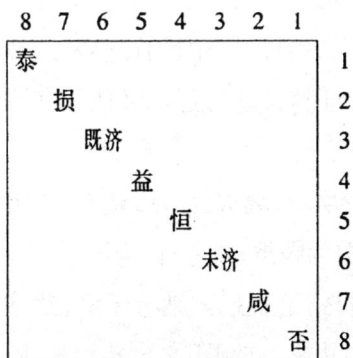

三世

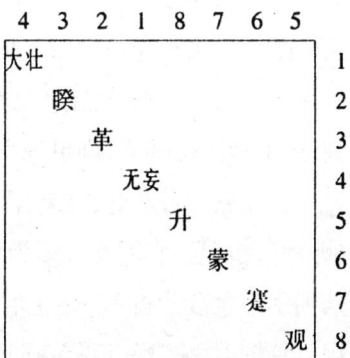

四世

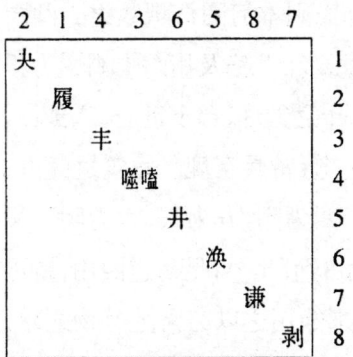

五世

六世

```
6 5 8 7 2 1 4 3            6 5 8 7 2 1 4 3
需                1        比                8
   中孚           2           渐             7
      明夷        3              师          6
         颐       4                 蛊       5
            大过  5                    随     4
               讼 6                    同人   3
            小过  7                    归妹   2
                晋 8                    大有   1
        游 魂                      归 魂
```

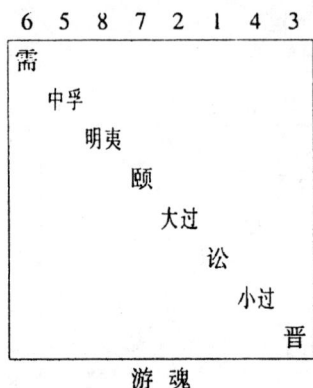

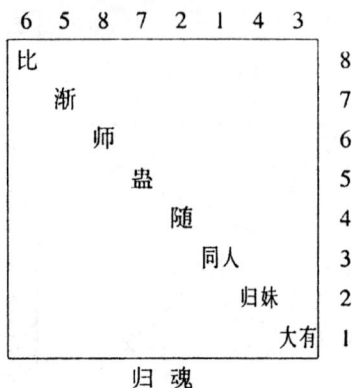

一、先天方图与八宫,示八宫之卦于先天方图中之位置。二、先天方图与四易,示世魂之卦于先天方图中之位置。三、八宫相合图,凡合图一之错卦为一。四、世魂相合图,凡合图二中世卦之应爻、魂卦之比爻为一。观诸图之截然整齐,可证其义之可通。又使移其行列,成世魂同位图五,则世魂之变化一目了然。

若以五行合八卦,亦有据于《说卦》:坎水,离火,巽木,乾金,坤土(即地),皆《易》有明文。震为竹,犹木;兑为毁折,犹金;艮为山,犹土。然则京氏之取此五行,必古有是说,乃推广之而已。纳天干者,犹纳甲。盖据月之盈虚,后《参同契》、虞翻皆用之,亦阴阳之自然消长,同先天图之理。纳地支者,即爻辰。京氏取阳左阴右,后郑玄取阴阳同向,盖京氏犹法洛书奇耦数之左右旋,郑氏则本河图奇耦数之二圆同向,各有所据,不必是非者也。又合五星、二十八宿及用六十周甲为积算。凡此者盖以五、十、十二、二十八、六十之循环,合于世应、八卦、六十四卦之循环耳。若明五行生克制化之道,皆具至理。卜筮之尚占,此书备焉。以"初为阳,二为阴,三为阳,四为阴,五为阳,六为阴",又为既济正位之理,乃圣人之大宝,非徒尚占而已。可见易道四用,皆可互通。惜卜筮者孜孜之于今人之得失,未能用之以穷天地万物之原,此卜筮者之过,非卜筮之过也。京氏曰:"夫纲不可穷,深不可极,故撰菁布爻。"其理甚是。若是非已明者,何用卜筮? 以今日之科学言,卜筮者,犹求得统计学中之或然率而已。得失吉凶,任人自取,岂固定不化之谓哉。

又此书有陆绩注,绩字公纪,始末另详《陆氏周易述提要》。夫陆氏之注,上距京氏已二百五十年左右,于飞伏、积算等法,与京氏之原意不尽相同,盖陆氏亦自有所得云。

5. 《太玄经》提要

《太玄经》十卷,汉扬雄著。雄字子云,蜀郡成都人。始末详《汉书》本传。生于宣帝甘露元年(前 53),卒于新莽天凤五年(前 18),年七十一。若著此书之时,《汉书》云:"哀帝时,丁、傅、董贤用事,诸附离之者,或起家至二千石。时雄方草《太玄》,有以自守,泊如也。"按哀帝以董贤为大司马在元寿元年(前 2),是年扬子五十二岁。至于定稿,未详何年。宋曾巩、高似孙,明王世贞,清陈本礼等,皆以为刺莽而作,亦不为无见。则全书修订而成,或已当新莽之时。今以扬子六十三岁投阁之年论,即建国二年(前 10)。夫扬子之学,善于模仿。《汉书》云:"以为经莫大于《易》,故作《太玄》;传莫大于《论语》,作《法言》;史篇莫善于《仓颉》,作《训纂》;箴莫善于《虞箴》,作《州箴》;赋莫深于《离骚》,反而广之;辞莫丽于相如,作四赋。皆斟酌其本,相与放依而驰骋云。"其所以可贵者,确能斟酌其本,非徒依样画葫芦也。以《太玄》论,一一与《易》相应。然《易》本阴阳,故为二之六次方,而成于六十四。扬子则参摹而四分之,即为三之四次方,而成于八十一。其次截然整齐,与先天图同理。惟先天图之次,其变由上及下,太玄则由下及上,即由家而部,由部而州,由州而方。今以扬子之模仿性观之,其方、州、部、家八十一首之次,岂无所本耶! 或是时易图尚存,乃扬子法之而作玄图云。

至于八十一首之应于卦,盖本卦气图,系孟氏易也。计应于辟卦、侯卦者各十八首,应于公卿、大夫者各十五首,凡八十一首,七百二十九赞,以应昼夜,恰当一年,不足之一又四分一日,则另作《踦赞》、《嬴赞》以补之。又以冬至起牵牛初度为准,其间所应之卦,悉合于二十八宿之天象,非私意也。至于所系之辞,未免有感而言,然亦应于《易》者也。如准谦作少:"次四,贫贫,或妄之振。"测曰:"贫贫妄振,不听守正也。""次八,贫不贫,人莫之振。"测曰:"贫不贫,何足敬也。"是皆反谦初"卑以自牧"之意,或亦以讥是时之趋炎附势者。准升作上:"次四,即上不贞,无根繁荣,孚虚名。"测曰:"即上不贞,妄升也。""次六,升于堂,颠衣到裳,廷人不庆。"测曰:"升堂颠到,失大众也。"是乃反升之初"允升"及五"贞吉升阶",亦谓其刺董贤等。准蒙作童:"次七,修侏侏,比于朱儒。"测曰:"侏侏之修,无可为也。"是"不有躬"、"独远实"之义,或亦讽立于朝者皆金玉其表而败絮其中也。准乾作彊:"次三,柱不中,梁不隆,大厦微。"测曰:"柱不中,不能正基也。"是犹"亢龙有悔",或为汉室忧也。准鼎作灶:"上九,灶灭其火,唯家之祸。"测曰:"灶灭其火,国之贼也。"准恒作常,首曰:"阴以知臣,阳以知辟,君臣之道,万世不易。"准明夷作晦,首曰:"阴登于阳,阳降于阴,物咸丧明。"则其刺莽也确宜。且晦:"次四,晦其类,失金匮。"测曰:"晦其类,法度废也。"与史载:"十二月戊辰,莽至高庙,拜受金匮神禅,即真天子位。"意亦同。又准困作穷:"上九,破璧毁圭,臼灶生蛙,天祸以他。"测曰:"破璧毁圭,逢不幸也。"谓指莽之扰民亦宜。此乃略举数例而已,其他可合者尚多。然则扬子此书,确有讽世之意,且较诗人之讽犹隐,故不免视之为不可卒读之天书矣。太史公曰:"《春秋》推见至隐,《易》本隐之以显。"若《太玄》者,盖兼之焉。《玄告》曰:"善言天地者以人事,善言人事者以天地。"实自道也。然扬子既以人事合诸天道,故其辞之所指,必已错杂世事而综言之,或合数事而一赞,或分一事为数赞,或因事而究其本,或观人而论其心。其变化多端,未可以一偏视之,谓其刺莽固宜,谓其刺董贤等亦未始不可;更谓其刺哀平之无能,亦有所合。如准乾作睟："次八,睟恶无善。"测曰："睟恶无善,终不可佐也。"盖扬子未尝不欲革者也。《玄莹》曰："夫道,有因有循,有革有化。因而循之,与道神之;革而化之,与时宜之。故因而能革,天道乃得;革而能因,天道乃驯。夫物,不因不生,不革不成。故知因而不知革,物失其则;知革而不知因,物失其均。革之匪时,物失其基;因之匪理,物丧其纪。因革乎因革,国家之矩范也;矩范之动,成败之效也。"读此,则其情可见。是时汉室不振,生民涂炭,扬子固有俟乎王者之兴也。奈董贤、王莽皆匪其人,故不得不立言以自明耳。

再者,因《太玄》之法《易》,故易道亦可由《太玄》而窥。司马光曰："《易》,天也。《玄》者,所以为之阶也。"其言有见。且西汉易说什九已佚,从今本《太玄》以求之,每能见《易》之古义焉。清吴挚甫本《太玄》以解《易》,其法是也。今略述六点于下,以见《太玄》之法《易》而易道亦由之而保存焉。

一、《太玄》有《玄图》,间明八十一首自然之次序。如述中、羡、从、更、睟、廓、减、沈、成九首,则以先天图言,即为乾、履、同人、无妄、姤、讼、遯、坤八卦,其阴阳变化之理悉同。此可证扬子法《易》,或曾本诸先天图。

二、《玄图》明九数外,又言："一与六共宗,二与七共朋,三与八成友,四与九同道,五与五相守。"则可证扬子曾见十图九书,乃法其数而言;可见《易》本有图,朱子置九图于《本义》前,实为复古也。

三、《太玄》法《序卦》作《玄衝》,又法《杂卦》作《玄错》,则《序卦》、《杂卦》皆为先秦之言无疑。或以为《序卦》非《易》之缊,《杂卦》乃后师之言等,未是。若《玄衝》之合阴阳两首而言,犹易道之旁通也;《玄错》之终于成,犹易道之正成既济定也。盖成法既济,位乃圣人之大宝,故扬子曰："成者功就,不可易也。"此又可证虞氏之旁通之正,确为《易》之古义也。

四、《太玄》法《文言》作《玄文》,惟释中首九赞。可见《易》之《文言》,实系解乾坤二卦而已,后儒以《系辞》中所释之十八爻亦为《文言》,不亦误乎。

五、《太玄》已合《洪范》五行于《易》。盖其理本一,自然可通。或必以《易》自《易》,《范》自《范》,《易》道阴阳,而无与于五行者,皆偏执一端,非弥纶天地之易道也。

六、《太玄》之七百二十九赞,皆可与易义互通,此在善读者之神而明之也。如断之次七,测曰:"庚断甲,谊断仁也。"则知《易》之先后甲庚,殊宜以震仁为甲,兑谊为庚也。常之次六,测曰:"得七而九,弃盛乘衰也。"此明七盛九衰,由衰而变;即易道七八不变、九六为变之义。由此知七八九六之四象,亦《易》中本有者也。又:"次八,常疾不疾,咎成不诘。"测曰:"常疾不疾,不能自治也。""上九,疾其疾,巫医不失。"测曰:"疾其疾,能自医也。"皆本乎"贞疾,恒不死"之义。然则豫卦中之"恒"字,扬子亦以恒卦视之,故其赞系于常首云。

以上六点,其大者耳。于一字一句之可互明,则触目皆是而不胜枚举焉。

若扬子八十一首之数,今所谓三进位法,于《玄数》曰:"推玄算:家,一置一,二置二,三置三;部,一勿增,二增三,三增六;州,一勿增,二增九,三增十八;方,一勿增,二增二十七,三增五十四。"此谓由三进位化成十进位。可写成公式如下:

$$(n_1-1)3^3+(n_2-1)3^2+(n_3-1)3+n_4=S$$

上式中 n_1 为方数,n_2 为州数,n_3 为部数,n_4 为家数,S 为总数

$$n_1,n_2,n_3,n_4=1,2,3 \quad S=1\cdots\cdots81$$

以去首为例 ䷖ $(3-1)3^3+(2-1)3^2+(1-1)3+3=66$
(即由中首起,其六十六首为去。)

夫此法实本先天图之二进位制,更写先天图之公式于下:

$$(n_1-1)2^5+(n_2-1)2^4+(n_3-1)2^3+(n_4-1)2^2+(n_5-1)2+n_6=S$$

上式中 n_6 为上爻,n_5 为五爻,n_4 为四爻,n_3 为三爻,n_2 为二爻,n_1 为初爻,S 为总数,

$$n_6,n_5,n_4,n_3,n_2,n_1=1,2 \quad S=1\cdots\cdots 64$$

以井卦为例 (凡阳爻为一,阴爻为二):

$$(2-1)2^5+(1-1)2^4+(1-1)2^3+(2-1)2^2+(1-1)2+2=38$$

(即由乾卦起,其三十八卦为井)

观此二公式之相似,尤见《太玄》之有法乎先天图也。《汉书》云:"观《玄》者,数其画而定之;《玄首》四重者,非卦也,数也。"或即谓此。实则卦者,挂也;所挂者,象也;有象即有数焉。《玄数》曰:"三八为木,为东方……"等等,则象数已合。故易卦玄首,其理一也。然则扬子之斠酌其本,可谓极深研几而有得焉,岂自苦耶。

6.《马氏易传》提要

《马氏易传》一卷,汉马融著。《七录》云:"马融《传》九卷。"《隋志》云:"梁有汉南郡太守马融注《周易》一卷,亡。"或疑"一"系"九"之误,亡亦未确。《释文叙录》云:"马融《传》十卷。"《唐志》云:"马融《章句》十卷。"于唐后则亡。清张惠言、孙堂、马国翰等皆有辑佚,以所存无多,宜合为一卷。融(79—166)字季长,扶风茂陵人,父严,祖余,余即伏波将军援之兄。融师挚恂,奇融才,以女妻之。永初二年,大将军邓骘闻融名,召为舍人,是年融三十岁。《后汉书》云:"初,融征于邓氏,不敢复违忤势家,遂为梁冀草奏李固,又作大将军西第颂,以此颇为正直所羞。年八十八,延熹九年卒于家。"若于三十余岁应召后,不免有党附之失。然一生讲学未辍,教养诸生常有千数,其功亦未可没。易学本诸费氏,费氏易无章句,有则自马氏始。此书以成于六十岁论,即顺帝永和三年(138),今以所存观之,如释西南、东北、先甲、后甲,乃本

"帝出乎震"之卦位,则言皆有象可见。释乾初曰:"初九,建子之月",则以乾坤十二爻顺次合十二地支,是即十二辟卦之消息。若张惠言曰:"费氏易无六爻上息之例",恐未确。考费氏易者,以十翼解说上下经者也。故辟卦之消息,既于《彖》中明言,费氏易必有其例,此与孟氏易同者也。又以《尔雅》之"十龟"解"十朋之龟",以一三五为"参天",二四为"两地"等,义皆可取。以训诂言,若云"盘桓,旋也","渝,变也","挛,连也","频,忧频也","衍衍,饶衍"等,皆可取。以经文言,于睽上作"后说之壶",于《系辞》首章作"天下之理得,而《易》成位乎其中矣"等,亦皆可取。惟以乾豆、宾客、君庖当"三驱",则不若当"三品"为切。以"由豫"作"犹豫"而训疑,亦觉与"由颐"不例。以大过初为"女妻",上为"老妇",亦反于兑巽之象。他如明夷二"左股"训左旋,无妄之"天命不右行矣哉"训右行,则于理可通,然未免断章取义焉。

7.《郑氏易注》提要

《郑氏易注》三卷,汉郑玄注。《后汉书》本传:"注《周易》。"《隋志》:"《周易》九卷,后汉大司农郑玄注。"《七录》云:"十二卷。"《释文叙录》:"郑玄注十卷,录一卷。"《唐志》:"郑玄注《周易》十卷。"《宋志》:"郑玄《周易文言注义》一卷。"按各书所载,卷数略有出入,或分合之异耳,内容当同。于五代之际亡佚,故《宋志》仅存《文言注义》一卷,然由此而知郑玄犹未合《文言》于乾、坤也。当宋南渡时,此卷亦佚。宋末王应麟始辑得一卷,明姚士粦又增入二十五条,清惠栋更补正之而分成三卷。孙堂复加补遗,此外丁杰、张惠言等亦本惠辑而有所考订。则郑注之存于世者,可云备矣。今从惠氏作三卷论。

玄(127—200)字康成,北海高密人,师从京兆第五元先。于《易》始通京氏,复从马融通费氏易,其他各经无不贯通。又善天文算术。事迹详《后汉书》本传。建安五年卒,年七十四,则知生于顺帝丁卯,长于荀爽一岁,且晚卒十年。若荀氏者,迫于董卓;郑氏者,虽避卓而又逼于袁绍。二氏于处境相似,呜呼,身遭乱世,何其不幸也。于七十岁有传家之意,间曰:"所好群书,率皆腐敝,不得于礼堂写定,传与其人。"则《易经》等必在其中,是年乃建安元年。又郑氏《自序》曰:"遭党锢之事,逃难注《礼》;党锢事解,注古文《尚书》、《毛诗》、《论语》;为袁谭所逼,来至元城,乃注《周易》。"则知最后成《易注》。即建安元年谭逼玄随军,不得已载病到元城县,疾笃不进,其年六月卒。故《易注》盖成于卒年(200)。

夫郑氏之《易赞》、《易论》曰:"易一名而函三义:易简,一也;变易,二也;不易,三也。"乃本诸《易纬乾凿度》,然郑氏以《系辞》明之。可见此三义实系《易》之本,由之以读《易》其庶几焉,或来自古义,其可以出于《易纬》而忽之乎。又本《易纬》而明天地数之五行相合,即河图也;下行九宫,即洛书也。于"精气为物,游魂为变",以明七八九六之变化,亦出《易纬》。是皆象数之本义,而辅成于纬书者也。奈纬之混淆于谶,若谶语之惑乱民志,伤教逆理,固宜废弃,而纬书岂其然哉。是故郑氏能撷取《易纬》以明经,其见高于他儒也,亦由郑氏明算数所致。后儒多不知象数,反以郑氏取纬书为非,不亦陋乎。至于爻辰者,以十二辰配乾坤十二爻也。与京氏所配者,乾同而坤异。盖京氏取阴阳反向,郑氏则取同向。详见下图。

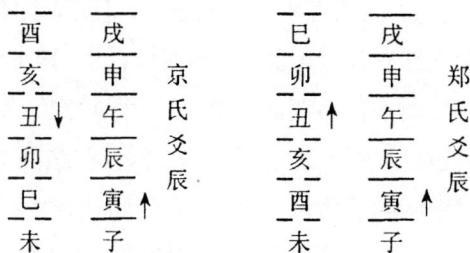

酉	戌	
亥	申	京
丑 ↓	午	氏
卯	辰	爻
巳	寅 ↑	辰
未	子	

巳	戌	
卯	申	郑
丑 ↑	午	氏
亥	辰	爻
酉	寅 ↑	辰
未	子	

考郑氏者,通京氏易者也,必遵京氏之说。然所以更言之者,盖理各有本,殊宜并存,所以推广之耳。今可以图书之象数明之。夫图书

者,皆为阴阳数之二圆,然河图为二圆同向,洛书则二圆反向。凡阳数之圆,皆同"帝出乎震"之向,即顺时针,是犹阳爻六辰之皆由下而上也;而阴数之圆,则河图仍同阳数,洛书则反阳数,是犹京、郑二氏于坤卦六辰之或上或下也。故知京氏者,盖法洛书;郑氏者,更法河图也。详见下图:

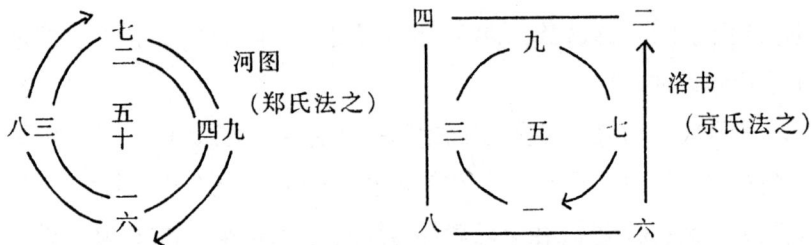

河图
(郑氏法之)

洛书
(京氏法之)

观郑注河图本《春秋纬》,云"河以通乾出天苞",宜其以爻辰之位,合天象二十八宿等以解经焉。或谓以爻辰解经,然乎? 否乎? 则曰:爻辰者,观象之一例耳。圣人观象系辞,或亦取诸,故不妨间一用之。若必爻爻合之,则固泥而非易道也,况郑氏亦未尝如是(另详《郑氏爻辰补》提要)。

他如明六画互体之象,六爻三才之位,剥复消息之理,人伦之大义等,皆系《易》之精义,而郑氏详焉。唯未及六爻之变化,则未合"爻者,言乎变者也"之义。或以变化属诸天象,即爻辰不变而所属之星象可变,是亦变化之道焉。且所存者未及三之一,其明爻变者或皆佚焉,亦未可知。故爻变之理有本于十翼,必宜推考者也,其可以郑氏未言而忽之乎。反之因郑氏未言爻变而非之,亦未得其实。盖郑氏于《易》,固有取于变易者也。况郑氏之学,兼通各经,且使之互明,于经学之功尤大。如《易注》中明《礼》者甚多,张惠言已辑成《礼象》一卷,凡究郑氏易者,殊可参考云。若郑氏以尧之末年当乾上,舜使天子、周公摄政当坤五,又坤五犹大有,大有亦曰:"若周公摄政,朝诸侯于明堂是也。"更以舜历试诸艰,当随初之"出门交有功",武王之继文王以当离二等,皆以史明经,莫不切合于易象也。

8.《荀氏易传》提要

《荀氏易传》三卷,汉荀爽注。《后汉书》本传:"著《易传》。"《隋志》:"《周易》十一卷,汉司空荀爽注。"同《七录》。《释文叙录》:"荀爽注十卷。"新、旧《唐志》:"荀爽章句十卷。"唐后佚。清张惠言、孙堂、马国翰等皆有辑本,以三卷论,名则宜以本传作《易传》为正。

爽(128—190)字慈明,一名谞,颍川颍阴人,荀卿十二世孙。父淑,博学高行。兄弟八人,时人谓之八龙。又曰:"荀氏八龙,慈明无双。"延熹九年拜郎中,对策陈伦常,语极恳切。后弃官去,积十余年,以著述为事。献帝即位,董卓辅政,复征之,欲遁不得,拜司空,从迁长安。见董卓忍暴滋甚,必危社稷,与司徒王允及卓长史何颙等为内谋。会病薨,年六十三,时当初平元年五月,盖生于顺帝永建三年,拜郎中当三十九岁,若著《易传》以成于五十岁论,即灵帝丁巳(177)。今所存尚多,于汉易中能见其大义者,此书最早,价值可见焉。夫荀氏之易,费氏易也,然亦言世应等,则为京氏易。于明夷五之"箕子"释为"荄滋",则从赵宾之说。又用卦气及"月几望"之"几"作"既",乃为孟氏易。可见荀盖博采众说者也。其言曰:"阴阳相和,各得其宜,然后利矣。""阴阳正而位当,则可以干举万事。"则以正位解"利贞",必师师相传之古说。又曰:"乾升于坤曰'云升',坤降于乾曰'雨施',乾坤两卦成两既济,阴阳和均而得其正,故'天下平'。"则易道六爻变化之大义在焉。《系》曰:"圣人之大宝曰位。"若当位之卦,惟既济耳。是故凡两旁通卦,如乾坤等,必使之正成两既济,始为阴阳得正而天下平,是即"一阴一阳之谓道"也。观荀氏此例,可谓汉易之精义。再者,于之正卦外,更有卦变之例。惜荀氏之言卦变,缺佚已甚,大义未易见。然可证卦变实为古说,其详可参考《虞氏易注》提要。又荀氏所言之升降,谓阴阳卦象之变化，可分三义：一、如上所引之"云行"、"雨施"，犹爻变之正。二、于困卦曰："此本否卦，阳降为险，阴升为说也。"则以卦变言。三、于需卦曰："乾升在上，君位以定；坎降在下，当循臣职。"于升卦曰："巽升坤上。"盖谓由需而讼，由升而观，此指贞悔互易，名之曰"一体俱升"，即虞氏之两象易，亦观象之一例。凡此三者，能明辨其异同，则于荀氏易思过半矣。至于之正之例，于乾四曰："乾者君卦，四者臣位也，故欲上跃居五；下者当下居坤初，得阳正位，故曰：上下无常，非为邪也。"又曰："进谓居五，退谓居初，故进退无恒，非离群也。"特作图以明之：

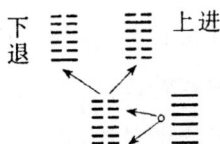

由是知之正又有应比之别。如四之五为比爻之正，四之初为应爻之正。或取应或取比，途之异耳，其归则一。凡此皆《周易》之大义，今所仅存者也。若本此以取象，绝无穿凿附会之弊，奈王弼未明乎此，起而扫象，其遗误不亦大乎。迨清而始复汉象，其功伟矣。然求之于断言剩语，不亦难哉。故今后说《易》者，更宜直探卦象，本十二篇之经文，参历代注家之精华，则庶几有得乎。至于仅见之汉易，实为去古未远，片言只字，犹当宝之，况此书中，尚可绅绎而得义例乎。凡研《易》者，必字字深究，更推及郑（玄）、虞（翻）二家，则于易道，可谓已登堂入室焉。若荀氏之经文，如履卦辞有"利贞"，泰《大象》"财"作"裁"等，亦必有据而宜从者也。于释大过曰："初阴失正当变，数六为女妻，二阳失正，数九为老夫；以五阳得正不变，数七为士夫，上阴得正，数八为老妇。"于七八九六变不变之大义殊合，惜以六为女妻，八为老妇，于象数未切，或承马氏说欤。实当倒之，乃七八为少，九六为老，则可合乎上卦兑为女妻，下卦巽为老妇之象矣。又正位之爻，荀氏尚有升位例。

如于谦卦曰:"阴欲执三,使上举五",于明夷卦曰:"三当出门庭,升五君位",此盖指未成既济言。三以升五,贵其位耳。若当既成既济后,则三五皆阳爻,天人一也。然此例极为重要,当发挥之挥,挥、执一字也。之正六龙之发,由是而变通,故亦为全《易》之通例。又于萃卦曰:"此本否卦",义属消息卦变,指消息卦中三阴三阳与二阳二阴之变化耳。虞氏易中需而小畜、讼而履,与此同例。奈全《易》之消息卦变未闻其详,故未可执者耳。

9.《刘氏章句》提要

《刘氏章句》一卷,汉刘表著。《释文叙录》:"刘表《章句》五卷。"又引《中经簿录》云:"注《易》十卷。"《七录》云:"九卷,录一卷。"《隋志》云:"五卷。"或初分十卷,后二卷相合而为五卷欤。唐后佚。清张惠言、马国翰等皆有辑本。因所存无多,概以一卷论。

表字景升,山阳高平人,鲁恭王之后,献帝初平元年为荆州刺史,三年为镇南将军、荆州牧,封成武侯。建安十三年卒。事迹详《后汉书》本传。传曰:"初,荆州人情好扰,加四方骇震,寇贼相扇,处处麇沸。表招诱有方,威怀兼洽,其奸猾宿贼,更为效用,万里肃清,大小咸悦而服之。关西、兖、豫学士归者盖有千数,表安慰赈赡,皆得资全,遂起立学校,博求儒术,綦毋闿、宋忠等撰立五经章句,谓之后定。爱民养士,从容自保。"又曰:"在荆州几二十年,家无余积。"然则其人有足多矣。惟无远见,又失于立后事,乃人亡业空,惜哉。若著《章句》之时,以受荆州牧后十年论,即建安七年(202),是时宋忠等皆在,必有所讲习,故刘、宋二家之易,其大义当同。今于所存之宋氏易中(另详《宋氏易说》提要),尚能见其有本乎卦爻变立义者,而《刘氏章句》中未见此,盖阙佚已甚焉。或即谓刘氏不取卦爻变者,未可也。若刘氏解谦卦曰:"地中有山,以高下下,故曰谦。谦之为道,降己升人,山本地上,今居地中,亦降体之义,故为谦象也。"解颐卦曰:"山止于上,雷动于下,颐之象也。"皆有合乎卦象。此与郑注相似,考是时费氏易盛,刘氏亦或为费氏易也。

10.《宋氏易注》提要

《宋氏易注》一卷,汉宋忠著。忠或作衷,字仲子,一字仲孚,南阳竟陵人,荆州五等从事。曾与綦毋闿等撰立五经章句,若于《易注》或同时所成。今于刘表《章句》并言,亦以建安七年论(202)。《释文叙录》云:"宋衷《注》九卷。"又云:"《七志》《七录》云'十卷'。"《隋志》云:"梁有汉荆州五业从事宋忠注《周易》十卷,亡。"按"业"与"等"形似而误,"亡"亦未确,《唐志》尚有"宋忠注十卷",故陆德明、李鼎祚、史征等皆详引之。于唐后则亡。清张惠言、孙堂、马国翰等皆有辑本。今以一卷论。张惠言合宋、刘二氏而论之,曰:"大要二家皆费氏易也。然费氏易无变动,而仲子注革五云:'九者变爻。'则其异于郑、荀者,不可得而闻云。"夫张氏以宋、刘二家皆费氏易,可信。盖是时唯费氏易盛行,乃虞氏独以家传之孟氏易注《易》,故于马、荀、郑、宋诸家皆有所非议,是实门户之见也。若谓费氏无变动,此未可信。盖费氏以十翼解说二篇,则十翼中既有"爻者言变"之文,其解说二篇时,安知其不用变动耶。今所存之马、郑注中,于解卦爻辞确未言变动,然荀氏易言升降,即变动也。更进而言之,升降与爻变尚有所异,然荀氏解"含弘光大",则决不可不谓之变爻。故宋氏之言变爻,未可谓异于郑、荀,且见费氏易中未尝无变动也。乃张氏专主虞氏,必欲明其世传孟氏易中变动之特例,实则仍为门户所限耳。观宋氏于革五曰:"阳称大,五以阳存中,故曰'大人'。兑为白虎,九者变爻,故曰'大人虎变,其文炳也'。"盖以爻辞中有"变"字,乃以九者爻变明之。如他爻之九六皆然,唯不必言也。此与郑注"《周易》以变者为占,故称九称六",可互通也。即郑注总言之,宋注特言之,能合而观之,变动之例备矣。又宋氏于需卦曰:"云上于天,须时而降也。"于师卦曰:"阳当二五,处坤之中,故曰'开国';阴下之二,在二承五,故曰'承家'。"皆同荀氏之升降。而后者之升降,犹易位之正也。若张氏谓"乃升降,非易位也",亦未免执其名之异而忽其实之同。由是见宋氏之易大同于郑、荀。若解养正明乾坤动静等义,皆淳正,于易象亦多可取,实为当时之一大家也。虞氏谓忠小差玄,或亦可信。惜所存已寡,大义未能详考矣。若宋氏曾始为《太玄》作解诂,诚扬氏之知音,或有见于操之同于莽乎。是书司马光尚见,今则亡矣,唯于温公之《太玄集注》,尚能略见一二云。

11.《虞氏易注》提要

《虞氏易注》九卷,汉虞翻注。翻(170—239)字仲翔,会稽余姚人。年七十卒。事迹详《三国志·吴书》本传。若其《易注》,曾上奏献帝,且以示孔融,间论及荀爽、郑玄、宋忠之注。按郑注成于建安五年,宋注之成当亦相近,而孔融被杀于建安十三年,则虞注之成必于其间。今以建安十年论(205),虽不中亦不远矣。虞氏曰:"臣高祖父故零陵太守光,少治孟氏易;曾祖父故平舆令成,缵述其业;至臣祖父凤,为之最密;臣亡考故日南太守歆,受本于凤,最有旧书;世传旧业,至臣五世。"然则虞氏之易实有渊源。以时考之,郑、荀与翻父歆略同时,则凤与马融时亦相当,融祖父余当王莽时,故知虞光或亦王莽时人。是时洼丹以世传孟氏易教授,稍后二三十年,又有觟阳鸿亦以孟氏易教授,此或有与于虞氏者也。若凤之最密,必于取象、消息等,有所发挥;歆之有旧书,则又能稽合古义;唯历数世之观玩,宜乎虞氏易之可贵焉。《隋》、《唐志》皆云:"虞翻注九卷。"《释文》则云"十卷"。于唐后佚。幸李氏《集解》中于虞氏易独详,存者约有三之二,岂非幸事焉。清孙堂辑本以十卷论,张惠言之《周易虞氏义》以九卷论,盖各有所本。今从张氏,凡上下经各三卷,《系辞》上下各一卷,《说卦》以下一卷。孙氏唯以下经为四卷,其他同。若《彖》、《象》之附于卦爻后,《文言》之附于乾坤后(孙辑用王弼本,张氏于《彖》、《象》用王弼本中乾卦之例),是否虞氏之次,亦未可考,然尚无关宏旨,今择要以言虞注之大义。

一、卦变。夫卦变者,谓卦之所以来,凡释《彖》时不可不知,不然如"上下"、"往来"等辞皆虚说而无象,非观象系辞之旨。故汉儒易注莫不有卦变,若蔡景君、荀爽等,以后如姚信、蜀才等亦然。惜所存无多,而求卦变之大义,舍虞注而无由。考《焦氏易林》之法,一卦变六十四卦,此卦变之极则也,于卦象绝无所主,合卜筮之理。然以尚辞言,宜明其例焉,即分辨卦象中阴阳之多寡,计除乾坤外,得一阴一阳卦、二阴二阳卦、三阴三阳卦三类。凡卦变者,宜各从其类;凡三类中,又宜各明其本。故虞注丰卦曰:"此卦三阴三阳之例,当从泰二之四。"注无妄曰:"此所谓四阳二阴,非大壮则遯来。"注谦卦曰:"乾上九来之坤与履旁通,彭城蔡景君说,剥上来之三。"可见虞氏之卦变,本诸十二辟卦之消息,凡乾上即剥上,故犹乾坤之十二画也。再者,更有反卦之例,注泰曰:"阳息坤,反否也。"注否曰:"阴消乾,又反泰也。"此三阴三阳之反。注观曰:"观,反临也。"此二阴二阳之反。注复卦曰:"剥,反交初。"此一阴一阳之反。反者,本《序卦》"剥穷上反下"及《杂卦》"否泰反其类"之义,所以变其消息也。又注颐卦曰:"反复不衰,与乾、坤、坎、离、大过、小过、中孚同义,故不从临、观四阴二阳之例。"盖卦变既本消息,则反之无与于消息之反复不衰卦,宜可不从其例。凡此虞氏卦变之大义在焉,乃综述如下:

虞氏谓"乾始开通,以阳通阴"(乾卦注),而"阴极阳生"(坤卦注),则始消息而生姤、复,夬、姤、剥、复反而一阴一阳卦即出焉。姤、复而遯、临,又大壮、遯、观、临反而二阴二阳卦皆出焉。遯、临而否、泰,否、泰反类而三阴三阳卦皆出焉。然虞氏于此类例外,颇多变例,且注已未全,故变例之旨,似未一贯,实则仍有其源,今试分述之。

甲,屯、蒙之变例。以常例当从临、观来,乃注屯卦曰:"坎二之初",注蒙卦曰:"艮三之二。"考荀氏同此,可见虞氏用古说也。按十二辟卦之消息,本诸孟氏卦气图,是诚世传孟氏易之大义。若取从坎、艮来,犹二阴二阳卦本六子卦也,或为施、孟、梁丘三家所同,惟用辟卦则孟氏所独欤。盖虞氏虽传孟氏易,实兼取各家之说,故其卦变,必有与于三家古说者也。以卦象言,二阴二阳卦三十,每卦各变八卦;凡以旁通反复之四卦(即来氏所谓错综)合成一组,可变成三十二卦,间有八卦相同为二十四卦,外加本卦四,合成二十八卦,故必有二卦不能变。或更加入反复不衰卦二,则可变成四十八卦,除本卦六,此外二十四卦皆可由二卦变来,是乃自然之理也。特作图表于下,以明二阴二阳卦所分之六组(另详二阴二阳卦卦变图):

(一) 临、观、遁、大壮 ⎫
(二) 屯、蒙、革、鼎 ⎭ 中孚、小过　　(三) 震、巽、艮、兑 ⎫
　　　　　　　　　　　　　　　　　(四) 需、讼、晋、明夷 ⎭ 坎、离

(五) 无妄、大畜、萃、升 ⎫
(六) 家人、睽、蹇、解 ⎭ 颐、大过

凡此六组中,每二组合用反复不衰卦二,此二卦即不能变及之二卦,如以临、观、遁、大壮来,即不能变及中孚、小过是也。而虞氏既以反复不衰卦不从其例,故用四卦足矣。且有八卦相同,即屯、蒙、革、鼎、坎、离、颐、大过,乃于相同之卦中,或变例从六子卦来,若钱大昕、张惠言皆知之,而钱氏曰:"临二之五为屯,观上之初亦为屯,临初之上为蒙,观五之上亦为蒙,故不从自临、观来之例,于屯曰'坎二之初',于蒙曰'艮三之二'也。遁二之五为鼎,大壮上之初亦为鼎,遁初之上为革,大壮五之二亦为革,于例不当从遁、大壮来。而仲翔于鼎曰'大壮上之初',于革曰'遁上之初',失其义矣。愚谓鼎盖离二之初,革盖兑三之二也。"则有合于象。然以变例为主,反以常例为失其义,此未可取也。张氏则曰:"屯、坎二之初;鼎、大壮上之初,实离二之初;蒙艮二之三,实颐初之二;革、遁上之初,实大过初之二。"乃以初二变为准,亦系研虞氏易后之心得耳。是否虞氏之义,亦卒难明,盖注已未全,其详未能考焉。故宜以可考之常例为本,凡此变例,不必更为之说。或以卦象言,殊可以六子卦为本。虞注大过曰:"或兑三之初。"同此例。凡上述六组中,用此一三两组,于易象尤为自然,其他四组亦莫不可用,汉易各家中,必有取之者也。虞注睽曰:"在《系》盖取无妄二之五也。"即用第五组,亦有用第四组者,详下,又另详《周易卦变考》。

乙,小畜、履之变例,或以一阴一阳中豫、谦之例推之,当为姤初之四而小畜,夬上之三而履,然虞注小畜曰:"需上变为巽。"注履曰:"变讼初为兑也。"此盖卦变中有阴阳多寡之三类,凡各从其类者为常。三类间之互通,除辟卦之消息外,即为变。若由需而小畜,由讼而履,象当二阴卦变成一阴卦。考荀注萃卦曰:"此本否卦。"即为三阳卦变成二阳卦,虞注即用其例也。凡此三类间之变通,皆由初上之消息,故大义犹乾、坤之与剥、复、夬、姤也。虞注二卦当初上阴变阳,荀注一卦当上阳变阴,详下图。惜除此三卦外,无例可援,然已知三类间确可互变,且必当初上,乃见阴阳之积也。此有与于十六互卦之象(另详互卦图、初上画卦变图等)。

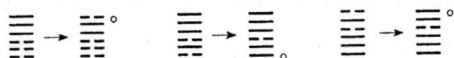

$$\text{☷} \to \text{☵} \qquad \text{☷} \to \text{☳} \qquad \text{☷} \to \text{☴}$$

丙,反复不衰卦之卦变变例:考虞氏既有反复不衰卦不从临、观、遯、大壮之例,乃于中孚曰:"讼四之初也",于小过曰:"晋上之三",于颐卦曰:"晋四之初",是即用上述六组中之第四组。若于颐又曰:"或以临二之上",于大过曰:"大壮五之初",于坎曰:"于爻观上之二",于离曰:"于爻遯初之五",似自紊其例,实则有"于爻"二字,由坎、离推及他卦,例犹未乱。盖由卦变而兼及爻变,一卦本可兼及六十四卦,故不妨仍用临、观、遯、大壮,唯由卦画而成卦爻,于义已略异焉。若于中孚曰:"此当从四阳二阴之例,遯阴未及三而大壮阳已至四。"于小过曰:"当从四阴二阳临、观之例,临阳未至三而观四已消也。"盖此二卦,绝未能由临、观、遯、大壮来,故兼合消息二卦而言,意谓遯阴及三大壮阳未至四,即中孚;临阳至三观四未消,即小过(虞氏反言者,阴阳互抿之义)。凡二阴在下为遯,在上为大壮,在中为中孚,故中孚之于遯、大壮,犹三画卦中离之于巽、兑也。凡二阳在下为临,在上为观,在中即小过,故小过之于临、观,犹三画卦中坎之于震、艮也。夫虞氏于三画八卦颇用纳甲说(详下)。若以六画卦中之二阴二阳卦言,则中孚、小过当消息之中,犹坎戊离己,可见中孚、小过之未能由临、观、遯、大壮来,而临、观、遯、大壮反会合于中孚、小过者也。夫中孚犹离向明而治,盖取诸此。观孟氏卦气之起中孚,或此理乎。虞氏二阴二阳卦变之原,宜亦推原于中孚矣。惟此反复不衰卦,既曰不从常例,又未言他例,且各卦自为说,盖注已未全而未免丛杂。若于坎曰:"乾二五之坤",于离曰:"坤二五至乾",则易简可从,今宜推而言之,乃乾初上之坤而颐,坤初上之乾而大过,乾三四至坤而小过,坤三四至乾而中孚,于卦象殊合,可从反复不衰卦之卦变例云。详下图:

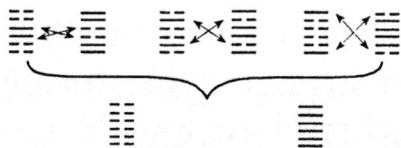

丁,噬嗑、贲、丰、旅之变例:此四卦来自否、泰而未异,乃注丰曰:"丰三从噬嗑上来",注旅曰:"贲初之四",盖于否、泰外别言之。观三阴三阳卦二十,凡旁通之二卦皆可变九卦而遍及二十卦(另详三阴三阳卦变图)。惟以消息言,确本泰、否为长,若本他卦来,皆位在其间,泰、否盖其二端也。凡泰来之卦,未能否来,否来之卦,未能泰来(此以泰、否为言,或取其他二旁通卦皆然)。而虞氏于此四卦别言者,所以通泰、否之消息耳。即泰而贲、丰,否而噬嗑、旅,今取贲而旅,则由泰而通否;取噬嗑而丰,则由否而通泰(详下图),是犹否、泰反类之义。若所以取噬嗑、贲以通丰、旅者,盖此四卦之《大象》,义有所似,乃圣人则观象系辞,君子则玩辞明象,虞氏确能希贤希圣矣。

戊,卦变法之变例:凡卦变者,以阴阳二画易位而成另一卦,观乙中之变,其法已异。若于无妄曰:"遯上之初",于大畜曰:"大壮初之上",于损曰:"泰初之上",于益曰:"否上之初",则为变一画而其他五画之位皆以次而移。考《杂卦》大过以下之次,实有本乎此,虞氏之用于卦变,未合"上下"、"往来"相对之例,实有与于"其旋元吉"之道。以卦象言,六画辗转而合,可成十四类(另详旋卦图等)。

由上之常例一,变例五,以观虞氏之卦变,可谓具焉。汉易之言卦变,什九在虞注中,故古说之可考者,唯此而已,其残缺不亦甚乎。以卦象言,决不止此。幸宋儒已有所发挥。惜清代之汉易家每歧视宋易,此其一也,殊不可。或汉易全,必有易图,虞注中尤多,读其言卦变可见。凡以易图为排比黑白,而自视为汉易者,岂其然耶?

二、纳甲。纳甲者,以天干配诸卦象也。其法必古已有之,今可考者,始见《京氏易传》,后魏伯阳之《参同契》用之以明养生之道。虞氏亦用以解《易》,其言曰:"三日莫,震象出庚,八日兑象见丁,十五日乾象盈甲,十七日旦,巽象退辛,二十三日艮象消丙,三十日坤象灭乙,晦夕朔旦,坎象流戊,日中则离,离象就己,戊己土位,象见于中。"(此见《系辞》上:"悬象著明,莫大乎日月"之注,他处尚多,义皆同。)乃以月之盈虚,明卦象之消息,象由震、兑、乾、巽、艮、坤为周期而坎、离中处,即周流六虚也,与先天图全同,详下图一。又以合月之出没,其方位详下图二。此二图二而一者也。奈不揣其本而究其末者,又视为汉宋之大别,从汉从宋而入主出奴,何其陋哉。实则确可由虞氏纳甲之消息,以明汉时之本有先天图也。以先天图明消息,其理莫善焉。此纳甲之可贵处,与六画之十二辟卦同理。或亦孟氏之古义,唯虞氏不辨其宜而屡用之,如解兑卦之"帝出乎震"一节,未免凿矣。解西南东北及先后甲庚等,则备一说耳。必以之而非马、荀,门户之见殊深,未足为训。

图一

图二

三、之正。之正者,失位爻之正成正位也。其例荀氏已有,至虞氏而备,所以明位乃圣人之大宝也。如注咸曰:"初四易位成既济……此保合太和,品物流形也。"又注乾曰:"已成既济,上坎为云,下坎为雨,故'云行雨施'。乾以云雨流坤之形,万物化成,故曰'品物流形'也。"盖凡卦之失位爻皆宜之正,则"保合太和"而"品物流形"。考荀注曰:"乾升于坤曰'云行',坤降于乾曰'雨施',乾、坤两卦成两既济,阴阳和均而得其正,故曰'天下平'。"其理一也。若荀注于乾、坤外,未言正位成既济者,其注未全也。虞注之未能每卦皆成既济,亦注有所缺,况举一隅可反三乎。故凡一百九十二失位爻之宜之正,于虞注可谓无例外。于解《系辞》"何思何虑"曰:"《易》无思也,既济定六位得正,故何思何虑。"解《说卦》"既成万物"曰:"谓乾变而坤化,乾道变化,各正性命,成既济定,故既成万物矣。"他例尚多,则重视之正成既济可见,是必相传之古法,虞注之精华也。凡研虞易者,每重视其纳甲而忽乎此,不啻入宝山而空回,其鉴诸。

四、取象。《系》曰:"《易》者象也。"《说卦》末章之广象,所以举例耳。于解二篇舍象何据?乃王弼不知象而扫之,其流弊甚矣,罪过桀、纣,确非虚语。幸虞注尚存,犹可考征。清儒之收集易象,若惠栋、张惠言、方申等皆有其功。方氏共得虞氏易象一千二百八十七则，可云尽矣。又整理易象者，如徐益修之《周易对象通释》，亦有所得。然初创者尚未免散乱，今后尤望研《易》者注意乎此。再者，虞氏之取象什九可从，如未可从者，宜参阅他家之说，且必以二篇十翼为本，庶免为门户之囿。夫取象之理，所以类族辨物以居方耳，其间于穷理尽性之旨，诚所谓妙万物而为言者也。若取象之法，有一画之爻位，二画之半象，三画之五画之互卦，六画之别卦及体象等，其间变化多端，而截然不紊(另详虞氏体象图等)。凡读虞氏易者，宜先明其卦爻变及消息、旁通、纳甲、权象诸例，则于取象将迎刃而解矣。

五、消息旁通。郑氏曰："庖牺十言之教，乾、坤、震、巽、坎、离、艮、兑、消、息。"盖八卦者，必由消息以通之，观《彖》中每言消息，尤以十二辟卦中为多，故孟氏用之为卦气，虞氏即发挥之。凡阴变阳曰消，阳变阴曰息。于乾坤之消息，即十二辟卦。且凡阴阳不同之二卦，皆有消息，虞氏名之曰"旁通"。如蛊与随旁通，注"先后甲"曰："谓初变成乾，乾为甲，至二成离，离为日，谓乾三爻在前，故'先甲三日'，贲时也。变三至四体离，至五成乾，乾三爻在后，故'后甲三日'，无妄时也。"又曰："《易》出震消息，历乾坤象，乾为始，坤为终，故终则有始，乾为天，震为行，故天行也。"特图以明之：

由图则其义自明,他如震与巽,豫与小畜,比与大有,皆有其例,故合而言之,凡成三十二旁通卦(另详释消息等)。又合而观之,可成乾与坤、既济与未济二类,图附于下,其说另详:

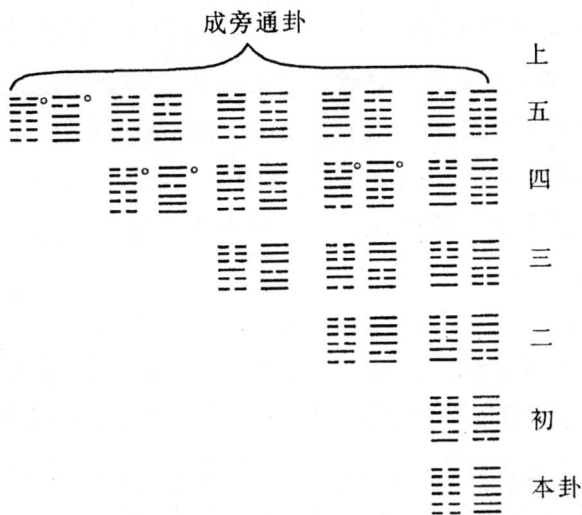

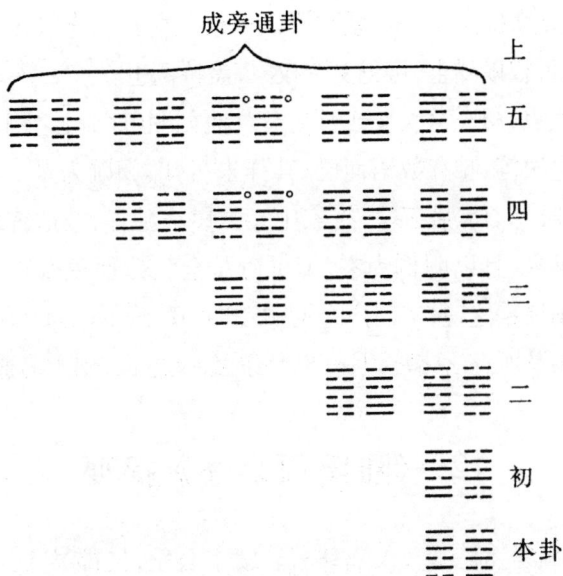

成旁通卦

上

五

四

三

二

初

本卦

成旁通卦

上

五

四

三

二

初

本卦

以上两图,可谓消息之本,今虞注中似未见,以例推之,虞注必本于此,已可无疑(有圈者,虞氏曾用以取象)。乃其由乾坤而卦变,由之正而归既济,即《周易》消息之本也。凡究虞氏易者,皆知消息之重要,若张惠言著有《周易虞氏消息》,其孜孜于残存之注,三年之勤劳,功不可没。然于卦象尚未能因其例而推之,故于六十四卦消息,仍未免曲为之说。今细绎虞注而考诸卦象、经文,积数年之思,始成上图,则消息之理不亦易简乎。既密合于卦象、经文,岂徒未违虞注而已哉。且可见虞氏之消息,确系易家世世相传之正宗,故凡注天象四时之消息,皆依之矣。

六、爻变权象。《系》曰:"爻者,言乎变者也。"凡爻莫不可变,故用九六,《左传》载蔡墨言龙,即爻变也。考虞注中亦有其例,如于《乾文言》曰:"五动成离,日出照物皆相见",于《系辞》解"自天右之"曰:"谓乾五变之坤成大有",是也。于鼎三曰:"动成两坎",于夬上曰:"应在于三,三动时体巽",凡此皆当位而变,故非之正。盖爻变者,总名也,其间失位爻之变是谓之正,当位爻而变无专名,乃以总名爻变当之。且虞氏重之正,故当位爻之爻变不常见,且或以权象视之,如于渐上曰:"谓三变受成既济,与家人《象》同义。"又曰:"三已得位,又变受上,权也。"观虞氏之义,本《系》"巽以行权"之旨,若渐及家人,皆上卦巽,故九三行权以受上,可见爻变权象,盖特例也。

总上六点,虞氏之大义或可见矣。他如明《序卦》之例,《系辞》释诸爻相承之次等,唯存数语而已,其详未可知,阙疑为是。再者,汉易之可考者,唯郑、荀、虞三家,三家中又惟虞注独详,故欲究汉易者,于虞注尤宜推敲,且以明例为本,庶可衍及全《易》而免残缺琐碎之弊。若虞氏不满诸家之说,实门户之见,多未可取,殊不可为其所限。或能因虞注而遍及所存之古注,且一以卦象、经文之准,则于易道几矣。

12. 《陆氏周易述》提要

《陆氏周易述》一卷,汉陆绩著。绩字公纪,吴郡吴人。父康为庐江太守,堂侄逊年仅长于绩数岁,为之纲纪门户。绩六岁见袁术有怀橘事,传为千古美谈。后仕吴,为郁林太守,加偏将军。事迹详《三国志·吴书》本传,年三十二卒。考袁术卒于建安四年,当建安二年,术命其将孙策攻康,城陷,月余而康发病卒。是时绩尚年幼,或即六岁左右,故其《周易述》约成于建安二十年(公元215),年当二十余岁。《隋志》云:"《周易》十五卷,吴郁林太守陆绩著。"又云:"《周易日月变例》六卷,虞翻陆绩撰。"《释文叙录》云:"陆绩《述》十三卷。"又引《七志》云:"录一卷。"《唐志》亦作十三卷。按"三"、"五"或形似而讹,书于唐后佚。若《日月变例》,其佚尤早,略当隋、唐之际。此书之亡最为不幸,盖虞、陆二氏,年差数十岁,皆一时之选,其合撰之书,不亦可贵乎。由书名观之,必系总论易例之变化。今读虞氏之善变,如卦变等,似无例可求;或此书未亡,必能见其条理,今则一语无存,未可考焉。然虞、陆于《易》重例可见。明姚士粦始为陆氏辑佚,清孙堂补之。然姚、孙二辑本,皆及陆氏之《京氏易传》注。考陆绩注《京氏易传》三卷,全书尚存,且体例非一,故择取之以为《周易述》,未可也。清张惠言、马国翰之辑本,皆未及《京氏易传》注,诚是。今以一卷论,书名从《释文》作《周易述》(按《释文》体例,于书名每略其《周易》二字)。

夫陆氏善《易》外,多识星历算数,作有浑天图,又有《释玄》等,惜皆不传。《释玄》于温公之《集注》中尚能略见一二。以《周易述》言,所存虽未多,然有数节,颇能见全书之大义。如于乾初曰:"阳在初称初九,去初之二称九二,则初复七;阴在初则称初六,去初之二称六二,则初复八矣。卦画七八,经书九六。七八为象,九六为爻。四者互明,圣人之妙意也。"此与蔡墨以爻变言龙同义。郑、荀之言变不变亦同。然于四者之互明,此注最详。于"六爻发挥"曰:"乾六爻发挥变动,旁通乎坤,坤来入乾,以成六十四卦,故曰旁通情也。"义亦精炼,于阴阳之变化尽焉。于"三极之道"曰:"极,至也。天有阴阳二气,地有刚柔二性,人有仁义二行,六爻之动发乎此也。此三才极至之道也。初四下极,二五中极,三上上极也。"按郑注明言初二地道,三四人道,五上天道。荀、虞亦同此三才之道也。乃陆氏更明三才三极之异,谓"三才极至之道"是谓三极之道,且见下极即地道,中极即人道,上极即天道,以卦象示三才三极之异,即同功异位,乃应比之互通,故其位异而其功仍同者也。详下图,以既济为准。

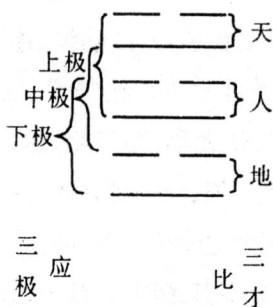

注:上天初地之三才三极同。初二比为地才,化为初四应即下极,二四同功也。五上比为天才,化为三上应即上极,三五同功也。三四比为人才,化为二五应即中极,合二四三五之同功也。

他如于讼四曰:"变乾而巽。"此明爻变之正;于旅小亨曰:"阴为卦主故小亨。"此明卦变卦主。皆系《易》之精义,惜所存已寡,大体或于虞氏同。若于师卦曰:"大人者圣人也。帅师未必圣人,若汉高祖、光武应此义也。"盖以史事证经,是乃焦氏之家法。曰"帅师未必圣人"者,实身当乱世有所感慨而云然。窃观陆氏既注《京氏易传》,其为京氏易无疑,又孟、京同源,故与世传孟氏易之虞氏,例多相同。

附先秦 13. 《子夏易传》提要 附《韩婴、丁宽易传》提要

《释文叙录》云:"《子夏易传》三卷。卜商字子夏,卫人。孔子弟

子,魏文侯师。"《七略》云:"汉兴,韩婴传。《中经簿录》云:丁宽所作。张璠云:或馯臂子弓所作,薛虞记。虞不详何许人。"夫子夏传《诗》,或亦传《易》。《史记》《汉书》所载,传经之源流,子夏乃其主要者也。李鼎祚曰:"自卜、商入室,亲授微言,传注百家,绵历千古。"卜、商者,指卜商子夏及商瞿子木也。张璠云"或馯臂子弓所作",当有所据。子弓者,能兼得子夏、子木之易焉。应劭云:"子弓,子夏门人",可证。汉兴,田生传《易》,以子木易为主,然必已合子夏易为一矣。若韩婴者,传《诗》者也,乃兼得子夏之易。《汉志》有"《韩氏》二篇",即韩婴所传述《子夏易传》也。故子夏原书反未著录。又有"《丁氏》八篇",宽之得之田何者也。宽之《易说》,训故举大谊而已。或与《子夏易传》相近,故荀勖以为丁宽所作。考子木、子夏之《易》,其义一也,而子木者,以《易》为本,故于《易》之四道,必能贯之。若子夏者,以《诗》为本,于《易》或得玩辞之精,于象数之变化,或未及子木欤。又子木未闻有《易传》,盖以十翼解说上下篇,师师相传,不必另述也。而子夏乃诗人善感,因有《易传》焉。然已传自韩婴,且残缺不全,故仅见大义耳。清张惠言、孙堂、马国翰皆辑有《子夏易传》,或为一卷,或分为二卷,内容略同。以所存无多,宜从张、孙二氏作一卷为是。张氏曰:"《子夏传》非汉师说,别为一家。"又曰:"即唐时二卷者,亦非真韩氏书,其文浅近卑弱,不类汉人。殆永嘉以后,群书既亡,好事者聚敛众说而为之。"以所存之子夏易观之,乃以解说义理为本,固与重取象之汉师说不同。然古义往往在而。且间有取象,曰:"坎称小狐。"证诸卦爻辞甚合。《易》唯于解、未济曰"狐",是二卦皆为下伍坎,坎失位多疑,狐象也;小谓坎阴。九家取坎为狐,即本于此。而张氏者,主虞易者也。虞则取艮为狐。他若以"帝乙归妹"为"汤之嫁妹","束"为"五匹三元二缥,象阴阳也","七月"当"六位之反复"等义皆善,未可谓聚敛众说而为之也。考子夏少孔子四十四岁,当孔子既没,设教西河。又韩婴,燕人。汉文帝时为博士,景帝时至常山太傅,武帝时曾与董仲舒论于上前。其著

《易》之时,以武帝建元元年(140)论。丁宽,字子襄,梁人。景帝时为梁孝王将军。其著《易》之时,以景帝元年(前156)论。马国翰曰:"卜《易》之赞于丁、韩,犹卜《诗》之阐于毛、郑,故既依《隋志》别出子夏一家,并以其传之佚说属之丁氏、韩氏,备考源流,无嫌重复。"夫马氏之言可取,惜八篇之书无存,未能知其详。又益以韩氏《外传》之论《易》八则,周公当谦及艮限等义殊善。论"小狐濡尾",以明"宜慎终为始","官天下、家天下之若四时之运"等,亦皆密合易理。由是知若宋易之说理,虽继承于王弼,实渊源于韩氏也。然则汉象宋理之分,犹子木、子夏乎。

14.《周易薛氏记》提要

《周易薛氏记》一卷,清马国翰辑。晋张璠曰:"《子夏易传》,或馯臂子弓所作,薛虞记。虞不详何许人。"马氏曰:"大抵为汉魏间儒生。"则以献帝末年己亥(219)论。今唯《释文》中引得数则,尚多同于汉师说,与马、郑为近。如训"拇"为"足大指"、训"菩"为"小席"等。又以"戈戈"为礼之多,或即引伸马氏"委积"之义。若训"拂"为"违",亦合字之本义,然与子夏《易》作"弗"训辅弼为异。惜所存无多,未能详考,阙疑为是。

卷二

魏　晋

15. 《董氏章句》提要

《董氏章句》一卷,魏董遇著。遇字方直,弘农华阳人。黄初中,出为郡守,明帝时,入为侍中、大司农,数年病亡。按《三国志·魏书》董氏无传,仅附见于《王朗传》末,谓其"历注经传,颇传于世"。若其详,可参阅《魏略》。夫董氏一生好学,劝人"三余"者,盖亲身亦由投闲习读而得。此与虞氏之"习经于枹鼓之间,讲论于戎马之上",陆氏之"雅有军事,著述不废",其理一也。考董氏于建安初已郡举孝廉,故其年长于陆绩,略近于虞翻。然陆氏自视为有汉之士;虞氏亦书上献帝,且不得志于吴而终,则虽仕吴而仍宜从汉论。若董氏之终于魏大司农,乃宜以魏论。曾为《老子》作训诂,又善《左传》,惜皆未传。注《易》或于晚年,今以明帝元年(227)论。其著作《七志》、《七录》、《隋志》、《唐志》皆云"十卷",《释文叙录》则曰:"《章句》十二卷。"唐李鼎祚《集解》遍采古说,而未及董氏,或其书已佚。清张惠言等皆有辑本。今以一卷论,名从《释文》作《章句》。

若所存者,什九得自《释文》,故仅见字义及经文之异同耳,于《易》

之大义一无所知。观其字义，如训"捋"为"取"，则同郑、荀；训"鼓"为"鼓动"，则同虞、陆；训"辩"为"别"、训"射"为"厌"，亦皆同虞义。于用字，如"洗心"作"先心"，"体仁"作"体信"，皆同京氏。可见学有所原，仍存古义者也。如"妙万物"之"妙"作"眇"，训"成"，盖"妙"字实系后出字，古《易》或本为"眇"字。先秦古籍若《荀子·王制篇》"五者仁眇天下，义眇天下，威眇天下"，《九歌》"美要眇兮宜修"等，亦皆作"眇"者也。然则董氏之《易》必有可观，或系继承郑、荀者也。

16. 王肃《周易注》提要

《周易注》一卷，魏王肃著。肃字子雍，雍或作邕，东海兰陵人。魏司徒兰陵成侯王朗之子。事迹详《魏书》本传。肃生于会稽，时朗为会稽太守，虞翻由朗命为功曹，或有交谊，未识于《易》有所切磋否。肃年十八，从宋衷读《太玄》，而更为之解。以肃生于汉献帝兴平、建安间推之，是时刘表已卒，然则宋氏后亦归操乎？若肃之《太玄解》，未闻有传，考王朗卒于明帝太和二年，著有《易》、《春秋》、《孝经》、《周官》传，咸传于世。若肃之《易注》，即撰定其父之《易传》，曾列于学官，以成于朗卒后十年论，即明帝戊午(238)。《释文叙录》、《隋》、《唐志》皆载"王肃注十卷"，陆氏又曰："为《易音》者三人：王肃、李执、徐邈。"书于唐后佚，清张惠言、马国翰等皆有辑本，马氏更分《易注》、《易音》为二书，可云详焉。

夫肃善贾、马之学，而不好郑氏，实门户之见也。是时郑氏已卒三四十年，其学正大盛；肃乃推而上及贾、马，以难玄耳。观郑氏之发挥经义，或不为贾、马之说所囿，此未可谓非。肃即因间以攻郑，况其所好之贾、马或未免为托言，然亦未可一概抹煞。今兼论其《易注》之得失，如释"得朋"、"丧朋"曰："西南阴类，故'得朋'，东北阳类，故'丧朋'。"释明夷二曰："股，旋也，日随天左旋也。"释"禴"曰："殷春祭名。"

是皆确从马氏者也。于"得朋"、"丧朋"之理，易简可从。惜郑注已佚，未可并论。若"左般"之于"左股"，宜作"股"。郑氏用爻辰解虽未可必，然取巽风为股，已含易象。以经文论，"夷于左股"实与丰卦之"折其右肱"对言，故各家皆无异文，唯马氏异。肃乃从马以难郑，未可取也。他如《文言》二言"其唯圣人乎"，肃于上句作"其唯愚人乎"；随《象》之"随时之义"，肃作"随之时义"；则皆无据而改，其非可见。若解小过《象》曰："四五失位，故曰'上逆'；二三得正，故曰'下顺'也。"解既济二曰："体柔应五，柔顺承刚，妇人之义也。髢，首饰，坎为盗，离为妇，'丧其髢'，邻于盗也，'勿逐自得'，履中道也，二五相应，故'七日得'也。"殊合易象，与虞氏易相似，或承其父说（附注：张惠言《别录》解既济二为乖错，未可信，未免有成见），此可取者也。又解剥四曰："在下而安人者，床也；在上而处床者，人也。坤以象床，艮以象人。床剥尽以及人身，为败滋深，害莫盛焉，故曰'剥床以肤，凶'也。"则取象之义异焉。盖象者，以象天下之赜；乃圣人观象系辞，辞即明象之变化动静，所谓文以载道是也。故君子观象玩辞，能见卦象消息之易道，此取象精义也。若王氏曰"坤以象床，艮以象人"者，乃就卦以凑象。此倒果为因，易象废焉，如曰"坤为床，艮为人"即是。然王氏之意，确已变矣，宜起王弼之扫象（附注：张惠言《别录》以此节为"易象之学，于是尽失"，所见极是）。

　　考王弼卒于嘉平元年（249），列于学官者，正此书也（按王肃卒于甘露元年，即公元256，较王弼长三十左右，而晚卒七年）。乃似本古说，而已失其精，且讥郑不已，必两败俱丧。故钟会、王弼之说应运而生，此肃之过也。李延寿《北史》曰："郑玄《易》大行于河北，王肃《易》亦间行焉。"又曰："河南及青齐之间，儒生多讲王辅嗣所注，师训盖寡。"可见玄与肃，其说虽有精粗之别，其实尚无大异。乃肃之不知马、郑之同，致使师训古义由此而亡，不亦大可惜乎。又十翼加"传"字，始于王肃本，古则二篇十翼皆曰"经"，《汉志》《易经》十二篇是也。

17. 王弼《周易略例》附邢璹《注》提要

《周易略例》一卷,魏王弼著。弼字辅嗣,山阳人。始末另详《周易注》提要。著此卷时,宜先于注《周易》,盖为注《易》之例也。今以二十岁论,即废帝乙丑(245)。唐孔颖达疏王、韩《注》,未及此卷。后有邢璹《注》。璹,玄宗时人,始末不甚详,自署为四门助教,《唐书》以鸿胪少卿称之。《太平广记》载其曾奉使新罗,贼杀贾客百余人,掠其珍货,贡于朝。其人殊不足道,盖媚上之佞臣也,宜其子缙以谋反为乱兵所斩(见《旧唐书·王铁传》)。考邢缙死于天宝初,然则璹注此书约于开元初,今以玄宗癸丑(713)论。夫王《注》出,《周易》为之改观,虽时或使然,弼之慧未可没也。若此卷者盖其纲领,影响后世至重。是之非之者,各执一解。《四库提要》谓:"偏好偏恶,皆门户之见。"诚是。全书七节,曰:"明象","明爻通变","明卦适变通爻","明象","辩位","略例下","卦略"。今本二篇十翼之旨,逐节论其得失于后。

"明象"者,谓:"《彖》者……统论一卦之体,明其所由之主者也。"又曰:"品制万变,宗主存焉,《彖》之所尚,斯为盛矣。""繁而不忧乱,变而不忧惑,约以存博,简以济文,其唯《彖》乎。""乱而不能惑,变而不能渝,非天下之至赜,其孰能与于此乎。"凡此皆深合《彖》义。《系辞》曰:"知者观其《彖》辞,则思过半矣。"过半者,有主也。又圣人见赜而拟之象之,象者象也。故惟至赜者能与于此,存宗主以制变,《彖》之盛矣。若卦主者,王氏于一阴一阳卦,取一阴一阳爻为卦主,合自然之现象,亦可取。又曰:"或有遗爻而举二体者,卦体不由乎爻也。"则非笃论。盖二体与主爻并行而不悖,凡《彖》明二体者,亦莫不有主爻,或举二体,或明主爻,因时而系辞也。遗爻者不言耳,举一隅当以三隅反,未可谓卦体不由乎爻。又未明二阴二阳、三阴三阳之卦主,殊觉未备。且卦主宜由卦变而定,无妄《彖》曰:"刚自外来而为主于内",是也。然王氏言卦主而不言卦变,尤为无本。今存之注《易》文献,自蔡墨起,言《易》者莫不言卦变,《周易》之大义在焉。若趋于繁琐,流弊也,当疏通之,其原决不可废。王氏悍然废之,易道虚焉。后儒之不言卦变者,或自觉或不自觉,皆为王氏所囿。而或谓《彖》有言刚柔往来,则言卦变,无则不言;亦未能观象而反三隅,仍陷于遗爻之曲说也。

"明爻通变"者,谓爻变"情伪之所为",是犹《文言》曰:"六爻发挥,旁通情也。"以情明爻,合于易理。末曰:"非天下之至变,其孰能与于此哉?是故卦以存时,爻以示变。"亦是。然变者,通以成文,极数以定象,故不可为典要之变,未能舍其出入之度、外内之惧、忧患与故也。度即数,故王氏曰:"夫情伪之动,非数之所求也。"乃未可以爻变言。极于一卦变六十四卦,共凡四千有九十六卦,是即数。情伪之变,何能外乎此哉?又以之正言。《系辞》曰"变动以利言,吉凶以情迁"是也。谓六爻之动,三极之道,贞于既济,而通天下之变,又何能不以得失位之数求之哉。夫数者,律、历、度、量之所本,典礼仪则之所据。其唯知数者,庶可言变。不然,各变其所变,视情为伪,视伪为情;以吉名凶,以凶名吉。舍法制度量而说心研虑,岂非王《注》引《易》虚之之症结乎?又曰:"体与情反,质与愿违。"亦以二本立言,异乎保合太和易简之理也。

"明卦适变通爻"者,谓:"卦者,时也;爻者,适时之变者也。""名其卦,则吉凶从其类;存其时,则动静应其用。"凡明"应"、"位"、"承乘"、"内外"、"初上"等理,皆可取。又曰:"犯时之忌,罪不在大;失其所适,过不在深。""故当其列贵贱之时,其位不可犯也;遇其忧悔吝之时,其介不可慢也。"皆有悟乎易道之言,惜未能以易象示其理也。

"明象"者,谓:"意以象尽,象以言著。"又曰:"忘象者,乃得意者也;忘言者,乃得象者也。"此实大误。盖《系辞》曰:"圣人立象以尽意,系辞焉以尽其言。"其唯观象玩辞,庶能尽意尽言。然王氏反之,而曰"忘象"、"忘言"。呜呼,未知忘言之象,幻象也;忘象之意,虚意也。乃积弊数千年,仍有信之者,故范宁谓"罪浮桀纣"。此节之义,绝不足取,学《易》者宜早辨之。

"辩位"者,谓"初上无阴阳定位",亦非,宋吴沆已正之矣。盖若初上无位,则《彖》曰"刚柔正而位当",何以不言于家人、蹇、渐,而独言于既济邪? 至于需上曰"虽不当位",指不速之客,谓九二未正,岂可以之而证"初上无定位"哉。夫位乃圣人之大宝,天地之间莫不有位,初上为事之始终,其位尤不可不正。复、姤之积,善不善之几;夬、剥之变,善不善之成。柔变刚,以剥君子于无位之地,然仍为民载,反复以长刚,此天地之心也;夬决柔以消小人,仍位之以地,奈小人无号而自灭耳。可见初上之位,关系尤重。若三五、二四之同功异位,实谓互体。王氏既不信互体,又以之论初上无位,殊非圣人之意也。

"略例下"者,犹综合以上各节。谓"凡体具四德者,则转以胜者为先",其义甚是。又举履、讼二卦,以释象爻之异,及究各类之"无咎"等,皆简明可法。

"卦略"者,举例以释屯、蒙、履、临、观、大过、遯、大壮、明夷、睽、丰十一卦之大义。于屯、蒙皆曰"阴爻先求阳",殊合卦义。然于临、观乃并言"阴阳浸长",而未辨其消息,则是非未明。他卦间亦可取。

总上所述,此书有大误之处,然亦有可法者。且汉易明例之言,什九皆佚,则此书之例,若象爻、承乘等,不可不知。且易道由之而大变,故玩《易》者不可不读,然宜慎思之而明辨之也。

若夫邢氏之《注》,依文解之而已,无足轻重。序文有曰:"孔子三绝,未臻枢奥",亦悖理之言也。从注而违翼,安足以语《易》哉。

18. 王弼《周易注》提要

《周易注》六卷,魏王弼著。弼字辅嗣,山阳高平人。父业,祖凯,凯乃粲之族兄,刘表之婿也。其家学盖可见。又汉蔡邕书近万卷,末年载数车与粲。粲亡后，二子为文帝诛，即以业嗣粲，书亦归业，则弼又博见古籍焉。弼生于黄初七年丙午（226），卒于嘉平元年己巳（249），年二十四。《三国志·钟会传》："弼好论儒道，辞才逸辩，注《易》及《老子》，为尚书郎。"何劭曰："弼幼而察惠，年十余，好老氏，通辩能言。"今观其《周易注》、《老子注》，所谓"辞才逸辩"、"通辩能言"，殊得其实。若其辩言之是非，后人褒贬不一，范宁毁之曰"罪过桀纣"，孔颖达誉之曰"独冠古今"，其差不亦远乎！夫《系》曰："辨是与非，则非其中爻不备。"后人之偏执是非，皆未备中爻所致。中爻者，宜是其所是而非其所非，何可执一耶。《四库提要》曰："阐明义理，使《易》不杂于术数者，弼与康伯深为有功；祖尚虚无，使《易》竟入于《老》、《庄》者，弼与康伯亦不能无过。瑕瑜不掩，是其定评。"则其注是焉。惜简而未详，于功过之辨，亦略有可议，乃更论如下：

考王弼卒年仅二十四，于《易》《老》皆有注，其聪慧盖可想见。年十余已好老氏，然则注《老》或先于注《易》。又《周易注》外，尚有《略例》一卷，注《易》之总例耳，宜本之以注《易》，或亦先成于《周易注》。尚未及《系辞》以下，或不及注而卒乎。今以注《老》及成《略例》约以二十岁（245）论，而此书尚未全，故宜以卒年（249）论。夫是时，魏篡汉已近三十年，然尚三国鼎立，世事之混乱甚矣。以学术言，尤多分歧。王肃之善贾、马而不好郑氏，郑氏门人孙炎之驳而释之，其著者也。且肃之注解皆列于学官，于王弼有直接影响焉。如虞氏《易注》中讥各家之说，亦不一而足。凡此皆时使之然，其间之是非，非推究其本，何能明之。若王弼之注，即不顾各家之是非，自出新意而另辟途径，于"《易》者象也"、"立象以尽意"之大义，竟曰"得意忘象"，则忘象之意无准，岂圣人设教之意耶。且邪说流行，至晋而剧，空谈误国，咎由所自，较桀、纣一世之祸，不亦过乎。此不可不贬。迨清乾隆后，以上溯汉学为主，则王弼之废汉易师说，其误尤显，宜攻之无已矣。然《易》穷则变，变则通，当王弼之时，师说门户之见，固执已极，此《易》之穷也，非加变通，安能合师说而一之。故王氏不为一家所囿,脱门户陋见,有其卓识者也。所谓"独冠古今"者,此之谓乎。今以实例明其得失。

一、注"乾元者,始而亨者也。利贞者,性情也",曰:"不为乾,何能通物之始。不性其情,何能久行其正。是故'始而亨'者,必乾元也;利而正者,必'性情'也。"此注于理未误,与虞注曰"乾始开通,以阳通阴,故始通",其旨一也。然汉易贵象,于下"美利"句,虞注曰:"'美利'谓'云行雨施、品物流形',故'利天下'。""'云行雨施'者,即已成既济,上坎为云,下坎为雨。"(乾《彖》注)荀爽注亦曰:"乾升于坤曰'云行',坤降于乾曰'雨施'。乾坤二卦成两既济,阴阳和均而得其正,故曰'天下平'。"(乾《文言》"云行雨施天下平也"注)夫若荀、虞之注,则乾元通阴之象,明升降之正而成既济利贞之义,亦有其象。乃王注惟取其理而不取其象,则始亨之乾元与夫性其情而久行其正者,其状晦矣。《系》曰:"圣人有以见天下之赜,而拟诸其形容,象其物宜,是故谓之象。"此实《易》之本。庖羲氏作卦者,即以卦象像天下之赜也。不然若王注之虚说,何贵乎有卦象耶?又如萃卦辞:"利见大人,亨利贞。"注曰:"聚得大人,乃得通而利贞也。"其理亦是。然如何聚得大人,又未言。若虞注曰:"大人谓五,三四失位,利之正,变成离,离为见,故'利见大人','亨利贞',聚以正也。"不亦简明乎。观王注中此类例殊多,皆为于理可取,惜不知用象及不知卦爻之变化耳。

二、注谦五曰:"居于尊位,用谦与顺,故能不富而用其邻也。以谦顺而侵伐,所伐皆骄逆也。"于理甚正。他如注贲《彖》曰:"止物不以威武而以文明,人之文也。"于睽《大象》曰:"同于通理,异于职事。"于未济《彖》曰:"位不当,故未济,刚柔应,故可济。"皆语简而切。凡此必综述汉儒之说,合乎易义者也。今古义什九已佚,则去汉仅三十年之王注,固未可忽视,虽曰尽废古师说,然大义或尚有所存,乃在学《易》者之善取耳。

三、萃四"大吉无咎"注曰:"履非其位而下据三,阴得其所据,失其所处,处聚之时,不正而据,故必大吉立夫大功,然后无咎也。"此分辨所据所处可取。然《系》曰："吉凶者,失得之象也。"安有失据而能大吉乎。若虞注曰："以阳据阴,故位不当,动而得正,承五应初,故大吉而无咎矣。"则所以明致大吉之道,盖能正名焉。又如蛊二注曰："居于内中,宜干母事,故曰'干母之蛊'也。妇人之性,难可全正,宜屈己刚,既干且顺,故曰'不可贞'也。干不失中,得中道也。"此明居于内中以干母事,与夫既干且顺,理皆是。然《文言》曰："贞固足以干事",未闻不正而能干事者也。若爻曰"不可贞"者,虞注曰："失位故不可贞。"又曰:"变而得正,故贞而得中道。"始切爻义。王注之"宜屈己刚",实即由失位"不可贞",变得正而"可贞"耳。然其注未明,似以不变处刚为"贞",故曰"不可贞",则违于"贞"字之本义。盖王氏随辞注之,未求观象系辞之道,故于理似是,于正名之理荒焉。与汉易之谨严,相去不亦远乎。

四、注归妹曰:"少女而与长男交",盖以上下二体言,此大误,不知旁通所致。虞注"震嫁兑",于象当震兄归兑妹于渐之艮,《杂卦》"渐女归待男行"是也。若王注,则象义全非。又注蒙卦曰:"蒙之所利,乃利正也。夫明莫若圣,昧莫若蒙,蒙以养正,乃圣功也。然则养正以明,失其道矣。"此于末句亦误,乃妄解"蒙"字,以养正不以明而以蒙,岂圣功哉。合于明夷卦,又注曰:"莅众显明,蔽伪百姓者也。故以蒙养正,以明夷莅众。"尤不足为训。盖象当明夷五,无主而晦,君子莅众用晦而明者,若文王之蒙大难,箕子之晦其明,不得已耳,况箕子之贞,明不可息,未尝不以明为本。可见王注之义实颠倒是非,以意妄言而归于蒙昧幽晦,岂圣人设教之旨耶。先儒谓王注以虚无说《易》,此类是也。

总上所述,于一二两类,虽有扫象之蔽,然古义尚可概见,故于理可取。于三类,则理尚是,而名已不正,渐趋于虚。于四类,则以意妄言,谬之所在,《四库》所谓"祖尚虚无"是也。若曰:"阐明义理,使《易》不杂于术数",尚未合。盖汉易未尝不阐明义理,况王氏之扫象,岂仅扫术数哉。荀、虞之升降、之正、取象等,决非术数,故王氏之得失,可一言以蔽之,得在免汉儒门户之争,失在扫象耳。

19. 向秀《易义》提要

《易义》一卷,晋向秀著。秀字子期,河内怀人。竹林七贤之一。武帝时,官至黄门侍郎、散骑常侍,卒于位。入洛尚见文帝(司马昭)。著此书尚在入洛前,然在注《庄子》后,今约以魏元帝景元元年(260)论。夫向氏有异于嵇康等,乃雅好读书,故先注《庄子》,继又注《易》。郭象所注之《庄子》,即本于秀;张璠辑《周易集解》,亦依秀本;当时之风行可见。《释文叙录》云"向秀为《易义》",未言卷数。今张氏《集解》及向氏《易义》皆佚。清孙氏、马氏各有《易义》辑本,仅存数十条而已。若存于《集解》者,经李鼎祚之选择,如释大过曰:"初为善始,末是令终,始终皆弱,所以'栋桡'。"尚合初末终始之易象。释易卦曰:"明王之道,志在惠下,故取下谓之损,与下谓之益。"立义亦正。又用字有同乎郑、虞者。惜所存既寡,未能明其大义之所在,聊充一家耳。

20. 姚信《周易注》提要

《周易注》一卷,吴姚信著。《七录》云:"字元直,吴兴人。吴太常卿。"陆德明曰:"字德祐。"或本有二字。《三国志·吴书》无传,于《孙和传》中有曰:"宝鼎二年十二月,遣守丞相孟仁、太常姚信等,备官僚、中军、步骑二千人,以灵舆法驾,东迎神于明陵。"又《晋书·范平传》曰:"平研览《坟》、《索》,遍该百氏,姚信、贺部之徒,皆从受业。"吴宝鼎二年当晋武帝泰始三年。又晋太康中频徵平,不起,年六十九卒。然则宝鼎时平年盖五十余岁,信年或当四十左右乎? 其成《易注》,可以宝鼎二年(276)论。《七录》云"十二卷",《隋》、《唐志》及《释文叙录》皆曰"十卷"。于唐后佚。清有辑本,以一卷论。

其注旅卦曰："此本否卦，三五交易，去其本体，故曰'客旅'。"此卦变例。于丰卦曰："四体震，五假大也，四上之五，得其盛位，谓之'大'。"此爻变之正例。于谦二曰："三体震，为善鸣，二亲承之，故曰'鸣谦'。得正处中，故'贞吉'。"于未济二曰："坎为曳、为轮，两阴夹阳，轮之象也；二应于五而隔于四，止而据初，故'曳其轮'。处中而行，故曰'贞吉'。"此皆取应比例。于"精义入神，以致用也"曰："阳称'精'，阴称'义'。'入'，在初也。阴阳在初，深不可测，故谓之'神'。变为姤复，故曰'致用'也。"此消息之大义。凡此皆与虞氏易同，得《周易》之大义焉。

考《陆逊传》曰："逊外甥顾谭、顾承、姚信，并以亲附太子，枉见流徙。"然则姚氏之易，得于其舅乎？夫绩与逊，堂叔侄也，逊年反长绩数岁，故姚氏之易，即承陆绩之易。绩与翻易例同（曾同撰《周易日月变例》），宜其言似虞氏焉。再者，姚氏曾表请赐绩女郁以"义姑"之号（见《陆绩传》注），亦因亲戚之故也。又姚氏注曰："伏羲得河图而作《易》。连山氏得河图，夏人因之曰《连山》。归藏氏得河图，商人因之曰《归藏》。伏羲氏得河图，周人因之曰《周易》。"其理亦是，或得于范平者乎。唯于明夷二作"夷子右槃"，"槃"犹"般"，训"自辰右旋入丑"，盖义承马氏，然未若作"股"为长；且又改"左"为"右"，未知所据，此未可从。若总论全书，殊合易道。传虞、陆之易者，今仅存姚氏一家而已，不亦可贵乎。

21. 翟玄《易义》提要

《易义》一卷，晋翟玄著。玄字子玄，生平未详。《隋》、《唐志》等皆未载其书，唯《荀爽九家集注》中，采有翟氏说（另详《荀爽九家集注》提要）。陆德明曰："子玄不详何人，为《易义》。"按《集注》中翟氏序次姚信，故知后于姚氏，宜为晋人。当吴亡时（即晋武帝太康元年），姚氏年五十左右，今更推迟十年，则翟氏之书约成于惠帝永熙元年(290)。考翟氏原书必早佚，乃《七志》、《七录》皆未著录，幸集《集注》者尚见而撷采之。若唐陆氏《释文》、李氏《集解》所述之翟氏说,必系转录《集注》中所引者,殊非原书,故《释文叙录》亦未言其卷数。清有辑本,今以一卷论。

翟氏注泰二曰:"亢,虚也。二五相应,五虚无阳,二上包之。"是犹爻变之正。于晋四曰:"硕鼠昼伏夜行,贪狠无已,谓虽进承五,然潜据下阴,久居不正之地,故有危厉也。"是谓卦变。以言推之,盖由艮而晋,然则翟氏于二阴二阳之卦变,或取从六子卦来乎? 惜仅存此一卦耳,未能详证。又于《文言》"与四时合其序"曰:"乾坤有消息,从四时来也。"是即十二辟卦之消息。凡此皆为汉易之古义。是时王弼之说或已行焉,而翟氏仍持古说以明易义,不为扫象之说所惑,其见远矣。

22.《荀爽九家集注》提要

《荀爽九家集注》一卷,晋人所集,集者佚名。陆德明曰:"不知何人所集。称荀爽者,以为主故也。其序有荀爽、京房、马融、郑玄、宋衷、虞翻、陆绩、姚信、翟子玄。"按《集注》之大义,以荀爽为主,故序九家之名首荀氏。以下七家皆以时为序,绝无颠乱,则最后一家翟氏,其生平虽不详,而较晚于姚信,已可断言。若八家皆称名,独翟氏称字者,集者或有与于翟氏,或出翟氏之门者乎? 陆氏又曰:"子玄,不详何人,为《易义》。注内又有张氏、朱氏,并不详何人。"或由是而疑"九家"非指荀爽至翟子玄九人,盖更有张氏、朱氏也。实则不必疑。此乃九家之名,集者自言,而陆氏引之耳。"张氏、朱氏"者,陆氏之言也。必集者摘录荀爽至翟子玄九家之言(附注:翟氏之书早佚,然《释文》、《集解》皆粜有翟氏说者,即由此书中录出,故知此书中必直录九家之言无疑),下乃间及他家之说,或言有可取而已,非汉易亦录以足成九家之义耳,如张氏、朱氏等是也。况不止此二家,惟陆氏"不详"故言之,犹九家中独言翟子玄也。若既录各家之说,然后综合其义而自言之,今所存者皆是也。且主荀氏言,乃似焉。然上距荀氏已百年有余,又参以其他八家之说,宜其有出入。或即以九家之说为荀氏之说,则误。夫自王弼、钟会扫象之流行,《易》之古义废焉,集者乃集合于古义者而会通之,以挽狂澜,诚有见之士也。考李雄称王时,蜀有范长生尚汉易(另详蜀才《周易注》提要),而此书中未及。然则集者之时,后于翟氏而早于范氏乎?今约以惠帝永康元年(300)论。《隋》、《唐志》、《释文叙录》皆曰"十卷"。于唐后佚。清有辑本,以一卷论。

其于随初曰:"渝,变也。谓阳来居初,得正为震,震为子,得土之位,故曰'官'也。阴阳出门,相与交通,阴往之上,亦不失正,故曰'贞吉'而'交有功'。"此谓由否而随,否初阴上,阳出门而交成随,初上皆不失正,故"贞吉"而"交有功"。是乃尚虞氏之卦变。又取否卦为土,变成随,震为木,木克土,官鬼也,以明"官有渝"之义,是乃京氏易也。他如困初曰:"兑金伤木,故枯为株也。……"义亦本京氏解《系辞》,盖取之各节。取象全以虞氏。可见绝非主一家者也。若升降之义等,则全同荀氏。又集者以十二辟卦之消息,合诸"帝出乎震"之方位,见下图:

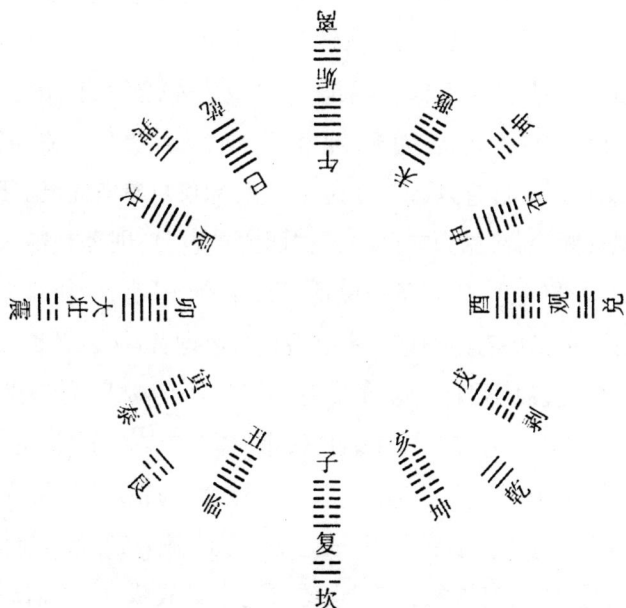

于解经时每用焉,似为通。今于泰、姤及《系辞》之"方以类聚,物以群分","原始要终,故知死生之说"等皆可见。谓"类聚"当姤,"群分"当复,义殊可取。合诸荀氏以"天尊地卑"当否卦七月,"卑高以陈"当泰卦正月,及解"大明终始"等,大义全同,所谓主荀氏,此其大者也。若于"以类万物之情"曰:"六十四卦,凡有万一千五百二十册,册类一物,故曰'类万物之情'。以此庖羲重为六十四卦明矣。"可见当时颇有疑庖羲自重者,集者乃以经文自证。至于《说卦》广象章所补之三十一象,乃得失互见,今分述于下:

如曰:"乾为直、为衣。坤为牝,为迷,为方,为囊,为裳,为黄。震为鼓。巽为杨。坎为律,为丛棘,为狐,为蒺藜。艮为鼻。"皆有据于经而可取。盖《系》曰:"乾其动也直。"又曰:"垂衣裳而天下治,盖取诸乾坤。"坤卦辞曰:"利牝马之贞……先迷。"《说卦》"坤为布",宜名"方",乃与乾圆对。《说卦》"坤以藏之",囊以藏物,亦坤象。《文言》"天玄而地黄",故坤地为"黄"。《说卦》"震,动也","震为雷","雷以动之","鼓"犹雷声。巽木为"杨"。坎水平准为"律",坎木坚多心为"丛棘",为"蒺藜",坎为心病,犹疑疾,狐性疑。艮为山,于人面犹鼻;山泽通气,鼻性同。故凡此十五象义同是。曰"乾为龙,震为玉,离为牝牛",则与《说卦》之"震为龙,乾为玉,坤为牛"未合。然震息而乾,离得坤之中气,其象可通。惟宜以《说卦》为准,此三象仅可参考而已。曰"坤为浆,震为鹄,巽为鹳,兑为常"(注云:"西方神也"),则经文中未言。盖触类自明,非解经之言,乃备一说耳。曰"艮为狐"者,于坎狐之外别言之,同虞氏,可见集者之兼取各家之说也。以理言,坎狐义长,且解、未济皆有下伍坎,故不取艮狐。曰"乾为言",不若兑口为言义长。曰"坤为帛,坎为宫,为栋",皆未若虞氏取"巽为帛,为栋","艮为宫"为切。曰"坎为桎梏",又未若虞氏取震、艮连坎为精。曰"艮为虎",未若马氏取"兑为虎",合西方七宿之象。曰"兑为辅颊",则似未细。盖"辅"名得于车,有坎象;"颊"当乾面之中。故咸上曰"辅颊"者,实指四爻,乾中正则有坎辅焉。曰"坎为可"者,于卦爻辞及《说卦》等皆无据,虞氏亦未及"可"象。盖"可"字以取例为长,然以象言,坎通为"可",亦有其义。总上所述,可见此三十一象绝非一家之言,乃集者兼收而举例言之耳。以为荀氏之言已未可,史以为经文之逸象,尤未免失考。

23. 蜀才《周易注》提要

　　《周易注》一卷,成汉范长生著。按《七录》云:"蜀才,不详何人。"《七志》云:"是王弼后人。"颜之推曰:"《易》有蜀才《注》,江南学士,遂不知是何人。……《李蜀书》一名《汉之书》,云姓范名长生,自称蜀才。南方以晋渡江后,北间传记皆名为伪书,不贵省读,故不见也。"《华阳国志》:"雄遣信奉迎范贤,欲推戴之。贤不许,更劝雄自立。永兴元年,……雄遂称成都王,……迎范贤为丞相。……贤既至,尊为天地太师,封西山侯。……贤名长生,一名延久,又曰九重,一曰支,字元,涪陵丹兴人。"《晋书·李雄载记》:"雄以西山范长生岩居穴处,求道养志,欲迎立为君而臣之。长生固辞。……永兴元年潜称成都王,……范长生自西山乘素舆诣成都,雄迎之于门,执版延坐,拜丞相,尊曰范贤。长生劝雄称尊号,雄于是僭即帝位。……加范长生为天地太师,封西山侯。"《十六国春秋》:"西山范长生,岩居穴处,李雄欲迎立为君而臣之。长生固辞曰:'推步大元,五行大会,甲子祚钟于李,非吾节也。'雄即成都王位,长生乘素舆诣成都,即拜丞相,尊曰范贤。长生善天文,有术数,民奉之如神。"以上各书所载事迹,大体相同。又陆德明引《李蜀书》,尚知范长生盖隐居青城山。考永兴元年即晋惠帝甲子,是时范氏求道养志,于《易》或已注焉。故注《易》之时,今试推前二年论,约当太安元年(302)。其后既为雄之丞相,于成汉之影响必大。《载记》:"时海内大乱,而蜀独无事,故归之者相寻。雄乃兴学校,置史馆,听览之暇,手不释卷。"此范氏之功也。《隋唐志》《释文叙录》皆曰:"蜀才《注》十卷。"唐后佚。清有辑本,以一卷论。其注皆遵汉易,乃时后王弼而不为所乱,非明道之士不能也。惜所存无多,唯于卦变尚可推究,盖本十二辟卦来之孟氏易也。且大体与虞氏同。若无妄、大畜之初上移一画亦然。而于损卦曰:"此本泰卦。案坤之上九(九当为六,必传写有误),损下益上者也。"则又合二画上下卦变之常例。考荀氏注"损而有孚"曰:"谓损乾之三居上孚二阴也",亦指三上变。可见范氏同荀氏。又见初上一画移动之卦变,虞氏本《杂卦》而别创之例也。范氏之或用(无妄、大畜)或否(损、益),能见其兼采各家之说,非徒执一家之言者也。又一阴一阳卦之卦变,虞氏未言其例,若本蔡景君上三相应而变,与虞注殊合。而范氏之注未限于此,其注师卦曰:"此本剥卦。案上九降二,六二升上。"注比卦曰:"此本师卦。案六五降二,九二升五。"注同人曰:"此本夬卦。案九二升上,上六降二。"夫师而比,同虞氏二上之变,则虞氏所未言,或亦古有其法。以卦象言,由剥、复、夬、姤以变及其他八卦,如徒取相应,殊不能及师、比、同人、大有,故宜有二上之变,然则范氏之例可考焉,见下图:

范氏一阴一阳卦变图

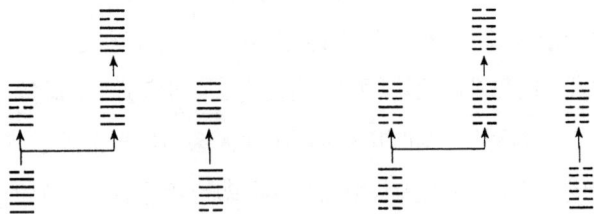

按范氏既取二五相应而变,则夬而履,姤而小畜,剥而谦,复而豫,其相应之例同。又同人而大有,更与师而比同例。故一阴一阳卦而取剥、复、夬、姤来,此图已得卦象之自然。虽范氏之注有缺,其常例决不外此,则可断言,或有变例,乃无注,绝不可言。故范氏卦变之可推究者,仅此而已,不亦鲜乎。然古易什九失散,尚能见汉易之卦变,已云幸矣。

24. 干宝《周易注》提要

《周易注》三卷,东晋干宝注。宝字令升,新蔡人,徙吴都海盐。元帝时,以才器召为著作郎;平杜弢有功,赐爵关内侯,迁散骑常侍。详《晋书》本传。性好阴阳术数,留思京房、夏侯胜等。《释文叙录》云:"干宝《周易注》十卷。"《隋志》云:《周易爻义》一卷,干宝撰。"又云:"《周易宗途》四卷,干宝撰。"今皆佚。元屠曾辑得一卷,明姚士粦又辑有"干常侍《易解》三卷",清丁杰、张惠言、孙堂、马国翰等各为之补正,故尚能见其梗概。间有注及《系辞》以下,则非《爻义》、《宗途》,亦未知其内容。辑本来源什九为《集解》、《释文》所引,似当为《周易注》。所存尚多,宜从姚氏等定为三卷。若著此书之时,或在为著作郎前,今即以元帝建武元年(317)论。

夫干氏之《易》,义主孟、京。凡乾坤十二爻当十二辟卦,即孟氏之卦气图。卦爻之义,因之而为说。如蒙于卦气属正月,故释卦辞曰:"正月之时,阳气上达,故屯为物之始生,蒙为物之稚也,施之于人,则童蒙也。"归妹于卦气属八月、九月,故释《大象》曰:"雷薄于泽,八月、九月,将藏之时也,君子象之。故不敢恃当今之虞,而虑将来之祸也。"他如纳甲、宫世、爻位、五行生克、六亲等,悉皆采用,故此书以卜筮尚占为本,然能取象以明义,不惑于王氏之扫象,殊多足取。于渐上曰:"处渐高位,断渐之进,顺艮之吉,谨巽之全,履坎之通,据离之耀,妇德既终,母教又明,有德而可爱,有仪而可象,故曰'其羽可用为仪','不可乱'也。"盖以上下二象,兼及京氏之互体约象,由是而明渐上之有德有仪,合乎观象习辞之正。于《文言》之"利贞者,性情也",注曰:"以施化利万物之性,以纯一正万物之情。"亦通于"各正性命"之义。释《序卦》曰:"天地之先,圣人弗之论也。"又曰:"后世浮华之学,强支离道义之门,求入虚诞之域,以伤政害民,岂非逸说殄行,大舜之所疾者乎。"足砭晋风清谈之弊,不入流俗,首出以归乎正,干氏之可贵也。于《杂卦》曰:"夏政尚忠,忠之弊野,故殷自野以教敬;敬之弊鬼,故周自鬼以教文;文之弊薄,故《春秋》阅诸三代而损益之。颜回问为邦。子曰:行夏之时,乘殷之辂,服周之冕。……是以圣人之于天下也,同不是,异不非,百世以俟圣人而不惑,一以贯之矣。"亦深得于《序卦》《杂卦》之精义。

至若引证史事,虽继古法,如焦氏、郑氏等皆曾援引,然大有发挥,乃开后世以史证经之一派,非干氏之功乎。于益三之"凶事",以"桓文之徒,罪近篡弑,功实济世"当之,可备一说。孟子曰:"今之诸侯,五霸之罪人也。"干氏或亦有感于斯言而云然乎?唯多及周室事迹,故张惠言讥其"《易》为周家记事之书,文、武所以自旌其伐也",实为大疵。且由卜筮而成谶数之言,穿凿琐细,皆宜弃捐者也。

25.王廙《周易注》提要

《周易注》一卷,晋王廙著。《释文叙录》云:"王廙《注》十二卷。"《七志》《七录》皆云"十卷"。《隋志》云:"《周易》三卷,晋骠骑将军王廙注。残缺。梁有十卷。"可见此书久已不全。清张氏、孙氏、马氏等皆有辑本,存文无多。廙(276—322)字世将,琅玡临沂人。善属文,通书画音乐等。导从弟,羲之之叔。出为濮阳太守,官至荆州刺史,赠骠骑将军、武陵康侯。元帝即位,奏《中兴赋》,年四十三。著此书时,亦以是年论,即太兴元年(318)。寻病卒,年四十七。帝深痛之,谥曰"康"。

夫王氏擅文学,其《易注》亦重文采。如解贲卦曰:"夫山之为体,层峰峻岭,峭崄参差,直置其形,已如雕饰;复如火照,弥见文章;贲之象也。"则略有弄文之嫌,已失汉易之写实,然用字尚多同于郑氏,非唯从王注者也。若谦五之"侵伐"改作"寝伐",则于古无据,未免师心自用,象曰"征不服",岂寝息之时乎。

26. 韩伯《周易系辞注》提要

《周易系辞注》三卷,东晋韩伯注。伯字康伯,颍川长社人。为人清和有思理,善文艺。简文帝居藩,引为谈客,曾以周颙居丧废礼、崇尚庄老为非。然其《系辞注》,可以简文帝咸安元年(371)论,距王弼之注已百有余年。考《七志》云:"王弼注《易》十卷",盖已合此三卷。《隋志》云:"《周易》十卷,魏尚书郎王弼注六十四卦六卷,韩康伯注《系辞》以下三卷,王弼又撰《易略例》一卷。"合此三书成十卷者,或韩氏自辑乎?《释文叙录》载注《系辞》者十家:谢万、韩伯、袁悦之、桓玄、卞伯玉、荀柔之、徐爰、顾懽、明僧绍、刘瓛。今九家皆佚,唯韩注附于王注而独存,不亦幸乎!

夫韩注《系辞》以下,大义悉遵王弼,其误亦同。有曰:"夫非忘象者,则无以制象;非遗数者,无以极数。'至精'者,无筹策而不可乱;'至变'者,体一而无不周;'至神'者,寂然而无不应。斯盖功用之母,象数所由立。故曰非至精、至变、至神,则不得与于斯也。"按此误即遁入玄虚。盖非"至精、至变、至神",确不得与于斯。然"至精"者,虞注曰:"谓乾纯粹精也。""至变"者,虞注曰:"谓参五以变,故能成六爻之义。""至神"者,虞注曰:"谓《易》隐初入微,知几其神乎!"此乾元之神,不动而感通,息阳长刚,而六爻发挥,无非象数,其可忘象遗数乎。即如韩注"无筹策而不可乱",其乱与否非象乎?"体一而无不周",一非数乎?奈其不本复初乾元以当之,则玄虚而不知象数。此与王弼同蔽,似高深而实无本,《易》乃晦而不明,王、韩有过焉。若曰"道者无之称"及论神等,其失一也。注《说卦》"六位",而唯曰:"二四为阴,三五为阳",仍为王注"初上无位"所囿;以下方位、卦象等,绝无所明,岂知《易》者。又曰:"凡《序卦》所明,非《易》之缊",尤误;乃十翼绝无虚言,韩氏实未足以知之。

若注《系辞》有曰:"洗心曰'齐',防患曰'戒'","典礼,适时之所用","立本观卦,趣时观爻","辞也者,各指其所之,故曰'精'也"等,理尚可取。

卷三

南北朝隋唐

27.《周易伏氏集解》提要

《周易伏氏集解》一卷,梁伏曼容撰。原书已佚,清马国翰辑。曼容字公仪,平昌安丘人。少笃学,善《老》、《易》,倜傥好大言,不以何晏为是。宋明帝好《周易》,集朝臣于清暑殿讲说,诏曼容执经。齐明帝不重儒术,曼容宅在瓦官寺东,施高坐于听事,有宾客辄升高坐为讲说,生徒常数十百人。梁台建以曼容旧儒,召拜司马,出为临海太守。天监元年卒于官,年八十二。详《梁书》本传。著述有《周易》、《毛诗》、《丧服》集解,《老》、《庄》、《论语》义。按宋明帝在位八年,泰始初年即公元465年,伏氏年四十五,《集解》之成,约当其时。《隋志》已云亡,然《唐志》"五行家"有"伏曼容《周易集林》十二卷",又有"伏氏《周易集林》一卷"。观陆氏《释文》、李鼎祚《集解》皆引"伏氏说"一条,则其书或尚存。宋朱震《汉上易说》,于卦变有云:"此虞翻、蔡景君、伏曼容旁通之说也。"又云:"此虞氏、蔡景君、伏曼容、蜀才、李之才所谓自某卦来之说也。"则伏氏之说宋时犹在。且与于蔡氏、虞氏等,其重象可证,宜不以何晏为是。奈卦变之说,西汉蔡氏之义,尚因虞氏引用而知其一卦;而伏氏之说竟一卦未传,可云不幸焉。马氏辑佚,亦未及朱氏之说,特为补足之。

若训"拯"为"济"者,盖拯升以举拔之,犹济之也;或亦本诸之正成既济之义乎。于解蛊卦曰:"蛊,惑乱也。万事从惑而起,故以蛊为事也。案《尚书大传》云:'乃命五史,以书五帝之蛊事。'然为训者,正以太古之时,无为无事也。今言蛊者,是卦之惑乱也。时既渐浇,物情惑乱,故事业因之而起惑矣。故《左传》云:'女惑男,风落山,谓之蛊。'是其义也。"此为仅存之解。然辞义晦涩,幸有曹元弼为之读正。其言曰:"伏注'然为训者'至'而起惑矣',文句颠倒,今读正云:'然太古之时,无为无事也。训为惑者,正以时既渐浇,物情惑乱,故事业因之而起矣。今言蛊者,是卦之惑乱也。'文义乃顺。"善者曹氏之言,使伏氏之解复明矣。总上而论,伏氏盖尚承汉易之余绪,详则未可知矣。

28.《关氏易传》提要

《关氏易传》一卷,魏关朗著,唐赵蕤注,宋阮逸刊正。是书《隋志》、《唐志》皆不著录,始见于宋李淑《邯郸图书志》,或疑为阮逸托名。阮氏序曰:"逸常读《文中子》,知王氏易宗于关子明之学。后于卜人徐生处得《关氏易传》,……逸诠次篇目,重加刊正。凡删去七十余字,改正二十余字,加助语四十余字;中言'青龙'、'朱雀'之说,疑是卜人加,故删去之。"则今所传《关氏易传》,确经阮氏之手。然得于徐生处,未必子虚;谓伪撰而无本,未免过疑。按张晞《河东先贤传》:"关朗字子明,河东解人。……魏太和末,并州刺史王虬奏署子明为记室,因言于孝文帝。帝曰:张彝、郭祚昔尝言之。朕以卜筮之道,不足见尔。虬曰:此人言微道深,非彝、祚所能知也。召见,帝问《老》、《易》。子明寄言玄象,实陈王道。翼日,帝谓虬曰:关朗管、乐之器,岂占算而已。使虬与子明著成《疑筮论》数十篇。孝文帝崩,明年虬卒。子明遂不仕,居临汾山,授门人《春秋》《老》《易》,号关先生学。"考魏孝文帝崩于太和二十三年(499),而关氏见帝既于太和末,若见后与蚪合著,成《疑筮论》数十篇,则与帝崩之时已近,今以前一年论,乃《疑筮论》成于太和二十二年(498),是时尚无《关氏易传》之名。后既不仕,书亦弟子相传而已。

王蚪者,通之高祖,故通之《易》渊源于关氏。若《疑筮论》赖王氏而传,惜王氏书什九散佚,宜《疑筮论》之亡篇过半。又文中子之《中说》,由其子福畤编成于贞观二十三年,颇有所增益,以神其说。意谓《疑筮论》之成《关氏易传》,如首增卜百年义,或亦出福畤等之手乎?故《关氏易传》可谓与《中说》同时辑成。今亦以贞观二十三年论(649)。惟由是而神于卜,乃有卜人传之。

注者名蘙,阮氏曰:"注文名蘙者,本无姓氏,或谓赵子。赵子隋人,其时相接,故议以赵蘙注为定。"按:此云"或谓"者,必卜人徐生相传之说。然曰"赵子隋人,其时相接",未识何指。隋亡距关氏著《疑筮论》略及百年,安得云"相接"。又注中有曰:"应文中子教门人兴唐室",则谓之"隋人"亦未合。此阮氏之疏忽也。若定以为赵蘙注,或未误。《中兴书目》已正之曰:"蘙为唐人,《唐书·艺文志》:'蘙字太宾,梓州人。开元中召之,不赴。'著有《长短经》。与李白善,白当师事之。"考赵氏成《长短经》于开元四年(716),其注此书亦可以是年论。是时距福畤等已六十余年,赵氏得其书而注之,于时亦合。

阮氏约当宋仁宗时,又距赵蘙三百余年,间由卜人相传,增损颠乱,确亦难免,故今本实阮氏之本耳。或坚信为关氏之说,未免失考;反之而必以为阮氏无据而自撰,亦未免厚诬古人。阮逸字天隐,建阳人。仁宗天圣进士,官太常丞。皇祐中与胡安定同典乐事,著有《易筌》。《易筌》者,凡三百八十四筌,即每一爻各以一古事系之,惜其书未传,实上承干宝,下启李光、杨万里等,以史证《易》也。若诠次《关氏易传》,或略有参杂己意之失,然表章先贤,功亦未可没。至于刊正之年,可以皇祐元年(1049)论。综上所述,此书之原委可见。既由私人相传,宜其未载于《隋》、《唐志》。安可以其未载,而即以为阮氏所伪托耶?况即以阮氏论,亦宜存之以补《易筌》之佚。《四库》乃入存目,似为失当。以下更论其内容得失:

此书凡一卷,阮氏定为十一篇,首载《关氏传》,内容同张晞《河东先贤传》而较详。十一篇者,一曰"卜百年义"。"百年"指北魏宣武帝正始元年甲申至隋文帝仁寿四年甲子(504—604)。谓关氏于正始元年为王彦筮。彦即蚪长子,通之曾祖也。其间于百年之史事悉合,且影射王通为达者,则为福畤等妄增无疑。盖未来事非不可知,子曰"百世可知"是也。即知者由损益而推之,贵在知其故。孟子曰:"天之高也,星辰之远也,苟求其故,千岁之日至可坐而致也。"犹《文言》曰:"乾元用九,乃见天则。"然天则之故,岂容穿凿。如此篇中,若见"自魏以降,天下无真主",而预知"当有达者生焉"、"当有王者合焉",此未可谓非。至必以年数配合,殊为小数,决非卜筮尚占之道,君子不贵焉。惟其数之巧合,更见为后人所伪托也。以下十篇,皆错杂以解《系辞》,其间多与张彝问答语。

二曰"统言《易》义"。有曰:《易》始于动静,终于吉凶。""用之以既往之谓变,用之于未来之谓化。"名义可取。然曰:"数主乎动,象主乎静。"其义偏焉。盖象数于动静宜兼及,而未可执一者也。

三曰"大衍义"。明数之生成,即河图也。曰:"天生于阳成于阴,阴成则阳去。地生于阴成于阳,阳成则阴去。"则当辟卦消息之义。以五十五当五行之五,五十而四十九,一当虚盈;犹郑氏之义。以虚盈当之,合乎易道之变化。若谓"初上无位",犹承王弼之误。

四曰"乾坤之策义"。即分析乾坤及二篇之策数,似归原于"参天两地"之变化。特本其义而阐明之,作算式如下:

乾之策 216＝3(参天)×72　〔阴阳二合〕72＝2(两地)×36
　　　　　　　　　　　　　　　　36＝3(参天)×6(参两之积)×2(阴阳)
坤之策 144＝2(两地)×72　　　72＝3(参天)×24
　　　　　　　　　　　　　　　　24＝2(两地)×6(参两之积)×2(阴阳)

$$乾坤之策\ 360 = 1 \times 5(参两之和) \times 72(候)$$
$$= 2 \times 5(参两之和) \times 36(旬)$$
$$= 3 \times 5(参两之和) \times 24(气)$$

$\left.\begin{array}{l}\end{array}\right\}$ 阴阳三五
三百六十岁功之用也

$$365 = 360 + 5(参两之和)\quad 凡三百六十五周而复始$$
$$366 = 360 + 6(参两之积)\quad 奇六者虚一之义也$$
$$二篇之策\ 11\,520 = 6\,912 + 4\,608 \quad 6\,912 = 216\ 乾之策 \times 32$$
$$阳爻之策\quad 阴爻之策\quad 4\,608 = 144\ 坤之策 \times 32$$

凡算闰余,盖以日为准,策数之以参两互乘之,亦可备一说耳。然未若揲四之四乘九、六而得三十六、二十四为简洁。

五曰"盈虚义"。盖以七十二候为本,而顺次十倍之。凡五乘七十二,得三百六十。五犹五行。三百六十又合六乘六之十倍,为六气,然合诸日月五星,未免附会。

六曰"辟阖义"。所以明相对之义,下明"吉凶与民同患"。谓"民危者平之,易者倾之,无吉无凶,同归一致。"理可取。若以君子小人对待而曰:"君子和小人,小人和君子,岂本性也?"乃于性字之义未合。

七曰"理性义"。盖解"穷理尽性以至于命"。其言曰:"圣人知命适时,必先天理,故曰'穷理'也。圣人顺天之性,故曰'尽性'也。时行则行,时止则止,故曰'以至于命'。有亨有塞。"义殊圆融,乃使"理"、"性"、"命"三者循环之也。推以"性"、"情"对言,而曰"情者天之邪气,人之乱行也",未免失"情"之本义。盖"情"者,性中而尚有阴气,然可谓"情"无善乎。《文言》曰:"利贞者,性情也。"谓推情合性,故孟子曰:"乃若其情,则可以为善矣。"虽然,知情而不知性,实未可也。

八曰"时变义"。谓卦时系乎天,爻变由乎人。"时"谓乾坤之十二辟卦之消息,"变"谓屯至既济六十一卦之六六之用,详见"杂义"。下云:"六十卦循环相生,……四卦时之门户。"似指卦气言。若云:"仲尼《序卦》相生,《杂卦》旁行不流,相生昼也,不流夜也。"惜语焉未详。

九曰"动静义"。盖明动静之常。结语曰:"知至则知几,知几则知动,知动则知神,知神则知静矣。"义极精。合消息之理,"知至至之"者,坤元也。于象六四应初九,故"知几";坤后得主而有常,"知几"而知震动;又乾元帝出而妙万物,故"知神";辟卦循环而复至坤,静而正矣。然则更可通此五者,而曰"知静"则"知至"矣。

十曰"神义"。曰:"神也者,《易》之灵也。灵应冥契,不思而得,强名曰神。"即"无思无虑"之义。又曰:"万物化圣人者,故物不能自神,盖神之者人也。"即"天生神物,圣人则之"之义。

十一曰"杂义"。依《序卦》而明六六之用,凡乾、坤、未济三卦不与焉。盖由刚柔始交之屯,而终于既济,犹存汉易之正之大义。见下:

六变	屯	比	同人	蛊	剥	大过	遯	睽	夬	井	渐	兑	
	比	同人	蛊	剥	大过	遯	睽	夬	井	渐	兑	既济

若赵蕤注,因此而以《序卦》终未济为传写之误,则大谬矣。关氏之义决不如是。盖终未济者,以待后人之发挥;终既济者,不易之定位。各有所终,何疑之有耶。以下杂篇论各卦之大义。如曰:"明乎外者物自睽,故曰'睽,外也'。明乎内者家自齐,故曰'家人,内也'。"解"外"、"内"二字,殊合卦象。又曰:"履之而不处,其周公欤?需之而不进,其仲尼欤?不处不进,其时乎?"亦极切卦义。

夫总观全书,有法乎王弼之《略例》,其间尚不乏可取者。然晦涩附会之处难免,且佚篇已多,又经后人之增补,故得失丛杂,读是书者宜择善而从,庶可免为不经之说所误也。

29.《易经沈氏要略》提要

《易经沈氏要略》一卷,南齐沈骥士撰。原书已佚,清马国翰辑。骥士字云祯,吴兴武康人。少好学,家贫,织帘诵书,口手不息。宋元嘉末,文帝访举学士,县以骊士应选。少时称病归乡,更不与人物通。养孤兄子,义著乡曲。隐居莫干吴差山,讲经教授,从学者数十百人。重陆机《连珠》,每为诸生讲之。历年屡征不应,最后当永元二年征太子舍人,仍不就。一生负薪汲水,并日而食,守操终老,笃学不倦。年过八十,耳目犹聪明,遭火烧书数千卷,复日夜不息,抄成二三千卷,时人以为养生静嘿所致。以杨王孙、皇甫谧深达生死,而终礼矫伪,乃自作终制。年八十六卒。详《南齐书》本传。著述有《周易两系》、《庄子内篇训注》,又有《易经》、《礼记》、《春秋》、《尚书》、《论语》、《孝经》、《丧服》、《老子》"要略"。然《周易两系》与《易经要略》二书,《隋志》、《唐志》皆未著录,《释文》亦未及。幸民间或尚有传,故李鼎祚《集解》于乾初取沈氏说,当本《要略》无疑。潜德一生,固沈氏之德也。间曰:"天地之气有升降,君子之道有行藏。龙之为物,能飞能潜,故潜龙比君子之德也。"其义极精。曰"升降"、"行藏",当味乎汉易之变化者也。惜仅存此一条,未识于卦象之所指,若于理已曰淳厚焉。《周易折中》特取之,非偶然也。

余昔年数游莫干山,途经武康,于山上亦武康在望,遥思千五百年前,沈氏之讲经抄书,乾乾不息,其精灵或尚未泯乎。高尚其事,嘉肥之遯,足为世式者也。若《要略》之成,宜以永元二年论(500),所以成其潜德也。

30.《周易姚氏注》提要

《周易姚氏注》一卷,姚规撰。原书已佚,清马国翰辑。按《隋志》云:"《周易》七卷,姚规注。"未详时代,始末亦未可考。读所存之注,仅一条言互体,纯系郑学。时南北学术崇尚不同,《易》则南王北郑,故姚氏似为北人。且《隋志》所载,南详北略;下所列"崔觐注"、"卢氏注"等,皆系北人而未详时代;更见姚氏当属北朝。又崔觐为北魏末徐遵明之弟子,而姚氏次其上,或略当其时。若与徐氏之关系,未可知焉;然视为北魏人,已无可疑。再者,《隋志》次于"伏曼容注"之下;伏氏南人,卒于大梁天监元年,则姚氏或亦略当其时。按天监元年即北魏宣武帝景明三年,故姚氏可视为宣武孝明时人。其注之成,约以伏氏卒年(502)论,是年徐遵明为二十八岁。

夫姚氏之《易》,今唯存注大有"元亨",盖取互兑润泽而位秋,合以乾施离长茂,故当大富有。此与郑注同人,取乾天离火巽风之象悉同。或郑注本有此义,姚氏述之耳。李鼎祚曰:"补康成之逸象",正此类也。

31.《周易崔氏注》提要

《周易崔氏注》一卷,崔觐撰。原书已佚,此清马国翰辑。按《隋志》云:"《周易》十三卷,《周易统例》十卷,崔觐注。"皆未著年代。考《北史·儒林传》曰:"魏末大儒徐遵明门下讲郑玄所注《周易》,遵明以传卢景裕及清河崔瑾。"觐、瑾同音,或为一人。观所存之注,确系郑学,于史亦合,故知其为北魏清河人。按遵明年五十五,卒于北魏孝庄帝永安二年(529)。若崔氏成此书,可以是年论。

此书今所存仅二条。一论"生生之德"。当《易》之三义,宜本郑学而阐明之。孔颖达谓崔觐、刘瓛同。按刘氏约先七十年,且处南朝,然皆承郑学,宜大义悉同。一论"刚健中正纯粹精"。谓:"不杂曰'纯',不变曰'粹';言乾是纯粹之'精',故有'刚健中正'之四德也。"于不杂、不变之义亦可取。且《文言》此句之注,旧说皆佚,以崔氏此注为最早。若其后之注解,则变化多端,于取义外,又究乎七者之分合,即崔氏以"刚健中正"四者为一层,以"纯粹"为一层,以"精"为一层。若《孔疏》、朱子《本义》等皆同崔氏;而《程传》、姚配中以前六者相合而归于"精";惠栋、张惠言、曹元弼等,则合七者而一之云。

32.《周易傅氏注》提要

《周易傅氏注》一卷,傅氏撰。原书佚,清马国翰辑。按《隋志》云:"《周易》十三卷,傅氏注。"《唐志》云:"傅氏《注》十四卷。"皆未识名字、年代。若以《隋志》、《唐志》之次推之,又本《隋志》南详北略之例,似当为北朝人。且《隋志》置于"崔觐注"、"卢氏注"之间,崔、卢二氏皆北魏末徐遵明之弟子,则傅氏或亦当其时。唯与徐氏等之关系已无考。注《易》之时,约以徐氏卒年(529)论。今所存者,仅《释文》引字义三节,于易道似无闻焉,然尚可推得一二。

夫傅氏于泰初之"彙"字曰:"古'伟'字,美也。"此同音假借也。若何以"彙"有美义,曹元弼释之曰:"传读伟,训美,盖取茅洁白之意。"此释可深知傅氏,千古遇一知音,必含笑于泉下矣。然曹氏仅以义明之,今尚可以易象证成之。盖泰上旋初,其卦为恒,恒下五大过,初爻即洁白之茅。更推之,否初旋上,其卦为咸,咸上五大过,综视之,仍当大过初藉之茅。按旋卦之例,虞氏所存之注中,尚可于无妄、大畜、损、益见之。若由泰初否上之旋,成损益而变为泰上否初之旋,即此"拔茅"之象。盖小人之彙必当拔之而山泽通气,君子之彙必当升而征之也,然则明白茅伟美,非发挥虞义乎。又曰:"赉,古斑字,文章貌。"则与郑氏训"变",当文饰之貌,义亦大同。若萃"一握"作"一渥",或通于鼎四之"形渥"乎?盖鼎初四正成大畜,而大畜错萃;萃初四正成屯,而屯错鼎;萃与鼎皆须正,初四不正,则"折足"、"乃乱",正则"乃萃"而"一渥",盖非"覆悚"而"形渥",已为"亏悔"而一沾鼎实,是以为"笑"矣。奈何所存盖寡,未能详考,要亦有得乎易象者也。

33.《周易卢氏注》提要

《周易卢氏注》一卷,北魏卢景裕著。原著已佚,清马国翰辑。按

《隋志》云:"《周易》一帙十卷,卢氏注。"《唐志》云:"卢氏《注》十卷。"未识名字、年代。考《北史·儒林传》:"魏末大儒徐遵明门下讲郑玄所注《周易》,遵明以传卢景裕及清河崔瑾;景裕传权会、郭茂。权会早入邺都,郭茂恒在门下教授,其后能言《易》者,多出郭茂之门。河南及青齐之间,儒生多讲王辅嗣所注,师训盖寡。"可见《隋志》所载之崔觐即崔瑾,卢氏即卢景裕也。马国翰曰:"萧梁之代,南北分疆,故《七录》所记,详南而略北。《隋志》本《七录》,《唐志》因之,故多缺亡耳。"其言极是。

景裕字仲儒,小字白头,范阳涿人。与叔父同居显要,而景裕贞素自得。好释氏,通其大义。详《魏书》本传。考卢氏卒于东魏孝静帝兴和中(539—542),距其师徐遵明之卒仅十余年。本传云:"先是注《周易》、《尚书》、《孝经》、《论语》、《礼记》、《老子》。"卢氏成此书,可以其师卒年(529)论。今所存者凡二十节,已云幸焉。据此尚可考见其卦变之例,特作卢景裕卦变图如下:

卢氏卦变图

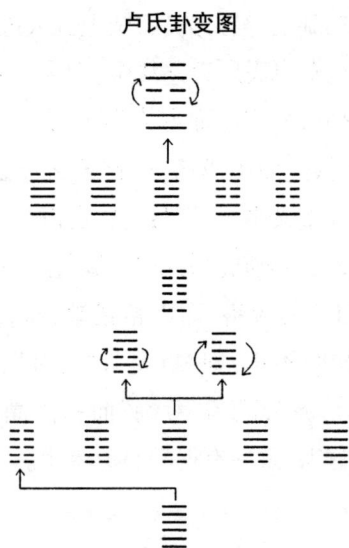

图中有箭头所示者,卢氏之注尚存,此外皆佚,然其轮廓粲然犹存,此与虞义可谓全同,盖师训有自,非扫象之空言可比。又史载卢

氏传郑义,而此卦变,荀、虞常言;而郑氏易中,未可考见,实郑注之未全也。曹元弼曰:"仲儒受业遵明,盖郑学之徒,而其说生爻,多本荀、虞义,足征三家殊涂同归,非相违而相成矣。"可谓确证。又见卦变生爻与生爻成章,盖相传之易义,岂可以一家限乎。今以所存者论,卢氏此图,当上承蜀才而下启侯果也。若徐遵明、郭茂之功,皆未可忘。

此外,注师"乘刚而舆尸"、履上"王者履礼,而万方有庆"等,象义皆善。注既济四以"缮为布帛端末,可为衣,可为袽。袽,犹今所谓末布。"以明四履多惧之地而贵贱无恒,亦可备一说。惟于大畜取乾为舆,显与《说卦》不合,当以虞注萃坤为车为是。

34.《元包》提要

《元包》五卷,后周卫元嵩著,唐苏源明传,李江注,宋韦汉卿释音。卫氏事迹见《北史·艺术列传》,附于《强练传》之末。曰:"蜀郡卫元嵩者,亦好言将来事,盖江左宝志之流。天和中,遂著诗,预论周隋废兴及皇家受命,并有征验。尤不信释教,尝上疏极论之。"按史称"亦好言将来事",谓与强练同。又宝志事迹见《南史·隐逸列传》,附于《陶弘景传》末,乃释家善预言者。《隋志·佛经类》曰:"至周武帝时,蜀郡沙门卫元嵩上书,称僧徒猥滥。武帝出诏,一切废毁。"释道宣曰:"卫元嵩本河东人,远祖从宦,遂家于蜀。梁末为僧,佯狂浪荡。周氏平蜀,因而入关。天和二年尝上书。"杨楫序此书曰:"先生名元嵩,益州成都人。少不事家产。潜心至道,明阴阳历算,时人鲜知之。献策后周,赐爵持节蜀郡公,武帝尊礼,不敢臣之。茔域在县庙东偏,邑人崇奉,至今不绝。"《通志》尚载卫氏著有《齐三教论》七卷,惜已佚。综上所记,可见卫氏乃潜心至道者,于梁末曾为僧,或亲见僧徒猥滥,故不信释教。"献策后周"者,即天和二年上书,极论僧徒之非。考周武帝天和二年,即陈废帝光大元年(567);而周武帝之禁释道二教,在七年后之建德三年(574);当建德二年,尚辨儒释道三教之是非。然则周武帝之禁释道,时或使之,决非卫元嵩一人之力;必僧徒戒律不严,而流弊丛生,或卫氏之疏,能道其实,因得武帝之尊信。释道宣斥之为"佯狂浪荡",谓其背佛教耳。至于卫氏之"好言将来事",盖已有象焉;然未能贞象于一,尚自显于有限之征验,此未免为小道所囿。

《唐志》载:"卫元嵩《元包》十卷。"今仅五卷,必有所佚。如李江注曰:"卫先生《三易异同论》,则文质之义昭矣。论曰:'夫尚质则人淳,人淳则俗朴;朴之失,其弊也蠢。尚文则人和,人和则俗顺;顺之失,其弊也诡。诡则变之以质,蠢则变之以文;亦犹宽以济猛,猛以济宽。'此圣人用心也,岂徒苟相反背,而妄有著述焉。斯文质相化之理也。"按此论似当属于《元包》,与"运蓍"同类,然今书中已无。盖唐苏源明为《元包》作传,或未及全书,其未及者,今皆佚矣。若卫氏之著此书,未详何年,不妨即以其上书之年(567)论。是时南北分裂已二百数十年,有渐趋统一之势;卫氏能有象,宜有所述,此《元包》之所以作欤。

《元包》仍用六十四卦之卦象。以京房八宫为八类,然八类之次,设为"坤、乾、兑、艮、离、坎、巽、震",以"太阴、太阳、少阴、少阳、仲阴、仲阳、孟阴、孟阳"名之。各卦下仅系十余字,多则二三十字,以明其象。末有"运蓍",谓包用三十六策以极太阴,所以别《易》穷少阳之四十九策,盖欲尚质尚文互变耳。至于所系之辞,多用僻字,大义皆准易象,如兑为口、为言,故兑卦之辞曰:"诹之谋,诰之洲,谔之许,谣之讴。"睽革皆曰"二女同居",故睽有曰:"妇际瞪瞪,妄言诇诇。"革有曰:"娣媚欻欻,姊姒勿勿。"震为龙,重震当二龙,故有曰"虥之赫。"豫《大象》有"作乐",故有曰:"咏歌奏和。"其他各卦,莫不皆然。卫氏之深明易象也,已可概见;因时而述,未尝异于《易》。必归太阴者,或深察当时世事之乱源,由乎文灭质耳;若魏晋之空谈,其大者也。然则卫氏实能洞悉阴阳,非徒素隐行怪者可比,邑人崇奉至宋未绝,有以矣。

唐苏源明，初名预，字弱夫，京兆武功人。玄宗天宝中及进士第，更试集贤院，累迁太子谕德，出为东平太守，后召为国子司业。安禄山陷京师，以病不受伪署。肃宗复两京，擢考功郎，中知制诰，终秘书少监。雅善杜甫、郑虔、元结、梁肃等，其传《元包》，或当安禄山陷京师以前乎。今以天宝十年(751)论。考是时，唐室虽繁华兴盛，然乱机已伏，此亦文盛之弊。夫卫氏之意，垂戒于已乱之后，乃近二百年后，覆辙又将重陷，此苏氏之所以有感《元包》，而特为之作传欤。观苏氏之传，亦准易象。如既济传曰："阴阳不杂，六位正也。"即"刚柔正而位当"之义。睽传曰："练尔甲胄，誓尔兵旅，以征不一，以讨携贰。"即"弧矢之利，以威天下，盖取诸睽"之义。观传曰："以省尔万方，以化尔兆民，俾风教大行，率土咸顺。"即"先王以省方观民设教"之义。若每戒有天下社稷者，所以讽世耳，亦传之主旨乎。若间多感慨者，或足成于安禄山既乱之后。

唐李江，赵郡人。官至国子监四门助教。始末未详。读其序，似与苏氏相去未远。序中有曰："唐谓之《元包》。"盖指及苏氏之传，乃《通志》以唐卫元嵩撰《元包》，不亦误乎。若李氏之注，除训诂外，颇以易象明之，亦为研习《元包》一助。

宋韦汉卿，临邛人，张行成之同年。张洗以"邑士"称之，或其年不耆。若《释音》之成，与张行成《总义》之时相近，故同时镂版。考张行成之《元包数总义》，成于绍兴三十年(1160)，韦汉卿《释音》之成亦以是年论。夫卫氏《元包》，喜用僻字；苏氏之传，间亦有之；乃李氏之注，仅及其义理，而未及其音。故读时未免诘屈，有韦氏之《释音》始能了然，亦可谓卫、苏之功臣也。

35.《经典释文》提要

《经典释文》三十卷，陈陆元朗著。元朗字德明，世以字行，苏州吴人。受学于周弘正,善《易》明玄理,除此书外,还著有《老子疏》十五卷,《易疏》二十卷等,惜皆佚。后主为太子时,征名儒讲于承光殿,德明年始弱冠而与焉。此书自序曰:"粤以癸卯之岁,承乏上庠,循省旧音,苦其太简,况微言久绝,大义愈乖。攻乎异端,竞生穿凿。不在其位,不谋其政,既职司其忧,宁可视成而已,遂因暇景,救其不逮,研精六籍,采摭九流,搜访异同,校之《苍》《雅》,辄撰集《五典》、《孝经》、《论语》及《老》、《庄》、《尔雅》等音,合为三袠三十卷,号曰《经典释文》。古今并录,括其枢要;经注毕详,训义兼辩;质而不野,繁而非芜。"则著此书之原委详矣。按癸卯之岁,即后主初登帝位之至德元年,陆氏年约三十左右。若因职而博览群籍,故此书之成,陈必未亡,今以五年论,乃始于癸卯,成于丁未,当祯明元年(587)。夫陆氏卒于唐太宗贞观初,曾拜国子博士,封吴县男,故传入《唐书》。然著此书实在陈也。又周弘正卒于陈宣帝大建六年(574),则陆氏与其师周氏,年差六十岁左右,然颇能传其业,可谓善学矣。周氏著有《周易讲疏》十六卷,《老子疏》五卷等,惜皆佚。

　　按汉末至唐,玄理盛行,皆《易》、《老》并称,尤以江南为甚;故陆氏此书,亦及《老》、《庄》。然以玄理一归于《五典》则是,或以玄理玩五典则非。若陆氏之能以《五典》为本,固不妨兼及《老》、《庄》。若以宋后之《十三经》论,未及《孟子》,可见《孟子》与《老》、《庄》之互易,唐、宋学术之异也。凡此十四书——《易》、《诗》、三《礼》、《春秋》三传、《孝经》、《论语》、《老子》、《庄子》、《尔雅》——陆氏以"经典"目之,遍引汉魏六朝音切训诂,明各家经传异同,兼及二百三十余家,可云博矣。且各家原书,什九已佚,故陆氏之书,已为穷经稽古者所必备,保存文献之功,不亦巨乎。卷一《叙录》,明各经之传受及各家注述,尤得其要。夫文以载道,有知文而不知道者,未闻不知文而能知道者也。故《释文》者,实明道之本,可不宝之乎。间杂各家之异同,凡研经者,宜明辨慎思以取之,于道其庶几矣。若于《易》卦下注明宫世,夫宫世之法今见于京房《易传》,卜筮时用之,故或以陆氏注宫世为涉小道而非,实则宫世之变化,自然之消息,岂限于卜筮而已。考《叙录》中有京房《章句》,而未及《易传》,可见宫世之象原出京房《章句》,而《章句》中其言皆醇,则宫世之理易道中固有,陆氏用之,得其象焉,其可以术家取而小视之乎。惟《易》用王、韩注,未免为时所囿。

36. 孔颖达《周易正义》提要

《周易正义》九卷,唐孔颖达疏。颖达(574—648)字仲达,或作冲远,冀州衡水人。幼聪慧,及长,明《服氏春秋传》、郑氏《尚书》、《诗》、《礼记》、王氏《易》,善属文,通步历。尝造同郡刘焯,质所疑,焯大畏服。炀帝时,召儒官议论,颖达年最少而为冠。入唐,官至国子祭酒,封曲阜县开国子,与议历,侍讲东宫。贞观二十二年卒,年七十五,谥曰宪。此书奉敕撰,曾先后与马嘉运、赵乾叶、苏德融、赵弘智等参议审定,成于贞观十六年(642)。若《五经正义》布下之时,已当永徽二年(651),有于志宁、张行成、高季辅等就加增损,是时孔氏已卒三年。可见《正义》之成,孔氏为主,而众儒与焉。

按孔疏《书》、《诗》、《礼记》、《春秋左传》,皆较《周易》为善,盖能实有所指。惟于《周易》,其疏大半为虚言耳。乃王韩之注已无实象,孔氏亦仅通王氏易,而未通汉易者也。考王注出而易道大变,至东晋而盛。然北朝尚行郑注,有汉易之遗意;而南朝则尚文灭质而虚,于《易》尤行王、韩注。陆德明于陈末注《经典释文》已用之,盖二百年来时尚所趋,非有过人之见者,何能正之。孔氏序曰:"魏世王辅嗣之注独冠古今,所以江左诸儒并传其学,河北学者罕能及之。其江南义疏十有余家,皆辞尚虚玄,义多浮诞。"可见江左承王注之弊、其义疏之虚诞又甚焉。然孔氏未能明始作俑者即王氏,以王注而比其虚诞,五十步笑百步耳。谓"河北学者罕能及之",不亦误乎。由孔疏之尊王、韩且颁行天下,影响大矣。奈拘泥于王、韩,义实未正,故终唐一代,易义一无发挥,此孔氏有责焉。

若其长,乃先儒之注释,殊多简略未备,王、韩注尤甚;而孔氏能全《易》疏明之,且颇引他家之说,以足旧注之未备,故能有助于初读是经者。首载《八论》,述《周易》之原委甚详,取《易》名含三义,以伏羲氏重卦及数十翼等,义皆淳正。疏中明理亦多可取。如卦辞下总疏全卦大义,什九切焉;且颇取《序卦》之旨。于需卦有曰:"物初蒙稚,待养而成,无信即不立,所待唯信也,故云'需有孚'。"于涣卦有曰:"盖涣之为义,小人遭难离散,奔迸而逃避也。大德之人,能于此时建功立德,散难释险,故谓之'涣';能释险难,所以为'亨'。故曰'涣亨'。"皆能深味卦辞。史称孔氏善属文,信矣。疏《说卦》之象,亦可谓"文而当"。奈囿于王注而不知其用,惜哉!若以六七八九当四象、河图、洛书之义,则兼采孔安国、郑玄说,皆是。夫洛书则九畴,孔氏已明言。河图则八卦者,犹天地奇耦之数,由蓍之圆神以成卦之方知也。可见汉时固以十当河图、九当洛书,实系先秦古说,岂宋儒所伪托。或不知数而妄斥图书者,观孔氏之言其可已矣。他如明《系辞》各家之分章等,亦能保存古说,有功于文献者也。

然有曰"韩氏亲受业于王弼"(大衍章),未免失考。王氏享年仅廿四岁,卒于魏废帝嘉平元年(249),而韩氏当晋简文帝时(371),间距百有余年,何能亲授?又有从注不从经之处,如既济之"六位正当",从王注"初上无位",而仅以二三四五言。《序卦》之有至理,亦从韩注"非《易》之缊",而曰:"若元用孔子《序卦》之意,则不应非覆即变。"安知"非覆即变"大义在焉,何可谓"非《易》之缊"。若此等皆为注所囿。可见孔疏仅可作基本参考书,藉以明《周易》之轮廓;若于大道,尚有一间。故学《易》者或以为只读此书已足,则大误;必当更究易象,庶免井蛙之诮。

37. 郭京《周易举正》提要

　　《周易举正》三卷,唐郭京著。京始末未详,仅本《崇文总目》,知其曾官苏州府司户参军。又其自序曰:"我唐御注《孝经》,删定《月令》。"则可视为玄宗时人。按玄宗注《孝经》,初成于开元十年;后重注于天宝二年,于四年刻石太学。若删定《月令》,似当开元九年。《新唐书·历志》云:"开元九年,《麟德历》署日蚀比不效,诏僧一行作新历,推大衍数。……十五年,草成而一行卒。……十七年,颁于有司。"再者,此书中推敲文字当盛世为宜,故或成于安史之乱之前乎? 今乃以天宝五年(746)论。而或仅视其为开元后人,盖慎焉;或更疑唐代是否有郭京其人,未免过疑。

　　夫全书皆校定《周易》经文及王、韩注本经文之抄写讹谬,谓得"王、韩手写本,乃以正流行本之误"。然此必为托言。盖王、韩相距百余年,则所得之手写本,是一、抑二? 如得二本,何其幸耶? 且未言得二本,如为一本,则已为后人所并录,岂手稿哉。原郭氏之心,因见注疏本有误,然未敢直言,乃作伪以欺世。实则即得手写本,亦仅为王、韩二家之言,安可依注改经乎? 至于各家传写有误,确亦未可免。故陆氏《释文》即遍录异文,其价值可贵,遵之以参考各家,经文自然可定,岂容以私智妄论哉? 后宋儒之擅改经文,郭氏实始作俑者。若书中之正王、韩注,或尚有可取,盖王、韩之义易测。至于改易经文,可云一无可取;盖圣人之观象系辞,变动不居者也,其可妄为之改耶? 若屯之象增"何"字,而成"何以从禽也";师五"言"字改"之",而成"利执之";姤卦辞删"女"字,而作"勿用取"等等;皆意义大变,诚点金成石,可与言易道乎。

38. 李鼎祚《周易集解》提要 *

　　《周易集解》,唐李鼎祚辑。鼎祚蜀资州人,生卒年未详,以经术称名于当时。当玄宗避安禄山之乱迁蜀时(755),鼎祚已属"接驾之列",进《平胡论》,玄宗特召见之,拜左拾遗。唐代宗即位时,任秘书省著作郎,以其所辑《周易集解》上于朝,用以庆贺,时当肃宗宝应元年(762)。李氏擅《易》,由此《周易集解》,基本能了解李氏的思想结构及其所体验的易学。

此书内容,辑录由汉及唐的易注,计有三十余家,共录二千七百余节以注释《周易》二篇十翼。宋《中兴书目》计《周易集解》所辑录的《易》注凡三十家及《九家易》、《乾凿度》二书。明朱睦㮮考增焦赣、伏曼容二家,清初朱彝尊又考增姚规、朱仰之、蔡景君三家。今更逐节标校,详为考核,尚遗漏孔安国、延叔坚二家。合计之包括引书目三,引注释者三十六,共为三十九家,且尚有李氏自加的案语。故读《周易集解》,首当分别理解四十家的情况,方能理解四十家注《易》的内容。最重要的关键,则须了解李氏辑此三十九家《易》注以成此《集解》的主旨。此二种不同的读法,久未得学《易》者的注意。至于辑录诸家注《易》的节数,大不相同,要而计之,详示如下:

① 《乾凿度》,② 孔安国,③ 蔡景君,④ 焦赣,⑤ 延叔坚,⑥ 王廙,⑦ 沈骥士,⑧ 伏曼容,⑨ 姚规,⑩ 崔觐。以上十家仅辑录一节《易》注,且焦赣为郑玄《易》注中所引及,蔡景君、延叔坚为虞翻《易》注中所引及。

⑪ 孟喜,⑫ 京房,⑬ 刘表,⑭ 何晏,⑮ 张璠,⑯ 朱仰之。以上六家仅辑录二节《易》注。

⑰ 向秀一家,仅辑录三节《易》注。

⑱ 《子夏易传》,⑲ 王凯冲。以上二家仅辑录四节《易》注。

⑳ 刘瓛一家仅辑录五节《易》注。

凡以上二十家,所辑录的《易》注文献极少,仅能备数而已。

㉑ 马融辑录八节,㉒ 姚信辑录十四节,㉓ 卢氏辑录二十节,㉔ 王肃辑录二十一节,㉕ 蜀才辑录二十三节,㉖ 翟玄辑录二十六节,㉗ 何

妥辑录三十六节。以上七家,辑录皆未满四十节,然其间已略有义理可言,如马融虽仅辑录八节,而于虞翻《易注》中,曾屡次论及马融《易传》之得失,故保存虽少,尚可见其义理。其他诸家亦能看出其师承来源。

㉘ 郑玄,㉙ 宋衷,㉚ 陆绩,㉛ 王弼,㉜ 韩康伯,㉝ 孔颖达。以上六家各辑录四十、五十余节,而均未满六十节。然前三家属汉易,后三家属魏晋易,李氏能并存之,庶见汉易与魏晋易的同异。

㉞ 李鼎祚于辑录后自加案语近百节。㉟ 干宝,㊱《九家易》,㊲ 侯果三家,各辑录百余节。㊳ 崔憬辑录二百余节,㊴ 荀爽辑录三百余节,㊵ 虞翻独多,共辑录近一千三百节。由此七家,应是全书的重点所在。

根据以上统计,乃见李氏《自序》的文义。《自序》有曰:"集虞翻、荀爽三十余家,刊辅嗣之野文,补康成之逸象,各立名义,共契玄宗。"此为李氏辑成《周易集解》的主旨。因唐代通行的易学古义,基本以王弼(辅嗣)与郑玄(康成)二家《易注》为主,况王氏《易注》已为孔颖达《正义》所重视,自然全国流行。而郑氏《易注》亦能流行于民间。此外,虞翻、荀爽等的《易注》,书虽在,已乏人阅读,唯李鼎祚于蜀地仍在研习虞、荀之旨,此其可贵处。且非徒研习之,能与当时流行的郑、王二家并观之以见其得失。李氏有以否定王弼扫象的野文,然于义理可取者,包括王、韩注及孔疏等仍取之,是之谓"刊辅嗣之野文"。若郑玄的《易注》以律历为主,其于卦爻的变化,重制器与乾马坤牛的易象,尚未及虞、荀易的完备,是之谓"补康成之逸象"。且刊之补之,岂属一己之私言,实历代《易》注中所本有,故辑集虞、荀三十余家之说,各立名义,以示郑重。更究其内容,虞注外从其说者有陆绩、蜀才等,荀注外从其说者有《九家易》等,合之约一千八百节,占全书三分之二。此外三分之一约九百节,于所刊之野文中,亦有象数可言者约二百余节。于所补之逸象中,更有其他若干家汉注及晋干宝的京氏易,从郑氏的何妥、卢氏等易注,亦有二百余节。此外已引及唐代易注中重象的侯果,重数的崔憬,益以自加的案语共四百节。故全书虽集有四十家之多,实仅取虞、荀两家之易学以补郑、王易学之不足。且由汉及魏晋南北朝而归于唐代的象数,凡此七八百年中,识其易学象数的得失,重视其会通以"共契玄宗",始为全书之旨。故李氏的思想结构,确可赖此《集解》而知其象。然此一贯通汉、唐的易理,殊未见从史学角度加以认识。考此书虽已流传千余年,能深入理解四十家之内容者,自唐至清初未见一人。直至康熙中叶后,学者始对此书产生浓厚兴趣,然迄清末仍仅作为研究汉易的资料,对李鼎祚辑成此书的目的,以易学"共契玄宗"的原则,迄今尚未引起学《易》者注意,此为深入理解易学的莫大隔阂。然必须先认识三十九家易注的具体内容,方可进一步研究李氏所体验的易学。

李氏于《自序》中大量引录《系辞》原文,殊能呼应战国时作《系辞》者之原意,最后结之曰:"……圣人以此洗心退藏于密,自然虚室生白,吉祥至止,坐忘遗照,精义入神,口僻焉不能言,心困焉不能知,微妙玄通,深不可识,《易》有圣人之道四焉,斯之谓矣。原夫权舆三教,钤键九流,实开国承家修身之正术也。"研习此节者,似应深入理解此节承上启下之大义,方能进而明白唐朝一代易学的精华所在。凡《易》有圣人之道四,要归精义入神,由"远取诸物"而"近取诸身",自然"虚室生白,吉祥至止",且本诸汉易的"钤键九流",归诸唐易的"权舆三教"。九流指儒、道、阴阳、法、名、墨、农、纵横、杂九家,按《汉志》的分类法,九流以"六艺略"统摄之,而"六艺略"又以《易》为六经之原,此即汉《易》能"钤键九流"的思想结构。及由汉发展至唐,按《隋志》的书目分类,于经史子集四部外,不得不另立道经、佛经二类,以适应客观事实。然当孔颖达疏王、韩注时,原则仍为四部经传所限。相反,经唐代百余年的发展三教,且结合汉及魏晋南北朝的易学,由李氏视之,易学已能"权舆三教",三教为儒、道、释,此犹唐易的特色,而唯李氏能理解之。

由"权舆三教"而反诸外王之道,易理实为开国承家修身之正术也。如能贯彻内外而"权舆三教",庶可亲身体验以默契于坐忘遗照而识微妙玄通的"玄宗",则唐代易象之所象,早已不同于汉代易象之所指。然以易象本身言,本可代入任何形象而贵得其整体,此易学象数之所以神妙而有待于其人之悟。若李鼎祚者,则已得唐易之风气云。

《自序》最后曰:"至如卦爻象象,理涉重玄;经注文言,书之不尽。别撰《索隐》,错综根萌,音义两存,详之明矣。其王氏《略例》,得失相参,采莳采菲,无以下体,仍附经末,式广未闻。"读此已完全可了解李氏对易学的认识。所可惜者,《索隐》未传。或能对虞、荀、郑、王的《易》注深入探得其卦爻变化之大义,更合以三教重玄之象,则《索隐》之理,仍可捉摸。其视王氏《略例》为"得失相参",尤能密合易道穷变通久之理。至于《索隐》之所以失传,自然是乏人研习。且唐朝自代宗后,学术气氛日趋衰落,故六十余年后,形成了韩愈据梅赜《古文尚书》作为儒家经典以排佛、老之风,而以中国固有的儒道哲理为主、在结合西域佛教思想后更有独特意义的整体易理,亦因之而大受损失。宜此《集解》之象数,知之者自然日少,《索隐》安得不失传? 此乃大可惋惜之事。韩愈的排佛、老,于佛教之理亦造成了放弃贤首而独盛禅宗之象。然则今日读《周易集解》,已不可仅视为保存汉易的资料而已,而理应顺应汉易之轨迹,提升象数之抽象性,则义理不期而精密。李氏之后,惟宋陈抟起始能继承并发展"权舆三教"之理。然于汉易象数,则迨清恢复汉易后方能了解。惜直至清末,易学尚难会通汉、宋,且使汉、宋易形同水火之不相容,是岂能理解李鼎祚辑《周易集解》之志向所在。

卷四

宋(上)

39. 范仲淹《易义》提要

《易义》一卷,宋范仲淹著。仲淹(989—1052)字希文,其先邠州人,后徙苏州。真宗祥符八年(1015)进士,官至参知政事。仁宗皇祐四年卒,年六十四。此书未详何年所著,或成于登第之前,盖刻苦读书,已能大通六经之旨,今以中进士之年为准。书中唯解二十七卦,上篇解乾卦,下篇解咸至兑,间缺姤、归妹而为二十六卦。此稿仅三四千字,似非全书,载于集中,无单行本。明各卦之大义,言极正大笃实,称其人焉。

如解恒卦曰:"士之常也,在于己,不在于人;诸侯之常也,在于政,不在于邻;天子之常也,在于道,不在于权。故曰:圣人久于其道而天下化成。尧舜为仁,修身而已矣,其知常也哉。"解革卦曰:"以此之文明,易彼之昏乱;以天下之说,易四海之怨;以至仁易不仁;以有道易无道;此所以反常而天下听矣。其汤武之作耶,苟道德不去,虽汤武日生,当为天下之助,何反常之有焉。"此于恒常与革反常之义,其辨明矣。按乾四《文言》曰"上下无常","进退无恒",故"乾道乃革"。然"非为邪"、"非离群"犹恒常也。故在己在政在道在仁则恒；在人在邻在权在不仁则革。革者，革其恒常，亦所以反其恒常也。明乎此，于易义之变不变，思过半矣。于蹇卦曰："观其名与屯卦近焉，然则屯已动乎险中，难可图也。蹇犹止乎险中，难未可犯也。惟二为王臣，君在险中而与己应，始可匪躬而往焉。余皆往蹇而弗济，君子藏器于身待时而动，其庶几乎。"于艮卦曰："止之为道，必因时而存之。若夫时不可进斯止矣，高不可亢斯止矣，位不可侵斯止矣，欲不可纵斯止矣。止得其时，何咎之有。故曰：时止则止，时行则行，动静不失其时，其道光明。非君子其孰能与于此乎。"按易象蹇下卦综为屯，动、止于险中，故皆为难。以动而可图、止而未可犯别之，深合象义。又有匪躬而往者，则可明时止时行之道。蹇卦综为解，待时而射隼，与蹇蹇之王臣，其心一也，皆止其所不可不止，行其所不可不行。蹇初正，艮成离，光明之艮道，非君子其孰能与于此乎。夫全书之义，大类若此，虽短而字字珠玑，有益于世道者也。

40. 苏洵《太玄论》提要

《太玄论》一卷，宋苏洵著。洵(1009—1066)字明允，号老泉，蜀眉州眉山人。于二十七岁始发愤为学，十年后有成，与二子轼、辙皆以文名。

此书分上、中、下三篇，其后有《太玄论·总例引》。《总例引》者，综述《太玄》之义，分四位、九赞、八十一首、方州部家、揲法、占法、推玄算术表、赞历法等。于《太玄》之轮廓，述之无大误，论则以《太玄》为非也。结语曰："吾欲去其踦与赢，加其首之一分，损其蓍之三策，不从其数之可以逆知，而从其词之不可以前定，庶乎其无罪也。"盖以为《太玄》之失有二：一、加踦赞与赢赞；二、三十六策而用三十三。实则此两者非《太玄》之失，所以正卦气法易数耳。

　　苏氏曰："圣人之意曰六十四卦者，《易》也；六日七分者，吾以为历也。历以数胜，在《易》以道胜。"原其意以六日七分为圣人之意，不知此乃孟氏卦气之说，早则或起于先秦，今见于《易纬》，实非经文之言。而扬子《太玄》即本其卦次而定首，惟其八十分之七非正数，且周天三百六十五日又四分日之一亦非密率，故《太玄》之用以二赞当一日，凡七百二十九赞当三百六十四日而半，乃加踦赞以足成三百六十五日，所余者嬴赞当之，嬴赞之时可活变，非限于四分日之一也，故较卦气为优。邵子曰："扬雄知历法，又知历理。"此之谓也。而苏氏曰："四分而加一，是四岁而加一日也，率四岁而加之，千载之后，吾恐大冬之为大夏也。"夫苏氏文人也，未必知历算，然此言幸而中，盖率四岁而加一日乃盈，故今西历之四年一闰，遇百年则不闰，即防此失。若六日七分之配卦尚有此误，而《太玄》之法此失已免。奈苏氏反以《太玄》为非，以卦气为准，不亦偾乎。至于虚之者，盖准"大衍之数五十，其用四十有九"而立义。《易》之虚一，不用太极之神也。《太玄》之虚三者，三谓天地人三才也。而苏氏曰："夫大衍之数是数之宗，而万物之所取用也。今夫蓍，亦用者之一而已矣。或用其千万，或用其一二，唯其所用，而蓍也用其四十有九焉。五者，生之终也；十者，成之极也。生之终，成之极，则天下又何以过之，故曰五十。五十者，五十有五云也，非四十九而益一云也。"此以五与十当生成数之终极，则是；然五与十之积为五十，何可谓五十非四十九而益一耶？既为四十九益一成五十，即五十虚一而用四十九也，《太玄》虚三之策数，盖取诸此。今苏氏欲非《太玄》，并大衍数之虚一亦废之，岂不谬哉。

　　是时有司马光少苏洵十岁，苏氏成此论，正当温公深究《太玄》之时，未识温公读之否。乃温公之于《太玄》，得其神焉。苏氏之于《太玄》，仅执其形耳。况所论《太玄》之失，皆苏氏自误，故其论无实，虚文而已矣。

41. 苏洵《洪范论》提要

《洪范论》一卷,宋苏洵著。始末详《太玄论提要》。

此书分上、中、下三篇,并有前后序。陆氏于序中论此书大义曰:"大抵斥末而归本,褒经而系传,刬磨瑕垢以见圣秘,复列二图,一以指其谬,一以形吾意。"其旨可取。盖孔安国之注,刘向父子、夏侯胜之说,皆加详而繁杂;苏氏乃反而简之。其言曰:"夫禹之畴,分之则几五十矣。诸儒不求所谓统与端者,顾为之传,则向之五十,又将百焉。人之心一,固不能兼百,难之而不行也。欲行之,莫若归之易,百归之五十,五十归之九,九归之三。三,五行也,五事也,皇极也。而又以皇极裁节五事,五事得而五行从,是三卒归之一也。"是以皇极为准,五福六极等应焉。其图如下:

皇极之建	貌恭肃 言从乂 视明哲 听聪谋 思睿圣	木曲直 金从革 火炎上 水润下 土稼穑	时雨 时旸 时燠 时寒 时风	五福
皇极不建	貌不恭狂 言不从僭 视不明豫 听不聪急 思不睿蒙	木不曲直 金不从革 火不炎上 水不润下 土不稼穑	常雨 常旸 常燠 常寒 常风	六极

按苏氏以归纳之法读《洪范》,原于皇极之建不建,得其要焉。若五十归九,九归三,三归一,确是。然以五行、五事、皇极为三,与九畴之本义未合。考五十者即九畴之细目,于经文已归于九。至于九归三,当取洛书纵横斜角三数皆为十五之义。故三之变化有八。此八者皆有与于皇极,四者间接与于皇极,四者直接与于皇极,即三归一也。下为九畴五十纲目图:

四五纪5	五福 六极 11	二五事5
三八政8	五皇极1	七稽疑7
八庶徵5	一五行5	六三德3

九畴五十纲目图

凡间接与于皇极之四,当四三八、八一六、六七二、二九四。直接与于皇极之四,当九五一、四五六、三五七、八五二。今可不论间接者,而以直接者观之,苏氏之图,当九五一、八五二两者,于三五七、四五六尚未及,故九之归三犹未备,当足成如下：

$$
皇极之建 \begin{cases} 衍忒以正 \quad 八政乃治 \\ 三德合宜 \quad 五纪有时 \end{cases}
$$

$$
皇极不建 \begin{cases} 衍忒不以正 \quad 八政乃乱 \\ 三德不合宜 \quad 五纪失时 \end{cases}
$$

由是九畴周流,三畴皆可合一,洪范之秘,其在此乎。

42. 张载《横渠易说》提要

《横渠易说》三卷,宋张载著。载字子厚。世居大梁,侨寓于凤翔郿县横渠镇,故世号横渠先生。康定用兵时,年二十一(吕大临撰行状,称年十八。以卒年推之有误,当为二十一,即仁宗康定元年庚辰),上书谒范文正公,公勉以读《中庸》。嘉祐初,拥皋比讲《易》京邸,见二程子,自谓不如而辍讲。登嘉祐二年进士。神宗熙宁十年(1077)卒。此书是讲《易》时由弟子记录而成。成书时间可以嘉祐元年(1056)论。

冯椅曰："不知此书子厚晚年以所得删邪正,或好学者以门人所记录。与《正蒙》类,为此书也,多所发明,有二程未到处。"今读其书,非全《易》皆有说,《系辞》以下亦未全录经文,有类语录,且多引《老》、《庄》之说,书中说理,殊多可法。若辍讲者,张子之谦也。与二程之说

108

《易》,宜并观而辨其异同,则得矣。

于四德曰:"天下理得元也,会而通亨也,说诸心利也,天之动正也。"(《正蒙》中亦引及,"正"作"贞"。)又曰:"贞者,专静也。"盖从四德循环,合一元者,乾易坤简也。二元合一,会通而亨,健顺而知险知阻,乃能说诸心而利义和。动贞乎一者,专也;动而正,静焉。故贞为专静。本专而直,即有翕而辟,是即贞下起元,而得天下之理。故义曰:"乾之四德,终始万物,迎之不见其首,随之不见其后,然推本而言,当父母万物。"此与《西铭》之"乾称父,坤称母,予兹藐焉,乃混然中处"同义。其本即中处,即太极,故即以四象为乾之四德,此张子所发挥之易义也。若张子之名言:"为天地立心,为生民立命,为往圣继绝学,为万世开太平。"亦此四德之义,立心者利也,立命者元也,继绝学者亨也,开太平者贞也。于比二曰:"爱自亲始,人道之正,故曰贞吉。"与"自内"、"不自失"义殊合。于随初曰:"言凡所治,务能变而任正,不胶柱也。处随之初为动之主,心无私系,故能动必择义,善与人同者也。"亦语简意长,非去私系,何能有功哉?于离《大象》曰:"明目达聪,继明之道也。人患惰于博览,惟大人能勉而继之。"呜呼!忽乎继明而不陷于突如来如者,几希。故《大学》始教,在明明德,博览其致明之道乎。于明夷四曰:"与上六同为一体,故曰'入于左腹',与五亲比,故曰'出门获明夷之心',盖用柔履中,其志相得,故曰'获心意也'。"此爻乃六四正位,承比于五而获知其明夷之心,与上六同为一体,上卦坤为腹也。孟子曰"君之视臣如手足,则臣视君如腹心",是其义,其志相得,于理殊善。而《程传》则取其为"阴邪小人居高位",似违爻义,不若从张子为正。于丰五曰:"'来章',反比阳则明也,'有庆',得配于四也。"丰四五得配,卦成既济,合于之正之义。释三极之道曰:"《易》六爻尽利而动,所以顺阴阳刚柔仁义性命之理。"于《说卦》又曰:"《易》一物而三才备:阴阳气也,而谓之天;刚柔质也,而谓之地;仁义德也,而谓之人。""一物而两体,其太极之谓欤。"凡此皆得《易》之大义,汉象由之而明之正成既济,宋理本之而悟太极之一物,其揆一也。释玩占曰:"占非卜筮之谓,但事在外,可以占验也,观乎事变,斯可以占矣。"此能广"占"字之义,且亦有据于古。盖卜筮为占,而占可不必卜筮。如《左传》载郑王子伯廖论公子曼满无德而贪,知其在丰之离;晋楚将战于邲,晋知庄子论晋师之殆,知当师之临等,皆是也。于"天一地二"曰:"此语恐在天数五地数五处,然圣人之于书,亦有不欲并一说尽,虑易知后,则不复研究,故有易有难,或在此说,或在彼说,然要终必见,但俾学者潜心。"此说亦是。且"天一地二"一节,本与"开物成务"相关,故不可合并于天数五地数五。若程子之疑为错简,而朱子移之,则误矣。释"贞观"等曰:"正明不为日月所眩,正观不为天地所迁。贞,正也,本也,不眩不惑,不倚之谓也。"又曰:"能如是不越乎穷理,岂惟耳目所闻见,必从一德见其大源,至于尽处,则可以不惑也。存嘿识实有信,于此苟不自信,则终为物役。"此已得"首出庶物"之旨。穷理以正明正观,性斯尽矣。他如曰:"富有者,大无外也;日新者,久无穷也。"犹时位之义。时,德而日新;位,业而富有也。又曰:"尚辞则言无所苟;尚变则动必精义;尚象则法必致用;尚占则谋必知来。"亦深切乎四道。若曰:"武人者,刚而不德也。"或悟乎范氏之言而云然。至于训"屯"为"聚",训"牧"为"逸"(谦初象)等,似觉未合。又配"贞"为"信",乃何妥之说,李鼎祚已辨其非矣。且此书似系门人所裒集,未解处甚多,又繁简失当,略有重复。张子未能亲手订成全《易》之说,惜哉!

43. 邵雍《皇极经世书》提要

《皇极经世书》十二卷,宋邵雍著。雍字尧夫,河南人,生于大中祥符四年,卒于熙宁十年(1011—1077),年六十七,谥康节。一生澹然自得,名其居曰"安乐窝",司马光等恒相从游,事迹详《宋史·道学传》。《皇极经世书》含《观物篇》六十二篇。全书纲目如下:

皇极经世书——观物篇
(十二卷)(六十二篇)

历数——观物篇
(六卷)(三十四篇)

以元经会——观物篇一至十二
(二卷)　　(十二篇)

以会经运——观物篇十三至二十四
(二卷)　　(十二篇)

以运经世——观物篇二十五至三十四
(二卷)　　(十篇)

律数——观物篇三十五至五十
(四卷)　　(十六篇)

内篇——观物篇五十一至六十二
(二卷)　　(十二篇)

以下分三类明其要：一曰历数者，盖以元会运世纪时，凡一世三十年，一运十二世，一会三十运，一元十二会，故一元当十二万九千六百年。其式如下：

1 元＝12 会＝360 运＝4320 世＝129600 年
1 会＝30 运＝360 世＝10800 年
1 运＝12 世＝360 年
1 世＝30 年

此"元会运世"，各以卦象象之。元犹太极，分四时，以乾、坤、坎、离当之。十二会者，当十二地支，以十二辟卦当之，复子、临丑、泰寅以至剥戌、坤亥是也。于此十二会之三百六十运，则以先天图之次，除四时外之六十卦，每卦当六运，由复、颐、屯以至观、比、剥是也。逐卦取其一爻变六卦，每卦为一运。若每运之卦更取其一爻变六，一卦为六十年，是卦又取一爻变六，则一卦为十年。且当六十年之卦，以是卦为甲子。准先天图之次，亦除四时卦，则此外六十卦，每卦当一年。再者一元之十二会，开物于寅会之中，闭物于戌会之中。故八会有物，四会无物。于尧之甲辰年，时当巳会末运中之第四甲子(凡一运三百六十年，甲子六周)。于卦象，巳会末运为乾，第四甲子为四爻变小畜，于十年卦甲辰为第五周，当小畜之五爻变为大畜。于年卦则小畜当甲子，准先天图之次，第四十一甲辰为随卦是也。以下逐年推之，至宋兴之庚申(960)，属午会第九运第五甲子，于卦象运为困卦第五甲子，为困

111

五爻变解,第五十七庚申于十年卦当解上爻变未济,年卦以解为甲子,至庚申为升卦是也。邵氏不敢论当代,故记事终于后周末己未卦为蛊,以时则推到著书之时,邵氏曰"今上熙宁"是也。

按邵子之历以十二、三十相间为周期。十二者,地支也;三十者,天干之三周也。故其本犹六十甲子。考黄帝时甲子已通行,今得殷虚文,于六十甲子表屡见不鲜。盖不明周期,必不能明事物之变。先民之成六十甲子,实悟乎周期变化之原也。吾国之文化,于六十甲子关系殊密,以历言,尤重甲子。然六十之周期,于一人言颇合适,以历史言则嫌短。如西历以耶稣纪年,佛教徒以佛诞纪年,我国亦有用孔诞以纪年者,皆能明确其时。或单言甲子,前后六十年之时混焉。故邵子之本半甲子一世以定六甲子为一运,一百六十甲子为一会,二千一百六十四甲子为一元。于纪时极便,实能扩大甲子之用。况一元之数,似有据乎岁差,非虚构者也。今之实测岁差,每年约为五十秒又十分之二,则约为七十一年又八月差一度。于三百六十度之周天,约为二万五千八百年。若客观之事实,以地球历史为三十亿(万万曰亿)年论,其旋转已约十万周。奈人类之有史,不足万年,故岁差确实周期及其作用,尚未知其详。究邵子一元之数,盖有取乎岁差之五周。以一周为二万五千八百二十年,一度之差为七十二年,每年差五十秒,其式比较如下:

岁差周期　　邵子　　$129600 \div 5 = 25920$ 年

今测 $\begin{cases} 25725 \text{ 年(黄道固定)} \\ 25784 \text{ 年(黄道移动)} \end{cases}$

差 $1°$ 之时　　邵子　　$25920 \div 360 = 72$ 年

今测 $\begin{cases} 25725 \div 360 = 71.622 \text{ 年} \\ 25784 \div 360 = 71.458 \text{ 年} \end{cases}$

每年差度　　邵子　　$3600'' \div 72 = 50$ 秒

今测 $\begin{cases} 3600'' \div 71.622 = 50.2 \text{ 秒} \\ 3600'' \div 71.458 = 50.3 \text{ 秒} \end{cases}$

(今测数据本 C. W. 艾伦编写《物理量和天体物理量》,1976 年版。)

夫邵氏之一元，举一隅而已，言天地之范围，尚推至极数，义与今日言光年、红位移等同，可见其思之广大。约以十运之年系以史事，配以《易》之卦爻辞，以言其阴阳消长兴衰得失，盖推求自然之理而已。人类历史愈长，其理将愈显。岁差之作用，或可略见端倪，安知无有如一岁四时之变化耶？则运会之遇，幸不幸存焉，岂妄言哉！《皇极经世书》内容如是，而术数家独尊邵子，借以论一己之得失，琐碎之利害，其见乃陋。故经世广大之说，迄今未明，犹错杂于术数之列，与视《易》为迷信谶纬之书同，何不究其实乃尔，可不明辨之乎。

二曰律数者，谓声曰律为唱，音曰吕为和。声分十等，犹天干十，以平上去入列之；音分十二等，犹地支十二，以开发收闭列之。一声一音皆取十六字以示之。间有有声音而无其字者，以〇代声，以口代音。又曰十八声四十音为体数，而不用则以〇代声以口代音。其后以声音相唱和成图十六，其数三万有七百二十曰四象全数，除不用之体数，则用数为一万七千有二十四。其于声曰变数，曰动数。其于音曰化数，曰植数。以变化数更相唱和，成二万八千九百八十一万六千五百七十六，谓之动植通数。其式如下：

天数一衍为十 　　当阳声曰律为唱

　　10(天干)×4(四象)＝40(阳四象体数)

　　40(阳四象体数)×4(四象)＝160(四象阳数)

地数二衍为十二 　当阴音曰吕为和

　　12(地支)×4(四象)＝48(阴四象体数)

　　48(阴四象体数)×4(四象)＝192(四象阴数)

　　160(四象阳数)×192(四象阴数)＝30720(四象全数)

　　160(四象阳数)－48(阴四象体数)＝112(阳四象用数)

　　192(四象阴数)－40(阳四象体数)＝152(阴四象用数)

　　112(阳四象用数)×152(阴四象用数)

　　＝17024 $\begin{cases} \text{于阳—变数、动数} \\ \text{于阴—化数、植数} \end{cases}$

17024(变数、动数)×17024(化数、植数)
＝289816576(四象通数)

　　至于四象者,于阳曰太阳、少阳、太刚、少刚;于阴曰太阴、少阴、太柔、少柔,即以天道阴阳、地道柔刚之义分太少耳。合之即为八卦,以当先天图。且阳仪以日月星辰象之,阴仪以水火土石象之。是乃邵子所取先天之象。凡历之元会运世,律之平上去入,皆当日月星辰;历之岁月日时,律之开发收闭,皆当水火土石。以下图示之:

皇极经世准先天取象图

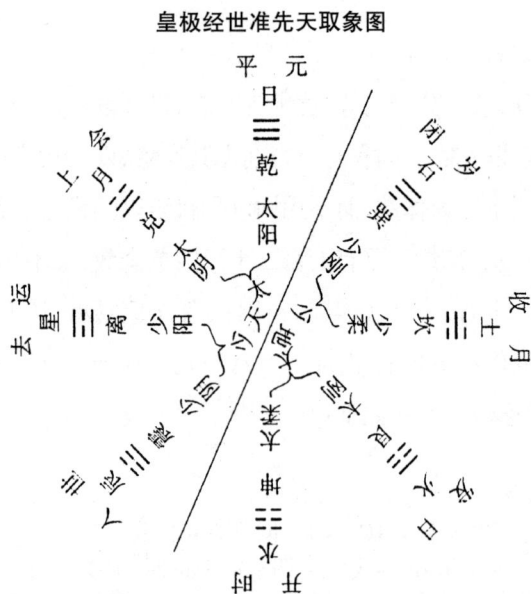

　　由是十六声音唱和图,皆可以卦象象之,盖声律之平上去入,犹元会运世,组合成十六象为乾兑离震。音吕之开发收闭,犹时日月岁,组合成十六象为坤艮坎巽。如日月之声其象为☱☰履;月辰之声其象为☳☰随;水土之音其象为☷☵师;火土之音其象为☶☵蒙等等是也。又以音和律,用否角之十六卦;以声唱吕,用泰角之十六卦。特作声音卦象图如下:

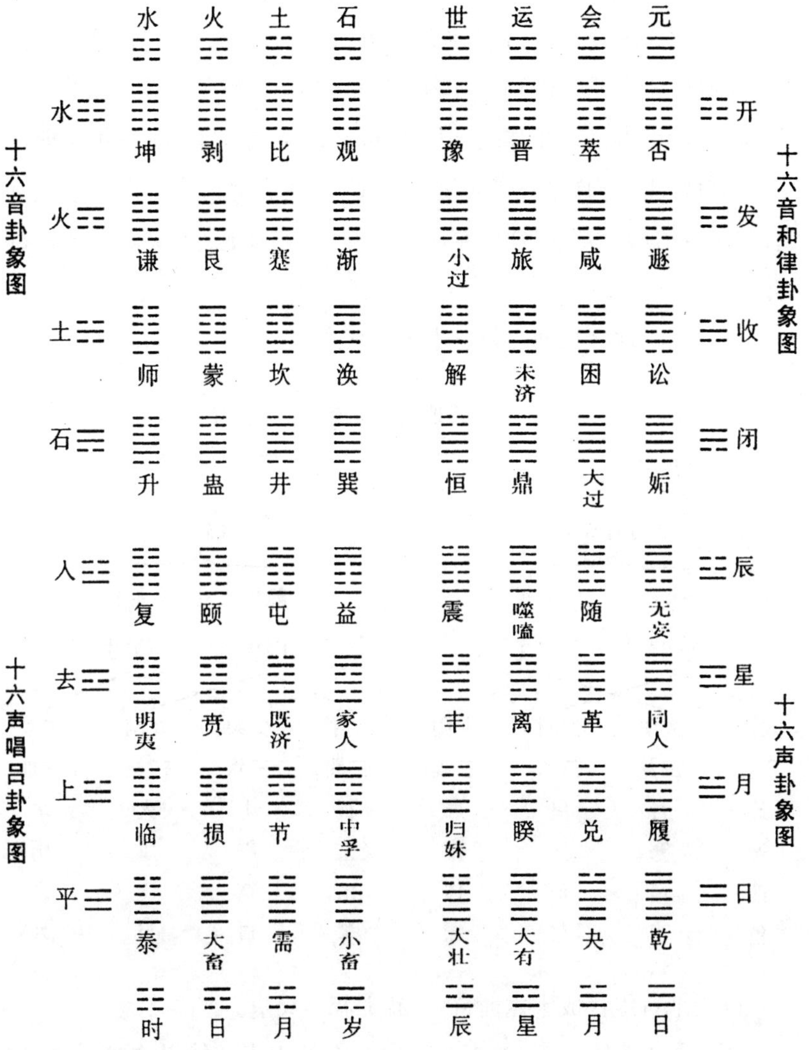

十六音卦象图　｜　十六音和律卦象图

十六声唱吕卦象图　｜　十六声卦象图

	水	火	土	石	世	运	会	元	
水	坤	剥	比	观	豫	晋	萃	否	开
火	谦	艮	蹇	渐	小过	旅	咸	遁	发
土	师	蒙	坎	涣	解	未济	困	讼	收
石	升	蛊	井	巽	恒	鼎	大过	姤	闭
人	复	颐	屯	益	震	噬嗑	随	无妄	辰
去	明夷	贲	既济	家人	丰	离	革	同人	星
上	临	损	节	中孚	归妹	睽	兑	履	月
平	泰	大畜	需	小畜	大壮	大有	夬	乾	日
	时	日	月	岁	辰	星	月	日	

以上四图之合，即先天六十四卦方图，乃中分为四耳。于次如元之元对时之时，会之运对日之月，故于象皆为错卦，每图中凡声音及唱和各六十四象，计十六图之卦象，共为二千有四十八。

夫声音者，数极于四象通数，其义实与司马光之《切韵指掌图》同，或当时曾相互研究乎。而邵子更顾及于数，成于此十六图，纯取四象之组合,所用声音律吕唱和之名,盖非徒指人籁而已,天籁、地籁莫不具焉。象用方图之四分,立于乾坤否泰,当天地交不交,有合乎消息之理。夫同声相应,同气相求,万物将由是而睹,非圣人之参天地乎。

三曰内篇者,盖由四象之组合以取义,本象数之自然,以推理明历律,穷时位,观史为镜鉴,尽人物之精微,诚达者之言也。以生生之易道,归于《说卦》"穷理尽性以至于命"之言,得《易》之要矣。以下逐篇述之:

一、明天地之八卦之象。下表可尽之:

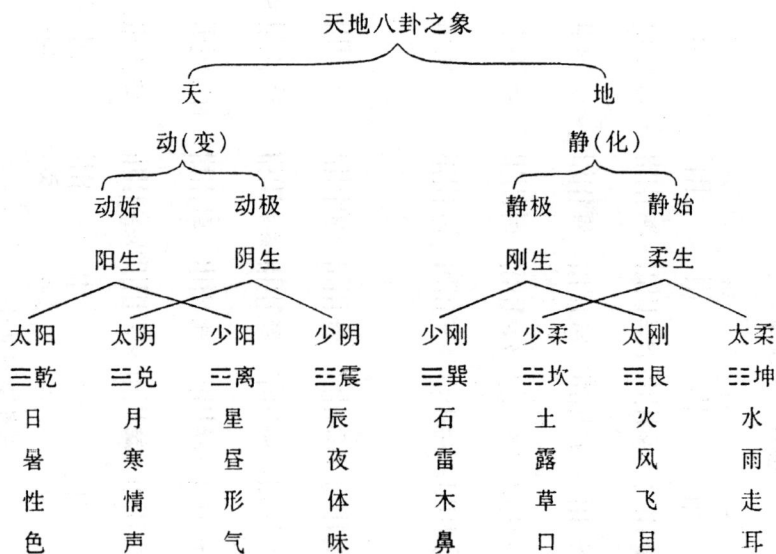

天地八卦之象

天 —— 动(变)
 动始 —— 阳生 / 动极 —— 阴生

地 —— 静(化)
 静极 —— 刚生 / 静始 —— 柔生

太阳	太阴	少阳	少阴	少刚	少柔	太刚	太柔
☰乾	☱兑	☲离	☳震	☴巽	☵坎	☶艮	☷坤
日	月	星	辰	石	土	火	水
暑	寒	昼	夜	雷	露	风	雨
性	情	形	体	木	草	飞	走
色	声	气	味	鼻	口	目	耳

以天地各组合成十六而合一,犹唱和之义也。

二、明人为物之至,圣人为人之至。圣人者,"能以弥纶天地,出入造化,进退古今,表里人物者焉"。

三、谓理者物之理,性者天之性,命者处理、性者也。能处理、性为道,道为天地之本,天地为万物之本;昊天以春、夏、秋、冬尽物;圣人以《易》《书》《诗》《春秋》尽人。

四、以天人之四象组合言其义,作下表示之:

```
        化      教      劝      率          用
  昊天 春生     夏长    秋收    冬藏
道 春生 意   皇 仁虞   性文   圣秦穆   易  化
德 夏长 言   帝 礼夏   情武   贤晋文   书  教
功 秋收 象   王 义商   形周公   才齐桓   诗  劝
力 冬藏 数   伯 知周   体召公   术楚庄   春秋 率
体           易 书    诗          春秋   圣人
            道 德    功          力
```

邵子曰:"用也者心也,体也者迹也,心迹之间有权存焉者,圣人之事也。"又曰:"体用之间,有变存焉者,圣人之业也。夫变化者,昊天生万物之谓也;权也者,圣人生万民之谓也。非生物生民,焉得为之权变乎?"此亦有感而发。

五、明古今之因革消息,以下表示之:

```
可因可革——仲尼之道——万世之事业——不世
因因——正命——长长——皇——千世之事业 ┐
因革——受命——长消——帝——百世之事业 │
革因——改命——消长——王——十世之事业 ├ 命世
革革——摄命——消消——伯——一世之事业 ┘
```

曰命世者,犹为时所限;不世者,超乎时间也。

六、论《易》《书》《诗》《春秋》之所始,即皇帝王伯。述史事以明天人之际,语多恳切,垂戒深矣。

七、论尧舜当乾坤,汤武当革,又及伊尹当坎,周公当豫,为四象亦切。末曰:"无愧于口,不若无愧于身;无愧于身,不若无愧于心;无口过易,无心过难。"又曰:"安得无心过之人而与之语心哉。"其磊落之情见矣。

八、续论史事,下及汉唐,谓王而伯,汉犹在五伯之间。

九、明史之治乱,由于邪正,三纲正则治,不正则乱。乱之多于治者,阳一阴二之故,亦慨乎言之矣。

十、以元会运世组合成六十,初述其数,更以四时人事等配之,以下表示之：

天	春元	夏会	秋运	冬世	
春元	1	12	360	4320	皇道
夏会	12	144	4320	51840	帝德
秋运	360	4320	129600	1555200	王功
冬世	4320	51840	1555200	18664200	伯力
	皇道	帝德	王功	伯力	人

邵子曰："千万世之时，千万世之经，岂可画地而轻言哉！"又曰："三皇，春也；五帝，夏也；三王，秋也；五伯，冬也；七国，冬之余列也；汉，王而不足；晋，伯而有余；三国，伯之雄者也；十六国，伯之丛者也；南五代，伯之借乘也；北五代，伯之传舍也；隋，晋之子也；唐，汉之弟也；隋季诸郡之伯，江汉之余波也；唐季诸镇之伯，日月之余光也；后五代之伯，月未出之星也。"夫邵子之言，实能洞察人事，上下三千余年，纵横九州之间，非阴阳之消长乎。温公推重，有以也。此书与《通鉴》，确可互为表里也。

十一、明阴阳刚柔体用之数，以及动植通数，已详上述。律学中间于体数分四，三用而一不用，此三一之比，亦有自然之理焉。

十二、以日月星辰组合以观物，以皇帝王伯组合以观民，物别于飞走木草，民分于士农工商。盖物有大小，民有贤愚。至神者，移昊天生兆物之德以生民；至圣者，移昊天养兆物之功以养民。邵子曰："其见至广，其闻至远，其论至高，其乐至大，能为至广、至远、至高、至大之事，而中无一为焉，岂不谓至神、至圣者乎。"又谓观物不以目、不以心而以理。其言曰："天下之物莫不有理焉，莫不有性焉，莫不有命焉。所以谓之理者，穷之而后可知也；所以谓之性者，尽之而后可知也；所以谓之命者，至之而后可知也。此三者，天下之真知也。"按邵子于《易》，盖以生生之体，以尽理、尽性、至命为用，洵为圣人之道，《易》之本在焉。非研几有得,安能著此书耶。或以术数轻视之,岂知邵子者哉。

44. 邵雍《观物外篇》提要

《观物外篇》六卷,宋邵雍述,门人张崏记。邵子始末,详《皇极经世书》提要。张崏字子望,荥阳人。登进士第,官至太常寺簿。其兄峋,字子坚,亦康节门人。崏早世,陈直斋曰:"其记康节之言,十才一二而已,足以发明成书。"即指此书。熙宁十年春,峋赴调京师,康节愀然色变,曰:"吾老矣,不复能相见也。"及秋而卒。峋亦邵子以为可与语道者。此书既其弟所记,峋必有与焉。师生同处,直至其师卒年,则其记录真实可从,与自著无异。张行成曰:"《外篇》亦是先生之文,门人盖编集之尔。"其言可信。若成书之时,不妨以神宗熙宁十年(1077)论。至于六卷之次,今见明黄粤洲所录之《道藏》本,分上下,定篇目十二,录示如下:

观物外篇上

河图天地全数第一　　先天象数第二

先天圆图卦数第三　　先天方图卦数第四

后天象数第五　　后天周易理数第六

观物外篇下

以元经会大小运数第七　以会经运生物运数第八

以运经世观物理数第九　声音唱和万物通数第十

阙疑第十一　　心学第十二

按祝泌述《皇极经世》曰:"……总其书六十二篇,又有《外篇》二,不以观物系之,书实六十四篇也。"则原分《外篇》为二,若分此篇目,决非张崏原本所有。盖第一明天地十数,邵子尚未以十数为河图,其后王湜、张行成发挥邵说,仍以九为河图,十为洛书,故定此篇目者必在朱子后。分十二篇未知所据,或本《内篇》之数欤? 关于张行成所著之

《观物外篇衍义》,已自定编次(另详《观物外篇衍义》提要)。故原本之次,唯能准此《道藏》本。幸内容未变,不妨依次以述其要。曰《外篇》一、《外篇》二,以至《外篇》十二可也。

《外篇》一,明天地之体用,凡以五而分,其义可取。作表如下:

$$
5\begin{cases}
4(有体)\begin{cases}3(用)(三才)真数\begin{cases}乘三(参天)——九\\乘二(两地)——六\end{cases}\\1(不用)(道)\end{cases}\\
1(无体)(自然)
\end{cases}
$$

又论蓍法等亦是,唯未及其后《启蒙》之简洁,言则每合阴阳。如曰:"阳以阴为基","阴以阳为唱"。归诸一阴一阳之谓道,故曰:"道为太极。"乃邵子之名言也。间有曰:"人之生,真可谓之贵矣。天地与其贵而不自贵,是悖天地之理,不祥莫大焉。"诚合贵生之理,人其勉诸。

《外篇》二,明先天图论消息曰:"震长、乾分、巽消、坤翕。"犹纳甲之象。论顺逆曰:"阳在阴中阳逆行,阴在阳中阴逆行,阳在阳中、阴在阴中则皆顺行。此真至之理,按图可见之矣。"此分阴阳言顺逆,与虞氏易阴消顺阳息逆可并存(详见《外篇》八)。于六十四卦中,重视不可易之八卦,即乾、坤、坎、离、中孚、颐、大过、小过,又曰:"《易》根于乾坤,而生于复姤。"皆得卦象之自然。末曰:"先天之学,心法也。故图皆自中起,万化、万事先乎心也。"谓心犹中,八卦之中太极也。故《外篇》十二又曰"心为太极",义承此而言。

《外篇》三,明先天圆图曰:"先天图者,环中也。……阴生阳,阳生阴,阴复生阳,阳复生阴,是以循环而无穷。"即生生之谓《易》也。

外篇四,明方圆之数曰:"圆者,河图之数;方者,洛书之文。故羲、文因而造《易》;禹、箕叙之而作《范》也。"可谓以十数为河图,九数为洛书。然邵氏实未明言。又言先天八卦之次,除乾、兑、离、震、巽、坎、艮、坤外,又以两端为次,即乾、坤、兑、艮、离、坎、震、巽是也。

外篇五,明后天八卦曰:"先天之学,心也;后天之学,迹也;出入、有无、死生者,道也。"盖迹者用也,心者体也,用以归天,心为太极也。犹出入、有无、死生之阴阳相对,是谓道,道亦为太极也。邵子之学,能兼明先后天,于易道之功大矣。

《外篇》六,明《序卦》之大纲,程子《上下篇义》乃本乎此。又论八卦之象,四德与断辞之应,择言各卦之义,皆有灼见。问曰:"象数则筌蹄也,言意则鱼兔也,得鱼兔而忘筌蹄可也;舍筌蹄而求鱼兔,则未见其得也。"可矫正王弼之失而得其本焉。又曰:"太极不动性也,发则神,神则数,数则象,象则器,器之变,复归于神也。"即以神、数、象、器、变五者循环,犹五行也。中当太极,五者之本也。

《外篇》七,明星极数历法等。分元为二,曰:"有生天地之始者,太极也;有万物之中各有始者,生之本也。"此准大衍之数而言太极,即不用之一;生之本,即挂一之一也。又曰:"冬至之后为呼,夏至之后为吸,此天地一岁之呼吸也。""历不能无差,今之学历者,但知历法,不知历理。"其思皆精。

《外篇》八,明体用之数,阳三阴一之比,及顺逆等。谓体数生物,由四而生地也;用数运行,由一而生天也。于顺逆曰:"顺数之乾一、兑二、离三、震四、巽五、坎六、艮七、坤八。逆数之震一、离兑二、乾三、巽四、坎艮五、坤六也。"与虞氏不尽相同,以下图示之:

邵子顺逆图　　　　　　　虞氏顺逆图

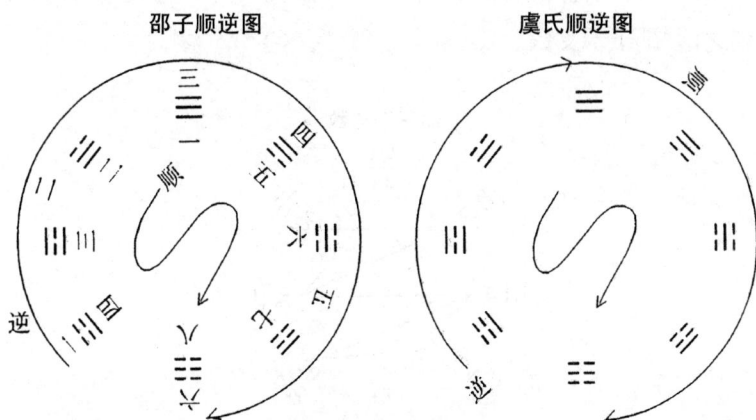

　　盖邵子以太极生次为顺,消息为逆。虞氏乃以太极生次为准,消之次相同为顺,息之次不同为逆。二家之说,各有所指,于顺逆之理一也。

　　《外篇》九,引史事以明理,论《春秋》为尽性之书,有见。又曰:"天气之气运北而南则治,南而北则乱,乱久则复北而南矣。天道人事皆然。推之历代可见消长之理也。"此以后天方位之坎离言,北而南坎下离上之未济,由未济而既济则治也。南而北离下坎上之既济,既济为初吉终乱,乱久成未济,乃复北而南,又当未济之既济,此非历代消长之理乎? 又曰:"法始乎伏羲,成乎尧,革于三王,极于五伯,绝于秦,万世治乱之迹,无以逃此矣。"是犹孔子百世可知之义,得观物之妙。又曰:"尧之前,先天也;尧之后,后天也。后天乃效法耳。"此邵子之权衡先后天,所以自名尧夫也。

　　外篇十,明万物之理,有曰:"万物各有太极、两仪、四象、八卦之次,亦有古今之象。"犹言万物各有位与时。盖本诸太极,所谓物物一太极者,此也。又曰:"以物观物,性也;以我观物,情也。性公而明,情偏而暗。"其义粹而精,利贞性情而物我一,《观物篇》之主旨乎。

　　外篇十一,明诸数加减等之变化。仍以三一之比及方圆蓍卦之数言之。于八卦之数曰:"乾四十八,兑三十,离二十四,震十,坤十二,艮二十,坎三十六,巽四十。"是乃以干支数加之,凡四正用支数,故为十二、二十四、三十六、四十八。四隅用干数,故为十、二十、三十、四十。详如下示。其数息而增,消而减,唯坤而震,已息仍减,故宜潜焉。此数名之曰"邵子干支数"。

邵子干支数

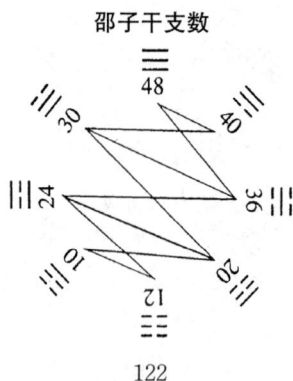

更合其错卦而观四正卦数六十，即地数三十之倍。四隅卦数五十，即天数二十五之倍。于六十加四为卦数，于五十减一为蓍数，四与一，即有体、无体也。

外篇十二，明圣贤之学，兼论诸子之说。始曰："心为太极。"又曰："先天学主乎诚。"可谓此篇之主，亦全书之旨也。谓"孟子善用《易》，老子知《易》之体"，非通乎《易》之体用者，安能语此。又曰："学不至于乐，不可谓之学。"乃得"吾与点也"之象，学之至也。

夫此书由门人所记，或随闻随录，其编次未精，宜以语录笔记视之。若其内容，殊多名言。张行成曰："学先天者，当自《外篇》始。"信然。

45. 吕大防《吕氏周易古经》提要

《吕氏周易古经》一卷，宋吕大防考定。大防（1027—1097）字微仲，其先汲郡人，后居蓝田。有王佐才，立朝不植党朋，与范纯仁并位，同心戮力，以相王室，后为章惇所陷。哲宗绍圣四年卒，年七十一。吕氏善于《礼》，考礼制冠、昏、表、祭，一本于古。于《易》亦复古经十二篇之旧。时当神宗元丰壬戌（1082），曾刻于成都学官。

吕氏曰："《彖》、《象》所以解经，始各为一书，王弼专治《彖》、《象》以为注，乃分缀卦爻之下，学者于是不见完经，而《彖》、《象》辞次第贯穿之意亦缺然不属。予因案古文而正之，凡经二篇，《彖》、《象》、《系辞》各二篇。《文言》、《说卦》、《序卦》、《杂卦》各一篇，总一十有二篇。"夫吕氏之言极是，既合《易经》之十二篇于十翼之目，又从郑康成之旧而得其实。盖既从《孔疏》八论中之说，唯分录之以得古经之编次耳。既不费力又合于古，是之谓易简也。若吴仁杰之疑所不当疑，用二十余年之力，以考定古《易》，所得者反多穿凿附会而不可信，与此书有天渊之别。他家所考定者，亦皆未及吕氏之纯粹，故于吴氏之《集古易》

中,特表而出之。凡言古《易》者,宜以此本为准。然尚有进焉,《汉志》:"《易经》十二篇",颜师古曰:"上下经及十翼,故十二篇。"则此十二篇于汉时皆名"经",师古以上下经及十翼当之固是,然又以经、翼对言,乃后人以十翼为传焉。此本之优于吕祖谦本者,在未以十翼为传,然卦爻之辞已从颜氏而名之曰"经",则十翼亦当名"经"反晦焉。故宜从《汉志》,凡此十二篇皆"经"也。卦爻之辞分上下,可从《系辞》之言,所谓"二篇之策",宜名之曰"上篇""下篇"云。

46. 司马光《太玄经集注》提要

《太玄经集注》十卷,宋司马光、许翰著。光之始末另详《温公易说》提要。此书成于神宗元丰五年(1082),其年光六十四,读《太玄》已三十余年,可云有恒矣。曰《集注》者,盖集汉宋衷、吴陆绩、晋范望、唐王涯、宋宋惟干、陈渐、吴秘七家之注而总以自注。卷首载《读玄》、《说玄》二文。《读玄》系早年所作,明《太玄》为读《易》之阶,以扬子为知孔子之道者,孟与荀殆不足拟,推重亦甚焉。《说玄》系晚年所作,以《玄》与《易》相比,可见扬子拟《易》之情。今特作一表以述之,名之曰《易》、《玄》对照表。

《易》《玄》对照表

周　易	太　玄
画二　曰阳曰阴	画三　曰一曰二曰三
六位　初二三四五上	四重　方州部家
八卦　重为六十四卦	一二三　错为八十一首
卦六爻	首九赞
合为三百六十四爻当期之日	合为七百二十九赞当期之日
四德　元亨利贞	五者　罔直蒙酋冥

周　易	太　玄
大衍之数五十其用四十九	天地之策三十六其用三十三
揲之以四	揲之以三
四象七九八六	三摹一二三
彖	首
爻	赞
象	测
文言	文
系辞	摛莹捝图告
说卦	数
序卦	冲
杂卦	错

　　由上表，乃知温公之善读《玄》，亦见扬子之善读《易》也。《玄数》曰："下思也，中福也，上祸也。思福祸各有下中上，以昼夜别其休咎焉。"温公之注盖准乎此，故于九赞之辞，能见其精。若其纲要，注于中首曰："阳家，水，准《易》中孚，中一之初，日舍牵牛初度，冬至气应，阳气始生。兼准坎，所以然者，《易》以八卦重为六十四卦，因爻象而定名，分坎离震兑直二十四气，其余六十卦，每卦直六日七分。《玄》以一二三错布于方州部家而成八十一首，每首直四日有半，起于冬至，终于大雪，准《易》卦气直日之叙而命其名。或以两首准一卦者，犹闰月之正四时也。坎离震兑在卦气之外，故因中应释饰附分至之位而准之。"又于踦赞注曰："水踦不足也。期三百六十五日四分日之一，《玄》七百二十九赞当三百六十四日半。其不足者半日，为踦赞。"于嬴赞曰："火嬴有余也。三百六十五日之外，有余者四分日之一，为嬴赞。"读此则《太玄》准《易》之理具焉。下先以算式示其当期之日：

《卦气图》之当日

$$6\frac{7}{80} \times 60 = 365\frac{1}{4}日$$

（六日七分）（卦）　（周天日数）

《太玄经》之当日

$$4\frac{1}{2} \times 81 + \frac{1}{2} + \frac{1}{4} = 365\frac{1}{4}日$$

（四日又半）（首）（踦赞）（嬴赞）（周天日数）

　　按《太玄》之准《易》，乃准卦气图。卦气图之当日，每卦为六日七分，《太玄》之当日，每首为四日有半，合踦赞半日、嬴赞四分日之一，亦为周天三百六十五日又四分日之一也。若每首九赞中皆昼夜相间，初一、次三、次五、次七、上九为夜，次二、次四、次六、次八为昼，是谓阳家；反而初一、次三、次五、次七、上九为夜，次二、次四、次六、次八为昼，是谓阴家。于八十一首中，欲求其阴阳，观三摹之画数即得。凡画数偶为阳家，画数奇为阴家，如中首☰画四、失首☷画十等皆阳家，格首☳画七、玄首☷画九等皆阴家，是也。

　　《玄图》曰："一与六共宗，二与七共朋，三与八成友，四与九同道，五与五相守。"《玄数》曰："三八为木，四九为金，二七为火，一六为水，五五为土。"乃各首皆有五行值焉，此可以部家以定之。其例示如下表：

（一）一部一家 ☰	（二）一部二家 ☱	（三）一部三家 ☲	（四）二部一家 ☳	（五）二部二家 ☴
（六）二部三家 ☵	（七）三部一家 ☶	（八）三部二家 ☷	（九）三部三家 ☰	
共宗（水）	共朋（火）	成友（木）	同道（金）	相守（土）

　　观上例，又明扬子所以言"五五相守"而不言十之理矣。计八十一首中值水、火、木、金各十八首，值土者仅九首耳。于所加之踦、嬴二赞，则又为一二之水火也。

　　下特引二赞之注，以见温公之深知扬子也。达首☳："次七，达于砭割，前亡后赖。测曰：达于砭割，终以不废也。"按达首二摹之画数八，知为阳家，阳家之次七为昼，又七位为祸之下，故温公曰："砭，石之

126

刺病也。七为刀,又为祸始而当昼,君子达于事变,知祸之至,割爱去恶,如砭割之去病,虽有亡,后得其利,不为废疾也。"格首 ☲:"次三,裳格鞏钩,渝。测曰:裳格鞏钩,无以制也。"按格首三摹之画数七,知为阴家,阴家之次三为夜,又三位为思之上,故温公曰:"三居下体故曰裳,三为下上而当夜,臣拒君命,不受约束,必有变也。"将首 ☷:"次六,日失烈烈,君子将衰降。测曰:日失烈烈,自光大也。"按将首三摹之画数十一,知为阴家,阴家之次六为昼,又六位为福之上,故温公曰:"'失'与'昳'同,徒结切。六为上福,然过中而当昼,虽有烈烈之盛,君子知其将衰,能自降抑,故不失其光大也。"全书之注莫不如是,盖能得乎《太玄》之原,宜其不待烦言而雄之意见矣,此之谓知音也。

再者,温公之注《太玄》,未注《玄衝》以下,后有许翰续注之。许翰字崧老,拱州襄邑人,哲宗元祐三年中进士,通经术,正直不挠,历事三朝,高宗绍兴三年(1133)卒。事迹详《宋史》本传。考温公卒于元祐元年(1086),许翰于元祐三年始登进士,则许必知温公,温公未必知许。然许于温公之《太玄集注》必好之,且得其手抄本,乃为之足成《玄衝》以下诸篇之注。其成书时未可考,不妨以卒年论。宋陈振孙曰:"右丞襄陵许翰崧老撰《玄》解十一篇,通温公注为十卷。仿韩康伯注《系辞》合王弼,为全书之例也。"可见南宋之时,《太玄集注》已合司马光、许翰本为一。曰十一篇者,谓首、测、衝、错、摛、莹、数、文、掜、图、告是也。许氏之注亦集前人之说而总以己意。其所取者,有唐之王涯及宋之陈渐、吴秘、郭元亨、丁渭、许昂、章詧、黄伯思、林瑀共九家。末有《太玄历》,亦许翰传出,谓温公手录经后,不知谁作。按温公虽未注《玄衝》以下,然先儒于诸篇之注或亦录焉。若其末之《太玄历》,虽不著谁作,观其内容,实自录其注。且晁说之《易玄星纪谱》谓:"温公本《太初历》而作《玄历》。"故知此乃温公自著也。至于翰之注,亦颇简洁,若《玄数》诸家,能见其理焉。又据尤氏《遂初堂书目》,翰尚著有《易传》,惜已佚矣。

47. 苏轼《苏氏易传》提要

《苏氏易传》九卷，宋苏轼著。苏轼字子瞻，号东坡，眉山人。洵之长子，辙之兄。生于仁宗景祐三年(1036)，卒于徽宗建中靖国元年(1101)，年六十六。事迹详《宋史》本传。初洵作《易传》，于英宗治平三年卒(1066)，书尚未成，命二子述其志。时轼年三十一，后于四十五岁时贬徙黄州，乃著《易传》，盖亦忧患学《易》也。成书之时，以离黄州至常州之年论，即神宗元丰八年(1085)。其弟辙亦尝寄所解于其兄，今书中之蒙卦犹辙所作，故此书实苏氏父子三人合著，而总成于轼耳。

若此书之大纲，有味乎《系辞》之"齐小大者存乎卦"一语，苏氏解之曰："阴阳各有所统御，谓之'齐夫卦'，岂可以爻别而观之。彼小大有所齐矣，得其所齐，则六爻之义未有不贯者。吾论六十四卦，皆先求其所齐之端，得其端则其余脉分理解，无不顺者。盖未尝凿而通也。"故苏氏于六十四卦各求得其所齐，乃准其所齐者而说六爻。若六爻间之说，则本乎应比之相攻相感而已。《系辞》曰："变动以利言，吉凶以情迁。是故爱恶相攻而吉凶生，远近相取而悔吝生，情伪相感而利害生。"苏氏解此数句颇能得阴阳相对之理，其言曰："以利言之则有变动，而道固自如也。顺其所爱则谓之吉，犯其所恶则谓之凶。夫我之所爱，彼有所甚恶；则我之所谓吉者，彼或以为凶矣。故曰：'吉凶以情迁。'在我为吉，则是天下未尝有凶；在彼为凶，则是天下未尝有吉。然而吉凶如此其纷纷者，是生于爱恶之相攻也。悔吝者，生于不宏通者也。天下孰为真远，自其近者观之则远矣；孰为真近，自其远者观之则近矣，远近相资以为别也。固其别也而各挟其有以自异，则或害之矣。或害之者，悔吝之所从出也。信其人则举以为利己，不信则举以为害己,此情伪之蔽也。"能明乎此,全书之要旨得矣。先儒谓二苏之文法乎《国语》《国策》,有纵横气,今读其《易传》,信然。下录其涣卦之解以例其余:

"世之方治也,如大川安流而就下。及其乱也,溃溢四出而不可止。水非乐为此,盖必有逆其性者。泛溢而不已,逆之者必衰,其性必复,水将自择其所安而归焉。古之善治者,未尝与民争而听其自择,然后从而导之。涣之为言,天下流离涣散而不安其居,此宜经营四方之不暇,而其《象》曰'王假有庙',其《象》曰'先王以享于帝立庙',何也?曰犯难而争民者,民之所疾也;处危而不嬄者,众之所恃也。先王居涣散之中,安然不争而自为长久之计。宗庙既立,享帝之位定,而天下之心始有所系矣。'刚来而不穷'者,九二也;'柔得位乎外而上同'者,六四也。涣之得民惟是二者,此所以亨也。然犹未免乎涣。'王假有庙',谓五也。王至于有庙而后可以'涉大川',于是涣始有所归矣。有所归而后有川,有川而后可涉,'乘木',乘舟也。舟之所行,川之所在也。"

"九二在险中,得初六而安,故曰:'用拯马壮吉。'明夷之六二,有马不以自乘,而以拯上六之伤。涣之初六,有马不以自乘,而以拯九二之险。故《象》皆以为顺,言其忠顺之至也"(初六)。"得初六而安,是谓'机'也"(九二)。"涣之世,民无常主,六三有应于上,'志在外'者也。而近于九二,二者必争焉,故'涣其躬'。无所适从,惟有道者是予而后安"(六三)。"上九之有六三者,以应也;九五之有六四、九二之有初六者,以近者皆有以群之涣,而至于群天下,始有可收之渐。其德大者,其所群也大;其德小者,其所群也小。小者合于大,大者合于一,是谓'涣其群'也。近王而得位,则四之所群者最大也。因君以得民,有民以自封殖,是谓'邱'也。夷,平也。民之荡荡焉未有所适从者也,彼尚不知其所从,而我则为邱以聚之,岂夷者之所思哉。民之所思,思夫有德而争民者也"(六四)。"汗,取其周浃而不反也。宗庙既立,享帝之位定,而大号令出焉。其曰'涣王居',何也?《象》曰:'王假有庙,王乃在中也。'涣然之中,不知其孰为主,孰为臣,至于有庙,而天下始知王之所在矣。故曰'涣王居'。言涣之中有王居矣"(九五)。"上九求六三,必与九二争而伤焉。'涣其血',不争也。九二'刚来而不穷',不可与争者也。虽不争而处争之地,犹未免也,故血去而逖出,然后无咎"(上九)。

三苏皆以文名,此虽注经,犹似作文,大可以古文读之。于六爻间盖一例视之,不论其"易地皆然"之理,故惟见攻取,与《程传》之理未可并论者也。能自成一派,其后易祓之《周易总义》,与苏氏说近似,注《易》中不妨有此。初学者由之入门,亦易于了解。若谓易理固是,则大误矣。盖卦爻贵变,辞皆观象之变化而系,其可执一以齐之耶?况利贞性情,宜六爻之发挥旁通,非仅之其本卦本爻耳。又上录涣卦中以二、四为言,于益《象》曰"天施乾为巽也,地生坤为震也",甚是,即卦变之义。惜苏氏自言而未明其妙,尚以卦变为非(见贲卦注),不亦惑乎!于《杂卦》末节之改乱经文,可谓大误,从而效尤者,不一而足,苏氏实始作俑者。旋卦之微言几乎失坠,不亦险哉!若朱子之非苏氏,纯以理学言,朱既宗经,其道不同焉。以易道言,亦未可以理学限者也。当北宋时孟子尚未推尊,如司马光亦未以为尽善美。苏氏此书中则以性善为非,其言曰:"孟子之于性,盖见其继者而已夫。善,性之效也。孟子不及见性,而见夫性之效,因以所见者为性。性之于善,犹火之能熟物也,吾未尝见火而指天下之熟物以为火,可乎?夫熟物则火之效也。"此乃性之含义不同,故各有所见而异焉。吾国于性善、性恶、性无善恶之辨,二千年来言之不已,盖起于"何谓性"之定义未一,则名同实异,何能有结论耶?《易·系辞》曰:"一阴一阳之谓道。继之者善也,成之者性也",当作"继道而成者为性"解,斯为性善之说也。

若于泰卦曰:"泰之世不若大壮与夬之世小人愈衰而君子愈盛也。然而圣人独安夫泰者,以为世之小人不可胜尽,必欲迫而逐之,使之穷而无归,其势必至于争,争则胜负之势未有决焉。故独安夫泰,使君子居中常制其命,而小人在外不为无措,然后君子之患无由而起,此泰之所以为最安也。"则为苏氏之政见,其间于司马光与王安石,有以也。

此外如解"匪寇婚媾"为"非与寇为婚媾者也"。解"光"字曰:"《易》凡言光,光大也,皆其见远知大者也。其言未光,未光大者,则隘且陋矣。"解"无咎无誉"曰:"咎所以致罪,而誉所以致疑也。甚矣,无咎无誉之难也。"解"果行育德"曰:"果行者,求发也;育德者,不发以养正也。"解"道器"曰:"道者,器之上达者也;器者,道之下见者也。其本一也。化之者道也,裁之者器也,推而行之者,一之也。"解《杂卦》之比、师、丰、旅曰:"有亲则乐,动众则忧","丰以盛大而多忧,旅以寡弱而相亲"等等,皆有见而云。然夫苏氏此书,固北宋之名著。虽未及《程传》之纯,亦未可以朱子所斥而废之,较空说义理之道学气,活泼多矣。

48. 司马光《温公易说》提要

《温公易说》六卷,宋司马光著。光字君实,陕州人,封温国公。书名《易说》,或加"温公"者,以别他家之《易说》也。生于真宗天禧三年(1019),卒于哲宗元祐元年(1086),年六十八。事迹详《宋史》本传。晁公武《郡斋读书志》云:"杂解《易》义,无诠次,未成书也。"盖温公于某卦某爻有所感而得则释之,多未释者。然所释者义极淳正,未可因未全而忽之。其书或时有加益,成书之时当以其卒年论。《四库》本得自《永乐大典》,首载总论,即冯椅曰"首篇设问答语",计"或曰"四则,或已有佚。又全书亦间或用问答语,凡此四则以明易道之自然,非圣人有所增损,乃素而知之,逆而推之耳。又谓"天人数义"宜并重,皆合《易》之大旨。于颐卦曰:"凡万物有者为阳,无者为阴;日光之所灼者为阳,所不灼者为阴;和气之所煦者为阳,所不煦者为阴。圣人之于仁义犹是也,爱养万物谓之仁,其所不爱不养谓之义,义者裁仁以就宜者也。或曰:圣人之仁无不及也,而有不爱不养乎? 曰:暴乱而为物害者,圣人所不得而爱养也,圣人岂乐杀哉?"此节以有无、晦明、仁义释阴阳,殊得阴阳之本。于《说卦》曰:"坎阳也而为月,离阴也而为日,何也? 日者至阳之精也,月者至阴之精也。坎北方也,阴之极也,阴极则阳生其中矣;离南方也,阳之极也,阳极则阴生其中矣。故坎、离者,阴阳之交际,变化之本原也。"此节本坎、离以明变化,得消息之根。由此二节,可见温公之深于《易》也。若曰:"一以贯之,故曰'易简',乾言'易',坤言'简'。"又曰:"《易》以穷物之终始为本质。"皆一语中的,胜于长篇大论也。于《系》上"安土"一句曰:"介甫曰:安土,谓不择地而安之。光谓:仁者求诸己不求诸人,安土敦仁,则内重而外物轻,乃能自爱。"本诸此,可明温公之志实能足成介甫以治国,奈何王氏之内轻外重而不自爱,安土而不敦仁,天下苍生受其累矣。又曰:"圣人上观于天,下观于地,中观万物,而作《易》也。易道始于天地,终于人事。"故温公之释卦爻,莫不归诸人事。于乾坤十二爻,本韦昭说以十二律当之,因乐以尽神也。履以礼治,屯以解结,治国之大纲备矣。于师曰:"彼小人者,以矫矫为武,矙矙为智,煦煦为仁,众人亦有悦而从之者,所谓小也;圣人者,以正人为武,安人为智,利人为仁,天下皆悦而从之,所谓大也。"此小大之辩,岂不明且切。故或有小人而得其国,安有不仁者而能王天下乎? 他若以史事证爻,如鲁昭公伐季氏,当姤四之"无鱼"、"远民";楚人灭江,秦穆公为之降服,出次不举过数,当震上之"畏邻戒"等等,皆于义密合,是故温公之《易说》虽未全,而规模已具,且说理诚挚,学《易》者不可不读。

49. 司马光《潜虚》提要

《潜虚》一卷,宋司马光著。此书系晚年所著,盖法《玄》而成,或既毕《太玄经集注》,乃用心于兹乎? 惜至死尚有所阙。病时,欲命晁说之续成之,晁逊谢不敢。然经纬大体当已具备,所阙者,首尾及行图、变图、解图中之文辞耳。惟其未全,故成书之时,宜以卒年(1182)论。距温公之卒几近百年,有泉州州学教授陈应行刻于郡庠,则已为全书,末附有张敦实之《潜虚发微论》。若补全之者,或即张氏欤?另详《潜虚发微论》提要。今已不辨何者为温公原著,何者为后人所补,然其原则仍宜视为温公自著。不可以略有后人补足,即以全书为赝品也。

《潜虚》曰:"万物皆祖于虚,生于气,气以成体,体以受性,性以辨名,名以立行,行以俟命。故虚者,物之府也;气者,生之户也;体者,质之具也;性者,神之赋也;名者,事之分也;行者,人之务也;命者,时之遇也。"总观全书,八图而已。盖虚者无图,此外气、体、性、名、行、命,各有一图,于行图下,尚有变图、解图是也。

曰"万物皆祖于虚",是之谓"潜虚"。宋陈淳曰:"所谓虚者,即不能免乎老氏之归。"然老氏之虚,亦未可谓之非,且取名"潜虚"者,非仅法乎《老》,实准乎《易》《玄》也。《易》曰"潜龙",又曰"升虚邑"。潜而虚,乃能升,犹咸曰"以虚受人"。凡消息盈虚之理,乾盈不可久,惟阳潜于坤虚,则复其见天地之心,生生之本也。《玄》始于中首曰:"阳气潜萌于黄宫,信无不在乎中。"终于嬴赞曰:"一虚一嬴,蹐蹐所生。"测曰:"虚嬴蹐蹐,僮无已也。"温公注曰:"数之蹐嬴,虽天地不能齐也。夫惟不齐,乃能生生变化无穷。是故日二十九日有蹐而迁次,月二十七日有蹐而周天,然后有晦朔、十干、十二支,然后有六甲,此其所以为长久也。"故知书名"潜虚"者,义指复初乾元为始,周天三百六十五日外之四分日之一当数之余为终,数所不能齐而齐之于中,为物之祖、物之府,即万物资始,生生之源是也。

由虚生气,气者,阴阳之流行。曰气图者,以五十五数之河图当之。惟另用筹码法以记数而不用黑白点,且用十字以名之,一六水曰原委,二七火曰荥焱,三八木曰本末,四九金曰卅刃,五十土曰基冢。

由气成体之体图,即天一至地十之十等,其数五十五。十等者,以王、公、岳、牧、率、侯、卿、大夫、士、庶人当之。五十五数者,以气图之十名分左右以列之耳。性图者,明左右列之次。名图者,以五十五数圆列之而各定其名,其中五五曰齐,以不齐齐之之义也。凡此五十五名,各系辞以明其德,是谓行图,犹《易》之卦辞也。此五十五名中,一一曰元,六九曰余,五五曰齐,此三名系变辞一,其他五十二名皆变七而各系以辞,是谓变图,犹《易》之爻辞也。变图之辞,更系辞以解之,是谓解图,犹《易》之《小象》也。此变图、解图之数,所以合周天之日数,凡一变为一日,其数以下式示之:

$$52 \times 7 + 1 \times 1 + 1 \times \frac{1}{4} + 1 \times 0 = 365\frac{1}{4}$$

名　变　元　变　余　变　齐　不变　周天日数

下录元、余、齐三名之行变解,全书之主旨在焉。

||元(行图)元,始也。夜半,日之始也;朔,月之始也;冬至,岁之始也;好学,智之始也;力行,道德之始也;任人,治乱之始也。

(变图)慎于举趾,差则千里,机正其失。

(解图)慎于举趾,差则远也。

∭丅余(行图)余,终也。天过其度,日之余也;朔不满气,月之余也;日不复次,岁之余也;功德垂后,圣贤之余也。故天地无余,则不能变化矣;圣贤无余,则光泽不远矣。

(变图)尧舜之德,禹稷之绩,周规孔式,终天无斁。

(解图)尧舜周孔,垂世无穷也。

××齐(行图)齐,中也。阴阳不中则物不生,血气不中则体不平,刚柔不中则德不成,宽猛不中则政不行。中之用,其至矣乎!

(变图)众星拱极,万矢凑的,必不可易。

(解图)众星万矢,谁能易中也。

曰"行以俟命"而作命图，犹《易》之断辞也。凡断辞分吉、臧、平、否、凶五者，配合于五十二名之二三四五六。五变以五，各为周期，皆有例可循。且有揲策之法，以七十五策，虚五而用七十。

夫《玄》以准《易》，《虚》以拟《玄》，其理一也。非其人，非其时位，未之能言者也。若温公著成《通鉴》，于阴阳之消息，人事之变迁，已察之审，知之详，是谓成象，乃能类族辨之而寓于此，岂好为奇书哉！

50．程颐《周易程传》提要

《周易程传》四卷，宋程颐著。颐字正叔，河南人，学者初称广平先生，后居伊阳，始称伊川先生。生于仁宗明道二年(1033)，卒于徽宗大观元年(1107)，年七十五。是书成而自序于哲宗元符二年(1099)，已当六十七岁。序曰："得于辞，不达其意有矣；未有不得于辞，而能通其意者也。"又曰："予所传者辞也，由辞以得其意，则在乎人焉。"可见此书以辞为本，四道之源也，若立象尽意则非所及。此外另有《易序》总论易理，谓："以一时而索卦则拘于无变，非《易》也；以一事而明爻则窒而不通，非《易》也；知所谓卦爻象象之义而不知有卦爻象象之用，亦非《易》也。故得之于精神之运，心术之动，与天地合其德，与日月合其明，与四时合其序，与鬼神合其吉凶，然后可以谓之知《易》矣。虽然《易》之有卦，《易》之已形者也；卦之有爻，卦之已见者也；已形、已见者可以言知，未形、未见者不可以名求，则所谓《易》者果何如哉？此学者所当知也。"夫此序纯以理学视《易》，宋代著大半不外此义，宜此书足以代表宋易也。若学者所当知之《易》，果何如哉？实即象而已矣。《系》曰："《易》者象也。"又曰："在天成象，在地成形。"形则已见，故可以言，知象尚未形，故不可以名求也。至于宋易之长，能无拘无窒，合于变易之义，各抒所见，有其神焉。若其流弊，乃言人人殊，万语千言，终未言其果何如，此未识不易之义。而《程传》实理学之宗，于所传之辞确有真知灼见，非人云亦云者所可比拟,顾炎武谓"读《易》数百家,无过《程传》",非虚誉也。

　　间多名言正义,择要录而论之,间有未切卦爻之象者亦及焉。于乾曰:"夫天专言之则道也,天且弗违是也。分而言之,则以形体谓之天,以主宰谓之帝,以功用谓之鬼神,以妙用谓之神,以性情谓之乾。"盖《系辞》曰:"一阴一阳之谓道。"又《说卦》曰:"立天之道曰阴与阳。"故"天专言之"即阴阳之道,下分形体等五者,犹五行也。有天之形体,乃有主之之帝;体必及用,鬼神也;帝必有妙用,神也;此体用之性情即为乾。周子《太极图说》曰:"二五之精,妙合而凝。"程子之说或即本此。于乾三曰:"虽言圣人事,苟不设戒,则何以为教?作《易》之义也。"是即修道之义也。圣人忧患作《易》,惧以终始,设戒不亦甚乎!唯其恐惧修省,乃能乾元帝出矣。于乾《彖》曰:"天所赋为命,物所受为性。"又曰:"保谓常存,合谓常和,……天地之道,常久而不已者,保合太和也。"是即谓各正性命而与天地合德,方为知《易》。周子《通书》所谓:"大哉《易》也!性命之源乎。"于乾《文言》曰:"'知至至之',致知也。求知所至而后至之,知之在先,故可与几。所谓始条理者,知之事也。'知终终之',力行也。既知所终,则力进而终之,守之在后,故可与存义。所谓终条理者,圣之事也。此学之始终也。"此以始终条理解"几"与"义",几犹元,仁也,为学者始于知仁而终于守仁,守仁即义,《说卦》曰"立人之道曰仁与义"是也。于坤《彖》曰:"《彖》有三'无疆',盖不同也。'德合无疆',天之不已也;'应地无疆',地之无穷也;'行地无疆',马之健行也。"今合卦辞而言,德合于天,承天也,即坤之亨;应地无穷,自安也,即坤之贞;行地健行,有攸往也,即坤之利。此三"无疆"皆本诸"至哉坤元"者也。于坤五曰:"坤虽臣道,五实君位,故为之戒云。'黄裳元吉',黄,中色;裳,下服。守中而居下则元吉,谓守其分也。……黄裳既元吉,则居尊为天下,大凶可知。"夫乾二升坤五降,固系《易》之大义,然程氏泥于五必当君位,而谓坤五大凶,实未合爻义。盖坤五有黄裳之德,乃与乾二升降而各正性命,实美之至也。若羿、莽、女娲氏、武氏者，岂足以当黄裳之象哉。于屯《彖》曰："天造谓时运也。"又乾《象》"大人造"曰："大人之为圣人之事也。"可见圣人之事，所以经纶时运而已矣。于屯二曰："初为贤明刚正之人，而为寇以侵逼于人，何也？曰：此自据二以柔近刚而为义，更不计初之德如何也。《易》之取义如此。"此例极是。盖爻义以本爻为主，是之谓德，其视他爻与他爻之本义未必同者也，乃有时位之异。若屯初之"以贵下贱"，其志正焉，然屯二则反以为逼己，故乘刚而有难，待"十年反常"，始知"匪寇昏媾"，此固无与于屯初者也。凡卦爻义每多如是，学《易》者不可不知。于屯上六《象》曰："夫卦者事也，爻者事之时也，分三而又两之，足以包括众理，引而伸之，触类而长之，天下之能事毕矣。"此说亦是，然尚可相对以论之，夫卦者事之时也，爻者事之位也，立位时成，众理在矣。于需卦辞曰："凡'贞吉'，有既正且吉者，有得正则吉者，当辨也。"其理亦是，惜未能明象。若合卦象而论，凡阴阳已正位而曰"贞吉"，即"既正且吉"，如需五等；尚未正位而曰"贞吉"，即"得正则吉"，如履二等。于讼三曰："'食旧德'，谓处其素分。……守素分而无求，则不讼矣。"于《象》又曰："守其素分，虽从上之所为，非由己也，故无成而终得其吉也。"此以"守素分"解"食旧德"，犹以履初并论之，理极切，又能分辨时讼而宜"从上"、"无成"，时履而宜"独行愿"，时位之变化，不亦妙乎。以卦象言，讼初正即为履，意犹凡"食旧德"以"从上"者必基于"素履之往"者也。若程氏虽未言象而象亦合，盖象、理一也。能深体卦象者，理皆含焉；说理而中肯者，亦莫不合乎卦象者也。又如于大有初曰："九居大有之初，未至于盛处，卑无应与，未有骄盈之失，故'无交害'，未涉于害也。……若能享富有而知难处，则自无咎也。"按此"以贵下贱"同，则又见象、理之无二。若此之例殊多，此《程传》之所以可贵也。凡读是书者，能逐卦逐爻细味其理而参以象，其于易道几矣。于复《象》曰："一阳复于下，乃天地生物之心也，先儒皆以静为见天地之心，盖不知动之端乃天地之心也，非知道者孰能识之。"此尤合帝出、首乾之大义。若静止之义，又于艮卦明其缊，其言曰："人之所以不能安其止者，动于欲也。""外物不接，内欲不萌，如是而止，乃得止之道，于止为无咎也。"按《系》曰："动静有常"，义尽于此。凡止而无咎，即不牵于外物内欲，则始当静而正，于此乃见天地之心而动焉。动极又静，艮所以次震也。故偏动偏静者，岂知《易》耶。又《彖》于咸、恒、萃三卦皆曰："天地万物之情可见矣。"于大壮卦又曰："天地之情可见矣。"程氏解此四卦之观，其言甚善。于咸卦曰："观天地交感化生万物之理，与圣人感人心致和平之道，则天地万物之情可见矣。感通之理，知道者默而观之可也。"于恒卦曰："观日月之久照，四时之久成，圣人之道所以能常久之理，观此则天地万物之情可见矣。天地常久之道，天下常久之理，非知道者孰能知之。"于大壮卦曰："正而大者，道也。极正大之理，则天地之情可见矣。天地之道常久而不已者，至正至大也，正大之理，学者默识心通可也。"于萃卦曰："天地之久育，万物之生成，凡有者皆聚也。有无、动静、终始之理，聚散而已。故观其所以聚，则天地万物之情可见矣。"夫情不可不见，《系》曰："圣人之情见乎辞。"其唯见情者，庶能玩圣人之辞。又情由万物而显，万物则本诸天地，以易象言，大壮卦属于辟卦，故仅曰天地而未及万物，若其情则同。能本此四观，乃今综合程氏之义，犹曰：以正大常久之道，默识心通，以观聚散，是即天地万物之情也。再者，聚散者，萃、涣二卦当之，卦辞唯于此二卦皆曰"王假有庙"，是即圣人之情乎。程氏曰："祭祀，人心之所以自尽也。故萃天下之心者，无如孝享；王者萃天下之道至于有庙，则其极也"（萃《彖》）。又曰："天下离散之时，王者收合人心，至于有庙，乃是在其中也。在中谓求得其中，摄其心之谓也。中者心之象"（涣《彖》）。读此则常久之道、感通之理可明矣，是诚王道之终始也。

若改经文，则未免有失。如坤《彖》之误以"主利"断句，反谓《文言》之"主"下脱"利"字。又谓升《彖》"大亨"当为"元亨"，以鼎卦辞之羡"吉"字等，皆有师心自用之弊。渐上"陆"从胡氏作"达"等，亦非。

夫宋儒之喜改经文,绝不足为训,贤如程、朱尚然,盖风气使之,凡研经者宜慎焉。又《程传》未及《系辞》以下,或时不及注欤? 谓法王注而不之注,似未得其实。况王注之未全,盖因其早卒耳。故注《易》者每有法王注、《程传》而仅及六十四卦,可谓不善学矣。

51. 张根《吴园周易解》提要

《吴园周易解》九卷,宋张根著。根字知常,饶州德兴人,生于仁宗嘉祐六年(1061),二十一岁登进士,三十一岁至四十岁闲居著书十年,性孝闻于乡。四十一岁见徽宗,年六十卒于家。事迹详《宋史》本传。若此书之成可以四十岁论,时当哲宗元符三年(1100)。书名"吴园"者,取所居之地名之也。

夫张氏解《易》,简略之至,每节或仅数字而已,然所见甚精。有举史迹以明其义者,有引他经以证其理者,读其解,颇有心悟之妙。如解升卦之六爻,于初曰:"巽之体故。"二曰:"五为正应故。"三曰:"汤武之事。"四曰:"所以为至德。"五曰:"舜之事可谓尽善尽美。"上曰:"升而不已必颠,修身如此,则利莫大焉。"又解大壮之六爻,初曰:"胜、广之事。"二曰:"吴芮之事。"三曰:"项籍之事。"四曰:"汉祖之事。"五曰:"子婴之事。"上曰:"田横之事。"他卦亦多类此。若解随初"官有渝"曰:"从道不从君之谓。"解"出门交有功"曰:"吾岂瓠瓜之义。"解观上曰:"所谓天未欲平治天下,如欲平治天下,舍我其谁哉?"解噬嗑九四曰:"金矢犹所谓束矢。"六五曰:"黄金犹所谓钧金。"解复四曰:"中立不倚,惟道是与,应于初故。"解大过上曰:"观过可以知仁。"解解五曰:"大赉,四海之谓。"解"改邑不改井"曰:"分定故也。"皆能实有所见而密合于经义。此外解《大象》更有足观者,于坎曰:"常德行所以处险,习教事所以除险。"于解曰:"与天下更始。"于升曰:"始乎为士,终乎为圣人,君子升盖如此。"于困曰:"卷而怀之。"于革曰:"时为大故。"于涣曰:"险难既散,将建国家,郊庙为先。"皆是。再者,张氏以文王当乾三,故解《文言》曰:"内文明,所以进德也;外柔顺,所以居业也。三分天下有其二,非几而何? 以服事商,非义而何?"乃以明夷释之,考虞注乾三即用明夷之象,而张氏之解犹虞注之疏,实不谋而合者也。

至于解《系辞》以下,亦言短义长。于"原始反终,故知死生之说"曰:"始于震,终于艮,则终始之说可知,始于复而万物生,终于剥而万物死,则死生之说可知。"此易道消息之缊。且于《说卦》解"成言乎艮"曰:"万物之所以出入,惟从仁而已。"盖艮为仁,出震亦为仁,终始死生之说,皆乾元一气之周流,片言而此理尽焉。又解"无方无体"曰:"变化不测故曰'无方';数所不及者,体而用之,故曰'无体'。"亦妙。于《说卦》之末章曰:"凡此诸象,于卦爻中未尝有所寓焉,何也? 以是知神而明之,存乎其人而已。其所以为物,在实考之欤。"可谓知孔子之意矣。若一般儒生,斤斤于合乎二篇,惟其未合,乃谓非"述而不作",故非圣人之言。呜呼,何其拘耶。若《序卦》、《杂卦》,或张氏无解,今本于《杂卦》采《本义》之说实之,必无识者所增,以后刊此书删之为是。又卷末附有《序论》五,《杂说》、《泰论》各一篇,若谓四象为奇偶之画一也,八卦二也,六十四卦三也,三百八十四爻四也,则于义未备,当以六七八九为是。总观此书,以简炼见长。凡读《易》数十家后,殊可读此以见其神,初学者非所宜也。

52. 晁说之《晁氏古周易》
附《邵子古周易》提要

《晁氏古周易》一卷,宋晁说之考定。此本写定于徽宗建中靖国元年(1101)。其年四十三岁。按《周易》之编次,当有古本,若吕大防本已得其实,晁氏后于吕氏二十年,盖尚未见吕氏之本也。其大体与吕本同,惟于卦爻及《彖》、《象》、《系辞》,皆不分上下,又置《文言》于《系辞》之上,总为八篇,其目如下:

卦爻第一　象第二　象第三　文言第四
系辞第五　说卦第六　序卦第七　杂卦第八

其言曰："古者竹简重大,以经为二篇,今又何必以二篇成帙哉。"
揆诸易理,其言未是。卦爻之分上下,非竹简之重大,有阴阳之义焉。
故其合十二篇成八篇,误矣。若《文言》者,所以专明乾坤二卦之辞,
《系辞》者,则明整篇卦爻辞之纲领凡例,乾坤亦在其中。故《文言》之
次,当在《系辞》之后。此郑学之次,自古已然,晁氏改之,亦未是也。其
后八十年,吕祖谦见晁本而正之,成古《易》十二篇,以复其旧,仍与大防
本同。盖二篇十翼早有定本,凡小改则小误,大改则大误。晁本之误尚
小,他如睢阳王洙本、九江周燔本、河南吴仁杰本等,皆大误者也。

若晁氏之合上下为一,有其源焉。盖王昭素于《序卦》,当"离者丽
也"下,妄增"丽必有所感,故受之以咸,咸者感也"三句,则离、咸相承而上
下不分,晁氏曾取其说(见吕氏《音训》)。因其说而行之,乃使上下篇及
《彖》、《象》、《系辞》皆并合而不辨阴阳,故晁氏之误,非误于王氏之说乎?

邵博曰:"古《易》卦爻一,《彖》二,《象》三,《文言》四,《系辞》五,
《说卦》六,《序卦》七,《杂卦》八,其次不相杂也。予家藏大父手写《百
源易》,实古《易》也。百源在苏门山下康节读书之处。"按博者,康节之
孙,所言必实,则宋代之复古《易》,始自邵子也。邵子始末,另详《皇极
经世书》提要。其定古《易》,以卒年论,当神宗熙宁十年(1077),较吕、
晁二氏皆早。所分八篇,晁氏全同,或不谋而合欤? 惜《百源易》已佚,
其说未详。故附述于此,以考定古《易》之源流耳。

53. 晁说之《易玄星纪谱》提要

《易玄星纪谱》二卷,宋晁说之著。说之字以道,一字伯以,清丰
人。慕司马光之为人,自号景迂生。光著《潜虚》,属晁氏补之,逊谢不
敢。然晁氏固善于《太玄》者也。生于仁宗嘉祐四年(1059),卒于高宗

建炎三年(1129),年七十一。神宗熙宁十年时,王安石尊孟子,司马光非之,晁承光说以攻孟,未免有意气焉。晚年信佛,日诵《法华》。此书成于居嵩山时,当徽宗大观四年(1110)。后遭靖康之变,著述悉为灰烬。于建炎初,力疾追述旧作,此书亦在其中。

晁氏《自序》曰:"说之在嵩山,得温公《太玄集解》,读之益知扬子云初为文王《易》而作《玄》。始托基于高辛及太玄二历,此二历之斗分之强弱不可下通于今,亦无足议。温公又本诸太初历而作玄历,其用意加勤矣,然简略难明。继而得康节先生《玄图》,布星辰,辨气候,分昼夜,而《易》《玄》相参于中,为极悉矣。复患其传写骈委易乱,岁月斯久,莫知其蹢,手欲释而意不置。乃朝惟夜思,取历于图,合而谱之,于是知子云以首准卦,非出于其私意,盖有星候为之机括,不得不然。"

按温公本太初历而作玄历,存于温公《太玄集注》之末。康节之《玄图》,其序尚存,图则未见。然《汉上易卦图》中所载之《太玄准易图》,朱氏未言出处,或为朱氏所作,或有与邵子之图同,盖其理一也。若晁氏之谱,即本温公、康节之说而加详云尔。

凡首录二十八宿合十二星纪,以配二十四节气,当四正卦之二十四爻。以下为十二辟卦之七十二爻,以当七十二候。准卦气图之次,六十卦分爻列之,以合《太玄》之首。每首各注所举之卦,又八十一首及七百二十九赞,皆明其五行所属。于十二斗建,则当十二律吕。周天之度数,亦详合一年之昼夜。夫晁氏由是知子云之非出私意,诚信而有征矣。《太玄》之《玄数》曰:"求星从牵牛始,除算尽则是其日也。"此为玄历之准。故温公、康节及晁氏,皆以冬至当牵牛初度以配周天。知其不可下通于今,即因岁差云。

54. 陈瓘《了斋易说》提要

《了斋易说》一卷,宋陈瓘著。瓘(1060—1124)字莹中,号了斋,又作了翁,延平人。徽宗宣和六年卒,年六十五。事迹详《宋史》本传。若此书之成,俞琰曰:"晚年所著也。"其子(《四库提要》曰孙)正同知常州,刊于官舍,时当高宗绍兴十二年(1142)。又冯椅尝从其孙大应,见了斋有《易》全解,不止一卷,说多本卦变,类于《汉上易传》,惜当时未刊,今已佚失。此卷止解六十四卦,俞琰谓其辞旨深晦,诚然。盖陈氏于《易》,已能成象而有所获,未可与空说义理者并论,然囿于时而不知本汉易之卦象以明其理,故其辞晦焉。《四库提要》曰:"非徒以艰深文浅易者",可谓知言。今择要疏之,间以汉注互比,以见其有得于《易》也。

陈氏曰:"云行雨施,乾之作也。"又曰:"曰乾、曰坤、曰元,故曰品。其为物也无不在,不睹其形,孰知其流。"此释乾《彖》"云行雨施,品物流形"之义,谓乾行施而作,资始也。乾始坤生,二元犹一,曰乾阳物,曰坤阴物,曰元以通阴阳物。三者以当品之三口,三生万物,物无不在,睹万物之形而知形上形下之流,阴阳合德而刚柔有体,行施而流形矣。此义实与虞注同,虞氏曰:"已成既济,上坎为云,下坎为雨,故'云行雨施',乾以云雨流坤之形。万物化成,故曰'品物流形'也。"陈氏曰"乾作"者,即以云雨流坤之形,坤为万物,为形,流坎象,乾坤旁通之谓元之动,周流六虚是也。流形者,云行雨施而乾坤成两既济也。惜陈氏知其理而不知用卦象以示之,乃未能明乾作之变化,即不言所睹之形,则不知其流之情状,是以晦涩,不及虞氏多矣。

又曰:"大明终始,观艮可知,六位时成,观大畜可知。"此以艮、大畜释乾《彖》之"大明终始,六位时成"。盖艮《彖》曰:"动静不失其时,其道光明。"《说卦》曰:"终万物始万物者,莫盛乎艮。"故以艮当"大明终始",《杂卦》曰:"大畜时也。"大畜《大象》曰:"多识前言往行以畜其德。"谓以时畜德而六位成,故以大畜当之。

又曰:"'上天之载,无声无臭',至矣,知而至之者,人也;'昭明有融,高朗令终',终矣,知而终之者,人也。习至之之道者,其唯坤顺乎!

习终之之道者,其唯谦亨乎!"此释《文言》之"知至至之","知终终之"。
"上天之载,无声无臭",《诗·大雅·文王篇》,《中庸》引之而称"至
矣"。"昭明有融,高朗令终",《诗·大雅·既醉篇》,取其君子万年而
令终。坤《彖》"至哉坤元",故习坤顺以至之;谦卦辞"谦亨君子有终",
故习谦以终之。

又曰:"用六,利永贞者,用坤元而利也,来弗克违,濡莫之陵,皆用
元之利。比之原筮,筮此也。萃之匪孚,则未亡其有,未亡其有,故未
光也。六者三才之道,大者乾元也。以大终者,终乎地道之光,直方而
大,非地道之光乎?是故君子有终,则尊而光也。东北丧朋,乃终有
庆,所不息者此而已,则必有终矣。知光大也,其不息之庆乎?晋之失
得勿恤,往升之用见大人勿恤,皆有庆也。"此释坤"用六利永贞",而推
及他卦之"永贞"。益二"弗克违,永贞吉",《象》曰"自外来",故曰"来
弗克违"。贲三"贲如濡如,永贞吉",《象》曰"终莫之陵",故曰"濡莫之
陵"。比卦辞"原筮元永贞",故曰"筮此"。萃五"萃有位无咎,匪孚元
永贞",《象》曰"志未光",故曰"萃之匪孚,则未亡其有"。又以"大终"
之"大"当乾元,即坤二"直方大"之"大"。"大终"之"终",即坤三"无成
有终"之"终"。地道光而知光大,犹坤三正而谦,即谦卦之"君子有
终"、"尊而光"也。三正艮当"东北丧朋"而"乃终有庆",又因"庆"而及
晋五《象》、升《象》之"勿恤有庆"。原陈氏之意,盖明坤元之以顺为利,
以无为用,故"外来益之"而"弗克违",无也;"濡如"而"终莫之陵",顺
也。筮者,筮其能否顺而无也。萃则"有位"而未亡,故"未光"也。"大
终"而"有终","丧朋"而"自强不息",故顺而柔进,柔升之庆未已也。
然陈氏唯以理通之,尚未准诸象,若萃之"有位",不可与坤之"无成"并
论,"未光"者非有位之失,乃四三未正而未成离光耳。又遍引"永贞",
而未及艮初、小过四,则"永贞"之理,尚有所未备。

又曰:"旧德者,恒简恒易之德也。食焉而后新,旧与新不相违则
吉,无讼焉。食焉而不食者,命也,硕果是矣;食焉而食者,亦命也,并

冽寒泉是矣。是故自下者掇患，从上者吉，吉凶悔吝，未有不生乎下者也。贞厉而不违者，其见天地之心乎。《易》曰：'夬履贞厉，位正当也。'履贞厉者，终必有乾矣；贞厉者，有无妄也，其履如是，正而无眚，小畜之尚德载妇，噬嗑之德，当大壮之用罔，皆贞厉也。旅焚其次，则贞厉丧矣。食焉而贞厉者，终吉；去故而贞厉以需者，终悔亡也。然则讼也，更也，舍贞厉其可乎？《诗》曰：'无小无大，从公于迈。'或者，或之也，或从王事，则其成亏矣。是故一于贞厉者，无不成也；从事而二三者，无不亏也。《易》曰：'三人行则损一人，一人行则得其友。'"此释讼六三，辗转相发，其义深切，可补虞氏之未足。虞注"乾为旧德"，陈氏以易简当之，乾固可兼坤言。父母对六子言二老，皆旧也，食焉而新，新旧岂相违哉？其唯不食旧而不知新，乃视新旧似相违，不违则惕中无讼而吉（六爻唯此爻不言讼），违则成讼而终凶。若食者，虞氏取讼变家人体噬嗑食，于象合焉。然未言之之道，陈氏足成之，分"食焉而不食，食焉而食"二者。剥上"硕果不食"，待其反生也。井五"井冽寒泉食"，同讼五之中正。在上听讼之大人，所以明何者当食，何者不当食，食不食明，饮食之讼息矣。故讼三《象》曰："从上吉。"讼二《象》曰："自下讼上，患至掇。"以下遍引"贞厉"而明其义。虞注："三变在坎（指讼已变损）。正危贞厉得位二，故终吉也。"此乃"贞厉终吉"之本象，陈注中未言而唯言其理，又引伸"危厉"之义作"勉厉"解，谓"贞厉"而不食硕果，乃穷上反下而复其见天地之心。履五"夬履贞厉"，《象》曰"位正当"，即《彖》曰"说而应乎乾"。有乾而二正应五为"贞厉"，卦成无妄，匪正有眚，正则无眚，小畜上"妇贞厉"，噬嗑五"贞厉无咎"，《象》曰"得当也"，大壮三"君子用罔贞厉"，以上三爻，皆得贞厉而善者也。旅三"丧其童仆贞厉"，则为与下而其义丧，犹丧贞厉而不善，未若讼三之能从上而终吉，又食旧而去故之未善者，即萃三之"征凶贞厉"，乃能成革四之"悔亡"，革下参综卦成需，需终讼错晋，晋四尚曰"贞厉"，陈氏未及，凡此皆明不论何爻，未可舍贞厉之从上。"无小无大，从公于迈"，《诗·鲁颂·泮水篇》，引以明从王事，或则疑而于成有亏，一于贞厉则无不成，或而二三则无不亏而无成矣。乃引损三爻辞以明当致一，取象同虞氏，然以"无成"未善与爻义有间，盖"地道无成"而"代有终"，坤三同义，其唯"无成"，乃能代乾"有终"，即"从上"而"终吉"，未可谓"无成"指二三而亏，"或"者谓未知从王事，"或"而从王事，则不或无成，从上吉也。

又曰："旅之上九，丧牛于易，取凶在初，是故易则不劳，劳则不易，自牧于始，所以之终。"此释谦初之"卑以自牧"，劳始不易，故谦能"有终"。若旅上者"丧牛于易"，不劳也，无妄之灾，亦丧牛也，故旅上之凶，取灾于初之"琐琐"，其与"谦谦"，岂可同日而语哉。

又曰："元亨利贞无咎，随也当，乃无咎。随时也，不曰'随之时义'而曰'随时之义'者，随无时，时有随也，天下随时，则无不利矣。"此释随《彖》曰"随无时，时有随"者，极是。其唯无时，乃随人焉，而或得时，人将随矣。王肃之妄改，或可已乎。

又曰："颐之时，大过之时，解之时，革之时，君子之行此四德者，乃能随也，故曰：'随时之义大矣哉！'"此释颐《彖》而兼及大过、解、革，盖此四卦皆曰"时大矣哉"。又以"随时"之"时"当之，于理殊善，能随此四时，天下之时尽焉。解"甲坼"犹春生乎？颐"养正"犹夏长乎？大过颠犹秋收乎？革"四时成"犹冬藏乎？

又曰："德者身之舆，谦者德之辐，壮于大舆之辐，则壮于德者也。藩决则不以力胜，不羸则其用常壮，其往顺矣，晋道其有不光乎。"此释大壮四，乃以德为舆，以谦为辐。谦三"德言盛，礼言恭"，谓非礼弗履，壮德以决藩，非以力胜，故顺而不羸其角，尚往日进，与晋上"晋其角"而"道未光"异矣。盖法谦而以"晋角"为戒，殊合"君子用罔"以"决藩"之义。

又曰："除戎器、戒不虞者，用其全也，全故正，正故皆无咎。师以毒民，夬不利即，皆戎器也。中孚之初，其戒豫矣。"此释萃《大象》谓师以戎器毒天下，民从则吉无咎，夬不利即戎，即则所尚穷，用其全者，当其用也，故正而无咎，是谓"除戎器"。"除"字或作修治解，或作屏除解，陈氏兼取其义。又中孚初曰"虞吉"，思患而预防之，戒不虞而吉矣。

又曰："坤之括，慎也，蹇之来，蛊之得，丰之来章，用括也。即次而上逮，孰有孰亡，终以誉命至也，上逮匪人也，上逮而巽可知矣。巽而丧者，我心也，一矢亡者，或心乎？噬得金矢，未亡也（按"未亡"当作"未光"，《四库》本误），解之获得，得中道也，得而亡（按"得而亡"当作"得而光"，《四库》本误），大中也。然则六五之射也，获乎田，丽止俱中，雉矢两亡。"此释旅六五，因"誉命"而遍引"誉"字，坤四"括囊无咎无誉"，《象》曰"慎不害"，蹇初"往蹇来誉"，蛊五"用誉"，四《象》曰"往未得"，而五《象》曰"承以德"；丰五"来章有庆誉"。谓蹇、蛊、丰、之"誉"，皆用括而慎，乃能无誉而有誉，然未及大过五之"无咎无誉"。又旅二"旅即次"，旅三"旅焚其次"，即而焚，上逮而由有而亡，逮及也。旅由否来，消阳而上及，犹否三之匪人。"终以誉命"者，至哉坤元，誉消息之天命也，上逮而巽入消阳，旅四"得其资斧，我心不快"，巽上"丧其资斧，贞凶"，资斧既丧，乃以矢射雉，我心岂愿亡其矢乎。因引"矢"字之爻为证，噬嗑五"得金矢"，《象》曰"未光"，解二"田获三狐，得黄矢"，《象》曰"得中道"，谓能阳大处中，则得矢而光。旅惟二五皆柔，故雉矢两亡，此明旅五之心，非为九四之不快而已，雉矢之亡，不得已也，知坤元而顺乎刚，是以小亨也。

他如以"贞"、"征"对言，曰："贞凶者，征吉也。""贞吉者，征凶也。"亦有所见。又曰："原筮犹初筮"，盖取"原始"之义，然以蒙比之理观之，原当训再为得。若曰"朋者，君臣之象也"，则似未可。

综上所引，大义可明，陈氏之苦心孤诣以曲成易义，用力殊深，犹今日心理学之所谓联想也。设卦、观象、系辞本有此理，惜全书卦变之说未传，读此似觉未备而散乱。若历代易家，什九嫌其辞晦，其说终未大行,盖非徒言理而已,宜自《厚斋易学》以至《周易折中》皆未采录其言。实则陈氏于观象玩辞,已有得于心,当经文读熟后,此书大可细读之,有启人神思之功,南宋赵彦肃《复斋易说》尚可比拟,此二家宋易中别树一帜者也。清焦循《易通释》,可谓滥觞于此。

卷五

宋（下）

55．朱震《汉上易集传》提要

《汉上易集传》十一卷，宋朱震著。震字子发，荆门军人。生于神宗熙宁五年（1072），卒于高宗绍兴八年（1138），年六十七。登政和进士第，事迹详《宋史·儒林传》。此书及《卦图》、《丛说》共三书，经十八年而成于高宗绍兴四年（1134），书上于朝，自云"《集传》九卷"。《宋志》等皆称"十一卷"者，《说卦》、《序卦》、《杂卦》各自分卷也，内容仍同。叙宋易之渊源皆出于陈抟，传授分明，特作表示之：

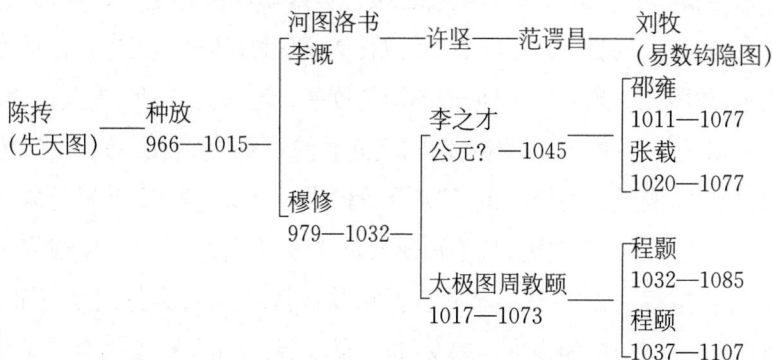

```
                        河图洛书 ——许坚——范谔昌——刘牧
                        李溉                    （易数钩隐图）
                                                      ┌邵雍
陈抟        种放                    李之才            │1011—1077
（先天图）  966—1015 ——           公元?—1045 ——     │张载
                                                      └1020—1077
                        穆修
                        979—1032 ——
                                                      ┌程颢
                        太极图周敦颐               │1032—1085
                        1017—1073 ——              │程颐
                                                      └1037—1107
```

上表中之师承学说，于先天图朱子用之，于太极图朱子疑之，于河图洛书朱子否定之。今考得诸贤之生卒年以注于旁，于先天图之传受，其时可合。但于太极图之传受，确有可疑。盖穆修之卒，周子仅十六岁，虽或见修，亦未必能尽得其蕴。视邵子之年长周子六岁，尚须经李之才之转授。故周子之太极图，或私淑诸人也。况邵、周之说，皆有自悟者，究其源乃出于陈抟。至于种放传出之河图洛书，诸贤事迹年岁皆佚，惟刘氏尚可考。刘曾见范仲淹而师之，其年略长于张载。张子二十一岁当仁宗康定元年(1040)，曾谒范仲淹(范年五十二)，即是年范举刘氏等十七人充陕西差遣云。今存有《易数钩隐图》。此派之说以九为河图，十为洛书，即朱氏此书尚从之。自朱子出，始改正以十为河图、九为洛书，庶合古源。考陈抟著有《易龙图》，其书已佚，幸序文犹在。有曰"始龙图之未合也，惟五十五数"，则正以十为河图，故刘氏之说或误于种放之传乎？然此乃名之争，无碍于实。或互辩不已，犹狙公之赋芋也。

至于图书卦象之义，另详《汉上易卦图》提要。若经文之注，朱氏于说理外，能兼及汉易之象数。开卷释"乾元亨利贞"，曰："乾，健也；元，始也；亨，通也，升降往来，周流六虚而不穷者也；利者，得其宜也；贞者，正也。初九、九三、九五正也，九二、九四、上九变动亦正也，故九二曰：'龙德而正中者也。'乾具此四德，故为诸卦之祖。"此即汉易卦变之正之精。于王弼扫象后，其说已废。唐唯李鼎祚存之，宋唯朱氏之说。清惠栋《周易述》注此曰："元，始；亨，通；利，和；贞，正也。乾初为道本，故曰元。息至二升坤五，乾坤交故亨。乾六爻二、四、上匪正，坤六爻初、三、五匪正。'乾道变化，各正性命。保合太和，乃利贞'，传曰：'利贞，刚柔正而位当也。'"乃开清代研习汉易之先声，其旨与朱氏全同。惜清之治汉易者，莫不轻视宋易，然观朱氏之注，其可忽视哉！

又注蒙三曰："六三蒙而不正之阴，坎有伏离，离目为见，上九不正，下接六三成兑，兑为少女，'取女'也。艮少男，夫也。乾变为金，'见金夫'也。坤为身，兑折之为躬。三之上'不有躬'。坤为顺，三不正行不顺无攸利，故戒以'勿用取女'。"此纯为汉易取象法，释之如下：蒙六三失位，下卦坎，旁通革，下卦离目为见。蒙上九亦失位，上三应，易位成升，升上参兑为少女，为蒙上卦艮少男所取，为"取女"。艮少男即夫，乾三索而变成者，乾为金是为"见金夫"。升上卦坤为身，下参兑为折，折身为躬，上接三而三之上为"不有躬"。蒙上参坤为顺，六三失位不正而行不顺无攸利，故戒上勿取三。此与虞氏注非尽同，而原则一也。盖已得取象之神，与专于虞注者未可并论，乃朱氏之特识。然当时之学者，既未究李氏《集解》，自然亦不知朱氏所云之妙。晁公武谓其解谬，朱子称其不合，魏了翁曰太烦，胡一桂讥其不善作文，岂其然哉？冯椅曰："毛伯玉力诋其卦变、互体、伏卦、反卦之失，谓如蒙六三一爻五变，爻无定象，颇中其膏肓云。"今特引蒙三以明之，则诸家之论是非自见。元袁桷曰："《易》以辞象变占为主，王辅嗣出，一切理喻，汉易几于绝熄，尧夫、子发始申言之，后八百年而始兴者也。"非朱氏之惟一知音乎。

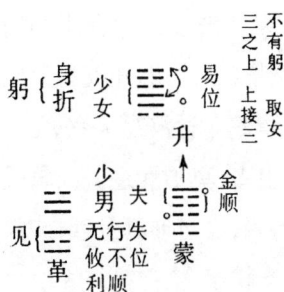

注观三曰："卦以九五为主，'我'谓九五也。生，动也，五之三震为动，动谓之生者，阳刚反动，天地之生，五之三，三则进而上，五不动，三则退而止。进退动止，观九五而已。巽为进退，三不当位在上下之际，故其象如此。六三不能自必其进退者，在九五不在六三也。九五中正，其动必正，故六三虽不当位，未为失观之道。"此象理皆是，明三五变者，汉易中荀爽"扶谦"之例也。若正位每取变动者，犹虞氏权变之例。盖朱氏重变，位不可不正，然正位者亦不可不知其变，此消息之谓也。凡所取之象,如以兑口为言,兑西为虎,随初震为丈夫,四艮为小子等,皆不同于虞氏,而反合乎卦义者也。于噬嗑卦论及五位不言君者六卦,讼、噬嗑、恒、遁、明夷、旅是也。其言曰:"讼不言君者,人君不以听讼为主,故《风》美召伯,《颂》言皋陶而已。恒不言君者,君道不可以柔为恒。遁不言君者,君不可遁也。明夷不言君者,失君之则也。旅不言君者,君不可以旅也。《春秋》天王居于郑书'出',诸侯去国书'奔'。噬嗑决狱有司之事,非人君之职。"于义理易简可从。又朱氏重卦气,亦重《太玄》,各卦皆证以《玄首》,可互明焉。谓《太玄》准《序卦》而作《玄图》,准《杂卦》而作《玄衝》、《玄错》,则当谓准《序卦》而作《玄衝》,准《杂卦》而作《玄错》。若《玄图》者,可见当时之《易》,亦有易图焉。于《说卦》之象,解说详备。随处以二篇证之,其法尤善,象虽不无可议,而大体皆是。如是之精细,他家未见。于《杂卦》用卦变解,亦有新义可取,唯末节以苏氏改本,则失考而误。

观朱氏之《易》,既能传宋易之源,复能上采汉魏以及于唐。于宋代易著中,为仅有之一家。惜汉易之存于当时者,亦仅唐李鼎祚《集解》而已,故所采之说无特殊者。然知汉易之象数,尚有朱氏读之而有所发挥,斯为可贵。迨清乾嘉时汉易大兴,治李氏《集解》之精实超朱氏,奈于宋易陈抟所传出者,莫不斥之。而朱氏此书已融合为一,不亦难得乎?今后之治《易》者,必当唯真是崇,或汉、或宋、或清之畛域,通之为宜。则朱氏此书,当精读之。

56. 朱震《汉上易卦图》提要

《汉上易卦图》三卷,宋朱震著。书成于高宗绍兴四年(1134)。卷首自明"卦图"之义曰:"卦图所以解剥《彖》、《象》,推广《说卦》,断古今之疑,发不尽之意,弥缝《易传》之阙者也。"诚言简义切。盖古必有图,于汉渐失耳。宋初自陈抟传出以补之,《易》书复全焉。

此书分上、中、下三卷。上卷载河、洛、先后天、太极、卦变诸图。凡河图以九数当之，洛书以十数当之，其后朱子为之互易以正名，于实仍同。先天者，载伏羲六十四卦之方圆图，其注曰："王豫传于邵康节，而郑夬得之《归藏》初经者。"按邵子曾曰："扬庭（郑夬字）窃其学于王豫"，或非妄言。考邵子先天之学，传于王豫而豫早卒，或为郑夬窃之而自谓得之《归藏》初经者欤。朱氏尚并存之，后朱氏并不言王、郑，而直言得自邵子，可从。后天者，载文王之八卦方位，然皆取六画之重卦。后朱子于先天图兼取八卦及六十四卦，于后天则仅取三画之八卦，尚未及六画之六十四卦。而此书虽取六画，然仍为八卦，故后天之六十四卦图，今后宜补之（其详另见）。太极图者，录周子之《太极图说》也。后朱子《启蒙》即以一圈当太极。于卦变图分为二：一曰变卦反对图，一曰六十四卦相生图。皆采于李挺之说。后者总合而倍其卦，即朱子《本义》前所载之卦变图。前者分六十四卦为八图，今合成一图如下，名之曰"李挺之反对卦变图"（图见下页）。

此图以反对合观，正《序卦》之大义。辨反对与不反对，同虞氏之"反复不衰卦不从二阴二阳之例"。由是遁、临各及六卦，反对成十二卦，极于革、鼎、屯、蒙，可兼从遁、大壮、临、观来者。于三阴三阳卦，以两象易分为二，唯否、泰与既济、未济重见。其间变化自然，可观阴阳消长之理，与六十四卦相生图二而一、一而二者也。朱氏之书于卦变皆取诸此，并以正汉易之说，有以也。谓"仲翔知有此图"，亦为知言。

中卷明卦气、太玄、爻辰、律吕、天文、消息诸义。其间律吕图，误以郑玄之说当京房之爻辰。盖郑氏之说乾坤皆由下而上，京氏之说则由上而下（另详《郑氏易说》提要）。若从京氏六十律当卦气，以通于《太玄》，确为京氏以律合历之义。又准《史记·律书》作十二律，通五行八正之气，所以配律于干支、八风、二十八宿也。注曰："京房论大衍五十，谓十日、十二辰、二十八宿为五十，其一不用者，天之生气。郑康成谓天地之数五十有五，以五行气通，凡五行灭五，大衍又灭一，其说皆本于此。"不其然乎。此外如以后天八卦当九宫及二十八宿，以震、离、兑、坎四正卦之二十四爻当二十四节气。又明东南西北四陆谓北陆冬至日，在斗二十四度，以岁差推之，正北宋时实测之度数也。于消息明十二辟卦，并以当斗建。又录京氏八宫之干支等，皆自然之配合，便于研《易》者也。

李挺之反对卦变图

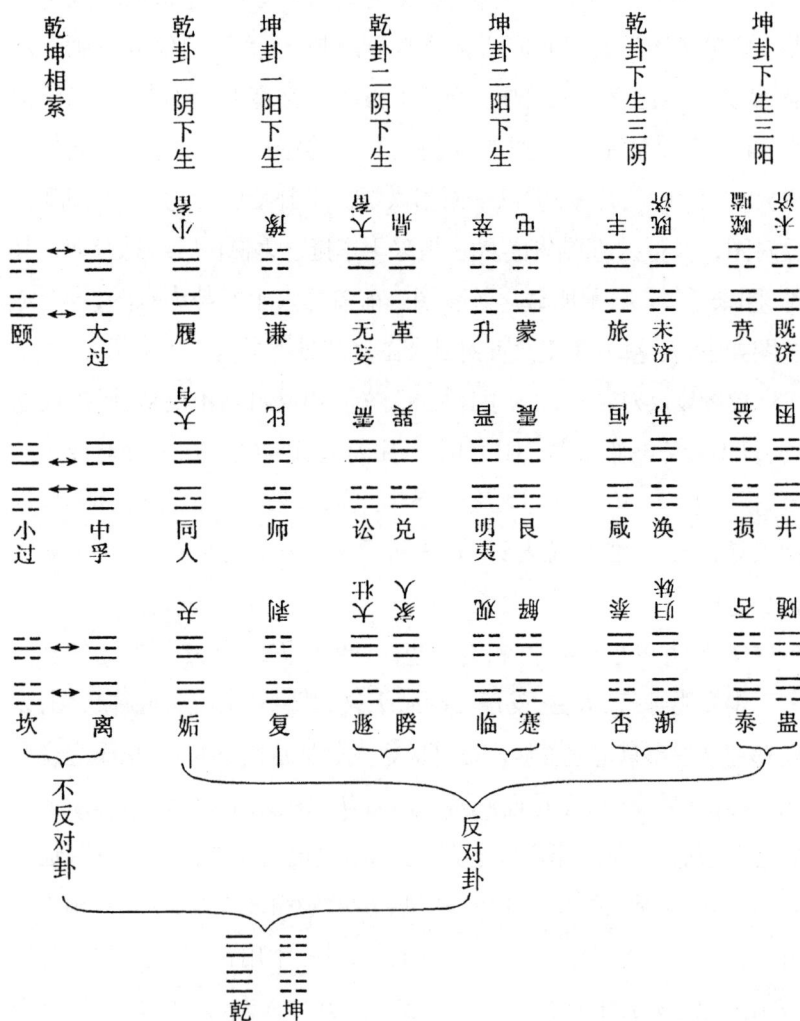

乾坤相索	乾卦一阴下生	坤卦一阳下生	乾卦二阴下生	坤卦二阳下生	乾卦下生三阴	坤卦下生三阳
颐 ↔ 大过	履	谦	无妄	革	升	蒙	旅	未济	贲	既济
小过 ↔ 中孚	同人	师	讼	兑	明夷	艮	咸	涣	损	井
坎 ↔ 离	姤	复	遁	睽	临	蹇	否	渐	泰	蛊

不反对卦　　　　　反对卦

乾　坤

154

下卷明纳甲、玄黄、八月、七日、策数、爻数、卦数、五行数、十日数、十二辰数、五声十二律数、大衍数等。纳甲者，明月之盈虚，虞氏注每用之。朱氏特取其先后甲庚而图之，其义易晓。玄黄者，以辟卦当后天八卦，凡震青兑白离赤坎黑，而黑即玄，复子起坎北也。又乾之赤亦始于此，姤则坤黄所始，乃坤位实为黄，而继以坎黑之玄，是以坤上曰玄黄。其象即复震，于义殊允。又作坎离天地之中图，即乾坤二五交成坎离，坎互震艮，离互巽兑而八卦备。是虞氏义，清张惠言《虞氏消息》亦著此图，未识曾见此书否。于临之八月，取建子说，故当遯卦。复之七日义，遍引先儒之说，凡乾六爻及复而七为七日，以卦气六日七分当七日等，皆可并存云。策数者，六、七、八、九之四象乘四也，如震百里之百，以策数解之。爻数者，一爻为一，如三岁、三年、八月、七日、三人、三驱等数字，皆以爻数解之。卦数者，以后天八卦当九宫数也。五行数者，本诸《洪范》十日数，即纳甲数。凡震纳庚，庚于天干次七，故为七等等是也。十二辰数，即十二辟卦数。五声十二律数，即《太玄》纳音数。大衍数，犹本揲蓍以及二篇之策数。凡此等皆各有所本，宜当其时而用之，既不可执，亦未可废者也。合而观之，此三卷者，实能发不尽之意，而弥缝《易传》之阙也。

57. 朱震《汉上易丛说》提要

《汉上易丛说》一卷，宋朱震著。此书与《易传》、《卦图》三书，皆成于绍兴四年(1134)。

书名《丛说》者，犹笔记，凡有与《易》义而未入《集传》《卦图》者，或记各家易说之要，或论其得失，或自抒心得等，皆具焉。间有"论变"一节，明辨一爻变、消息之变、三索之变、虞氏动爻即之正之变，往来上下即从某卦来之变。杂而不紊，各有所指，学《易》者当详考之。或混而未清，安可论尚变之道哉。《汉上易》之可贵，唯知易象之变化乎。他若以易象分得失位,如五坎当位为通,二坎失位为心病为疾,殊可推例。于全《易》又曰:"《易》之有《说卦》,犹《诗》之有诂训。"盖重视卦象也。此外辨所取之象,论虞氏与李挺之卦变之同异,斥王弼扫象不取卦变之非,皆言中肯綮。故此书者,似琐碎而大义存焉。错杂之言,每见妙理。随时兴到而读之,得益非鲜,足与《集解》、《卦图》并传矣。

58. 王湜《易学》提要

《易学》一卷,宋王湜著。湜同州人,始末未详。《自序》未署年号,亦未详何时所作,通志堂本成德序曰:"考书中语,约略在南渡前。"然未言所据。《四库提要》据张世南《游宦记闻》,知王氏尚著有《太乙肘后备检》,时已当渡江后。明史事上自帝尧以来,至高宗绍兴六年(1136),可见王氏盖当两宋之际。今考此书中述"《皇极经世》一元图",最后为"甲子神宗元丰七年",是时邵子已卒,故非原书,定系王氏所增。若下一甲子则已当绍兴十四年,或王氏亦未及见欤。故此书之成,殊可以高宗绍兴六年论,王氏已当晚年。上距邵子之卒仅六十年,较张行成约早三十年,可谓发挥邵学之最先者。又序中曰:"自希夷先生陈公而下,如穆伯长、李挺之以至刘长民《钩隐图》之类,兼而思之,罔或遗佚。"盖非徒传邵子之学,实传希夷之说,如图、书之数,邵氏所不言,而王氏言之,乃本刘长民之义也。

全书分为两部分,前一部分凡十论,曰"论太极"、"论两仪"、"论四象"、"论八卦"、"论八卦河图数"、"论伏羲八卦"、"论文王八卦"、"论揲蓍"、"论八卦变不变"、"论康节先生衍数";后一部分为"皇极经世节要"。于十论中说理简洁,如论太极曰:"阳穷于南之中而阴生焉,阴穷于北之中而阳生焉,太极则寂然不动而会归于一。所谓阳极生阴、阴极生阳者,皆由是而后出焉,故能生两仪也。"诚要言不烦。于论两仪中明天地十数曰:"画奇一也,画偶二也,成卦三也,四象、四德、四时四也,天数五、地数五五也,重卦坤元所用以至一百九十二阴爻六也,蓍穷于七七也,卦穷于八八也,乾元所用以至一百九十二阳爻九也,天地相合十也。凡此十数,阙一不可,顾其所用如何尔。"盖能总述邵子之说而精焉。论四象之阴阳互变曰:"古人交坎离以成既济,其道盖本诸此。夜半气从肾升,气负水以上升,此肾所以能交于心;日中液从心降,液合气而下降,此心所以能交于肾。大而天地,小而一身,其理一也,尚恐未明。庄子曰:'至阳赫赫,至阴肃肃,肃肃出乎天,赫赫发乎地',两者交通成和而物生焉。'肃肃'阴也,而出乎天,阳中有阴故也;'赫赫'阳也,而发乎地,阴中有阳故也。推此则天阳物而有阴,地阴物而有阳,必交而后可见,岂不信哉。"按阴阳互交成四象,变易之妙用也,易象坎为中男而又为月,离为中女而又为日,是其义。王氏以养生言之,以庄子证之,儒道之理实可相通,况之正成既济定,固《易》中之大义。而《四库提要》由是而轻视先天图,确认出自道家,可觇乾隆时尊儒斥道不辨是非之风气,于学术不亦有碍乎? 于论八卦明乾坤三索之次,以邵子之体四用三当之,凡计父母为体四,仅论六子为用三。此八与六以合于三画八卦之综成六卦,及六画八八六十四卦之综成六六三十六卦,说亦可取。以八方围一方、六圆围一圆当之,尤合方圆自然之象,唯尚未及其中一方一圆之虚实。考《折中》明七、九、八、六四象之说,似即据此而足成之耳。论八卦河图数,犹以先天八卦当九数之河图,谓九变为一,乃增一于九而为天地数,灭一于九而为八卦数。论伏羲八卦明其三索之次,其言曰:"太极之初,混然而已,判则阳毗于南而为乾,阴毗于北而为坤。乾坤既分,则乾下交坤而生三男,男皆在于坤之位,以其本体属坤,乾来交之,故变为男也。坤上交乾而生三女,女皆在于乾之位,以其本体属乾,坤来交之,故变为女也。"其说极是。盖三索者,通乎先后天者也。自《本义》之图以三索为文王八卦次序,故读《易》者每以为无与于先天,实则未是。王氏之说在朱子前,能于先天图中明乾坤三索之序,且卦位自然,非一家之言,宜表出之。论文王八卦,盖明先后天之变化及后天之配合,全文如下:"凡物有初生,有既长。伏羲始画八卦,则乾坤用事而六子初生之象;文王变易其位,则乾坤退归于无为,六子既长而用事之象。是故天地皆以一而变四,四者体数也。阳主进,故自南而进四位,则归体于西北矣,西北隅谓之奥,而奥为尊者所居,法诸此也。阴主退,故自正北而退四位,则归体于西南矣,西南为受养之地,而万物于是致养焉,取诸此也。离者火也,生于东方而旺于南方,故自正东而移于正南。坎者水也,生于西方而旺于北方,故自正西而移于正北。乾坤老不用事,则主器长子由少阳之地出而有为矣,故自东北而移于正东。在《易》帝出乎震,而二月雷乃发声,且皇储谓之东宫,法诸此也。兑之移于正西,则配震而已。震长男也,起也;艮少男也,止也。八卦起于震,顺行至艮则止矣,故艮移于东北。巽之移于东南,则配艮而已。坎离配之至正者也,故居南北之中;震兑配之不正而不失其正者也,故居东西之中;巽艮配之不正者也,故居东方之偏焉;乾坤功成退归于无为,故居西方之偏焉。举此四者,则天下配合之理尽矣。以人事合之,以长男而娶少女者多,若归妹为天地之大义是也;男女年适相合而作配者寡,若坎离合而为既济是也;以长女而嫁少男者则又寡焉,若渐女归待男行者是也。文王八卦,盖三男各有所主而用事,三女各有所归而作配,故其序如此。"按王氏之说距邵子发扬先后天之时极近,故论先后天之变化,可谓第一人。全文诸要点皆确有见地,配合成归妹、既济、渐三卦,于象理极自然,亦未可以一家言视之。夫自宋迄今,明先后天变化者有数十家之多,虽各有心得,然能如王氏之自圆其说者,不易多得也。

论揲蓍其法亦是,挂一取于左手,较朱子取于右手为合。然未言扐于右手,此取于左而扐于右,庶当人,乃天施地生之象也。论八卦变不变,谓乾、坤、坎、离自相重,则不变者四,乾、坤、坎、离是也。互相重可变二以为四,泰、否、既济、未济是也。震、艮、巽、兑互相重,则不变者四,颐、小过、大过、中孚是也。自相重可变二以为四,震、艮、巽、兑是也。盖以综卦言,仍当六十四卦综成三十六卦之理。论康节先生衍数者,所以正世俗。以邵子衍四象之数,凡衍者,衍天以一变四之四数,非日月星辰四象之数。盖衍数兼阴阳,如以四象当之,则不能及水火土石四形之数,故非之。

　　再者,于十论间每附以方圆卦位象数诸图,皆明所论之义,然尚有二图与十论无涉。名"《易》专考图"者,记一年之日数,以一万零五百年当三百八十三万五千零六十八日,凡一年约为三百六十五日点二四四,较四分日之一略为正确。又有名"数皆不离于五图"者,明邵子一极之数,且以五数通于历象,犹取半半之义。

　　若《皇极经世节要》分历律二者,明历者曰"《皇极经世》一元图",明律者曰"《皇极经世》声音律吕相唱和要例",可谓节得其要。其后张行成之《皇极经世索隐》载"《皇极经世》机要图"、"律吕声音机要图",实同乎此。王氏序曰:"《皇极经世》其书浩大,凡十二册,积于三百余板。以元经会二册,以会经运二册,以运经世二册,声音律吕两相唱和四册,准《系辞》而作二册。"此与邵伯温所言《皇极经世》十二卷相同,凡一卷订一册。夫雕板如是之多,可见宋代印刷之兴盛,未识今尚有存否? 又王氏于《易学》序曰:"康节先生遗书,或得于家之草稿,或得于外之传闻,草稿则必欲删而未及,传闻则有讹谬而不实。"此曰"遗书",盖指《皇极经世》以外者,如《观物外篇》等是也。而《四库提要》竟误王氏《易学》之序为《皇极经世节要》之序,乃由是而谓《皇极经世》一书不尽出于邵子,不亦失考乎?

59. 吴沆《易璇玑》提要

　　《易璇玑》三卷,宋吴沆著。沆字德远,临川人。人称环溪先生。此书于高宗绍兴十六年(1146)上于朝,为上、中、下三卷,每卷九篇,凡二十七篇。《自序》曰:"上以明天理之自然,中以讲人事之修,下以备传疏之失。"盖通论易义者也。其目次如下：

上卷

法天篇第一	通六子篇第二	贵中篇第三
初上定位篇第四	六九定名篇第五	天地变卦篇第六
论变有四篇第七	有象篇第八	求象篇第九

中卷

明位篇第一	明君道篇第二	明君子篇第三
论养篇第四	论刑篇第五	论伐篇第六
辨圣篇第七	辨内外篇第八	辨吉凶篇第九

下卷

通卦篇第一	通象篇第二	通爻篇第三
通辞篇第四	通证篇第五	释卦篇第六
释系篇第七	存互体篇第八	广演篇第九

吴氏学《易》，本诸"知者观其彖辞，则思过半矣"之语，故曰："学《彖》既有所省，以次求之卦，求之《象》，求之爻。"盖意有所贯，非漫然而言尔。读其文颇多可取，如《法天篇》曰："天道虽远，在反求诸身。"即复初之义也。《通六子篇》曰："六子之用以通为贵，是故坎无常险，离无常明，艮不必止，巽不必行，震动有机也，兑说有宜也。"下列举二体相合而异，其义尤得《大象》之精。本"刚柔正而位当"一语言于既济，而不言于渐、蹇、家人三卦，以证初上亦有位，诚得其要，王弼"初上无位"之谬说，可已焉乎。若于图书尚从刘牧之说。又一体错名之曰卦变，如需与比；一爻变名之曰爻变，如乾而姤、坤而复；综卦名之曰倒卦；错卦名之曰反类。《有象篇》能得立象尽意之旨，然未及《系辞》尽言之义。《求象篇》义极精细。

《明位》等篇以一阴一阳卦及十二辟卦等合论，义亦善。唯致一而得位得中,宜以比、同人当之,吴氏以比、大有当之,盖泥于五为尊位耳。《明君子篇》曰:"君子得其分,则足以致天下之安;小人得其分,则足以免一身之残。然则分也者,乃君子小人之两利,而天下之所以常治也欤。"亦合消息之理。孟子曰:"无君子莫治野人,无野人莫养君子",是其义。若以坎为养,离为刑为伐,乃取水以养人、用刑及征伐宜明之意,亦可备一说。又曰:"坤为众于势为顺,于象为地,用得其道,则有磐石之安;用失其道,则有土崩之危。此言师,所以必取坤也。"则为上者宜戒焉。于《辨圣》诸篇明拟议之法,学《易》者本之以思,必能有得矣。

　　惟《通卦篇》之义,有泛而失当处。如曰:"木上有火谓之鼎,孰若金下有火之为近乎。木上有水谓之井,孰若地中有水之为近乎。"考《说卦》虽有乾为金之象,然于两体相合,取天与火同人而乾不取金象,即天气上出而离火炎上,于人上进之心同,故曰同人。"木上有火"者,所以熟鼎实而明鼎之用,且六画之象象鼎,故巽下离上宜为鼎,而同人不可名鼎也。又"木上有水"者,所以上水而成井之用,岂可以地中有水即为井乎?此篇之论每有此失,学者宜慎取之。以下《通象》、《通爻》、《通辞》三篇,皆得失互见。盖吴氏已出王弼之虚说义理而能证诸卦爻之象,此其得也。惜未能考诸汉儒之取象,故间有未合于《说卦》者,此其失也。其间有曰:"以同观同见《易》之宗,以异观异见《易》之理,同异异同尽《易》之体。"乃合于同人、暌二卦之义。又明互体之宜存,皆合于理。殿以《广演篇》殊能发人深思,得"白贲"之道焉。凡学《易》者,于经文既熟,大可读此以深入。

60.　郭雍《郭氏传家易说》提要

　　《郭氏传家易说》十一卷,宋郭雍著。雍字子和,洛阳人,生于徽宗崇宁三年(1104)。南渡后隐居峡州长杨山谷,号白云。旌召不起,赐号"冲晦处士",后更封"颐正先生"。孝宗淳熙十四年(1187)卒,年八十四。详见《宋史·隐逸传》。此书之成，自序于高宗绍兴辛未（1151），其年四十八。然厚斋引作"辛亥"，其后《周易会通》、《经义考》等，皆从厚斋。辛亥岁郭氏年仅二十八，与序中所谓"惟惧无以遗子孙，于是潜稽易象，以述旧闻，用传于家"等不称，当以原书作"辛未"为是。

雍父忠孝，字立之，号兼山，受业于程子二十余年，著有《中庸解》、《易说》、《四学渊源论》、《兼山九图》等。靖康中为永兴军路提刑，死难，其书今皆无传。朱子云："兼山《易》溺于象数之学，未详其究。"幸有雍书以存其家学，兼山可谓有子矣。

此书前有《总论》，盖明《易》、卦、爻、《彖》、《象》、《文言》、《系辞》、《说卦》、《序卦》、《杂卦》十者之名义及其内容。谓《易》名始于文王，《连山》、《归藏》不名"易"，则与《周礼》曰"太卜掌三《易》之法"未合。于《说卦》曰："《说卦》论八卦之道德与其象义情性也。"于《杂卦》曰："卦之性情与其为德之不同，八卦则见于《说卦》，六十四卦则见于《杂卦》。"皆能得其要。

若其注《易》，每先引伊川说或其父之言，然后加以发挥，大义不甚出入。于噬嗑卦引"先人曰噬嗑自否来"，此卦变之说，程子所不用而兼山用之，雍即承其家学。《厚斋易学》谓："毛伯玉以郭雍泥于卦变，不以为然。"然卦变之说，《易》之大义所在，其可废乎。王弼之不取卦变，于贲卦注曰："刚柔不分，文何由生？故坤之上六来居二位，柔来文刚之义也。柔来文刚，居位得中，是以亨。乾之九二分居上位，分刚上而文柔之义也。"是有卦变之实焉。伊川之不取卦变，于咸卦注曰："在卦则柔爻上而刚爻下，柔上变刚而成兑，刚下变柔而成艮。"是亦有卦变之实焉。故凡自谓尊信王弼、伊川而不取卦变者，皆争空名耳。甚者，即王弼有合乎卦变之言亦废之，犹掩耳盗铃，不亦异乎。故兼山学程而不废卦变，白云宗程而兼取父说，诚善学者也。惜兼山之象数失传，全《易》之卦变法，已未能详考。由此书仅知郭氏以卦变本于三索（见《说卦》注），六画亦然（见震卦注）。于三阴三阳卦，有随、噬嗑、咸、益、旅、涣六卦注明来自否,蛊、贲、恒、损、节五卦来自泰,他则未注明。以例推之,盖兼取由消息卦及六子卦来者也。雍于节卦曰:"节之成卦,自泰三五而来,刚柔分而上下,刚上而得中,故为节。且贲之于节皆自泰来,其义相类。……夫泰为天地纯刚柔之卦,贲以刚柔纯质而无文,故文之节以刚柔过盛而无节,故节之。……泰之《象》曰'后以财成天地之道',而节则终其义者也。"盖能观变化之象焉。然"贲之"、"节之"外,以汉易言,尤重既济之"济之"也。

　　至于大过之上六,雍不能决其义,可录其原文而论之。其言曰:"……先儒之说大相反。王辅嗣谓:'处大过之极,涉难过甚,至于灭顶,志在救时,不可咎也。'如是则取义于卦之时,与震之上六'虽凶无咎'之义同。伊川先生曰:'上六以阴柔处过之极。为小人过常越理之事,履险蹈祸,过涉灭顶,其凶自为之,无所怨咎。'如是则取义于爻之才,以其才不足而过涉,与节之六五'又谁咎'之义同。使上六果以救时而灭顶,则辅嗣之言为得;使非救时而自为之,则伊川之言当矣。且大过之时固大矣,卦辞言'利有攸往',《象》言'独立不惧',谓其救时亦可,然未免有不度德量力之失。至于六爻俱无济时之义,独有自为之文,而上六乃以阴柔之才,致过涉之凶,故伊川之言由是而发。大抵大过六爻,其义皆难通,上六特甚,雍于此义诚不能决。第考诸卦之爻,有才不足而自任者,如鼎之九四直以'折足'而致凶,夬之初九直以'不胜而往'为咎。窃意伊川先生取义于爻者以此。"观雍之言,可明读《易》之难,说既相反,则何去何从,宜其不能决。此非雍之不知,乃空说义理而不观卦象之穷也。《系》上曰:"圣人设卦、观象、系辞焉而明吉凶。"故欲明卦爻辞之吉凶,观象而已矣。如虞注曰:"大壮震为足,兑为水泽,震足没水,故过涉也。顶,首也。乾为顶,顶没兑水中,故'灭顶'凶。乘刚,咎也,得位,故无咎。与'灭耳'同义也。"若能明此,则种种义理莫不具焉。盖卦爻辞者,卜辞也,义由占者而定,可得而言者唯象耳。悟乎此,则郭氏之不能决者,将自然而决。此汉易之取象所以优于宋易之说理,而为明《易》之本也。

此外,如以乾为天道,坤为地道,自屯至未济六十二卦,皆为人道之事。又以由乾至复为七日,由坤至遯为八月,遯错临,临之八月,谓遯也。于晋卦曰:"《彖》言:'晋,进也。'《杂卦》曰:'晋,昼也。'则知晋之义不止于进,盖言明以进,故曰:晋,渐以进,不谓之进也。晋卦取名之义与大有略相类。大有'火在天上',君道也,故为大有。晋'明出地上',臣道也,故为晋。君臣天地之象虽不同,其欲以明德居上则一而已。"于《杂卦》曰:"屯、旅皆近困,旅困于已穷,故失其居。屯困于始生,故不失其居,而利于有为也。"所见甚精。观郭氏之隐居山谷,不以老庄为是,仍未忘君臣人道之事,纯乎儒者之风。故其说《易》,取乎二程与张子之理,不及邵、周先天太极之说也。

61. 沈该《易小传》提要

《易小传》七卷,宋沈该著。该字守约,吴兴人。徽宗宣和元年进士,高宗时继秦桧为相,以右仆射兼修国史。此书尝进之高宗,降诏褒奖,故学之者甚众。《四库》本仅六卷,六十四卦而止。其后尚有《系辞补注》一卷,吴兴刘氏嘉业堂刊本存焉。若沈氏上书时,未详何年,于绍兴二十九年已有刊本。今以其为相之年论,当绍兴二十六年(1156)。

夫沈氏此书,惟解三百八十四爻及《小象》,即用九用六亦未及。于卦列卦象卦名,注以宫世而已,凡卦辞、《彖》、《大象》、《文言》皆略焉。至于爻辞之解,有悟乎七八不变、九六为变之理。逐爻以一爻变之象论其理,且以之为筮占,实则未是。盖筮占者,一卦可变六十四卦,非若一爻变之变六卦,此一爻变之象,犹爻辞之代名词。如乾初"潜龙勿用",初变为姤,故曰乾之姤,犹言"潜龙勿用"。师初"师出以律",初变为临,故曰师之临,犹言"师出以律"。他爻皆同。《左传》中论《易》,每用此法。王子伯廖、知庄子、郑子大叔、蔡墨曾用之,与筮占截然不侔。筮占中自然亦有一爻变之象，但非限于一爻变。故沈氏之以一爻变为筮占，乃大误。若以一爻变释爻辞，亦观象之一法。此法古有，非沈氏所创；然全书爻辞悉用此例释之，则始于沈氏也。同时有都絜著《易变体义》，于绍兴戊寅进于朝，正沈氏为相之时，亦用一爻变之例。此例于南宋后蔚然成风，迄今未已，实滥觞于此，读《易》者宜知焉。另详《易变体义提要》。

至于沈氏之言，不乏可取者。每合体象而明其理，犹知庄子之说也。如丰之震曰："……三之互体兑也，兑为泽，'丰其沛'之象也。离而为震，震，动也。过体之中则明衰，应阴而动则明蔽，'见沫'之象也。卦变重震，震，刚武也。以刚明之，威震发幽暗，去非其任，'折其右肱'之象也。"涣之巽曰："……外巽以济内险，所以为涣也。坎复为巽则险济矣，然犹在下体，涣止其躬之象也。"若此之说，较空谈义理者为优，可有合之卦之爻而明其理。如萃之否曰："……兑而为乾，兑为口，乾为首，声发于口而上于首，'赍咨'之象也。兑为泽，泽出于首而趋于下，'涕洟'之象也。卦变为否，否，塞也。是以'赍咨涕洟'也。否终则倾，'无咎'之象也。"小过之旅曰："……旅，亲寡也。过于亢极，人所不与，失其亲矣。故在旅之上则为'鸟焚其巢'，在小过之上则为'飞鸟离之凶'也。"此以"否终则倾"当萃上之"无咎"。合旅上、小过上鸟之不幸，皆切合于爻义者也。大半合之卦义皆能自圆其说，非附会也。盖易象万变，以一爻变求之，自然可通，变之一例也。沈氏发扬之，亦有功于易象者也。然固执于此，且以易象之变惟一爻变，则大谬不然。沈氏初亦未有此意，后世不善学《易》者执之，非沈氏之过也。沈氏《自序》曰："若夫一卦之内，义有可明；爻变之外，言有未尽者，每卦别为论，亦庶成变而不失其正，小而不遗其大者也。"所见极是。凡六十四卦之论，初述《序卦》相承之义，继明《彖》、《象》之大纲，亦多并言数卦兼及诸爻者。观其理于国事人情三致意焉，可谓切近笃实有益于治道者也。如离卦之论曰："……圣人当蒙之世，则与上九御寇之权；当文柔之世,与上九出征之权。大哉权乎! 冀其乘时立功也。盖世有童蒙之主,便有六三之寇,全在上九匡而救之;世有文柔之主,便有九四之逼,全藉上九弼而亮之。呜呼,后之处王公之地者,其无责乎。"于剥卦之论曰:"……尝谓欲观士之所为,当观其心,不可全从出处之迹。观剥之六三、夬之九三,可见矣。剥之三虽处小人之间,阴为君子之应,其墨名而儒行者邪。夬之三儒名而墨行者矣。"于渐卦之论曰:"……渐次艮,救止而甚者也。止而辨于物,非济世之仁也,是以救也。……"其他诸论大率类是,皆醇正可诵。

至于《系辞补注》一卷,惟十余则,盖正韩注之失。如"易者使倾",韩注:"易为慢易。"沈氏曰:"易以知险,易者险之反也,倾险也。"其辞易,欲使之知险,虞翻与陆绩同,古义也。他如"游魂"义用京氏说,亦较韩注之空言有据。

62. 张浚《紫岩易传》提要

《紫岩易传》十卷,宋张浚著。浚字德远,号紫岩,绵竹人。终身不主和议。孝宗隆兴二年(1164)卒,谥忠献,事迹详朱子所撰《行状》及《宋史》本传。此书改定本成于绍兴二十八年(1158),仅传于家。后有曾孙献之,刻于宁宗嘉定十三年(1220)。

张氏之《易》与《汉上》相似(《汉上易》较此书早成二十余年),亦能言理而兼象。如蒙初曰:"蒙自离变坎,变其明而离明之体常存于中,初六'发蒙',发其明也。"豫初曰:"初本震体,用震变坤,失其刚矣。刚德一失,邪枉若是,吁! 可畏哉。"晋卦曰:"晋自乾变,六变而离位乎上,坤位乎下,明以顺故康。康,安之至也。"明夷上曰:"明夷自坎变,至上而安其险;不变而明德以衰,复入于地,盖商纣之象云。坎四变互乾,承上为登天;六变坤在离上,为入地。嗟夫纣之不道,晦而已,人主其慎夫,惑之者哉。惑斯怠,怠斯晦,夫明性本有也,卒归于暗亡者,习焉耳,习不可不慎也。"解卦曰:"震变坎为解,至四之变而后出坎险。解,蹇之反也。解二阳亦陷于阴,惟其刚动不息,以复于震,故蹇难以散。"旅卦曰:"离一变为旅。旅,明德之失也。德失而后有旅。"《系辞》释大有上曰:"大有自乾变,五变有坤体,七变而复归于乾。乾为天,坤众为人,互兑在下曰'履信'。坤复变,乾下有伏坤曰'思乎顺'。群阳从之,成立于上曰'尚贤'。"凡此皆准八宫之象。张氏诚京氏之知音,承其理而舍其术,千载一人而已。于谦卦曰:"乾上自剥居谦之三曰'下济而光明',光明艮体,坤三自剥居谦之上曰'上行'。阳止于外而在坤上为剥,阳止于内而在坤下为谦。观一阳升降,天地人鬼之情状毕见矣。"于随卦曰:"随否之变,刚自乾来,下坤之柔曰随,一变随,再变归妹,三变泰。"于晋卦曰:"观四进而为晋,之五曰'柔进'。"盖能味乎李挺之之变卦图,亦能有合于汉易之卦变者也。张氏法此宫世消息与卦变体象而说理,其见甚高,惜尚未及爻变耳。

若注坤卦曰:"坤道贵顺,坤所谓顺,顺于道,非顺于事。"又曰:"听唱而应,臣之事也。然唱之不以道,亦可应乎? 坤之先迷,厥旨安在哉,其戒乎君心未格而强之以难行者耶。君子必先正君,君正道合,上以正而唱,下以正而应,得主之道,莫加于此矣,学者不可不辨。"其一生耿耿之心,毕现于辞焉。于注"得朋"、"丧朋"及离二之"黄离"等,皆有此义。又谓蒙"初筮"有尊德乐道之心。需"饮食宴乐"当君子谨养中和,庶几不负天下系命在我而利泽及之于后。鼎之"正位凝命",犹分定而后礼化行。中孚"翰音之凶",谓虚文终不足以欺天下后世。皆纯正精微,非泛泛之说也。

此外注剥上曰:"以一阳而履五阴,阳之刚终莫能变,旋至于复,盖顺止之功。"此用一"旋"字,殊切于象,清焦循悟旋卦,即此象也。注大壮九三之"用罔"曰:"用罔则中和之积参天地,故能兴大利成大事。扬雄以'罔直蒙酋冥'配四时,罔继以直,发生之德,从此出也。用罔有先天之功。"可谓得"罔"字之确解焉。于晋初之"罔孚",以当孟子所谓

"我无官守言责",故曰:"若受命而罔孚,必当思所以孚,安可裕","罔"字之义亦同。夫罔者无也,然动直由是而起,罔可忽乎哉? 又谓四德中"不言智而言贞,恶夫智容有不贞者,贞固而其为智也大矣",诚是。若第十卷为《读易杂记》,大半言河洛先后天之数,皆平稳。尚承刘牧、朱震之说,以九为河图,十为洛书。

总观此书,能因象明理,宋易中佼佼者也。凡研习宋易者,除程、朱外,《汉上》与此书,盖不可不读者也。

63. 都絜《易变体义》提要

《易变体义》十二卷,宋都絜撰。絜字圣与,丹阳人。此书或都氏晚年所成,进呈于朝,当高宗绍兴二十八年(1158)。前有曾幾序,当绍兴二十九年锓板时所作。本据都氏之《进书札子》,知"往年尝进《说义》",惜是书已佚,未详所说。于《厚斋易学》中,间有引及此书。前尚有张九成序,实《说义》之序也。此书唯明三百八十四爻,卦辞、《彖》、《象》与《系辞》以下皆未及。"变体"云者,本《左传》所载蔡墨之说,即一爻变也。夫以爻变解《易》,《左传》中颇多用之,实为用九用六之本义。以筮占言,必至一卦变六十四卦而成四千有九十六卦。若唯取一爻变,乃一卦变六卦而成三百八十四卦,恰当三百八十四爻,为爻变中之一义。其缺点,爻效天下之动,非一爻变所能尽;其优点,二爻相合而其义易见,既明九六之变动,又非若一卦变六十四卦之其义不易捉摸。是故自南宋起,法一爻变玩《易》者代不乏人,至清尤盛。而都氏与同时之沈该(另详《易小传》提要),实为此宗之创始。宋程可久云:"……作《周易变体》,推广沈丞相《小传》。"盖都氏上书时,正沈氏为相,然都氏之《自序》、《札子》及曾幾之序皆未提及沈氏而云自得,或不谋而合欤。

夫都氏之言,每有可取。若谓离初之旅,乃曰:"初九当离丽之世,而下无承上无应,且刚宜在上,而反居一卦之下,若君子之失其所者,有旅之义焉。"又曰:"初九以刚在下,而六二以柔顺之礼自上而丽之,初亦以礼上承而附丽焉,则错然之礼,自彼而我敬承之以免咎矣,故曰'履错然,敬之无咎'。"反之,谓旅初之离,则曰:"初六变体为离,言丽乎下而不移,若所谓居下流者也。凡以其志卑而不趋乎高,其志小而不趋乎大,……此小人之'亲寡'而自取之者也,故曰'旅琐琐斯其所取灾'。"此以离、旅初爻之互变而明其义,实较二爻分释为优。又如革五之丰,"大人虎变"而成丰大;大畜初之蛊,遇蛊"有厉"而"利己"以治蛊;巽五之蛊而当先后"甲"、"庚"等,皆与爻义密合。盖汉象久晦,说《易》者殊多望文生义,于观象、系辞之理视若无睹,于爻变致用之道更成赘疣。故都氏能本爻变之卦象以解经,其见可嘉。惜一爻变仅为观象之一法耳,必执此以解三百八十四爻,则附会之处势必难免。若损五、益二同系"十朋"之辞,与夬四、姤三同系"无肤"之辞同例,盖当综象也。然都氏谓"损之五、益之二皆言'或益之十朋之龟,弗克违',而变体皆为中孚",则殊未知所以同为中孚者,中孚乃反复不衰卦,如夬四、姤三之同辞,其变体即有需、讼之异焉。又如临初二之"咸临",皆谓息阳,然临而泰,遯即否,此消息之义,故曰"咸临"。谓使遯而咸,则可免否闭之道,是为"肥遯"。都氏解遯上曰:"我无自疑之义,人无见疑之迹,将无入而不自得也。若孔子浮海而不伤于勇,居夷而不嫌乎陋,从公山氏之召而不为污,是咸之所以感而应之者也。"此解甚是,奈泥于一爻变而未用汉易所用之应爻旁通法,乃于临之初二谓初之师、二之复,则未合"咸临"之义。故读此书者,若能择取合乎卦象之一爻变而不执于一爻变,庶为善学矣。

64. 李光《读易详说》提要

《读易详说》十卷,宋李光著。光字泰发,上虞人。徽宗崇宁五年(1106)进士,官至参知政事。师刘安世,为涑水再传,曾与李纲定交。

彗星出寅艮间,耿南仲辈皆谓应在外夷,不足忧。光奏:"孔子作《春秋》不书祥瑞者,盖欲使人君恐惧修省,未闻以灾异归之外夷也。"高宗绍兴十年论和议,面斥秦桧曰:"观桧之意,是欲壅蔽陛下耳目,盗弄国权,怀奸误国,不可不察。"因谪岭南,自号"读《易》老人",乃著此书。绍兴二十九年(1159)用赦,卒于途,年八十余。孝宗即位,赐谥庄简。

夫耿南仲亦读《易》者也,因论彗星而见阿谀媚上之态,与李氏之刚直,何可并论哉。原易理一也,若耿氏之读《易》,何益于世耶。又李氏忤桧而谪,怡然自适以著《易》,其行亦足多矣。成此书之时,可以卒年论。原书十卷。冯椅曰:"淮漕钱冲之序其后。"今仅存《四库》本,由《永乐大典》录出,已无序跋,唯解六十四卦,仍定为十卷。

书中明理有极切实者。于乾初曰:"圣人用时而不用于时,故不先时而动,亦不后时而缩也。其潜而勿用也,待时而已。弗用者,非为时之所弃也。圣人当斯时而弗之用也,则用在我矣。"深得用时之义。于乾四以汤武革命当"乾道乃革",亦合革四"改命"而正成既济之象。于坤卦辞不从程氏而仍于"主"字断句,以蹇、解之"利西南"为例,其证亦简明。于讼上曰:"以刚强善识而受命服,如小人乘君子之器,'盗斯夺之',故有'终朝三褫'之辱。"此以经解经,讼与解盖变五上二爻,"三褫之"与"盗斯夺",确有可通之理。释"履虎尾"曰:"虎者至刚猛之物,今能'履虎尾'而'不咥人'者,以说而应之也。古语有云:'人无害虎之心,虎无伤人之意。''抚我则后',虎犹民也;'虐我则仇',民犹虎也。有道之士,其知此者乎。"是犹载舟覆舟之喻,故或则不咥人,或则咥人,履礼之义其可忽乎。又释履《大象》曰:"秦之失道,礼义消亡,陈胜项籍之徒,或辍耕陇上,或叹息道旁,自此豪杰并起,天下纷纷,民志何由而定乎。由辨之不早辨也。"夫履犹坤三,"辨上下以定民志",即"履霜"、"早辨"而免"龙战"之灾也。奈不早辨而礼义消亡,不亦伤乎。于否曰:"否泰相因,有非人力所能胜,故曰:'否之匪人。'先儒或以'匪人'为匪人道,盖虑后世庸暗之主,以一治一乱皆师之于天,故纣曰'我生不有命在天',此最害教之大者。"观夫否泰相因,似为自然之流行,日之昼夜,月之朔望,星辰之循环,孰非否泰大小往来之理,是之谓命。孔子曰:"不知命,无以为君子",此之谓也。然人力之于消息,岂必不可胜,故谓"否之匪人"者,犹纣之匪人道。盖往来虽自然,而人与匪人之教,殊有用时、时用之别,学《易》者宜致意焉。于否二曰:"包承小人而不乱小人之群,尤见其大。盖从容浑迹于群小之间,未尝悻悻然怀忿躁不平之气。故小人莫得指目而忌恶之,非独明哲全身之道当然,亦所以倾否而开泰也。汉之陈太丘,足以当之。若李膺、杜乔之流,徒激祸乱耳。"此与爻义密合,盖亦深体乎否象矣。于剥初曰:"剥者,剥下以媚上也。"又曰:"灭,尽也,小人于正道则蔑视而不恤,于纲民则竭其膏血至尽而不顾,知固宠保位而已。卒至天下土崩,首领莫保,虽悔何及哉。故《易》以损上益下谓之益,损下益上谓之损。然则灭下者,乃所以自灭也。"可谓切中时弊,北宋之所以灭也。于恒曰:"圣人所谓恒者,以能变为常。"总论之曰:"大哉恒乎! 初之'浚恒',上之'振恒',九四之'久非其位'为恒,是有心于为恒者,皆不免凶悔吝也,况乎'不恒其德'若九三者乎。呜呼,非通其变穷于理者,曷足以语圣人之真恒哉。"殊合巽入震动之恒象。夫初入而不变,上动而不变,是以皆凶。三由入而将及动,乃或忘其恒焉,四入于动而非其位,安得禽哉。三、四盖当入、动之际,变而不知常者也。若二五者,方得入、动之中,奈五又阴柔从一而不变,其中为妇人之恒。故真恒者,唯九二之以变为常而能久中也。于困曰:"有言不信者,国之无道,是非曲直颠倒错谬,君子可以忘言之时也。"于意亦是。然忘言者,犹"言逊"也,未可与忘象、忘言之义并论。于鼎二曰:"鼎有实,非虚器也。人臣负其实才之象,则鼎即我。"于爻义可另备一说。他如同人二与咸四之并论,大有二与鼎四之反而明之,论"拔茅"而及其"薄用"之性,论遯"退"而及豫之"见几",论"禴祭"而及"二簋"等,皆能稽类而会通之,亦有益于易义。《四库提要》称其"于当世之治乱,一身之进退,观象玩辞,恒三致意",殊得其实。若以群雄角逐当群龙,陈胜首事则祸不旋踵,以明"天德不可为首",乃觉不称。需上之"敬客"谓圣人为小人计,亦违爻义,阴阳之道非必指君子小人也。于未济《大象》曰:"君子体此象以慎独而不敢交物,各居其方而不相紊也。天地絪缊,万物化醇,云雷屯乃君子经纶之时,圣人退藏于无用之地,何以慰生民之望乎。然则未济者,非圣人之得已也。"此以《易》寓意,李氏其犹有用世之心焉。惜天不祐民,北宋之终未能复也。夫李氏此书已多采史事,然仍重说理,与《诚斋易传》一意于史事之配合,体例当有一间。

65. 李衡《周易义海撮要》提要

《周易义海撮要》十二卷,宋李衡辑。衡字彦平,江都人,事迹具《宋史》本传。此书辑成于高宗绍兴三十年(1160)。初蜀人房审权于神宗熙宁间(1068—1077)编《周易义海》百卷,以《正义》为首,取专明人事者,自汉至今共百家,合成一集,篇末辄加评议。李氏读之,删削冗琐而成此《撮要》。更采及伊川、东坡、汉上之说及各家之杂论二十余篇,与房本较之,卷帙仅及什之一。其后,房本废而《撮要》行。

今读《撮要》所探及者,共七十余家,若汉至唐之注仍本诸《孔疏》、《集解》,故研求古注者,此书之价值不大,宜径读《孔疏》、《集解》为愈。况此书辗转抄录,颇有误引。如乾二曰:"天下所利见,如孔子教于洙泗,利益天下。"此《孔疏》所引先儒之说,未详何人,而此书误以为王弼。需卦辞曰:"大川,大难也,能以信而待,故可利涉。"此摘录《集解》何妥之说,而误引为何晏。《集解》临《彖》虞注曰:"说兑顺坤也,刚中谓二也,四阴皆应之,故曰而应,大亨以正,谓三动成乾天,得正为泰,天地交通,故亨以正,天之道也。"而此书节录成"刚中谓二,四阴皆应,故大亨以正",则其义全非。未识房氏本已节录乎,抑误于李氏之删削耶。又临初虞注曰:"咸感也,得正应四,故贞吉也。"而此书引成"初在卦下,曰当临之阳升之世,阴亦下降,初动而说,往感于四,四顺其欲,相与志行其正,犹贤人思治愿奉其上,上能用之以为临者也",则系后人之疏虞注(或为房氏所疏),实非原注也。

至若宋代之易注,胡瑗、伊川、东坡、汉上等全书尚存。此外如王昭素《易论》,胡旦《周易演圣通论》,龙昌期《周易注》,刘牧《新注周易》,宋咸《易训》,孙坦《周易析蕴》,代渊《周易旨要》,陆秉《周易意学》,阮逸《易筌》,于房、王逢、龚原三家各有《易传》,杨绘《易索蕴》,石介《周易解》,王安石《易解》,陈皋《易论》,勾微《周易广疏》,鲜于侁《周易圣断》,张简《周易义略》,王锜《周易口诀》,何维翰、刘纬、陈文佐、袁建、卢穆、白勋、薄洙、李畋、薛温其、金君卿十家各有《易义》,陈高《八卦数图》等,凡三十余家之书则皆已散佚,而此书中尚能得其一脔,非房、李之功乎!

于《系辞》"参伍以变",引有陈高之说。义谓参变当三画卦之上下变其阴阳,凡七变,而遍及八卦。如乾七变之次为兑、震、坤、坎、巽、艮、离,兑七变之次为乾、离、艮、巽、坎、坤、震,其他六卦可例推。伍变当六画卦之五画下上变其阴阳,亦七变,是即京房之八宫也。此于三画之七变,有得乎消息之自然,惜原书早佚,八卦数图之法未能流传,今能得此一例,亦大幸焉。末卷《杂论》,颇同《孔疏·八论》之例。若胡瑗谓上下二经以简帙重大而分之,金君卿谓《系辞》、《说卦》、《序卦》、《杂卦》自是学者又尊师法以为易传,皆偏而非正。然金氏不取王弼之"初上无位"论,则为有见。代渊之"经中体义"一文,亦得《易》之要。初曰:"六十四卦各主一大时,卦内六爻是大时中所谓之人,即逐爻当位得失之小时也。"末曰:"生生新新,循环无际,不出此六十四卦之时,与天地偕永。苟天地可灭,则此理乃亡矣。"诚能体诸《易》矣。

66. 张行成《翼玄》提要

《翼玄》十二卷,宋张行成著。张氏始末,另详《易通变》提要。此书亦为所进七《易》之一。成书之时,可以进《易》之年论,即孝宗乾道二年(1166)。迄明书已失传,幸《永乐大典》收之,清开四库得之而未收,仅载于术数类《存目》。乃由李调元刊入《函海》,复行于世。然编次未齐,阙佚颠乱,或已难免。

考张氏于《易》,有其自成之体例,以《易》分先天及《连山》、《归藏》、《周易》为四。《太玄》者,所以明《连山》者也。惜于史无据,备一说而已。若发挥《太玄》之象数,实有心得,足补邵子、温公、晁嵩山所未言,不愧后世之子云也。

初述《太玄》之策数,曰:"元首九变数。"盖分八十一首中,方州部家数成九类,自一方一州一部一家四数至三方三州三部三家十二数是也。为之列表如下:

九　变	一变	二变	三变	四变	五变	六变	七变	八变	九变
方州部家数	四	五	六	七	八	九	十	十一	十二
首数	一	四	十	十六	十九	十六	十	四	一

此首数之多寡,有自然之理焉。明《太玄》揲数,每与《易》并言之。考《易》之挂一在分二后,盖以象三,《太玄》之挂一在分二前,盖以象一。于第二变张氏不取挂一,然扬氏未明言,以理论,挂一分二揲三而得一二三之数。一二变相同,则第二变亦不可不挂一,算得策数为一万六百九十二,用数七千七百七十六,不用数二千五百九十二。按《系》上曰"二篇之策万有一千五百二十",于张氏之名,盖当用数,至于不用数未计挂一之三百二十四策,如第二变亦挂一,当更去三百二十四而为二千二百六十八策也。

以下明历。论《太玄》历、太初历、颛帝历之异同,大别乃日分法之不同耳。算得《太玄》一元总数为三方,各一千五百三十九岁,而为四千六百一十七岁。然地之绕日必有奇零而未可穷,各种历法皆相对准确而未能绝对无误者,此也。又明律准《太玄》黄钟数七十八以评论纳音，又及京房六十律、淮南八十四调、邵子律吕数等，颇取五行干支生克诸说，术家每用之，其本在纳音。夫纳音者，古说未能考，而《太玄》明言之，今谓之出自《太玄》亦可。

若全书之纲领，读"罔直蒙酋冥"及"《太玄》准《易》"二文可观焉。又书中载有先天图，其中已画太极图。盖张氏在蜀，此图早已盛行。其后朱子尚未知，故《本义》《启蒙》中犹阙，曾命蔡季通入蜀以求之，惜终身未见也。

67. 张行成《皇极经世索隐》提要

《皇极经世索隐》二卷，宋张行成著。此书为所进七《易》之一，成书之时，亦以进书之年论，当孝宗乾道二年(1166)。书名《索隐》者，盖心通乎《皇极经世》之旨，乃能择言其要。《自序》云："经世之数，元会运世主之，天而地也。观物之数，声音律吕主之，地而物也。夫天之运行有一十二万九千六百之年，地之生化有一十三万八千二百四十之物。物之动植有一十二万二千八百八十之数。"按天运行之年，今谓之时间；地生化之物，今谓之空间。时空者，犹阴阳也。《皇极经世》之缊，即明此天而地、地而物耳。所言三数以下式示之。于动植物之数即属于物数者也。

$$360 \times 360 = 129600 \qquad \text{天而地}$$
$$384 \times 360 = 138240 \qquad \text{地而物}$$
$$160 \times 192 \times 4 = 122880 \qquad \text{动植物之数}$$

若《内篇》十二，张氏以为"畅二数之义，如《易》之有《系辞》也"。

此书首载《皇极经世机要图》及《律吕声音机要图》。前者犹以元经会，然经运、经世之义可类推，则天数备矣。后者即声音图，而律吕唱和之十六图皆在其中，则物数具矣。故即此二图，《皇极经世》之隐可索，不亦易简乎。以下全录《内篇》十二，而间加注释于第一篇末，曰:"伏羲先天示《易》之体,故孔子谓之作八卦;文王后天明《易》之用,故子云谓之重六爻。经世用二百五十六,阴又偶之,得八八之六十四,在乎先后天之间,是为中天之数。故其书始乎帝尧,而名之曰'皇极'也。"盖张氏以中天视此书,能与先天分辨之,善知邵子者也。后之学者,什九不知以邵子发挥先天之《皇极经世》,即以为先天乃谓先天图,亦邵子所作,何其谬耶!他如曰:"圣人者,太极之一也。"又曰:"先生之书,以四为主者,先天之用。体之用也,体几于道,用通于神。"解权变曰:"权变者,所以趋时,盖经世之用也,达之入于无疵,志在生民也。是故《大易》上赞伏羲,《春秋》下取王伯,上下无常,非为邪也,岂若世之腐儒泥古而不通今者乎?"解四命曰:"正命者,自然当得;受命者,有所得授;……致命者,汤武革命者也;摄命者,五伯之事,犹有可言。下此一等,不以其道得之,夷狄盗贼矣。圣人虽有恕心,至是亦不可行也。"其言皆可取。他若注明卦象,详释数之变化,于读者得益良多。夫张氏者深得邵子之心,读此书于《皇极经世》确能迎刃而解焉。

68. 张行成《观物外篇衍义》提要

《观物外篇衍义》九卷,宋张行成著。此书为所进七《易》之一,成书之时,亦以进书之年论,当孝宗乾道二年(1166)。夫《观物外篇》者,邵子之言而门人张崏所记,系随闻录,内容不外数、象、理三类。然错杂其间,张氏乃分类编之。《自序》曰:"《外篇》行于世久矣,阙数者三节,脱误者百余字,今补其阙而正其脱误,分数、象、理类相从为九卷,辄衍其义以俟同志者释焉。"今以此书与《道藏》本校之,前后颠乱殊甚,非仅节有移动,节中之句亦多前后放置,经此重编得失互见。得则数、象、理截然分置,便于阅读,义亦连贯。失则邵子口述时,本综合数、象、理而言,乃今分之,未合原意。如原本言不可易之八卦,继曰"体者八变,用者六变"一节,意盖相承;此书以不可易八卦为象,置于中三卷,"体者八变"一节为数,置于前三卷。又原本一大段言先天,一大段言后天;此书则编成"起震终艮一节,明文王八卦也;天地定于一节,明伏羲八卦也",以下接言先天之一大段,于言后天之大段另置他处。此类之失甚多。他如曰"心为太极",又曰"道为太极",则得失兼焉。得则邵子兼取心与道为太极之意,可一览而知,不必前后翻阅。失则心与道所以为太极之说,又置于他处。凡全书之得失,皆可作如是观。若所补所正,确乎可取。然张氏此书原本已佚,今《四库》本由《永乐大典》录出,已有阙失。如《道藏》本有"人心当如止水则定,定则静,静则明"、"先天学主乎诚"等,此书中无之。然亦有此书中有,而《道藏》本阙者,如"六者三天也,四者两地也"一节是也。唯其编次既异,内容亦互有所阙,故今后研究《观物外篇》者,当两本并读,庶几有得乎邵子之意也。

至若张氏之注,殊能阐明邵子之意,尤其论数。盖既通元会运世之变,于邵子之数,无往而不通。又上下经皆综成十八卦,乾、坤为大父母,姤、复为小父母等,皆谓"邵子之说",然实为邵子之意,明言之者,张氏此书中之注也,而学者不辨焉。又邵氏曰:"不知乾,无以知性命之理",张氏衍其义曰:"元亨利贞,循环无端,立本则一,应用则四,以至六爻旁通,有万不同,其实复归于一,此性命之理也。在释氏为圆,在老氏为真,在吾儒为诚,君子自强不息,所以体也。"言简义赅,易理在其中,非囿于邵子一家之说者也。又曰:"治乱循环如阴阳消长,必不能免,贵未然之防,圣人所以立人极也。后天之易所重在此。"以先天之消息,解北至南当息为治,南至北当消为乱,义皆是。于"顺数之逆数之"一节曰:"《易》逆数也,以右行者为逆,左行者为顺也。此所谓逆顺者,以自上分者为顺,自下起者为逆也。"所谓上分者,先天乾一兑二之次也。下起者,其犹《太玄》之次乎?合消息而观之,略有所异,大义仍同,亦顺逆之一说也。

张氏之《皇极经世索隐》与此书,盖分注邵子之《观物内外篇》,其学说之精义在焉。故欲穷邵子之说者,读此二书,必能事半功倍也。

69. 张行成《易通变》提要

《易通变》四十卷,宋张行成著。行成字文饶,蜀临邛人,谯天授之门人,于康节易学独有心得,学者称观物先生。孝宗乾道二年(1166)进《易》著七种,此其一也。各书名卷数及其大意录于下:

> 《述衍》十八卷——明伏羲、文王、孔子之《易》。
>
> 《翼玄》十二卷——明扬雄之《易》。
>
> 《元包数总义》二卷——明卫元嵩之《易》。
>
> 《潜虚衍义》十六卷——明司马光之《易》。
>
> 《皇极经世索隐》二卷 ⎫
>   ⎬ 明邵雍之《易》。
> 《观物外篇衍义》九卷 ⎭
>
> 《易通变》四十卷——明陈抟至邵雍所传先天卦数等十四图,
>   敷演解释以通诸《易》之变。

以上七书共九十九卷,张氏杜门十年而成,专心可喻。今《述衍》及《潜虚衍义》二书未见,以外五书皆存,亦云幸焉。若成书之时,除《元包数总义》于序中注明,他书概以进书之年论。夫由此七书,邵氏之易学有所发挥,且能阐明先天图。此《易通变》者,实其主也。末言"四《易》本原",即张氏易学之体例。特作表以示其义。

四易本原表

四易　太极通三元(孔子十翼通四易)	
体一(太极)	先天伏羲—皇极经世(祖先天而用中天,本太极而用皇极)
用三(三元分三才)	连山(夏)天易—太玄 归藏(商)地易 ⎧元包(赞卦名大旨,未极人事之精) 　　　　　　⎩潜虚(归之人事) 周易(周)人易—文王二篇

按《皇极经世》者,邵子祖先天而作,张氏所言诚是。或即以《皇极经世》为先天图,又以先天图为邵子所作,不亦误乎? 此首宜明辨者也。其以十翼通曰《易》,亦可取。如《系辞》言太极之生生,《文言》言先后天,《说卦》言天地定位及帝出乎震等皆是。若以《太玄》为《连山》,《元包》《潜虚》为《归藏》,则为张氏推测之意,未可必者也。由上表,可见张氏之七书,盖明此四易耳。

以此书论,所以敷演十四图,图名如下:有极图、分两图、交泰图、既济图、挂一图(又名卦气图)、四象运行图及八卦变化图(每卦各一图)是也。其间之联系以下表明之,曰《易通变》大义表。

《易通变》大义表

象(有极图)—象之变(交泰图)—其要(四象运行图)—天 ⎫ 处乎其间
　　　　　　体　　　　　　　用　　　　　　⎬
数(分两图)—数之变(既济图)—其要(八卦变化图八)—物 ⎭ (挂一图)

张氏曰:"十四图有体用伦次,先天之宗旨也。康节之学盖本于此。"所见非虚。以下分述各图之旨。

有极图者,即先天六十四卦之方圆图。分两图者,亦是图而定以数,数分上下卦,各当乾一至坤八。于方图犹今之方阵(Matrix)亦曰行列式(Deleyminant)。数曰足指数(Suttix),足指数者,实同《洪范》所谓贞悔数。内卦之乾一之坤八曰贞,当横列;外卦之乾一至坤八曰悔,当纵行是也。由此象数二图以言先天,得其要矣。

张氏详述其阴阳之消长,数之盈虚,皆合乎自然之理。于图书尚准刘牧以九为河图,十为洛书。间有八正卦图,即反复不衰卦八。十六卦交不交图,即方图中两对角线之十六卦。乾坤十六卦图,即八正卦加错综卦八,由此图以明八正卦交成十六卦,本身又交成错综卦八,合《序卦》而言,即两综卦之上下体相易,此可与《参同契》之"朝屯夜蒙"相通,且有两象易之变化(另详《释综卦之变化》)。又有坎离四位互体成十六卦合先天图及坎离十六卦图,此二图同义,即十六互卦。

论数者如四象用数图、分长二数图、乾坤消长图、四象变十六象图等，皆有所见。于纳甲合先天图而综观之，亦自然，近取诸身而于内脏等皆测其大小轻重，虽难免附会其数，然深合解剖原理。论皇极数等亦详(另见《皇极经世》提要)。

交泰图者，以先天六十四卦圆图合以先天八卦方位图，凡乾之泰八卦，当乾为冬至，当坎为春分，当坤为夏至，当离为秋分是也。四象运行图者，以皇极经世之日月星辰以配元会运世。张氏曰："先生之书有元经会、会经运、运经世以明天数，此图盖其总要也。故以当象用之要。挂一图者，以二百五十六卦当周天。凡二百四十卦为正数，十六卦为闰数，此图以元经会，乃一元十二会；于以会经运，乃一会三十运；于以运经世，乃为一运十二世。以下细分之则一世三十年，一年十二月，一月三十日等皆同。"推论其数，多发邵氏所未发。又此图亦名卦气图，故汉儒所传者，张氏又名之曰气候图。既济图者，以阴阳仪各四卦相交十六，而十六共五百一十有二，即挂一图之数。又乘以十八，共得九千二百一十有六之数。此图主坎离左右相交，故名既济图。详载阴阳图各一千二十四卦，即律吕唱和之象，附有《伊川丈人正音叙录》。盖声音之象，雍传自其父，乃家学也。又及十声甲子总数，以八卦变化图分直甲子用数，皆张氏所发挥者也。若天地人三才之数，盖以十二与三十相间而乘其式如下：

$$\text{天数} \quad 1\times12=12 \quad 12\times30=360 \quad 360\times12=4320$$
$$4320\times30=129600\cdots\cdots$$
$$\text{地数} \quad 12\times12=144 \quad 144\times30=4320 \quad 4320\times12=51840\cdots\cdots$$
$$\text{人数} \quad 360\times30=10800 \quad 10800\times12=129600\cdots\cdots$$

计位数名十六，曰一、十、百、千、万、亿、兆、京、垓、秭、壤、沟、涧、正、载、极。凡万万曰亿，亿亿曰兆，亿兆曰京，以下皆亿进位。张氏详计其数，盖有见乎三才之广大，与《华严经·阿僧祇品》佛所述之数其义同。今所谓数量级，越过一级，其象亦变，故此十二与三十之辗转相乘,数极于九十七位,宜悟其象,非徒观其数之大小而已。

若经世之揲蓍法,用七十二蓍,谓邵子未尝与人言此法,或即张氏所创欤。并及一爻变之象,曰"一卦变六卦例",且论其当位失位,凡当位不变,失位变。如乾初变姤,而姤初变乾,当变后者而前者不当变,此自然合乎汉易之正之例。又以卦分当失,凡乾、兑、离、震阳仪当在上卦,巽、坎、艮、坤阴仪当在下卦,或反之为卦之不当位。以上取诸"天尊地卑"、"卑高以陈"之义,乃卦爻之间如初四二位必无俱安之理,故宜变而相从。张氏曰:"观否、泰、既、未济之卦,则天地变易之理,圣贤用《易》之心,盖可见矣。"是即消息之义也。张氏分论各卦于各爻之变,其象极是,已有得乎卦爻相对之义焉。以下详述闰数并及《太玄》等,然差数仍难免。盖某一数量级之误差,终不能穷者也。

观张氏之《易》,邵氏之继也。以先天图为其本。于图书仅言九数、十数而已,于方位尚未及。汉上谓:"邵氏传先天《易》图书,由刘牧所传。"今读张氏书,信然。惟其未究乎刘氏之图书,乃于陈抟易龙图中所言之"未合"、"已合"亦不言数,而以分两图为未合,既济图为已合,则理虽可通,实非希夷之本旨。盖分两图之数,仍属诸先天图,若河图、洛书者,纯言乎数者也。此邵氏既未详述,宜张氏亦阙焉。

70. 朱熹《周易本义》提要

《周易本义》十二卷,宋朱熹著。熹(1130—1200)字仲晦,一字元晦,号晦庵、晦翁,徽州婺沅人,事迹详门人黄勉斋所作《行状》及《宋史·道学传》等。于理学能容邵(雍)、周(敦颐)、张(载)、程(颢、颐)而一之,有集大成之功。近千年来,吾国之思想受理学影响极大,亦可谓朱子之影响。朱子于《易》亦有其独见,今以《周易本义》论之。

观朱子《答刘君房书》云:"《本义》未能成书,而为人窃出,再行模印,有误观览"(乙卯后)。《答杨伯起书》亦云:"读《易》想亦有味,某之谬说,本未成书,往时为人窃出印卖,更加错误,殊不可读,不谓流传已到几间,更自不足观也"(别集己未)。考乙卯年(1195)朱子六十六岁,己未年(1199)则已七十岁,翌年即亡。故虽不自满于《本义》,未闻更有他书。若《宋志》又载《易传》十一卷,未详何书,《经义考》曰佚,或《本义》之初稿欤。惟《本义》之未成书,故无序跋,《年谱》载:"淳熙……四年丁酉……《周易本义》成。"董真卿之《周易会通》亦曰:"朱子《本义》以淳熙四年丁酉岁成。"是年(1177)朱子四十八岁,或即为人窃出所卖之时乎。若朱子所以不满于《本义》者,弟子沈僩记之曰:"意不甚满于《易本义》,盖先生之意,只欲作卜筮用,而为先儒说道理太多,总是翻这窠臼未尽。故不能不致遗恨云。"按是即朱子于《易》之独见,所致之遗恨,翻这窠臼未尽耳。《本义》之旨,已在翻此。故虽不满,可不必更著一书。其后成《启蒙》,即翻尽这个窠臼也。于《答孙季和书》即明此意,其言曰:"示及《易说》,意甚精密。但近世言《易》者,直弃卜筮而虚谈义理,致文义牵强无归宿,此弊久矣。要须先以卜筮占决之意求经文本义,而复以传释之,则其命辞之意,与其所自来之故,皆可渐次而见矣。旧读此书,尝有私记未定而为人传出摹印,近虽收毁而传布已多,不知曾见之否? 其说虽未定,然大概可见。循此求之,庶不为凿空妄说也。又尝作《启蒙》一书,亦已板行,不知曾见之否。今往一通,试看如何"(别集辛亥)。

由上所录,庶能知《本义》之宗旨。得其宗旨,庶能论其得失。或谓《本义》之注过略,说理远逊于《程传》,且动辄曰"未详",似不足焉。实则旨不在此,非其失,若扫象而空说义理,正不及《本义》简略之为愈也。盖二篇之辞,卜辞也。既为卜辞,可不以卜筮视之乎? 然自王弼扫象宗老子而说之,二篇之辞尚玄。《程传》宗孔孟而倡理学,二篇之辞又尚理。尚玄、尚理皆一代之学,于二篇之卜辞何与焉。故朱子纯以卜辞视二篇,其见确超乎王弼、程颐等。由《本义》而《启蒙》,脱尽空说义理之弊,而直承汉焦赣之《易林》矣。况更有优点二:其一,能阐明陈抟、邵雍先天之学,置九图于本义之首,于易学之功不亦大乎! 九图者,曰"河图图"、"洛书图"、"伏羲八卦次序图"、"伏羲八卦方位图"、"伏羲六十四卦次序图"、"伏羲六十四卦方位图"、"文王八卦次序图"、"文王八卦方位图"、"卦变图"。凡此九图,诚易学之要,研《易》者首宜究心者也。其二用吕祖谦本,详辨二篇十翼而经传分明。凡上所述,所以原夫四圣之心,非有过人之知者,安能如是之精密耶?

至于《本义》之失,失在未能明象。《系》上曰:"圣人设卦观象系辞焉而明吉凶。"盖二篇之辞确为卜辞,若圣人之系此卜辞,乃观乎卦爻之象,绝非以意而系之者也。则学之者既不可空说卜辞之义理,亦不可不说卜辞以当卦爻之象,而朱子之不空说则是,亦不说卦爻之象则非焉。此乃承王弼扫象之误。于《说卦》末章曰:"此章广八卦之象,其间多不可晓者。求之于经,亦不尽合也。"此乃未究卦爻之变化所致。夫《易》有圣人之道四,此书者,尚占已得其精,于辞变象三者皆有忽焉。

若首载之卦变图,于书中有十九卦用之,且另有其例,宜别作一图以示其变,名之曰朱子卦变图(图见下页)。

观朱子之卦变图,殊有特点。其一,于阴阳爻数相同之各卦中,皆可互变,较限于消息卦来或八纯卦来者为自然。其二,卦变时既用二爻之一次往来,亦用四爻之二次往来,且一卦可由数卦来。其三,卦变唯用二比爻之往来。上述三点中,前二点比他家之卦变为方便,后一点则他家绝无此限,故其例独严,由是朱子一家之卦变法成焉。所用之十九卦为讼、泰、否、随、蛊、噬嗑、贲、无妄、大畜、咸、恒、晋、睽、蹇、解、升、鼎、渐、涣,上图中以箭头所示及之卦变是也。然以理而言,决非限此十九卦也。故宜明其卦变之例,而不宜固执其迹。若后世之宗朱者,于此十九卦不敢不言卦变,于十九卦外之各卦又不敢更言卦变,呜呼! 未见其遵朱也。

朱子卦变图

夬　剥　大过　革　兑　需　大壮　颐　蒙　艮　晋　观　咸　困　井　恒　泰

大有　比　鼎　离　睽　大畜　屯　坎　蹇　萃　旅　未济　蛊　丰　归妹

小畜　豫　巽　家人　中孚　震　解　小过　渐　涣　随　既济　节

履　谦　讼　无妄　明夷　升　否　益　噬嗑　贲　损

同人　师　遁　临

姤　复

二阴卦十五　　二阳卦十五　　三阴三阳卦二十

一阴卦六　　一阳卦六

乾　坤

乾—纯阳卦一　　坤—纯阴卦一

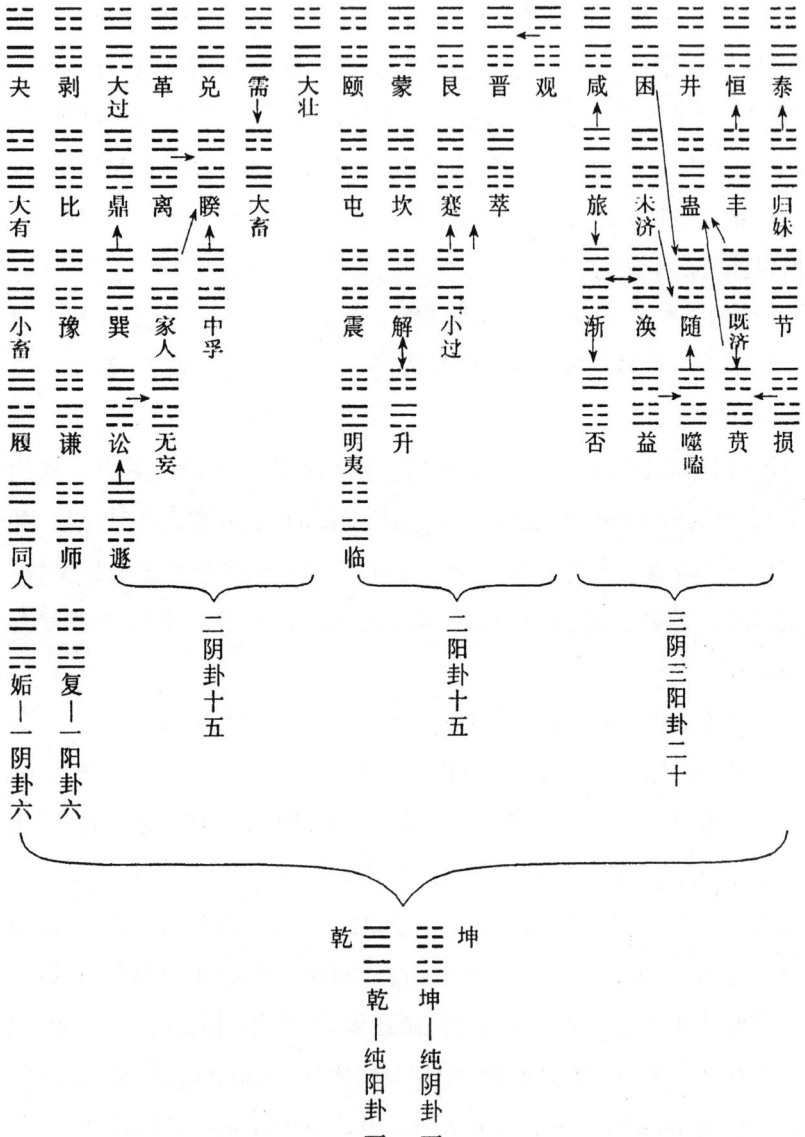

　　至于全书之注，虽简略而能得其大体，承《程传》之理以化于占，不亦善学乎。于《系辞》以下，定章节，明纲要，亦言简义赅，发扬邵子之《易》，详及河洛、太极、先后天之大义，其见尤高。于太极一节注曰：

"一每生二,自然之理也。《易》者阴阳之变;太极者其理也;两仪者,始为一画以分阴阳;四象者,次为二画以分太少;八卦者,次为三画而三才之象始备。此数言者,实圣人作《易》自然之次第,有不假丝毫智力而成者。画卦、揲蓍,其序皆然,详见《序例》、《启蒙》。"生生之易道在焉。其曰《序例》,似即首附之九图。又《启蒙》一书成于孝宗淳熙十三年(1186),较此书晚九年,然书中已提及。可见此书虽成于淳熙四年,待《启蒙》成后,必又经过修改。

71. 李石《方舟易学》提要

《方舟易学》二卷,宋李石著。石字知幾,资阳人。高宗绍兴末以荐任太学博士,黜成都学官,孝宗乾道中再入为郎。后历知合州、黎州、眉州,皆以论罢,终于成都转运判官。李氏讲学于成都,就学者数千人,蜀学大盛。此书中言及淳熙五年(1178)之置闰,则成书当在其后,然未能详考,不妨以是年论。是年朱子五十九岁,李氏之年或相近。一在闽,一在蜀,同时之大儒也。然李氏之《方舟集》先后共七十卷,明后已散佚,《四库》本得自《永乐大典》,成二十四卷,内《经说》六卷,有二卷为《易学》。《经义考》载"方舟先生《易》互体例一卷",即在其中。

若此二卷《易学》,卷一为《周易》十例略、《周易》互体例,末附象统明闰。卷二为左氏卦例。十例略者,明十者之例以贯乎全《易》,宜录其纲要于下:

一,无咎例——无咎者,有咎而卒以无咎也。

二,利有攸往例——利有攸往者,可以往而往,不冒险而往也。

三,孚例——孚者,信也。

四,悔吝例——悔吝为二道,则悔大吝小也。吝尚可追维,而悔有不及也。

五,厉例——厉者,君子以人心自危,而日进乎道心之微,惴惴自畏,未尝一日不以忧患自警也。

六,心情例——心情者,人之有心有情也。以人之有心有情,见天地万物之无心无情。情显而易见,心隐而难测。君子以《易》洗濯其心,虽天地之大,万物之繁,如对鉴妍丑无遁形矣。

七,八象例——八象者,始天地大象以求其类也。

八,贞悔例——贞悔者,郑氏之内卦为贞,外卦为悔。

九,象卦名例——象卦名者,卦一名,名一字,尽矣。非圣人孰能说之,如曰乾健坤顺。

十,系辞例——系辞者,《易》之辞也。《易》之有辞,自文王始。系辞、爻辞均曰辞也,孔子既为《彖》、大小《象》以释文王之词,谓之"系辞"者,以系其辞所自,不徒作也。

按李氏之例,盖本王弼《易略例》而续之,内容大半可取,颇能正王氏之失。如八象例等是也。于悔吝例似与朱子之"悔自凶而趋吉,吝自吉而向凶"不同,然纲维仍同。盖悔已及凶,吝尚未及,故为悔大吝小。虽小而不改,吝而凶矣;悔大而改之,即"震无咎者存乎悔"。故李氏以未改言,朱子以改悔言,各有所当,其义一也。

《周易互体例》者,明六画卦中互二三画卦,合上下两体,共三画卦四。凡六十四卦皆注明其象,且本之而略解全卦之义。如于需卦曰:"兑为口舌,故九二小有言,为泽,故需泥,离中虚为穴,进遇坎为血也。"于谦卦曰:"初六以谦柔越坎险之刚,故可涉水;六五以震惧处坤得象,故侵伐;九三主卦曰劳。"于艮卦曰:"初应四之震为足,止弱不随,震躁艮静,坎心病也,故二不快。震厉薰心,三出险自反敦之,反敦静重如山。"于涣卦曰:"震内动而艮外止之,以静止躁,震、巽皆为躁卦也。初六用拯马,以震坎皆为马也。机者巽之木,二应五机,以静止躁也。艮为山,冒险挺质,不顾群以涣君之难,大号巽命,血者坎为血为水。"其他诸卦莫不类此,可云简约之至。唯其取象,读之有味,不嫌其短也。虽然,体象变化之道殊多,此仅一端耳。究李氏之《易》,盖由王弻而知其非，习《说卦》而悟其象。且准《左传》所载之卦例而定此互卦，于汉易之说实未尝有闻，乃宋易中别树一帜者也。既不同于程朱，亦不同于汉上，若林黄中之用互体取象，然迹同神异，仍不可不辨。

象统者，所以正王弼"明象"之失。其言曰："因《系辞》、《说卦》立象，以互体例类而求《易》，因孔子以知文王，因文王以知伏羲，所谓象者，傥不至牵合迁就，十可得七八。"此确为研《易》之正途也。

明闰者，盖以卦气图分十三月，其一为闰月，定于六月，以遁、恒、节、同人四卦属之。则卦气图之六日七分，无与于闰月者也。且闰月当以无中气之月为准，定于六月，亦非所宜。

左氏卦例者，引《左传》言《易》之十七例，未录原文，仅述其事，后则论其象。末曰："凡十七例，各援其所本以明吉凶祸福所自。有筮而得之者，有不筮而得之者；筮而得之出于巫史，不筮而得出于用《易》君子引经据义，而以义测之也。"其分巫史与君子，极是。巫史者，"以卜筮者尚其占"也，君子用《易》者，"以言者尚其辞"也。计十七例中，用《易》者六，巫史者十一。又巫史中，李氏尚漏引僖公二十五年大有之睽及成公十六年复卦之二例。夫宋易不重象，于《左传》之引《易》，未有特言之者，故李氏此卷仅见而可贵。其解闵公二年卜楚丘之父之筮得大有之乾曰："大有六五离变为乾，乾为君为父，曰：'同复于父，敬如君所'，以臣为君之象。以离丽为同者，亦以意取义。"言亦简要。凡筮得而断之，其象宜即境取义。若离丽可为同，未尝不可为异，所谓神而明之是也。故不论巫史之占《易》与君子之用《易》，既占既用，复留一遗迹而已，犹佛教禅宗之公案。后人读之，须得其神，或徒执其迹，则大误矣。清代释左氏卦例者甚多，此书可谓其源，读之者以得神为本，取象为末，则庶几焉。

72. 吕祖谦《古易音训》提要

《古易音训》二卷，宋吕祖谦著。祖谦字伯恭，婺州人，学者称东莱先生，与朱熹、张栻齐名，称为东南三贤。事迹详《宋史·儒林传》。孝宗淳熙八年(1181)卒,年四十五。是书由其门人金华、王莘叟所笔受,甫毕,旋卒,尚未及校正。

吕氏曾考定《古易十二篇》,此《音训》之次即遵古《易》,又参酌孔颖达、程伊川、晁嵩山、朱汉上诸家之说,以上《系》分十四章,下《系》分十一章,《说卦》分十八章。若于《易》音、《易》训,盖录自陆德明《释文》及晁说之之说。其于《释文》略有删节,如谦卦中"㧑谦"之"㧑"字,《释文》尚引"《书》云右秉白旄以麾是也",以证㧑即麾。旅卦之"旅"字,则引《序卦》"旅而无所容"、《杂卦》"亲寡旅"以证羁旅之义。《杂卦》之"杂"字,《释文》尚有"直云杂乱也"。凡此等,吕氏皆删焉。又如未济卦"小狐"之"狐"字,《释文》载"徐音胡",徐者徐邈也,而吕氏即以为陆氏音胡。于大有"匪其彭"之"彭"字,音步郎反,曰"徐音同",而此书误"徐"为"俗"。《杂卦》之"盛衰"作"衰盛",乃准诸《集解》,《释文》未载此,曰:"陆氏曰郑虞作'衰盛'",亦未知所据。吕氏所见之《释文》,异于今本欤?然《释文》既存,仍当以《释文》为准,辗转抄录,能无误乎。至于晁氏说其原书已佚,反赖此以存,殊可参考。如郑氏注当时未佚,其《音训略》为晁氏所存,又于《序卦》晁氏曰:"王昭素云,诸本更有三句云:丽必有所感,故受之以咸,咸者感也。"如依王氏说,则二篇大义毁焉。盖汉易古本犹可考见,何来此三句。宋代之妄改经文,不亦甚乎。今王氏之三十三卷《易论》已佚,其窜乱经文之失,亦由此而存。

总上所述,可明此书之作用,虽未尽善,而学《易》者于《释文》外固宜参阅之。程子曰:"得其辞不达其意者有矣,未有不得于辞而能通其意者也。"今可进而言曰:得于文字之音训,不达其辞者有矣;未有不得于文字之音训,而能通其辞者也。故《释文》与此书,其可忽乎哉。

73.吕祖谦《古易十二篇》提要

《古易十二篇》一卷,宋吕祖谦考定。此书成于孝宗淳熙八年

(1181)，朱子《本义》即用此古本。然董真卿谓《本义》成于淳熙四年，将是时尚未用古《易》之次乎？抑吕氏古《易》早已有定乎？不然董氏之说有误乎？是皆未可考。今以理推之，淳熙四年可视为《本义》初成之时，是后定稿则在淳熙十三年成《启蒙》之后，盖《本义》中曾提及《启蒙》，则于八年后用吕本及其《音训》可也。宜朱子于九年为吕氏之《古本》及其《音训》书跋。

考古《易》之次虽乱于郑玄王弼，然便于阅读，未可非之。若其次第，孔疏于《八论》中数二篇十翼已明白无误。然于宋代起古《易》编次之事，此于近代争论《易经》作者，其义一也。皆皆不可不知而宜有所主，若新奇之妄论，久则其非自现。以古《易》论，《易经》十二篇，《汉志》所载；二篇、十翼，唐颜师古之说，孔疏所数之十翼，郑学之说；凡此皆不必致疑者也。故吕大防于神宗元丰五年（1082）刻《周易古经》十二篇于成都学官，其问题实已解决（另详《吕氏周易古经》提要）。然继起者，反不一而足，皆好奇之士也。晁以道之合十二为八确不可（另详晁氏《古周易》提要），故东莱此书犹正晁本以复大防之本也。然东莱似未见大防之本，唯所据既同，故能不谋而合。谨录二家篇目如下：

吕大防古易	吕祖谦古易
上经第一	上经
下经第二	下经
上象第三	象上传第一
下象第四	象下传第二
上象第五	象上传第三
下象第六	象下传第四
系辞上第七	系辞上传第五
系辞下第八	系辞下传第六
文言第九	文言传第七

说卦第十　　　　　说卦传第八

序卦第十一　　　　序卦传第九

杂卦第十二　　　　杂卦传第十

　　凡各家所定之古《易》，仅二吕本无误，他家莫不各以私见乱之。朱子用祖谦本，得其所矣。然百年前已有大防本，不可不知，其于"十翼"不用"传"字，义亦可取。盖周、孔对言，则二篇为"经"，十翼为"传"，或以《易经》言，则十二篇皆"经"也。

74. 吕祖谦《周易系辞精义》提要

　　《周易系辞精义》二卷，宋吕祖谦编。考《朱子语类》一百二十二论吕氏，间有李德之问："《系辞精义》编得如何。"则此书确为吕氏所编无疑。自陈振孙《书录解题》引《馆阁书目》以是书为托祖谦之名，先儒皆从之。《四库》亦由是而不收，仅入《存目》，不亦误乎，亟宜正之。又吕氏于孝宗淳熙八年始定《古易十二篇》及《音训》，其于《系辞》、《说卦》皆有分章。今观此书，其分章未合，或编成时尚在定古《易》之前，迨成《音训》旋卒，故未及改正欤。朱子嫌其编得杂，惜亦未及澄清。则此书之成，不妨以其卒年(1181)论。若天假之年，定有进益焉。

　　夫吕氏于《易》，盖述而不作。其于十二篇古《易》，悉尊古义，一无己意参入，此所以可信。于《音训》则实录《释文》及晁氏之说而已。于此书亦仅抄先儒之言，计所录者有范仲淹、胡安定、周子、二程子、张子及吕大临、谢良佐、杨龟山、侯仲良、尹焞、游酢定十二家，吕氏等皆程门之高弟也。于范氏说唯"利天下"一条，其言曰："《系辞》曰：'备物致用，立成器以为天下利，莫大乎圣人。'圣人作事，无非欲利天下，耒耨、臼杵、舟楫、弧矢、服牛乘马，皆所以利天下。圣人唯言利物之'利'，不言利己之'利'。所谓利己之利者，不过富国、强兵、丰财用、实府库而已。利于己必有害于人，益于己必有损于人。"其义淳厚，仁人之言也。今范氏集中未见，赖此而存者也。此外如吕氏、杨氏、侯氏等说，每多惟见于此。且除《语录》外，又录自吕氏之《大学解》、《中庸解》，杨氏之《易稿》、《庭问稿录》等，今原书皆失传，则此书所存之一脔，其可废乎。

自王氏注《易》不注《系辞》以下，《程传》亦然。晋有韩康伯，以续成王氏之阙，《孔疏》取之。若《程传》之阙宜有所补，吕氏此书即此意也。较郑汝谐等因宗程亦不注《系辞》以下，得失自显矣。

75．张敦实《潜虚发微论》提要

《潜虚发微论》十卷，可合作一卷，宋张敦实著。敦实婺源人，官至左朝奉郎、监察御史，其详未可考。孝宗淳熙九年，泉州州学教授陈应行刊《潜虚》，其繇辞悉备，末附刊此书。元吴师道曰："张敦实，徽州婺源人，其乡有刊本《潜虚》完书。"按温公之卒，《潜虚》尚未完稿。晁公武曰："其辞（指《潜虚》）有阙者，盖未成也。其手写草稿一通，今在子建侄房。"朱子《书张氏所刻〈潜虚〉图》曰："范仲彪炳文……多藏司马文正公遗墨，尝示予《潜虚》别本，则其所阙之文尚多。问之，云：温公晚著此书，未竟而薨，故所传止此，盖尝以手稿属景迂晁公补之，而晁谢不敢也。……近得泉州季思侍郎所刻，则首尾完具，遂无一字之阙，始复惊异，……读至'刚行'，遂释然曰：此赝本也。又曰：今复得乡人张氏印本，乃泉本之所自出。乡人张氏者，即敦实也。其本已补足温公之阙而成全书，补之者似即张氏云。"

张氏曰："敦实自幼得《潜虚》稿本于其裔孙伋，首尾多阙，寻访数年，始得全文。初若聱牙漫漶，不可测识，深思熟读，乃知立辞命意，左右前后，横斜曲直，皆成文理。因即其图各为'总论'，庶几学者易览，少见温公之用心焉。"读此可见泉州本全书，乃张氏访得，然原书既阙，何来全书？必好之者足成之。若足成者，必深通《潜虚》，今读此《发微论》实能推及温公所未言者(详下)。故非张氏,他人非属。夫晁氏既不敢续,由张氏补全之,此有功于温公者也,惜其未能明言之耳。若其年当与朱子相近,成书之时未详,今以泉本刊书之年(1182)论,其年朱子五十三岁。

此书十篇之篇目曰:《〈潜虚〉总论》、《〈玄〉以准〈易〉、〈虚〉以拟〈玄〉论》、《气论》、《体论》、《性论》、《名论》、《变论》、《行论》、《命论》、《蓍论》。于《总论》犹温公之《读玄》,内曰:"日月不能越一度以周天,人不能越一行以全德,兹又述作之深意也。"诚是。于《〈玄〉以准〈易〉、〈虚〉以拟〈玄〉论》,犹温公之《说玄》。明《易》、《玄》、《虚》三者之拟议处,綦详法曰:"非好古乐道,用心于内,超然自得于羲《易》之旨者,孰能进此。知扬子云深湛之思,司马君实专精之见,皆有以臻大《易》之奥也。"亦是。以下诸论,盖各发《潜虚》诸图之微,其间《体论》之明十等,《名论》之言二十八宿,《变论》之配以律吕旋宫七变八十四调,《蓍论》之详述揲法等,皆为《潜虚》原书所未言,然义确可通,尤以命图揲法,必读此始明,则补成《潜虚》者为张氏无疑矣。

再者,朱子尝以阙本相参,凡非温公之旧者,悉朱识以别之。凡行之全者七,补者二十有六,变百八十有八,解二百一十有二。又补命图九,《凡例》记占之阙大小七十有四字。则张氏所补足者,几及半数。惟未言补体性诸图,故《四库提要》据晁公武言而疑之,未是也。元吴师道亦以全、阙二本相较,然与朱子所记行变解之数不合,考其全本既同,可见阙本非一。盖自朱子辨明真伪,后必有贵阙本,乃书贾之故意抄成阙本以善其价者,或亦有焉。则阙本亦不足贵,故不妨即以泉州刻本为准,盖原书确在其中。况张氏之补足及此《发微论》未可谓非正,不必斤斤以辨何者为温公之言,何者非温公之言也。《易·系辞》曰:"圣人设卦观象系辞。"以《潜虚》言,气、体、性、名、命诸图犹卦象,实出温公手笔,则行、变、解之辞乃其次也,况辞之过半仍为温公原著乎。或本朱子之言,动辄谓今本《潜虚》非温公所作,何其不加详究耶。若此十篇,可不论《潜虚》之辞或全或阙,实能发其微者也,观玩《潜虚》者宜先务焉。

76. 赵善誉《易说》提要

　　《易说》四卷,宋赵善誉著。善誉字静之,父不倚,太宗之后,与汝愚之父善湘同辈。生于高宗绍兴十四年(1144),卒于孝宗淳熙十六年(1189),年四十六。此书成而表进,时当淳熙十一年(1184),其年四十一。事迹详《宋史》本传。郭雍、朱熹等尝读其书,原有郭雍之序,今已佚。

　　观此书之体例,与范仲淹之《易义》相同。不录经文,仅逐卦著文一篇,以明是卦之卦象;彖爻间亦多并论各卦之异同。于所述之卦象,以下上两体为主,辅以六爻刚柔之义,其理平直,不乏可取者。如于井卦曰:"坎与乾、坤、震、艮、巽、离、兑交而成七卦,反对而成十四卦,坎又自重而为一卦,然坎上之卦凡八,唯比取五阴之附一阳,既济取水火之相交为义。其余巽遇坎则为屯,乾遇坎则为需,艮遇坎则为震,兑遇坎则为节,坎遇坎则为习坎,皆取遇险之义。至于巽遇坎乃独以为井,何也? 井亦坎陷之义也,以巽入而在坎陷之下,其阴柔不足以济险也。故圣人不言险而特取巽木上水之象,以明巽之亦可以出险而济物也。孔子于屯曰:'动乎险中大亨贞。'于需曰:'刚健而不陷。'于蹇曰:'见险而能止。'于节曰:'说以行险。'于坎曰:'行险而不失其信。'皆示人以处险之道也。于井虽不言险而曰:'巽乎水而上水,井。'是亦出险之意也。"按:此总论上体坎,由象以明理,得说《易》之正,与虞氏论离四"恶人"同例。其后徐总幹之《易传灯》、钱棻之《读易绪言》等,皆用此法。以先天方图观之,盖当同行或同列之卦,宜其卦义之相似焉。于咸卦曰:《易》之爻象,或近取诸身,远取诸物,以发明一卦之义。惟上艮下艮与此下艮上兑之卦,则专取一身以为况。艮自趾、腓、限、夤、身以至于辅,咸自拇、腓、股、心、脢以至辅颊舌,其爻皆有自然之序,而皆以艮止为主。则圣人所以晓天下后世者,亦切矣。"于渐卦曰:"巽贵卑退而与坤顺艮止相遇,又有地中生木、山上有木之象,此其所以曰升曰渐，皆以上进为义，而尤取于刚中而应也。君子观升之象而以'顺德积小以高大'，观渐之象而以'居贤德善俗'。则进德之要非卑巽其可哉?"按此明取身以艮止，进德以卑巽，皆是。于观象之法仍同上。于震卦言六二爻义曰："六二阴柔也。在动而乘刚，危之道也，故曰'震来厉'；以柔而动，鲜能无失，故曰'亿丧贝'；以其乘刚之危，故有'跻于九陵'之象。以其七变而下卦为艮，则知止而不至于妄动；上巽下艮其卦为渐，则动而不穷者也。故有'勿逐七日得'之辞，言必至于艮而后可以无失，所以深戒之义。"按此解震二爻之义，与他家相似，然用七变之象，宜阐明之。夫复曰"七日来复"，赵氏以乾七变成复明之，则与他家同，而赵氏更析其义以取象。凡六变则成错卦，又以错卦之某一爻变，是谓七变。七变者，以当"七日"之象，故震六变成巽，今当二爻，则巽二又变卦为渐，艮止"勿逐"而"七日得"，其戒不亦深乎。由是知赵氏所谓七变者，即错卦之一爻变，义合乎虞氏之旁通。进而言之，象同乎本爻不变之五爻变，黎遂球《周易爻物当名》，即用此象者也。

他若于恒卦曰："巽入而静，未足以尽常久之理，惟动而不失其常，斯能久于其道。"于家人卦曰："世固有严于处家而未知所以反身者，或至于上下胥怨而父子亦不同其情，岂《易》之所谓严哉。"于姤卦曰："圣人于一阳之生曰复，谓本有而复来，有幸之之辞。于一阴之生曰姤，则若始相遇然，有恶之之辞。盖圣人进君子退小人之意也。"又曰："阳至于四画而后谓之'大壮'，阴始一画尔而卦辞已曰'女壮'，又戒之以'勿用取女'。"莫不言皆有物，非空说义理者也。又首有《易统论》一文，盖赵氏信乎卦气、《太玄》。其言曰："孔子赞《易》，上《系》者，天道也。其举七爻而先之以中孚之九二者，冬至起中孚之理也。下《系》者，地道也。其举十一爻而先之以咸之九四者，夏至起咸之理也。夫中孚、咸皆感应也。中孚九二无心之感，先天之生阳也。咸之九四有心之感，后天之生阴也。大抵阴阳皆由感应而生，故卦气图以复继中孚而以姤继咸之义，孔子实言之矣。孰谓非出于子夏、商瞿之所以衍述乎。子云准之，岂妄也哉。"夫读其所言，确为卦气之精义，中孚父子、咸夫妇乃人道之本,宜复姤之卦气起焉。

77. 林栗《周易经传集解》提要

《周易经传集解》三十六卷,宋林栗著。栗字黄中, 福州福清人,登高宗绍兴十二年进士,为人强介。事迹详《宋史》本传。此书上进于朝,时当孝宗淳熙十二年(1185)。于十五年与朱子论《易》与《西铭》不合,遂劾之。由是宗朱者皆不取此书,实则朱子亦不欲毁其书,盖得失互见云。况栗之重象,固《易》之本务,惜其言之未纯耳。

此书以解卦爻辞为主。凡三十六卷,上经十五卷,下经十七卷,《系辞》上下各一卷,《文言》以下一卷,解图书等一卷。于《文言》、《序卦》、《杂卦》皆散入各卦以解之,后仅列白文。若以《说卦》之"昔者圣人之作《易》也"二节为《文言》之首,末二节谓"先儒既取《文言》分系于乾坤,而其首末附入于此。"又以"数往者顺"至"逆数也"十四字为《文言》之殿,实以意为之,不亦谬哉。于上下往来之卦变,亦一味斥之。然逐卦本《序卦》之次以明其变,则犹卦变且有据乎象,可成一家之言者也。宜录其变法于下(图见196—197页):

林氏每准此以立言。如于豫之随曰:"上变六五,下变初六,而随之象可见矣。变初为九,则'鸣豫'之凶为'有渝'之吉。变五为九,则'乘刚'之疾为'嘉吉'之孚。以豫之上体为随之下体,震之终下居震之始,故上六'成有渝无咎',而初九'官有渝贞吉',盖相同之辞也。"于姤之萃曰:"巽反为兑,居卦之上,则'女壮'之甚矣。乾变坤,居卦之下,则君子道消矣。是一阴之长而至于此也。然小人之群居,莫能统一,乌能聚哉?是必有遇乎刚而后聚也。是故萃有九五而六二,萃之有九四而初六,萃之六三、上六莫能相聚,亦唯二阳之所萃而已矣。"凡此等皆非空言可比。又各卦皆取四三画卦之象,反之则八,以当六爻之卦象,其间之四为二象,说理皆准之,此体象之一法也。特作下图以示之,名之曰"林氏体象图"(图见198—199页)。

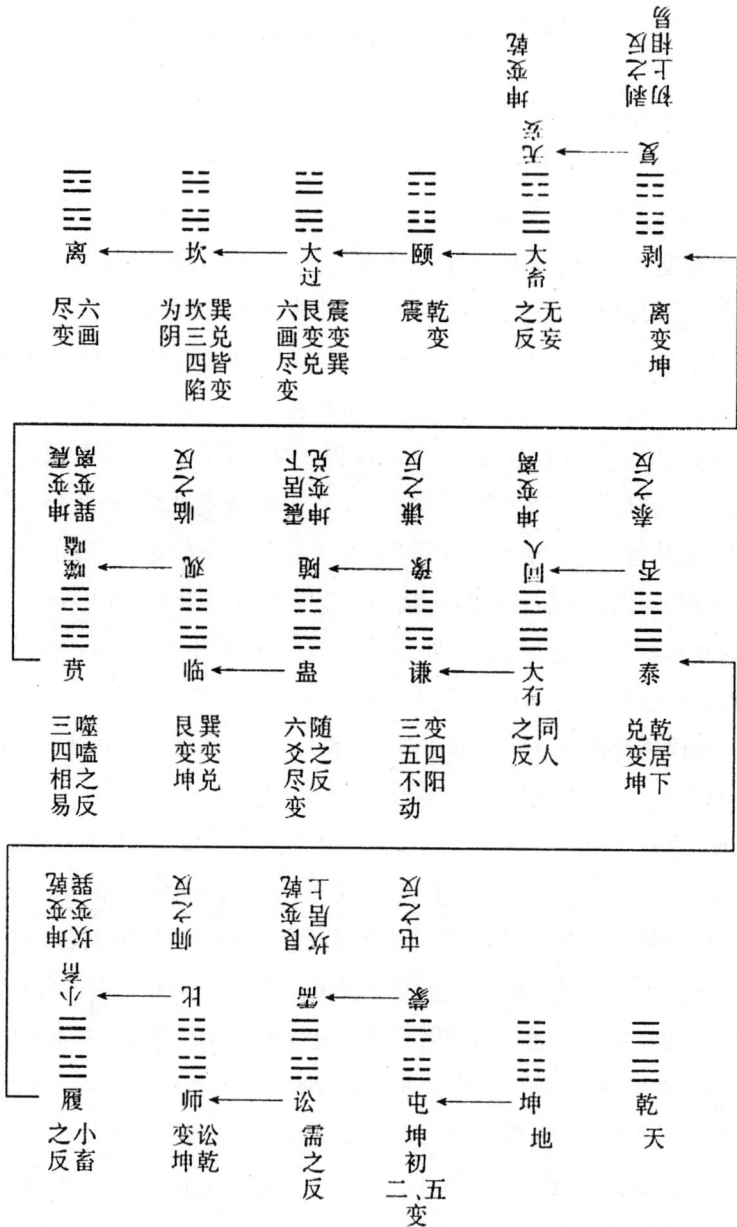

上 经

离 ← 坎 ← 大过 ← 颐 ← 大畜 ← 剥 ←

尽六画变　坎三四陷为阴变　巽变兑 艮变震 六画尽变　震变 乾变　之反 无妄　离变坤

贲 ← 临 ← 蛊 ← 谦 ← 大有 ← 泰 ←

噬嗑之反 三四相易　巽变兑 艮变坤　随之反 六爻尽变　变四阳 三五不动　同人之反　乾居坤下 兑变坤

履 ← 师 ← 讼 ← 屯 ← 坤 　乾

小畜之反　变讼乾 讼变坤　需之反　屯坤初 二、五变　地　天

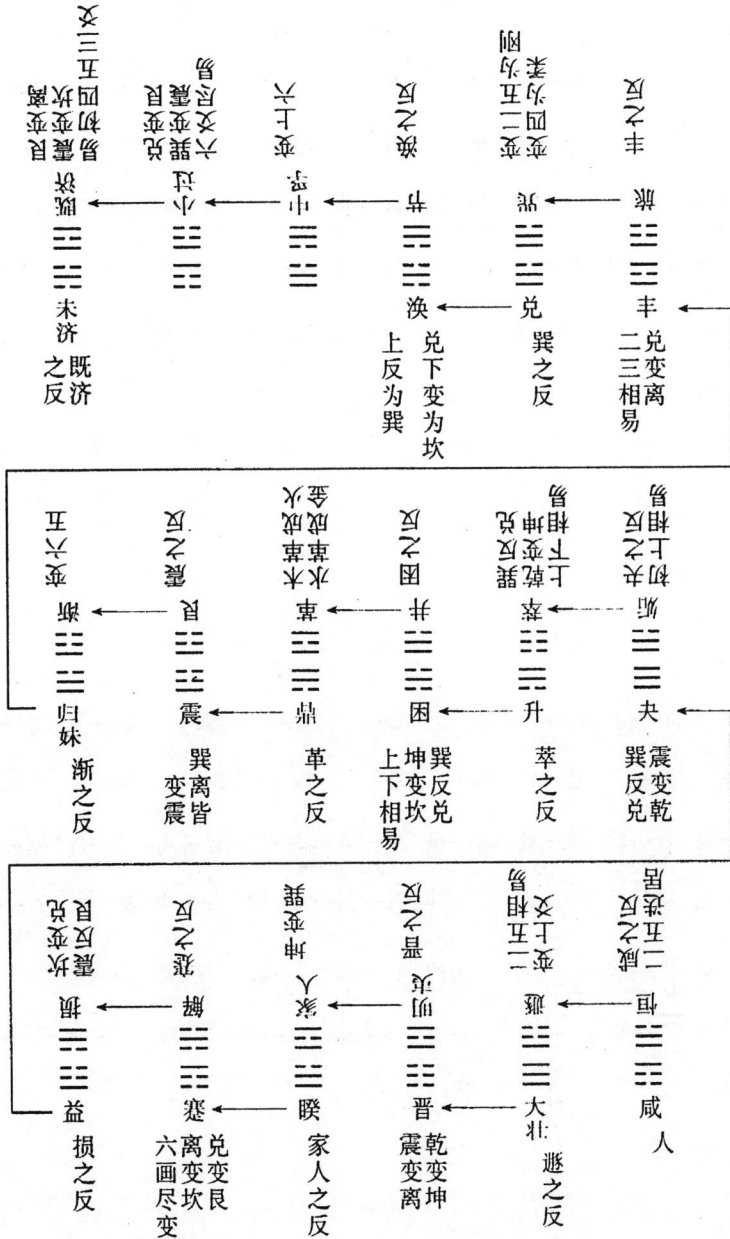

下　经

丰

丰
二三相易
兑变离

涣
兑下变为坎
上反为巽

兑
巽之反

既济

未济
之
反

夬
巽震变乾
震变兑

萃
萃之反

升

困
巽反变兑
坤变坎
上下
相易

鼎
革之反

震
巽离皆
变震

渐
渐之反

归妹

咸
人

遁
遁之反

大壮
乾变离
震变坤

晋

睽
家人之反

暌
兑变艮
离变坎
六画
尽变

蹇

损
损之反

益

197

林氏体

既 小 中 涣 巽 丰 渐 震 革
济 过 孚

离 坎 大 颐 无 剥 噬 临 随
　　 过 　 妄 　 嗑

象图

困　　萃　　夬　　损　　咸　　家人　　晋　　遯　　咸

谦　　同人　　泰　　小畜　　师　　需　　屯　　坤　　乾

由上图可明取象之例。如恒初取巽，五亦巽，四上体震，下体乾，三上下体皆兑。曰上体者，当正卦之象；下体者，当反卦之象。初二爻唯上体，五上爻唯下体，三四爻则兼有之。于注经时尚及应比爻之象，故于八卦之象，可谓圆融无碍。于豫三曰："六三上体为坎，下体为坤，以阴为刚而在下卦之上，上无其应而承于九四之震，故曰'盱豫悔'。……四以顺动而三体阴柔，乐于趋下，是以豫怠而不能自奋也。既'盱'入'豫'，能无悔乎。迟，得也。既悔于'睢盱'，遂迟而得二，二介于石而三又轻怀进退之志，是以不能无悔也。上交而谄，下交而渎，六三之谓矣夫。"于益上曰："上九兑也，以阳居柔而在上卦之上，应六三之艮而乘九五之震，故曰'莫益之'。益之上九、损之初九也，在损而居初，故能'酌损之'；在益居上，故莫之益也。"于旅五曰："六五巽也，以阴居刚而在上卦之中，下无其应而介于九四、上九之间，二爻皆离而四爻兑也，故曰'射雉，一矢亡'。离为文明，为'飞鸟'，为'弧矢'，故为'射雉'之象。四之离有兑象焉，兑为毁折，故有'一矢亡'之象。……巽为入，上有所托，下有所辅，而又有获文明之象焉。此失国之君藉内外之势，诛其仇，入其国而复其位者也，能无一矢之亡乎？"全书之解皆类此，其间不无可取。然易象贵变，执此一例以求，能无穿凿乎。即本体象言，尚未及三画以上者，故于观象之道似密而疏。至于此例确可成立。归妹卦"迟归有时"之"时"，即此兑、离、坎、震四象。反卦者又为《序卦》之缊，合此八象以观，安可废耶？然如林氏之执，则大误矣。且以各卦当太极，下上两体为两仪，四三画卦为四象，反之八象为八卦，准此以非先天图，尤觉欠通，即与朱子言《易》不合之症结也。朱子曰："若如此，却是太极生两仪，两仪包四象，四象包八卦，与圣人所谓'生'者意思不同矣。"诚一语中的。

至于图书之名用刘牧说。又作一"大衍总会图"以百数配后天八卦，其形如下：

大衍总会图

按林氏之卦象皆外以视内,于中间八数即天地十数之位,唯六七互易,所谓坤艮易土,则四维恰切于四象,此有理者也。若四正各加十,四维各加五,以使总数为百,难免有私智存焉。又皆《系辞》之"五位相得而各有合",用五行相克之数示如下:

1水	3木	5土	7火	9金
克	克	克	克	克
2火	10土	6水	4金	8木
合	合	合	合	合

盖本《汉书·五行志》,然亦可以相生而合,乃成下式:

1水	3木	5土	7火	9金
生	生	生	生	生
8木	2火	4金	10土	6水
合	合	合	合	合

可见林氏取《汉志》说,未可必者也。"各有合"之本义,自然以一六二七等为准(另详《易原》提要)。此外如谓"鼓万物而不与圣人同忧"之"不"字衍,不知有岁差而以为非,序中不以《易》函三义为是,皆有误。总观此书,于取象说理尚有所见,非人云亦云者,此其长也。唯自囿所见而未能融合各家之说,有刚愎自用之弊,此其短也。欲以一人之私见,而谓易道皆在,其可乎。与朱子不合,其情可见。今观《本

义》及此书而论之,确为朱子是而林氏非。此非谓《本义》之说皆是,而此书之说皆非,乃其气有和有乖,详读后是非将自显,不待言辨者也。

78. 朱熹《易学启蒙》提要

《易学启蒙》二卷,宋朱熹著。此书成而自序于孝宗淳熙十三年(1186),时朱子五十七岁。书凡四篇,俞琰曰"《易学启蒙》一卷",胡一桂曰"《易学启蒙》二卷",《宋志》曰"《易学启蒙》三卷"。盖当时刻本以四卷或分或合,而卷数异焉。考四篇之图象殊多,似当为一卷。胡方平《通释周易折中》收此书分上下,今从之,定为二卷。胡一桂曰:"先生乙巳岁复丐祠差主管华州云台观,故《启蒙》序称云台真逸手记。"盖是时朱子乃超然事外,一意研《易》,因能辑旧闻而成此书,且有蔡元定为之起草。四篇之目曰《本图书》、《原卦画》、《明蓍策》、《考变占》,皆阐明《系辞》、《说卦》之义,而究心于《易》之本源也。

《本图书》者,明圣人所取则之河图、洛书,引孔安国、刘歆、关朗诸氏之说,以证十为河图,九为洛书,可谓信而有征。《原卦画》者,明包羲氏之始作八卦,盖以太极生两仪、四象、八卦之次,又引申四画五画以至六画之六十四卦,又本《说卦》而明伏羲、文王八卦之方位,亦引申而成伏羲六十四卦图。凡此二篇之图,皆取则于邵子康节。惟以一圆○之象当太极,乃取法于周子濂溪也。《明蓍策》者,详述四营成《易》、十八变成卦之义,取三变者皆挂于所得之四象,其数均匀,确合自然之理,与汉儒虞氏等法皆同。惟所象者,所当四营者互有出入耳。《考变占》者,定筮得之卦所当取之卦爻辞,后载一卦变六十四卦图,合错卦为一图,凡三十二,即焦氏《易林》。惟焦氏以文王《序卦》为次,朱子以先天图为次,其义一也。考十八变而成四千有九十六卦,然卦辞仅六十四,爻辞仅三百八十四,加二用而共为四百五十耳。故筮得之卦,不得不用数辞以断之,则自然有出入。朱子所定者已极易简,于《左传》、

《国语》所存之古占法,亦皆吻合。

总上所述,可见朱子之辑成此书,确有所本,非以意为说者也。于《答袁机仲书》中云:"此非熹之说,乃康节之说;非康节之说,乃希夷之说;非希夷之说,乃孔子之说。但当日诸儒既失其传,而方外之流阴相付受以为丹灶之术。至于希夷康节乃反之于《易》,而后其说始得复明于世。然与见今《周易》次第行列多不同者,故闻者创见多不能晓而不之信,只据目今见行《周易》缘文生义,穿凿破碎,有不胜其杜撰者。此《启蒙》之书所为作也。"则自述此书之旨,较《自序》尤明,非得《易》之神者乎? 其后不之是者,殊有其人。实则河图、洛书,《系》有明文;十、九二数,古已有传。五位有合《洪范》九畴之理,典籍俱在,岂希夷所自作耶? 诸儒失传,而流于方外,何足为奇。必谓古籍无云十数为河图、九数为洛书而不信,盖已执而不化,亡其神焉,何足以语《易》。若先天图之置信与否,其理亦同,《系》曰"神而明之,存乎其人"是其义。书名《启蒙》甚当,发之在我,或为童蒙,或为困蒙,或不幸而不有躬,咸其自取耳。又朱子因此书而偶得一七绝,其词云:"忽然半夜一声雷,万户千门次第开,若识无心涵有象,许君亲见伏羲来。"此通时为一,何等气象,一曲陋儒之考据,恶足以知此哉!

79. 吴仁杰《易图说》提要

《易图说》三卷,宋吴仁杰著。仁杰始末另详《集古易》提要。此书实附刊于《集古易》。成德序曰:"《古易》一册,附以《易图说》三卷",是也。然通志堂刊本竟分置二处,编目时又以吴氏所集之《古周易》误认为吕祖谦所定之《古周易》。数百年来尚沿其误,今宜正之。此书吴氏无序跋,著时未详,然义与《古易》相应,必经二十八年考定《古易》后,始成此书。计吴氏之考定《古易》,时当孝宗淳熙十五年,翌年而刊于罗田县。故《集古易》与此书之成,皆可以淳熙十六年(1189)论。

全书以图为主。卷一凡五图。其一曰"一卦变八卦图"。即一贞八悔之象，以乾坤三索为次。其二曰"文王一卦变六十四卦图"。盖准乾卦言，以变爻之多寡为序。凡六爻皆变以对卦占，六爻皆不变以覆卦占。对卦犹错卦，覆卦犹综卦。故以下二图为"六十四卦六爻皆变占对卦图"、"六十四卦六爻皆不变占覆卦图"。此二图之实当错卦合一与综卦合一也。其五曰"筮法一卦变八卦图"。即京氏之八宫。按以理言，六爻皆变以对卦占则是，六爻皆不变以覆卦占则非。覆卦者，仍在所变之六十三中。故六爻皆不变者，必以本卦占，何可取覆卦。唯反复不衰卦八，吴氏之说与他家仍同（后吴氏自改其说，详下）。不同者，即屯蒙等五十六卦也。

卷二凡八图。一曰"伏羲文王正卦覆卦图"。正卦谓下上两体，乾下乾上等是也。文王则生六爻。又取覆卦，以用九当之，乃卦外七爻之理。二曰《太玄》仿《易》图"。以《太玄》四重而有九赞，犹《易》虽六爻而当有七爻之理。三曰"乾覆卦正卦之卦图"。以乾卦言，凡筮得皆七，占覆卦；皆六，变七；皆九，变八。四曰"六十四卦诸爻遇七八通占本卦对卦图"。以艮与随屯、与豫泰、与坤为例以变爻九六与不变爻七八并存言。此所谓对卦，非指错卦，犹之艮也。五曰"五十六卦六爻皆遇七八通占本卦覆卦图"。即谓屯蒙等五十六卦，如皆遇七八则占覆卦。六曰"乾坤以下六爻皆遇七八通占覆卦对卦图"。此指反复不衰卦八，其说曰："仁杰前说以为但占本卦，乃与诸卦所谓通两卦为占者不类，其言非是，当从《正义》变以对之（此"之"字似当为"卦"字）之说。"按依前说，此八卦尚是，今又兼取对卦，则又非。凡得七八而占对卦，则与得九六者同，不亦误乎。且前后二卷中之说法不同，可见此书非一时所成也。七曰"六十四卦三百八十二爻策数图"。此述六十四卦之策数，凡阴阳爻数相同者，其策数同。多二爻者指乾坤二用，谓皆七用九，皆八用六，实则以七八言，亦六十四卦皆有。故当为三百八十四爻之倍，即三百八十四画之象。今加二爻义，犹未完善。八曰"八卦变爻之正自为覆卦"。八卦指反复不衰卦八,变爻之正谓一爻变六,乃初与上、二与五、三与四自为覆卦。如乾初爻变姤与乾上爻变夬为覆卦,二五变之同人、大有,三四变之履、小畜,皆然,其他七卦亦然。更论及其他五十六卦,则为覆卦十二爻之一爻变,其上初二五三四皆为覆卦。如屯初爻变比与蒙,上爻变师为覆卦。其他各爻可例推,此于卦象得自然之理焉。

　　卷三凡三图。其一"论应爻"。其言曰:"孔颖达曰:'重卦之时,重于上下两体。'故初与四相应,二与五相应,三与上相应。仁杰以覆卦之爻参之,二五相应与此同。余四爻则初与上应,三与四应,其说异。"乃以六十四卦分二爻相应、四爻相应及六爻应、不应四类。应则分二体应及覆卦应二种,其图可取。若以应比辨之,六爻相应之变化有六,此其二也。另详拙著《周易发蒙》。又以覆卦十二爻观之,如屯初应蒙上、屯二应蒙五等,皆为无应反复不衰卦,以错卦合之,如乾初应坤上、乾二应坤五等,则皆为相应,此亦象之自然也。其二曰"洛书河图大衍五行全数图"。乃以河图一至五之方位为洛书初畴五行之生数,以河图六至九之方位为河图四象五行之成数,加中五,为《礼记·月令》、《管子·幼官》、《淮南·时则》五行成数,与河图相发明。更生成相合,中为五五,当《太玄》之书五行生成全数,所以为大衍之数。实即从《太玄》之说,另加图书之名而已,仅可备一家之说。又其图皆为上北下南,右东左西,与吾国传统方位相反,恰与今日所绘之地图同。其三曰"大衍筮法图"。其法取九江周燔之说,即以五十著分二、挂一、象三后,则所揲数为其用四十有九,此外同。其说与经文不合,未可取者也。

　　总观全书,吴氏殊好奇,与所定《古易》之不足为训同出一辙。以卦象论,能悟覆卦之理为可贵处,然用之之道又误矣。

80. 吴仁杰《集古易》附《吴氏古易》提要

《集古易》一卷,宋吴仁杰著。仁杰字斗南,其先河南洛阳人,移居昆山,讲学于朱子之门。《宋志》、胡一桂皆曰"《集古易》一卷",此外尚著有"《易图说》三卷"及"《古易》十二卷"。《四库》唯收《易图说》。俞琰曰:"河南吴仁杰撰《易图说》三卷,又集《古周易》、费直《易》、郑康成《易》、王弼《易》萃为一书,后有吕大防《古易》、晁说之《古易》、王洙《古易》、吕祖谦《古易》、周燔《古易》。端平丙申(1236)吴人何元寿刊于湖广饷所。"通志堂所收者即此本,然编目时竟以吴氏之《集古易》误为吕祖谦之《古周易》,清翁方纲"《通志堂经解》目录"、关文瑛"《通志堂经解》提要"皆沿其误。实则吕祖谦之本,吴氏所集诸《古易》之一耳,今特为正之。

若所集之《古周易》、费直《易》、郑康成《易》、王弼《易》四种,乃吴氏所考定者也,依《古周易》而全录之,即吴氏之"《古易》十二卷"。自谓自绍兴辛巳起博考深求,又二十八年而后定(1161—1188),用力亦久矣。后所集者皆为宋代学者所考定之《古易》。吴氏本尝合吕氏(大防)、晁氏(说之)而刻于罗田县,时当孝宗淳熙十六年(1189)。至于集成此书,亦可以是年论。

观各家所考定之《古易》,互有出入。朱子采用吕祖谦考定本,与吕大防本同,最为平允而得其实(另详《古易十二篇》提要)。若吴氏所考定者,未免有好奇之弊。谓爻辞上皆有卦画,即每卦有卦象二,一合一散,合则下系卦辞,散分为六而下系爻辞。此六爻之画,费直《易》犹然,郑康成《易》始省去。又乾坤之用九、用六上皆有卦象,亦始省于郑氏。凡此皆于古无据,理虽可通,然谓古本依此格式,则未必也。其数十翼曰:"《彖传》也,《象传》也,《系辞》上、下传也,《文言》也,《说卦》上、中、下也,《序卦》也,《杂卦》也。"盖不以《彖》、《象》随经而分上、下,其言曰:"经分上、下,则《彖》、《象》亦当随经而分,不知经为上、下篇,直以古者竹简重大故尔。若谓《彖》、《象》当随经而分,《序卦》何以不分邪。"夫经之分上、下,非徒以竹简重大故,乃阴阳天人之大义,故《彖》、《象》必当随经而分。若《序卦》者,一翼中本有二篇以当上、下经，犹《文言》中之兼释乾坤也。且不徒《序卦》为然，《杂卦》中亦自然分有三十卦及三十四卦二章之理。可见《文言》、《序卦》、《杂卦》皆能分为二，而不必以二翼计，若《彖》、《象》者，乃直接阐明二篇，何可不随上、下经而分为二翼哉。再者吴氏之十翼，有名实互异者。所谓《象》者，惟指《大象》耳。《系辞》上、下者，实即《小象》上、下，然则仍为随经而分。上、下《说卦》之篇者，以《系辞》上、下合于《说卦》而为之，盖泥于河内女子得《说卦》三篇，而以意改动之，皆未为得也。若以卦下小注曰字移于《大象》殊可，取《大象》者，即本上、下二体以取象，此四字或亦为系《大象》时所加注者也。于《系辞》上（吴氏名之曰"《说卦》上"）"大衍章"本汉易之旧，"天一"等二十字仍未移，亦是。又曰："《崇文总目》序云：以《彖》、《象》、《文言》杂入卦中者，自费氏始。按郑康成《易》以《文言》、《说卦》、《序卦》合为一卷，则《文言》杂入卦中，康成犹未尔，非是费直始也。"又曰："今王弼《易》乾卦自《文言》以前，则故郑氏本也。以高贵乡公、淳于俊问对观之，于时郑康成所注，虽合《彖》、《象》于经，而所谓《彖》、《象》不连经文者犹在。"此则于史有据，可见《古易》编次之失传，实自王弼始。呜呼！王氏之扫象，古义尽废，失此编次，尚为过之小焉，至于所加之"《彖》曰"、"《象》曰"、"《文言》曰"必承原本之旧，此不必疑者也。吴氏并此而不信，且任意颠乱，宜其考求达二十八年而所得皆非，殊有怀珠寻珠之失。

　　此外吴氏尚考变卦，谓"若六爻不动而但为本卦，不可谓之变；此不谓之变，则每卦所变止于六十三，其究才四千三十二卦"，故曰："卦遇六爻不动，当覆而占之，覆者从上，倒覆而下，是亦一变也。"夫覆者，如屯与蒙，仍在所变之六十三卦中，其说亦未可取。且一卦变六十四卦者，固宜包括本卦，若乾之乾者，卦象虽同，乃系"本卦"之乾成"之卦"之乾，"本卦"与"之卦"，动静已不同焉，此仍当谓之变。则吴氏之创此覆卦，不亦赘乎？若覆卦与对卦之理确系观象之本，惟与玩占宜分而论者也。夫读此《集古易》，宋代考定古《易》之情，大半在焉。上所论皆为吴氏所考定者,其所集诸家《古易》之失得,提要另详。

81. 林至《易裨传》提要

《易裨传》二卷,宋林至著。至字德久,华亭人,或云檇李人。孝宗淳熙中登进士第,又登朱子之门。朱子集中答林氏之书凡十一见,皆已当晚年。其中有云:"《易》说大概多与《启蒙》相出入,但较数条旁通众说亦有功,俟更徐考奉报。然既知其无取,自不必深究。"当指此书言,后数条谓外篇也。考《启蒙》成于淳熙十三年(1186),朱子卒于宁宗庆元六年(1200),林氏成书之时即在其间。自序曰:"本之《易大传》为《裨传》三篇,曰法象,曰极数,曰观变。"又曰:"曰反对,曰相生,曰世应,曰互体,曰纳甲,曰变爻,曰动爻,曰卦气,谓非易之道则不可,谓易画在于是则非也。要之易道变通不穷,得其一端,皆足以为说。以其《大传》未尝有言,故亦总其大略以为外篇。"实则外篇中所述之八者,亦有《大传》中尝言之者。今总述十一者于下:

法象者,明先后天二图。于先天圆图,以一圈示太极,于圈中以黑白各半圆示两仪,又外环黑白各半之一圈示四象,又环黑白相对之一圈示八卦,至六圈而示六十四卦,乃义同而图异,更可见阴阳之消息,与魏了翁之圈相似。清胡煦、任启运等皆取法于此图,而更有所发挥焉。又曰:"伏羲之卦,得阳多者属乎阳,得阴多者属乎阴。后天之卦,得一阴者为三女,得一阳者为三男。先天之位,三女附乎乾,三男附乎坤,阴附阳、阳附阴也。后天之位,三男附乎乾,三女附乎坤者,阴附阴、阳附阳也。"盖于先天方位之离、震、巽、坎间划分阴阳,后天方位之乾、兑、震、巽间划分阴阳,亦可备一说。且见先天方位之自然,可免拗做两截之疑。

极数者,论天地之十数。且以欧阳修之说,不信河图洛书,唯泛论之曰:"自五以下为五行生数,自五以上为五行成数。故十五者,小衍也;五十有五者,大衍也。且以小衍论之,九六者,《易》之真数也,今五生数是也。天一天三天五参天也,总而为九,地二地四两地也,总而为六,参天两地,而九六之数立矣。至于七之与八,又自小衍之五裂而言之也。以大衍论之,天地之数五十有五,而大衍之数五十者,自五以下,五其本体也。一四,五也;三二,亦五也。自五以上,六一,五也;七二,五也;八三,五也;九四,五也;十五,五也。天五无往而不在,此大衍之用,所以止于五十也。"夫林氏之言可取,然所谓小衍之十五即洛书,大衍五十有五即河图。且图书之用不止此,林氏乃得其一而舍其全,其知不及朱子多矣。

　　观变者,明揲蓍法同《启蒙》,以三揲之次合诸先天图,极是,可证先天之次与蓍并生,岂由后人之私知哉。

　　反对、相生者,即李挺之所作之二图(另详《汉上易卦图》提要)。后者即朱子取之以置于《本义》前之卦变图。世应者,京房之八宫也,《本义》亦取之。以上三者,皆有与于消息。互体者,明十六互卦,此图或为吴澄所本欤。若互体者,六十四卦系辞时已观其象,而"同功异位"已明其义。纳甲者,亦京房之说,以干支合诸卦象,有合于月之盈虚。卦变者,即本一爻变而图之,沈该、都絜等皆用之,于卦爻辞之象时有所合。动爻者之正成既济,虞翻等用之,《系》曰"六爻之动,三极之道"是也。卦气者,《易纬稽览图》所载六十四卦之次,起于中孚而终于颐,其间十二辟卦,即《周易》之消息,由孟氏所传。然则《外篇》之八者,《易》未尝不言,以外字名篇,所见隘矣。况经文之义尚远不止此,观玩易道其思宜广,学者勉焉。

82.　郑汝谐《东谷易翼传》提要

　　《东谷易翼传》二卷,宋郑汝谐著。汝谐字舜举,号东谷。处州人。仕至吏部侍郎。此书之外,尚著有《论语意原》、《东谷集》等。学主程子,书名《易翼传》者,翼伊川之《易传》也。其子如冈初刻于壬辰,其曾孙陶孙复刻于壬辰后七十六年,时当元成宗大德丁未,乃知壬辰者,乃宋理宗绍定五年(1232)。如冈谓:"先君子没已久矣。"陶孙谓:"曾大考历事四朝,绍熙得谢后,屡召不起,与诚斋同被褒,异出处,同则其著书亦同于翼经而已,其与诚斋不能无异同者,亦犹于伊川不能无异同也。"按诚斋于宋光宗绍熙元年为六十七岁,东谷年当相似,是年朱子为六十一岁,郑、杨二氏或皆稍长,故于《易》悉宗程子,尚不及朱子也。观《论语意原》之自序,有"绍兴甲寅汝谐书",此"兴"字必"熙"字之误。绍熙甲寅者,即绍熙五年(1194)。若《易翼传》之成,亦可以是年论。

郑氏曰:"余始作《翼传》,以程氏之说系于经之下,而以《翼传》系于程氏之下,部帙太繁。今于诸卦尽用程氏传者,题曰'从程氏',其附以《翼传》者曰'余'。从程氏所以尊河南之学,而示无去取之义也。"观朱子《本义》曰"《程传》备矣"者,凡十余处,而此书曰"从程氏"者几及半数,且亦不及《系辞》以下,其造诣殊未及诚斋。朱子疑《序卦》非作于圣人(临卦注),谓大畜上"何天之衢亨"之"何"字、震上之"婚媾有言"皆为羡文,谓坤五"黄裳"之"裳"字无取于在下之义,皆不足为训。不取互体、变卦之说,尤违取象观变之大义(屯卦注)。若曰:"读《大象》者,当先观《象》,不观《象》则不识名卦之义。盖合二卦以成名,有取象者,有取义者,有取画者。天地水火山泽风雷,八卦之象也。健顺明险动止说入,八卦之义也。以奇偶分刚柔,八卦之画也。如《象》言明出地上,晋明入地中,明夷雷雨作解,其辞与《大象》同者,皆以象名而以义兼之也。至言'险在前'为需,'险而健'为讼,'行险而顺'为师,若此类专以义名也。'柔得位而上下应之'曰小畜,'柔得尊位大中而上下应之'曰大有,若此类专以画名也。释经者不观诸《象》,惟泥《大象》之言。如'天下有山遯',乃于天山取遯之义;'风自火出家人',乃于风火取家人之义。盖《大象》专取象以系卦,至于成卦之名不止在是,欲识名卦之义,求之于《彖》足矣。泥《大象》而曲为之说者,盖不深考也"(蒙卦注)。于噬嗑亦曰:"余尝论成卦之名取义不一,不必泥《大象》而为凿说,今观此卦尤可见也。《彖》曰'颐中有物曰噬嗑',《大象》则曰'雷电噬嗑',使圣人不言之于《彖》,则释经者必牵合雷电而为噬嗑之说矣。"夫郑氏分名卦之义有见,然执之以观《大象》,谓上下两体之说为泥,不知自泥于《彖》也。若噬嗑之既有"颐中有物"之义,亦未尝无"雷电"之义,是一非一,何其不知变耶。

　　至于翼《程传》之义,理有足取者。如于坤五《文言》曰:"凡于理不通者,以其倚于一偏也。惟黄中则不偏,以之察理,无理不通,何谓位?何谓体? 坤,上也;五,土数也。五行为土,五色为黄,五声为宫,五事为思,五方为中,河图以五位于中央而为数之管摄,以其无所不通也。今以坤土而位乎五,是从正位而居正体,君子以是理而发于事业,是为'美之至也'。"诚合"正位居体"之精义。于屯曰:"昔者汉唐创业之君相提携于百战之中,是以能卒成大业。其继承者则不然,艰难夺于富贵,志气堕于嗜欲,一有所陷,虽有扶衰拨乱之志,顾未有大能济者。故曰:神尧以一旅取天下,后世子孙不能以天下取河北。此初与五之别。"于同人曰:"小人险陂而多忌,好胜而自私,非特喜人之同乎己,视君子之同道相比,必有间而害之之心,盖不排其异己者,则不能使人同乎己。自古党与之患皆起于此。二五之同,中且正也;无他爻以分其应,同而固也。九三、九四以不中正之姿处二人同心之间,害其同者无所不至。"于未济曰:"既济初吉终乱,未济则初乱终吉,何以知其然也?以卦之体言之,既济则出明而之险,未济则出险而之明。以卦之义言之,济于始者必乱于终,乱于始者必济于终,天之道、物之理固然也。作《易》者,于既济之三,则以'高宗伐鬼方'为戒;于未济之四,则以'伐鬼方'为功。既济欲以安于济也,三妄动以求功,必入于险,故预戒之;未济欲其济难也,四动而求功,能出于险,故美之。"皆能实有所见。于既济、未济犹言位之消息,其理自然合乎汉象者也。他若谓:"'豫'一字而兼数义,曰和豫,曰事豫,则立豫之善也;曰犹豫,曰逸豫,豫之不善也。合卦而观之,其象则'雷出地奋',其义则'豫顺以动',豫之至美也;分爻而观之,有为豫之善,有为豫之不善者,其所处之得失系焉。"盖能综合《程传》豫卦之义。于升曰:"升与晋其义相近,晋则柔在下而明居上,乃诸侯承王之义;升则巽于下而顺于上,乃文王事纣之义。"亦简洁中肯,得与《诚斋易传》媲美云。

83. 程大昌《易原》提要

《易原》八卷,宋程大昌著。大昌字泰之,休宁人。生于徽宗宣和五年(1123),高宗绍兴二十一年进士,以龙图阁直学士致仕,卒于宁宗庆元元年(1195),年七十三,谥文简。事迹详《宋史》本传。此自《永乐大典》辑出,勒为八卷,已非全书,幸大义犹可考见。

观夫此书之纲要约有四:一论图书之生克,二论数,三论太极之生生,四论揲蓍。此外尚有论卦辨疑等。然论卦之二十六篇,今仅存六篇,阙亦甚矣。以下分述其要:

程氏于图书尚宗刘牧,以九为河图,以十为洛书。于生克则本《汉书·五行志》,且由是以配卦。当四方不用中土,乃阳卦之乾及三男,九乾为金,三震为木,一坎为水,七之火则惟剩艮,故艮为火。阴卦之坤及三女,八巽为木,二离为火,四兑为金,六之水则惟剩坤,故坤为水。作下图以示之:

一水 ☵ 坎	三木 ☳ 震	五土	七火 ☶ 艮	九金 ☰ 乾
克	克	克	克	克
二火 ☲ 离	十土	六水 ☷ 坤	四金 ☱ 兑	八木 ☴ 巽
合	合	合	合	合

又以戴九履一之位合以卦,则其方位,既非先天,亦非后天,可名程氏卦位图,录于下:

程氏卦位图

四 兑金	九 乾金	二 离火
三 震木	五 中	七 艮火
八 巽木	一 坎水	六 坤水

后又作八卦分朋图，盖以十数配后天八卦，亦录于下：

八卦分朋图

地八木 巽	地二火 离	地六水 坤
天三木 震	地十土天五土	地四金 兑
天七火 艮	天一水 坎	天九金 乾

按上图以河图（程氏目之为洛书）视之，其数唯天七与地六互易。以卦象言，坤艮也，若坤艮之于五行实皆属土，坤为阴、土十，艮为阳、土五，或以寄位于西南与东北，则艮阳反成地六水，坤阴反成天七水，此有阴阳五根之理焉。因读程氏书而悟其妙，特作河图与后天八卦图（图见下页）。

上图由是而得，程氏实启予者也，乃附述于此。

若程氏之论数，分本数、用数、设数。本数者，一至十当之，犹体也。用数者，一至九当之，数之用也。设数者，大衍之数当之，取设卦

河图与后天八卦图

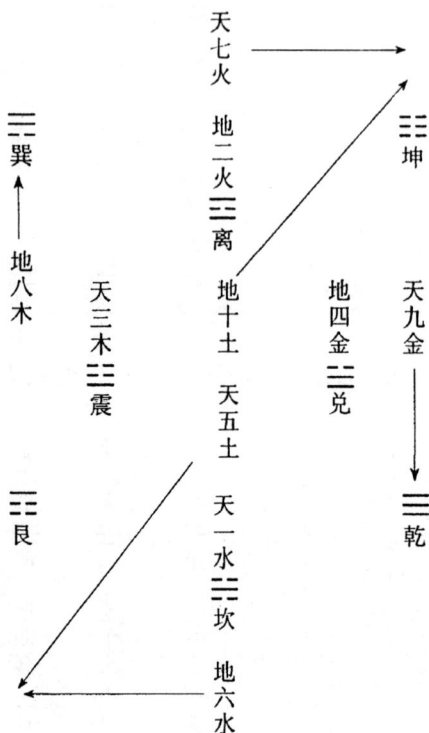

之义,犹以数为喻也。有论一七篇、论二五篇、论三八篇,言多可观。论太极之生生,重在一生二、二生四、四生八,其间颇引老、庄之说及述各家之同异。论揲蓍,则二三变,不用挂一,未是也。

考程氏之年,长朱子七岁,朱子曾见此书,有答书(见《朱子大全》),论及当期策数等甚详。盖程氏之言好攻人之短,且其所攻者实多未误,乃程氏之误解耳。如以孔颖达、毕中和之揲蓍为误,朱已为正之,曰:"其大数亦不差也。"又疑邵子剥夬姤复生卦之说,实未喻一爻变之缊也。谓七八九六非四象,其说甚隘。辨张行成之《述衍》,似亦未当。按张氏著《易》书七,今仅见五部,于数确有所见。其《述衍》已佚,今据程氏所言,知大衍五十之虚一有三说,程氏曰:"张氏之说,则既三变其指矣。天一是其一也,挂一又其二也,七七四十九蓍之外当存一蓍，可以应五十数而元不入用也，又其三也。如此则是五十之所虚者不止一数，乃遂至于三数也，三数皆去，则是五十而去其三也，五十去三，则是四十七而已也，非四十九矣。"是必断章取义，以意而言，张氏之说，岂如是耶。陈振孙谓其卦变、揲法皆有图论，往往断以己见，出先儒之外。今详观其书，知其所断者未必是也，读者宜慎取之。

84. 赵彦肃《复斋易说》提要

《复斋易说》六卷，宋赵彦肃著。彦肃字子钦，宗室子也。生于高宗绍兴十八年(1148)，卒于宁宗庆元二年(1196)，年四十九。其卒时，朱子闻而哭之恸，曰："赵丈为人，今岂易得，《易说》不知已板行否耶。"夫赵氏与朱子说《易》之法不同，心则同焉，固宜并存。是书于赵氏卒后二十六年由弟子喻仲可校勘，而太守许兴裔刊之，时当宁宗嘉定十四年(1221)。喻氏曰："书虽不多，一生精力实于此乎？"盖在病犹念念于此。一生时加补正，当视为晚年所著。全书惟解六十四卦，且未解处甚多。解《易》之法本卦象以明理，其言曰："先圣作《易》，有画而已，后圣系之，一言一字皆自画中来，譬如画师传神，非画烟云草木比也。"是即圣人设卦观象系辞之义。由是而画情伪、画意、画言，始能传神也。赵氏深悟于此，故其说《易》不同流俗，殊多可取，可与陈瓘《易说》并论之。

其解乾《彖》曰："阳为大明，终而复始，极而不穷，赞利贞也。"又曰："自元而贞，德之序也。由贞而元，德之妙也。"此于天行反复之道得其要焉。夫"大明终始"者，本诸亨，亨而利贞，利贞而起元，是之谓不穷也。解师上曰："或谓小人有功者，不赏非也。王者六乡之民皆君子，统之者六卿也，何假于小人而用之。"解否二曰："下包初上承三，小人行之以免祸，大人行之以亨否，全己者小，济时者大也。"解观五曰："剥之五爻，小人也；观之四爻，君子也。故曰：变化之妙，非九五不可。

九五观民皆君子,乃得无咎。"解观上曰:"其指九五,上与五共安危者,民非君子,不几于剥乎。故上九志未安平,必观其民也。"凡此于君子小人阴阳之辨,岂不明乎?语简意长,义深理正,盖能推本卦象而言其几也。又于遯二曰:"遯之六二、观之九五,于阴长时皆以中正易乱为治,至矣哉!大矣哉!"乃以乾坤二元当之,转消而息,此元之所以为善之长,亦妙合易理。于夬四曰:"夬之四说上六而不决,姤之三望初六而不去,以同体故也。"盖一有所私,宜其有"无肤"、"次且"之不安。于旅上曰:"五宜阳居,大壮六五非阳,故曰'丧羊'。上宜阴居,旅之上九非阴,故'丧牛'。壮之时不可以失刚,旅之时不可以失柔。"此于"丧羊"、"丧牛",可备一说。正大见情,故不可以失刚;柔中小亨,故不可以失柔。又如于大有《大象》曰:"明能辨善恶,健能遏而扬之。"于复卦曰:"由中出者,自诚明也。剥而反者,自明诚也。"于颐初曰:"初上阳画,皆良贵也。上以静存,初以动失。"皆精粹之语,宜细辨其味。于解上曰:"三与上无阳,三近二四,犹欲贪非据,上既远无它求,直欲射三去之,柔去必有阳来居者。"是直如虞注"三出成乾"之笺。盖义精而切,莫如取象,此汉易之所以可贵也。若赵氏者实已心知其理,惜时尚所趋,未必究及《集解》等古籍,且亦未享高龄,不然其《易》之成,定将更有可贵也。

85. 杨简《己易》提要

《己易》一卷,宋杨简著。此书乃总言《易》义。俞琰曰:"慈湖《己易》一卷,嘉定丙子桐江詹阜民子南刻板置新安郡斋。"考宁宗嘉定丙子(1216),杨氏年七十六。此书成时约在二十年前,盖朱子尚见之(朱子卒于宁宗庆元六年,即1200年),确实年份已未可考。

此书《四库》未收,亦未见单行本,载于《宋元学案》中。其义一言以蔽之曰:"《易》者己也,非有他也。"夫以身体《易》,不可谓非,合天地万物为一,本有其理,犹万物皆备于我,《系》曰"《易》有太极"是也。推杨氏之义,欲状此太极耳。全书一气贯穿,其水有源,役外物而不返者,宜读此以自牧,亦灵药也。然"是生两仪"以下未尝非《易》,奈杨氏未明,而于《系辞》之语,每多不能得其意,不得其意而辄曰"非圣人语",其流弊岂不大哉! 如曰:"天地设位,而《易》行乎其中。"离《易》与天地为二,其固执已甚。此杨氏之失,读此书者不可不明辨之。胡一桂曰:"或曰:林黄中文字可毁。朱文公曰:却是杨敬仲文字可毁。往往谓《己易》也。"究朱子之言,殊非私意,盖杨氏之论一意孤行,而近于武断。不慎而误信之,必入歧途,此所以可毁也。

86. 项安世《周易玩辞》提要

《周易玩辞》十六卷,宋项安世著。安世字平浦,江陵人。孝宗淳熙二年(1175)进士,官至太尉卿。事迹详《宋史》本传。宁宗嘉定元年(1208)卒,年岁未详。此书初成于宁宗庆元四年,后又重修,而成于嘉泰二年(1202)。自谓学宗程子,读《易传》已三十年,则其初读《程传》,尚在中进士之前三年。考朱子之年,于淳熙二年已四十六岁,则项氏之年,或约少二十岁左右,然仍为学侣。其见与杨万里、郑汝谐等相同,尚宗程而未宗朱者也。

此书共十六卷,凡上下篇各六卷,《系辞》二卷,《说卦》一卷,《序卦》、《杂卦》合一卷。于上下篇未录经文,仅录卦象卦名,凡欲言者,以经文一二句标题之。如题"彖",盖明是卦之象。题"六爻",盖总论是卦之六爻。题"六三"、"九四"等,则明是卦之一爻。题"六位六龙",盖明乾《彖》中之一义。题"旧德",盖明讼六三一爻中之一意。题"利涉大川",虽编于同人卦中,然兼及卦辞中八卦有"利涉大川"者。题"泰否二象"、"剥不利有攸往,复利有攸往"等,盖会二卦而论之。于《系辞》如题"三知"(指"知幽明之故","知死生之说","知鬼

神之情状")、"四故"(指"故不违","故不过","故不忧","故能爱")、
"三而"(指"而不过","而不遗","而易无体")、"五尽为纲领"(指"尽
意","尽情伪","尽其言","尽利","尽神")、"六辞"(指"辞惭","辞
枝","辞寡","辞多","辞游","辞屈"),于《序卦》如题"临者大也,丰
者大也"、"晋者进也,渐者进也",于《杂卦》如题"艮止也,节止也,大
壮则止"等等,皆能因辞见义,合辞明道,且分合随机,变化多端,不
愧"玩辞"之名也。

若释乾《彖》详分各句,以当于元亨利贞四德,其义可法。分天道、
人事、易象三者,亦可备一说。特作表以示其义。

$$
\left\{
\begin{array}{l}
元——大哉乾元,万物资始,乃统天。(以天道言)\\
自元而亨——云行雨施,品物流形。\\
亨——大明终始,六位时成。(以易象言)\\
自亨而利——时乘六龙以御天。\\
利——乾道变化,各正性命。(以天道言)\\
自利而贞——保合太和,乃利贞。\\
贞——首出庶物,万国咸宁。(以人事言)
\end{array}
\right.
$$

又曰:"用九者乾之坤,坤之《文言》,即用九之《文言》也。用六者
坤之乾,乾之《文言》,即用六之《文言》也。"能得《文言》之本义,此所以
唯乾坤二卦有《文言》而又有用九、用六也。释"时舍"曰:"'舍'非用捨
之捨,捨之则为潜龙矣。舍者,随其所在而居焉。……乾之'时舍',井
之'时舍',皆言时适在此,非其常也。随之'志舍下',言志在下也。姤
之'志不舍命',言志不在命也。四'舍'字皆去声。"此一例以明四"舍"
字,诚是。凡"舍"字有二义,一当止舍之舍,即项氏所言者;一当用捨
之捨,字亦作"舍"。若屯三之"不如舍",贲初之"舍车而徒",颐初之
"舍尔灵龟",及比五象之"舍逆取顺"皆是,读上声。由是全部《易经》
中之"舍"字备焉。释"王假有庙"曰:"祭祀之礼无物不备,则庙中者,
聚之极也。主祭者之心一物不留,则庙中者,亦涣之极也。故萃与涣
皆曰'王假有庙'。非知道者,不足语此。"盖得《程传》之精密,合萃、涣

之象者也。释噬嗑、丰、贲、旅曰："动而明人者，为立法；既明而后动者，为断刑。明以止者，为虽明而不敢速；止而明者，为虽慎而不敢留。立法者，雷电始作而未至；断刑者，雷电至矣。声光并至，所以为大，折狱用明象电，致刑用威象雷。"此会噬嗑、丰、贲、旅四卦而论之，不啻为虞注之疏。虞氏之卦变，于此四卦特明否、泰反类之几，仅言其象而理在其中。若项氏之言，则详其义焉。故汉宋之注实可相成，何必互斥耶？释涣、节曰："否者塞也，自否变者为涣；泰者通也，自泰变者为节。此变象之著名者也。"尤能阐明卦变之理。夫项氏于卦变有其道焉。其于观卦论及变卦主爻例曰："反对卦皆自消息卦变，一升一降而成卦，以义重者一爻为主；消息卦皆自乾坤变，一阴一阳者，以初上为主。复、夬、乾之初上，姤、剥、坤之初上。二阴二阳，三阴三阳，皆以二五为主。不反对之八卦皆自坎、离变，乾之二五，中孚之三四，大过之初上，皆与离之二五相易而成卦。坤之二五，小过之三四，颐之初上，皆与坎之二五相易而成卦。两升两降亦以一爻义重者为主，大过、颐象一阴一阳之卦，以初上为主。坎、离、小过、中孚象二阴二阳之卦，乾、坤象三阴三阳之卦，皆以二五为主。"则卦变之大纲已备。于履卦论一阴一阳卦义曰："一阴一阳之卦在下者，……在上者，……其义主于消长也；在二五者，……其义主于得位也；在三四者，……其义主于用事也。"且于坤卦论乾坤变象，盖明乾坤一爻变。于夬卦亦曰："夬自乾上爻变。"故知一阴一阳卦十二，项氏又以当乾坤十二爻之爻变。合而观之，项氏六十四卦之卦变图在焉。

按项氏之卦变图有其特点，其一，分反对与不反对为二，此有法乎李挺之卦变而另加变化。虞氏言卦变，本有反复不衰卦不从二阴二阳卦之例。虞氏之所谓反复不衰卦，即项氏所谓不反对卦，乃名异而实同。若项氏以此八卦来自坎、离，使相称于消息卦来自乾、坤，且由坎、离之二升二降成乾、坤，殊得体用合一之理，与乾、坤之成坎、离，理同而有顺逆之异焉。其二，用二升二降之例，以免一升一降卦变之穷。

项氏卦变图

消息卦

一升一降

义主用事　义主得位　义主消长

坤三变　坤二变　坤初变　复

坤四变　谦　坤五变　师

乾三变　豫　乾二变　比　坤上变　剥

乾四变　履　乾五变　同人　乾初变　姤

小畜　大有　乾上变　夬

反对卦五十六

一阴一阳卦十二

二阴二阳卦二十四

屯　蒙　鼎　革　睽　兑　巽　讼　需　大畜　晋　萃　升　遁　大壮　观　临　否

解　蹇　家人

乾

坤

三阴三阳卦二十

咸　困　随　损　贲　蛊　噬嗑　井　节　既济　丰　归妹　益　涣　渐　旅　未济　泰

三升三降

不反对卦八

颐　大过　中孚　小过　坤　乾　坎

其三,于一阴一阳卦既取消息卦之一升一降,又能合一爻变而言之,初上之意为消长,二五之中为得位,三四之人道为用事,正合反对之象。于二阴二阳、三阴三阳卦中,亦可同例视之。其四,于屯、蒙、革、鼎本可从二卦来,项氏于屯取观来,革取大壮来,皆自成一说,然此已无涉于总例焉。由此四点以观之,项氏卦变图已能成一家之言,而有功于易道者也。惜原书无图,故凡论卦变者皆未及其说,今亟宜表出之。又项氏另有《项氏家说》,首二卷论《易》亦言及卦变,可参阅也。

此外如曰:"盈虚者,消息之极;消息者,盈虚之渐。""文在外,故为小畜;识在心,故为大畜。""睽外家人内,皆离卦言也。"又分辨《彖》与《大象》曰:"大抵卦有吉凶善恶,而《大象》无不善者。盖天下所有之理,君子皆当象之。遇卦之凶者,既不可象之以为凶德,则必于凶之中别取其吉以为象焉。剥与明夷是也。人君无用阴剥阳之理,则当自剥以厚下;君子无用暗伤明之事,则当自晦以莅众。凡此皆于凶中取吉也。诸《大象》之例皆然。故《大象》与《彖》无同义者。苟同义焉,则无所复用《大象》焉。"明爻象分合例曰:"临之初曰'志行正也',二曰'未顺命也'。而晋之初爻合而用之。乾之初曰'下也',二曰'时舍也',而井之初爻合而用之。履之三曰'眇能视,跛能履',而归妹之二三分而用之。既济之初曰'曳其轮,濡其尾',而未济之初二亦分而用之。凡此皆当参考其义,以知分合之由。"其见皆精邃。于《系辞》之详辨辞义,更有创见。观《程传》之不足处,其大者不外未明卦变及未注《系辞》,而二点项氏悉能补足之,可谓善学焉。若郑汝谐《易翼传》之宗程,不及此书多矣。

87. 李杞《周易详解》提要

《周易详解》十六卷,宋李杞著。杞字子才,自号谦斋居士,眉山人。始末不详。此书自序于宁宗嘉泰三年(1203)。原本二十卷,已有缺佚,《四库》本厘为十六卷,今从之。自序曰:"学《易》非难,而用《易》为难。"是即傅说"非知之艰,行之惟艰"之义。又曰:"尧舜之揖逊,汤武之征伐,伊周之达,孔孟之穷,在天下有如是之时,在《易》有如是之理,在圣人有如是之用,盖不独十三卦制器尚象为然,而孰谓可以虚文轻议之也哉! 故吾于《易》多证之史,非以隘《易》也,所以见《易》为有用之学也。"此书之大义已尽于此矣。以史证经,确为有用之一,然《易》之用非徒此也。自王弼扫象,而《易》陷于虚;《程传》出而明性理,然未本乎象,仍未免于虚。乃自二宋之际,颇多征实史迹以解经义者,亦所以补空言性理之不足,若王宗传《童溪易传》,李光《读易详说》等皆是。其后发展成风,必每卦每爻会史事以证之,若杨万里《诚斋易传》等是也。似乎不言史事,易义即虚而无用,未免自隘,宜其为胡一桂所不取。盖经义固可尽史事,而史事未足以尽经义也。圣人观象系辞而及高宗、箕子、文王、颜渊,然未皆言实事。故此类易著,乃《易》之一体耳。

夫此书与《诚斋易传》同时同类,然内容殊不同。杨氏于易义全从《程传》,乃一心致力于史事之配合,故所取之史实极精细。而李氏于易义有所自见,其于史事得其概要而已。至于李氏所自见者,颇引老、庄之说以解易义,《四库提要》以为不可训,盖老、庄之说非不可取,唯在取得其所。若虞翻取《老子》"自胜者强"以解"自强不息",实得其所矣。而李氏则有取之不当之处,引《易》而虚,仍陷王注之弊。如乾《彖》引《老子》"无名天地之始"以释"资始",显与"称名"、"当名"之义不合。履《彖》、颐四皆引《庄子》"虎与人异类而媚养己者,顺也"云云,于颐又引伸之曰:"古之圣人驾驭英雄,譬之养虎,岂非以其欲之难足也哉。"乃与制礼养正之义大相径庭。若损卦辞、艮六四皆引《庄子》之"坐忘",升三"升虚邑"以当《庄子》之"心斋"、"虚室生白",虽非卦爻本义,然近取诸身,确系易理。魏伯阳《参同契》固已言之,慎而用之,未违于修身者也。若锲而不舍,则山林吐纳之士,《庄子》亦有所不取焉。

至于《同人》引《庄子》曰："夫以利合者,迫穷祸患害相弃也;以天属者,迫穷祸患害相收也。"恒上引《老子》曰："不知恒(按:恒,常也。原文为"常",李氏改为"恒",以合恒卦,实则不必改字),妄作凶"等,则殊可与易义互明。盖《老》《庄》之于《易》有同有异,全取之必违《周易》首乾之大义,全斥之又必违乎易义之广大悉备而自囿,故学《易》者宜神而明之。

若李氏申王注"忘象"、"忘言"之说,曰:"'立象以尽意',而意常在乎象外。'设卦以尽情伪',而情伪常出乎卦之表。'系辞以尽言',而言终非辞之所能尽。是必变而通之,鼓之舞之,而后不言之利、无方之神,始有以尽大《易》之妙矣。"此从注以违经,岂不谬哉。且既以象卦辞之不足尽,故于下《系》曰:"八卦之作在伏羲以为赘矣。"此陷于虚无寂灭之教,王注之流弊也。又本王注"初上无位",而曰:"天数二十有五,地数三十,乾无一以二十四为用,坤无六亦以二十四为用,二十四气所以周岁功之成也。一、六不用者,天一居上为道之宗,地六居下为气之本,此所以斡旋造化之妙,以无用为用者也。然则初上无位,岂非一与六为虚位乎?"夫以天地数不用一、六而当二十四气之周成岁功,尚为数之自然。一、六为五行生成数之始,"资始"勿用,犹"潜龙勿用"。然初上未尝无位,妄以一、六之"勿用"合之,是之谓穿凿附会也。

至于所引之史事,有可取者。如用九曰:"尧之兢兢,舜之业业,禹之不矜不伐,汤之慄慄危惧,文王之翼翼小心,皆能用九者也。"坤初曰:"书'初献六羽',则知季氏八佾之渐为不可长。书'季子来归',则知意如逐君之罪为不可训。书'会戎于潜',则知楚陵驾上国之变为不可遏。……《易》示其理,《春秋》纪其事,圣人之忧世亦深矣。"于蛊上曰:"知其非力之所能及,故宁高尚以全其志,此医和所谓疾不可为者也。"于临《大象》曰:"饱食暖衣逸居而无教,则近于禽兽;近于禽兽则相争相夺,而不可一日宁居,其能容保民乎?是必以吾无象之教而保其无疆之民,思之于我者为甚至,则容之于彼者为甚大,而后可以尽其君临之德矣。此舜命契为司徒而先告之以百姓不亲、五品不逊之意。"于观五曰:"观之于民者,是乃所以为自观之道也。夏禹泣辜罪己,成汤检身若不及,古之圣人以天下而律其身,其法如此。"于家人五曰:"文王'刑于寡妻,至于兄弟,以御于家邦'。《二南》之化,家道之正也。故以王季为父,武王为子,父作子述,而文王可以无忧。然则九五之所谓'勿恤吉'者,惟文王足以当之。"于姤五曰:"如高宗之傅说,得之于帝梦;宣王之申甫,得之于狱降。盖其求贤之志与天命相符而不相舍,此所以有陨自天而适相遇也。然则姤之时不独君臣相遇,而天人亦相遇者耶?"于巽五曰:"盘庚迁都,一时之权也。而三篇之书叮咛反覆,所以告之者,无所不用其至。古之圣人审于用权而不敢轻发者盖如此,岂若后世商鞅之徒强民敢作而自以为权者哉。"于未济上曰:"晋阮籍之流岂真无意于世哉!惟知其不可奈何不得已而以酒自迷,所以求全于乱世也,然而沉湎之极而至于濡首而不知节,以此自信则失之矣。昔人谓为名教之罪人,岂非以此大过也哉!"凡此等皆能阐发易理,临与观尤合圣人与求之义,陨天而遇,盖能复性而知天命也。他如以小畜二之"牵复"犹《君奭》之义,噬嗑之"柔中"、"利用狱"犹《吕刑》之"惟良折狱",大过二之"枯杨生稊"犹《盘庚》之"若颠木之有由蘖",解三之"负且乘"犹《孟子》所谓"不仁在高位以播恶于众",升初之"允升"犹子说漆雕开"吾斯之未能信",震《大象》犹"畏天命",旅初犹《诗·邶风·旄丘》卒章之"琐兮尾兮,流离之子",若此等,更能以经义互证,殊合用《易》之正。又于讼上曰:"讼而胜,故锡之鞶带之服,是岂德赏也哉?盖所以愧之也。既服之又褫之,褫之不已而至于三,愧而不安之甚也。……吴王不朝,锡以几杖,张武受赂,赐以金钱,文帝所以待二子者,是岂有所畏而然哉,凡此愧其心尔,此以讼受服之义。"于损五曰:"'十朋之龟',当以'之'字为断句。……或人益之而十朋皆至,……则龟筮亦不能违。武王有乱臣十人,而朕梦协朕卜袭于休详,此之谓也。"皆发人所未发,可备一家之言。唯于乾三四之"无咎",乃曰:"三本有咎者也，故必如是而后能无咎；四本无咎者也，而疑其有咎，故直告之以'无咎'。"似觉不例。需三之以"纣自作孽以致周人之难"当之，于爻义"寇"字未合。再者，以飞廉、恶来之徒当明夷四，盖以爻义为非。而说经者（如曹元弼）亦有以入左腹获心意为善者，可明以史证经之未可常。故宜以明经义为本，或舍经而一意于史事之配合，犹末也。

于《系辞》中亦有可取之理，如曰："象以卦而明，吉凶以辞而著，变化以刚柔而显，是圣人作《易》之意也。""业而谓之'富有'，则充塞天地而不为大，是'显诸仁'也。德而谓之'日新'，则绵亘古今而不为久，是'藏诸用'也。天地显仁藏用而无显之藏之之心，圣人盛德大业而有富有日新之迹，是天地与圣人同其德，而不与圣人同其忧。则圣人之所以有忧患者，其亦应世之际不得不然者乎？""辞、变、象、占，犹人之有形也；深、几、神，犹人之有精神也。"是也。若曰："自无入有而为变，自有入无而为化，自无入有，既元而亨，亨而利之谓也，自有入无，既利而复于贞之谓也。""主一之谓易，不离于一之谓简。易、简者，理之自然而无所容私之谓也。"亦成象之言，有得于一矣乎。

88. 杨万里《诚斋易传》提要

《诚斋易传》六十卷，宋杨万里著。万里字廷秀，吉州吉水人。师张浚勉以"正心诚意"，乃名其书室曰"诚斋"。事迹详《宋史》本传。宁宗开禧二年（1206）卒，年八十三。此书于孝宗淳熙十五年（1188）下笔，至宁宗嘉泰四年（1204）脱稿，凡十七年而成，一生之学术萃焉。夫杨氏精于史，此书之特点即每以史事证经。盖经者常道也，史者事迹也，《周易》者阴阳之道备矣。故史事之流芳遗臭可歌可泣者，犹《易》义之吉凶悔吝，合而明之，感人也深，垂鉴也切。然史事之臧否，宜本《春秋》之笔法；卦爻义之吉凶，宜本四时六位之得失。《春秋》者由显而微，《周易》者由微而显，《易》与《春秋》互为表里，章往察来而显微阐幽，《易》固宜兼及史事者也。观文王系辞而及高宗、箕子，孔子系辞而及汤、武，非明证乎？焦赣以刘邦、项羽当随之得失，郑玄以尧末年当乾上，可见汉时本有用此法以解经者。晋干宝承用之，惜纯以周室事当之，反觉隘矣。《程传》、《汉上易传》、《读易详说》等用史事之处，亦屡见不鲜，然皆未若此书之以史事为主也。且此书取材精细，配合恰当，反复引证，曲然有致，宜引数节以见一斑。

于需卦曰："无位而须者，无济险之势，伯夷避纣是也。无德而须者，无济险之资，秦未亡而陈涉先亡是也。以在天之位，秉正中之德，利涉大川则有功，文、武须暇五年是也。"于讼《大象》曰："止讼在初，听讼亦在初。故仲尼听父子讼，不咎其讼者，而咎上教之不行，此民之讼也。又有大者焉，甘陵南北部之祸，始于其徒之相非，此士之讼也。又有大者焉，牛、李朋党之祸，始于其进之相倾，此臣之讼也。又有大者焉，吴、越世仇之祸，始于一矢之加遗，此国之讼也。又有大者焉，汉武、匈奴之祸，始于平城之宿愤，此天下之讼也。不谋其始，讼之祸何如哉！曷谓始？曰心。故君子必自讼。自讼者，讼心也。讼心者祥，讼人者殃。"于小畜三曰："汉成帝嬖赵后而制于赵后，始于腐柱之僭。唐高宗嬖武后而制于武后，始于聚尘之污。岂惟夫妇，君臣亦然。二世之于赵高，明皇之于禄山，是已。"于大畜二曰："太宗欲幸东都，畏魏徵之谏而止。"于震二曰："高祖避项羽而入汉中，光武避更始而出河北。"于震三曰："鲍叔逊夷吾，子皮逊子产，去无才得有才，岂惟无灾眚乎？国之福，身之福也。蓬子冯不为令尹，蔡谟不拜司徒，可以无眚矣，抑可以为次矣。"于丰上曰："飞廉之诛不足吊，而吊成汤之不祀；季述之戮不足痛，而痛昭宗之罔终。为人主者，可不戒哉！"于既济二曰："管、蔡之谤周公，公不辨而王自悟。燕王、上官之谮霍光，光不言而帝自察。二五为七，六二与九五相应，故为七日得。"他如以"楚王亡弓，楚人得之"之心当同人二，以禹无间当节五等，皆能阐明易义，而足为殷鉴，可收补过之效者也。分论大、小畜之"舆说辐"，尤合《小象》"勿逐"之或避或默,亦切震动、既济定之卦义。若二五应而为七日,则可备一说耳。

释《系辞》以下,义尚简明。论断辞曰:"言吉凶不若悔吝之轻,言悔吝不若无咎之平,言无咎不若言吉之福,此应之者有轻重之辨也。言失不若言疵之浅,言疵不若言过之微,言补不若言得之善,此感之者有浅深之殊也。失者疵过之积也,凶者悔吝之积也,得者补过之积也,吉者无咎之积也。今也尽善至于得而吉,尽不善至于失而凶,此岂一念之致,一日之积哉!此君子所以谨其独也。谨其独者非他,察天理之本善者而存之,察人欲之不善者而去之而已。"此以断辞合感应之浅深轻重,深得本旨,归于坤初之"谨独"、"早辨",所以去欲存理而见天地之心也。于解三曰:"司马氏安能盗魏?曹操教之也。萧衍安能盗齐?萧道成教之也。"于《说卦》释"逆数"曰:"以往知来,未有不可逆知者。膰肉不至孔子行,醴酒不设穆生去,晋胜鄢陵士燮惧,吴会黄池子胥忧,而况《易》之道乎!故曰:《易》,逆数也。"释"六子"章曰:"不言乾坤,非不言乾坤也;六子之功,即乾坤之功也。故舜以五人治,文王以多士宁。"凡此皆为中肯之喻。惟于《系辞》上之"天一地二"章,既本程子而移"天一"等二十字于"子曰夫易"以下,又妄疑错简而任意颠乱之,殊不足为训。于《系》下"同功"章曰:"九二以刚居柔,此柔中也。六二以柔居柔,此过柔也。曰二多誉,亦未必尽多君子也,誉之者多耳。六五以柔居刚,此刚中也。九五以刚居刚,此刚过也。曰五多功,亦未必成功也,有功者多耳。"此释未合既济之定位,且多誉、多功之义甚明,未容曲解。于《说卦》之"立人之道,曰仁与义",以三义四仁当之,则违于阴阳正位。再者,坤卦解以"元亨利"断句,亦未为得。《彖》曰"柔顺利贞",当于"亨"字断句,"利牝马之贞"乃一句也,与"利女贞"、"利艰贞"等同一句法也。

若以史证经,乃附庸于经义者。今姑不论史事之是非,以经义言,各家殊多异同。杨氏所取者,盖全同乎《程传》。观《程传》之理,确乎易近人,说理中之佼佼者,然未可谓经义固如是也。以汉易并观之,出入甚多,即以《汉上易传》、《紫岩易传》等参阅,亦未能尽同。唯其不同,所取之史事未可一焉。如坤五,郑氏以舜试天子、周公摄政当之,然杨氏本《程传》而谓非常之变。坤上,干氏以牧野之事当之,杨氏则本《程传》而曰:"赵高篡秦,秦亡而高亦诛;王莽篡汉,汉微而莽也败。"以坤五论,宜以郑氏为准,庶合"文在中"之义。以坤上论,干氏以阳为言,杨氏以阴为言,乃各有所见。他如乾初,张横渠以颜子"行而未成"当之,杨氏则曰:"恐颜子不敢当也。程子谓未成者未著也,以舜之侧微当之,得之矣。"此未究乎易象之失,盖乾初犹复初,舜与颜子易地皆然,杨氏之辨自限耳。

夫经史之相合,犹数学中之函数。一数既定,他数可知。杨氏之书,首定经义于《程传》,然后录史事以证之,若《程传》之是否恰当,不顾也。盖尚未能推敲经义,故陈栎非之曰:"足以耸文士之观瞻,而不足以服穷经士之心。"评论亦是。宋时,曾以此书合刊于《程传》,得其所矣。原杨氏之独宗程氏,不可谓无见,证以史实,亦有益于经义,固优于孔颖达之疏王注也。

89. 李心传《丙子学易编》提要

《丙子学易编》一卷,宋李心传著。心传字微之,号秀严,陵阳人,舜臣之长子,盖家学者也。是书著于宋宁宗嘉定九年(1216),凡二百八十日而成,岁在丙子,因以名其书。原书十五卷,由门人高斯德于理宗淳祐八年(1248)守桐江时刊之,惜已散佚。幸于元泰定元年(1324)有俞琰抄录其可取者成此一卷,而流传至今。虽未及全书之什一,大义犹可见焉。李氏自序谓:"四十余始读《易》,尚蒙然。后十年读王弼注,张载注,至《程传》而若揭蒙矣。"乃合朱子之《本义》、其父之《易本传》,间附己见,而成此书。

　　夫李氏擅于史，著有《建炎以来朝野杂录》，于《易经》似未深究，以王弼为贤于两汉，又曰："程、朱二子之书成，而四圣人之道始大，彰明较著而无所蔽矣。"凡此皆一孔之见，囿于时而未见易道之全者也。盖王注之出，确能一新耳目，扫支离之易象，未可为非。然乾为马、坤为牛之象，岂支离哉。王氏并此而扫之，创忘象之谬论，虽不必如范宁之斥为"罪浮桀纣"，然何可贤于两汉？呜呼！李氏之无知也。若程、朱之说可当宋易中之砥柱，然李氏誉之过当，反失其实。即宋代之易著，尚有朱汉上、紫岩、了斋、复斋等，皆自有所得而足与程、朱互明者也。

　　若李氏原书目录尚存，盖从《本义》而二篇十翼分置，末附有《易外编》。今节本中间有记述及评论先儒之说者，或出于此乎？李氏曰："荀卿以'括囊'为腐儒之事，不可谓之识时矣。"所见诚是。又曰："今犍为郡田野间生此蓍草，一本百茎，绝无余支，愚亲观之，但长可二尺余，不尽如先儒之说也。"又曰："愚所见者，嘉定府有之，状如蒿属。闻诸土人云，其生亦如常草，但一本百茎，此为异也。""若如《说文》所云，则三尺之蓍挂扐布算已自不易，况九尺乎。"凡此足广见闻。若九尺之不易，所以慎其事而起敬也。又李氏颇采汉儒名家异文，盖得自《释文》、《举正》、《音训》等书，乃唯知文字之异同耳，于汉易之大义实未知也。于屯、蒙曰："先君子曰：屯六二近初之阳而正应在五，然震之性动而趋上，竟舍初而归五。蒙六三近九二之阳而正应在上，然坎之性陷而趋下，乃舍上而求三。先君子论卦画详明如此，先儒所未及也。"夫子以誉父，常情也，况此节隆山之说确可取。然应比之义，动陷之象，先儒论之者亦多矣，必谓"先儒所未及"，亦誉之太过。若因《文言》、《系辞》有"子曰"，故曰："愚疑此二传往往后人取夫子之说而汇次之，故文势节目颇与《中庸》相似。"此犹承欧阳氏之非。考《中庸》者，所以取法乎《文言》而作者也。何可谓相似于《中庸》而谓《文言》乃后人所汇次哉？

　　至于说理亦不无可取，如曰："讼而见抑者，必惩创而无他虞；讼而获胜者,将满假而后忧。故'归而逋,其邑人三百户',是因讼而有失也。然而无眚者,祸止此也。'或锡之鞶带',是因讼而有得也。然而'三褫之'者,忧未已也。"此殊合"惕中吉,终凶"之义。又曰:"'素履往',即《中庸》所谓'素位而行者'也;'独行愿',即《中庸》所谓'无愿乎其外'者也。"于易义亦切。除《文言》外,又见《中庸》之自然取法乎《易》也。又曰:"乾行以理言,天行以气言。"所分亦当。乾、天一也,理、气岂二哉?他如集同辞以明其义,尤得稽类辨物之正。于屯上曰:"'何可长也'凡四言之,此又与豫之上六、中孚之上九,皆戒之之意;若否之上九,则幸之之辞也。"于贲四曰:"'终无尤'及剥五、蹇、旅六二、鼎九二,凡五言之。尤,罪自外至者也。故守正则无尤矣。"他若"志在内"、"亦可丑"、"利涉大川"、"刚中"、"乘刚"等,皆能合而论之,可谓此书之长。又载有与黄直卿论《易编》往来书,盖李氏欲集朱子《语录》中之《易》说及古书中与《本义》暗合者,另为编次,以补《本义》所未及,黄氏亦善之。然未闻有此书,将李氏未成欤,抑成而未传欤。

90. 李中正《泰轩易传》提要

《泰轩易传》六卷,宋李中正著。中正字伯谦,号泰轩,清源人,事迹无考。此书原久佚,自《宋志》以及《经义考》、《四库》等皆未著录,幸曾流传至日本。日人天瀑山人辑刊《佚存丛书》,此书在焉。书末有广川董洪跋于宁宗嘉定十三年(1220)。跋者自称"晚后",曾听李氏讲《易》,是年梓成,故可视为李氏成此书之时。考朱子年七十一卒于宁宗庆元六年,是时已亡二十年,则李氏之年约少于朱子三十岁左右。

是书六卷,未及《系辞》以下,末既有跋,当为全书。所注卦爻,理颇简要,每取象亦及互体,间引史实,多取殷、周事,犹干宝之例。每卦首述该卦之旨,并及《序卦》之义,思极精湛。如于否卦曰:"泰、否有交不交之异,而乾坤之体则纯合而不变。盖天地有不动者存,故不为否、泰所移；人无不动者存，故为否、泰所易；圣贤能得天地之不动者，斯可以一穷通而玩否、泰。"于豫卦曰："《记》曰：乐由阳来，礼由阴作。坤卦六四之闭塞，以乾阳变之则为和；乾卦九三之重刚，以坤阴变之则为中。礼乐之中和出于阴阳之变化。古人以声属阳，盖谓是也。"于噬嗑卦曰："临言教，观言化，至于教化不足，然后威之以刑狱。"于贲卦曰："噬嗑以刑狱禁暴，贲以礼文化成，礼刑之用，相为表里。"于大畜卦曰："小畜以臣畜君，大畜以君畜臣。"于咸卦曰："上经首乾坤，天地定位也。下经主咸恒，山泽通气，雷风相薄也。上经终坎离之纯，水火不相射也。下经终坎离之杂，水火相逮也。"于睽卦曰："家人以顺而富，睽以疑而乖。"等等是也。若于离卦引陈抟之说："希夷《龙图》传曰：乾付正性于坎，坤付正性于离，故坎离在天为日月，在五行为水火，在人为耳目心肾。伏羲先天之《易》，乾南而坤北，离东而坎西；文王后天之《易》，离南而坎北，震东而兑西。此坎离所以代天地之用，而上经所以首乾坤终坎离也。"按希夷之《易龙图》已佚，此节幸为李氏转录而存，间明先后天，确为《易》之奥秘，全同乎《参同契》。《易》之传至宋，实赖方外，安可以羽士之说而忽之哉。

李氏亦言卦变，于大过曰："大过自大壮而变，上六一阴下居乎初。"释《大象》又曰："遯之初六往居乎上，则变为大过，故言'遯世无闷'。"乃知乎初上爻旋变之例。于晋上曰："晋者乾之游魂，姤者乾一世卦，上九皆有角象，乾为龙也，'晋其角'与'姤其角'皆取上穷之义。"是又本京氏宫世之变也。于萃卦曰："萃自遯变，遯者圣贤遯世之日也，圣贤岂终于遯世哉。以遯之初往而居上，则遯变为萃。商之末世，以文王之圣犹晦其明而不用，太公望隐于渭滨，一旦明良会聚，相得益彰，此周之所以兴。"此变卦之象，言之未明，依例推之，盖合消息而言。盖遯初居上为大过，然遯二仍将上消，即由否而观，今初既居上，则为由咸而萃，此萃自遯变之理欤？

夫详观此书，已能象理兼及。有曰："必六爻之义贯通，然后可以言《易》。"则说理亦通达,与或仅知限于一爻,或说理而不观象者何可并论,其唯昧乎卦爻之变,庶足以语此。若李氏者已入此门,可与论易道之缊焉。

91. 易袚《周易总义》提要

《周易总义》二十卷,宋易袚著。袚字彦章,号山斋,潭洲宁乡人。孝宗淳熙十二年殿试第一,宁宗开禧元年除左司谏兼侍讲,二年进讲《论语》,三年因韩侂胄之诛而贬融州,嘉定九年移衡州,得旨自便。十三年复原官,理宗宝庆三年封宁乡开国男,嘉熙二年告老,四年(1240)卒,年八十五。《齐东野语》载易氏与苏师旦昵,为之草制,由司业而上擢于谏官,既而韩侂胄诛,苏得罪,袚遂远贬。《宋史》亦载易氏承韩而言恢复之计,《四库提要》遂谓其人不足重。今人孙文昱以魏鹤山、乐雷发之诗文及《宁乡县志》所载之"山斋墓志",明易氏未尝干进,曰:"《野语》且谓贬死,已非事实。"正未可据以议山斋也。安知《野语》徒言远贬,言贬死者,《四库提要》之误引也,况周氏之言虽曰《野语》,似皆有据。且《宋史》曰:"故易氏之有与韩、苏,未可为之辩,然必不若侂胄骄淫,所以与之者,皆主战耳。此魏、乐二氏所以善易氏也。"夫恢复之计,未可谓非,奈侂胄之借此以暴民,且欲以自固其位,乃不审其时而妄动,宜其取败。故易氏与之,未免不智。然宋室之甘以侂胄首界金言和,示弱亦太甚矣。后易氏之复用,或即弥补此失。然则《四库提要》与耿南仲并论,似宜辨焉。盖耿氏之误国,由北宋而南宋,其失大矣,若易氏之与侂胄,其用心尚有足取者。

此书有门人陈章序曰:"《易》以《总义》名者,总卦爻之义而为之说也。"又曰:"先生侍经筵日,尝以是经进讲;燕居之暇,复取是而研究之。阅二十余年,优柔餍饫,涣然冰释,于是略训诂而明大义,合诸家之异而归之于一。……既又为《举隅》四卷,衰象与数为之《图说》,盖与此书可以参考之。"按此言"侍经筵日",当指开禧初年事,或是书已成初稿。既又为《举隅》,胡一桂曰:"易被《易学举隅》四卷,嘉定四年三月朔自题其书。"嘉定四年易氏尚贬在融州,则其哀象数而为《图说》之情可见,惜是书已佚。若此《总义》,必于二十年间时加增损。胡氏又曰:"绍定间侍经筵日,常以是编陪讲。"夫是时宜已定稿。故《总义》之成可以绍定元年(1228)论,是时易氏已七十三岁。观易氏于各卦下皆以数字注明每爻之大义,其法殊善,特录于下(表见下页):

　　读上表,全《易》之大旨可窥,不愧《总义》之名,然略有可议者。如泰三曰"上际",四曰"下际",盖本三《象》之"天地际也"。考爻象之于三、四确当上下之际,然爻辞既明言,于三于四已不必再言,故另有"不富"之象辞,乃易氏泥于三爻之象以明四爻,而忽乎四爻之本象,于理未合。他如随初、四皆曰"丈夫",二、三皆曰"小子",大过以"老妇"、"老夫"、"士夫"、"女妻"分当初、二、五、上,其失同。若大畜初、二皆曰"受畜",四、五皆曰"畜贤",损四、五益二、三皆曰"受益"等,盖以全卦论,未能逐爻明象,亦非所宜。且仅及爻辞,而未及卦辞,似觉未备,乃因其例而另述卦爻大义表(另见),所以补易氏之未足耳。夫易氏既列六爻大义,下即总论一卦中六爻之关系。如于涣卦曰:"涣之成卦,巽据上坎居下,凡坎在卦之下者,未能出险,此以巽体在上,则险而易散,故曰'涣者,散也',言足以散天下之险难也。故卦内六爻之义,惟取乎内外上下之相济。初六爻言'用拯马壮吉',则自上而拯者在乎二;九二爻言'涣奔其机',则自下而奔者归于四。六四爻以柔顺而辅九五之主,合群心而一之,故言'涣其群';九五爻以刚中而资六四之臣,一天下而作新之,故言'涣汗其大号'。若三居下卦之上,仅足以'涣其躬';上居全卦之终,仅足以'涣其血'。然三比乎二,上比乎五,上下内外同心济险,所以六爻无凶咎,圣人之善用涣者也。"其他六十三卦皆同。虽于六爻之象未能究其本,然读之而能见全卦之纲领系统絜齐,此由玩辞而得者也。若解卦爻辞,于每爻之义亦合六爻而并论之,与《苏氏

拘系　孚于嘉　丈夫　小子　小子　丈夫

征邑国　侵伐　扐谦　劳谦　鸣谦　谦谦

同于郊　大师克　乘墉　伏戎　同于宗　同于门　征吉

城复隍　祉元吉　下际　上际　中尚行于　征吉

既雨　既处　有孚　有孚　反目　牵复　复自道

君命　三锡　左次　弟子　长子　师出

入于穴　酒食　出自穴　泥　沙　郊

泣血　屯其膏　往吉　即鹿　女子贞利建候

乾亢巳　夬飞辰　大跃卯壮　泰乾寅乾　临见丑　复潜子

高尚　用誉　蛊裕父　蛊干父　蛊干母　蛊干父

冥豫　贞疾　由豫　盱豫　贞吉　鸣豫

天佑　孚　匪其彭　公　大车　无交

倾否　休否　有命　包羞　包承　贞吉亨

视履　夬履　履虎尾　履虎尾　履道　素履

无首　显比　外比　匪人　自内　有孚

终凶　元吉　不克讼　食旧德　不克讼　不永所事

击蒙　童蒙　困蒙　勿用娶　包蒙　发蒙

坤龙亥战　剥黄戌裳　观括酉襄　否含申章　遯直未方　姤履午霜

角　悔亡　硊鼠　众允　愁如　嗟如

肥　遯　好遯　系遯　之黄牛革　遯尾

辅颊舌　脢　思　股　腓　拇

用过涉于险　出险　出险　坎窞　有险　坎窞

由颐　拂经　颠颐　拂颐　颠颐　朵颐

𧮰　疾　可贞　灾　利往　往吉

硕果　贯鱼　剥肤　剥　剥辨　剥足

何校　噬乾肉　噬乾胏　噬腊肉　噬肤　屦校

敦临　知临　至临　甘临　咸临　咸临

登天　利贞　入于左腹　南狩　夷于左股　明夷于飞

羝羊　丧羊　羊藩　羝羊　贞吉　趾

振恒　恒其德　田无禽　不恒　悔亡　浚恒

出征　戚嗟　突如　日昃　黄离　履错

女妻　士夫　栋隆　栋桡　老夫　老妇

尚贤　畜贤　畜贤　上合志　受畜　受畜

迷复　敦复　独复　频复　休复　不远复

白贲　束帛　皤如　濡如　须　趾

观其生　观民　观国之光　观我生　阚观　童观

235

豹变　困于葛藟　赍咨　终凶　受三之益　来硕
虎变　劓刖　萃有位　中行　受益　大蹇
改命　来徐徐　大吉无咎　悔亡　受益　来连
三就　困于石　嗟如　夬夬　益以损上　来反
已日　困于酒食　引吉　惕号　弗损　蹇蹇
黄牛用　困于幽谷　乃乱乃萃　前趾　酌损　来誉

（家人　阕）

玉铉　收　冥升　角　益三　无不利　群疑亡悔亡
黄耳　寒泉　升阶　以包瓜杞　益二　有孚　遇元夫无初有终
折足　甃　亨于岐山　包无鱼　损以益初　朋孚　遇主于巷
耳革　渫　升虚邑孚　臀无肤　受益　贞吝　悔亡
有实　谷　允升　包有鱼　受益　贞吉
颠趾　泥　　　系于金柅　受四之益　无咎

索索
厉往来
遂泥
苏苏
来厉
虩虩

陆陵
木
陆
磐
干

屋来章
主遇夷
沛
簋
主遇配

床下
悔贞亡吉
悔亡
频巽
床下
进退

血涣其
号涣大
群涣其
躬涣其
机奔其
壮拯马

贞凶
孚有如孚
望月几
得敌
鸣鹤
虞吉

濡其首
受福
戒终日
方伐鬼
茀妇丧
轮曳其

敦艮
辅
身
限
腓
趾

无攸利
归帝妹乙
愆期
须
幽人
娣

焚巢
射雉
于处
焚次
即次
琐琐

引兑
剥孚于
商兑
来兑
孚兑
和兑

苦节
甘节
安节
嗟若
门不庭出
户不庭出

过弗之遇
不密雨云
弗过
弗过
遇过妣祖
飞鸟

首濡其
无贞悔吉
悔贞亡吉
征凶
轮曳其
尾濡其

易传》相似。又有合各卦相同相似之辞论之,盖取法乎陈瓘《了斋易说》。如需五曰:"坎体多言酒食,……以九居二,养之失其道则为困;以九居五,养之得其道则为需。"明需、讼涉大川之利不利曰:"需以健往而出于险,讼以健来而陷于险,此吉凶之所由之异,亦所以见讼之不可长也。"义皆可取。他如以"我"为本爻或主爻(观三),中孚"得敌"为三、四,亦皆有见。于《说卦》之象,若曰:"运而无极,圜也。"合天体之专;"其次为房心尾,有三涂大涂也",合天衢之象。"得乾之动体,其究为健,变而从巽,则万物蕃庶而鲜明也。"与虞氏义同。于《杂卦》曰:"自乾坤至困凡三十卦,有合于上经之数;自咸至夬凡三十四卦,有合于下经之数。其谓之杂也,决非偶然者。"极是。释大过以下八卦,理亦简要,谓:"小人之祸常生于姤,而必以正胜而后可颐者,大过之反固以养正而吉。若渐与既济得中正,君子于此知所劝;归妹、未济失位不正,君子于此知所戒。至于夬则君子道长,小人道忧,夬一变则为乾,复乎天理本然之初。如元亨利贞,而贞复归于元,始终大易生生不穷之道也。"此虽未明象,然其理已是,贤于东坡妄改经文多矣。然谓《序卦》"言恒不言咸,必有阙文",则未是。盖以乾、坤、咸当三才,故特避而不言耳。又大有初"无交害",谓"无交而害",则未若依虞义,"害"谓四无交于害,斯为"匪咎"也。大壮三之"用罔",当同晋初"罔孚"之"罔",谓君子无小人用壮之伤,若训"不直",其义亦未是。解萃曰"无咎"为"何用咎",尤不可,此未明位不当之必将有咎也。凡此等皆主理之通病。若此书之能总明六十四卦三百八十四爻之大义,已有得于《易》焉。

92. 祝泌《观物篇解》附《皇极经世解起数诀》提要

《观物篇解》五卷,附《皇极经世解起数诀》三卷,宋祝泌著。泌字子泾,一字泾甫,号观物老人,鄱阳人。以进士授饶州路三司提解于端平二年(1235),著《皇极经世书钤》十二卷,朱彝尊尚见其书,然《四库》中已无。若此书《经义考》反未载,《四库》本得自浙江汪启淑家藏本,乃《四库提要》疑为一书两名,实则未是。盖彼书者,所以明邵子先天之十四图(据泌自序,见《经义考》引),犹张行成之《易通变》。此书者,解《观物篇》,犹张行成之《皇极经世索隐》也。于此书中,每提及邵子之十四图而未详言,必详论于彼书。此书未详何年所著,而《起数诀》前有《声音韵谱》序,作于理宗淳祐元年(1241)。故二书之成,皆以是年论,已自称"余老矣"。或谓元世祖曾诏征,不赴。考蒙古敌国,号为元,岁在度宗咸淳七年(1271),则祝氏之寿殊长。

　　夫此书之要,实与张氏之说同,唯配卦不同耳。祝氏曰:"星甲之下分系两卦者,前一卦是张文饶《通变》中所定,始于世之元之元之元,殆若《周易》'元亨利贞'而先用贞,无是理也。以家世所传改正之,而始于元之元之元之元,正合先天之理,悟皇极者知所择矣。"观张氏于《易通变》中曰:"近世牛无邪传康节学,卦气图载尧当贲之六五,而无其说。自著《易钤局》,言尧壬寅年即位起山风蛊,谓子、丑、寅年用世卦,世之元始于升、蒙、蛊、井,故起于蛊也。按《经世》尧肇位在甲辰年,岂无邪但得康节数钤而未尝遍阅其书邪?求其说而不得,遂妄以意逆之,至于贲六五又没而不言也。然起于贲与蛊则是矣。贲当是大运,蛊当是小运,以法推之,大运冬至当甲子,小运立春当甲寅,天地之数之理岂偶然也哉。"而祝氏曰:"张当时只得牛无邪尧即位之世卦升、蒙、蛊、井之说,又尧大运在贲之说,遂臆料其说而定起例。未思康节于元会运世为大运,至于起日甲月子,卦用未然之卦,则从元为首排去也。乃用岁月日时小运之例,既使日甲月子,却用卦气图已然之卦,以世之元之元之元为首,分肇诸运,非康节正书也,故正之。"读此,可观牛、张、祝三家之说,惟初配之卦不同,以下皆异。此书之合史事,祝氏每言其卦恰应某事,以攻张氏之不合,然卦义善变,何可执一。况数十年之史事,求其偶应之卦象,俯拾可得。即以张氏之法排之,亦未尝无应者,故祝氏之斤斤于此,不足贵也。间有一节论史事曰:"六国分天下,而秦一之;南北分天下,而隋一之。秦、隋各不传其世,而汉、唐兴。大乱之后,有能戡乱者,未必能定乱,盖嗜杀之报,秦、隋是也。欲曙之天,必大暝而后爽。至汉唐之兴,照明万国矣。"理极可取。治乱分合之变,大义在焉,足为殷鉴。奈史事之反复重演,屡见不鲜而人之不悟依旧,不亦大可哀乎!

于律吕声音之理,祝氏曰:"康节将天声百六十、地音百九十二递互衍忒,共成三千八百四十图。牛、王、张亦不曾发明此二百六十四字之用。其实此声字乃据韵之平、上、去、入,此音字乃括唇舌、牙齿、喉之开发收闭。要其实,则是释音之翻切姆也。"其说考邵子之说乃与司马光之《切韵指掌图》相通,唯加取卦象而已。能读其书者,皆应知之,祝氏自视为独悟之秘,难免有自诩之失。

解内篇十二平稳而已,颇录张氏之说,然仍多攻之者。至于图书数,凡朱子前之宗邵者,如王湜、张行成等皆取刘牧说以为邵子说;而祝氏在朱子后,故已从十图九书之数。然邵子实未明言,或以之考邵子之说,并定张、祝等之是非,未可者也。又书中二引《乾凿度》之说"夫数始于一,成于三,究于七,穷于九",以今本观之,"三"数衍,当为"一、七、九"。虽祝氏在宋,其录原文亦未可准,仅供参考而已。

所附之《起数诀》,《四库》作一卷,此卷极长,内分上、中、下,故实为三卷。谓:"皇极起物数,皆祖于声音二百六十四字之姆。"盖以一百十二声、一百五十二音,各取卦象,由是任何声音皆可切出,而卦象亦定。间举有二例,可概其余。法亦不足为奇,若以是而断,仍宜神而明之。论"辨犒物及磬欸之音法",有曰:"未言事而发响,如平旦之气,已言事而成声,即旦昼之所为矣。"其言亦几,故"即鹿未舍"者,不足以语此也。全书什九明韵,盖以开发收闭分清浊,各自成表,每表以二十四姆横观平上去入,又别四等竖观,故此书如不论以声音以取卦象,实同韵书也。

93. 赵以夫《易通》提要

　　《易通》六卷,宋赵以夫著。以夫字用父,号虚舟,宗室子,居于长乐,登宁宗嘉定十年(1217)进士。《自序》谓此书成于丙午(理宗淳祐六年,即 1246 年)夏,登进士已三十年。书成表进,有御笔题于卷首。六卷外另有《或问》、《类例》、《图象》四卷,已佚。据何乔远《闽书》,知赵氏著此书曾与黄绩上下其论。而赵汝腾《庸斋集》有讥赵氏云:"进《易》尚且代笔",则此书或系赵氏与黄氏相互参定,非出赵一人之手。黄绩字德远,甫田人,从陈师复(宓)、潘谦子(柄)二子游,及二子卒,同门友筑东湖书堂,充涵江书院山长,以"独不惧"名斋。夫斋名取于《易》,善《易》无疑。况潘氏亦著有《易解》,故黄氏有与于此书,或非虚言。

　　若此书之大义,明变易与不易,谓玄为变,贞为不变,盖从《易小传》之一爻变中变化而得。然得失互见,爻之变不变,反见错杂而失其本旨,盖未知用圣人之大宝位也。若赵、黄二氏之心得在卦变图,其图必载入《图象》,今虽佚,尚可因文而为之补作,名之曰《易通卦变图》。

　　下图中,有圈者为卦主,箭头示所从来之卦,若九卦从否、泰来,未分先后,故其间无箭头。观此图之变,分下、上二体,可免一卦从二卦来之歧,此其得也。若六子所变之卦为下、上二体同时皆易,似不如一易之简。清黄式三所著《易释》之卦变略同此图,唯于六子卦即变其上体而不变下体,疑为此图之改进。至于兼用辟卦及六子卦之来,有琐碎之弊,且一阴一阳、二阴二阳卦皆一卦仅变二卦,而三阴三阳卦为一卦变九卦,其多少亦不称,此其失也。后吴澄《易纂言》之卦变,即用此图。

易通卦变图

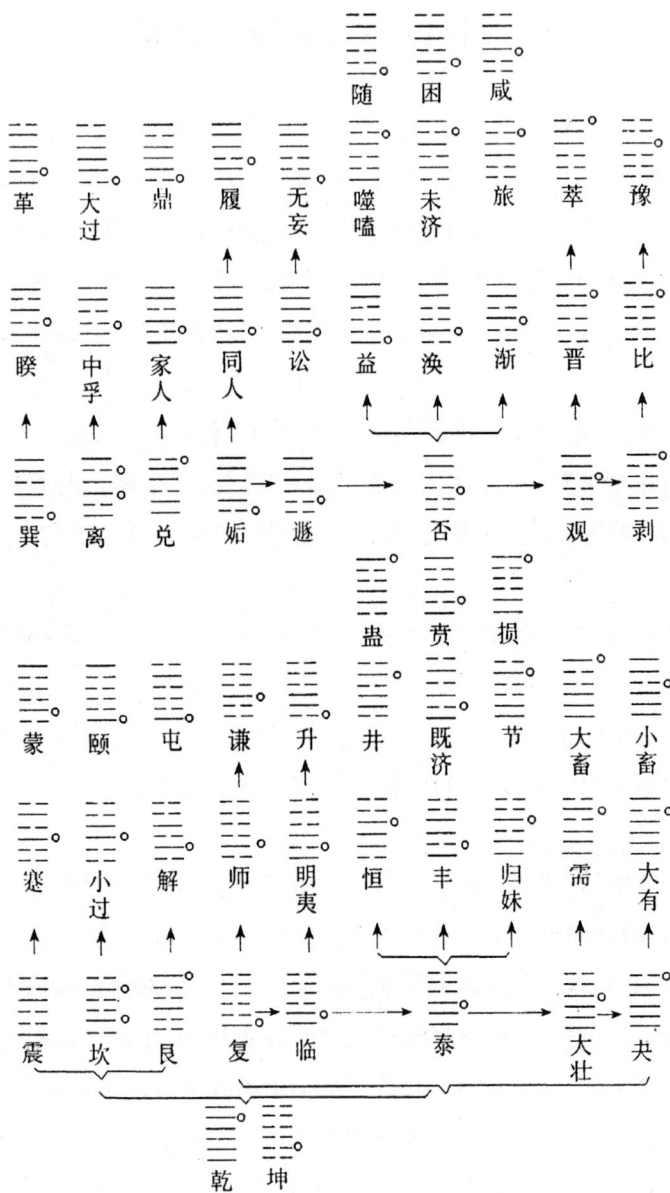

242

此书唯解二篇及《彖》、《象》、《系辞》、《文言》等，六翼皆未及。释坤初曰："圣人于乾之初言'勿用'者，恐其为妬也。于坤之初言'坚冰至'者，忧其不能为复也。"象义皆合。解初筮、原筮曰："凡卦以内卦为初筮，外卦为原筮。蒙本震，以初之刚易二之柔，故曰初筮；比本剥，以上之刚易五之柔，故曰原筮。二卦之《彖》皆言以刚中者，以刚居二五，具在两柔之中也。"此于初、原刚中之象甚切。释豫卦《大象》曰："震为声乐也，互坎为黄钟，黄钟以下生林钟，林钟上生太簇，坤在下，互艮在其上也。黄钟天统，林钟地统，太簇人统，三统相通，律吕皆和，乐之成也。美盛德之形容，以其成功告于神明，万物本乎天人，本乎祖，所以郊祀明堂，以祖考配上帝也。帝出乎震，艮为门阙，宗庙之象。"此以四参象释震乐之三统，坎当黄钟子，隔八下生坤当林钟未，隔八上生艮当太簇寅，乃下卦林钟其数六，下参太簇其数八，上参黄钟其数九，上卦震乐合此三统，可云深得作乐之象矣。释节上曰："卦本泰，三五相易而为节，五与四孚，是之谓甘，三无上应，是之谓苦。岂惟三哉，上无三应，其道亦穷。苦则一也，守正必凶而又戒以悔亡者，上柔当位不可轻变也。三既失位，宜变刚以应上也。于此爻而言悔亡，盖上变为中孚，不若三变为需也。"此说较都氏等为得，能本于位当而不变也。释讼初"不永所事"曰："永，刚也；事，变也。'不永所事'，不变为刚以敌乎四，盖知讼之不可长也。"此说殊不可，以"刚"释"永"，以"变"释"事"，而明其不变，皆为望文生义，注经之大忌也。柔岂不可永而事，亦有不变者也。若沈该曰："卦变为履，履不处也，过之而不处，'不永所事'之象也。"则反合爻义。盖此爻失位，不可不变也，变以敌乎四，故"小有言"。然过在四而不在初，是故"其辨明"而"终吉"，则"不永所事"变成"不处"以敌四，非长讼也，乃"作事谋始"，与四易正而成中孚信也。释蛊上曰："事，变也。以刚居上不变为柔以应乎三，'不事王侯'也。卦本泰，刚自外来而为主于上，不变焉，'高尚其事'也。"又曰："通变之谓事，圣人借不事之辞，以明不可变之义。"此说亦不可。若如其说，经文将曰"高尚其不事",不然仍有所变,何以知其为不可变。沈该曰:"卦象为升。冥升在上,得夫不息之正;不事王侯,高尚其事之象也。"亦与爻象合,故知唯取一爻变以解经,虽取义未广,反可免穿凿。若赵氏之欲兼取变不变,其意可取,乃未知乎易简之位,是故附会之处不一而足。再者,变不变与用不用及动静宜有辨焉。凡七八象为静、九六爻为动,象而爻乃由静而动,即由勿用而用,非变也,必阴阳由九而八、六而七方为变,若赵氏混而同之,尤违易义。于取象有曰巽为手,离为言为车,或又曰艮为言,皆与象义未合。

94. 税与权《易学启蒙小传》提要

《易学启蒙小传》一卷,宋税与权著。与权字巽甫,巴郡人。此书成于理宗淳祐八年(1248),距朱子之成《启蒙》已六十余年矣。税氏乃鹤山门人,可谓朱子之再传。于象数实有所见,足补《启蒙》所未备。盖朱子未及后天六十四卦图,税氏本邵氏之上下篇皆综成十八卦之义,作《后天周易序卦图》,此实为《序卦》方图,已得其缊焉。若后天卦位之六十四卦图是否即为《序卦》之次,则尚有可议。又作"奇偶图"、"生成图",实同刘牧之"天数第十二"、"地数第十三"、"阳中阴第二十四"、"阴中阳第二十五"四图,本之以配卦,凡乾九坤六兼及乾一坤四合十数也,坎五离十河图之中数也,震七艮三巽二兑八皆综合而为十也。此奇偶十数,以乾坤之一九六四为始终当纳甲,特作图以明之:

乾甲一	坤乙六
艮丙三	兑丁八
坎戊五	离己十
震庚七	巽辛二
乾壬九	坤癸四

上图乃本税氏之奇偶图,唯移二四于下,即与纳甲全合而为"五位

相得而各有合"。可见税氏之本乾九坤六而配全八卦于十数，确合象数之自然，非以意为之者也。又妙者奇偶之化为生成，又与十二辟卦密合，此岂有求而为哉！特录生成图于下：

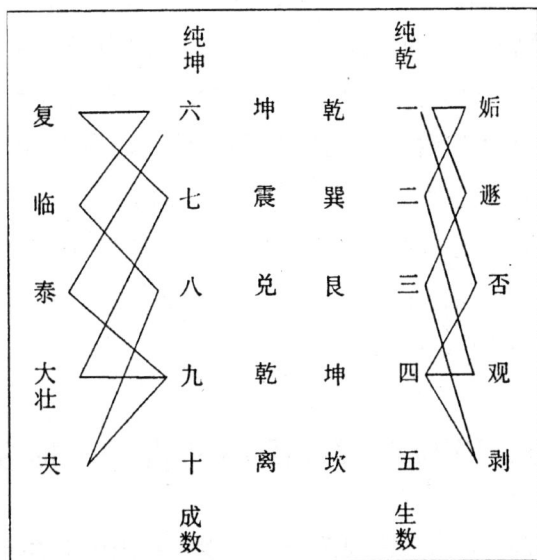

凡此"奇偶"、"生成"二图，非税氏之独见乎？象数之互用，消息之流行，皆可观此而得其要。发刘氏所未发，实有功于易理，岂徒刘氏之功臣耳。若本上下篇皆为十八卦而悟用九，亦自有所得。"九为究数图"乃远承《太玄》而近法《洪范》内篇者也。又"大衍本数五位究于九图"本数学之自然，丁易东之《大衍索隐》略似之，未识曾取法于此乎。末曰："孔子知文王作《易》有忧患之意，于是三陈九卦而申其义。上经取三卦而三陈之，明用一九也；下经取六卦而三陈之，明用二九也。《文言》谓'乾元用九乃见天则'，于用九而见天则，九何可遇哉。过九而亢，则非天则而有悔矣。孔子三陈九卦，意其畏匡以后事乎？故曰：'文王既没，文不在兹乎。天之将丧斯文也，后死者不得与于斯文也；天之未丧斯文也，匡人其如予何。'吁！斯文兴丧关诸天，而圣人处忧患也,乐天而知命,此天之所以为天,而文王、孔子之所以为文也夫!"
其义亦殊淳正。书后有丹稜史子翠之跋。史氏始末未详,乃税氏之
友,亦究乎易数者也。跋中曰:"巽甫谓乾九能兼坤六,坤阴不能包乾
阳。予谓六之中有一三五焉,则九数固藏于六也。乾坤二卦阴中包
阳,阳中包阴,巽甫以为如何。"《四库提要》本之而曰:"盖天下之数不
出奇偶,任举一义皆有说可通,愈通而愈各有理,此类是矣。"夫《四库》
之言殊有所见,然"愈各有理",仍不可不辩其理之所本。税、史二氏之
说,税氏乃本首乾之大义,史氏则本阴阳互根而消息。以数言九包六,
而六不能包九,即参天两地之义,地安能包天哉! 若六数中有一三五
者,偶包奇一部分而未能包其全。故"大哉乾元"而"不言所利","至哉
坤元"而唯"利牝马之贞"也。

95. 税与权《税氏周易古经》提要

《税氏周易古经》一卷,宋税与权考定。税氏始末另详《易学启蒙
小传》提要。此书乃继《易学启蒙小传》而成,最后之自题时当理宗淳
祐九年(1249)。夫税氏盖深体乎邵子所谓上下篇皆反复成十八卦之
理。故既作"后天周易序卦图",复本之而考定古经。凡中画一卦,上
下对系卦爻辞,于反复不衰卦则中画错卦之象二,其言曰:"从邵氏本
刻石而反复互观,此古竹书体也,其法仅存者,今司马迁《年表》大事记
犹然。"今读其书,反复互观已极不便,况刻石乎! 古竹书之有否此体,
绝无所据,乃以意为之耳。盖反复以观卦象则是,以之系辞恐未必也。
若于自跋中严斥王弼、何晏、韩康伯注《易》之失,殊得其实。

又载"上下经八正卦各交七卦成六十四卦"、"上下经反对阴阳
数",二表盖录上下经中二体相交之情状及阴阳爻数之多寡,上表之八
正卦即反复不衰卦,凡乾、大过交成小畜、履,乾、中孚交成姤、夬等等,
是也。一以交七,六十四卦皆由八正卦相交而成,凡交成之卦皆为反

复卦,其象甚妙,盖本邵子之说,张行成《易通变》中已有此表。此外录吕祖谦十二篇之说及朱子之言,盖税氏之古经除二篇之书法外,实无异于吕氏者也。

再者,今所存税氏之书,由俞琰于元成宗大德十年(1306)所抄录者,微此一抄,恐已佚矣,则俞氏非税氏之功臣乎。

96. 林光世《水村易镜》提要

《水村易镜》一卷,宋林光世著。光世字逢圣,莆田人。于理宗淳祐六年居海上观天象而得悟易象,乃著此书。成而自序于淳祐十一年(1251),亦经六年之功。书上,以布衣召赴阙,充秘书省检校文字等职。

林氏自序曰:"古之君子,天地日月星辰、阴阳造化、鸟兽草木无所不知,不必读繇辞爻辞,眼前皆自然之易也。"又曰:"忽一夕观天有所感,纵观天泽火雷、风水山地、八宫之星,皆自然六十四卦也,遂顿悟圣人画卦初意。"按《系辞》有庖牺氏仰观俯察等以作八卦,则画卦初意确有与于天文。贲《象》亦曰:"观乎天文以察时变。"故林氏之以天文星象合诸卦象可谓妙悟,亦推广郑氏爻辰之意也。全书释《系辞》,盖取之十三卦,内乾坤合一,凡十二象,每象皆以星象之。若序中曰八宫之星次依先天图,于取象时则准后天图。二宫之间略有重合及参差者,其大别以下图示之(图见下页)。

凡离卦田渔当井至轸,益卦上巽下震之耒耨当轸至牛,噬嗑狱市兼取震宫、离宫等等,是也。又田渔之象,离互巽兑,故亦取其星象。其言曰:"巽宫东南内厨二星在紫宫中属轸,主宴饮,司民食。兑宫西方奎为封豕,娄为聚众,胃天之厨藏,内有天阴五星,从天子弋猎臣也。昴七星曰旄头,猎则前驱;毕八星为罕车主弋猎。《诗》有'抹天毕',毛注有'柄之罔',此制器者尚其象之始。毕之上咸池三星在五车中,鱼鸟所托,鱼圉也,主陂池泽沼鱼鳖凫雁之事。毕之下天苑十三星主禽兽,旁六星曰

柳　星三　张　翼三　参　觜　昴　毕　胃　娄　奎　壁　室　危三　虚　女　牛　斗　箕　尾三　心　房三　氐　亢　角三　轸

离　震　兑　坎

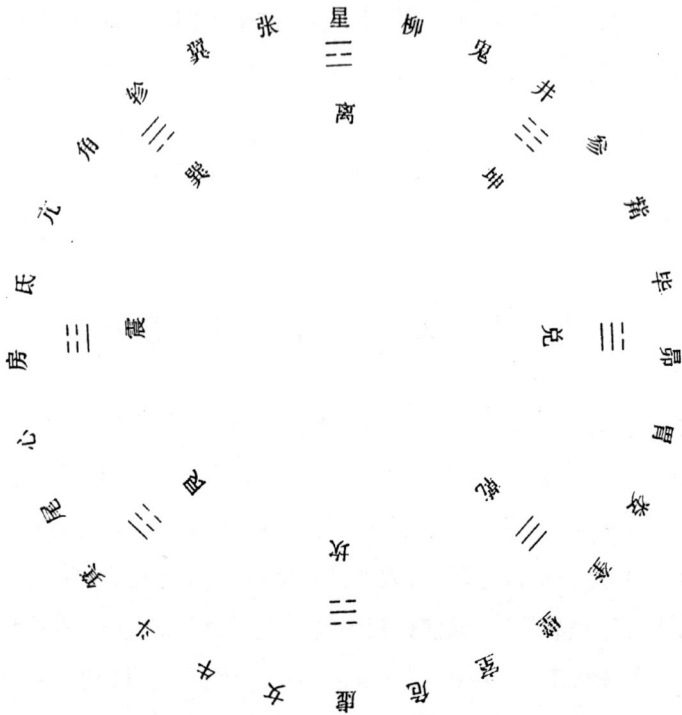

刍藁,主牛马。毕下一星附耳,上窥咸池之鱼鸟,下睨天苑之禽兽。以田以渔之义始此。"以下各节大率类此。又每准岁差以求尧与汉之不同差数,取七十二年余,以今用之七十一年九月,视之亦甚准确。

再者,更以卦画取象,特示涣卦于下:

危之象 操舟于	舟之楫象
风	帆
船底	樯
舷舷	楫楫
坎	舷舷
水	船底
	水分西去

盖寓有载舟覆舟之戒焉。于乾坤之合一，乃成十二画以取种种之象（▤▤），亦不无可取。故是书者，能发人所未发，自得之情可喻。《四库》独不收而置诸存目，未免隘陋。唯恒星之名每多后起，必准而言，难免有倒置之弊。若星象之消息，自然有合乎易象，安可不言乎。

97. 朱鉴《朱文公易说》提要

《朱文公易说》二十三卷，宋朱鉴辑。鉴字子明，塾之长子。塾即朱子之长子，故鉴为朱子之嫡长孙。生于光宗绍熙元年(1190)，卒于理宗宝祐六年(1258)，年六十九。朱子卒时，鉴已十一岁，以荫补迪功郎，官至奉直大夫、湖广总领，始移居于建安紫霞洲。是书盖辑成于守富川时，刊行于理宗淳祐十二年(1252)。

考《宋志》载朱子易著有四种，然《易传》十一卷尚依王弼本之次，犹《本义》之初稿耳，故《本义》出而其书废，宜于宋代已不传。又《古易音训》二卷，《答滕珙书》中曾提及。盖朱子之古《易》从吕祖谦本，于《易》亦未著《音训》。鉴跋《吕氏音训》曰："先公著述经传悉加音训，而于《易》独否者，以有东莱先生此书也。"则朱子之易著，惟《本义》与《启蒙》二种。此外论说易理者，皆散见于《语录》、《文集》而已。鉴乃为之分类哀辑以成此书，由是朱子亦有《易说》焉。

若此书之分类，除分二篇十翼外，有加河图、洛书，附"先天图"、"太极"、"两仪附阴阳奇耦"、"四象"、"八卦"、"六十四卦"、"乾坤"七类，末加"正讹"、"作《易》"、"读《易》"、"古《易》启蒙"、"濂洛诸说"、"注疏欧苏近世及《参同契》"、"卜筮"、"揲法卜法"、"蓍卦考误"、"诸家卜筮"、"杂问答"、"论《程氏易传》"十二类，可谓详明。凡朱子于易学之论述悉在其中，足补《本义》、《启蒙》所未备，鉴之发扬祖说，述而不作，功已大矣。

观夫朱子之《易》，殊有创见，约分六类。曰明辨图书。盖自陈抟传出后，至刘牧而误为九数河图、十数洛书。若王湜、张行成等传邵子之说者，于图书数皆兼从刘氏说。即朱汉上之博采，于图书数亦未能考。与朱子同时之程大昌犹然。迨朱子与蔡元定等，始正为十数河图、九数洛书，则于古有稽，名正言顺，其功一也。曰发扬先天之说。考邵子所传之先天，非一家之私言，太极生生之理岂容附会，然失而复得，非有过人之知者，未必能信。且邵子之学，以先天合其《皇极经世》为一。《皇极经世》者，其说可取，然系邵子一家之言。故朱子仅取先天之说以为伏羲、孔子之说，于《皇极经世》则以一家之言视之，乃与传邵学者未可同日而语，其功二也。曰从周子之太极图说。详论无极、太极之理，兼通有无，其功三也。四曰推原伏羲、文王、孔子作《易》之旨，以同而见异，能明辨先后天及二篇十翼，所谓有天地自然之易，有伏羲之《易》，有文王、周公之《易》，有孔子之《易》，其功四也。曰以《易》为卜筮之书。不取空说义理，视《程传》犹有此失，乃纯以卜筮申明易道，不用一事一理穿凿卦爻辞，其功五也。曰考正筮法。若此书中之"蓍卦考误"，盖朱子读郭氏《辨疑》而考其误，可与《启蒙》并读。当时或有单行本，故《经义考》录朱子易著，除《宋志》所载之四种外，尚有"《蓍卦考误》一卷"，实则此卷已收入此书。由此卷及《启蒙》、"语录"等于筮法言之极详，阐明经义所载之古说，其功六也。以上六点虽亦见于《本义》、《启蒙》，然不若此书中与学侣门人之反复详论，庶见当日孜孜讲学之勤，用其毕身之精力，千载之下，想见其人，敬佩之心油然生焉。

此外如详论四德之缊，体乎内敬外义之妙，辨明仁阳而义阴，申述诸家之失得，皆足以裨益易道，深得圣心者也。然为时所限，难免有拘。若未悟汉代取象之说，尚以汉上等为非，拘于虚也。知无极、太极之可通，仍讳言"无极"之出于《老子》。知《参同契》之有益于身心，仍以意轻之，盖佛、老不可不抑者，拘于儒也。既明先天之位，反未详后天之说，以二篇之分为简袠重大，以忧患九卦为圣人随口而言等，皆未究象数之蔽，陷于穿鉴附会，拘于知也。凡此三者，似不必为贤者讳。读其《易》而择其善，于易道庶几焉。惜自宋迄今，学者莫不读朱子之

《易》,奈各有所拘,善继其神者不可多得也。

98. 赵汝楳《周易辑闻》提要

《周易辑闻》六卷,宋赵汝楳著。汝楳汴水人,宋宗室,善湘之子,史弥远之婿。官至户部侍郎,晚岁以理财进,用失士誉。此书自序曰:"汝楳齿耄学荒,何敢言《易》。独念先君子自始至末于《易》凡六稿,日进日益,末稿题曰《补过》。汝楳得于口授者居多,外除以来,逾二十载,因辑所闻于篇,庶不忘先君子之教,且以观吾过。"然则书名《辑闻》者,辑所闻于其父,盖家学也。考善湘致仕于理宗淳祐二年(1242),旋卒,所著有《周易约说》八卷,《周易或问》四卷,《周易续问》八卷,《周易指要》四卷,《学易补过》六卷,惜皆佚,幸有此书及《易雅》、《筮宗》(皆赵汝楳著,提要另详),故善湘之《易》犹未亡也。若汝楳于晚年成此三书,今以度宗咸淳元年(1265)论,当淳祐二年后之二十三年,或可近似焉。夫其人可议,然能守其家学,况未可以人废言,此书中亦有可取者。

观此书于经文以意编次,舍去"《彖》曰""《象》曰"、"《文言》曰",虽曰便于阅读,实使初学者不辨二篇十翼,何其狂耶。又不信十翼,而所注未及《系辞》以下,尤悖于理。此二者与朱子《本义》较之,相去远矣。以时言善湘晚朱子四五十年,奈未能遵循之,宜有此失。至于六卷之分,本《序卦》之反对。曰反者,当汉儒之反复卦,如屯、蒙;曰对者,当汉儒之旁通卦,如乾、坤。故反对者,即明儒来氏名之曰"错综"者也。凡以反对视之,《序卦》上下经皆十八卦,乃以六卦为一卷,此分卷法得卦象之自然,优于先儒者也。于每卦之前各注明卦变、爻变。其所谓卦变者,当上下两体之重,如谦于卦变为坤重艮,恒于卦变为震重巽,是乃重卦之变,非先儒所谓卦变;而所谓爻变者,实当先儒之卦变也。此名实之不同,读其书者不可不知。考赵氏之爻变,殊有心得,详载于《易雅》。特依其象而合成一图,名之曰"赵汝楳爻变图",今录于下:

赵汝楳爻变图

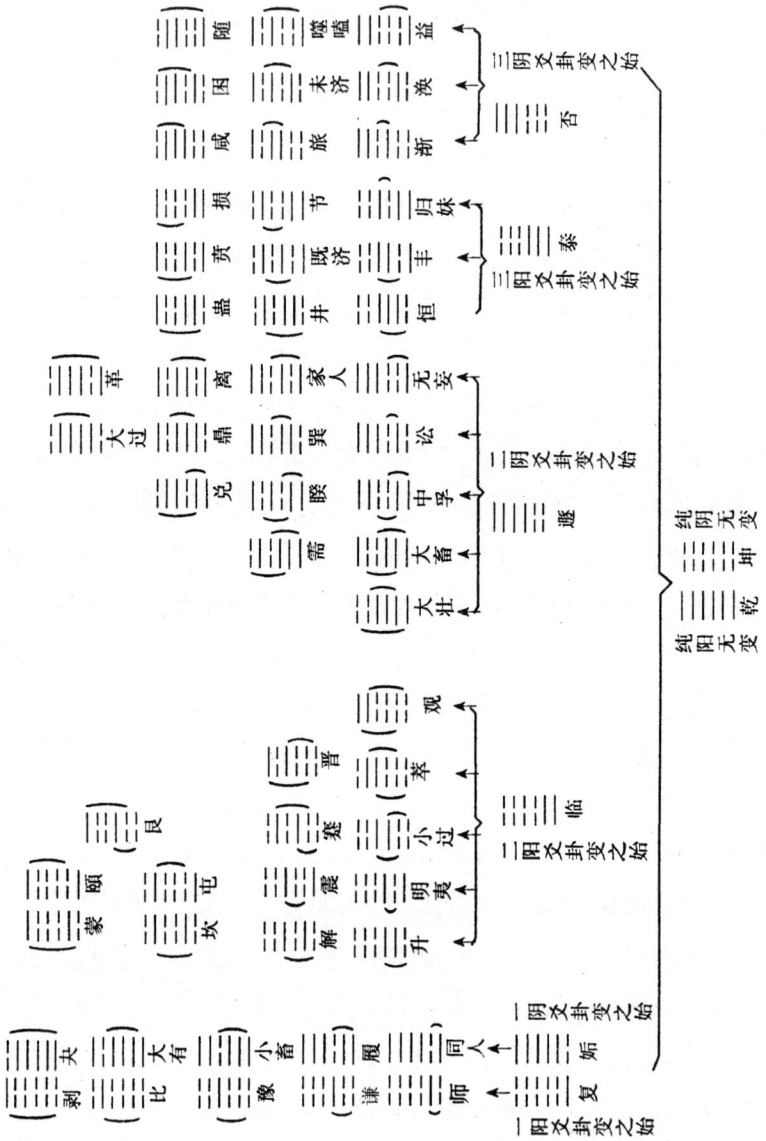

随　噬嗑　益
困　未济　涣　　　　　三阴爻卦变之始
咸　旅　渐　　　　　　　否

损　节　归妹
贲　既济　丰　　　　　　三阳爻卦变之始
蛊　井　恒　　　　　　　泰

革　离　家人　无妄
大过　鼎　巽　讼　　　　三阴爻卦变之始
兑　睽　中孚　　　　　　遯
需　大畜
大壮

纯阳无变乾
纯阴无变坤

观
晋　萃
蹇　小过　　　　　　　三阳爻卦变之始
震　明夷　　　　　　　临
解　升

艮
颐　屯
蒙　坎

夬　大有　小畜　履　同人
剥　比　豫　谦　师　　　一阴爻卦变之始　一阳爻卦变之始
　　　　　　　　　　　姤　　　　　　　复

赵氏此图,于乾坤外之十辟卦仅用其六,合乎否、泰反类之道。于二阴二阳卦能用二次变易,则中孚、小过等亦可变出,便于用十辟卦者。其次自下而上,皆有条不紊,有例可法,斯为可贵焉。凡卦变(赵氏名之曰爻变)而用二次变易,朱子《本义》中已用之,然未若赵氏之贯彻于二阴二阳卦也。夫宋儒言卦变,自然以李挺之为主,他如赵以夫及此图皆自成体例。然挺之之图有朱子用之,以夫之图有吴澄用之,唯汝楳之图,其后尚未见用之者,或误用爻变之名所致欤?今宜表出之以存其实。于注经时可择其合乎象者而用之。赵氏于中孚卦曰:"二柔自初二升为三四,曰:'在内',以在中爻之内也;九四之刚,降为九二为'得中',得下卦之中也。"尚能自圆其说。

凡于每卦之首总论是卦之大义。如于需卦曰:"卦之两阴为险以陷阳,六四其首也。故诸爻之情皆系于四,以去之远近为险易之象。卦之险本欲陷阳爻之险,反为阳所迫于郊、于沙、于泥,三阳虽需而浸进,阴遂出穴以辟入穴以伏,终不能陷阳也。"于讼卦曰:"两经卦犹六人为两党,二阴一阳合谋为险,三阳合谋为健而成讼,六爻犹六人为三耦人自为谋,故不险不健而不成讼。初六、六三、六四皆终吉,二无眚,五元吉;上虽褫服亦无灾凶,他卦罕有其比。卦爻之变,吉凶胥反如是,世之险健者能幡然而改,何吉如之?"于颐卦曰:"颐中有物,贵于动而后合,今颐本虚而下犹动,故动之体凶,止之体吉。初之凶失在观,二之凶失在行,三正乎凶以动极也,四丽乎止,五居正,上厉,故皆吉。"颇能味乎卦爻之情伪,发先儒未发之义焉。

又明玩卦爻之法曰:"玩卦之法:有备三才者,有备天地者,有通为一象一义者,有判为两象两义者,有专言应比者,有言应不言比者,有言比不言应者,有不言应比者,有五爻宗一爻者,有一爻统五爻者,有一爻为主而以应不应为义者,有两爻为主而以从违为义者,有交敌者,有二主者,有以动爻为义者,有立观者,有偃观者,有四爻宗一爻而一爻贰之者,有六爻各为应而不胥通者。玩爻之法:有应而吉、应而凶者,有不应而凶、不应而吉者,有比而吉、比而凶者,有远而凶、远而吉者,有先而吉、先而凶者,有后而凶、后而吉者,有上而吉、上而凶者,有下而凶、下而吉者,有当位而吉、当位而凶者,有不当位而凶、不当位而吉者。"其分析可云详尽。然所谓玩卦、玩爻者,实皆属玩卦之法。至于"六爻发挥旁通情也"之缊犹未及,故不言应比得失之吉凶变化,以汉易观之,尚有一间之隔也。

99. 赵汝楳《易雅》提要

《易雅》一卷,宋赵汝楳著。汝楳始末见《周易辑闻》提要。此书之成,亦以度宗咸淳元年(公元 1265)论。全书凡十八释,曰"通释"、"书释"、"学释"、"情释"、"位释"、"象释"、"辞释"、"变释"、"占释"、"卦变释"、"爻变释"、"得失释"、"八卦释"、"六爻释"、"阴阳释"、"太极名义释"、"象数体用图释"、"图书释"。

首曰"通释"者,明易道之体例,义谓易道寓于象数辞,所以发象数之缊而明道也。辞分卦爻,卦分体与名,爻分位与吉凶。卦之名、爻之吉凶皆象也,卦体、爻位皆数也。凡象谓阳奇阴偶,数谓阳一阴二,其义可作表以示之:

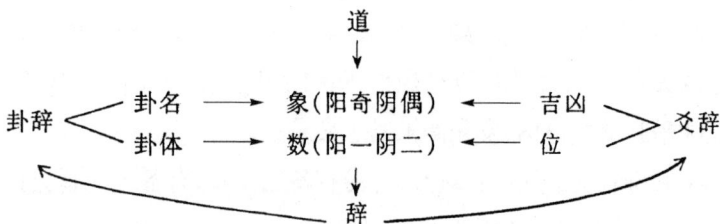

$$
\begin{array}{c}
道 \\
\downarrow
\end{array}
$$

卦辞 ← 卦名 → 象(阳奇阴偶) ← 吉凶 → 爻辞
卦体 → 数(阳一阴二) ← 位
↓
辞

观赵氏之有此体例,宜能明辨泾渭,宋易中不经见者也。"书释"中不信郭京之《举正》,"学释"中不信谶纬及后人所作之《子夏易传》(非清儒所辑者),皆有卓识。"情释"中曰:"学者当玩圣人之辞以求卦爻之情,即卦爻之情以制己之情,庶几情复于性,此圣人系辞之情也。"

殊得利贞性情之精义。"位释"能辨六位之变化，非王弼之初上无位，亦是。以下"象"、"辞"、"变"、"占"四释即易道四，不能主一偏。于象谓："汉易病于固滞，辅嗣则流于荒忽。"于占谓："占之要本于圣人，其法有五：曰身、曰位、曰时、曰事、曰占。求占之谓身，所居之谓位，所遇之谓时，命筮之谓事，兆吉凶之谓占。故善占者既得卦矣，必先察其人之素履与居位之当否、遭时之险夷，又考所筮之邪正，以定吉凶。"语皆中肯。论"辞"、"变"之义，亦圆融无碍。于卦爻变，已详《周易辑闻》提要。若谓变卦、卦变不同，卦变者卦自为变，变卦者变因乎蓍，又谓得生生乎动，皆可备一说。"八卦释"谓八卦之取象，"六爻释"谓六位之取象，"阴阳释"谓二仪之取象，所引之象得失互见。惟其不信《说卦》之象，乃用私智而凿焉。于"太极名义"中辨周子之说为儒家之说，而异于老、庄，则似亦多事。"象数体用"者，象体即先天八卦，用即后天八卦，数体即河图，用即洛书。末"图书释"大义亦同。盖不取图书之名，而仍用其数，则难免有朝三暮四之嫌。

100. 赵汝楳《筮宗》提要

《筮宗》一卷，宋赵汝楳著。此书之成，亦以度宗元年论（1265）。全书共三节，曰"释本"、"述筮"、"先传考"。凡集先儒说筮者四十余家，故书名《筮宗》。自序曰："宗，聚也。筮之学聚此编也。"

曰"释本"者，即释大衍章蓍法，与《启蒙》同。惟以"挂一为一岁，揲左为二岁，归左奇为三岁，揲右为四岁，归右奇为五岁"，其象未是。凡每变仅象二岁（左右扐），三变成一爻为六岁。第一变二岁尚不足闰而不归奇，第二、第三变二次归奇为再闰时，略当五岁，第六岁自然有余分可不计，而布成一爻以观其阴阳之变也。

曰"述筮"者，首载"筮仪"义同朱子。而其文自作，中曰"揲法"，与《启蒙》全同。末曰"蓍变卦乾图"，即《启蒙》三十二图中乾坤一图，惟卦次略有先后,当以《启蒙》为准。

曰"先传考"者,综述先儒之释大衍章,众说缤纷,可择善而取。可贵者,即在此节有原书已佚而赖此以存者。如引唐张辕之《周易启元》曰:"老阳变成少阴,老阴变成少阳。"引陈希夷曰:"物数有进退。人寿百岁,前五十为进,后五十为退。大衍者,半百之进数也。"由张氏说可明四象之互变,非徒九、六之互变也。由陈氏说可知大衍之数乃百数之半,犹河、洛之中数,不必固执于由五十五减五而成也。凡此等,皆为确然大义而幸存者,则赵氏收辑之功显矣。

101. 董楷《周易传义附录》提要

《周易传义附录》十四卷,宋董楷辑。楷字正叔,亦曰正翁,台州临海人。理宗宝祐四年(1256)中文天祥榜进士。初为绩溪主簿,擢守洪州,终于吏部郎中,有惠政。学出陈器之(埴),得朱子再传。此书辑成于度宗咸淳丙寅(1266),当登进士后十年,宜尚在中年。

考宋代之《易》,以程、朱为主。程著《易传》,朱著《本义》,一言理,一言筮,各有所见。董氏乃合二书为一,又取程、朱之《语录》、《文集》中有及于《易》者,以辑于《传义》。下曰《附录》,卷首除《自序》、《凡例》外,载有程子之《易传序》、《上下篇义》,朱子之"五赞"、"筮仪"、"易图",并辑成"程子易纲领"、"朱子易纲领"、"朱子论程传"三类,此三类之《语录》,确能见程、朱《易》之旨。唯朱子于《程传》实兼论其失得,如谓程子说理过深,非经义,难免一卦一爻仍作一事观之等是也,皆谓程子未能以占筮视《易》。而董氏所辑者,仅辑朱子论程子之得,而不辑其失,盖以程子之理为主。董氏自识中准陈器之之义,"凡文公之说,皆所以发明程子之说,或足其所未尽,或补其所未圆,或白其所未莹,或贯其所未一,其实不离乎程说之中,必如是而后谓有功于程子,未可以优劣校之。此楷区区纂集之意也。"故此书之成,功在《程传》。夫朱子之《易》，于《本义》、《启蒙》外，有其孙鉴辑成《易说》，则一身之讲《易》皆在其中。若程子之《易》，除《易传》外，其说尚散在集中，而董氏此书乃什九辑入，辅以朱说，可谓备程、朱说理之全。凡读《程传》后，此书不可不读。辑而未作，其资料已可贵焉。其后董真卿成《经传集程朱解附录纂注》，即以此书为蓝本，愈后愈详，其理仍同。程、朱易说之深入人心，未可忽正叔首为纂集之功也。

论者或以此书之编次割裂，《朱义》从《程传》，复失十二篇之古《易》，未为得也。然王弼之合《彖》、《象》、《文言》于二篇，实便观览，与古《易》不妨并存。朱子必用古《易》者，盖不以孔子之《易》为文王、周公之《易》。凡文王、周公之《易》，纯以占筮言，孔子则言其理焉。若《程传》亦以二篇为说理，王弼本未尝不可用，斤斤于二篇十翼之离合，殊非急务。唯由是而不解文王、周公之经与孔子之传则大误，而明辨经传仍在学者。如孔疏之用王弼本，于《八论》中详言经传，犹古《易》也。清《折中》悉遵古《易》。奈如皮锡瑞等读之，又妄言经传皆出孔子，则虽有古《易》之编次，何益之有？况正叔用王弼本，于二篇顶格，十翼低一格，《传义》、《附录》文各低一格书之，可谓慎之至也。仍有非之者，尊朱子故耳，非董氏之失也。

102.　王应麟《周易郑康成注》提要

《周易郑康成注》一卷，宋王应麟辑。应麟字伯厚，庆元府鄞县人。理宗淳祐元年（1241）进士，入元不出，卒于成宗元贞二年（1296），年七十四。王氏学识极博，著述有《深宁集》、《困学纪闻》等。此书附刊于《玉海》，今有上海涵芬楼景印元刊本，首末载王氏自识二文，义略同，皆述郑学之兴废，并明郑氏解《易》多用互体，多改字。卷末一文盖作于癸酉，即度宗咸淳九年（1273），或即为是书辑成之年欤？

考《郑氏易注》约亡于五代之际，《崇文书目》所载仅存其《文言》一卷,又亡于南北宋之际。故至宋末,全书已亡逸一百五十年左右。王氏乃本《集解》、《释文》、《诗》、《三礼》、《春秋》义疏、《后汉书》、《文选注》等,凡涉及郑氏注《周易》之文,皆裒集而成此书。虽仅有一卷,足存郑氏之轮廓。读古《易》于已亡,传经义于无穷,王氏之功岂不大哉!迨清室中叶,辑佚之风大盛,大有裨益于学,王氏实为创始,可不深敬之乎。而清儒或谓王氏之不取郑氏改字,尚未足与言郑学,未免刻焉。盖时尚既异,且君子何可求备于一人耶。

103. 胡方平《易学启蒙通释》提要

《易学启蒙通释》二卷,宋胡方平著。方平字师鲁,玉斋婺源人,受《易》于董梦程、沈贵瑶。梦程者,学《易》于朱子之婿黄幹者也。故胡氏为朱子三传。其子一桂传父学,皆谨守朱子之说。一桂门人董真卿,云方平于元世祖至元二十六年己丑(1289)自序此书。考一桂于宋理宗景定五年领乡荐,其年十八,则至元己丑年为四十三,父方平之年当在七十左右。序此书后,一桂即以示于刘泾、熊禾等,乃刊于至元二十九年壬辰(1292)。刊书之年,刘与熊皆作跋,今皆存。惜方平之《自序》已佚。而《四库提要》曰:"己丑乃禾与泾刊书作跋之年,非方平自序之年,真卿误也。"未是。盖真卿未误,己丑实为方平自序之年,亦为一桂示书于刘与熊之年,是年方平尚在人间。而泾与禾刊书作跋之年,当在壬辰。故方平一身已当宋、元之际,谓之宋人固宜。然如通志堂之编次,竟置此书于项安世、郑汝谐之前,则有近百年之差。而《四库》反疑真卿之言,未深考耳。

观《经义考》尚载有方平之后序。有曰:"其文多发造化尊阳贱阴之义,《易》之纲领孰有大于是者哉?明本乎此,则《本义》一书如指诸掌矣。然《启蒙》固为读《本义》设,而读《启蒙》者正未可以易而视之也。"则方平之重视《启蒙》可见。曰"通释"者,犹注疏之,引有九家之说:曰黄幹、董铢、刘爚、陈植、蔡渊、蔡沉，皆朱子之门人；曰蔡模、徐幾、翁泳，皆朱子之再传。故此书之说，纯乎朱学也。首载十图，如以先后天配河图，先天洪范配洛书，分伏羲六十四卦方圆图为二等，皆能足成朱子之义。又作"近世揲蓍后二变不挂图"，则六十四种卦扐之变化中，得老阳、少阴各为二十七，得少阳为九，得老阴为一，其法合乎自然，可不辨而明，殊有功于蓍法者也。于《启蒙》原文之疏释，极详细精密，然义理皆未出《启蒙》之范围，不愧朱子之功臣也。引朱子之语以互明者甚多。

夫此书之内容，与赵汝楳之《易雅》、《筮宗》大半相似。然赵氏尚以象数体用之名当河洛先后天，于筮法亦兼及各家。而胡氏此书后于赵氏二三十年，已纯以朱子为宗，此可觇朱学发展之概况。若胡氏父子又胡斗元及子炳文等，皆为当时宗朱之翘楚也。

104．鲍云龙《天原发微》
附《辨正》提要

《天原发微》五卷，宋鲍云龙著。云龙字景翔，号鲁斋，歙县人。登理宗宝祐六年进士，入元不仕。此书自序于庚寅，已当元世祖至元二十七年（1290）。考鲍氏生于理宗宝庆二年（1226），卒于元成宗元贞二年（1296），年七十一岁。较王应麟少三岁而同年卒，皆宋气节之士也。鲍氏除此书外，尚有《大月令》、《筮草研几》二书，今皆未传。

是书者，取天数二十五而作二十五篇，每篇十余条，合成三百八十四条以况爻数。以理为经，以气为纬。自序有曰："明于天地之性，而不惑于神怪，士君子之学，孰有大于此哉？知此则识向上根源矣。"其旨殊正，先录篇目于下：

太极	动静	静动	辨方	元浑
分二	衍五	观象	太阳	太阴

少阳	少阴	天枢	岁会	司气
卦气	盈缩	象数	先后	左右
二中	阳复	数原	鬼神	变化

全书明天象为主,合以人事。什九取宋儒之说,且以邵、周、张、二程、朱六君子为主,偶采朱汉上、张观物、蔡西山诸儒之言,皆首录原文而下为之推论。凡宋儒之宇宙观,其中备矣。曰"太极"者,主于周子之"无极而太极"及邵子之"道为太极"、"心为太极"等,又以无极即程子所谓"冲漠无朕万象森然已具"之义,鲍氏以太极"为万物之本,涵阴阳动静于其中,而不杂阴阳动静以为言",可取。盖阴阳动静者,两仪对待之名。太极者,绝对之名也。下分"动静"、"静动",即周子"一动一静,互为基根",程子"动静无端,阴阳无始"之理。于静动篇引《系辞》之无思无为、寂然不动当之,亦切。此三篇即太极生两仪。下曰"辨方",即两仪生四象。然于四方中,以北方为主,乃准诸天象,以今而言,盖吾国位于北半球之故。曰"元浑"者,明四时行、万物生之理,故首引邵子之"天向一中分造化",下引周子之"观天地生物气象"及程、朱之"天地以生物为心"等。然曰"元浑"者犹生生之易,其乾元、坤元尚浑而未分,故下曰"分二"、"衍五",则阴阳五行各有其性焉。于"分二"中引张子曰:"一故神,两故化。两者,阴阳消长进退。"于"衍五"引周子曰:"阳变阴合,而生水木金火土。"是其要义。

以下"观象"者,谓观四象。邵子曰:"太阳为日,太阴为月,少阳为星,少阴为辰。"鲍氏即准之而明其象,日言其分至,月言其朔望,星分行星、恒星,于恒星详载星图,辰则邵子以为"天体",朱子以为"空无星处谓之辰"。鲍氏曰:"四象之中,又体一而用三,少阴反为体,而日月星所由丽也。其曰'辰空无星'者,辰本浑沦无迹,不可窥变,是为体之极。圣人因其日月所会之处,而以辰名之尔。故无体之中,无象不包。其不动而在北,为极星之枢者,则曰北辰。然则少阴为辰,固为天体,而北辰居天体之中,又为十有二辰之主也。"以今而言,辰犹所谓坐标,不定坐标,何能知日月星之位哉?下曰"天枢",即以北辰极星为中,而立坐标之中心。以下四篇,皆准此而言历法。"岁会"言十二辰次,有取乎邵子《皇极经世》之说。"司气"明一年之十二月、二十四气,以至七十二候,下附律吕声音之理。"卦气"者,兼及孟氏之卦气,扬氏之《太玄》,及邵子之先天卦气,理确可通。"盈缩"者,明置闰也。由"观象"至此十篇,纯言天象。

曰"象数"者,述河图洛书,大半取朱子之说合诸卦象,乃以先天合洛书,后天合河图。曰"先后"者,说先天、后天,义从邵子,分辨先后甚详,又兼论《序卦》之次及三十六宫诸说等,皆可参考。曰"左右"者,明顺逆之左右旋,盖从朱子之说。凡东南西北为左旋,西南东北为右旋;又以左旋为顺,右旋为逆。明数往知来之顺逆,实与邵子之说不同。曰"二中"者,取五为天数之中,六为地数之中,亦即干支之半谓天地之数,虚天五为大衍之数,虚地六为大衍之用数,理亦自然。曰"阳复"者,论复卦,其言曰:"濂溪就坤上归来处说复,故曰利贞,诚之复,说与王弼同。伊川就动处元字头上说复,故曰动之端,乃见天地之心。康节就动静中间说复,故曰一动一静之间。朱子谓道理只是一般,但所指地头不同尔。以复卦言,下面一爻正是动,如何说静得?观雷在地中之象,则伊川说为正。"所辨清晰。此篇之旨,乃上应"辨方"、"元浑"二篇者也。曰"数原"者,推重邵子之《皇极经世》,又引蔡氏之"气即数也",义亦恰当。间论著策数体用数等,终于明天一至地十之十数,不乏可取者。以天下之数出于理,违理则入于术,所见亦正。曰"鬼神"者,明阴阳死生魂魄之变。其言曰:"天地,其形也;死生,其气也。人受天地之气以生,阳魂属天,阴魂属地;死则魂气归于天,体魄降于地,依旧还大原里去。故举人之死生,可以包天地之昼夜,而日月晦明、四时变化、鬼神屈伸皆在其中矣,孰得以窥其际。"且承六君子之义,以排佛、老为己任。乃曰:"聃、竺二家,离了天地造化,又别作一样看。释

261

以鬼怖人，令人皈向则不堕轮回；老以仙诱人，令人修炼则可长生。又降而世俗焉，则土木为像，而庙之巫觋啸呼而祝之。曰：如是而已，孰能探造化赜哉？吁！可慨也已。"盖风气使然，必清源流，儒与佛老，不可不辨。若更进而观二家之说，非鲍氏之志。凡宋儒宇宙观之正宗，所谓理学者，其精微处即在此。乃以佛、老为质，而显郢人之斧也。曰"变化"者，谓"天地变化而阴阳生，阴阳变化而人物生，人物变化而圣贤生。古之为士者，三年有成，十年一化，始乎为士，终乎为圣人，皆变化其气质之性，以复于天命之性，亦曰敬而已矣。敬则主一，一则诚，诚则形，形则著，著则明，明则动，动则变，变则化，唯天下至诚为能化。"由主敬以变化气质成天命，程、朱之旨，亦此书之旨也。究此"敬则主一"之理，不忘太极而已。盖太极生生而卦象错杂，气质在焉，主敬以复一于太极，犹得天命之性，是谓能化。夫鲍氏以《太极篇》始，《变化篇》终，非此之谓乎？又全书之言，皆有序而不紊，可见其思之通贯矣。

其后一百七十余年，鲍氏之族人名宁，字廷谧，号谧斋，读此书而为之辨正，经一年而成于明英宗天顺五年（公元1461）。凡辨正百余条，其间改正引书之讹谬及脱漏，又为之解二十五篇之名义，补入各类之图，节录鲁斋当年与其友方虚谷之问答，皆有助于是书者。至于大节目之辨正，反多可议。如论"太极"，宁曰："节斋，蔡氏西山之长子，而从游于朱子之门者也。其解'易'字，每过高而背其师说。观朱子《易本义》以阴阳之变解'易'字，以阴阳之理名太极，则太极为《易》之本明矣。节斋谓《易》乃太极之所自出，又解'易'字作'无极'字，则易反在太极之先矣。岂不大有乖乎？……鲁斋著《天原发微》，谓太极上加'易有'二字，便见太极之有根源，谓'易'字最微密，乃阴阳变化妙处，在两仪万化之先，而具两仪万化之体。原其所失与节斋同一轨辙，岂非承其谬而未之正者耶？"按此说未是。《系》上曰："《易》有太极。"鲁斋之义，盖准诸此未尝有失，即朱子注曰："《易》者阴阳之变，太极者其理也。"谓阴阳之变有其理，是谓"《易》有太极"，则太极之上，何可不加"《易》有"二字？若宁之说，竟成"太极有《易》"，不亦谬乎。又如鲁斋以北辰当太极，有取乎汉马融之说，准诸《论语》"居其所而众星拱之"，揆诸事实，乃当地球之轴则以北辰为太极，犹坐标之中心，其说亦是。而宁必以为非，所见殊隘。至于鲁斋有明图书之象数，今皆为宁所删，原文由是而佚，不亦惜哉。类此者尚多。故宁之辨正，或谓当鲁斋之诤臣，实系鲁斋之罪人也。初已有赵汸正鲁斋之失，凡二十余处，加眉批而已。宁乃甚之，原其意，皆迷信朱学所致。当鲁斋之时，号尊朱而未迷，尚能择善而从。其后竟至唯朱说是听，如"《易》有太极"之经文可议而朱说不可非，是岂朱之意耶，不善学之故也。

105. 俞琰《周易集说》提要

《周易集说》四十卷，宋俞琰著。琰字玉吾，号石涧，吴县人，生于宋理宗宝祐初。宋亡不仕，变羽服隐林屋山，又号林屋山人。自谓读《易》三十年，无一日不读，可云有恒。初，俞氏摭各家《易》说之英华，萃为一书，名曰《大易会要》，凡一百三十卷。自元世祖至元二十一年(1284)更集诸说之善而为之说，即此书。初成而序于成宗元贞二年(1296)，经四易稿，成于武宗至大四年(1311)，最后全书编成而序于仁宗皇庆二年(1313)。书后尚附有"《易经》考证"、"《易传》考证"、"读《易》须知"、"易图纂要"、"六十四卦图"、"古占法"、"卦爻象占分类"、"易图合璧连珠"、"易卦别传"九种。通志堂本成德序曰："存，'易图纂要'、'易卦别传'二种附焉。"然竟未刊，或有单行本，今亦未见。

若《吴中人物考》谓俞氏于元仁宗延祐初年卒，《四库提要》等准之。然此书之题词中，有作于至治二年、泰定元年者，皆在延祐后，则俞氏尚在。惟于文传序于顺帝至正六年，谓俞氏已亡。且俞氏于泰定元年尚抄录李心传之《丙子学易编》，故知俞氏之卒当于泰定后年约七十余。

此书以古《易》为次,然《大象》自为一篇,故竟成二篇十一翼,通志堂本准此而成十三卷,非原意也。《四库》本尚分四十卷。全书注释简要,于经文字字有着落,非取一家之言,而各家之长皆在焉,盖先成《大易会要》所致。于字义每与诸经并观,如屯三之"虞",通于《书·舜典》之"咨益汝作朕虞",又《周礼》有"山虞"。蒙上"不利为寇"之"为",与《论语》"为卫君乎"之"为"同。讼四之"渝",与《郑风·羔裘》"舍命不渝"、《大雅·板》"敬天之渝"之"渝"同。师三之"舆尸","舆"与《文子》"舆死扶伤"之"舆"同,"尸"与《春秋·左传》"秦封殽尸"、"楚收晋尸"之"尸"同。恒初之"浚恒",与《诗·小弁》"莫浚匪泉"之"浚"同。若此等甚多,盖能会通群经,其义易明。于观象、说理不乏独见。如于蒙之筮,谓"初筮"指九二,"再三"指上九。于讼二曰:"'既逋'则近己者皆无连坐之患,故曰'其邑人三百户,无眚'。"上之"锡带"又曰:"锡之所以愧之也。"于复四曰:"复之六四,即剥之六三。向与众阴相失而独应于上,今在众阴之中独应于初。"于艮上曰:"震之动不可过,故震至上则凶;艮之止不患乎过,故艮至上则吉。"于兑上曰:"'引兑'与萃六二'引吉'之'引'同,彼引于上,此引于下也。"谓萃二兑上皆引于五爻。又于无妄《大象》曰:"胡旦与深居冯氏、云间田氏以'天下雷行物与'作一句,今从之。"谓:"雷之动于天下而无妄行,物之动于天下亦无妄,故曰'天下雷行物与无妄'。与者,应也;无妄,诚也。天以诚动,物以诚应,皆无妄也。"按胡、冯、田三氏之书今皆佚,赖此而存,确可备一说。于损、益《大象》曰:"山为泽所寇而为损,风得雷之助而为益。"且由是而明辨《彖》、《象》曰:"《彖传》言六爻刚柔之义,《象传》言二体上下之象,非相悖也,各有所发明也。"于涣《大象》曰:"夫风者,无形之物也,无所寓则无以见之,今行于水上而水动成文,然后见其为风之至。鬼神亦无形者,非设坛于郊、立庙于宫,则其享上帝祭祖考也,亦何所寓哉?先王观此象以享于帝立庙,于是郊焉而天神格,庙焉而人鬼飨,有所寓故也。"此说深切于卦象。于《文言》乾四曰:"'上'与'进'释'跃'

字,‘下’与‘退’释‘在渊’之义,‘无常’、‘无恒’释‘或’之义,‘非为邪’、‘非离群’、‘欲及时’以申‘无咎’之义。”析理殊精。于上进下退而取象,即上之五退之初,故实与汉荀爽之说同。一言象,一言理,无所异也。于《坤·文言》曰:“或疑《文言传》两赞用九,至用六则无一语及之。殊不思‘坤至柔而动也刚’,此非赞用六而何?”亦有见。论三极、三才曰:“三极之道言道之体,三才之道言道之用。”明大衍数以太极一两仪一二为三,四象一至四为十,八卦一至八为三十六,其和即五十,太极不用,即其用四十有九,数亦自然。见下图:

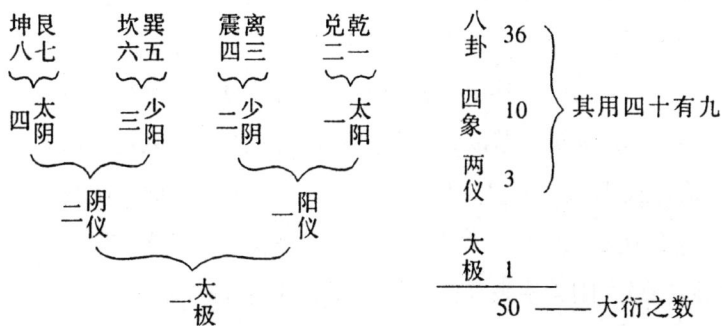

坤艮　坎巽　震离　兑乾
八七　六五　四三　二一

四　太阴　三　少阳　一　少阴　一　太阳
　　　　　　　　二　　　　　　二

一阴　一仪　　　　一阳　一仪

一太极

八卦　36
四象　10　　其用四十有九
两仪　3
太极　1
50 —— 大衍之数

又二篇之策数以应于一钧为铢,按初作权衡时或有取焉。更观其一斤为三百八十四铢,即爻数,似非偶然。其式如下:

1 钧＝30 斤＝480 两＝11520 铢
1 斤＝16 两＝384 铢
1 两＝24 铢

于《说卦》辨阴阳刚柔曰:“未入用则谓之阴阳,已入用则谓之刚柔;未入用故曰止观,已入用故曰发挥。”又明穷理、尽性、至命曰:“理譬则路也,性譬则足也,命譬则家也。……家无不可至,路无不可穷,而足有不能尽也。性有不能尽,而理无不可穷,命无不可至也。”于取象如谓:“离之‘科上槁’,盖与坎之‘坚多心’相反。艮为果蓏,则以阳刚在上,故为果;阴柔在下,故为蓏;以当木实、草实也。”明《序卦》之同人继否曰："向也乾坤否塞而上下不交也，今也乾离相同而上下相亲矣；向也不利群贞，今也利君子贞矣。向也君子在外以俭德辟难，今也同人于野亨利涉大川，则畴昔在外辟难之君子皆出而济难矣。大抵与否义相反，盖物不能终否，极则必反，故否后继以同人。"于二卦之旨言之详矣。

　　由上所述，可观俞氏于《易》能有得于心，数十年之功决未唐捐。若其蔽则在改经，先儒已改者每多采用，屡依郭京之谬说，尤为无见。自出新意以改者亦多，如屯三之"惟"当作"虽"，与丰初"虽旬无咎"之"虽"同。大畜三之"曰"以噬嗑九四准之，疑是"去"字。遯二之"胜"羡文，盖因渐九五而误。《杂卦》末节其次改成颐、大过、既济、未济、归妹、渐、姤、夬，乃前二卦用东坡所改、后六卦用蔡氏所改，而自成一说。凡此等皆不足为训。若以《易》阳为右，阴为左，则反取焉。以阳主生、阴主杀，而谓阴爻为武人，于象亦有可议。盖乾阳武而坤阴文，武者有神武而不杀义，未可以杀为武，杀者如暴客寇盗之象，非武人之象。他如以《象》之刚柔往来等仅指倒体而信卦变，说亦未正。

卷六

元

106. 李简《学易记》提要

《学易记》九卷，元李简著。简，信都人，自序于中统建元庚申，即宋理宗景定元年(1260)。是时蒙古尚未改国号元，然李氏身处于北，又自用忽必烈之建元，后人乃以元人目之。与许衡同时(是年许氏已五十二岁)，通志堂刻此书，即置于许氏《读易私言》前。然《四库提要》未加详考，以《序》中言及己未(当仁宗延祐六年)，乃误以为六十年后矣。次于张理之《易》尤非。盖张氏成《易》，已当至正二十四年，共有百余年之差，不可不正之。

夫李氏此书，与房审权《义海》、冯椅《易学》等相同，皆撷取先儒之说以解《易》。其所本者，曾献之命方闻一所辑之《大易粹言》，及杨彬夫所集之《五十家易解》，单沨所集之《三十家易解》等。自壬寅至庚申，凡十九年而成。于取舍之间，曾深加体味，可云勤矣。所采者共六十四家，先儒之说颇有赖此以存者。间附己意，亦有可取。如于师二曰："在师专制而得中道，所谓'知柔知刚万夫之望'矣。一阳而统众阴，故有'怀万邦'之象。"以卦象言，师下参综为豫卦，故师与豫二有相

267

似之义,且豫卦辞亦曰"行师"。是即圣人观象系辞之义。若下参综乃"二四同功"之理,观象者不可不知。然说义理者,每不言卦象,实则得理之正者,莫不切象,如此节是也。反之,取象确切,于理亦无不可合,非徒一卦一爻而已。能如是以研《易》,汉象、宋理一也。于履卦曰:"动以天为无妄,是动合乎天德也。故曰'礼义之悦我心,犹刍豢之悦我口'。"则合乎二体之义。于既济上六曰:"上六阴柔不能持盈,何可久也。将入于未济矣。入于未济,首先犯焉,故曰'濡其首,厉'。"亦得理而象在其中。所谓"首先犯"者,犹错象未济上九之"饮酒濡首"也。然全书中自为说者未及什一,谨慎之情可见。

若卷首之图书,遵刘牧之九图十书,于先天图有取乎洪紫微迈之说(洪氏始末未详,非著《容斋笔记》之洪迈)。使八卦旋而不错,坤当西南以比乾南是也。其后朱元升《三易备遗》中之《归藏易图》亦同此,盖以八卦方图而圆之,确可有此。然《说卦》既曰"八卦相错",则此图宜另存,未可以先天图目之。又李氏作"先天衍河图万物数图",即列八八六十四数成幻方,纵横对角皆二百六十四,四位一簇(二纵二横)皆一百三十,其思巧焉。更以六十四卦当之,然于卦象未见其易简之理。盖八八之幻方,尚可有他式,卦之当数又有变化(李氏以八纯卦为一至八,然后以夬九、大有十,以至剥六十四),故此图可备一说,而非绝对者也。以下有引先儒之总论以为学《易》纲领,大体尚是。间有取乎王弼扫象及初上无位之说;又以《周易》之"周"字取白云说为代名,而不取周普义;则皆未可者也。

107. 保巴《易源奥义》提要

《易源奥义》一卷,元保巴著。保巴字普庵,色目人,始末未详。《四库提要》考定为元初人,或然。首载《进太子笺》,未明所指,或当成宗。成宗登位于乙未(1295),然则此书之成,当早于此数年。

是书以易图为主,兼明《易》之大义,于易图除注先后天二图以配河图洛书外,复作中天图,其方位为离南坎北,震东巽西,乾西北坤东南,艮东北兑西南,图见下:

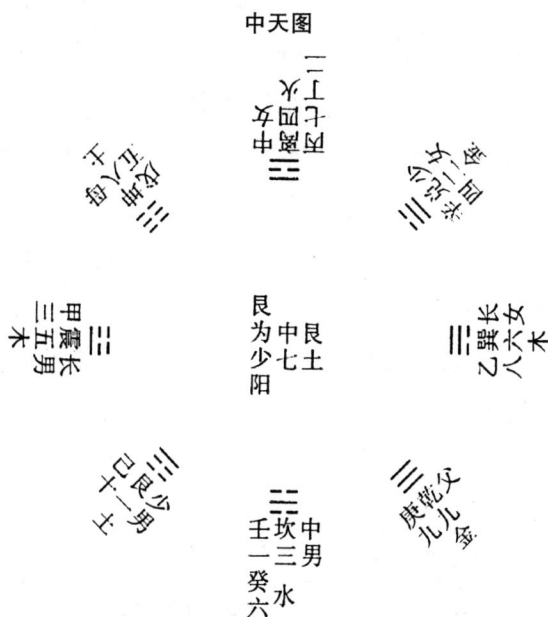

中天图

离中女　丙丁二　火

坤母　辛　土

丁　少女　兑　未

甲震长　三五男　木　　　　艮土　中七阳　艮为少阳　　　　乙巽长　八六女　木

三少男　己十　土　　　　坎　中　壬一癸六　水　中男　　　　庚乾父　九元　金

盖本诸后天图而使八卦相错,凡乾及三男不易,则兑西移至西南以错东北艮,坤西南移至东南以错西北乾,巽东南移至西以错东震,是即保巴氏所谓中天图也。夫究其数,八卦之方位共为四万有三百二十种,则各家因其所见而发挥之,可云无穷。今保巴此图为其中之一,所求流行与相错之中耳。又明"定卦主"、"究卦义"、"求卦位"、"推中正"、"究爻义"、"穷事理"、"明易道"、"画三《易》"八者。其言曰:"以上八段,《易》之关键也,贵在默会心通可也。向此八段上得意,则未画以前之《易》不言而可知也。"所见尚是。于卦主本阳卦多阴以阳为主,阴卦多阳以阴为主。于卦义本乾健、坤顺等八德,推中正而曰趋时为大明,易道以辞、变、象、占当之,凡此等皆合十翼之义。若于三《易》则曰："天易、圣易、心易，极至《易》之妙也。乾坤阖辟，阴阳消长，四时行，百物生，天易也。元亨利贞，言四时成岁，辞有险易，各指其所之，圣易也。仰观俯察，远求近取，化而裁之，推而行之，心易也。"是犹《易》一名而函三义。天易犹易简，圣易犹不易，心易犹变易，盖名异而实同。唯于卦位仍承王弼初上无位之误，且引《系辞》曰："八卦成列，位在其中矣。"则误引经文，以"象"为"位"，尤不足为训。此外以天地之中数五、六，灭于天地之数五十五。则灭五为五十，即大衍之数，灭六即其用四十有九，于理亦通。灭中数者，盖中道不变而勿用也。又以先天图乾一至坤八之八数，使阳仪进而阴仪退，凡太阳进二，太阴退二，少阴进一，少阳退一，其成数即为乾三坤六；三男五，三女四。与卦象之画数合，亦得象数之自然。附图如下：

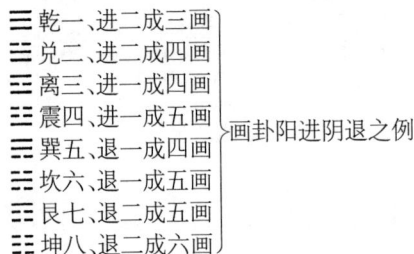

```
☰ 乾一、进二成三画 ┐
☱ 兑二、进二成四画 │
☲ 离三、进一成四画 │
☳ 震四、进一成五画 ├ 画卦阳进阴退之例
☴ 巽五、退一成四画 │
☵ 坎六、退一成五画 │
☶ 艮七、退二成五画 │
☷ 坤八、退二成六画 ┘
```

总上所述，可见保巴之于易象各数，颇能观玩研几，岂人云亦云者所可比拟。释经文尤善，另详《周易原旨》提要。

108. 保巴《周易原旨》提要

《周易原旨》八卷，元保巴著。其所著《易》凡三种，《易源奥义》、《周易尚占》及此书是也，总名曰《易体用》。其中《周易尚占》已佚，《易源奥义》提要另详。此书《经义考》及《四库提要》皆作六卷，然《四库》

文渊阁本实为八卷，或作《提要》时误从《经义考》，而于原书未加核对
欤。此书无序跋，或与《易源奥义》等同时进呈于太子者也，时亦当元
世祖晚年。

　　夫保巴氏虽系色目人，然或已久居洛阳，且于汉学有所研究，故
其解《易》颇有所见。是书体例于经文间加小字，以明卦爻之义；又
于卦爻下言其理，以明君子体而用之之道。释"彖"字曰："彖者，材
义；言一卦之材。《山海经》曰：彖是海口，兽口开五脏见，所见无不
明，故能断。"或非用"彖"字之本义，然亦可备一说。释"无首"曰：
"贞复起元，是以'见群龙无首吉'。元，端倪也。"释"天则"曰："元而
亨，亨而利，利而贞，贞而复元。乾道循环，自强不息，天则也。"皆合
消息之义。于屯曰："变作解，则难可解矣。"乃取两象易以明其义。
于蒙四曰："变困则四不止，故吝。"则取上卦错以明其困。且卦爻中
取象，每与汉易之取象合。故欲知保巴氏之《易》，实已优于一般宋
易之虚说。如释比初曰："缶，器也；盈，满也。以坤土为器，以坎水
为实，器皿充实之盛，譬信之诚乎中而应乎外也。"又释"利涉大川"
曰："《易》言'利涉大川'者，在象凡八，在爻凡四，需、讼、蛊、益、颐、
涣、谦、同人、中孚、大畜、未济。又'大川'者，非取坎水象，则取兑泽
象。又'利涉大川'者，非取舟虚象，则取乘木象。取舟虚象者，离中
虚象舟，中孚似离称舟虚，是其证矣。又取乘木之象者，舟楫刳木剡
木为之也，益称'木道乃行'，涣称'乘木有功'，中孚称'乘木舟虚'，
是其证矣。除谦外十卦非有离正体，则有离互体，似体舟虚也。谦
卦震木行坎水之上，蛊、益、中孚又巽木行兑泽之上，讼、涣又巽木行
坎水之上，颐又有震木，同人又有巽木，乘木也，'利涉大川'之象。
如此其义当随卦求之。"释"畜牝牛吉"曰："阳多以阴为之者，即是坤
为主也。卦承伏例，见一阴耦画便伏坤，见一阳奇画便伏乾。所以
阴为主者，坤也，坤为子母牛，即牝牛也。坤，顺也。牛性以顺致取，
二五以柔顺丽乎中正，而养成文明之德，至善者也，故吉。"凡此等皆

有得于观象系辞之旨。若同时之黄泽究数十年之象学，然于"畜牝牛"仍不得其解。岂黄氏之知不若欤，其时使然也。由此可悟消息之理。又释履上曰："君子体而用之，履高而不处，功成而不居，退身避位，复旋而考校履之初九，'一日克己复礼，天下归仁焉'，大善之吉也。"义既正，于象辞尤合，旋犹上旋之初，保巴悟乎此，实发人所未发。观卦象由小畜而大有而夬，故上《象》曰"大有庆"，五曰"夬履"，凡此卦名之象，皆可由旋而得也。释坎初曰："君子体而用之，诚谕陷人者必自陷，切不可悖理失道，故曰'出乎尔者，反乎尔'也。"于理甚通，人其戒诸。于咸曰："《易》咸、艮二卦，专以人身取象。此卦六爻皆应，宜动以静为主。艮卦宜静以动为主。"亦合卦象。静以待其应，动以免其敌，其咸、艮之精义乎。于解之外卦曰："君子体而用之，以其自处未当，必先克解己私而归正，然后孚信而朋至矣（四爻）。……务要解散小人之党而已，更何加乎（五爻）。……至解而终未解者，悖乱之大者也。大者，小人之魁首耳。若将魁首射而获之，则天下平矣（上爻）。"此于爻义颇有所发挥。于既济三曰："君子体而用之，谓急以见其事之至难。在高宗为之则可，无高宗之心，则贪忿以殃民也。吁！可见文王处患难伤时之甚而言乎。盖戒既济乃太平之世，不可玩兵也。不可玩兵，尤不可玩小人，作《易》者为既济虑，戒其用兵，不若戒其用小人。鬼方其患在外，小人其患在内，'思患豫防'莫急于此。"则语恳切，防患之不可忽，千古一也。

于《系辞》曰："卦画在卑为贱，屯初九'以贵下贱'是也。卦画在高为贵，乾上九'贵而无位'是也。鼎之初应四，曰'以从贵也'，四为贵而初为贱；归妹之五应二，曰'以贵行也'，五为贵而二为贱。'三与五同功而异位，三多凶，五多功，贵贱之等也'，五为贵，三为贱，卑高之势以陈，而贵贱之位以辨，此论位也。"此可当贵贱之例。又曰："阳主进七，进至九，极则返矣，变为八；阴主退八，退至六，极则返矣，变为七。"乃合阴阳进退之象数。姚配中之"元发为画，画变为爻，爻极乃化"，亦同此义。于上《系》所行之七爻及大有,下《系》之十一爻,其总论之曰"教人玩辞之法"。又曰:"占既施矣,象既著矣,变既值矣,辞既立矣,然后因其辞推其义;趋避之方,进退之道,开物成务之理,性命道德之妙,皆由是可见。《易》其神矣乎。"能明十翼之神,非徒释此十数爻为然也。若于"三陈九卦",殊未能明其义,或亦时位使然。又于卦变取从辟卦来,且有取二次相易者。如升取从观来,乃二五易、三上易,则五上合于"柔以时升"。唯仅举数例耳,未明遘卦之所从来。于释《说卦》之象,亦有可取。于"坤为釜"曰:"虚而能受也,与'为腹'义同。"又曰:"震为决躁,兑为附决,二卦皆阴爻在前,有决而不塞之象。震阳卦,故躁;兑阴卦,故附。"于"艮为门阙"曰:"一奇横其上,二耦列其下,而中通焉,非门阙之象乎。"于"兑为口舌"曰:"上静下动为口,外静内动为舌。"凡此皆合取象之例。夫总观全书,保巴氏已能合汉象宋理以释《易》,《四库提要》称其"根柢宋儒,阐发义理",尚不足以明其要。

109. 王申子《大易缉说》提要

《大易缉说》十卷,元王申子著。申子字巽卿,邛州人,为宋末邛州两请进士。入元隐居慈利州天门山垂三十年,始成此书及《春秋类传》。有四序,最早为王履序于成宗大德五年(1301);则此书之成,可以是年论。后由田泽荐于朝,仁宗皇庆二年(1313)拟充武昌路南阳书院山长,王氏守志不出。此书由田氏等刊于延祐三年(1316)。

观王氏之出处,与胡一桂相似,年亦相若,且同为研《易》,然所著之《易》大相径庭。盖胡氏以朱子为宗,王氏贵自思而得,犹朱、陆也。首卷易图独创新说,谓伏羲则河图而画先天八卦,乃准奇偶数以当阴阳之象。图如下:

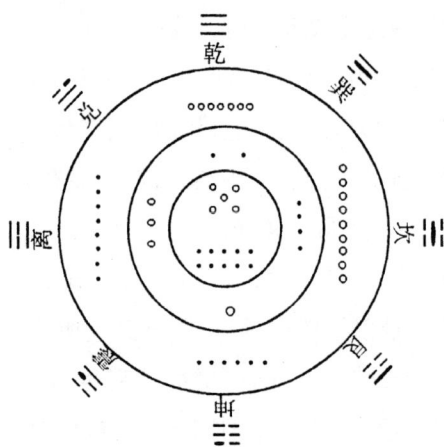

意谓本七五一而画乾，本二十六而画坤；坎、离取中内二圈，凡三十五为离，四五十为坎；四维取内外二圈，又左阳仪当中圈之五，右阴仪当中圈之十，故八七五为兑，八六五为震，九七十为巽，九六十为艮。是说也，于坎、离未圆，可备一家之说而已。若后天当洛书图如下：

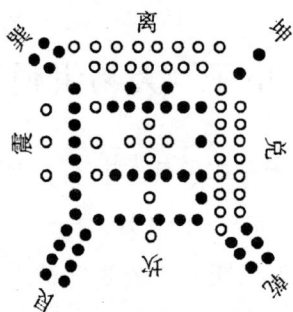

意谓以河图之一六水为坎，二七火为离，三八木为震，四九金为兑；又北一合西九为十，九为乾，故置乾于西北；西四合北六为十，六为坤，故置坤于西南；南二合东八为十，八为巽，故置巽于东南；东三合南七为十，七为艮，故置艮于东北。是说也，犹以后天八卦当河图，实无与于洛书。他如以先天六十四圆图名为演极，以先天六十四卦横图为后天，盖必取文王重卦，故后天之八卦方位亦作六画，是皆不足为训。

274

又书用或问体,多答辩阳玉井难之之说,间有引及丁石潭所作之原衍图,特为补图如下:

丁氏原衍图

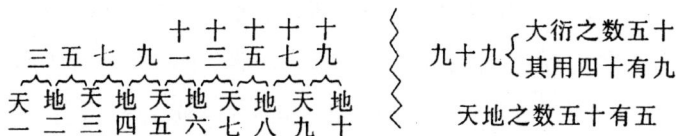

此说另详丁氏之《大衍索隐》,王氏虽非之,然于数极自然,宜表出之。即倍天地之数,而不倍始一终十,故为九十九也。

卷二中论成卦之主,每以两体取象,间有取全卦六爻者,他家无此例,然亦可有此象。读王氏之书,如见其思致也,详示如下,名之曰"王氏卦主图"。

王氏卦主图

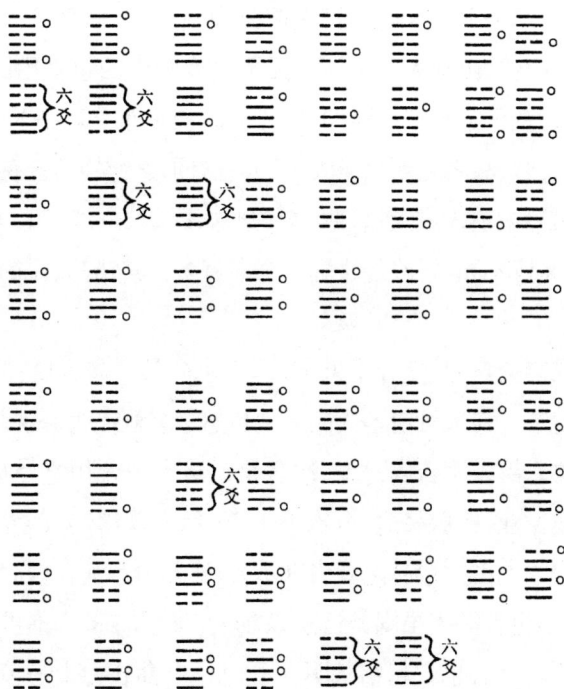

此卷末有《太极图说》之注，论"无极"曰："愚谓周子所谓'无极'，即夫子所谓'易'也。夫子曰'《易》有太极，是生两仪'，是未有太极、两仪之先，已有个'易'。'易'者，生生化化不穷之理，非一本书也。"按《系》上曰："易无思也，无为也，寂然不动，感而遂通。"所谓无思无为，寂然不动，犹无极感通太极也，乃二而一是谓"易"，即王氏所谓"生生化化不穷之理"。然宜兼指无极太极，非限于无极为"易"也。夫王氏以图书为天地自然之易，下及四圣之易外，另加周子此图，并称"六易"，其重视周子可见。有曰："学者不求之周、程、张、朱固不可，徒求之周、程、张、朱而不本之六经，是舍祢而宗兄也。不求之六经固不可，徒求之六经而不反之吾心，是买椟而弃珠也。"盖王氏之学实承象山、慈湖之学，故取王弼扫象之说，好改经文，不信《序卦》相受之理，皆自然而然，不足怪也。若不信术数，以为能启大恶不道之心，则深明其弊。

以下八卷皆释经文，说理平稳，于大畜之《象》曰："唐有智禅师者答李泌'芥子纳须弥'之问，曰：'人谓公胸藏万卷，信乎。'为得此象之意。"于颐上曰："'由豫大有得'者，天下之豫归于四也；'由颐大有庆'者，颐养之功及天下也。"于睽曰："《彖》言异而同，《象》言同而异。"于《系》上有曰："《易》者无形之圣人，圣人者有形之《易》。"皆有所见。

若《杂卦》末节改成大过、颐、渐、归妹、既济、未济、姤、夬之次，与苏氏、蔡氏又皆不同，皆改经之弊。全书每多论其错简、脱简、羡文，皆未可取。

于《系辞》分章，凡上分十七节，下分十一节。其言曰："上《系》止合分为十七节。自未画前圣人因天地自然之易画而为卦说起；次言圣人设卦观象系辞以明吉凶之变；次言易道至大圣人用之亦极其大，所以配天地成德业，皆《易》之功；次释七爻，示人以用《易》之法；次即举大衍揲蓍辞象变占用《易》之要者以示人；次乃赞圣人作《易》以为天下用之极功；卒也言圣人虽竭其旨意以示人，学《易》者又不可徒泥夫卦象爻辞而不求诸心也。起结甚明。下《系》止合分为十一节。自重卦说起至功业见乎变、情见乎辞,便有忧患之意;次即举十三卦圣人'功业见乎变'之事;次言卦爻之变例,且释十一爻示人以用《易》处变之法;次述衰世之意与作《易》者其有忧患之辞;次三陈九卦皆处变之事;次论六爻之变;次即明以文王与纣之事;言之卒也,推明乾坤至易至简而知至险至阻者示人,且以知言之情伪结之,与上《系》言乾坤易简之道而及于可久可大之气象大不侔矣。愚故曰:《系辞》上夫子发明先天易,用《易》处常之道。《系辞》下夫子发明后天易,用《易》处变之道也。整整如是,何错乱之有。"此言殊可参考。观王氏于《系辞》之赜能求得其说;若《序卦》已明言相受之理,又疑为非圣人之言,甚矣王氏之好用知也。

110. 胡震《周易衍义》提要

《周易衍义》十六卷,元胡震著,自序于成宗大德九年(1305)。然全书几成而卒,由其子光大辑次补阙,于十年后始成。震自谓曾入何子举、刘均、饶鲁之门。查《宋元学案》之《双峰学案》中未及胡氏,盖阙焉,宜补之。夫饶氏有《易说》,惜已佚。若胡氏之书,或有取于其师之言乎。以光大论,犹饶鲁之再传,与吴澄同辈。若于乾《彖》,此书与《易纂言》皆有改动,以"乾道变化"至"乃利贞"四句列于"大明终始"之前,二书亦同,或有与于饶氏之说乎? 此实不足为训。又以《文言》分系于《彖》、《象》,则仿李过之说;虽便观览,奈使《文言》颠乱,亦未可取也。全书以说理为主,颇引经史以释其义,与李光《读易详说》、杨万里《诚斋易传》等相似,理极平允详明,于玩辞之道殊有所悟,惜于观象之道绝无所及,即下上二体之象未曾一观,遑论互体,则何能明其精耶。此宋儒虚说义理之大弊,胡氏仍为所囿,故未及《易纂言》多矣!

若上、下《系辞》之末,各有总论,颇能得其理,有必要录之。于上《系》曰:"《易》书之作,大抵自天地以明人道,即人道而参天地也。故上《系》首章始焉合三极以明卦爻之义,终焉原卦爻以贯三极之理、三才之分。人事有吉凶悔吝,天地有刚柔变化,故次章明三极之道,而欲斯人效法天地以趋吉而免于凶与悔吝焉。吉凶悔吝之辨存乎卦位,凶中求吉,而其要无咎也,故次章申言吉凶悔吝而兼明补过之道,以示险易之别焉。又知险易之辨以趋吉避凶,是即天地刚柔变化之得其道也,故次章复明易道之配天地与人道之参赞天地焉。天地之道著于昼夜者,即神易也,故次章又以天地之神易以参合人心之神易焉。神易之妙莫著于乾坤之动静,故次章又申言乾坤之广大焉。乾坤之广大即人道之所效法也,故次章又即天地之易以参人性之道。义不离乎言动也,故次章因象推爻,举七爻以明人事之变化焉。言动之有疑,当决之于神明之筮蓍,故次章明大衍之占法。皆神之所为也,故次章论至精至变,归之至神焉。夫至精以极深,故能开物,至变以研几,故能成务,故开物成务之章次之。开物成务之详,皆使民会乾坤之蕴以明善诚身也。圣人达明诚之教,于天下则为事业,君子体明诚之学,于一身则为德行,故事业德行之章为上《系》之终焉。"于下《系》曰:"易简之善,圣人参天地而立象分爻也。故首章因刚柔变动,以推作《易》之本原。仁义之道,圣人参天地而守位理财也,次章即十三卦以明用《易》之事业。因象分爻,圣人参阴阳以辨君子小人也,故次章又即十一爻以辨体《易》之德行。卦爻之发诸事业形诸德行者,皆出乾坤之蕴也,故又发挥乾坤以见其济民行者焉。民行之济皆因忧患之道焉,忧患所以应变也,故次章因通变以明典常焉。道之可常者,非私邪也,故次章即爻位以明中正焉。中正之道不外乎三极也,故次章统明三才之道焉。三才之道,合之则吉,悖之则凶,故次章以危惧慢易辨吉凶焉。吉凶之辨,莫要于乾坤,故于末章因乾坤以示简易之安平、险阻之倾覆,以详吉凶之判焉。自始至终,无非欲使斯人以天地之心为心也。"此以三才明易道,得易简之理焉。总合《系辞》之章次,脉络分明,未可以虚文视之。又《杂卦》以八纯卦分成四节,即乾坤至蒙八卦,震艮至贲十二卦,兑巽至旅三十卦,离坎至夬十四卦,然未见象数之妙,仅备一说耳。

111. 胡一桂《周易本义附录纂注》提要

《周易本义附录纂注》十五卷,元胡一桂著。一桂字庭芳,号双湖,徽州婺源人。父方平得朱子之三传,一桂承家学,以阐明朱子之义为宗。年十八,当宋景定甲子(1264)领乡荐试礼部不第,退而讲学。入元隐居著书。此书成于元仁宗皇庆二年(1313),年已六十七。

观胡氏此书,似针砭董楷之《周易传义附录》而作。董氏之书合程、朱义理,而以程子为主。胡氏乃纯以朱子为本,删《程传》,于《附录》中亦仅取朱子之《语录》、《文集》中有及于《易》者。而编次准古《易》十二篇。凡程子之《易》说,释要以取,退入纂注;且兼采蔡氏、徐氏等数家,所以足成《本义》耳。末加"愚谓",以自抒所见。故此书之要,悉在《纂注》,尤以胡氏之说,虽曰宗朱,实能发朱子所未发。如释"利涉大川"曰:"愚谓卦辞取涉川象凡八,需、讼、同人、蛊、大畜、益、涣、中孚。需乾方遇坎,健足以行,故云'利涉'。讼乾已遇坎,健无所施,故云'不利涉'。二卦取乾坎象。又讼与同人互巽及有离象,蛊与大畜互震皆取木象。益兼取震巽木象,中孚取巽木行兑泽象,涣取巽木行坎水象,而二卦又皆互震木象。又自蛊而下,卦体或四爻或五爻,皆有'虚舟'之象焉。……"若此之类尚多,一言以蔽之,能知取象焉。取象者,《易》之本,汉易之可贵,即此而已。朱子之不足,亦在乎此。今胡氏以之注《本义》,诚得其所。惜所取之象尚草创而琐碎,盖大半自悟,未尝详究汉注也。

于大有曰:"愚谓《易》以阳为大,凡卦称'大',皆以阳得名。大有以一阴统五阳,大畜以二阴畜四阳,大过四阳过盛于中,大壮四阳壮长于下,皆名之曰'大'也。"于复曰:"'七日来复'论阳之长也,犹'八月有凶'论阳之消也。七八皆取爻义,论其消曰'月'者,幸其消之迟;论其长曰'日'者,幸其长之速也。"于晋曰:"愚谓'晋其角'与'姤其角'同义,皆刚上之象。"于下《系》末之"六辞"曰:"愚谓'六辞'与《易》诚不相关,意者指尚占命筮之辞。上曰:'君子将有为也,将有行也,问焉而以言。其受命也如响。'夫子于此又发其情,以见命筮之际,本诸中形诸外,自有不可掩者,神物之蓍顾不能前知吉凶以告之乎,亦愿人谨其事而重其筮也。"于《说卦》"战乎乾"曰:"愚谓自巽至兑皆阴卦,忽与乾遇,阴疑于阳必战,故'战乎乾'。"凡此等,皆足以阐明经文,非徒疏《朱义》而已。

若于遯二曰:"愚谓遯以四阳之遯得名。初遯则厉,二不言遯,三、四、五、上皆言遯,是阴爻无取于遯之义也。今《本义》谓二有必遯之志,愚非敢求异也,姑记其说如此。"又以乾坤之象亦属先天对待之卦位等,显与朱子不同,然其义足以并存。故胡氏者,诚善学朱子者也。又全书之十五卷,除十二卷以当《本义》古《易》十二篇外,十三卷为朱子之《五赞》,十四为朱子之《筮仪》,十五卷为胡氏自作之图四、文三,图曰"卦象图"、"爻象图"、"卦序图"、"卦互体图",文曰"《易》十翼论"、"《文言》辨"、"《本义》、《启蒙》论"。胡氏解《五赞》曰:"愚按《五赞》大要皆教人以象占之学。首篇原奇偶之象,推象之由也。次篇述作者之旨,为占而作也。三篇明筮以发其占。四篇稽类以考其象。五篇以警学者,欲人读《易》之际,常如卜筮之临,假象辞以为仪则而终趋于吉,是又会象占而一之也。先生尝曰:'某解《易》只作卜筮之书,今《五赞》皆以象占示教,其旨深矣。'"可谓获朱子作《赞》之心焉。自作之卦象图,分述四圣所取之卦象。爻象图者,明阴阳十二爻之爻位象。此二图实能补朱子所阙。惟以汉易观之,于卦爻象尚多可议。三文中以《左传》所引穆姜之言同《文言》者,乃左氏之文耳,可备一说。推重《本义》、《启蒙》者,胡氏之志也。

112. 胡一桂《周易启蒙翼传》提要

《周易启蒙翼传》四卷,元胡一桂著。一桂始末另详《周易本义附录纂注》提要。此书成于仁宗皇庆二年(1313)。一桂父方平著有《易学启蒙通释》,于朱子《启蒙》释之已详。而一桂此书,乃继承家学以言易理及易学源流等。理宗朱子,故以《启蒙翼传》名书。凡分上、中、下、外四篇,为四卷。上篇明自然及四圣之易,即朱子所谓"天地自然之易"、"伏羲易"、"文王易"、"周公易"、"孔子易"是也。中篇明三代易,即《连山》、《归藏》、《周易》。于《周易》又述编次之变及古《易》之复。后综述周末至宋之易学传授及易学传注。下篇论易学之要,为文二十有八。又集《左传》、《国语》史传等所载之筮案,共三十七则。又有《辨疑》十二则。外篇载非《周易》传注而自为一书者,自《易纬》起至蔡氏之《皇极内篇》,凡十一家。全书条例井然,以此翼传《启蒙》,殊可无愧。考亭之学盛于胡氏父子,有以也。

于天地自然之易,以日月为"易"及图书当之。考"易"字从日月者,义出《参同契》,证之《系辞》之"阴阳之义配日月",其说可从。以今之天文学论,宇宙已扩大,则天地自然之易,岂可限于太阳系。然以人居地球论,影响明显者,厥惟日月。故以之表阴阳,仍可无妨。若论图书之变及五行主生克等,皆得象数之自然。下明四圣之易,辨论清晰,间及先后天之变化,尚引有董铢、盘涧之说,各有所当。结曰:"但未知文王初意果如何耳,只恐愈巧则愈失其真也。"胡氏于元已有此感,自明、清迄今,言先后天之变者,更仆仆不已,可窥人知之无穷,然失真难免,喜用知者,其鉴诸!

于《连山》、《归藏》略述古说而已,诚是,盖文献不足,言之必凿,阙之为得。论《周易》经传之分合,有曰:"康成、辅嗣之罪为尚小,以其未见正于文公也;世儒之罪为尤大,以其既正于文公,故为而叛之也。"似觉固执。盖古《易》十二篇不可不知,合经传而便于读亦不可忽。古之康成、王弼,当时之董楷等,未可全非之。宜胡氏之悉准古《易》,而其门人董真卿之《周易会通》必变其次,岂好叛师说,实合之为顺也。以下述易学之传授及著作,学《易》者宜参阅之。其书已佚者颇多,读此略见陈迹耳。

　　若论易学之要，始于理气数，以太极为理之原，阴阳为气之始，数当图书蓍策，所见皆正。于"象类说"，凡分易象为"天文"、"地理四方附"、"岁月、日时"、"人道"、"身体"、"古人"、"邑国井附"、"宫室"、"宗庙"、"神鬼"、"祭祀"、"田园"、"谷果桑附"、"酒食"、"卜筮"、"祐命"、"告命"、"爵禄"、"车舆"、"簪服"、"旌旗"、"讼狱刑附"、"兵师"、"田猎"、"金宝"、"币帛"、"器用"、"数目"、"五色"、"禽兽"、"鳞介"、"草木"、"杂"，共三十三类。已备全《易》之象，然分类尚嫌丛杂。若"元亨利贞"四德及吉凶等断辞，另作"占类说"，于性命、道德、仁义、太极等属焉。更合象占为一而成"卜筮类"，凡分"君道天子"、"臣道"、"讼狱"、"兵师田附"、"家宅妾附"、"婚姻"、"师友交朋客附"、"见贵"、"仕进隐附"、"君子筮与小人"、"胜负"、"出行"、"舟车"、"旅"、"酒食"、"疾"、"祷雨"、"寇"、"畜"十九类，所以明《易》乃卜筮之书。凡此分类，有得乎"类族辨物"之象，同于六十四卦，庶能通天下之志也。于所集之筮案，略见筮占之妙，然宜神而明之，决不可过神其事，后人附会者亦多矣。若《辨疑》中不信毛渐之《三坟》，正刘牧图书之误，不重文王重卦之说等，皆有见。

　　于《外篇》所集之十一种书，皆首言其要，然后略录原文一二。题辞曰："……以纬书为首，如《焦氏易林》、《京氏易传》、《郭氏洞林》，犹皆是《易》卜筮事，然占法、序卦已非先圣之旧。卫氏《元包》用京氏卦序，而卦辞皆自为。魏氏《参同》发明二用六虚，极为的当，但借坎、离为修养之术。至于扬雄《太玄》、马公《潜虚》、关氏《洞极》，则《易》之支流余裔，可谓外之又外者矣。若夫邵子《皇极经世书》，直上接伏羲先天易，专用其卦，不用其蓍，立为推步算法，大而天地之运化，微而万物之生殖，远而上下古今之世变，皆妙探于卦爻中。前知无穷，却知无极，巍乎高哉，何扬《玄》、马《虚》、关《洞》之所可仰望者乎。……他如蔡氏《皇极内篇》演洛书之数，《易》、《范》并立天地间。……"盖胡氏惟以邵子为归,间于《焦氏易林》,当曰:"用文王《序卦》,而卦辞皆自为。"若关朗之《洞极》,犹《太玄》之数分一二三,然仅三重而成"二十七为"。于《潜虚》曰"后截是张行成续",今以张敦实之《潜虚发微论》观之,足成是书者乃敦实,胡氏以为行成,未知所据。

113. 胡炳文《周易本义通释》附《云峰文集易义》提要

《周易本义通释》十二卷,元胡炳文著。炳文字仲虎,号云峰,婺源人。父斗元受易学于朱子从孙朱洪范。云峰盖家学,以发挥朱说为鹄的。生于宋理宗淳祐十年(1250),卒于元顺帝元统元年(1333),年八十四。凡诸子百氏、阴阳、医卜、星历、术数,靡不推究。尝为信州道书院山长,再调兰溪州学正,不赴。初集诸家《易》解成书,曰《精义》。后嫌其繁,乃统一于《朱义》而通释之,以成此书。时当仁宗延祐三年(1316),年已六十七。

全书于《本义》下加"通曰"以释之,间有总释并明其例。且虽曰宗朱,言多发朱子所未发,多有可取者。如分辨象占曰:"凡卦爻有占无象,象在占中;有象无占,占在象中。如乾初、二、五、上分象与占。九三'终日乾乾,夕惕若,厉',皆占辞也,而曰'终日'、曰'夕',象在其中。九四'或跃在渊',似若专言象;而曰'或曰',占在其内。若其辞则有不同者,'勿用'禁之之辞,'利见'幸之之辞,'无咎'谓如此而后无咎,勉之之辞,'有悔'忧之之辞。观乾一卦,大概可见矣。"明乾、比上爻之"无首"曰:"乾之'无首'刚而能柔,不为首也,故吉。比之'无首'阴柔,不足为首也,故凶。"明否、泰反类曰:"以阴柔处泰之终,故不能保泰,而泰复为否;以阳刚处否之终,故卒能'倾否',而否复为泰。否、泰反覆,天乎人也。"明"同人"、"旅人"曰:"同人九五刚中正而有应于六二,故先号咷而后笑;旅上九刚不中正而无应于九三,故先笑后号咷。"以

“咸临”当“朋来”之义,曰:“复曰‘朋来’。初二两‘咸’字即‘朋’字之义,两‘临’字即‘来’字之义,故复初‘元吉’,临初亦‘贞吉’。”论解与噬嗑曰:“《系辞》传于一卦而兼释二爻者,惟噬嗑与解。解难不可以急,故于上六乃许君子之动;噬恶不可以缓,故于初则言小人之惩。”释贲四、屯二曰:“屯刚柔始交,贲刚柔相杂,皆有婚媾之象。然屯之二‘乘马班如’,应五之心何其缓;贲之四‘白马翰如’,应初之心何其急,时不同也。屯二应五,下求上也,不可以急;贲四应初,上求下也,不可以缓。”于坎三、离四之“来”,通曰:“坎性下,三在下卦之上,故曰‘来’,来而下也;离性上,四在上卦之下,故曰‘突如其来’,来而上也。水本下,又来而之下,入于坎窞而后已;火本上,又来而之上,‘焚如、死如、弃如’而后已。”总观、遯诸爻曰:“二执三,三系二,五无所系,故为‘嘉’;未能为上之‘肥’,故贞则吉。”综述大壮三、遯四曰:“大壮九三即遯九四,两爻皆分君子小人。在遯者其辞平,在大壮者其辞危,危九三之过刚也。刚壮之时又过于刚,小人用之为壮,不足责,君子用之,蔑视天下之事,虽正亦危矣。”分析屯、困、蹇之难曰:“屯、困、蹇同为难。屯之为难力微而未深,困之为难绝援而难救,蹇之为难遇险而不进。”推究损、益之卦爻辞曰:“损兼言益,益不言损,此又《易》之微意。”论夬卦之阴阳曰:“九二‘惕号’,呼众阳也。上六一阴何所号哉? 终凶而已。圣人于五阳未尝许之曰‘吉’,于一阴直绝之曰‘凶’,意最可见。”明鱼象曰:“剥五阴曰‘贯鱼’,姤一阴,故但曰‘鱼’,包如包苴之包容之于内,而制之使不得逸于外也。二与初遇,制之犹可以无咎。若不制而使遇于众,姤之‘有鱼’将为剥之‘贯鱼’矣。吁! 可畏哉。”论甘象曰:“甘在临之三,则我求说于人,故‘无攸利’。在节之五,则人自悦于我,故‘行有尚’。”凡此等等,皆能比类并观,深得系辞之理,不愧“通释”之名者也。于反复之卦象,君子小人之辨,随处不忘,诚有得乎心矣。

若释《彖》、《象》,亦自有新义。于《彖》论同人、大有曰:“文明以健,自明而诚之事,刚健而文明,自诚而明之事。又若有圣贤之等焉。”

按同人"通志"以当明诚之学，"顺天休命"以当诚明之性，可谓密合象理；诚则明矣，明则诚矣，非综卦之谓乎。合复与大壮曰："心未易见，故疑其辞曰'复其见天地之心'乎？情则可见矣。故直书之人能情天地之情，动孰非礼；人能心天地之心，动之端孰非仁。"又以孟子之养气出大壮之象，其言曰："'大者壮也'，'刚以动'即是'其为气也，至大至刚'，'大者正也'即是'以直养而无害'。"论"顺天应人"曰："顺乎天而应乎人，革言之，兑亦言之。兑，说也。顺天理、应人心，悦道也。革，重事也，而必以悦道行之，其义大矣。"详辨朱子于涣讼之卦变曰："（涣）《彖》《本义》曰：其变本自渐来，三之九来居二，故曰'刚来而不穷'。盖如讼自遯来，三之九来居二，亦曰'刚来而得中'也。或谓讼与涣皆下卦三与二之变，涣之六二往居三，曰'柔得位乎外而上同'；则讼六二往而为三，亦可以言也。而不言者，涣之柔得位者，二往居外卦之四，故曰'得位乎外'。所谓'上同'者，'上同'于五也。讼以六居三则不得位矣。要之《本义》以二爻相比者为变，故朱子虽有是疑而不及改正也。"考《彖》每以卦变言，胡氏能悟涣讼之变不宜同，已玩辞有得，然于全《易》尚未见其有卦变法。上谓革、兑之同当"顺天应人"，以卦象言，革与兑亦二三爻之易位。即如复之仁、大壮之礼象，乃二三四下参之错，阳气上息而盛，故乾元之仁外见而寓于"克己复礼为仁"，以至孟子之养气，皆息阳之谓也。而胡氏不言，盖于《易》得玩辞之理，推卦象之变化尚未深究。

于象论八纯卦曰："上经四卦，乾曰'天行'，坤曰'地势'，坎曰'水洊'，至离曰'明两作'，先体而后用也。下经四卦，震曰'洊雷'，艮曰'兼山'，巽曰'随风'，兑曰'丽泽'，先用而后体也。乾坤不言重，异于六子也。称健不称乾，异于坤也。"发乾坤初上之微言曰："夫子于乾坤初爻揭'阴阳'二字，以明《易》之大义，乾初曰'阳在下'，坤初曰'阴始凝'，扶阳抑阴之意，已见于言辞之表。""乾上九阳之盈，盈则必消，故不可久。坤上六阴之虚，虚则必息，故称龙焉。"明屯、蒙之初爻曰："君师之道正而已。屯初'志行正',蒙初'以正法',初之正犹惧失之于终,况不正于初乎。"释同人曰:"六爻惟三、四不言同,传以二、五之同者为理直,则可以见三、四之争同者为非理矣。"明乾、坤、咸、恒曰:"咸取无心之义,以虚受人,无心之感也。上经首乾坤,自强反诸己,厚德施于人;下经首咸恒,虚以施于人,立则反诸己。"以"或"字分人我曰:"乾言'或跃',坤言'或从',或在我者未定也;恒'或承之',损、益'或益之',或在人者未定也。"论震、艮之动止曰:"震上六'中未得',动之极而心未安;艮九三'危薰心',止之极而心亦未安。"又曰:"震以下一爻为主,故九四在上卦之下而'未光',不如在下卦之下者之'致福'。艮以上一爻为主,九三在下卦之上而'薰心',不如在上卦之上者之'厚终'也。非特艮上九为然,贲上九'得志',大畜上九'道大行',蛊上九'志可则',颐上九'大有庆',损上九'大得志',蒙上九'上下顺',皆艮之以'厚终'者也。"上所录者,莫不深玩辞义而始得,孜孜读《易》之情,盖可见矣。论及上九当艮象,犹虞氏论离四之例,间未及剥上者,非漏也,讳之也。然剥上之"民所载",即《大象》之"厚下安宅",仍有"厚终"之义。故可曰:能艮止于上者,必免凶咎,此艮之所以为"成终成始"也。此外于先后甲、庚,本先后天卦位以明之,盖承马融说而充实之。于忧患九卦发明与《序卦》之关系,可谓得其心法焉。《周易折中》之《序卦略义》,盖本乎此。于《说卦》末章之"广象",亦能合而观之,得类族辨物之旨,较《朱义》为允,非青出于蓝乎。若论《杂卦》,亦多可取。最后八卦虽未悟旋互之象,然谓当十六互卦之半,已确然不移。《杂卦》之有与于互卦,岂空说哉。《周易折中》之《杂卦略义》纯以互卦言,亦胡氏有以启其端也。

　　至于此书之流传,虽有元刻本,迨明之中叶竟已失传。其九世孙珙与珫求之,惟得上下经,而十翼不可得。幸明初《易经大全》颇录胡氏说,故珙等复为汇集以成今本,然略有阙佚。且珙等又编集《云峰文集》,中有及于《易》者,成《易义》一卷,以附于篇端,是卷犹朱鉴之辑

《文公易说》也。然胡氏《易义》仅二十余则，亦无特见，书札、序文而已。间有"可权字说"曰："《易》卦于乾言'立诚'，不言'权'；坤言'敬义立'，不言'权'；恒言'立不易方'，不言'权'。盖《易》三百八十四爻，只是一'时'字，能随时以处中，即是此一'权'字。卦言'立'不言'权'，权固伏于三百八十四爻之中而不露尔。"按此谓权伏中不露，殊合巽伏行权之义。惟以卦象言，当分震出巽入，以明经、权。出而息，经；入而消，权也。虽有经、权之异，其理仍同，经之与权岂有二哉！又知胡氏于此书外，尚有"《启蒙》通义"、"六爻反对论"、"二体相易论"等，惜皆未传。曰"六爻反对"者，犹综卦之象；"二体相易"者，犹两象易之象。此二种变化，胡氏于此书中固常用者也。

114. 龙仁夫《周易集传》提要

《周易集传》八卷，元龙仁夫著。仁夫字观复，学者称麟洲先生。庐陵人，或作永新人。为文与刘诜、刘岳申齐名。此书自序于英宗至治元年（1321），见董真卿之《周易会通》，今序文已佚。原书十八卷，用《本义》古本，今惟存二篇六卷，《彖》二卷。其他八翼十卷亦佚，然大义尚存。盖能本程、朱之理而考核卦象，与吴澄《易纂言》之体例相似，而序文早成一年。龙、吴二氏原籍相近（吴氏为抚州崇仁人），未识曾交往否。又吴氏与黄泽友善，黄氏于《易》亦主乎象，成《易学滥觞》，尚早于此书一年。故龙氏之《易》，与吴、黄二氏可谓同时，似曾互为影响者也。龙氏曾引吴氏说，然字句略异，或为《易纂言》之原稿欤？

夫以象明理，实解《易》之大义，《系》曰"立象以尽意"也。自王弼扫象而汉象废，此易道之大厄。程、朱之理，所以救王氏之虚，奈于易象仍未复生。有宋一代若朱震等尚知卦象。入元后，黄氏主象不遗余力。若吴氏、龙氏之书，皆言卦象，此甚可贵者也。且龙氏此书又能触类明义，更合观象玩辞之旨。如乾三之"乾乾"，即合坎三之"坎坎"同观;"终日",即合离三之"日昃"同观;乾四之"或跃",即谓与离四之"突如其来如"者不可同日而语;坤二之"不习",即与益五之"勿问元吉"、革五之"未占有孚"同观。若同辞之"勿用"、"利见大人"、"月几望"、"舆说辐"等等,皆明其象之所同。一字如"羞"、"墉"、"鸣"、"由"等,亦皆一例。以观全书,非深通易象者,曷克臻此。乃上承汉易而近法了斋、复斋也。若释义亦多可取,于"匪人"曰:"比无首为匪人,否倒悬为匪人。"于升上曰:"冥于求升,无适而利,但可反其求升之心,为不息之贞而已。不息如《大象》'自强不息'、《中庸》'至诚无息',此为善之心也。贞者固守此心而已。"是也。于《象》皆引程、朱之说,而略加按语耳。若卦爻变则未于卦爻下一一注明,大体卦变用辟卦来,爻变用一爻变。惜未明之正之象,故于汉易之变易,尚有一间,乃忽乎"圣人之大宝曰位"。如于萃四曰:"上萃于五非招权也,下萃于众非市恩也,大吉且无咎宜矣。"似非爻义。盖此爻位不当而处于多惧之地,咎亦甚焉。必之正而"大吉",犹比四之外比于贤始得"无咎",安可以"大吉"且"无咎"释之哉。又于卦象每多未详,虽合阙疑之义,若间有先儒已取及者,且又可推类而明者,亦言未详,未免拘矣。凡此可谓小疵,尚未足为全书病。龙氏之《易》虽阙,仍为元易中之佼佼者也。

115. 黄泽《易学滥觞》提要

《易学滥觞》,元黄泽著。泽字楚望,资川人。书凡一卷,首有吴澄序,末有自识,皆作于仁宗延祐七年(1320)。黄氏盖深究乎象学者也,积六十余年之思,其恒可见。自云:"年十七,始熟复《系辞》。既又读《左传》,疑于'艮之八'及诸占法。盖深索之劳,积四十余年,至今犹有未释然者,然无所不尽其思矣。大德三年(1299),于易象始有所悟。又积十余年,大概得其五六,由是始具稿。又积十年,乃稍得其节目。然所悟深者,大抵不入稿而存诸心。方其劳心苦志也,若神明昼夜役使之者,及其悟也,则如天开其愚,神启其秘。凡西汉以来至近代诸儒,钻研而不可得者,始有芽蘖之渐。若更益以十年之功,则十可得其七八。虽未必尽能全复旧物,然比之王辅嗣创为忘象之高谈,以绝后人之用心者,其得失相去远矣。"读乎此,知黄氏之治《易》实勤且坚,数百年下犹想见其为人,可不深敬之乎!

　　考黄氏生于宋理宗景定元年(1260),卒于元至正六年(1346),年八十七。于十七岁时,正当元伯颜入临安,旋三年而宋亡,身临此境,岂能无感? 然则于"艮之八"之不易,安得无疑? 窃观京房之八宫,上宗庙不易,奈揆诸史实,易亦多焉,徒兴《麦秀》之叹耳。黄氏或亦耿耿于此乎? 吴澄虽长于黄氏十一岁,而出处不甚同,吴氏曰:"世亦有仁义之人,能俾遂其志者乎,予所不能必也。道之行与,命也。爱莫助之,永叹而已。"其意可见。

　　夫《系》曰:"《易》者象也。"舍象言《易》,必虚而不实,无有是处。故王辅嗣扫象而易道晦。黄氏奋起于千年之下,此其可贵也。惜全注未成,意未能由象而尽,一生精力,尚散漫无归,此天实为之,不知所咎,是之谓命乎。吴氏为之永叹,知音之言也。黄氏曰:"所贵于象学者,可以辨诸家之得失,凡纷纭错杂之论,至明象而后定。象学不明,则如制器无尺度,作乐无律吕,舟车无指南,自然差错。"此论极是。凡天下之纷乱,议论之不一,皆因象之不明也。黄氏必深体乎此,其言宜细味之。又曰:"象学者当举丰、明夷、蛊、巽为比例,丰与明夷相似,蛊与巽相似,故卦辞、爻辞有相似者,然此只是一例。"此论亦能发前人所未发,而非清焦循《易通释》之嚆矢乎。

116. 吴澄《易纂言》提要

　　《易纂言》十二卷,元吴澄著。澄字幼清,抚州崇仁人。生于宋理宗淳祐九年(1249),卒于元顺帝元统元年(1333),年八十五。入元时已三十二岁,以荐擢翰林应奉文字,官至翰林学士,卒谥文正。书后有门人解观跋,谓吴氏著是书几四十年,成于壬戌,即英宗至治二年(1322),可谓久矣。

书用古《易》为次,二篇十翼,凡十二卷。每卦每章下皆著明字数,郑重可见。惟每喜改易经文,如《系辞》中凡三引"自天祐之"而删其二,又以《释文》之文移入《文言》,《杂卦》末节则依蔡渊之改本。若乾《彖》移"大明终始"数句及改贲《彖》等,皆以意为之,不足为训。卷首载六画渐次相生之图,由阴阳两仪而极于六十四卦,即分伏犠六十四卦次序图为六图,而于十六互卦、三十二伍卦之象较原图为明显,盖法《启蒙》者也。又于《连山易》载一艮卦,《归藏易》载一坤卦,分别注曰:"此《连山易》、《归藏易》之首卦也。以下六十三卦先后之次不可知。"则合阙疑之道。于解二篇每卦下注明是卦于先天方图中所当之位及《序卦》中先后之次,盖本上下二篇皆综成十八卦而言。又以方图中两对角线之十六卦名之曰"经卦",其他四十八卦名之曰"纬卦"(另详《易纂言外翼》提要),且明其卦变及主爻。又升由临变初六为主爻。若吴氏所用之卦变图,盖本诸《易通》,惟主爻有二十一卦不同。今录升卦下之注为例:"五之八,下之八,纬,二阳临变,主初六。""五之八"者,谓升贞巽五悔坤八;"下之八"者,谓升当下经之第八综卦;"纬"谓升是纬卦。凡爻下皆注明爻变,乃用沈氏、都氏等之一爻变;于六爻之末,又注明六爻皆变之错卦。凡此殊能有条不紊,令卦变、爻变之各有所当,尤合象爻之原意。

于释卦爻辞逐句注明象辞或占辞,亦合观象系辞之旨。盖辞者不外乎明其象及定其吉凶之断,即合蔡渊"五辞"中之象。事为象,理、占、断为占。然象占之辞,每于句中互见,必以句而分,仍未能明辨。如屯之卦辞,于"磐桓"下注明"象也","利居贞"及"利建侯"下皆注明"占也",则"磐桓"确为象,而"居"及"建侯"亦为象,因其连及"利",即以为占。此以句分,不得不然也。故吴氏之分象占,乃于象中无占,于占中仍有象,此不可不知。若泰二之"用冯河,不遐遗,朋亡",即以

"用"字而定为占,更觉未妥。至于吴氏之解,颇能集各家之说。间所取象,承汉易也,如大有二"大车以载",注曰:"坤为大舆,其画耦而虚。大有下体乾也,其画奇而实,犹坤之大事,而'以载',变其中也。"则犹虞注之"比,坤为大车,乾来积上"。又于剥上注曰:"君子谓一阳,坤为舆,五阴承载。上九之一阳,如人之在车上。"又曰:"小人谓上九变为柔也。阳上覆五阴,有庐之象。奇变为耦,则如庐之破坏,穿漏其上而无以盖覆其下。"亦本虞注而阐明之。又困上注曰:"三四五巽木也。上六以柔缠绕于巽木之上,葛藟之象。故为困于葛藟。"又曰:"九五巽之上画,既高而不安(按吴氏于九五爻,从王肃本亦作臲卼)。上六又处九五之上,愈高愈不安矣。故为困于臲卼,蒙上'困'字,故不复言'困'。"则能合虞翻、王弼以同之,象理岂不可通者耶? 又本《程传》、《朱义》等说,互引各家之文,亦当于理。故自言:"吾于《易》有功于世为甚大。"非自诩之词。宋代之于《易》,若发扬河洛先后天之旨,恢复古《易》十二篇之次,详辨卦爻之义理,玩变则分卦变、爻变,辞以分象分占,凡此等,吴氏皆能继承而固定之,故此书可谓集宋易之大成。吴氏有曰:"近古之说,周子其元也,程、张其亨也,朱子其利也,孰为今日之贞乎。"其自信如是,皆寓于此书。且又能法朱震而上及汉象,尤为可贵。然于汉易旁通之正之大义,尚有一间,此限于时,不足为病。唯于宋代改经之失不能止之而又甚之,则不能辞其咎。

117. 吴澄《易纂言外翼》提要

《易纂言外翼》八卷,元吴澄著。吴氏始末另详《易纂言》提要。若此书之成,序中未记年份。读其内容与《易纂言》相辅而行,或属同时而成,故不妨亦以英宗至治二年(1322)论。全书十二篇,长短不一。原本已失传,今《四库》本录自《永乐大典》,内有阙佚。幸首载《自序》,已分述各篇之旨。今合《易纂言》及《易通》、《易雅》等书观之,所阙者

义仍未失,分言如下:

《卦统》第一,《卦对》第二。曰:"《卦统》者,《序卦传》之余意也。《卦对》者,《杂卦传》之遗谱也。"观其《卦统》之旨,盖分六十四卦为经纬卦,经卦十六即先天图中二对角线之十六卦,此外之四十八卦曰纬卦。凡《序卦》旨,当以经统纬,约录其义:

乾坤——经统八纬——屯至履

泰否——经统十六纬——同人至大过

坎离——经终上篇

咸恒——经统八纬——遯至解

损益——经统八纬——夬至鼎

震艮——经统四纬——渐至旅

巽兑——经统四纬——涣至小过

既济未济——经终下篇

夫吴氏之说,实推究程子之《上下篇义》而得,分经纬以观《序卦》之次,得其要领焉。详论上下篇之卦统,皆可取。若《卦对》云者,仍本《序卦》之上下篇,以分辨正对、反易、上下互易之分合。凡正对即错卦,反易即综卦,上下互易即两象易。又有正对不反易者,即反复不衰卦;正对兼反易者,即错卦综卦。此篇仅依象述之而已,且无与于《杂卦》。故吴氏于《序》、《杂》二篇,能有得乎《序卦》,尚未得于《杂卦》者也。

《卦变》第三,《卦主》第四。《卦变》已佚,今依《易纂言》,知吴氏之卦变用赵以夫《易通》之说,故其图尚可推得。若卦主之位与《易通》之图,有乾、坤、震、巽、坎、离、夬、剥、蹇、睽、小过、中孚、大过、颐、屯、鼎、恒、蛊、未济、归妹、损卦主不同,乃另作一图于下,名之曰《吴氏卦变图》(图见第294—295页)。既补此书之阙,且与《易通》之图并观,于卦主之不同,可一目了然矣。凡爻旁加圈者为主爻。

考二家所取之卦主，各有得失。如十二辟卦，吴氏纯以消息为主，然乾坤主于上，究未若乾五坤二为是。至于赵氏取暌、蹇三当兑、艮，则未若吴氏取暌、蹇五当离、坎为得。

《变卦》第五已佚。然知吴氏分用卦变、变卦二名，盖从赵汝楳《易雅》之说。凡变卦即一卦变六十四卦，其图犹朱子《启蒙》。赵汝楳于《筮宗》中有"蓍变卦乾图"，其次与《启蒙》略有先后而大义全同。吴氏之图当亦类此，故编《永乐大典》时删焉。

《互卦》第六已佚。由《自序》中知之乃取六十四卦之中四爻互成六画之十六互卦，其象汉易中屡屡取之，且不徒中四爻而已。若此十六互卦图，宋邵子等已言及，张行成发挥邵子之说，则取诸先天方图中。至于吴氏之图，今以言推之，或与林至《易裨传》中"互体"同。

《象例》第七，《占例》第八，《卦例》第九。此三篇乃分录二篇中之象占。凡象分天、地、人、动物、植物、服物、食物、用物及合采色、方位、时日各数为一，共成九类。占当元、亨、利、贞、吉、凶、悔、吝、无咎诸字，喜、庆、害、眚等约二十字亦属之，未加分类。于象占外犹有遗者，通谓之辞，卦名属之，另又有六七十字。凡二篇之辞，可云具焉。与胡一桂之说略同，见《周易启蒙翼传》。考胡氏长吴氏二岁，书则早成十年，未识吴氏曾见其书否。于类聚象占，二氏皆有功于《易》，惜分类皆未臻洁齐，论取象则吴氏较胡氏为优。

《变例》第十。此篇明生蓍十有八变之法，言筮仪，文较朱子为详，内容无异。

《易原》第十一。以河图为《易》之原，洛书后出，为河图之配。述主要各家之说，能信象数而不迷于怪诞。正刘牧以九为河图、十为洛书之失，皆可取。于先天图仅存一方图，亦无注释，盖已有阙，幸六画渐生之图已见于《易纂言》矣。

《易流》第十二。以邵子之说当之，谓扬雄《太玄》、司马光《潜虚》、蔡沈《洪范皇极内篇》乃支流也。全篇节录邵子《皇极经世》，包括元会

吴氏卦变图

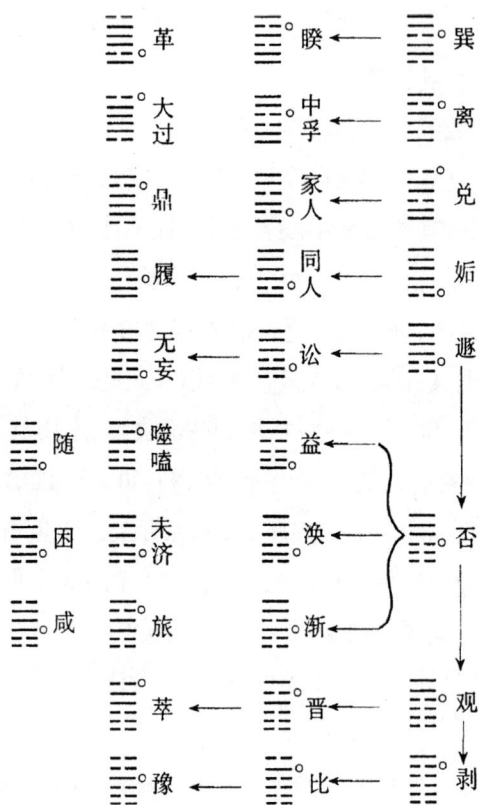

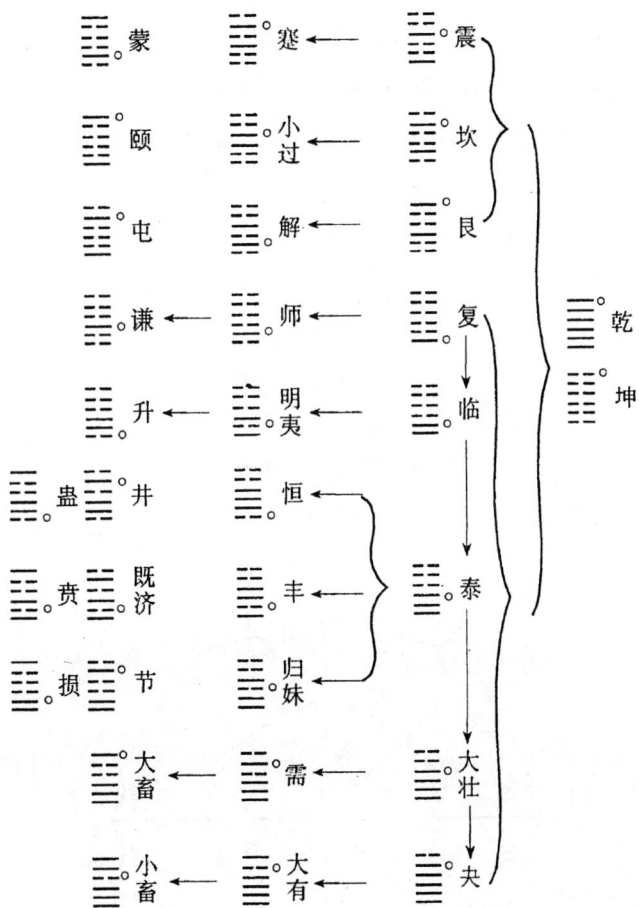

运世、声音律吕,于内篇乃为之列表,义皆在其中。可见吴氏亦深究乎邵学者也。上于《象例》一篇中,言卦数亦本邵子之说。邵子曰:"一数属艮、坎,二数属离、兑,三数属坎、震,四数属巽、离,五数属乾,六数属巽,七数属震、乾,八数属兑、坤,九数属艮,十数属坤。每卦之数各两,艮九、一,坎一、三,震三、七,乾七、五,巽六、四,离四、二,兑二、八,坤八、十。"今邵子书中已无此数,吴氏以四图明之,亦有自然之理。其主要之二图特录于下,备卦数之一说也。

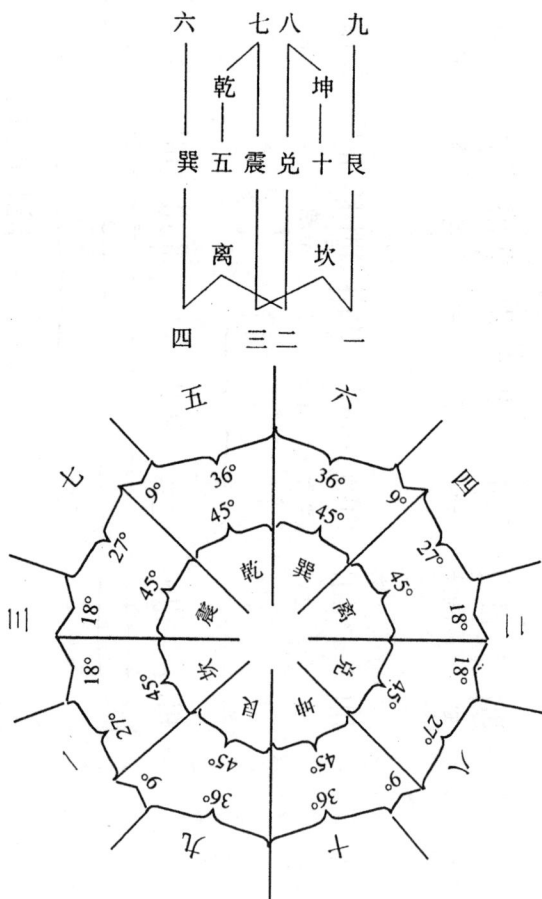

注度数,今加吴氏各九度为少,十八度为半,二十七度为太,三十

六度为全。如乾坤于五为全,于七为少;震象于七为太,于三为半。他可例推。

凡此十二篇,吴氏能得象数之要。于《序卦》之次,更有创见。分录象占辞而明其取象,尤为可贵。此皆是书之精华也。

118. 熊良辅《周易本义集成》提要

《周易本义集成》十二卷,元熊良辅著。良辅字任重,号梅边,南昌人。仁宗延祐四年(1317)以《易》贡进士。此书刊而自序于英宗至治二年(1322),尚在壮年。初良辅受业于同邑熊凯(凯字舜夫,号遥溪),已知好《易》,继就正于其师之友龚焕(焕字幼文,号泉峰,进贤人),书中录龚氏之说甚多。又书名《集疏》,见熊氏自序。名《集成》者,陈樗所题,谓其能集朱子之大成也,见陈氏序。然书中于二篇题曰《本义集成》,于十翼题曰《本义附录》,通志堂本定其书名曰《周易本义集录》,《经义考》、《四库》等则无"附录"二字,今从序言,不加"附录",况以十翼为附录,名亦不正。考黄虞稷谓熊氏于是书外有《易传集疏》不传,而《江西通志》曰:"熊凯著《易传集疏》。"《四库提要》乃谓黄氏误熊凯为熊良辅,当为两人两书。今以《集疏》之名推之,似当为两人一书。盖凯如有书,良辅不当不引,必是师有其意而门人成之也。此书中于《本义》外所集之说曰《集疏》,且据《序言》,一书可知。

书前载集疏者之姓氏凡八十四家,除《子夏易传》、扬雄《太玄》、《礼》疏、王、韩注五家外,皆为宋、元人。以之疏释《本义》,可云备焉。熊氏曰:"朱子尝曰:有天地自然之易,有伏羲之《易》,有文王、周公之《易》。是则程子之《传》,孔子之《易》也。朱子之《本义》,文王、周公之《易》也。推本而论,孔子之《易》即文王周公之《易》,文王周公之《易》即伏羲之《易》,伏羲之《易》即天地自然之易也。虽其旨意微有不同,而其理则未尝有二,要在善观之耳。"诚深得朱子之心。本此旨以疏

《朱义》,何往而不通耶!故开卷明"乾元亨利贞"曰:"此言乾之德大,亨而至正,筮得之者当得大通而利于贞。固乃文王作《易》之本意也。夫子赞《易》,乃广之为四德。又以见乾道周流之妙,学《易》者且先于此求文王作《易》之本意,次求夫子所以赞《易》发出许多义理之蕴,意不相妨,庶乎可与言《易》矣。"贯通程、朱、莫善于此。虽然文王、周公之意,卜筮未尝不本义理。孔子之理,亦未尝废卜筮。由意不相妨,而悟意无不同,则于易道几矣。

又熊氏能用两象易取象,如于屯三曰:"屯六三即解之上六,彼曰'射隼'而获,此曰'即鹿无虞'者,亦时而已矣。解上六当震动之极,难解之时,'藏器于身',出而有获,宜也。屯六三居下震之终,屯难方深,动则遇险,如'即鹿'而'无虞'。盖不可以有为之时也。"于恒三曰:"恒九三即益之上九也,益之上九'立心勿恒',故有'或系'之凶;恒之九三,其德不恒,故'或承之羞'也。"其他取象,如于需四曰:"六四、上六皆曰'穴',盖二爻坎体皆阴,有穴之象焉,犹之初六、六三皆曰'坎窞'也。"于履四曰:"三四当乾、兑之际,上下之交,故俱有'履虎尾'之辞焉,犹大过三四爻皆曰'栋'也。"于噬嗑曰:"或问噬嗑、贲俱是'颐中有物'之象,而命名不同,何也? 愚曰:噬嗑取下动龁上象,贲取阴阳相交文明以止象,故不同。"若此等,皆得观象玩辞之旨。于大畜《大象》曰:"山而畜天,所谓以形而畜气,以小而畜大也。'多识前言往行',所谓以心而畜德,以一心贯万事也。"释《系》上继善、成性曰:"'继之者善',乾道变化之义也;'成之者性',各正性命之义也。天道流行,发育万物,善之继也。'元者善之长',善即元也,人物得所禀受者。性之成也,'率性之谓道',则性即道也。"明形上、形下曰:"《中庸》曰:'君子之道费而隐。''形而下者谓之器','费'也;'形而上者谓之道','隐'也。'费'可见而'隐'不可见,器则'费'而道则'隐'也。"论《序卦》之升、困、井三卦曰:"升而不已必困,所谓'冥升'者也;困乎上者必反下,所谓'困穷而通'者也;井道不可不革,所谓'井渫'、'井甃'、'居其所而迁者'也。"此等释经，亦非空言。

至于卦变，熊氏以龚氏说。泉峰曰："盖刚柔本各以类聚者也，其相错杂由类聚而变者也。"故熊氏准之曰："阴阳各以类聚之说，深得卦爻之旨。盖《易》虽无所不变，必考其或言卦变，或不言卦变，其故何哉，然则《本义》自归妹来之说非矣。此往来，盖言二体之往来，不指三四也。"按龚氏又自言本诸丘富国，实则此即由辟卦来之卦变，汉易皆然，若李挺之《卦变图》亦然。凡从《本义》之说者，莫不执其十九卦之卦变，不知朱之卦变仍用李挺之之说。今丘氏等未究汉易而悟得类聚之理，极可取而熊氏以之非朱子之归妹变泰，是又执而未化。盖依例为泰而归妹，倒则归妹而泰，此互为因果也。原朱子取归妹变泰者，谓女终而交泰，是六五"帝乙归妹"之象，故未尝不可。又于遯二曰："盖君臣相应固结而不解，此小人得志之时也；小人得志之时，君子之所宜遯也。是则使君子之遯者，六二也；使六二得以行其志者，时使然也。《象》言'不利贞'，指六二而言，盖戒之之辞；而爻不言吉，亦抑之之意。观此则圣人之意可见矣。"按此说承龚氏，实发挥胡一桂之义，与朱子不同。然得失并呈，得者能明辨消息之象，失者徒执阴阳消息之是非而未辨乎位也。《象》言"小利贞"确指六二言，若"戒之"、"抑之"则熊氏之说，岂圣人之意乎？至于未济初《象》之"不知极"，朱子以"极"字未详，《本义》曰或恐是"敬"字，《语录》又曰当作"极"字。而熊氏曰："只是'极'字。当未济之初而'濡其尾'，不知其终济否邪，故曰'不知其极'。"则较朱子有见。

若书首有纲领，大半录朱子之说。有易图，取《本义》之八图，不载卦变图，益以周子、杨鼎卿及熊氏自作之太极图，大衍天一至地十图，卦序图，凡五。其间周子之太极图人皆知之；卦序图即上下经各综成十八卦；熊氏之太极图实即魏了翁所谓先天环中图，唯中圈加"太极"二字；杨氏太极图则以太极为气，其气分轻清、重浊作二图，阴阳各半，

相交于西南为内阴外阳,当四九二七,于东北当内阳外阴,当三八一六,又配以后天卦是也。图见下:

杨氏太极图

按通志堂刊本,此黑白二图之分,当东西未是,必当东南与西北,始合河图之天地数。此图他书未见,可备一说。

大衍天一至地十图,即化洛书为十图。凡原图当天地九宫,本之以加减,遇零作十。遇十一作一,故皆为十数,周流于九宫。谓其师遥溪手录。或谓信州人上官求放得康节之遗说,出于希夷者也,然未可信。图见下:

大衍天一至地十图

天 一
四十九

十	五	八
九	①	三
四	七	二

地 二
四十八

一	六	九
十	②	四
五	八	三

天 三
四十七

二	七	十
一	③	五
六	九	四

地 四
四十六

三	八	一
二	④	六
七	十	五

天 五
四十五

四	九	二
三	⑤	七
八	一	六

地 六
五十四

五	十	三
四	⑥	八
九	二	七

天 七
五十三

六	一	四
五	⑦	九
十	三	八

地 八
五十二

七	二	五
六	⑧	十
一	四	九

	天　九				地　十	
	五　十　一				五　十	
八	三	六		九	四	七
七	⑨	一		八	⊕	二
二	五	十		三	六	一

熊氏释之曰:"天地之数五十有五者,河图之数也;大衍之数五十者,洛书地十图之数也。洛书……乃天五一图耳。……天一图藏六成数得数四十九,地二图藏七成数得数四十八,……地十图藏五生数得数五十。……舍地十图之五十而不用,而用天一图之四十有九者,一为数之始而能变,十为数之终而不能变也。故五十为体数而四十九为用数。"亦有自然之理焉。

119．董真卿《周易会通》提要

《周易会通》十四卷,元董真卿著。真卿字季真,鄱阳人。父鼎为董介轩之族弟,然鼎与介轩年相差甚巨。考鼎之年约与介轩门人胡方年之子一桂相若,故季真为一桂之门人。是书成,自序于文宗天历元年(1328),书名曰《周易经传集程朱解附录纂注》。义谓伏羲之卦,文王卦辞,周公爻辞;凡二篇为经,孔子十翼为传。集《程传》、《本义》二书以解经传,曰《集解》;程、朱之语录、文集中有及于《易》者,附于《集解》后,曰《附录》;更纂辑各家之注以足成程、朱之理,曰《纂注》,《纂注》中偶有己意焉。又卷首除《自序》、《凡例》外,尚有十二节,曰"程子门人姓氏"、"朱子门人姓氏"、"引用群贤姓氏",犹后世《学案》之雏形。曰"《周易》经传历代因革",犹易学史。唯所及尚未广,仅重视经传之编次,《经义考》题曰"《易传因革》一卷",即此节也。曰"程子《易传序》"、"程朱《易序》附《上下篇义》"、"朱子古《易》后序"、"朱子《易学启蒙序》",此四节录序文,后皆有《附录》《纂注》,考核详备。于程子《易序》曰:"愚案《易序》及《上下篇义》,或以不载《伊川文集》为疑。然世俗相传已久,玩其辞义,非程夫子亦不能及此也。"不为无见。曰"程子玩《易》纲领"、"朱子说《易》纲领",此二节皆录自程、朱之语录,聚而读之,确能见程、朱说《易》之纲领焉。曰"朱子《易本义》图",即录《本义》前九图而详加《附录》、《纂注》。末曰:"愚案鹤山魏文清公谓朱文公《易》大抵得于邵子为多,旧见辅汉卿略知此意。盖不读邵《易》,则茫不知《启蒙》、《本义》之所以作。今观此诸图,则魏公之言为尤信。朱子尝称邵传羲画,愚亦谓朱子又所以传邵《易》。"所言极是。曰"双湖胡先生《本义》附图",乃录自其师胡一桂之《易本义附录纂疏》中。图有四,曰"卦象图"、"爻象图"、"卦序图"、"卦互体图",详另见《易本义附录纂疏》提要。夫董氏置此十二节于卷首,实有提纲挈领之效。末又附朱子《启蒙》五赞及《筮仪》,亦加《附录》、《纂注》。另题总名则曰《周易会通》。"会通"者,遵朱子之义,曰:"会便是四边合聚来处;通便是空处行得去处。会而不通,则窒碍而不可行;通而不会,亦不知许多曲直错杂处。"以解《系辞》之"观其会通",于理甚切。

观董氏书之体例,悉从其师。然胡氏之学宗朱学,而董氏之学能兼宗程、朱,则系远承董楷之《周易传义附录》。后世程、朱并称,以易学言实起自二董,而真卿此书较楷书尤备,故以程朱学派观之。明杨士奇称此书为集易学之大成,非过誉也。明之《大全》,清之《折中》,皆渊源于此。凡欲知程、朱之易学,读此书足矣。若于经传后尚分录吕祖谦之《音训》,今吕氏原书已佚,乃赖此而存,则亦有功于吕氏,然此非董氏始料所及者也。

120. 赵采《周易程朱传义折衷》提要

《周易程朱传义折衷》三十三卷,元赵采著。采字德亮,号隆斋,潼川人。始末未详。自序未记年号,亦未知成于何年。元董真卿《周易会通》成于文宗天历元年(1328)，凡当时之易著，如胡炳文之《周易本义通释》、吴澄之《易纂言》、龙仁夫之《周易集传》等，皆未引及此书。虽地域较远(潼川属今之四川，董氏鄱阳人，属今之江西)，亦必赵氏成书已晚，其时尚未流传。故此书之成，或与董氏相近，为便于编次，不妨即以文宗天历元年论。其详待考。

赵氏此书仅解六十四卦，未及《系辞》以下，准程朱之理，每以卦象折衷之。盖于宋易服膺于邵、程、朱三家，且溯而上之，尚究乎李鼎祚之《周易集解》，乃能象理兼备。与吴澄、龙仁夫之说相似，皆当宋汉上之一派，非空说义理者也。如释乾《象》之"六位时成"等，其言曰："此以天地相函、坎离相错而言亨也。按虞翻论动爻，谓阴阳失位则动而变。乾九二、九四、上九，阳居阴位，故动而变，有坎离象。'云行雨施'，坎之升降也；'大明终始'，离之往来也。六爻之位潜、见、惕、跃、飞、亢，各有其时，圣人因时而乘此六位之龙，所以体乾之四德而参赞天之化育，故曰'御天'，御者运用而斡旋之也。前言'统天'，统如统师，静握其权；此言'御天'，御如御马，动宜其用，是利之德也。"义全同汉易，较吴、龙二家又进一步。或李氏之古说，于川中尚有传受乎？

又如明履三之"武人"曰："愚按文公谓：'此爻武人为于大君，必有此象。但六三阴柔，不见得有武人之象处，不可晓。'以愚观之，九二、六三、九四互离，六三、九四、九五互巽，离为目为甲胄，巽为股，下卦兑为毁折，是离目而兑毁之眇也，巽股而兑折之跛也，甲胄则为武人。又兑西方金，亦武人之象，此三所以言'眇'、'跛'、'武人'也。"虽不同于虞氏，然取象有法，足成朱子之"不可晓"，极是。于巽初曰："愚曰'巽为进退为不果'，故初六言'进退'，而继之以'利武人之贞'，欲其果也。卦互兑，兑为右为刑杀，有武人象。武人刚决者也，得武人之贞以治其志，则疑可祛、懦可立，而见义必为，不至疑而且进且退矣。此教初六以顺刚而勿疑也，志疑则进退不决，志治则果决不疑，故曰'巽，德之制也'。"此以巽、兑二象明之，程朱之义，皆在其中，非取象之妙乎。

　　至于卦变,赵氏能活用朱子之卦变图。于涣《彖》曰:"……二先生之说不同,何也? 曰:文公之说,以涣自渐变,故云'六往后居三而上同四'。伊川之说,以涣自否变,故云'柔得位于四而上同五'。此二说所以不同也。大抵'刚来而不穷'者,谓九三之刚自否四而来,解难散险不困穷,于二阴之中能拯民之象也。'柔得位乎外而上同',谓六四之柔自否二而往得位乎外,而以巽顺上同于五,与五同心,能致君之象也。二臣如此,此涣所以亨也。"盖准比爻相推之卦变,由否而渐,由渐而涣,则涣由否来、渐来,自然可通,而程、朱之理一焉。又程子不用卦变,然所取之理已用卦变,赵氏之说得其实而言。或仅执其名,非知程子者也。于大过曰:"遁四变而为大过。"曰"四变"者,谓遁一变成讼,二变成巽,三变成鼎,四变成大过是也。于离《彖》曰"离自遁初六变而之三成无妄,再变初六之四成家人,三变初六之五成离。自初变四言之,离成坎,日降而月升也。自初变五言之,坎复成离,月降而日升也。乾为天,故曰月丽乎天。自初变三言之,有震巽体,震为稼,巽为木,坤为土,故曰'百谷草木丽乎土'。此推卦变以广丽义也。"其义以下图示之:

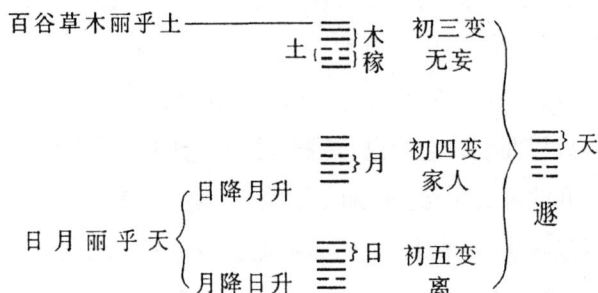

　　可谓善取卦变之象焉。观朱子综合李之才之说而成卦变图,自用十九卦,乃举一隅耳。然从朱子之说者,莫不囿于十九卦之变,执迹无神,不亦陋乎。而赵氏能因象用之,已得取象之理,非徒发挥朱子之说而已。乃于升卦之"柔以时升"曰:"升者,萃之反。萃卦坤柔在下,今反升,下坤柔升而在上,上体坤下体风木,坤道上行,风非时不生,木非时不长,故曰'以时升'。"则用综卦之变,与程子略同。又曰:"此卦通体是泰,泰变初爻而成也。泰之未变,阴升而阳降,故取交泰之义。今既变矣,乾毁巽成,巽亦阴,故专取柔升之义,所谓'高明柔克'者义。"则又合消息之义,与荀爽取否上变成萃同例。

夫赵氏之说,有其象焉;因象而通理,理皆有本。则各家之说,莫不可同,折衷《传》《义》,游刃有余。故已究宋理而未悟汉象之妙者,此书大可为之阶梯。

121. 屠曾《屠辑干宝周易注》提要

《屠辑干宝周易注》一卷,元屠曾辑。曾字体乾,海盐人。《自序》云草庐门人。此书辑成于文宗天历二年(1329)。《宋元学案》未载屠氏,其始末未详。《四库》亦未收此书。此卷刻于《盐邑志林》。考《隋志》载干宝撰《周易爻义》一卷,《释文序录》载干宝《周易注》十卷,似当为二书,元时皆已佚焉。惟《集解》中尚有引及,屠氏即裒集而辑成此卷,令先儒之说重见于世,亦为盛事。王应麟后第二人辑《易》,虽尚有误辑及遗漏,未可深责也。然干氏之说散见于他书者绝少,故与辑郑氏《易》固有难易之别,此亦不可不辨。

122. 梁寅《周易参义》提要

《周易参义》十二卷,元梁寅著。寅字孟敬,新喻人。元末辟集庆路儒学训导,居二载,念亲老谢归,隐居教授。明初征修礼乐,时分礼律制之局,寅入礼局。书成,不受官,结屋石门山,学者称"梁五经"。建文二年(1400)卒,年八十七。此书成于元顺帝至元六年(1340),是时年二十七。十二卷者,准朱子所用之吕祖谦本。

　　全书以程、朱为主，大义平稳。如于乾初曰："在圣人则方居侧微也，在君子则遯世无闷也，在学者则养正于蒙也，在吾民则耕凿出入也，在商贾则韫椟深藏也。以是推其用，何不可哉。朱子以象占言《易》，而不欲以事论，惧人之泥而失之也。"此数语诚知《易》之言，得朱子之意焉。若曰："所谓'童蒙'者，非必童稚也，蒙暗不明，如童子之无知，虽成人亦'童蒙'也。"其义亦然。又梁氏极重视人之作为，于否上曰："否极而泰，虽由天运，倾否为泰，实因人力。"于姤五《象》更曰："'志不舍命'，言人心可以回天命也。"殊能足成程、朱之义。于升卦曰："东南巽西南坤二卦夹拱而为南，故曰'南征'也。"尤妙合象理。因"元永贞"而曰："比之与萃，非二道也。"因"敦艮"而曰："凡艮居外卦者八，其上九一爻无不善也。"皆能贯通卦爻。于井三《象》之"求"字曰："犹言夫子之求之，异乎人之求之也。"于《系辞》解三陈九卦曰："第一节言九卦之义，第二节言九卦之效，第三节言九卦之用也。"于《说卦》分辨阴阳、刚柔曰："阴阳者未入用，而刚柔者已入用也。"又分辨对待、流行曰："盖以四时为序者，六子之用，而其所以主时成用，则以由阴阳之交合，故又仍用伏羲之卦序。盖对待非流行，则不能以变化，流行非对待，则不能以自行也。圣人之言反复相明，而造化之妙无余蕴矣。"凡此等所见皆是。

　　至于曰："文王乾卦之辞，非以为四德也。以为四德者，由夫子始也。"又曰："乾之象龙，坤之象马。若乾为马、坤为牛，则又夫子之取象，与文王之象固异也。"则仍为朱子所囿。盖四德虽非文王之言，然文王之言元亨利贞未尝不以为四德。或必执其名而忽其实，何能见先后圣之揆一。若二篇十翼之象似异焉，然形象成而有变化。且爻也者，言乎变者也。未能周变而观象，宜其不知传乾马、坤牛、震龙之象，即经乾龙、坤马、离牛之象也。夫《说卦》之象，梁氏一字未注，未究乎卦象，可见宋易之蔽。谓："《系辞》下篇自十一章以下文意多不属，疑其为圣人之遗言。而简编断绝，乃传《易》者掇拾以附于后，非一时成章之言也。"亦不可。盖十翼之言,字句章篇莫不结构严密。梁氏因有此疑,故于《杂卦》之大过以下,即取蔡节斋之改文。执一端而篡改经文,其可乎。

123. 张理《易象图说》提要

《易象图说》内、外篇各三卷,元张理著。理字仲化,清江人。学于杜本。杜氏尝究邵氏之易学,隐武夷山中,学者称清碧先生,张氏尽得其学。此书有黄镇成序,时当顺帝至正十七年(1357)。而张氏自序于至正二十四年(1364)。盖黄氏序后尚有所改动,故此书之成,宜以自序之年为准。

内篇三卷。卷上"本图书",五图首释陈希夷之《龙图序》,明三陈九卦之义。曰:"履序卦次十,明用十,示人以辨上下也;谦次十五,明用十五,示人以衰多益寡;复次二十四卦,示气变之始。恒下经次二卦,示形化之始;损、益此二卦,示人以盛衰之端;困、井此二卦,示人以迁通之义。巽以行权,权者圣人之大用也,因事制宜,随时变易之义备矣。"可谓深合希夷之心矣。河图生成数之配合,由刘牧之说而加精焉。以生数当天盘而动,地数当地盘而静,可备一说。若谓旋成 $\frac{274}{8559}$ 之时,即《太玄》"共宗"之图,则以意会之,而未可必者也。卷中、 $\frac{361}{}$ 下"原卦画",十图重于五数之交,殊可取。曰"八卦成列",谓由八卦而合成大业。曰"先天八卦对待之图",谓由太极而生八卦,是二图乃由分而合。所谓大业,犹保合太和也。他如六艺配六子为震《易》、艮《诗》、离《礼》、坎《乐》、兑《书》、巽《春秋》,诚是。又以方图外圈之二十八卦配二十八宿,亦自然成象。其"六十四卦变通之图",实即《本义》所载之卦变图,而变通后既免二卦重复,于辟卦、纯卦又皆秩序整齐;消息之义备矣。其"致用之图",则取京氏之八宫而以后天图方位排列而已。下及"明蓍策"、"考变占",意全同《启蒙》。

外篇三卷。卷上凡象数图六,本太极之一,由三才五七始九宫以至河洛之十五,确能合象数为一而理含焉,惜未及偶数耳。卷中凡卦爻图八,即以河洛之十五,分配于道德性命礼乐政刑八者。理虽是,奈附会者势必难免,而大体有见。卷下凡度数图二,其一明周天历象气节之图,以授时历冬至当箕八度配之。其二明地方万里封建之图,本《周礼》由王畿以及九服,今虽大异,乃地方而实为球面,然定于一之中,仍未可忽。下尚有"万夫之图"、"一成之图",亦皆取义于《周礼》。夫平天下之理,洵有与于井田之法者也。再者,此书曾收入《道藏》而外传反绝,迨清纳兰成德始取于《道藏》而刻入《通志堂经解》,其功伟矣。然偏执者尚视之为道家,不亦陋哉!《四库》亦收入术数类。然张氏之另一易著《大易象数钩深图》则收入经类,其例亦紊矣。

124. 张理《大易象数钩深图》提要

《大易象数钩深图》三卷,元张理著。此书无序、跋,与《易象图说》同入《道藏》,亦由纳兰成德收于《通志堂经解》。张氏著此书时,当与著《易象图说》相近,因有互明之处。故亦以顺帝至正二十四年(1364)论。此二书宜并观,则于张氏之易学,知其全矣。夫此公颇同于刘牧之说,由书名之相似,亦可见。而九图、十书之辨,可谓名异而实同。张氏既用九图、十书之名,而于《易象图说》中又合称图书,下则注明十为龙图、九为洛书,盖本陈抟之《易龙图序》,此确能核实而不为虚名所囿,可取也。首载太极贯一之图,即九数合诸后天图,又本周氏之《太极图说》而阐明之。若乾处"戌亥"而为"乾知大始",坤处"未申"而为"坤作成物",亦深合后天图妙万物之精义。若方圆相生图,乃取于郑少梅,盖以方圆当阴阳,中曰:"方圆交而生方生圆。"即阴阳交而生八卦。一定之圆象乾,一成之方象坤,方中之圆象坎,圆中之方象离。又方中之圆出,而变方为圆,由一分变圆而圆及二分,终为一定之圆。反之圆中之方亦出,而变圆为方,由一分变方而方及二分,终为一成之方。今本其理而以卦象示之:

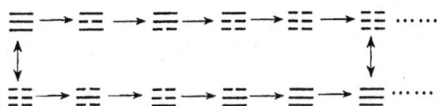

考郑氏易著名《周易疑难图解》,惜已佚。而此图于魏了翁之《鹤山渠阳经外杂钞》中曾钞及,今又见录于张氏。略存一脔,亦云幸矣。

若"序上下经图",所以明上经始乾、坤终坎、离,下经始咸、恒终既济、未济之理,极合自然之变化。今更阐明之,即上经取中互,下经取上下伍,故上经乾、坤由同人、师而变至颐、大过,又中互兼三四爻,乃重变而成离、坎。下经则咸取上伍、恒取下伍由大过、大壮而变至蒙、屯,又上伍兼四、下伍兼三,乃重变而成未济、既济,详下图:

上经始　　　　　　　　　　　　　　　　　上经终

下经始　　　　　　　　　　　　　　　　　下经终

以下有论六十四卦之大义,每卦皆本卦象以总论之,颇有足观者。如谓师北向有征伐之象,比南方有朝诸侯之象(指震仰盂向北,艮覆盌位南),小畜五满假权归四,大畜五谦虚权归上,是也。且其间皆因象推理,如履有"履虎尾"之象辞,即以西方白虎七宿当之;既济、未济之阴阳相间,即以十二律吕当之;泰、否之往来,即以卦变成九卦当之;井、鼎之坎、离在巽上,即以水、火二用当之;他如涣躬节气等,凡此虽非确然不易,亦合惟变所适之义,乃在读者之善取耳。若谓六十四卦之义皆在于此,则大误矣。

三陈九卦之数,可与《易象图说》并观,然略觉琐碎。上经三卦之数极可取,下经六卦当以对上经三卦为是(见《周易折中》)。

全书凡图百有四十,自抒心得者屡见不鲜。以明六十四卦者,更为前人所未发。他如取诸前贤者能得其要,可见张氏于象数之学用功亦勤矣。

卷七

明

125. 刘基《灵棋经刘解》提要

《灵棋经刘解》二卷,明刘基解。基字伯温,青田人,博闻强识。明太祖视之如子房,开国每用其计。封诚意伯。洪武八年卒(1375),年六十五,谥文成。详《明史》本传。若《灵棋经》者,古卜筮之书也。然书在人用,于千余年间注解此经者虽有数家,奈或已失佚,或系术者所托名,故此经之象殊未显于世,乃为士林所不齿,仅供术家之占卜耳。独刘氏有见乎《灵棋》十二之妙,特为之解。其序曰:"《灵棋》象《易》而作也,非精于《易》者不能也。予每喜其占之验,而病解之者不能尽作者之旨,而以世之卜师之语配之。故为申其意而为之言。"可谓千年之下一遇知音。《四库》收此书者,即因《刘解》故。

如二上一中三下理乱卦象曰:"天阴云升,阳从下兴;君子治乱,小人畏惩。"《刘解》曰:"'天阴云升',龙跃渊也,以正去邪,如决川也。此课阴阳虽不得位,而一阳居中,三阳在下,有君子治乱以刚决柔之象。占临政、治民、捕亡、讨叛皆吉。讼以正胜,不宜阴私。君子得之大吉,小人反是。"又如二中二下宜初卦象曰:"深思远念,居安虑危。今虽无

311

患,终必倾亏。常行正道,慎勿作欺。"《刘解》曰:"'深思远虑',柔懦而安处也;'终必倾亏',上无主也;'常行正道',则不失所也。此课二阴相比于下而上无主,苟安目下而终不能自立。占者守正可以保己,若有妄动,必至危败。"由上二例,全解可知。盖刘氏能详辨三才之隐见、四象之失得,则《灵棋》一百二十五卦之变化悉在其中。是诚《灵棋》象《易》之精,而刘氏得之者也,亦即刘氏之深识乎易象而寓诸《灵棋》耳。

夫读刘氏之《唱和集》忧君忧民之仁溢于言表,观《郁离子》寓言知人物之情状栩栩如生,是皆刘氏所得之易象也。是时有黄泽究易象六十余年,尚有未得,今可谓有刘氏承而得之焉。考黄氏八十七岁卒,时刘氏已三十六岁,未识曾一遇否? 然以理言,虽或未遇,其唯刘氏之易象足以承黄氏。若黄氏门人赵汸所著之《周易文诠》,何足以语其师之象,幸有刘氏之悟象,黄氏之象学庶有豸乎。出《灵棋》于污泥,岂偶然哉。至于刘氏之书,未言成于何年,以理推之,三十岁左右定已知其妙。惟书成定稿,似当晚年为是,今以六十岁论,即明太祖洪武三年(1370)。

126. 韩邦奇《启蒙意见》提要

《启蒙意见》五卷,明韩邦奇著。邦奇字汝节,号苑洛,陕之朝邑人。正德三年进士。卒于嘉靖三十四年,年七十七。性嗜学,事迹详《明史》本传。弟邦清同年登进士,兄弟友爱殊甚,乡人为立孝弟碑,其行有足多焉。是书自序于孝宗弘治十六年(1503),以卒年推之,约二十五岁之时。盖本朱子《启蒙》而推演之。

一曰"本图书"。其间天数五、地数五及天地之数五十有五诸图,皆象数之自然。以河图易四向,当春夏秋冬四时。原形为夏,或有取乎"向明而治"之义,是乃时位逆行而相合之理。若谓乾一、兑九以当太阳,离二、震八以当少阴,巽三、坎七以当少阳,艮四、坤六以当太阴,则指错卦以当河图之一方,亦卦象配数之一例耳,未可必者也。下述图书之互易,以明"图之可以为书"、"书之可以为图",可取。是犹"东北丧朋"则不交,"西南得朋"则交之义。又以生数、成数之内外,与天数、地数之四正、四维互易,即图书之互易也。朱子曰:"安知图之不为书,书之不为图。"盖九、十图书之争,其来已久。而韩氏之进而互易其实,则名之争自然而息矣,此有功于易学者也。

二曰"原卦画"。大义皆同《启蒙》,谓之乾一、兑九……(见上)之次,则不及乾一、兑二之自然。又本《序卦》而作文王八八六十四卦方图,实则可综成六六三十六卦,见税与权《易学启蒙小传》中之"后天周易序卦图"。

三曰"明蓍策"。亦皆本《启蒙》而得详图之。又太极图于周子之一图外加以黑白二曲线。凡反向二图,或即为来瞿塘所取乎?

四曰"考占变"。详画四千有九十六卦,以变爻之多寡分类,其方式为:

$$64(\text{不变})+6\times64+15\times64+20\times64+15\times64+6\times64+64=4096$$
$$\text{一爻变}\quad\text{二爻变}\quad\text{三爻变}\quad\text{四爻变}\quad\text{五爻变}\quad\text{六爻变}$$

秩序整齐,可翼《启蒙》者也。

五曰"七占"。即本《启蒙》之三十二图而各系以卦爻辞,乃便于卜筮耳。若所用之卦爻辞,尚另立其法。

127. 吕柟《周易说翼》提要

《周易说翼》三卷,明吕柟著。柟字仲木,号泾野,陕之高陵人。武宗正德三年进士。事迹具《明史·儒林传》。学主程、朱。卒于世宗嘉靖二十一年(1542),年六十四。是书前有王献芝序,后有李遂跋,《惜阴轩丛书》本无之。

书系问答体，由门人发问而吕氏答之，问题皆属十翼。盖由《彖》、《象》以明卦爻辞，其例可取，犹费氏家法也。若《彖》、《象》未及之二篇皆无说，且于十翼亦因门人问及而答之，非逐句有说。首二卷当《彖》、《象》上下及《文言》，第三卷当《系辞》以下。所答者以义理为主，颇引经义以证明之。如"大人造"（乾五）引《诗》曰："胡然而天也，胡然而帝也。""盈不可久"（乾上）引《诗》曰："哿矣富人，哀此茕独。""志在君"（否初）引《诗》曰："率土之滨，莫非王臣。""明辨晢"（大有四）引《诗》曰："我友敬矣，谗言其兴。""以中"（大壮二）引《书》曰："不刚不柔，厥德允修。""三则疑"（损三）引《书》曰："任贤勿贰。""其文炳"（革五）引《书》曰："乃圣乃神，乃武乃文。"又引《论语》曰："望之俨然，即之也温，听其言也厉。"凡此等，确可与易义相发。又于需上曰："言能敬焉，虽未当位且未失，况上六之当位者乎？此敬之德所以为大也。"则深切象义。读此可明王弼因此以证"初上无位"之大误也。于泰二曰："'包荒'而'不遐遗'者仁之容也；'冯河'而'朋亡'者，义之决也。仁且义，'中行'之道也。非其心之光明广大，能如是乎。然必先仁而后义，故曰'包荒得尚于中行'。"于理尤正。心必如是之光大，庶能保泰而济也。于释《系》上所举之七爻及《系》下所举之十一爻，前者明拟议之变化，后者明圣人体天道自然之屈伸，于理亦简洁。结曰："天地惟一气，圣人惟一理，是即'一致'而'致一'，故'天下之动，贞夫一'也。"然以"中"谓二五，则未若当三四爻之为合。又以"理"训"文"，曰："当理则吉，失理则凶。"以解"文不当则吉凶生焉"，亦略觉疏阔。盖"理"、"文"二义虽可互训，而不可不辨。盖理已兼质，文则对质而言。若《系辞》于此明文之当不当对位之得失耳，尚属文、质对言，故未可以"理"训"文"。

夫总观是书，不乏可取，于解《小象》尤多独见。后吴桂森《周易像象述》中所述之《小象》，或已有取于此。此书殊可参考，若张云章曰："词旨渊奥，非深于《易》者不能窥其蕴也。"则未免过誉。

128. 韩邦奇《易占经纬》提要

《易占经纬》四卷，明韩邦奇辑。韩氏始末，另见《易学启蒙意见》提要。此书盖以三百八十四爻为经，四千有九十六变为纬。经者，卦爻辞当之；纬者，《易林》当之。于世宗嘉靖二十三年定其法，命门人王赐绂裒辑。王氏与韩氏外孙张士荣合编之，成于嘉靖二十四年(1545)春，是年韩氏六十七岁。

首载三图，一曰"卦变图"，即《启蒙》中三十二图之一，以明其例。二曰"易占图"，明卦变后所占之卦爻辞，仍以一图为例。三曰"《焦氏易林》占图"，明卦变后所占之《易林》，亦以一图为例。由此三图，以见《易学启蒙》四千九十六变本《焦氏易林》。盖自上古相传之筮法也。其理确是。下则准先天《启蒙》之序录卦爻辞。然后依其序列四千有九十六卦。卦下分经纬，经则仅注明当占某卦某爻，纬则录《易林》是也。故是书实即合《易林》、《启蒙》为一书耳。考所占之卦爻辞与《启蒙》不同，乃见仁见知，未可必者也。

又目有附录曰："第一卦变，第二卦变，第三卦变，《易林》推用"，惜所读本无之。按《经义考》载韩氏有四易著，除《启蒙意见》及此书外，尚有《卦爻要图》一卷及《易林推用》。若《卦爻要图》者，即第一、第二、第三卦变。《经义考》载有韩氏门人张思静之序。乃知第一卦变者，即伏羲六画之一一相加，同孔子三画而三画，则此图已见于《启蒙意见》。第二卦变者，三画而三画亦同，八卦三爻各三变，名为八卦，实为六十四卦。(廷注：此言未详三爻各三变之法。然已知即当本卦及所变之八卦合成六十四卦。)第三卦变即成四千有九十六卦，乃以六画上加六画，增之十二画。又《易林推用》者，有韩氏自序，盖明由焦氏而京氏。《序》曰："为京氏之学者，此其阶也。"然未知其详。

129. 陈士元《易象钩解》提要

《易象钩解》四卷,明陈士元著。士元字心叔,应城人,世宗嘉靖二十三年进士。此书自序于嘉靖三十年(1551),序中言及尚有《易象汇解》二卷,惜已佚。此书唯解二篇,以取象为主,颇能驾王弼而上之,优游于汉儒之林矣。然主于京氏之占,又每以一爻变取象,则于虞氏等之正之大义仍有一间。而因象明义,已多足取。

于需三曰:"需与渐皆有待义,'需于郊'、'于沙'、'于泥',由平原而水际,水际非人所安也;'渐于干'、'于磐'、'于陆',由水际而平原,平原非鸿所安也。皆以三为危地,需三近坎,故曰'寇至';渐三互坎,故曰'御寇'。坎为盗,不其然乎?"于比曰:"蒙之筮,问人者也,不一则不专;比之筮,自考者也,不再则不审。"又曰:"师、比二卦相反,而五爻俱言'禽'。一执一舍,仁义并行而不悖,此之谓王者之田。"于随五曰:"四五以阳居三上二阴之间,有'中实'之象,故皆曰'孚'。然四之孚,戒之也,欲其孚乎五也;五之孚,许之也,喜其孚于二也。"于复四曰:"四非二五,何以称'中'? 盖中无定体,三四为一卦之中,又复五阴自二至上则四为中。'中行独复',谓处五阴之中而独行以复也。泰二、夬五之'中行',二体之中也;益三四之'中行',全体之中也;复四之'中行',五阴之中也。"于遁五曰:"非正应而相昵曰'系',以中正而相应曰'嘉'。随九五'孚于嘉',遁九五'嘉遁',皆因三之'系'而见也。"凡此等皆能比类明义,象理互通,于经文多所阐明焉。

又于小过五曰:"《易》之取象,小者为弋,大者为田,最大者为狩。"亦可备一说。于大有三曰:"《易》之辞有'王',有'先王',有'后',有'大帝',有'帝',有'天子'。'王'以德业言,'先王'以垂统言,'后'者天子诸侯之通称,'大君'者天子之尊称,'帝'者谓其主宰之专,'天子'谓其统位之正也。"则于六名可谓能明辨焉。唯"后"者宜作"继体君"

解,盖与"先王"相对者也,复《大象》即"先王"、"后"并称。又否上曰:"'后喜'者,言未可遽喜也。惟以'倾否'为先务,必'其亡其亡'而后有喜也。"解上曰:"解之世莫先于去小人,故九二欲其'获狐',六三戒其'致寇',九四欲其'解拇',六五欲其'退小人',上六欲其'射隼',一卦六爻而去小人者居其五。'狐'者,小人之妖媚者也;'拇'者,小人之微贱者也;'隼'者,小人之鸷悍者也;'负乘'者,小人之僭窃者也。当解之世而圣人犹加防焉,其思患也深矣。"乃药石之言,读《易》之君子可不引以为戒乎。

至于所取之象,什九本《说卦》,皆合于义。若以兑口舌为言,虽异荀、虞,反切于经。唯郊、野皆取坤象,则不若虞氏取乾,盖乾远而坤近。又鼎上取变震为玉,乃本荀九家,未若《说卦》之乾为玉。舍经取注,殊不可。晋取坤为侯,亦与屯、豫不例,亦当从虞氏取初变震侯为是。再者,解蛊之"先后甲",以后天图震甲之巽、艮,顺逆各隔三卦当之。巽下艮上蛊也,然艮下巽上尚可成渐,况于"先后庚"亦未能一例,未若胡炳文之说。又解"既济亨小"曰:"万事尽济,大小皆亨,言'小者亨',则大可知也。"亦与他卦言小不例。小谓卦主六二,不必及大也。然此皆小疵耳,全书解经之法甚正。凡初究汉象者,于《集解》或未能得其要,此书足为之阶。

130. 管志道《周易六龙解》

附《东溟粹言》提要

《周易六龙解》一卷,明管志道著。志道字登之,学者称东溟先生,太仓人,隆庆五年进士,官至南京刑部主事。神宗万历六年条上九事,忤张居正,出为广东按察司佥事,分巡南韶道,旋降盐课司提举,明年以老疾致仕。居正败,廷臣荐起湖广佥事,以母老乞归。万历三十六年卒,年七十三(1608)。著述尚有《孟义订测》、《问辨牍》、《从先维俗议》《觉迷蠡测》等。此书有曾乾亨序。乾亨与兄同亨,并以名德称,又同亨亦因张居正而降职。然则管氏以是篇偶一寄阅于曾氏,有以矣。按曾氏序于万历二十一年。若是书之成,可以是年(1593)论,管氏盖五十八岁。

大是书实即综述乾卦耳,发挥经义,不乏可取者。如曰:"潜亦不问治乱,治而潜,故曰'天下有道,丘不与易也';乱而潜,故曰'天地闭,贤人隐'。"按治而潜,"勿用"之本义也;乱而潜,坤六四之应乾初九也。曰:"未有'龙德'而不从战兢惕厉中来也。"曰:"'修辞'自不妄语始。"按是犹明言行君子之枢机,可不慎乎!曰:"'跃'而'飞',殆不若'潜'而'飞'之幸与?"按"潜"而"飞",初五皆正位,犹《孟子》曰"尧舜性之"者也;"跃"而"飞"则四位未正而五位正,犹《孟子》曰"汤武反之"者也。曰:"圣人有天下而不与,使并生于飞龙之世,不并乘也,时潜时见,无适而不可。"按此言合"无首"之义。曰:"'龙德'无成心,'时乘'无定格,故有始潜而终见,始见而终飞,始惕而终跃者。又有见兼潜、惕兼见、飞兼跃且亢者,千变万化,不可胜穷,亦各乘其时而已。"按此可以象数阐明之。谓六龙无成心而兼其德,以象言即六十四卦如见兼潜为临,惕兼见为升,飞兼跃且亢为否是也。若以"时乘"别之,又生始终之异,凡始潜而终见,将异于始见而终潜,故以数计之共有一千九百五十七种变化,是即格也。

$$1+6 \cdot 1+15 \cdot 2! +20 \cdot 3! +15 \cdot 4! +6 \cdot 5! +1 \cdot 6! =1957$$
无首　一龙　　二龙　　　三龙　　　四龙　　　五龙　　　六龙

惟其无成心而象备,无定格而数极,是诚"时乘六龙"之精义也。或执一象一格,何能见龙德之变化哉?他如孔子当乾二,于六龙见圣人忧患之情。又以一之则先天之学,二之则后天之学,皆是。然以"潜时所乐常在遯世,所忧常在易世",似未合经义。盖或遯或易,各有忧乐者也。于上爻有曰:"知伊周处亢,尚未履丧亡之地,然圣人固应有丧亡时矣。邵尧夫乃谓'圣人无死地',岂未知亢龙之道与。"亦违爻义。《文言》曰:"知进退存亡而不失其正。"故圣人而处亢龙,岂死地耶?末以"六龙分配君相师友",又明"佛老龙德",乃自述所见耳。按清彭际清撰《管氏传》有曰:"……(管氏)阅《华严经·世主妙严品》,忽悟《周易》乾元用九之义,反观身心,浑同太虚,照见古今。"夫管氏旨在贯通三教,宜有是悟。若《华严经》者,所以破碍。是品中有曰:"一念之间,悉包法界。""一一毛端,悉能容受一切世界而无障碍。"以易道言,犹一卦一爻之可变六十四卦三百八十四爻也。当变通而时位一,太极乾元之象成。故管氏之悟,有其象焉,惜未能以卦象之。于晚年尤究心《楞严经》,可见佛学之造诣深于易学也。

至若《东溟粹言》一卷,盖杂记所见,凡二十四目。曰"身心成法"、"立身谨始"、"忠厚正直"、"《中庸》遯世"、"明道四语"、"孔子在惕见之间"、"乾元果海"、"述而不作"、"执射执御"、"经纶大经"、"立天下之大本"、"知天地之化育"、"夫焉有所倚"、"达天德"、"大道至道"、"明哲敦厚"、"仲尼道果"、"率性尽性"、"道性善"、"《语》《孟》《中庸》论性"、"仁圣二学"、"圣学一为要"、"孔颜乐处"、"圆宗方矩",间及《中庸》者大半,所重可知。于"乾元果海"中曰:"……所志之道,必根极于乾元;所求之志,必求入于乾元果海。当行义时,即以上达乾元之学,达诸政事间,使群生各正其性命耳。"按是言殊精,或即管氏一生所志之者乎?于"仁圣二学"中曰:"……仁学必从'立人达人'上发端,充其量于'博施济众';圣学必从'何思何虑'上发端,极其量于'知化穷神'。……以'何思何虑'之脉发'立人达人'之心,以'立人达人'之功尽'何思何虑'之量,是为仁圣兼该,非孔、颜不足以与此,而《中庸》能发其蕴焉。"按此分辨仁圣而一之,犹乾坤二元之于太极乾元也。于"大道至道"中曰:"乾坤合德,是以亦大亦至。"义与此通。又谓"孔门之教全重礼",犹"圣学一为要"中所明之"克己复礼"也。若于"经纶大经"中曰:"尧舜事业如一点浮云过太虚,盖所性不存焉。"未免着虚,引申《孟子》之义而失其旨矣。

131. 董懋策《大易床头私录》提要

《大易床头私录》三卷,明董懋策著。懋策字自铸,会稽人。以理学文章名世,家传易学,始末未详。自序于神宗万历二十三年(1595),谓:"是录也,偶与弟子讲学之日,有契而书,不敢示于庭,聊以置之床头者也。"其后犹子孝平刻之,《四库》未著录。朱彝尊《经义考》曰:"黄氏懋策《大易床头私录》,未见。"当即此书,"黄"为"董"之误。清光绪间,其后裔得旧刻本,又借得旧抄本,乃二度刻于《董氏丛书》。今此书为光绪三十二年之重刻本。曰《私录》者,犹读《易》之笔记耳。是时尚心学,董氏亦其流亚。

读全书之说,有可取者。如曰:"善齐物者不强物,善同人者不强同"(同人《大象》)。"去私见而后可以论元夫之交"(睽三)。"'骈于拇'者,连无用之肉也,而决之则啼。小人者,拇之骈也,而方连为骨肉,非有大勇,孰能一决而去乎?"(解四)"采苊者,披其枝而不去其根,去其根将变生耳。芟夷而蕴崇之,宁有种乎?然此非穷小人之谓也,其根在君之心,故曰'中行无咎',又曰'中未光'也"(夬五)。"以'葛藟'之蔓,'臲卼'之危,而有悔则吉。乃知'葛藟'、'臲卼',非境困也。转羊肠而康衢,在一念耳"(困上)。"兑为无言之说,而《彖》曰:'兑,说也。'咸为无心之感,而《彖》曰:'咸,感也。'知此者,有心无心,有言无言,复通为一。"皆是也。他若明圣人之自夷其明,谓天下之险阻,莫险阻于人心。又曰"下士闭户,中士闭口,上士闭心,心其门户之枢乎。"亦皆有见而云然。

至若曰:"圣人未尝一日而忘疑,故有取于狐,贵其疑也。"未免失道,是即心学之弊也。

132. 来知德《周易集注》提要

　　《周易集注》十六卷,明来知德著。知德字矣鲜,号瞿塘,梁山人。生于世宗嘉靖四年(1525)。于嘉靖三十一年举孝廉,遂绝意仕途,入深山读《易》。自穆宗隆庆四年(1570)至神宗万历二十六年(1598),凡二十九年始成《周易集注》,用力不亦久乎。其深思研索之情,屏绝外染之意,盖可见矣。卒于万历三十二年(1604),年八十。

　　是书之可贵处,在能兼合象数义理为一。谓:"伏羲之卦主于错,文王之卦主于综。"来注之中心也。然其所悟者,先儒皆已言及。首载圆图,盖由太极河图及韩邦奇之太极图所化出,即以太极河图为本。(是图必自古已有,后乃流入方外,来氏未言出处,或由道书中得。)韩氏取其成数,来氏取其生数耳。其言曰:"主宰者理,对待者数,流行者气。"确得易道之要。又画八卦变六十四卦图,即京氏之八宫。综分正综与杂综,前者即六世,后者即游魂归魂。若六爻变自相错图,即一爻变自相错图,犹先天图,亦即汉易所谓旁通。中爻即互卦。可见来氏所发明者,实非发明,乃总述之耳。至于所采之图,有得自林至、张理、胡居仁、韩邦奇等。若方圆相生图,盖作于宋郑少梅,而来氏注曰:"此古图,自陈抟时有之。"未知何据。他若《太玄》、《洞极》、《潜虚》、《皇极经世书》、《洪范皇极数》等,亦莫不具备,可云富焉。卷首为《启蒙》,详注六十四卦之错综、爻变、互卦等。释上下经篇义,犹程子之义。明爻数,未若萧汉中之详。于注解经文,殊能深入浅出,既本错综、爻变之象,又明经文之义理,故象则有所指,理亦不著虚。凡先明卦象,后总述其辞,间引史事亦简洁,大可为入门读本,数百年来大行,良有以也。

　　释泰上之"城复于隍",谓"复"即三爻"无往不复"之"复"。释否上之"倾否",谓"倾"即泰三"无平不陂"之"陂"。于象理皆密合。又释颐三《小象》之"道大悖",谓即指"拂颐",亦切。他若履上以"视履"断句,可备一说。所补之象,可取者甚多。如乾为顶、为武,坤为敦,震为筵,巽为鱼,坎为河,离为苦,艮为终、为宅、为广、为尾等。然什九先儒已取,此来氏未究汉易之失。又未可用者,如遘者姤象,乃一阴不期而遇,姤《彖》、离卦皆明言之,而来氏另以雷与火为遇,未免杜撰。又若孕当取离为大腹,而来氏取坎,乃其错象。又离戈兵为戎,来氏取乾,亦觉未合,乾可为武,而不可为戎者也。他若取离为城、为墉,尚可备一说。又剥五取艮错兑少女为宫人,于《说卦》又取巽为宫人,此或兼取综象,或考订之疏忽。若释恒曰:"左旁从立心,右旁从一日,言立心如一日,久而不变者也。"则未合字义,不奢术士之拆字以解经,未免有庸俗之弊。取王介甫义,以用九、用六为继上爻言,殊非二用之旨。于《系辞》中移动所释之十八爻,使上经、下经之卦分属上、下《系》,亦觉不必。《杂卦》末节之据蔡渊改定本,尤不可取。盖一意于综卦,而不知《杂卦》尚言旋互卦也。又重订十翼,亦为多事。再者,虞翻之卦变实有其至理,乃来氏未加推究(李鼎祚之《集解》,来氏必未深究,不然于易象卦爻之悟当不止此,殊可惜)。即以卦变为非,实大误也。他若汉易之正之理,来氏一无所知,则言长夜至今日,自视未免过高。然与次且于程、朱义理者,确未足以并论。三十年之光阴,岂虚度哉。

133. 胡震亨《易解附录》
附《后语》提要

《易解附录》一卷,明胡震亨辑。震亨字孝辕,海盐人,晚自号遯叟,万历举人。盖胡氏刻李鼎祚《周易集解》,于郑康成之注已有王应麟辑成一卷,乃删其采自《集解》者而附刻于后,即此书也。时约于神宗万历三十年(1602)前后。是时姚士粦更收辑郑氏之《易注》,于《正义》、《释文》中凡得二十五则,皆为王氏所挂漏者。因又作《后语》一文以附刻之。士粦字叔祥,亦海盐人,尚辑有《陆氏易解》一卷(另详《姚辑陆氏易解》提要），盖亦有功于易学者也。若胡氏原刻之《周易集解》，世已鲜焉。曹元弼著《周易集解补释》，得明朱（睦㮮）、毛（晋）二刻本，亦未及胡氏刻本。今此卷《丛书集成》据《秘册汇函》影印而独行，则内容反不若王辑。故郑氏《易注》必待清惠氏等增辑方臻完备，可见辑佚之非易事也。此书之存乃见其发展之迹。夫先儒之辛勤若是，于辑佚之经籍，岂不可宝乎。

134. 倪元璐《儿易内仪以》提要

《儿易内仪以》六卷，明倪元璐著。元璐字玉汝，号鸿宝，上虞人。熹宗天启二年（1622）进士，历官户部兼礼部尚书，翰林学士，斥魏忠贤党孽，伸东林正气颇力。事迹详《明史》本传。思宗崇祯十七年（1644）殉难，年五十二，谥曰文正。此书成于崇祯十四年（1641），曰"儿易"者，谓汉人说《易》，舌本强撅，似儿强解事者；宋人剔梳求通，遂成学究，学究不如儿。儿强解事，不如儿不解事也。论汉、宋之蔽甚妙，惜未知其长。复婴孩而归于虚，正明学之弊也。"儿易"分内外二仪。"内仪以"者，以《大象》释卦爻辞，盖《大象》中皆有"以"字也。"外仪"者，自创玩占之法，提要另详。

夫《大象》者，所以准上下二体以立义，于卦爻辞不即不离，用《易》所在，进德修业所依，确为言行之指南，处世之宝鉴。然以十翼观之，仅《象》中之部分耳。且于卦爻辞以《彖》释卦辞，《小象》释爻辞，《大象》不与焉。而倪氏之书废《彖》与《小象》，独取《大象》以解卦爻辞，能无穿凿乎。以卦爻论其义尚未可，以卦辞总括六爻之辞，盖理则爻统于卦，然名爻之象每多通于他卦以取义，故必使爻义之统于本卦卦辞，无有是处。进而观《大象》之义尤然，虽同此卦象，然非各《彖》与《小象》之限于卦爻辞者也。此不即不离之关系，变易之道在矣。奈倪氏未明乎此，必以六爻之义统乎卦辞，又以卦爻辞之义统乎《大象》，令变化多端之易象囿于上下二体,不亦固陋哉!如于乾六龙之归于自强不息,理尚可通。若中孚之必归于议狱缓死,何能自圆其说。夫此书者,犹为文六十有四,以《大象》为题,以卦爻辞为目,以意文之,当不当杂焉。故谓之通《大象》尚可,谓之通《易》则未也。

135. 倪元璐《儿易外仪》提要

《儿易外仪》十五卷,明倪元璐著。倪氏始末详《儿易内仪以》提要。书亦与《内仪以》同成于崇祯十四年(1641)。是书自创玩占新法,凡刻板六十有四。一曰无极,一曰太极,奇耦爻各二十,奇动作□者三,耦动作×者三,八卦各二是也。于无极中空,太极朱白相间,他皆涂朱,唯奇爻二十之一涂白,象始画。由是以八分之成八象,八人玩,人各一象;四人玩,人各二象;二人玩,人各四象。乃因象分类而玩其占,计分六类,三十目,录如下:

一、开成之类曰"原始",目八:"易冒"、"易生"、"易准"、"易至"、"易则"、"易衍"、"易行"、"易能"。

二、摩荡之类曰"正言",目一:"易居"。

三、引触之类曰"能事",目一:"易适"。

四、弥纶之类曰"尽利",目十四:"易列"、"易位"、"易数"、"易兼"、"易索"、"易倚"、"易推"、"易制"、"易求"、"易见"、"易类"、"易向"、"易治"、"易作"。

五、化裁之类曰"曲成",目四:"易会"、"易通"、"易小"、"易初"。

六、平倾之类曰"申命",目二:"易相"、"易教"。

此类目之象,皆为八版所成。如无极一,太极一,奇耦动各三,是谓"易冒"。乾卦二奇画六为乾之乾,或乾坤各一、奇耦各三为否之否,此六十四象曰"易居"。又坤卦二奇画六为乾之坤。此类共有四千有三十二象曰"易适",合上"易居",即《易林》、《启蒙》之象。如得先天八象曰"易例",得阳卦四各二卦或阴卦四各二卦曰"易索"。又二卦成一六画卦,以下六卦取其阴阳卦合乎六画卦之阴阳爻曰"易会"。如坎震为屯,其下六卦为坤、乾、巽、兑、离、震是也。(凡以下六卦不拘卦象,仅取阴阳卦而已。)此外配合之象甚多,妙在"易冒"之八象,可云巧思。且每象各定策数以应之策,则人取三百八十四曰信策,公置三百八十四曰顺策,因象予夺赏罚而变化见矣。

夫卦象六十有四,变成四千有九十六,可谓极矣。而倪氏之版由六而八,以无极、太极、奇耦、动静合八卦而观之,宜变化繁多。除二、三两类外,皆为以前卜筮所无,可觇明末时思想之庞杂。又揲策亦不以大衍数而用三百八十四。分两,左揲八,其余一至八,即乾一至坤八之象;右揲六十四,其余一至六十四,即《序卦》乾一、坤二至既济六十三、未济六十四之象。按原书未言明左揲当二次始得六画,"本卦"合以左揲"之卦",即四千有九十六卦之象。然以原法较之,殊觉粗野。故倪氏悟无极、太极生生之版象,未可谓非,奈其未能制其象而用之,此明之所以亡也乎。

136. 蕅益《周易禅解》提要

《周易禅解》十卷,明末释蕅益著。蕅益其字,名智旭,自号八不道人。初学儒,以圣学自任。二十岁丧父,发出世心,从憨山之徒雪岭剃度,晚住灵峰。生平著述,今有四十余种。清顺治十一年正月二十一日圆寂,寿五十七。(而《选佛谱叙》自言万历己未年二十一,则知顺治十一年为五十六。)若此书初写于崇祯十四年(1641)冬,未及半而辍,复续成于南明福王弘光元年(1645)夏。是时正当明清之际,故虽方外之僧,亦不免有感焉。自跋曰:"从闽至吴,地不过三千余里;从辛巳冬至今夏,时不过一千二百余日。乃世事幻梦,盖不啻万别千差。交易耶? 变易耶? 至于历尽万别千差世事,时地俱易,而不易者依然如故。吾是以知日月稽天而不历,江河竞注而不流,肇公非欺我也。得其不易者,以应其至易;观其至易者,以验其不易。常与无常,二鸟双游,吾安知文王之于羑里,周公之被流言,孔子之息机于周流,而韦编三为之绝,不同感于斯旨耶!予愧无三圣之德之学,而窃类三圣与民同患之时,故阁笔而复为之跋。”读乎此,蕅益师之忧患可知。儒释之理一耶?二耶?咸其自取耳。若其序有曰:“吾所用由解《易》者无他,以禅入儒,务诱儒以知禅耳。”则尚为未通乎法相之言,夫易简至理一也,既在解《易》,何必入而何必诱,有入、诱之心,于道能无间乎?

是书凡十卷,计七卷述六十四卦,《系辞》以下二卷,末卷为易图。今读金陵刻经处民国四年之刻本,全书以佛法解《易》,确多可通之处。于伏羲六十四卦方位图曰:“大不碍小,小不碍大,大亦只是六十四卦,小亦全具六十四卦,一时一刻亦有此六十四卦,亘古亘今亦只此六十四卦。若向此处悟得,便入《华严》事事无碍法界。”此义极是。其惟入《华严》之玄海,始足以语《易》。又于伏羲六十四卦次序图下增“卐”字图二,盖当太极之旋转状,亦可备一说。若解六十四卦三百八十四爻,语甚简明,合诸佛法,大半能得其自然。于蒙卦曰:“凡为师友者,虽念念以教育成就为怀,然须得其‘求我’方成。机感可必,‘初筮’则告,方显法之尊重。其所以告之者,又必契理、契机而‘贞’。然后可使人人为圣、为佛矣。”可见儒释之启蒙,其道一也。于合论噬嗑之六爻曰:“初九境界一发,即以正慧治之,如‘灭趾’而令其不行。六二境发未深,即以正定治之,所噬虽不坚硬,未免打失巴鼻。六三境发渐甚,定慧亦不纯正,未免为境扰乱,但不至于堕落。九四境发夹杂善恶,定慧而不纯正,纵得小小法利,未证深法。六五纯发善境,所得法利亦大,然犹未入正位,仍需贞厉,乃得无咎。上九境发极深,似有定慧,实则不中不正,反取邪事而作圣解,永堕无闻之祸也。”盖本“利用狱”义,一气贯通。“用狱”者犹受刑者,此佛法之观心也。于爻义虽略有出入，然未违大旨，以定慧治境之理，甚可取。于井上曰："此是究竟，即佛功德满足，尽未来际，恒润众生。"此释于爻义密合，地德之井道大成，佛果遍满于法界焉。王阳明曰"满街都是圣人"，亦此意。他如以"释迦出五浊世，得无上菩提，为一切众生说难信法"当蹇五，以鼎为"陶贤铸圣，烹佛炼祖之器"，以家人卦之内三爻当增上之戒定慧，皆极恰当。然以"天行健"之"健"字为可善可恶，犹《孟子》所谓"孳孳为义，孳孳为利"之"孳孳"，则殊觉不合，盖健乃乾德，有上出义，故有善而无恶者也。又以乾为义、坤为仁，于象亦反。且以"迷于妙明明妙真性，一念无明动相即为雷"，亦阴阳颠倒。雷乃天地之心，一念无明当为巽风。于释《系辞》有曰："《易》者无住之理也，从无住本立一切法，所以《易》即为一切事理本源，有太极之义。"乃以"《易》无体"释"《易》有太极"，以经证经而有无相通，得说《易》之正。于"盗之招也"曰："'招'字妙甚！可见致魔之由，皆由主人。"亦合"负且乘"之义。又曰："驱鸟兽蛇于山泽，使民得稼穑者，乃深明物各宜丽其所者也。故取诸离。"则虽非以网罟佃渔之本义，然曲成杀生之戒，不愧为高僧之言。又合以离丽之义，可谓文而当也。如解《说卦》之广象章曰："此广八卦一章，尤见易理之铺天匝地，不间精粗，不分贵贱，不论有情无情。禅门所谓'青青翠竹，总是真如；郁郁黄花，无非般若。'又云：'墙壁瓦砾，皆是如来清净法身。'又云：'成佛作祖，犹带污名，戴角披毛，推居上位。'皆是此意。"极有见地。故末曰："此中具有依正因果、善恶无记、烦恼业苦等一切诸法，而文章错综变化，使后世儒者无处可讨线索。真大圣人手笔，非子夏所能措一字也。欧阳腐儒乃疑非圣人所作，陋矣，陋矣！"亦有道之言。于《序卦》曰："《序卦》一传，亦可作世间流转门说，亦可作功夫还灭门说，亦可作法界缘起门说，亦可作设化利生门说。在儒则内圣外王之学，在释则自利利他之诀也。"于《杂卦》则以智慧为君子之刚，慈悲为君子之柔；瞋慢邪见为小人之刚，贪欲痴疑为小人之柔。凡此皆辅相易道者也。

137. 金士升《周易内传》提要

《周易内传》十二卷,明金士升著。士升字初允,清江人,为杨兼山公高第弟子。明亡,著冠道服隐居,卜筮以终。此书自序于清顺治十五年(1658),有曰:"经乱以来,键户蓬室中,日展经文,玩味涵泳十余年,始豁然于《易》之所以为《易》也。"盖得忧患学《易》之旨。全书以义理为主,颇引史事。如于小畜上曰:"原其初,小人岂必有害正之心,但欲专大柄,势必泥君子。迨君子与之争,乃不得不肆其毒谋,是君子既不善为国谋,且不善为己谋,而君子始意易视小人,欲使彼为我用,岂知用小人反为小人用而不觉乎?观《彖》、《象》辞曰'上下应',曰'不能正室',曰'尚德载',俱咎君子之自失其健也。"盖指明末之党争也。于大畜九三曰:"乾以艮为小人,艮又指乾为小人,是牛、李之党相倾也。盖四五与初二异志,故相轧;上与三合志,故相成。各得私心,则门户分立,共矢公忠,则功过一体。"于义亦可取。于遯上曰:"见理明,识事早,乃能断然不回。否则穷通足以疑之,利害足以疑之,毁誉足以疑之,欲自全难矣。三病其系上,明其无疑,为诸君子告也。"非自喻其志乎?若谓:"履上之'视、考'与比之'原筮',同一考德问心之事。"又以坎二五为诚,离二五为明,坎离互有,犹诚明相生,皆得精微之理。于《序卦》之次,亦能体其情。于贲曰:"贲决以剥者,外胜内也。惟分刚文柔,故柔变刚。复次以无妄者,内胜外也。"惟"刚反",故"自外为主于内",于四卦见圣人重刚之意。泰之后为否,贲之后为剥,晋之后明夷,夬之后为姤,既济之后未济,同一"思患豫防"之旨。此贲、剥及复、无妄之间非综卦也,能见及"分刚"及"刚反"之理,斯乃可贵。惟全书不言取象,本上下两体之应以明理,则于卦爻之变化疏焉。观首有赵敬襄序,曰:"先生书言义理,不言象数。然乡曲所传先生轶事,类能前知,殆善数者不言数欤。"或能神而明之,惜未用取象及其变化之道以喻其神也。书末附有《周易传外篇》、《集大易略论》及《总论乾坤》数篇，义皆平正。若书中仅于总论《杂卦》之文上加"外传"之名，殊觉不类，宜删。盖此书之刊，当清道光二年(1822)，距成书之时已百有六十余年矣。《自序》中明言"《内传》十二卷"，未及"外传"、"外篇"之名，或欲作各卦之总论曰"外传"而未成欤。乃门弟子集得数文以附于书末，名之曰"外篇"。

138. 郑得潇《定云楼遗集》提要 *

《定云楼遗集》共包括五书，曰《我见如是》、《易研》、《周礼絜领》、《大学定本》、《广孝经》。著者郑得潇，字慕生，同安人。明亡，隐居海滨，自号海滨逸逸。甲申之变，年八十六。《大学定本》、《广孝经》二书，自序于明崇祯十四年(1647)，年八十三。其他三书，撰成之年未详。

以《易研》言，未录经文，盖逐卦记其大义，下引先儒之说，以程、朱为主。亦有不经见者，如泰引张中溪曰："阳之道曰'拔茅'，以其自下而上，升之难也；阴之返曰'翻之'，以其自上而下，复之易也。"无妄引杨文焕曰："无妄动以天也，拂天而动则妄矣。下三爻震体，初'往吉'，二'利往'，三'行人之得'，利于动也。在下当动，动则应天。上三爻乾体，四'可贞'，五'勿药'，戒于动也。动则拂天，上'行有眚'，已之失也，动将何之？故当动而不动，与不当动而动，皆妄也夫。"

又解引张中溪曰："剥之'硕果不食'者，藏天地生物之仁也。解之'百果草木皆甲坼'者，发天地生物之仁也。"义皆可取，赖此书而存焉。若郑氏之说，义皆平稳。如革曰："所重在信耳。明理则无妄，说于情则非强革，至正而当，可以亡悔。"涣曰："若未形而不知极，既伤而不知去，此又质之下者，以处萃尚不可，况可以治涣乎。"于《系辞》以下，准朱之分章，逐章言其大义。又以天地十数言，谓天数始终于天一天九，其和十为十天干；地数始终于地二地十，其和十二为十二地支。其说可取。

卷八

清（上）

139. 傅以渐、曹本荣《易经通注》提要

《易经通注》四卷。清顺治十三年，敕傅以渐、曹本荣衷辑《注疏》、《传义》及《大全》以下儒生学士之说，务使融会贯通，约而能该，详而不复。二氏以二十月之功，成于顺治十五年（1656）。傅以渐字于磐，号星岩，聊城人。进士第一，官至大学士，以清勤著称。有《贞固斋诗集》。曹本荣字木欣，号厚庵，黄冈人。官至日讲官。安贫守道，卒于康熙三年（1664）。二氏皆清初名儒。

是书体例，盖综合先儒之义而自为言，未直引其文，意则无出先儒之外者，辞句尚简要。如解四德曰："元，于时为春，于人则为仁，生生大德，兼统众善。亨，于时为夏，于人则为礼，三千三百，藏于无体。利，于时为秋，于人则为义，区处截然，不相凌犯，而人不见其苦。贞，于时为冬，于人则为智，静正不摇，万事万变，莫不根柢于此焉。"解《文言》坤上曰："疑谓钧敌而无大小之差，不辨之祸一至于此。称'龙'则存阳之名，以扶其衰。称'血'则彰阴之害，以悚其类。况究竟而天玄而地黄，至变之中依然不变，《易》所以为辨名定分之书。"解困卦曰：

"此卦教天下以素患难之学也。阳明为阴邪所伤,困亦君子所不免,但自有不失其亨之道。安守义命,泰然自得,非有大涵养、大识见者不能也。吉且无咎,不正之小人,何足以当之。当此厄塞而求济,只有正身修德为要,悲鸣愤恨之言,谁其信之哉。"于《大象》又曰:"致命者,险象;遂志者,说象也。"凡此等皆为兼揉先儒之说,确能通注而得经义焉。于《系辞》下末章曰:"故凡《易》之情,以近而相得为上,远而不相得犹可,近而不相得则祸乱丛生。此去凶所以情迁也。"尤深合于理。其后《折中》之案语,即同乎此。若分《序卦》为六节,上篇为乾至履、泰至贲、剥至离,下篇为咸至解、损至井、革至未济。乃以义理言,非究乎卦象者也。《杂卦》之分为三十及三十四卦,盖从项安世之说,诚是。

总观是书,说理平稳,惜未知卦象。于卦变亦因循朱子之十九卦,殊未合卦画之自然。此皆自拘于注,未能体乎观象系辞之旨所致。且全《易》之规模未备,亦清室初创,融贯易义尚非其时。迨康熙时,由《日讲易经解义》以及晚年之《周易折中》出李光地,始完成此事。而此书者,不啻为《折中》之初稿耳。

140. 周渔《加年堂讲易》提要

《加年堂讲易》十二卷,清周渔著。渔字大西,兴化人。顺治十六年进士。初于顺治十二年下第,疑《本义》《程传》及所有之易注,乃抄白本自参,积二十年,至康熙十三年(1674)撰成。堂名"加年"者,欲上承孔子"加年学《易》"之义。谓与言《易》之家大相违戾,自视似高焉。然得失互见,有大谬不然者,未可谓易道之正。《四库》入存目,评以好怪,殊得其实。

十二卷中,凡十卷解六十四卦,有首卷、末卷以总论之。首卷明河图画、《彖》《象》传、《大象》、卦名、卦象、卦德、卦体、卦辞等。于河图本诸中数十五以化出八卦之象,甚妙。即本参天两地之数以当阴阳画,乾九坤六三男七三女八,错卦合之皆十五也。若四周八数亦配八卦,

一二三四以当四正,六七八九以当四隅,又坤六、艮七互易,犹丧朋得朋,理亦可通。然未若以艮六、坤七为自然。附图于下:

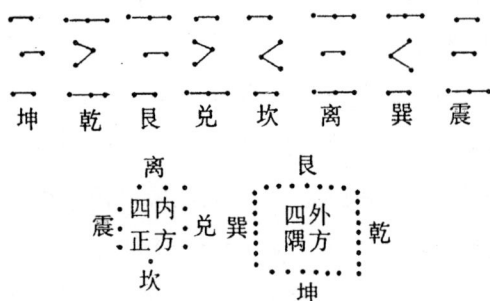

坤　乾　艮　兑　坎　离　巽　震

离　　　　　　艮
震　四内　兑巽　四外　乾
　　正方　　　　隅方
坎　　　　　　坤

夫此图实周氏之心得,配合于先后天,尚觉自然,可谓易简。二十年之功,大半在焉。以下者皆明其大义。谓羲画无太极、仪、象次第相生之事,盖自执于所悟之河图而不及其他。若谓羲、文、周、孔四圣人异代同心、异口同音,曾无毫发差别;则是虽异于朱子无碍者也。然于卦辞曰:“元、大也,不取始意,亦不取善之长意。”则显背十翼,非也。又曰:“迪吉逆凶,理之常也。乃有时小人亦吉,君子亦凶,谁谓《易》止为君子谋哉?”此义亦误。《大象》曰“君子以”等,有曰“小人以”者乎?张子之“《易》为君子谋”一语极有见,乃周氏未得其真而妄加疵议,未可为训也。况“谋”者,谋得理之正耳,岂斤斤于吉凶哉。即以“迪吉逆凶”论,则君子莫不吉,小人莫不凶。不幸而君子或凶,其终必吉;幸而小人或吉,其终必凶。故小人亦吉,勉以化成君子耳。君子亦凶,勉以不化小人耳。《易》固未尝不为君子谋也。

于解六十四卦,初以四言韵语数十句(每卦不等),以明是卦之大义,间多简洁可取。于经文,凡先卦爻辞,后及《彖》《象》,亦为古本。若曰:“无用九不用七、用六不用八之说。”盖未究乎彖、爻之异耳。爻数九六,象数七八,乃象理数之自然,安得谓无此说? 夫人云亦云,固为大忌;若先儒之名言,实有助于易义者,又何可违戾之哉(九、六、七、八乃郑玄本诸《乾凿度》之说)。于乾《彖》移“乾道变化”

至"乃利贞"于"大明终始"之上，则略同于吴澄之《易纂言》（吴氏移"乾道变化"至"万国咸宁"于"大明终始"之上）。夫妄移经文，原意全失，吴氏之变乾象，有作俑之弊，而周氏未能正之，而效尤焉。于"各正性命"曰："天命之性，固人所自有，亦须各各亲正一番，正与证同。若作邪正之正，性命岂有不正乎？"此以"正"作"证"，乃另出一解而已，然仍以邪正之正为是。盖性命之正不正，其可忽率性之道乎？必继道而成者，始为善性，此修道之教也。不然乾道乃革，命亦可改，其可谓性命无不正，而不知各正之利贞乎？于屯二谓字初亦不若字五为正应，"反常"者，反归乎常，非违反乎常也。于小畜《大象》曰："致美于威仪文辞之间，所谓细行必矜者也。"义与《象》合，殊可取。若必谓六四为小人，则可不必。于否五曰："大人以往得为吉，岂家国之幸乎？其亡也，其亡也，如系于苞桑，终必亡矣。"则非爻义。大人以"休否"为吉，岂《象》曰"大往"而可以往得为吉哉？休否者，所以转泰，乃能其亡其亡，而国家可保。若终必亡者，小人耳，非大人也。周氏固不信《系辞》，特作标新立异之语也。夫止而不止，消息之转化，乾坤成列而《易》立矣。若谓其亡而终必亡，则否将终否，尚可谓《易》乎？于大有上曰："此王者之德，自足以格天，而天命祐之，故得吉而无所不利。然终之天祐，必本于初之克艰，天固未可尽恃也。"义正可取。于坎卦曰以"君子素患难行乎患难之时"当之，于象亦切。于大壮曰："当大壮之时，君子虽盛，而小人仍据高位，若履一毫非礼之事，小人即得而乘之矣。"于理甚是。故君子必正大履礼，始能尚往以息阳也。于井《象》曰："井之用，宜上不宜下，上可食而下不可食也。君子之德，亦宜上而不宜下，上兼善而下独善也。邑可兴可废，可迁可复，而井不动。君子之身可贵可贱，可出可处，而德不变，有'改邑不改井'之象。井取之不竭，存之不盈。君子之德，大行不加，穷居不损，有'无丧无德'之象。往者、来者莫不得井之用，天下之人莫不食君子之德，有'往来井井'之象。"此以君子之道喻之，极是。于艮卦曰："世之学者多求止，而不知行亦止；求静，而不知动亦静。于是执己而修，绝物而学，其弊流于枯槁寂灭，非圣人之道也。"又曰："圣人之道，一时而已矣。行止动静，不失其时，无一毫意、必、固、我之为累。此止之道，乃为光明。……艮其止，止于其止之所，即至善之谓也。……上下两体应而敌、敌而应，犹之己与物相应而不相与，即物格之谓也。盖己、物一体，其应也，应而未尝应；其不相与也，未相与而未尝不与。惟内不获己，外不见物，则己、物两忘，是以'不获其身，行其庭，不见其人，无咎'也。观于艮，而《大学》格物之旨，可以悟矣。"下于《大象》曰："位即所，不出即止，此《大学》之所以首重知止欤。"此以《大学》之道并论之，确可相通。曰"光明"者，犹明明德也；曰"时"者，犹"绝四"不执而亲民也；曰"思不出其位"者，犹止于至善也。夫位为圣人之大宝，其惟不出，将成终而成始，若"八目"相继，即终始之谓也。此外周氏以"剥"训"割"，而当以阉宦之哭；以小过为母后当朝，群小用事之时；以升为新君登位等；皆得是卦之一义耳。且谓升之南征为南面而听天下，未免附会焉。又禘祭之为薄祭，于既济卦可证，故周氏于既济卦亦取其义；而于萃卦又泥于萃聚，而谓禘祭非取其薄，乃自陷于矛盾。盖禘祭为夏祭，是时万物尚未成，故当为薄祭；虽于萃聚之时，未可违于薄者也；与卦辞之用大牲，各当其宜耳。又以鼫鼠为善，以当康侯，更非所宜。艮鼠震侯，易象大异，义亦恰反，安国之侯，岂贪而窃位之鼠哉？必也正位于初，变艮为震，以贵下贱，建侯而非鼠也。于咸卦曰："'取女'，假象，与'畜牝牛'之类同。诸家以男女婚姻为解，而《序卦》亦主夫妇之说。细玩六爻，曾有一字涉及男女夫妇者乎？此愚所以不信诸解，而并疑《序卦》非孔子之辞，于此可类推矣。"噫！疑非所疑，不亦迷乎！岂卦辞已言者，爻辞不可不言乎？然则豫卦六爻，何尝言"建侯行师"；观卦六爻，亦何尝言"盥而不荐"哉？又谓豫卦当有愀然不乐之意，复卦无复善说，皆近怪诞矣。除乾《彖》外,尚改动益、归妹、节。且以坎、咸、恒、暌、解、姤、革、丰、兑、节等《彖》之末节,乃《彖》发挥是卦之精义者,以为当属诸《文言》。此亦为不当者也。

末卷明加倍、图、书、《文言》、《系辞》传、卜筮、卦变占、太极、大衍九者,皆不以为善者也。乃固执于河图十五之变化,故不信先天图之加倍法。又以洛书为赘。又因"无极"而并"太极"亦不信,以斥《文言》、《系辞》等。若于卜筮占、大衍,盖不信朱子《易》为卜筮作而云然。夫总观是书,周氏实好异所致。所谓违戾《易》家者,仍以背程、朱为主。且时当清初,故于汉易尚一无所知。二十年之力,唯于河图之十五可取;奈执此而大斥他家之说,又见其量之小也。

若卦首之四言韵语,或亦经心而成,乃录数卦于下,以为此文之殿。于同人卦曰:"王室不竞,方伯称雄,抑强扶弱,与国维同。六二柔位,而尚得中。三既伏莽,四复欲攻。赖五之克,其志乃通。二若系初,吝在于宗,惟能应五,相遇以公。上居卦外,如周之东,虽无祸实,仅有名空。"于观卦曰:"二阳在上,四阴观之,神道设教,无为而治。五观之主,上观之辅,阳刚君子,下民所睹。初言小人,二窥女贞,匹夫匹妇,化无不行。三惟观我,四乃观国,进则宾王,退以修德。"于明夷卦曰:"暗君在上,明乃见伤,欲免于害,须善其藏。上六阴暗,伤人之明。初阳见几,敛迹而行。六二蒙难,事以柔顺。九三除残,不可疾进。四五近暗,皆晦其明,获心者宾,不息者贞。"于姤卦曰:"进气之柔,遇刚成姤,刚能预防,乃绝其去。初之小人,在下而微,不可与长,及早制之。二知其然,无咎固宜。四则蔑视,起凶勿疑。三上不遇,皆可无咎。五德正中,上天所祐。"于革卦曰:"更旧曰革,去所便安。革之匪易,信之更难。初革之始,固守勿亟。二乃革之,是为已日。于三有孚,于四悔亡,革言改命,不可更张。五革之主,其变如虎。上革之成,臣民快睹。"于巽卦曰:"才德或歉,势位或阻,在所当巽,卑以自处。初六六四,成巽之主。初柔不正,断之以武。四柔居柔,顺以从五。二刚易中,辞以巽通。五中且正,巽则有终。三不能巽,过刚志穷。上巽之极,过巽而凶。"由此数卦,可例他卦,此书之要旨在焉。

141. 纳兰成德《合订删补大易集义粹言》提要

《合订删补大易集义粹言》八十卷,清纳兰成德辑。成德后名性德,字容若,满洲正黄旗人。生于顺治十二年(1655),卒于康熙二十四年(1685),年三十一。善诗文,好经史,刻《通志堂经解》一千八百余卷,有功后学。此书盖与友人陆元辅合辑。元辅字翼五,江苏嘉定人。明诸生,康熙中举鸿博,不遇。家多藏书。或谓此书悉出陆氏。今书前有成德序,作于康熙十六年(1677),则年仅二十三,且其言有误。故辑此巨籍,决非成德一人之力,或实托名耳。

按宋孝宗淳熙二年(1175),舒州太守温陵人曾穜献之与郡博士方闻一辑成《大易粹言》十卷,或作七十卷。凡集程颢、程颐、张载、杨时、游酢、郭忠孝、郭雍七家之说。盖曾氏即雍之门人,取此七家者,以为程子之正传。详见下表:

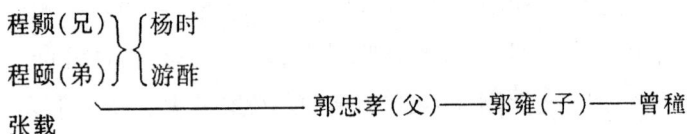

程颢(兄)┐ ┌杨时
程颐(弟)┘ └游酢
————————— 郭忠孝(父)——郭雍(子)——曾穜
张载

今此书尚存。编者自《宋志》起皆作曾穜。然书中有张嗣古跋,乃修刊是书而作于宋宁宗嘉定六年(公元1213),距成书时已三十余年。文中曰:"右《大易粹言》,前太守曾君命郡博士方闻一所裒辑者也。"故《四库提要》谓方闻一编。然主其事者必为曾氏,不妨并取之。

其后宋理宗宝祐二年(1254),隆山陈友文又辑《大易集传精义》,每卦一卷,凡六十四卷,无《系辞》以下。另有《读易纲领》三卷。共集二十家之说,除《大易粹言》之七家外,更有王弼、孔颖达、周濂溪、司马光、邵尧夫、苏东坡、朱汉上、朱文公、张南轩、杨诚斋、冯缙云,又两家失姓名,但称先正、先儒。此书朱彝尊尚见,《四库》中已无。

以上二书体例相似。《集传精义》约后八十年,正可补《粹言》所未及,主要辑入朱子之说。盖《粹言》成于淳熙二年,是年朱子四十六岁,《本义》《启蒙》皆未成,曾氏之年或且长于朱子,宜其宗程而已。迨宝祐二年,朱子之说已大行,若康节、濂溪之说,亦因朱子而盛,故陈氏又集焉。今成德之书,所以合二书为一,是谓"合订"。曰"删补"者,删二书之重复,补陈书之《系辞》以下,且于陈书所集之二十家中,删八家而补六家。曰《大易集义粹言》即《大易集传粹义》与《大易粹言》之简称。若以时言,似当名《大易粹言集成》。

夫陈书虽佚,所集二十家之姓氏,尚见于胡一桂之《周易启蒙翼传》及董真卿之《周易会通》。以较成德之书,知其删八家补六家。详见下表:

所删之八家	所补之六家
王弼	谢良佐
孔颖达	尹焞
司马光	吕大临
苏东坡	胡宏
杨万里	刘子翚
冯缙云	吕祖谦
佚名二家　先正　先儒	

经此删补,十八家之说,虽有出入,皆师门同宗,程、朱之渊源在焉。以下表示之:

邵雍　程颢　游酢
　　　　　　吕大临
　　　　　　谢良佐————朱震
周敦颐　　　　　　胡宏————张栻
　　　　杨时　　　　再传　　吕祖谦
　　　　　私淑
　　　　　　　刘子翚————朱熹
　　　　程颐　尹　焞
　　　　　　　郭忠孝————郭雍
张载

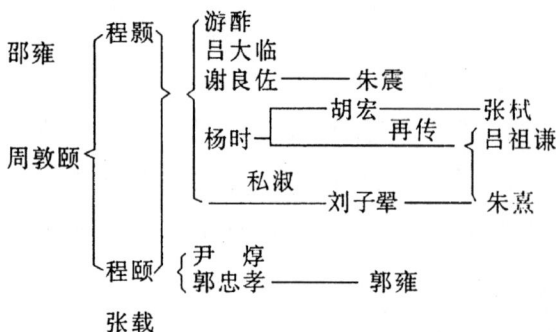

由上表可睹删补之功，故陈书已非旧观。然成德之序竟未言此，以陈书所集者本为此十八家，岂非怪事。盖托名之说，洵非诬也。

书本王弼本，凡经文顶格，邵、周、二程、张五子之说低一格书之，其他十一家又低一格。于《系辞》以下分章，依朱子《本义》；八十卷中，计上下经各三十四卷(每卦一卷，惟乾四卷，有《文言》故)，《系辞》上七卷、下三卷，《说卦》一卷，《序卦》、《杂卦》合一卷。全书明卦爻辞之理为主，图书、太极、先后天之说于《系辞》、《说卦》中引及，然未画诸图，盖重理而不重象数。胡一桂谓陈氏之书"时及象数"，今所引未多，或亦为删削乎。

观宋易之说理，自以《程传》为主。然诸家之书，仍时有所见，或顺承之，或发挥之，或辨正之，或反说之，或攻破之。若此书之萃聚于一，众说缤纷，文在中也。如于坎五，伊川以为"必'祇既平'，乃得'无咎'"。横渠则曰："圣人惜之，曰：'祇既平无咎'而已矣，不能'往有功'也。"而龟山曰："既平则有出险之渐，故'无咎'。"郭白云又究其义，以为与"屯膏小贞"之义相类。朱汉上之言同乎横渠，而更取象焉。朱子《语录》中曰："二与五虽是陷于阴中，毕竟是阳会动，陷他不得，如'有孚'，如'维心亨'，如'行有尚'，皆是也。"东莱以喻"不盈"，如德未至于尧舜。又于晋三，程、朱同义，谓不中正有悔，三与下二阴皆欲上进，是以为众信所悔亡。而郭白云以初三比之，曰："在晋之初，名实未加，未孚于人；至三则忠顺不失，以事其上也久矣，于是乎众见之也。"若东莱则细味"允"字之义。谓："'允'之一字，非是其确然自信，乃人心所同然处，若虚声相鼓，非所谓'允'。"至于阴之上进，龟山反曰："以阴承阳，顺之至也。顺而丽乎大明，犹六三承九四，不为众信，则取悔可必。若志应在上，晋为众允，则悔亡。"盖应比之间，不可不慎。又汉上曰："坤为众，三不当位，众所未允，宜有悔。……三志上行，……上九应之成兑，兑为口。三得正，众允之也，众允则悔亡。此大臣因众之愿而效之上者也。以此居位，虽柔必强，何忧乎不得其位哉?"采用汉易之正之法，能象理合参矣。至于随二、三之"丈夫"、"小子"，诸家之取象甚妙，合成下表：

		程朱等	杨龟山	朱汉上
随二	系小子	初	三	四
	失丈夫	五	五	初
随三	系丈夫	四	四	初
	失小子	初	二	四

　　盖程朱等以爻位取象，杨氏乃以小子为阴，汉上则取震艮之卦象之。若大过上，程子、尹和靖、郭白云皆以为"小人狂躁以自祸"。而吕蓝冈以为义命合一。杨龟山喻以比干。朱子曰："盖杀身成仁之事。"又如明夷四，程子取"邪臣之事暗君，必先蛊其心，而后能行于外"之义。吕蓝冈、郭白云从之。吕东莱更明对治之道，谓当格君心之非。然龟山、汉上皆以微子当之。两说截然相反，宜朱子曰："此爻之义未详。"若谓"得意于远去之义"，实与横渠之"与五亲比，故曰'出门'"相似，皆不以小人视之。

　　以上略引数爻，可窥宋易说理之一斑。盖一家之说，每多未尽，必合众说而观之，庶见卦爻之旨。故《易》自晋起，已有集众说而成书。善读者，较一家之言为完备；不善读者，乃见庞杂而无主。夫《易》道阴阳，味乎相反相成之理，何大畜天衢之行，则莫不可合。引此书之十八家，皆师门同宗乎。凡欲究程朱之理者，殊可以此书为准。惟取义之参差，易象之变化在焉。

142. 乔莱《乔氏易俟》提要

《乔氏易俟》二十卷,清乔莱著。莱字石林,宝应人。《经义考》载严绳孙曰:"石林尊人侍御先生以理学名家。《易俟》六卷,大约得之过庭之训为多。"然则乔氏盖家学也。若"六卷"之"六"字,必"十八"二字之误,故《四库》本为十八卷。止于六十四卦,《系辞》以下阙。今读五世孙阶于同治间之刊本,除于道光辛未已补足《系辞》二卷外,复有《易义绪文》十四条七十余字,则乔氏所述之易学始备矣。《四库提要》曰:"经文用王弼之本,惟解上经下经,《系辞》之下一概阙如。盖宗旨主于随爻阐义,故余不及焉,非脱佚也。"乃以意度之,未得其实。若后裔所补足者,仍未及《说卦》以下。曾孙光学后序曰:"盖公归里后,闭门读《易》,未及成书,而被召入都,旋卒于京邸。手泽所存,遂止于此,惜哉!"且知乔氏殁时,尚以此书未完为憾。至于被召入都,即康熙己未之召试博学鸿词。故所成之《易俟》,宜以是年(1679)论。

是书盖采录各家之说,复加"莱按"自抒所见,间多引史事以证之。《四库提要》论之曰:"盖李光、杨万里之支流也。"诚是。若不信图书、先后天,乃取乎宋濂、归有光之说,殊未可。信文王重卦,亦非。有取乎来瞿塘之综卦,而不取"往""来""上""下"之卦变。然综卦者,取象之一法耳,可概括于体象,而实非卦变。于来氏之取中爻象等又不取,则遗其精华焉。于解"圣人立象以尽意"曰:"象因意而立,故得意可以忘象。儒者穿凿附会以论象者,非。"又系倒果为因,盖不立象,何能尽意? 此王弼之谬论。援《易》入虚,岂拟诸形容,象其物宜之道耶! 若取象或有穿凿附会者,盖说《易》者之失,其可因噎废食乎? 故卦变、互体,何可不论。于《系辞》下曰:"上传首章言乾坤易简,末章言'乾坤其易之蕴';下传首章又言乾坤易简示人,末章言乾易而知险、坤简而知阻。盖《易》之道备于乾坤也。"则确合《系辞》明乾坤易简之理。然于引证易简曰："或曰：乾坤易简，人何可以学而能？莱曰：如汉高帝约法三章，秦人协然从之，非其验欤？莱常谓《周礼》非周公之书。"则又大误。夫三章似可谓易简，而《周礼》何尝不易简？且时有不同，汉则初入咸阳，而《周礼》之成，周室已定；且以天下之啧，会通以成典礼，归于六官，更有易简于此者乎？三章之约，岂《周礼》之比哉！是即乔氏不知象之弊也。又于"《易》有圣人之道四焉"章曰："首言'《易》有圣人之道四焉'，中间止言尚占一事，又结以'《易》有圣人之道四焉者，此之谓也'，无此文义。……末节加'子曰'，又'此之谓也'，似讲师语，非经文也。姑阙疑，以候善《易》者。"亦未是。盖中间分明兼述四事（另详《周易表解》），乃乔氏玩辞未精，以为只言尚占，故有此疑。若曰"'天地絪缊'指泰言，'男女构精'指损言"，则乔氏虽不信卦变，而自然合乎泰变损之象，故可取。又释"中古"曰："下面既有'易之兴也，其当殷之末世、周之盛德耶'，指文王之《易》，此处不必重出。又孔子周人，无称本朝为'中古'之理，盖盘古为上古、伏羲为中古。"此阐明虞氏之说，亦是。

至于解卦爻，乔氏有其总例。其言曰："《易》者执一卦论一卦，执一爻论一爻，此《易》之旨晦而难明，窒而鲜通也。曷言乎不可执一卦论一卦也？以屯而论，承上两乾坤而来，盖天地初辟，草昧未开，藉君子之经纶者。屯之后不可不教也；继以蒙，不可不养也；继以需，不能不争，不能不战也；继以讼，继以师，武功克奏，此所以大一统也。天下甫定，王业初成，小人弄权者有之，小畜一阴是也；小人弄兵者有之，履一阳是也；皆天运世道，自然之消息也。历阳爻三十，阴爻三十，天地交而泰，不交而否。推之六十四卦，各有微旨奥义，错综条贯其中，非循其脉络，得其会通，乌能窥《易》之缊耶？曷言乎不可执一爻论一爻也？以屯而论，初九成卦之主，人所知也。以初九为成卦之主，而诸爻不从初九发义，字释句解，失之千里矣。何则？初，创业垂统之人也；

五,衰微凌替之主也;二之不字五,正应也,守正之臣也;四之往求初,正应也,开国之佐也;三不应五,亦不应初,窃发割据之雄也。迨初之帝业既成,五至上而有泣血之凶,三有无虞之吝,虽不字之二,亦来反常之讥矣。推之他卦,莫不皆然。《文言》曰:'六爻发挥,旁通情也',虽各自取义,未有不联贯者。"读其经文之解,皆能准此。夫不执一卦而论,盖得《序卦》之旨;不执一爻而论,则得观《彖》思过半之旨。于理可取。然固执而以一意解之,于变易之义未合。若小畜六四,何可必其为弄权之小人;履六三,亦何可必其为弄兵之小人耶? 此不知"卦有小大"之失。又屯初建侯,固为创业垂统之人;而五之衰微,何可必其将凌替耶? 膏由屯而施,光正三而济初,五未尝二心。此之失,盖未究乎"爻也者,效天下之动者也"之旨。总观全书,得失互见,奈于所见未广,故语多偏执。

143. 吴曰慎《周易本义爻徵》提要

《周易本义爻徵》,清吴曰慎著。曰慎字徽仲,号敬斋,新安人。自序于康熙二十三年甲子(1684)。谓癸亥夏于石林讲《易》,程二交及其侄诺臣从焉,请因经会史,于甲子春又亟言之,乃辑此书。凡先儒已言者十之三,今所采录者十之七,逾月告成。盖吴氏于《易》夙所研习,又娴史,故能若是之速成也。其侄昌(诺臣之弟)序曰:"吾伯尝曰:论事不综于理,则流为刑名法术之学;论理不徵诸事,则入于空虚寂灭之谈。两者交讥,故既默为性命精微之蕴,复上下古今得失,以证吉凶悔吝、消长存亡之道;俾读经者以经会史,而读史者亦知以史证经;庶几'体用一原,显微无间'。一生学识,略达于此。"则吴氏治学之宗旨可明,粹乎儒者之言也。其寝馈《周易》凡五十余年,此书外尚有《易义集粹》(已刊行)、《周易本义翼》(未刊行),今皆未见,《四库》亦未收。而《周易折中》曾采吴氏之说数十条,盖得自《周易本义翼》,略存梗概耳。

若此书，当时亦未刊行，且已佚；后有侄玄孙曾淳得钞本于书肆之故纸堆中，时当道光元年辛巳（1821），然仍未及刊行而殁；乃由路德（曾淳父鸣捷之门人）以书示孟熙中翰，而刊入《惜阴轩丛书》，又迟二十余年，距著书之时已一百五十余年，辗转保存，诚天幸也。

　　窃观以史证诸卦爻义，固为玩《易》之一法，干宝、杨万里等皆用之。今吴氏此书，不啻为《诚斋易传》之节本，唯取义略有宗程、宗朱之异。又未及卦辞，或以史事当用九、用六之爻，而非七八之象乎。实则史事虽动，仍本静者，犹爻辞宜总于象，则爻徵以事，亦未可遗卦辞也。至于所徵之事，甚多可取。如否二以孔子见阳货事当之，谦四以蔺相如让廉颇、寇恂屈贾复事当之，蛊四以周平王东迁、宋高宗南渡当之，临五以舜用禹、皋陶当之，剥上以孟子当战国时之硕果、狄仁杰当武后时之硕果，咸二以文中子当之，蹇二以诸葛武侯当之，夬初以吕祖泰乞斩韩侂胄而反诏配钦州当之，困四以汉苏武、宋洪皓当之，艮五以高宗"三年不言，言乃雍"、孔子称闵子骞"夫人不言，言必有中"当之，中孚上以白公尾生之信、宋襄公之仁当之，既济上以唐明皇晚年当之等，皆能切合爻义，有助于说经者也。又于噬嗑初曰："如汉文帝时，淮南王入朝，以怨击杀辟阳侯审食其，帝不之罪，后归国益骄横。及谋反，废处蜀郡，愤恚不食死，失此爻之义。"盖以相对之事反证之。于大过曰："如唐郭子仪，栋之隆者也。杜鸿渐之于崔旰，有它吝者也。"于涣五曰："如汉高入关，与民约法三章；唐高祖代隋，与民约法十二条；是涣其大号也。如武王革商，散鹿台之财，发钜桥之粟，以周穷民及善人，是涣王居也。"是皆合二事以明一爻之义，二事亦相应可取。又于丰上曰："此爻辞与明夷上六相似，皆暗之极。但彼之暗足以伤人，卒至自殒厥命；此之暗只自障蔽耳。"所见诚是。孟子曰："富岁子弟多赖。"由赖而自暴自弃，能免丰上之凶乎？惟家人四，以陶朱、猗顿当之，殊非爻义。杨万里曰："善富家者不宝珠玉，而以父慈子孝为珠玉；不丰粟帛，而以夫义妇听为粟帛。"又曰:"思齐太任是已,舜母反是。"则方合富家之顺在位。又于革四曰:"此改命谓改政令,非革命也。革命属九五事。"乃与《象》未合。革命者,正革此爻,当其时而改之也。杨万里曰:"臣改君命,亦革之一也,故于九四发之。"是其义矣。夫总观此书,可谓简洁,大义亦正。有用世之志者,宜读此以自戒也。

144. 包仪《易原就正》提要

《易原就正》十二卷,清包仪著。仪字羽修,邢台人。顺治间拔贡。学《易》由康熙八年起,经二十年,而成于康熙二十七年(1688)。夫包氏于《易》,以邵子为归,名堂曰淑邵。初未见《皇极经世书》,后得之,而开卷即解;盖已先究乎先天数,而洞察其循环焉。首卷述图书、先后天次序、方位诸图,殊简洁。凡例中有曰:"易道不明,非不明于理之故,不明于象之故也。圣人立象以尽意,固已通神明之德,类万物之情矣;而又设卦以尽情伪,系辞焉以尽其言;是无一非象也,岂特广八卦而已哉!若不明其象,虽满口说理,都是隔靴搔痒。"极合"《易》者,象也"之义。若取象之法,凡例中又曰:"卦有正、有变、有错、有综、有约、有互、有究。正者,本卦也;变者,之卦也;错者,三画上卦,即以三画下卦,加之以成六画也;综者,卦之反易,而一卦便成两卦也;约者,卦中四爻自上而下互之也;互者,卦中四爻自下而上错之也;究者,六爻皆变,阳极而阴,阴极而阳也。"观其七法中,变即一爻变,于解三百八十四爻,皆注明之卦而取其义,与沈该、都圣与同例。"错"者同虞氏之"八卦相荡"。综则与来知德同。若来氏之错象,包氏以究象当之,则与虞氏之震、巽特变不谋而合。若约、互者,由京氏易推得;即京氏以二至四为互体,三至五为约象(见《困学纪闻》,今传《京氏易传》亦名二至四为内互,三至五为外互);或使两体交互,各成一卦(见《左传·庄公二十二年》孔疏)。乃包氏名互体在约象之上为互体,互体在约象之下为约象。如大畜卦约归妹互随。此法与王伯原略同，王氏以睽初至五互困是也（见《周易郑康成注》序）。凡此或名异而实同，或名同而实异，于观象之理一也。然读是书者宜注意焉。

于取卦象尚合《说卦》。如以震为玉（益卦），虽与乾为玉不同，然震初可谓乾元（本荀氏易象）。又于鼎卦亦取乾为玉焉。又取艮为身，虽与虞取坤为身不同，然亦可备一说。至于以兑为肤，则误矣，当从虞注艮为肤，一阳外护，肤象也；若兑有附决象，其肤裂矣，故不可。若各卦之首，有明《序卦》之义，惜徒言其理，未能究其卦象者也。若以乾之爻义，不可以一言而尽其象，故于乾卦不加"《象》曰"。则不知"《象》曰"等乃王弼所加，未免失考。于《系辞》以下，大体本《本义》而敷衍之。末于离卦曰："《序卦》为《易》之常，《杂卦》为《易》之变也。自乾坤至困为上传，柔掩刚也；自咸恒至夬为下传，刚决柔也。即为孔子之上下经也。"于理甚合。或掩或决，正消息之义，可谓得《杂卦》分上下之精蕴矣。

145. 胡渭《易图明辨》提要

《易图明辨》十卷，清胡渭著。渭初名渭生，字朏明，一字东樵，德清人。善舆地之学。生于明崇祯六年（1633），卒于清康熙五十三年（1714），年八十二。此书成而自序于康熙四十五年（1706）。旨在辨明易图之可已，其取材广博，考据精当，用力亦勤焉。然谓《易》则无所用图，其然乎？否乎？细读全书后，逐卷更明辨于下：

卷一曰"河图洛书"，凡七节。一、论伏羲作《易》之本不专在图书，此节可取。盖《系辞》下本有仰观、俯察、近取、远取等文，然《系辞》上有曰："河出图，洛出书，圣人则之。"故亦不可谓伏羲作《易》无与于图书。二、论天地之数不得为河图，此节可议。按"天一、地二"二十字当在"子曰：夫《易》何为者也"之上；程、朱移于"天数五"之上，不可从。此十数,所以开物成务,冒天下之道者也。若唯从十数论,固为天地之数,而非河图;必相合而由数兼及象理,始成河图。胡氏谓:"一、三、五、七、九同为奇,二、四、六、八、十同为偶,是谓五位相得;一与二、三与四、五与六、七与八、九与十,一奇一耦,两两为配,是谓各有合。"此解五位奇偶相得之一法。

盖"各有合"本有五种方式,详下:

一三五七九	一三五七九	一三五七九
二四六八十	四六八十二	六八十二四
差一	差三	差五
一三五七九	一三五七九	
八十二四六	十二四六八	
差七	差九	

胡氏所取者,差一之一式。而此五式中,仍宜有合,即差一合差九,差三合差七,然后归合于差五之一式,即为河图之数。可见胡氏之言,尚未深体"各有合"之义。又曰:"使五位相等而各有合,果为伏羲所则河图之象,夫子何难一言以明之,曰此'河图'也,而顾廋辞隐语,使天下后世之人百端推测邪?"此似可疑。实则当赞十翼之时,图书必存,故有"河不出图"之叹。其唯昔日之图书尚存,故望河之更出也。其后易图失传,乃起后人之疑,然其象或仍有所传,故汉儒皆有所言。迨宋陈抟传出,始为失而复得。凡辟图书者,皆有儒道门户之见,未能礼失求野,而一味排之,其见陋矣。孜孜于文字之证,安知《系辞》"尽言"之上,尚须知"立象尽意"之理也。三、论五行生成之数非河图,亦非大衍。夫五行生成之数,固非大衍之数,然不可谓非河图。间辨毛奇龄之《河洛原舛篇》有见,谓毛氏刻于宋而宽于汉。然吾曰:何胡氏之皆刻汉、宋耶?盖图书汉时本有,唯名之异耳。微皆刻汉宋,何能去之?故此可反证图书决非作于陈抟。视之为道家之物者,可以已矣。四、论太极、两仪、四象非图书之所有。按太极一节,胡氏主蓍言,固与汉易同,可取。然生蓍之理,未尝不同于先天图,且先后天与图书亦未

始无与。盖图书之中,五犹太极(《洪范》以五为皇极可证),奇偶犹两仪,四方犹四象。图之内外四方,书之四正四维,犹八卦也。又太极、两仪、四象、八卦之象,即点、线、面、体。点当太极,无形者也,亦谓之元;线之两端为两仪,坤二所谓直;面之四角为四象,坤二所谓方;体之八顶为八卦,坤二所谓大。凡具体之物,必有重心,犹太极,所谓物物一太极是也。详下图:

易有太极　是生两仪　两仪生四象　四象生八卦

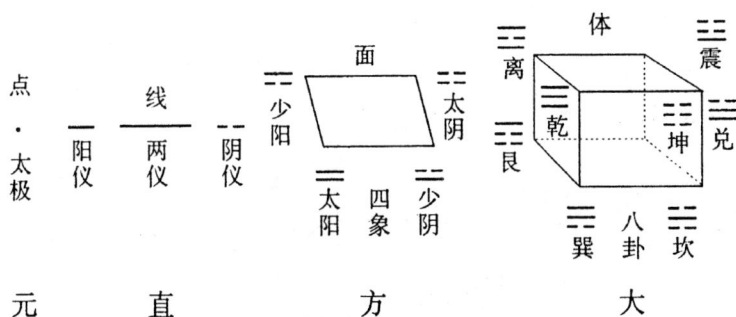

若八顶之八卦,取其对角线,即为先天图之相错;取乾坤二点所及之三线,即二老及三男三女之三索,是为生蓍六、七、八、九之数。图见下:

相错先天之象:

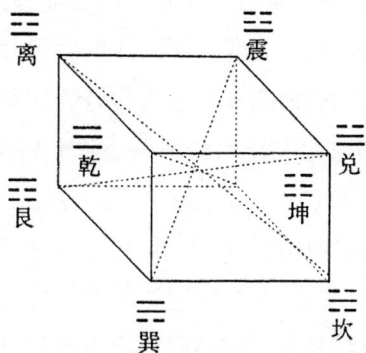

乾坤三索之象：

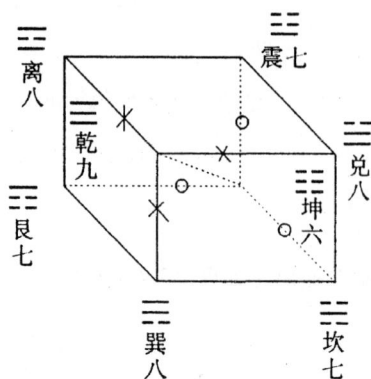

离八　震七　乾九　兑八　坤六　艮七　巽八　坎七

坎离后天之象：

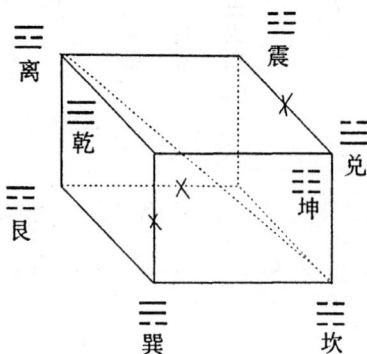

离　震　乾　兑　坤　艮　巽　坎

故此节之义可兼取。奈信先天图者必取前者，而不可以为生蓍；不信者必取后者，而以先天为非。胡氏即取后者，而曰："先天八卦次序之谬"，岂其然乎。五、论图书不过为《易》兴先至之祥。六、论古河图之器。七、论古洛书之文。曰："河图、洛书，古实有其事。后之君子，不信河洛五九之篇（"五"似当为"六"，指郑玄之说），方图九十之数，可也；并夫子所谓'河出图，洛出书'者而疑之，则过矣。"此信古实有其事，诚是；且经有明文，何必致疑。若所谓"先至之祥"，《中庸》曰"国家将兴，必有祯祥"是也。《系》曰："吉事有祥。"吉者，善也。《系》

曰："继之之谓善。"故淳于俊曰："包羲因燧皇之图而制八卦。"未可谓非。至于燧皇之图果为何物，黄宗羲曰："谓之'图'者，山川险易，南北高深。如后世之图经是也；谓之'书'者，风土刚柔，户口阨塞，如夏之《禹贡》、周之《职方》是也。"此说可取。与郑氏所谓"《河图》有九篇，《洛书》有六篇"可通。而胡氏驳黄氏曰："伏羲之世，风俗淳厚，岂有山川险易之图；结绳而治，岂有户口阨塞之书。"则另有所见。实则伏羲所本之图书(伏羲时图书皆有。扬雄《覈灵赋》曰："大《易》之始，河序龙马，洛贡龟书。"《礼纬含文嘉》曰："伏羲德合上下，天应以鸟兽文章，地应以河图洛书。"当从其说)，犹后世《图经》、《禹贡》、《职方》之类，而其形式必大异，盖风俗淳厚也。然则以九、十之数当之，莫善焉。乃数之奇偶多寡，正以象四方天下之象。《顾命》与"天球"同列，尤可证。若天下之风俗变化，固无时或已，而其原则，决未能出乎九、十之数。九六之篇者，记其变耳。凡五者受命而先得其祥者，其原则耳；故先至之祥，必此九、十之图及九六之篇，不然，祯祥成符谶之说，其可信乎？又以《顾命》所载之物，亡于平恒，此或可信。然亡者原物耳，若副本等，仍有所存，故谓孔子等未见者未是。又谓"宋以后图书之说，亦复与画鬼魅无异"，此不知数之弊也。九、十之数，其可任意写者乎。孔子授徒以射、御、礼、乐、书、数，奈后世儒者每忽乎数。宋世之易学复兴，固可补数之缺，而清之汉学家又必斥之，若胡氏此书较著者也。一言以蔽之，不知数而妄加考据，宜其言之不当也。

　　卷二曰"五行九宫"。谓："原其弊，实《汉志》有以启之。愚故先解五行，次及九宫、《参同契》、先天、太极、而以《龙图》、《钩隐》、《启蒙》终焉。"此言发展之次，有见。而《汉志》五行之言，实有功于后世，可谓弊乎？曰："阴阳家五行嫁娶之法，取十干配合为义。……此皆阴阳家言，与易道本不相谋。"按《庄子》曰："《易》以道阴阳。"可证阴阳家何尝与易道不相谋。且所谓九流十家者，皆相传而形异耳，推其原始之象，固未必不同，乃莫不相与于《易》；况阴阳家之尤近于易道者乎？证诸

《说卦》，坎为水、离为火、巽为木、乾为金、坤为地(即土)，本有明言；又震为苍筤竹，犹木(生气也)；兑为毁折、为刚卤，犹金(杀气也)；艮为山，犹土。则八卦之自然配合五行，可谓非易道乎。若明堂、九宫及《乾凿度》之"太一"，其理一也；与《洪范·九畴》之洛书，乃名异实同。《老子》曰："名可名，非常名。"所见极是。宋世以"洛书"当之，正合"正名"之义，奈胡氏之逐其迹而不求其实也。

卷三曰"《周易参同契》、先天、太极"。谓先天、太极源出《参同》，此言可取。而不知《参同》之义，全出于《易》者也。《系》曰"近取诸身"，修养家宗之，魏伯阳亦是，故其言皆本诸《周易》。消息者，即十二辟卦；纳甲者，即先天图；且"朝屯暮蒙"者，即《序卦》坎、离；"匡郭"者，即"既济定"之义。凡此等等，理皆一也。故先天、太极图，必为《易》中所固有，为魏氏所取，以明其修养耳。后朱子《本义》即取九图，以返归于《易》；唯于太极图尚未及，此盖为时地所限而未及见。若是时蜀人张行成等，已以太极图绘入八卦，迄今家喻户晓，功亦大焉。若胡氏之说，误在严分儒道而不知所同也。

卷四曰"《龙图》、《易数钩隐图》"。夫陈抟之《龙图》，全书已佚，今仅存序文。真伪各有所见，而其气势殊盛，非高人不能作。合于忧患九卦，又深得易义。有张理之注释，大义始明；可见必系陈氏所著，后人安能伪托哉？惜九、十图书之名互易，贻后人以口实，此刘氏之不慎(陈氏既曰《龙图》，又以数为五十五，即可知本为十图九书)。然名之互易，无与于实；后人攻之者，皆因此而否定之，胡氏亦然。此名实混淆，未合于理者也。又胡氏曰："希夷天地自然之图，宗《参同契》，用乾南、坤北、离东、坎西之位。而《钩隐》仍以坎、离、震、兑居四正，乾、坤、艮、巽居四隅。即此一端，亦足以证《龙图》之本不出于希夷矣。"按此说未是。盖刘氏虽宗《龙图》，然未可谓刘氏之说即《龙图》之说。再者，希夷既用先天图，安可谓其不用后天图耶？此二图之方位，实宜合用。乃胡氏之不信先天图，故以意推之，谓希夷必不用后天图，何其固执乃耳。又曰："刘牧之学，当时皆谓其原出希夷。而不知希夷所传者，乃天地自然之图，白黑回互之状，康节之所受而演之者也。于《龙图》曷与焉？于《钩隐》又曷与焉？"此说亦未是。盖希夷所传者，不仅此也。凡先天、太极图及河图、洛书等，皆有与于陈抟，当从朱震之说。震进表曰："陈抟以先天图传种放，放传穆修，修传李之才，之才传邵雍；放以河图、洛书传李溉，溉传许坚，坚传范谔昌，谔昌传刘牧；修以太极图传周敦颐，敦颐传程颐、程颢。"（另详《汉上易传》提要）然则何可谓"曷与《龙图》及《钩隐》"耶？且又可反证龙图之实作于陈抟者也。

卷五曰"《启蒙》图书"。谓："《启蒙》十图九书之名皆西山意，朱子晚年悔之。"实则虽由西山起草，朱子岂未加深考而即愿署名乎？"悔之"之意，亦未可信。胡氏乃以十图九书名蔡氏图书，殊觉不当。此朱子复古以正名，岂一家之私言哉！

卷六、卷七曰"先天古《易》"。谓："先天八卦方位，丹家用之最亲切而有味。其所谓《易》者，坎、离也。与儒学不同，……孔子之意在蓍卦，丹家之意在水火。"又曰："康节先天之学，其病根全在小横图。盖八卦之次序既乖，则其论方位亦误。六十四卦之次序、方位，更不待言矣。"凡此乃不知阴阳自然之变化，故以先天之次序、方位为乖，从《仲氏易》八误之辨，皆未是。若谓合于丹家之说，固矣。然水火坎离之定位于既济，何谓与儒学不同？盖同理而异用，何可不视其同耶？又从俞琰《易外别传》之说："谓丹家之说虽出于《易》，不过依仿而托之者，初非《易》之本义也。"实俞氏有其苦衷，乃国亡而遁为羽士，安得不严分儒道，以为自存之地乎。故俞氏之言未可谓非，然决不可是之而裂《易》为二；上已言及伏羲作《易》"近取诸身"，则丹家之事岂在易道之外哉。

卷八曰"后天之学"。谓："既有推本伏羲者，则何以知两仪、四象为伏羲之所画？而乾坤之索为文王之所演耶？……知彼逐爻生出之为谬，则知一而连埽出三画而交易成六子者，真伏羲之易，而非文王之易矣。"此节宜加阐明。孟子曰:"先圣后圣,其揆一也。"盖伏羲、文王、孔子之心未尝有二,然因运而生,又不可全同;唯有时位之异,乃见德之揆一。故两仪、四象与乾坤三索,本异而同者也。且父母三索成六子,伏羲岂不知哉,然风俗敦厚,不待言也。待文王有羑里之难,忧患作《易》,确有理可言。且乾坤三索与后天图,尚宜分辨。凡生蓍即乾坤三索。至于后天图,以立方体之八顶角言,当坎离合一,其他六卦当长阔厚三线(可参见"四、论太极、两仪、四象"及附图)。则先后天三索之异同,自然可明。且即以后天为伏羲已知,亦未尝不可,然必分先后天,以当伏羲、文王者,明时运耳。奈胡氏之不知象,妄以逐爻生出与一连埽出以辨先后天;且既废先天,乃以乾坤三索属伏羲,以后天属文王,其失仍在不知先天之象也。

卷九曰"卦变"。兼引虞翻卦变图、李挺之卦变反对图及六十四卦相生图、俞琰先天六十四卦直图、朱子卦变图等。所论各家得失,尚多可取。然曰:"经于六十四卦之首,各列二体六画,即卦变图也。刚柔往来之义,开卷了然,何以别图为?"则大误。盖不知卦变原始之大义,先存不必有卦变之心。宜其于"刚柔往来"之义,唯取其理而不知卦象。呜呼,是岂观象玩辞之易道哉。

卷十曰"象数流弊"。间考陈希夷、邵康节、蜀隐者、麻衣道者、溟涬生等史实,殊详。于蜀隐者以下,固有所偏,非易道之正。若陈希夷之为羽士,莫不知之,于其所传出易道,岂杜撰哉? 胡氏曰:"易道之大,无所不包;执一家之学,而以为伏羲之精义全在于此,岂理也哉。朱子于先天方位,得养生之要;于加一倍法,见数学之精;笃信亨通,意固有在,吾何敢轻议。但不当引诸经首,以为伏羲之易耳。明道适僧舍,见其方食,而曰:'三代威仪,尽在是矣。'此偶然语也。设有人焉,掇浮屠之戒律,冠于礼经之首,则荒矣。胡文定于内典,独称《楞严》、《圆觉》,亦谓彼教中有可取者耳。设有人焉,举二者与《中庸》、《论语》合为一编,则悖矣。故吾以为邵子之《易》与圣人之《易》,离之则双美,合之则两伤。学者不可以不审也。"夫此节可谓是书之要旨,实乃似是而非,所举二例尤不类。邵氏所传之先天易,岂佛教戒律内典可比拟哉?岂八卦之为《易》有二义耶?况先天易之次序、方位,全有据于易辞,何可以一家之言视之。自先秦传《易》以来,易家不下于千,惟陈抟所传出之先天图,能悉合于养生、数学;且于仰观、俯察、远取、近取等,亦莫不密合,此可谓非伏羲之易乎。其唯朱子之道德学问,始能知之;后人妄加考据,徒见其识见之浅陋耳。又曰:"范宁谓'王、何之罪,深于桀、纣'。今观弼所注《易》,各依象、爻以立解;间有涉于老、庄者,亦千百之一二;未尝以文王、周公、孔子之辞为不足贵而糟粕视之也。独为先天学者,欲尽废周、孔之言,而专以羲皇心地上寻求,是其罪更深于王、何矣。"此亦非是。按胡氏之以此视王学,可见于扫象之弊一无所知。夫忘象而空解《易》之辞,岂能明圣人观象系辞之旨哉。至于先天之学,正切乎"《易》者,象也"之本义;若为先天之学,而必欲尽废易辞者,则固宜深斥之。此确为流弊,然何可因噎废食乎?

总观是书,胡氏之见殊偏执,奈文饰于考据,当时颇有为其所惑者,即《四库提要》亦大加褒辞;实则悖逆于理。以今日之科学言,亦与易理相通。奈吾国近代未能奋起者,皆治《易》者不知象数之弊耳,故此类易著宜任其咎。乃不惜篇幅,逐卷正之,乃见易图之本属于《易》。今之治《易》者,更不可不究易图。

146. 薛诠《易义析解》提要

《易义析解》未分卷,清薛诠著。诠字正希,毗陵人。自序于康熙五十一年(1712)。全书以《本义》为主,凡字则分疏于经文之中,节则通释于经文之后。然节释未及三分之一,如六爻中或仅一二爻有释。于字疏能明其关键,通其脉络,于操觚之家便焉。二者皆有可取者。如于需《大象》曰:"需者,饮食之道也,故取饮食之义;宴者,身无营扰,所谓贞也;乐者,心无系累,所谓孚也。谓以孚贞二道,安意以需,不急求效也。"此以"宴"、"乐"二字分属于卦辞之"有孚"及"贞吉",亦可备一说。于大畜初曰:"内卦为受畜者,以自止为义;外卦乃畜人者,以止之为义。自止者,防小人之畜君子也;止之者,欲君子之畜小人也。卦象皆取畜养意,六爻皆取畜止意。"此切于健止之义。于既济曰:"'既'字非美辞,谓全济尽济也。全则将亏,尽则将变。故方济之始,可与有功,既济之后,即当虑败。"又曰:"卦体有得贞之义。人亦能刚而不好为纷更,柔而不因循滋弊,则能贞而济可常保矣。"于理殊正,盖本"利贞"及"初吉终乱"以推得者也。

若于卦变,惟据朱子之十九卦,间有论其无涉于卦象,然未能推得卦变之源。又于上下经首载"卦德解",于卦之二体解说极简洁。惜仅述《本义》中注及之卦德(上经二十二卦,下经二十卦),未能举一反三而及六十四卦,可见薛氏之于《本义》拘泥甚矣。于《系辞》以下皆平稳。凡图书、卦位等图,置于《系辞》、《说卦》各章之下,则未若置于卷首之醒目。释《说卦》之广象章,于震其究为健、巽其究为躁卦以卦变言,谓震成乾、巽成震,乃与汉虞氏取象同。其他各象亦有深得其旨者。夫读其书而知其人,薛氏实拘谨之人也。析解字句,虽非易道之全,而学《易》者固宜知之者也。

147. 李兆贤《易史易简录》提要

《易史易简录》三卷,清李兆贤著。兆贤字德夫,圭海人。不以功名为意,喜读《易》,以史事纳于卦爻。《自序》未著年代。既卒而子锵刻之,时当雍正元年。然则李氏为康熙时人。时《折中》尚未行,故书中每引《大全》、《存疑》、《蒙引》等。今此书之成,可以雍正元年前十年论,即康熙五十二年(1713),虽不中,亦不远矣。德夫此书,与《本义》并刻,盖徵引史事,必以卦爻辞之义理为主,犹《诚斋易传》初合刻于

《程传》之义。观康熙时有吴曰慎之《周易本义爻徵》,胡翔瀛之《易经徵实解》,大义皆与此书同。惟此书较详,既合论史事,亦略加发挥《朱义》。其解先天、后天曰:"先天如庖羲氏之为网罟,神农氏之为耒耜,黄帝之命大桡造甲子,命伶伦造律吕等类,皆创天地未有之奇,而实为天地必有之理,故曰'天弗违'。后天如唐虞之因历象而授时,因山川而封濬,因府事而修和,皆效天地已有之法,而变通以尽利,故曰'奉天时'。"于义殊正。以尧舜为际,即《书》之所始,人文初开是也。于《系辞》曰:"相摩是小横图,相荡是大横图,但大横图下半截即小横图。"又以刚柔相推,当十二辟卦之消息;太极两仪之生生,合著策言。于理皆是,盖不期而汉、宋合一者也。解《序卦》上下,亦得其要。其言曰:"'有天'至'生也'一段,乾、坤、屯之卦只一起句道尽,序得简老。且不惟得《周易》首乾坤之意,已将盘古开天、三皇继起世界写作一图了。""'有天'至'久也'一段,上经首乾坤,天道、地道之始;下经首咸恒,人道之始。又上经乾、坤、屯三卦,序得简老妙;下经咸、恒二卦,序得繁重妙。盖欲就咸、恒指出夫妇之道,竟将夫妇道理论到彻上彻下,故曰'君子之道,造端乎夫妇'。"此虽为常谈,然能言及天地、人物之本,确为《序卦》之精义。至于各卦各爻之配史事,可与《诚斋易传》等并观,或互有同异,而大义悉合。其惟洞悉史事之变化,又能体察兴衰成败之各有其因,且必究其因果之源,庶悟不外阴阳之消息,是即易象之所示。易辞者,即观象而系,由此而因卦爻辞而论史事,不亦妙乎。凡能以史证《易》者,实皆有见于此耳,李氏亦然。今则世界交通,能以世界史合诸卦爻辞,亦为今日读《易》者责任之一也。李氏序曰:"一部史,上起盘古,下迄元、明,其中天地人物之变蕃,帝王皇霸之递运,治乱兴衰之倚伏,阴阳淑慝、忠良奸佞之殊趋,条例不下数万。"又曰:"尝试息心澄虑,开卷胪陈,六十四卦三百八十四爻中,天开地辟,物发人生,孰为帝皇之世,孰为王霸之局,为治为乱,为兴为衰,阴者阳者,淑者慝者,忠者良者,奸者佞者,种种情状,证合天然,如铸鼎以象,而神奸莫

逃;如悬镜在空,而妍丑毕现。则读一经而全史可蔽。"噫! 若李氏者,
足与论经史之合。观今日之论经史者每多偏见,予因之重有感焉。

148.《御纂周易折中》提要

《御纂周易折中》二十二卷,清李光地总裁,康熙帝御纂。越二寒
暑,而成于康熙五十四年(1715)。夫是书卷首有《纲领》、《义例》。《纲
领》凡三篇,一、论作《易》、传《易》源流。二、论《易》道精缊、经传义
例。三、论读《易》之法及诸家醇疵,皆引用先儒之说,于义理甚正。
惜有取乎王弼之忘象及"初上无位"等说,则与易道未合。其后乾隆更
御纂《周易述义》,即正此失也。于《义例》凡分时位、德、应、比、卦主五
者,则深得易义之本。卦时爻位,以德而处之,实系易学之纲领;应、
比、卦主者,皆论其德也。然过于重五爻,犹视位重于时,亦偏信"初上
无位"之失。又以卦主分成卦之主及主卦之主,间多二三爻并为主爻
者,乃未为易简。盖成卦与主卦,殊宜合一。若以此书言主卦者,什九
为五爻。则各卦之五爻,本有其德,故反觉多此一言。凡卦主者,必宜
遵无妄《彖》"刚自外来而为主于内"为例,取成卦之主,而参酌主卦之
主,以定一爻为是,间偶有二爻。以下解经文。首录《本义》,编次亦遵
《本义》十二篇之古《易》,下及《程传》,盖一反《大全》用王弼本,而散
《本义》从《程传》也。更下为《集说》、《附录》。《集说》者,博采先儒之
言,以辅翼或补充程、朱之理。《附录》者,义异程、朱,而可备一说。卦
末尚采有"总论",其间附录不经见。于《集说》总论,殊多精粹之言。
据首载引用先儒之姓氏,凡汉十八家,晋三家,齐、北魏、隋各一家,唐
十一家,宋九十八家,金二家,元二十二家,明六十一家,共二百十八
家,可云富矣。又间加案语,以论先儒之得失,或抒己见,尤能深得经
义。于十二篇外,更录朱子《启蒙》,亦采有《集说》,加有案语,于《启
蒙》之理辨之明矣。最后为《启蒙附论》及《序卦杂卦明义》。前者阐明

图书之数理,确合自然之旨。后者于《序卦》分上下篇各四节,以合于忧患九卦,可与萧汉中之说媲美。于《杂卦》究互卦之原及环互等,能发先儒所朱发,且皆有据于卦象、经文者也。故总观全书,实能集宋易之大成。书出而全国景从,有其理焉,非徒恃御纂耳。今欲习宋易者,仍不可不读此书也。

以下引录案语中之尤善者,以见说理之醇。如于坤二曰,"乾为圆,则坤为方;方者坤之德,与圆为对者也,故曰'至静而德方'。若直则乾德也,故曰'夫乾,其动也直';大亦乾德也,故曰'大哉乾元'。今六二得坤德之纯,方固其质也,而始曰'直'、终曰'大'者,盖凡方之物,其始必以直为根,其终乃以大为极。故数学有所谓线、面、体者,非线之直,不能成面之方;因面之方而积之,则能成体之大矣。坤惟以乾之德为德,故因直以成方,因方以成大,顺天理之自然,而无所增加造设于其间,故曰'不习无不利'。习者,重习也,乃增加造设之意。'不习无不利',即所谓'坤以简能'者是也。若以不习为无藉于学,则所谓'敬以直内,义以方外'者,岂无所用其心哉!"于《说卦》之"参天两地而倚数"曰:"参天两地以方圆经纬定之,亦其大致耳。实则经一者不止围三,非密率也。以理言之,则张氏之所谓以一包两者是;盖天能兼地,故一并二以成三也。以算言之,则孔氏所谓两为耦数之始,三为奇数之初者是;盖以一乘一、以一除一皆不可变,故乘除之数起于三与二也。以象言之,凡圆者,错置三点求心而规之即成;凡方者,错置两头折角而矩之即成。统而言之,皆数也。故参天、两地者,数之原也。其用于筮法,则为七八九六者,盖以理言之,则参两之数皆统之以三,故三三为九,三二为六,一三、二二为七,一二、二三为八也。以算言之,奇数起于一三,成于九七;耦数起于二四,成于八六。故以其成数纪阴阳,阳之进者为老,退者为少;阴之退者为老,进者为少也。以象言之,凡圆者以六而包一,虚其中则六也,实其中则七也;凡方者以八而包一,实其中则九也,虚其中则八也。阳圆阴方,阳实阴虚。故惟七圆而实为盛阳;惟八方而虚为壮阴;九虽实而积方,则阳将变而为阴矣,故为老阳;六虽虚而积圆,则阳将变而为阳矣,故为老阴也。其数皆自参两中来,故曰'倚数'。"凡此能以象数以明理,则其理实矣;与汉易之取象,同归者也。又如于坤卦辞曰:"'后得主',当以孔子《文言》为据。盖坤者地道、臣道,而乾其主也;居先则无主故迷,居后则得其所主矣。'利'字应属下,两句读。言在西南则利于'得朋',在东北则利于'丧朋'也。'得朋'、'丧朋',正与上文'得主'相对。盖事主者,唯知有主而已,朋类非所私也;然亦有时而宜于'得朋'者,西南是坤代乾致役之地,非合众力不足以济,于是而'得朋',正所以终主之事,是'得朋'即'得主'也。惟东方者受命之先,北方者告成之候;禀令归功,已无私焉,而又何朋类之足云。故必'丧朋',而'后得主'也。为人臣者而知此义,则引类相先,不为阿党,暌孤特立,不为崖异。故《易》卦之爻,有曰'朋盍簪'者,有曰'朋至'者,有曰'以其汇'、'以其邻'者,皆'得朋'之义也;有曰'朋亡'者,有曰'涣群'者,有曰'绝类上'者,皆'丧朋'之义也。斯义也,质之文王卦图、孔子《象》传而皆合;故自此卦首发明之,而六十四卦臣道准焉。"则得用六之本矣。于屯卦曰:"卦者,时也;爻者,位也。此圣经之明文,而历代诸儒所据以为说者,不可易也。然沿袭之久,每局于见之拘,遂流为说之误,何则?其所目为时者,一时也;其所指为位者,一时之位也。如屯则定为多难之世,而凡卦之六位皆处于斯世而有事于屯者也。夫是以二为初所阻,五为初所逼,遂使一卦六爻,止为一时之用。而其说亦多驳杂而不概于理,此谈经之弊也。盖易卦之所谓时者,人人有之,如屯,则士有士之屯,穷居未达者是也;君臣有君臣之屯,志未就、功未成者是也;甚而庶民商贾之贱,其不逢年而钝于市者,皆屯也。圣人系辞,可以包天下万世之无穷,岂为一时一事设哉。苟达此义,则初自为初之屯,德可以有为而时未至也;二自为二之屯,道可以有合而时宜待也;五自为五之屯,泽未可以远施,则为之宜以渐也。其余三爻,义皆仿是。盖同在屯卦,则皆有屯象,异其所处之位则各有处屯之理。中间以承、乘、比、应取义者,亦虚象尔。故二之'乘刚',但取多难之象,初不指初之为侯也;五之'屯膏',但取未通之象,亦不因初之为侯也。今曰二为初阳,五为初偏,则初乃卦之大梗,而《易》为衰世之书,岂圣人意哉。六十四卦之理,皆当以此例观之,庶乎辞无窒碍而义可得矣。"此例深得乎时位屡迁之精蕴,读《易》者宜三复斯言。"每局于见之拘,遂流为说之误",二语尤佳。凡固执成见以说《易》者,可不戒诸。他若辨明传义之异同而析取之,又有兼舍之另取他家为说者,盖一以经义为准,绝无所偏,此所以可贵而称《折中》之名矣。

149. 魏荔彤《大易通解》提要

《大易通解》十五卷,合卷首、附录各一卷,共十七卷,清魏荔彤著。荔彤字念庭,柏乡人,官至江常镇道。是书罢官后所作,自序于雍正二年(1724)。卷首为《易经总论》及《阴阳扶抑论》。于《总论》兼述三《易》、象爻、图书、卦位、阴阳、五行,及明理学、辟二氏等说,大体尚是;惜略觉庞杂,未能总其义。于《阴阳扶抑论》则谓:"阳与阴在太极中本是一气,既判两仪后,以阳统阴,然阳未尝不根于阴。一根一统,原是均平,无须扶抑矣。"未免乖于《周易》首乾之大义,《四库提要》评其"有意立异",诚是。于解经文,不时用以立说。如于夬卦曰:"夬、姤二卦相综,五阳一阴,与剥、复二卦相错;剥复阳少贵阳,夬、姤阴少贵阴。然有难立论者,宋儒偏于扶阳抑阴为说久矣。夬则利于速夬也,姤则不欲其姤也,于此二卦言贵阴,不大悖乎。虽然,如果夬而纯乾不复姤,天地之气化,人事之用人行政,均如是也,则扶抑之说,诚莫易也。试历观古今及详察天地,然乎? 否乎? 于此二卦言贵阴,或亦有一得者乎? 天地无夬尽阴气之时,如剥之于阳,剥未尽而阳已复于下,如夬未尽而阴已姤于下也,非此则无天地矣;人世之君子小人,亦俱为天地之气化所生,剥之、夬之,起于人心之私,小人固不足罪,岂君子亦不明天道乎。"按阴阳少而贵之,犹王弼以一阴一阳为卦主之义,于理可取。若宋儒之扶阳抑阴,则为《周易》首乾之大义,尤不可不知。二者可分别论之,故如姤《彖》曰:"天地相遇,品物咸章也。"未尝以一阴为非;若曰"不可与长",则抑之已明。奈宋儒之抑之也,见其失而未见其得,如不以一阴为卦主,以坤五为非等。乃有魏氏之反其说,纯以相对论之,然隤堕无主,岂《周易》之义耶。将阴阳无别,其可谓天道乎?

全书以一爻变解之。凡本爻之辞,分二节以明其义;于下上二体,又合而论之。故于取爻变诸家中,此书可谓精细焉。如于萃上曰:"上六变为否之上九,在否上以阳变阴为萃,处否极而变;萃上虽不在其位,亦同倾否而悦。萃故有'先否后喜'之辞。""在本爻以阴变阳为否,处萃之极而变于否,是安于否也。'赍咨'者,含怨于心也;'涕洟'者,形愁于外也。然'无咎'者,其为周之顽民乎?周之顽民,殷之忠臣也,何咎之有?《象》传曰:'未安上也。'伯夷、叔齐义不食周粟,岂安于新君而以为上哉!此亦不可不有以存君臣大义于千古者。'无咎'于一时,且'元亨'于千载矣。"于否上曰:"上九变为萃之上六,萃上以阴变阳为否,当萃世而不愿舍此萃彼,故'赍咨涕洟',即否上之'先忧'也。'无咎'者,'后喜'也。""在本卦上九,变阳为阴为萃,健体变为悦体,体健而用悦,否至此而倾矣;否如心下之痞,倾而吐之,则消矣。系之以'先忧后喜',盖否之极而倾,则将泰,故先忧而后喜也。是处萃而忧则不涣,与否极而泰,先忧后喜,何尝有二义乎?正变卦二爻参看,理明辞著如此。"夫录此萃、否之二爻,全书之爻义可见;泰、否之于萃、涣,皆相对而确可互证。魏氏之深体乎一爻变,实继宋沈氏、都氏之说,而又充实之也。惟不知卦象,于《说卦》曰:"自'乾为马'以下,似圣人殁后,其弟子授《易》于诸家参错叙入之文。故《本义》所引荀九家之《易》,与此文有异同多寡,万物岂能尽拟议乎?人云朱子不言象数,而注经不删此,何也?可见此等象数,非《易》所重,存而不论,足以见《本义》之意矣。"此亦大谬。《系》曰："易者，象也。"万物之赜，岂不能尽拟议哉。魏氏于宋易抑阴之善，则不知法；于宋易不知象之弊，又推而甚之，未可谓善学，实承王弼之失入于虚焉。

末卷"附录"，述太极、先天图顺逆方位、《洪范》九畴等。间有不信无极及四画、五画之卦，谓何必多无极之名；又谓卦必三画因重云。实则无极犹《易》无体"，与"刚柔有体"乃并行而不悖者也；四画、五画者，总名互卦，取象时不可不知，与八卦相荡而因重成六十四卦亦宜兼存，何必是一非一耶？

150.　汪良孺《易原》提要

《易原》四卷，清汪良孺著。良孺字子正，新安人。高祖鸣鸾，号咸池，明万历时曾以《易》显。大父及父，皆守一经。子正年十二，即始研习高祖易稿及诸家易著。院试数不利，乃就贾，又为人累，而祖产悉空。设馆亦未合时宜，晚年大困。而于易学未辍，是书成而自序于雍正六年（1728），年已七十八。四卷完，尚有《易原或问》及《易学初入》，无力授梓。子世禧略加增补，数上呈求刊，皆未果。故此书尚未刊印，今读抄本，已多蛀蚀。

夫汪氏于《易》，归于《本义》者也。以古《易》十二篇为次，然其间颇有颠乱。如以豫《彖》、革《彖》等之后节及上下《系辞》所释之诸爻为《文言》；又于《系辞》之"天地数"章，亦使上下文互易。于《或问》中曰："或问窜易经文，恐增物议。曰：古之简策为书，容字无几；而纬编或绝，则错简自多。况如上《系传》第九章言'天地大衍之数'首节，朱子从程子所订，'大衍'节又朱子所订定，则未尽订处，尚有待于后学也。若避物议之嫌，使圣人旨意不明，未始非学者之罪。'四营'节承'再扐而后挂'者，以明观变于阴阳而立卦也；接下'乾坤之策'二节，即发挥刚柔生爻之意也；再接'八卦而小成'，明蓍卦亦从内外之分也；'引伸触类'节,明《易》之用其变也,变谓九六变动之爻也。如此文义,始见浃洽流通,而谁得而议之耶?"是乃从宋《易》改经之弊,绝不足训。盖人人借错简之名,以意妄改,原文之面目全非,何能发挥经义哉。乃其子于增补时,经文更以王弼本为准,唯注明其父之改易处,则可谓能改父过焉。若古本与王弼本各有所宜,此处勿论其得失。又于《或问》中曰:"或问:'居德则忌',《本义》何以未详? 曰:本文非不可晓,若云居积而不下逮,与自恃而居其德,皆人所忌疾,则不合见成语气也,故未详。"未免附会。且因此而注贲卦《大象》,亦曰"未详"。于《或问》中曰:"或问:'无敢折狱',如何未详。曰:贲义已无与于折狱,况'无敢'为畏惧戒慎之辞,《大象》传俱主见成说,不应有此。"尤觉拘泥,此乃过信《本义》所致耳。若其子于贲卦补之曰:"窃疑贲有文饰之意,有掩盖之义。'明庶政,无敢折狱'者,盖欲从容训导,不忍加刑,庇其已往之非,冀其将来之善,亦贲之象欤?"则虽异《程传》,反能另备一说。至于此书亦有其特点,即能明辨阴阳刚柔。凡阴阳物,其数七八,象画也;刚柔物,其数九六,爻象也。此深合易义,乃上与陆绩之说不谋而合(汪氏似唯究宋易,陆氏说或未见),下与姚配中之"画变为爻"亦同。且全《易》曰"以刚以柔,居阳居阴"而不紊,盖实能深得于心矣。再者,于《序卦》有取乎萧汉中之说,亦有见;又颇揉朱升、来矣鲜等之言。且凡与《本义》有异同之处,每于《或问》中明其所以,则其慎可见。若于噬嗑"金矢",不以钧金束矢为是,其言曰:"若果以狱讼必入钧金束矢而后听之,不知古人亦入金矢而后田猎否,何故解二曰'田猎三狐,得黄矢'也?"此论亦妙。然曰:"凡《易》皆象,非指实也。"则与以《易》为史者相反,实则《易》之象有虚有实,未可必者也。

151. 任启运《周易洗心》提要

《周易洗心》十卷,清任启运著。启运字翼圣,号钧台,荆溪人。雍正进士,历官宗人府府丞。长于三《礼》。此书自序于雍正八年(1730),已收入《四库》。首二卷画图三十六,大体本吴澄、张理、胡煦、李光地等而贯穿之。若以圆环示八卦、六十四卦,始见于宋林至之《易裨传》。实则古必有之,观周氏"太极图"中之"阴阳互根图",即坎离之象,则一环可视两仪,二环可视四象,三环可视八卦,理已在焉;推之六环而视六十四卦,于义一也。若周氏之图,渊源于陈抟。故圆环卦象图,或亦保存于道教,迨宋始归还于《易》耳。任氏于第三环分阴阳为前后二图,亦可取。前图注曰"乾、巽、离、艮",后图注曰"兑、坎、震、坤",盖由内而视外;如若综而视之,则前图即"乾、兑、离、震",后图即"巽、坎、艮、坤",不更妙乎。至于综视者,凡太极图配卦象,宜由外以视内;若圆环图,于内外皆可;当环断成卦,必宜由内以视外,即中环为初画。又三阴三阳消息图,任氏本胡氏。唯斜倚外圈而成六卦,则乾、坤、艮、兑各得四十五度,震、巽各得九十度,似宜均匀之,即中圈亦宜斜倚,凡六卦各得六十度,于消息更合,此盖绝对之标准。增至六画十二辟卦;若其间之某圈,或前或后,则为消息之变化。断而分之,即成八卦、六十四卦之象也。任氏又画六十四卦各三错图,或本来氏而推演之;乃错下上二体及全卦为三错,理亦可取,与来氏之中爻错,可合观之。他若"互卦图"、"卦变图"、"序卦杂卦图",所采皆有见。

若释经文,能因象明义,与来注相似。唯不引史事,于推理每录各家之说,或加"愚按"以断之;所断者,于理殊正。于需《大象》曰:"正中自守,其能需在坎;不犯难行,其能需在乾。要其相须共济,各有道焉。不然,不能自立而望救,与往救而畏葸不前,且'载胥及溺'而已。"于大有卦辞曰:"乾者'元亨利贞',大有曰'元亨',大壮曰'利贞'者,其有其壮皆乾之大,故分乾之'元亨'、'利贞'属之也。"于豫卦辞曰:"不言'元亨'者,阳达地上,元无可见,亨亦不得言也。不言贞,悦乐之心,未必贞正,惟二五乃正也。"又曰:"彖(指卦辞)止言'利建侯行师',而子渺然深思,使人思所由来,而亨如睹也,而元宛在焉,此圣人所谓'洗心藏密'也。"于中孚曰:"此卦与小过相错,此取二阴之相孚,小过何不取二阳之相孚? 小过阴得中,阳势已失也。然则何不以此名大过? 阳中有阴,即于阳为未过也。"凡此等皆合观象玩辞之旨者也。

又每引各家异文,间有取舍,且及《连山》、《归藏》之异名,亦可参考。然卦图中以后天图之始艮终坎为《连山易》,以先天方图为《归藏易》,则立名而已,殊可不必。于《系辞》正来氏移动十八爻之失,极是。于"天一地二"二十字不从程子,亦可取。惜置于"其知神之所为乎"之下,仍为未得。又所谓遵郑玄本以正王弼,乃倒上《系》之"《易》有圣人之道四焉"与"夫《易》何谓者也"二章,未明所据。于下《系》总论第五章曰:"此承'贞夫一'之意,以'爻效天下之动'言之,见君子之道在致一,小人之道在二心也。"诚合《系辞》解此十一爻之大义焉。于释"夫《易》章往察来"一节殊妙,可谓发前人所未发。其言曰:"伏羲圆图始于内而终于外,由太极而两仪而四象。卦之所由来,成于八,重于六十四,则达于外而为往矣。文王观图之内外,其成于外者易见,生于内者难知;既章其往,又察其来。引外以入内,而微其显;推内而出外,以阐其幽。虽图之开,不始于文王;而立之名而名当,象之物而物辨,系之辞而是非吉凶断,则自文王。而伏羲设象以尽意者乃大明,而《易》之用于是乎备矣。"此释于"微显阐幽",盖取"其初难知,其上易知"之义。所妙者,以六环圆图,分成六十四卦,当"开"字。则于"开物成务"之大义一语破的,实任氏神游易图十六日之心得也。

于《文言》曰:"先儒极争义利之辨,而文王曰'利者义之和'。盖天地无私,即利即义;众人有私,趋利未必合义也;若君子之利物,则亦足以和义矣。或分乾主义、坤主利,是以地为有利也,文王何以于乾亦曰'利'哉。"此释亦是。若程子于坤卦辞,必于"主利"断句,确非孟子之义利之辨。实则孟子亦曰:"故者以利为本",可见无私之利,无别于义者也;其唯利于私而忘义,宜孟子之不得不辨也。故利者义之和,和即合私为公,无私之谓也。其《说卦》之广象章引各家之卦象,计有古《归藏》、荀九家、宋衷、虞翻、元包、吴澄、来知德等；然皆未遍引，更以意推引诸象。如曰："乾为木果，则兑为果蓏，而坤芝，震莲，坎茨，离果坚甲，巽果蔓延可知。"又曰："艮为虹，为韧，为屏，为宦，为冠冕，为阁道，为梁，为俎，为几。"然什九为经文中所无，可备一家说而已。如曰："离果坚甲"，则于离为甲胄及为鳖等合，故可信。至于"坤芝，震莲"等，未可必也。于艮卦之象大致可取。"几"字同涣二之"机"，与虞氏取坎、震可互观，乃虞氏取其性，任氏取其形。他若取离为忧，不合；巽为童牛，亦与艮童、坤牛不合。可见以宋易为本者，于易象每不若汉易之有据。于《序卦》、《杂卦》本萧汉中、胡炳文、李光地数家之说，每有可观。

夫任氏此书，盖取各家之说而会通之，诚能得其所长；于图象义理皆然，且贞一不乱，尤为可贵。末载"困于《易》"六十四韵，小序曰："生平学《易》，苦不能贯通，庚戌发愤探索，恒至彻夜不寐。九月六日，忽神游乾坤图内，身如委蜕，自馆舁归，虽妻子号动于前，不知也；迨见八卦划然开朗乃苏，越十有六日矣。卧榻口占，用寄及门诸子。"噫，此非得一之象乎。

152. 惠士奇《易说》提要

《易说》六卷，清惠士奇著。士奇字天牧，一字仲孺，晚号半农，吴人。康熙四十八年进士，官至翰林院侍读。曾再任广东学政，以经学倡，士风大振。有《红豆斋小草》，学者称红豆先生。乾隆六年卒(1741)，年七十一。是书无序跋，未详何年所著，以成于六十岁论，即雍正八年(1730)。书以引证古义为本，未全录经文；惟有所说乃录，什九皆说六十四卦，于《系辞》以下仅数条耳。若所说者莫不有本，且通以他经，明以《说文》，证以史事，旁及《老》、《庄》、《墨》、《荀》，与夫《内经》、《易纬》、《易林》、《太玄》、《参同契》等。他如《楚辞》、汉赋亦时有所引，其博学盖可见焉。

如家人五曰："王假有家"，证以《尧典》之"以亲九族"，《孟子》之"亲其亲"、"长其长"，又曰："庄子曰：'至仁尚矣，孝固不足以言之。'谓仁道至大，孝特其一端，岂足以该全体，《庄子》之言仁当矣。至仁无亲，天之道也；立爱惟亲，人之道也。然其言一出焉，一入焉，去疵而取醇，虽圣人不能易也。《墨子》之言爱，吾亦取之；然谓爱贵兼不贵别，则悖矣。《墨子》焉知爱之本哉。"则确能疏通经学。盖经之常道，借诸子之言而益显；若子书之醇疵并见，则在学者之慎取耳。于讼初证以《召南·行露》之诗；讼二证以《小雅·巧言》之诗；《系辞》"观鸟兽之文与地之宜"，证以《周官·大司徒》辨五地之物生等；亦皆与《易》义戚戚焉。又以《易林》、《太玄》证之，每多可取。盖焦、扬之言本出于《易》；乃易义初乱于王弼，下及于宋理，故汉易古义晦焉。若由《易林》、《太玄》反以推之，可有所得。于同人三之"莽"，以《离骚》之"宿莽"为证，当阴象，则合于虞氏取巽为莽之象。于大有四之"匪彭"，取"旁行而不流"义；盖"彭"、"旁"本通，子夏本即作"旁"。于六位本《乾凿度》，阴失位为小人；阴得位为君子；阳失位为庸人；阳得位初、五为圣人，三为君子，且曰九三为君子之爻。确为《易》之大义。于大、小畜、临三、遯二等，以正王弼之失，皆是。于比曰："《说文》木下曰：本，一在其下；木上曰末，一在其上；木心曰朱（古文"朱"），一在其中。人身亦然，足为本，首为末，心为中。木无头曰朮（古文"糵"），此'后夫'之象，与'比之无首'，犹木无头。朮者，孤臣糵子不得志于君亲，孤立于外，穷无所归者也。《象》传谓'其道穷'者以此，故曰知始无始，厥道必穷。《易林》比之縠云：'鹊足却缩，不见头目。''足'指初，'头'指上。"此因象明理，可成一家之言。若所引《易林》之辞，乃小畜之比也。又于履曰："卦之始终本末，惟上与初。复之'元吉'在初，所以开其先也；履之'元吉'在上，所以善其后也。君子不以隐显异心，亦不以穷通改节。'独行愿'者，初之穷居不损；'大有庆'者，上之大行不加。自始至终，犹本及末，视履于上，一如素履于初，则履道成矣。上九所谓'以其旋'者以此。

天道盘旋，不愆于素，故履初曰'素履'，上曰'旋'。'考祥'者，祥有善恶未定之名，系以'元吉'，则大善而无纤介之恶矣。复起于初，履成于下，故曰：复，德之本；履，德之基。本在初，基在下；成于上者，未有不基于下者也。"则明初上之反复，于象理尤合。唯《系》曰："吉事有祥"，故祥非善恶定之名。曰"考祥"者，考，成也，成其吉事之善也。

惟是时言汉易尚系初创，故其义庞杂，且于汉儒之卦变及虞氏以之卦等，尚未能深究其释义，而不以为是，则为是书之大病也。其于取象有曰"离阴在中称伏"，"坎亦为明"，"中孚、小过无坎、离象"等，似皆未可。盖巽伏离明，《易》有明证；又中孚似离，小过似坎，即兼三才而两之之象也。他如以屯初为隐者，亦未合"建侯"之辞。然惠氏屯遣经论，功已大矣。其后汉易大盛，此书已得风气之先。故凡究汉易者，殊宜读此，以观转变之迹也。

153. 杨名时《易义随记》提要

《易义随记》八卷，清杨名时讲，门人夏宗澜记，间多夏氏按语。杨名时字宾实，一字凝斋，江阴人。康熙年间进士，李光地门人，以候补翰林院侍讲与纂《周易折中》等。历官吏部尚书，后为云贵总督，有政绩。雍正五年冬，或诬以赃私，革职。乾隆初，召入教皇子，侍值南书房。卒谥文定。学以存诚为主。夏宗澜字起八，江阴人。由拔贡生荐授国子监助教。雍正三年，夏氏于滇从杨氏学。五年冬杨氏解任后，乃手点《周易折中》，逐条讲论，以《榕邨易解》交互参质，匝岁乃周，盖亦有忧患学《易》之义焉。夏氏因纪录而推索之，成此《易义随记》。杨氏作序之时，已是雍正十年(1732)。间存夏氏深入分解之问，及杨氏之答并评论。其按语凡分解未当者，或已删；书中所存者，杨氏皆善之。然则此书当属师生合作共著。篇次遵《折中》。杨氏所讲者，夏氏择要而记之，颇有精义。

如合论乾坤曰:"乾坤二卦,爻辞次序皆相似而有不同。初则阴阳皆微,上则阴阳皆极,故二卦皆取初终消长之象。然在乾曰'潜龙勿用',欲其养也;在坤曰'履霜坚冰',防其长也;在乾曰'亢龙有悔',戒其亢而思保其终也;在坤曰'龙战于野',究其极而使知所惧也。此扶阳抑阴之义也。二五居中履正,尽卦之善,故象占非他爻可及。然乾道备于五,而坤道备于二者,乾五天位而纯阳,坤二地位而纯阴也。三为人位,故体天地之撰,而立人道之极者,在此一爻。然乾主健,故'乾乾'、'夕惕',健而又健也;坤主顺,故'含章'、'无成',顺之又顺也。四当进退改革之际,故于此爻著出处之义。然阳主进,故曰'或跃';阴主退,故曰'括囊',决于退也。此六爻之辞立,则主役君臣之分定,刚柔健顺之德著,淑慝理欲之辨明,出处进退之机决。而圣人参赞化育之功,与夫拨乱致治之情,亦于是而见矣。读《易》熟复于此,三百八十四爻之义例,可以进而通焉。"盖深得阴阳六等之理。又如贲二曰:"濡者,沾染之意,不是好字面;观'若濡'、'濡首'、'濡尾'等,爻象可见。"亦悟"濡"字之象焉。无妄初曰:"复初九,反正之始也;此卦初九,存诚之本也。"大壮五曰:"旅上刚则丧牛,失其顺也;此爻柔则丧羊,化其壮也。同一'易'也,在刚为轻易,在柔为和易。"又此卦"总论"曰:"《杂卦传》云:'大壮则止,遯则退也。'可见君子难进而易退。"睽《彖》曰:"睽与革相似而不同,革则势在必革,故卦爻多言改革之道;睽止于睽而已,未必无可合之机,不可听其终睽也,故多言合睽之道。"又曰:"涣卦重萃涣,睽卦重合睽。"皆能明辨同异。蹇上《象》曰:"屯卦初九《象》曰'以贵下贱',是以阳为贵也;蒙卦六四《象》曰'独远实也',是以阳为实也;此卦四上两象兼著,其辞皆指五之贵且实也。"于象亦是。若于随《大象》曰:"《大象》之辞非卦本旨。"未济初《象》曰:"老狐则知敬矣。"则失取象本义。

至于夏氏之按语,亦不乏可取者。如屯、蒙合论曰:"屯之初、五皆亨屯者,蒙之二、上皆发蒙者。蒙之初即屯之上,处屯之极,时之穷也,则当改图;处蒙之初,教之始也,则当立法。屯之二即蒙之五,'十年乃字',亦初筮之诚也,纯心下贤,如婚媾之合焉。屯之三即蒙之四,三无阳刚之比应,故'无虞'而入于林;四无阳刚之比应,是'远实'而困于蒙也。屯之四即蒙之三,四应初,故'从初';三应上,故'从上'。然四应初,则'无不利';三应上,遂'无攸利'者。屯初卦主,四无嫌于往从;蒙上虽应,而三以下而求上也。玩《小象》屯四曰'求而往',则其待唱而和可知;蒙三曰'行不顺',则其以女先男可知。又易例六四应初九多吉,六三应上九鲜有不凶者。"虽难免有强解,然得乎综卦之义焉。于困卦曰:"此卦大概与坎卦相仿,其象占亦大同小异。所以大同者,困有困阨之象,坎有坎险之象。……故坎之'坎窞'、'坎坎'、'徽纆','丛棘',即此卦之'幽谷'、'蒺藜'、'葛藟'、'臲卼'也;坎之'樽酒'、'纳约'、'终无咎',亦与此卦之'享祀'、'祭祀'、'徐徐'、'有终'等,略相类也。所以小异者,困卦自守之意居多,坎卦习险之意最重。然自守非坐困之谓也,习险非冒险之谓也。险柔之人,不能处险困,以之守困,则坐诼于无策,如'臀困于株木';以之习险,则习险以徼幸,益入于'坎窞'而已。……又困乃时遇之穷,'习坎'乃心学之要,绝不相同。故困之二五两爻,有绂服之来,而当积诚以求通;坎之二五两爻,无好大之心,而惟实德之是务。又困之上卦说体,则上六有亨困之道;坎之上卦险体,则上六有险极之候;故困则有悔而征吉,坎则不得而致凶。然惟三岁不得则终凶,若能得道则可免于凶。夫子《象传》之意,亦与困上相备。困、坎两卦俱以阳刚为善,坎四柔爻,何以不言凶咎?盖六四承九五,易例无不善者。以柔正之德,离下坎而入重险,是能习坎者,故独许其终无咎也。"此因一爻变而详论两卦,于象辞皆切。于《文言》坤五曰:"……其言'黄中',言中德在内,元也;曰'通理',言贯通而条理,亨也;曰'正位',则外无不方而适得其宜,利也;曰'居体',则固守而安焉,贞也。……'美在中'属元,'畅四肢'属亨,'发事业'属利,'美之至'虽赞词,实以足贞字之义。盖事业稍有不正,及有些微不收敛结实处,皆不可谓美之至。"其义亦善。惟"美之至"之"至"字,已属承乾元之坤元焉,非徒贞象。其末于《启蒙》及《附论》,则无所心得。夫杨、夏师生二人,盖直承榕邨之学,于说理殊精深。凡研《折中》者,此书颇可参考焉。

154. 蒋衡《易卦私笺》提要

《易卦私笺》二卷,清蒋衡著。衡原名振生,字湘帆,一字拙存,晚号江南拙叟,又号函潭老布衣,金坛人。善书法。康熙六十年贡生。尝以楷书写《十三经》,凡八十余万言,阅十二年而成。乾隆五十七年壬子,奉旨刻石列太学。其孙和序此书曰:"吾祖初从大兴王或庵先生为古文,又与桐城方灵皋先生共论实学。于六经各有《集解》,暮年专精于《易》,凡四脱稿而成是编。顾吾祖以书法擅名,或未能尽知其邃于经学也。"又曰:"先儒论《易》,谓四圣人各为己说。吾祖疑之,因合《彖》传、爻辞、《大》、《小象》之旨,归于一致,作《易卦私笺》二卷。"然当时唯刻上卷,下卷尚无清本,此二卷本乃其孙整理原稿而成,已当嘉庆元年。若蒋氏著此书之时,据高斌于乾隆六年序其文集,谓是时蒋氏年七十,亦提及此书,故可以是年(1741)论。全书唯解六十四卦,未录经文,徒明卦、爻、《彖》、《象》之大义耳。间颇采《圭约》之说,即衡之祖鸣玉所著之《五经讲义》。鸣玉字楚珍,号中完,明崇祯进士,《圭约》外尚著有《四书讲义》。又衡父进任侠好义,辑《经史百家事类》。伯父超,清顺治进士,亦工书法。然则衡之学,家学也。

如于坤卦曰:"《圭约》云:'阳鼓物而出,则群阴渐以入,非避阳也。勾萌甲坼,皆阴入于内拓之,代乾以终其出机也。阳鼓物而入,则群阴渐以出,非抗阳也。结果归根,皆阴出于外敛之,代乾以终其入机也。一出一入,莫非顺道,一不顺则为先迷,为不得主,为疑所行。故孔子于卦则曰"坤道其顺乎",于初则曰"盖言顺也",辨之早矣。'此论实先儒未发。"于同人曰："至卦名'同人',诸儒止解'天'、'火'同耳,抹去'人'字。《圭约》云:'天以精气生火千万炬,其光同也;天以神理生人千万心,其明同也。人秉离明、行乾健,则能同人矣。'精确无比。"于离卦曰:"《圭约》云:'坎水下陷,离火上炎,是以坎之刚中,二不如五;离之柔中,五不如二。习坎在二水合流之冲,故坎六三最险,水下故也;继明在二火相传之际,故离九四最凶,火上故也。'亦先儒所未发也。"盖《圭约》中确有可取。于坤顺犹复卦"出入无疾"之义,于同人犹"君子通志"之义,于坎离犹"正位"之义,皆切于易道者也,宜其孙誉之。而衡性纯孝,亦可见焉。高序谓衡"于先人讳日,斋戒七日,泣血告哀,历数十年如一日",其至情至性如此。若会归卦、爻、《彖》、《象》之旨,如于豫卦曰:"愚反覆豫卦之辞,而窃疑三圣人之言,何其不同也? 观《彖》传曰:'豫顺以动,故天地如之,而况建侯行师乎。'似建侯行师不足以尽画卦义。下又发出天地圣人大义,《象》又言'作乐崇德,荐上帝,配祖考',果非建侯行师之足以尽也。而六爻止于二称吉,九四为成卦之主,不言吉凶;初凶,三悔亡,五贞疾,上渝而无咎。何其与《彖》传、《大象》辞故相反,而且绝不见'建侯行师'之意哉? 因以臆断之曰:三圣人之立言不同,旨则一也。六爻之辞著矣,九四刚应而志行,其动也始虽顺,以大行其志而致豫,终不能开诚布公,未免有揽权树党之病。故初应之,鸣豫而凶;三近之,盱豫而悔;五乘之而贞疾;上渝豫始无咎;惟二以中正介石之操,独不言豫,故得吉。然则九四之动,夫岂天地圣人之以顺动乎哉! 作《易》者不欲显示天下将有权臣之祸,故曰豫之所利,止宜建侯行师,在外之大事耳。四大臣近君,既大有得,恐不能无骄,且忌而生疑,纳群小而朋比,故并不言吉凶,特著其形于上下五阴之中;此周公善会《系辞》言外之意而为之象也。《彖》传、《大象》亦深知此旨,故极言'豫顺以动'之义之大。若曰文王系辞,岂不见及此,而仅以'建侯行师'言之,意实为九四惧耳,未尝发豫之大义也。且'建侯'屯已言之,'行师'师已言之矣;豫顺之大如彼,而止以'建侯行师'再见于此,以画豫卦之义,必不然矣。三圣人言不同,而旨远辞文,无不相贯,读者于言外求之,可知其意矣。"此反覆推敲,以观三圣之揆一,可谓得易道"保合太和"之旨。盖卦时爻位,本有七八九六之异。豫四之雷出地奋,实得时而顺动也;然以爻而言,其位未当,亦可惧哉。乃爻者言乎变者也,能之正成既济,则可免揽权树党之病矣。故本"六位时成"之义以读《易》,其庶几乎。所谓"言外求之"者,爻变耳;蒋氏虽未究爻变之象,而大义已合。至于卦变,自有体例,特本其言而为之作图于下,名之曰"蒋衡卦变图":

蒋衡卦变图

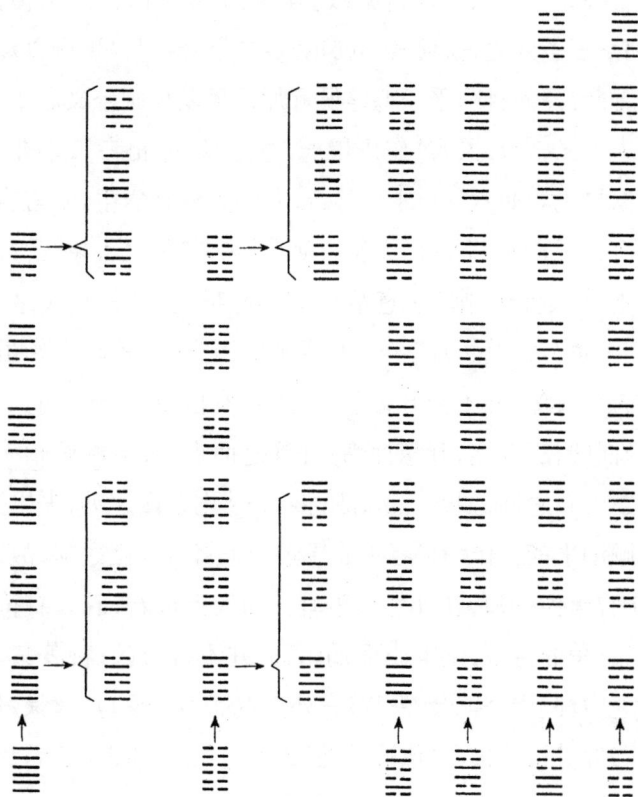

夫此图中,以乾、坤、坎、离、泰、否六卦为主;若以大过、小过从坎来,中孚、颐从离来者,取其肖也。又剥、复、夬、姤亦各生三卦,则一阴一阳与二阴二阳杂焉,盖欲免六子卦互生耳。其长已融消息卦及六子卦之卦变为一,其短体例未纯也。若于贲卦曰:"以泰卦上九之柔,来九二之刚,即分九二之刚,上文上九之柔,与程子乾坤交索之义毫不相背,既由乾坤而变,安得不以否、泰为主乎?"此说极好。凡执程子之说以非卦变者,其可已矣乎。又蒋氏颇重《序卦》,间有取于乔氏《易俟》之义。于扶阳抑阴之消息,亦三致意焉。若以大壮言集义养气之学,以艮为圣学止于至善之要,以中孚当《中庸》,皆能有见。于既济卦曰:"乾坤自一阳至五阳,皆有重阴重阳之交;独此二卦,则一阴一阳交错杂糅,俨然太极未分之气象。泰、否之交,以两而化;既未之交,以一而神。所以为易道之终欤?窃疑三百八十四爻例意,总包于此两卦内。既济用静,未济用动。其曰中、曰正、曰时、曰当位、曰相应、曰道、曰义、曰极、曰孚、曰节,皆经中杂见之旨,于此特结明之。"尤善。间曰"既济用静,未济用动",得象之正矣。

155.《徐刻皇极经世绪言》提要

《徐刻皇极经世绪言》九卷,加卷首共十卷。清包燿注。清刘斯组之《皇极经世绪言》有徐邦屏刻之,时当嘉庆四年(1799)。徐氏者,包氏之姻弟也。初,邵氏成《皇极经世书》,以邵子卒年论,时当宋神宗熙宁十年(1077)。合《观物篇》共六十二篇,又有《观物外篇》二卷,宋祝泌以《外篇》作二篇,故曰"书实六十四篇"。后《道藏》本分《外篇》二卷为十二篇,故共为七十四篇。明有黄粤洲者,手录《道藏》本,略为注释,其子泰泉为之编次论列。清刘斯组因其书作《绪言》。斯组字锡佩,一字斗田,新建人。雍正举人。知广东西宁县,多善政;后主岳麓书院。尚著有《拨易堂易解》、《太玄别训》等。此书成于乾隆十一年

(1746)。上距邵氏之卒,已六百余年矣。

《绪言》者,于邵氏每篇之下各加注述。如午会八运曰:"凡此第八运所经之卦,细为推之,悉有可验。第学者读书,只当得其大意,附会强合之见,存而勿论可也。"取义淳正,非日者之言也。又"以会经运",邵氏编至宋神宗熙宁;刘氏依其法补入二篇(第二十五、二十六),直推至清代。以下诸篇,数皆增二,故此书之《观物篇》已有六十四篇,加《外篇》十二,共为七十六篇。于《内篇》十二(第五十三至六十四)各言其旨,又总论曰:"自一至六,言天地万物之理悉体备于人,明圣人以经法天而权变存焉。七至十二,即圣人权变而归之正道,终推其数,亦不外于理也。夫理与数,观物之要,经世之原也。"诚言简语要,以理数观物,以经权处世,非邵氏之志乎。于《外篇》之注,亦有可观者,如末篇《道藏》本题曰"心学"。刘氏曰:"此其所谓心学,即闲闲往来于天根月窟,而周三十六宫之春于方寸间也。邵学邈乎高矣。"若三十六宫,取《序卦》相综之象。又天根复,月窟姤;姤、复周流,先天图之变化亦具。先后天往来于方寸之间,邵学之精也。

首卷亦刘氏所加,初作"皇极总论",大义本《庄子》之大年小年,以观邵子之说。下述邵子之传,录伯温及先儒于邵子之论赞等。又作"十二会分合总数"、"四卦分直图"、"元会运世分直卦图"、"一元十二会总图"、"天地四卦交应全数图"。由此五者,皇极数可一览无余。尤以"一元十二会总图"为精,邵子辗转一爻变之象,悉在其中。刘氏曰:"是图也,余为理其绪而分之也,故曰《绪言》。"全书纲领所在,宜取为书名焉。夫此图既明,《观物篇》元会运世之变化,皆可了然。或有终身不悟皇极十二万九千六百年之卦象者,或有瞬时而全得,得者,犹得此图耳。卦象虽多,理殊易简,刹那而悟,奚足怪哉!刘氏细绘此图,非邵子之功臣乎。

凡黄氏之注,刘氏或直录之,或重述其要。于律之象,其注甚备。卷首尚有黄氏之《管窥篇》、《兴乐篇》,略有过神之说。

　　包爗字丽天，号逸菴，钱塘人。事迹未详。读《绪言》后，又略为之注补，作"元会运世十六大位图"及"声音唱和方圆二图"，于总观《观物篇》之历律，亦有一助。若此书之第九卷，乃包氏之《杂著》，已无与于邵书。徐氏附刊之。内于卦位除先后天外，又以洛书数按五行配成之，录如下：

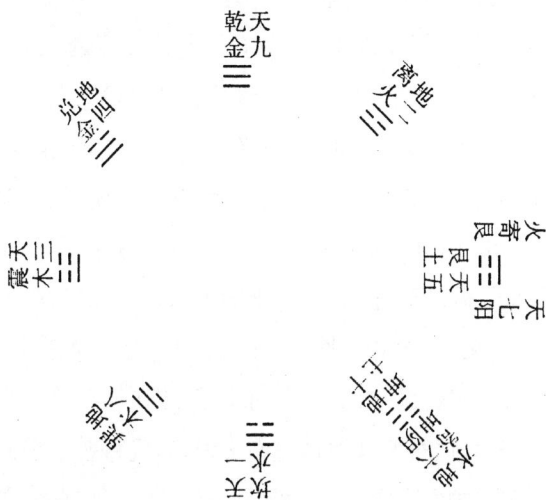

　　此以五行分阴阳，当天地十数，而配以卦象。又数准洛书之位，中土五十者，五阳土艮寄于天七阳火，十阴土坤寄于地六阴水，则自然成此。考先儒本有以此法之数，位于河图之位即成后天图（唯以坤十当天七，艮五当地六）。包氏亦用之，且不易其法，惟变河图为洛书，乃成此非先天非后天之卦位焉。其用盖取诸身，包氏曰："乾为首居上，坎为肾居下；前此离为心在上，艮阳土、坤阴土，为脾胃、为腹；后则兑为肺最高，震为肝胆居中，巽下断则尾闾也。"然仅可备一说而已。如腹与尾闾，可分前后；若心与肺脾、胃与肝胆之分前后，究非确论，能免附会之讥乎？又因其数列成六十四卦方圆图，其卦次为乾九、巽八、艮七、坤六、兑四、震三、离二、坎一。执五行以定位，亦非卦次之本也。其他诸图，皆乏精义。观包氏成《绪言》之注，已当嘉庆四年，注成即刊,其年六十。《杂著》赖此而存,可云幸矣。

156. 程廷祚《大易择言》提要

《大易择言》三十六卷,清程廷祚著。廷祚字绵庄,号青溪,上元人。是书之作,因于方苞。乾隆七年,方氏欲以六条编纂《五经集解》,以《周易》委诸程氏。程氏以十年之力,于乾隆十七年(1752)成此书。"六条"者,曰"正义",曰"辨正",曰"通论",曰"余论",曰"存疑",曰"存异"。释之曰:"当乎经义者,谓之'正义'。经义之当否虽未敢定,而必择其近正者首例之,尊先儒也。'辨正'者,前人有所异同,辨而得其正者也。今或'正义'阙如,而以纂书者所见补之,亦附于此条。所论在此,而连类以及于彼,曰'通论'。今于旧书未协'正义'而理可通者,亦入焉。故通有二义。'余论'者,一言之有当,而可资以发明,亦所录也。理无两是,其非已见矣,恐人从而是之,则曰'存疑'。又其甚者,则曰'存异'。"夫本此六条以编纂先儒之说,方氏诚善于分析焉。程氏之细加抉择,亦能成方氏之志。然以易道论,可议者甚多,盖方氏与程氏皆般桓于宋儒之说理,而未知卦象者也。宜方氏自谓治《易》二十年,卒未有得于《易》之要领。若程氏者,虽自有所得,而能择先儒之言;奈其所是非者,果有当乎? 入"正义"、"辨正"者,或未必是;入"存疑"、"存异"者,亦未必非。《系》曰:"辨是与非,则非其中爻不备。"故程氏之一意于"理无两是",仅合初九、上六之象;如中四爻之是非互变,程氏绝无所知。因失易道之变化,乃是书之大弊。窃观此书之作,与房审、权义海、冯椅易学及《大全》、《折中》等相似。唯以上各书,例当择善而取,即《折中》之按语,亦间或论其得失耳;皆未若此书之必以六条分列之,而一其是非。此盖忽乎时位之变通,未免囿于文人之习矣。

如于乾三,"存异"引胡双湖六位坎离之通例,而加案语曰:"六位以初三五为阳,二四上为阴,本旧说相承之误。所当辨者,若谓下体皆象离,上体皆象坎,以为通例,岂经卦惟有坎、离二卦,重卦惟有既济一卦乎?"是即忽乎经义而误。于《例言》中明言宜以经解经,然十翼既曰"圣人之大宝曰位",奈何又以坎离六位为非?经卦虽八,然体在乾坤,而用在坎离;重卦虽六十四,然正位之卦惟既济一卦。是皆卦象之自然,岂空言所能驳哉。于用九"辨正"下,又加案语曰:"若乃刚柔各有性情,一成而不可变。所谓刚变柔,柔变刚者,求之圣经无其文,验之天下无其理。"是亦大违消息之义,读经文"刚浸长"、"柔变刚"等自明,何谓"无其文"?天下如四时之推移,何谓"无其理"?又以云峰胡氏二、五本人位象大人为非,谓:"卦有三才之象,若六画之卦,则初、二为地,三、四为人,五、上为天,非三画可比矣。况如其说,则爻之初与上,本皆不在人位,何以他卦初上两爻多有言君子者,而蹇之上六何以曰'利见大人'乎?"此说亦似是而非。盖六画卦虽非三画可比,然兼三而六,亦可谓上下二体各三画,则二、五当人位,于例殊合。再者,当人位可象人,非谓不当人位者不可象人。至于蹇上之大人,仍指九五言,《象》曰"往有功"可见。故以胡氏之说入"存异"而非,亦未可取。于小畜卦定"刚中"之例曰:"《易》中九二、九五皆有'刚中'之称。上无九五,则九二称'刚中';二、五皆九,则惟九五称'刚中',此定例也。"然于经文亦有未合者。盖九二、九五皆为"刚中",若究指何爻,宜因卦而定。如讼《彖》云"刚来而得中",虽上有九五,而刚中仍指为九二,故此例未可定。他如不信卦变、不取互卦、不知爻变等,皆未合变易之道者也,不信图书、太极先后天之说,则不知自然之易道也。

若此书之长,能博采群言,而不执一家之说,于释一字一句,间颇可参考。于《文言》"潜之为言"一节曰:"此节似恐人以初九之'勿用'为无可表见,故言君子操已成之德,何难日行之而与天下共见乎,而曷以言'勿用'也?以潜之为时,可隐而不可见,夫行则必要其成,今方潜而欲行,则行而未必成,是以宁'勿用'也,而岂君子真无可见哉?"此释于理甚醇。又以屯之"磐桓"为柱石,乃不合屯卦之义,以"虽磐桓"证之,可谓一语中的。又谓:"'誉'皆不训为名誉之誉,犹诗之'式燕旦誉,其为言安'也。字书亦有谓与'讼'通者。"亦可备一说。于《系辞》释阴阳动静曰:"阴阳各有动静,固非动而生阳,静而生阴;亦非阳一于动而无静;以为纯坤确非。"然主静之说,宜以专,翕解之,则不可谓非。

157. 沈起元《周易孔义集说》提要

《周易孔义集说》二十卷,清沈起元著。起元字子大,号敬亭,太仓人。康熙六十年进士,乾隆时官至光禄寺卿。口不言生产,不以得失动心;待后进慊慊如不及,而观权贵蔑如。在官禁馈献,明赏罚;晚岁杜门,日诵先儒书。是书自识于乾隆十八年癸酉(1753)。书名《孔义集说》者,盖以"孔子十翼"之义为主,博采历代易家之说,凡符合孔《易》者无偏执,于汉、宋皆取焉,可谓有见;是乃费氏以十翼解二篇之家法,固为说《易》之大途。若沈氏之数十翼,有取乎胡安定之说。以《象》分大、小为二翼,其他八翼同。则《象》与《彖》之上下不例,当仍从郑氏言为正。《大象》虽自成一体,然与《小象》犹二篇中之卦爻辞;卦爻辞既不分大小,《象》亦不宜分。或谓翼卦辞已有《彖》,《大象》无与于卦,则亦未尽然。盖卦辞亦有明二体者,然非卦卦皆言二体,乃由二体之举隅而反三,直承上下卦,以明观象学《易》之道也。故《象》之分翼,仍当以上下,不当以大小。沈氏曰:"愚谓《易》之亡不亡,存乎其义耳。篇次分合,岂直筌蹄而已。王氏以传附经,用资观玩,乃学《易》之定法,不得云变乱,今仍之。惟《大象》传,乃以卦画二体示人观象学《易》之道,往往别自起义,补文、周未发之旨;《文言》则引申触类,以阐《易》缊。皆无容附于本卦经文之后者,不尽同王氏也。"此不以王氏为变乱,亦有见。然以《易》于观玩论,《大象》与《文言》亦不当另起。盖古本之善,能一览而明;二篇十翼之序,于庖羲之卦、文王之辞、孔子之翼,粲然分明;历三古经三圣而大义在焉。若不便于观玩,亦未可言否，而王氏本即补此失；其后有李过之更析《文言》以从卦爻辞，则《文言》之一翼更乱。而此书则反提出《大象》、《文言》以自为篇，则于观玩亦未便。是皆徘徊于王本，而未见有善焉。夫篇次虽似筌蹄，于学《易》时亦不可谓无影响。其唯古本与王氏本，乃皆有所善，可因时而用之，此外似无须更订。又此书以乾卦之象直承卦爻辞，则有取焉。盖王本唯乾卦未散，可见古本之迹。今古本既明，其迹可忘；既可列于其他六十三卦，亦可免于刘牧等之妄加议论也。

　　若是书之采择先儒说，能象理无偏，故已博于徒采宋理者。末加按语，亦多心得；于合论各卦爻，所见尤善。如于萃上曰："按此爻与比上相似，皆卦外穷无所归。又上画偶开，水泽溃决，故有此象。然比上凶，而本爻得无咎者，彼居险极，此处说极，爻德不同也。且于此可得比与萃成卦不同之故焉。比一阳统五阴，特严君臣之分，有率土皆臣之义，岂容一人得外王化，故无首而凶；萃二阳萃四阴，专明群类之聚，云龙风虎，从类翕集，而名分未定，有择臣择君之象，即或上下无交，未妨独来独往，故虽不得所萃而无咎。"于萃二又曰："'引吉'即'汇征'之意。"于震五曰："'震往来'与'震来'句法同，则'往来'作重震看者为允。'危行'，'行'字作去声读，释'厉'字；盖震动之道，不可晏安无事，'危行'即有事也；有事而不离于中，所以'无丧'，与'震行无眚'同旨。"他如于剥三曰："'失上下'犹否二之'不乱群'也。"于否《大象》曰："'俭德'即'括囊'之义。"凡此皆能得引伸触类之旨。至于因象明义，如泰上曰："坤土在上，中爻震动兑毁，有墙高基下、根摇本拔之象，为'城复于隍'。"于剥《大象》曰："'山附于地'，犹之君托于民，孔子观象于此，已别具只眼，故不曰'地上有山'也。说家或泥于卦义，以附于地为颓剥之象，转觉牵强。盖民犹水也，可以载舟，可以覆舟。地薄则山崩陷，地厚则山安宅；圣人之所以止剥于未然也。"亦自然而合乎经义。又于姤卦曰："周公于此四、五两爻，自发阴阳不可偏无之意，非复'女壮'之辞也。孔子玩辞，故于《彖》传先发'天地相遇，品物咸章'，以为姤之时义。而说《易》者犹泥于'勿用取女'之辞,以释上三爻之义,宜其格矣。"此更切于阴阳之大义。《系》曰:"一阴一阳之谓道。"复性姤命,其可偏废乎哉?

于释先后甲、庚曰:"按'先甲后甲'三日,夫子以'终则有始'释之;巽爻辞'先庚后庚'三日,周公以'无初有终'释之;义自可寻。乃诸说纷纷,都未见慊。……夫'先甲'二句,正言治蛊之道;《象传》二句,所以释先三、后三之义也。盖甲者,震也。雷动风行,散郁起滞,木气以行,震为长男,足以鼓少男之止,利长女之惑,饬蛊之用于是乎,在圣人之所亟取也。文王卦图,先震三位为乾,后震三位为坤,乾为父,坤为母,乾为大始,坤为大终。蛊之为蛊,既从乾坤失位而成,故干蛊皆干父母之蛊;父母之蛊,唯长子有干蛊之责,犹天地之蛊,唯大君有斡旋之力,文王指出'先甲'三、'后甲'三,示以干乾坤之蛊也。乾坤具终始之义,故传以'终则有始'释此二句,'后甲'为坤终也,'先甲'为乾始也,此所谓'天行'也。其不言'震'而言'甲'者,震德在木,故主木而言甲,爻辞所谓'干',皆从木而言也。震为甲木,巽为乙木;乙木虫生而死,甲木虫蚀犹生。以震饬巽,即以甲治乙,以刚振柔。推之'先庚后庚',例亦附合。盖巽之为义,患其进退不果,柔顺寡断;重巽则阴之伏入犹甚,故于九五发之。制巽木者,莫如兑金,兑在西为庚;'先'、'后'云者,'无初有终'之义也。天之流行,震始而庚终,庚为兑位,先兑三位为巽,不及震之始;后兑三位为艮,适当艮之终;以金为兑用,则虽'无初'而克'有终'。所以不言兑而言庚者,兑有说体,说不足以制巽,故取兑之庚金以示义。上九'丧其资斧,贞凶',斧之金所以断,九五中正,能用庚之断而吉,上九巽极,失其兑之断,而凶可见,庚之为兑金而取其断也无疑。"此乃发前人所未发,以方位之一卦当一日,可成一家言,所妙者,甚合终始之义,说理亦简洁可从。且尚可申明其象,乃蛊初上"终则有始",而正成泰,即乾坤也,巽二正应五而成渐,即下艮上巽也。于解《系辞》有曰:"夫子看一部全《易》不出此四者(指尚辞、尚变、尚象、尚占），故设卦章首述卦爻蓍数，以明辞占象变之本，至此乃指出四者为圣人之道。夫子赞《易》之纲领尽于此。"又有曰："一部《易经》，'时中'二言可括。'不可为典要'者，时之屡迁也；'典常'者，中之不可远也。"是皆能得其要焉。若从吴澄于豫三当"盱豫"句、"悔迟有悔"句，则虽不若"悔"字句允，尚可备一说。而于《系辞》所释之爻，亦从吴氏说，以为《文言》错简，则未可。又不信图书先后天说，谓孔子未尝言之，亦未得其实，然或可以见仁见智论。故是书仍不失为确然有见者，研《易》者读之，将有得焉。

158. 范咸《周易原始》提要

《周易原始》六卷，清范咸著。咸字贞吉，号九池，钱塘人。雍正元年进士，官至监察御史，十三年罢官。闲居读《易》，凡十二年成此书。自序于乾隆十九年（1754）。前列所引用之先儒易著，凡一百三十九家，汉、宋兼及。全书唯解二篇，卦爻下皆引先儒说，后加"咸按"以自抒所得，颇多创见。是时汉象尚未大行（乾隆《周易述义》成于二十年，惠栋卒于二十三年，《周易述》尚未完成），范氏已注意之，可谓得风气之先。有曰："胡双湖谓爻位即有坎、离象，此义前人未发，然其说确不可易。六爻定位，乃自然之坎、离；六十四卦无一卦无乾、坤，即无一卦无坎、离。故乾、坤为《易》之始，而坎、离、既、未济为《易》之终。读《易》者能知此义，则知凡卦皆可以坎、离取象。"于无妄又曰："六爻得正者，初、二、五也；其'匪正'者，三、四、上也。"夫是即既济定位之义，圣人之大宝也。汉易取象皆本此旨，胡双湖乃由他途以悟。若范氏以胡氏义而推及全《易》，与惠氏以利贞当既济而推及全《易》，其理一也。然二家之取象，有一大别，即惠氏有取于卦变及爻变成既济定；范氏则取卦变外，唯用既济以取象，而不取爻变，诚当书名《原始》之义。于"要终"尚未及，谓"安可取未来之象为象耶"，则忽乎"神以知来"之

范氏卦变图

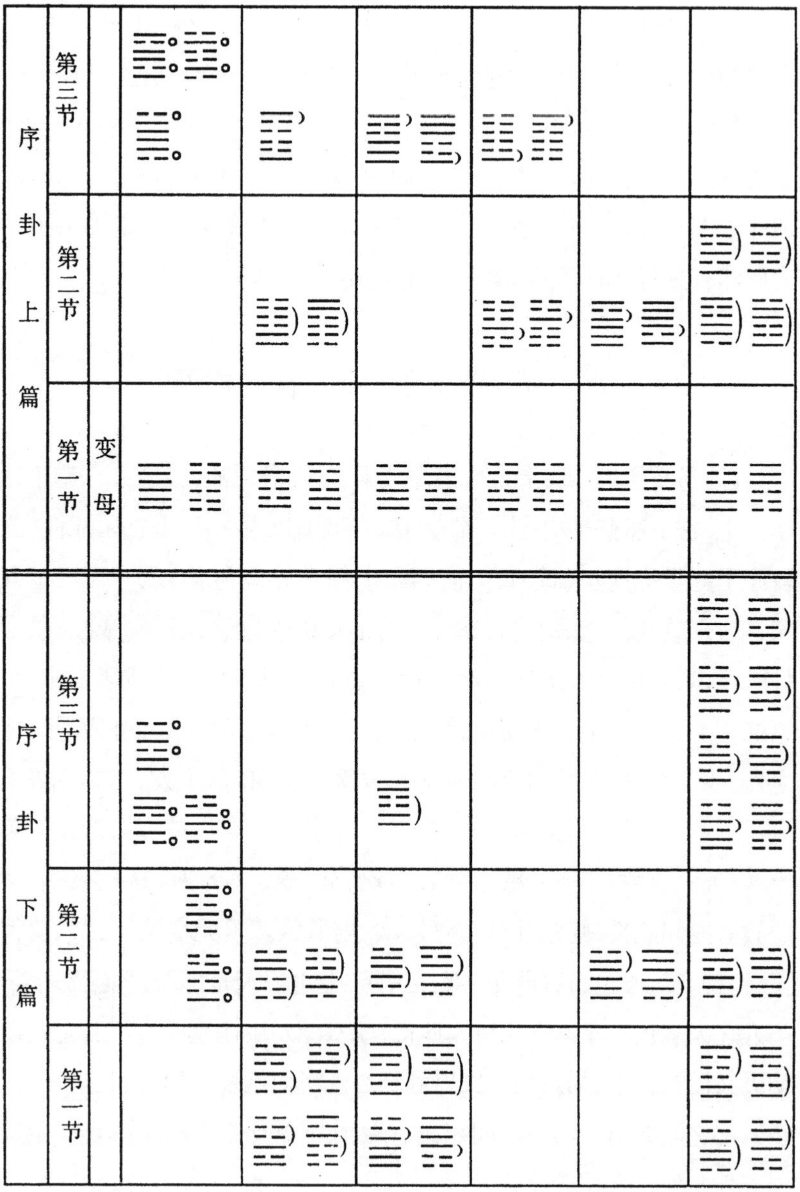
序卦上篇
第三节
第二节
第一节
变母
序卦下篇
第三节
第二节
第一节

序卦卦变图(数字、箭头皆明序卦之次)

序卦上篇	第三节	15 / 14		13	12	11
	第二节		10		8	7 ／ 9
	第一节	变母	1	2 ／ 3	4	5 ／ 6
序卦下篇	第三节					17 / 15 / 13 / 12
		16	11	14		
	第二节		8	10		7 ／ 9
	第一节		5 ／ 3	4 ／ 2		6 ／ 1

义,此范氏之大疵。至于卦变,各家互异;而范氏用《序卦》之次,凡卦皆由乾坤至泰否十二卦变出;虽未合类聚群分之义,然可成一家之说。特作图以明之(图见 382 页):

此图间以六子生于乾坤,尚是。因小过未能从屯蒙生,故兼使大过并生于乾坤,此不得已也。又颐、中孚之生于屯、讼,而不生于蒙、需,亦无理可言。故或使反复不衰卦皆生于乾坤,盖颐、小过即震、艮之交,大过、中孚即巽、兑之交。而或不论六子,使乾坤唯生反复不衰卦(六子实已在其中),则震、艮生自屯、蒙,巽、兑生自需、讼。又上篇第二节之噬嗑、贲宜属于第三节,下篇第二节之震、艮亦宜属于第三节,则较范氏之图似觉自然。下篇之三节又同萧汉中之次;上篇三节则虽异,而各有所指。且十二卦、八卦皆上下相对,亦自然之数也。乃另作一图,名之曰《序卦卦变图》(图见 383 页)。

夫此图者,法《序卦》之综卦。上下篇三节中,上篇为顺逆分,下篇为顺逆合。故于所变之卦,绝无两可之说,斯为可贵。若大壮、遯由需、讼来等,似觉倒果为因;实则取所变之卦有异耳,不足为病。若究其所变之卦,宜以互为因果视之。此图因观范氏之说而得,乃附记于此。

若范氏曰:"凡读《易》者,读一卦,当先认定一卦之主爻,然后读《彖》、《象》,始有入头处,此读《易》之要法也。"所见极是。是即无妄《彖》曰:"刚自外来而为主于内。"凡卦主之辞将兼及全卦,所以定卦主者,乃能思过半矣。然范氏所取之主爻,如:坤五、否三,宜以坤二、否二为是。又释"悔"字,除悔吝外,更取贞悔义;谓上篇贞,下篇悔,故下经多言"悔亡",亦可备一说。于蒙卦曰:"《杂卦传》所谓'屯见而不失其居,蒙杂而著。'以屯卦初九、九五见于阳之本位,故曰'不失其居';此卦九二、上九非其本位,故曰'蒙杂而著'耳。"此以既济正位例解《杂卦》,殊可取。于需二曰:"'小有言'已伏讼之根。"亦合"饮食必有讼"之义。于否二曰:"《易》爻辞中言'亨'者绝少,而此卦初、二两爻皆言

'亨'者,否无亨理,初爻开小人以迁善之门,此爻诲君子以待时之道,故特异其辞曰'亨'。"此分辨两"亨"字之义,亦简明。以图为后人作,更有见。

　　若于乾不信二、五大人之"利见",以"击蒙"当上击五,于坎四、睽二又不信君臣之委曲自诘,皆未可取。"纳约"、"遇主"之委曲,岂枉尺直寻之谓耶。于节上曰:"上已在卦外,可以不必节矣。"尤失"节"字之本义。如饮酒、濡首即"不知节"所致,上位何尝可不节。又谓刘歆以噬嗑卦之"金矢",而伪作《周礼》之"钧金束矢",亦倒其实矣。再者,以王弼《易注》、《程传》等皆未及《系辞》以下,故法之而不及十翼。安知弼因早卒,程氏亦不及注而卒,皆不得已也。且《彖》、《象》、《文言》未尝无注,乃范氏之不善学,视十翼可不必注。实则《汉书》所谓"《易经》十二篇",十翼已在其中;费氏家法,即以十翼解说上下篇;其可舍十翼而徒存二篇乎? 故十翼既出,《易经》必以十二篇为全。凡上所论,皆范氏高明之失,《四库提要》评之曰:"好持己见,务胜先儒。"然不乏可取者,较人云亦云者,固已优矣。

159.《御纂周易述义》提要

　　《御纂周易述义》十卷,清傅恒、来保、孙嘉淦总裁,由乾隆帝御纂,成于乾隆二十年(1755)。傅恒,满洲镶黄旗人。姓富察氏,号春和。以定西金川、征缅甸、剿准噶尔,积功官至大学士,封一等忠勇公。卒谥文忠。来保,满洲正白旗人。姓喜塔腊氏,字学圃。貌美,善骑射弋猎,而被服造次,必于儒者。又善相马。卒谥文端。孙嘉淦字锡公,号懿斋,太原人。官至吏部尚书,协办大学士。久负直声,屡踬屡起,以至诚待人,不作一欺人语。善理学,以躬行为本。卒谥文定。夫傅恒、来保未闻善《易》,是书或由孙氏主其事乎。若孙氏之学,虽仍本宋理,而是书之例,已上及汉象。自康熙之《折中》至是时凡四十年,其间之文风，皆由宋、唐而上溯于汉；于《易》亦未例外，乃李鼎祚之《集解》渐见风行。而《折中》唯一缺点，即不取卦象耳；故乾隆之更纂是书，可谓善继人之志，善述人之事者也。

全书颇用爻变、互体及旁通卦取象，因象明理，庶合圣人观象系辞之旨。如于履上曰："上九天位，故能降祥；互离在下，而上亦视者，天视自我民视也；天视人之所履，以考其祥之大小，故履成则祥定也。旋，返也；初往而上旋，履之始终也。元，仁也；三千三百，无一事而非仁。一返于初之素，则得其心之仁，人心仁则与天心合，而降祥必矣，故吉也。"于萃三曰："应兑故嗟，初应四，二应五，三与上六独不相应，求萃而不得，故初笑而三嗟，二利禴而三无攸利也。能因四而往见五，可得所萃而无咎矣。视初则不能无小吝，以三已在臣位，非初与五无交者比也。"于渐初曰："离为飞鸟，艮为山，坎为水。鸟出水而在山，惟鸿为然；飞有序而渐近，亦惟鸿为然。故六爻皆以鸿取象也。初在坎侧，故为干；艮少男为小子，前有险故厉。比应皆偶，口开故有言也。鸿本水宿，初始离水，其进不速，犹在水滨穷蹙之地；人之年少涉世者似之，才弱而遇险，故危厉而不安。人或从而议之，然无伤也；但不躁进以自安，则无咎矣。在渐之初，宜如是也。"凡此等皆能深合经义，实较虚空说理者为优。然是时之远绍汉易，尚系草创，故仅用爻变，而未用正位成既济之例。且于取象亦多未合，如谦之"鸣谦"，于上曰："三震雷，上应之，故鸣也。"则是。而于二曰："变巽为离，故鸣。"则鸣之象不例，且二爻之正位，以不变为是。盖宜从姚信之"三体震，为善鸣，二亲承之，故曰'鸣谦'"为正。又如无妄三曰："震艮合离，故为牛"，亦未若从虞翻之"四动之正，坤为牛"为是。故是书虽可补《折中》之不足，而《折中》于宋易实已集其大成。若此书之于汉易，仅开其端耳。奈继乾隆后之诸帝，皆无德而续成之，清之德亦至此而极。诸汉易家，如惠栋、张惠言、孙星衍、李道平等等，皆臣而下之；若姚配中之困于下，清之德又衰焉；其末有孤臣曹元弼之易著三种出(《周易学》、《周易集解补释》、《周易郑氏注笺释》），可谓集汉易之大成，而清社已屋。呜呼，未尝主汉以斥宋；于图书先天等，仍因时而明之；则较一味毁宋以自显为汉易者，其见反高。盖易理一也，何可执汉宋之时哉。

160. 黄元御《周易悬象》提要

《周易悬象》五卷，清黄元御著。元御字坤载，号研农，昌邑人。业医，著述甚多。此书《四库》入存目，曰八卷。今读抄本，有大兴陈光昭题于光绪辛未，凡上下篇各分二卷，《系辞》以下一卷，分订五册，数量均称，已为全书。八卷者，必分卷之异，内容当同。首自序有曰："嗟呼！三圣明《易》，皆遭困厄，是真《易》能困人耶？非《易》能困人也，不困不解耳。以易理之玄，三圣于困中解之；况无三圣之才，欲于得意之际，耆然解焉，不亦难乎。所谓'困亨'者，此也。然则与欲求亨，不如守困矣。"则黄氏学《易》之情可见。又曰："仆于《易》理，十年不解。"不亦困乎。后有得于互体卦象，诚是。然不信毛奇龄《仲氏易》之推易，而并卦变亦不信，殊未可。夫毛氏之推易，一家之言耳，确可酌取之；惟所本于变卦之理，乃有据于经，犹互体之未可废也。自王弼扫象，而讥汉易曰："互体不足，遂及卦变。"安知互体、卦变实《易》之本义。后人知扫象之非者，遂复及互体、卦变焉；然唯信互体而仍不信卦变者尚多，黄氏亦属此派。书末言时当乾隆二十七年丙子九月，此抄本有误。查乾隆二十七年为壬午，丙子者，二十一年也。又序中言及有得于"丙子三月"，可知"丙子"未误，唯误一为七耳。故此书之成，当在丙子（1756）。

黄氏于坤卦曰："阴以从阳为正，则宜于'得主'，而不宜'得朋'；宜于'丧朋'，而不宜'丧主'。'西南得朋'，失其主矣；'东北丧朋'，得其主矣。"此以"主"、"朋"对言，可取，然其推论未尽善。盖主则宜得而不宜丧者也，丧则为迷；朋则可因方而得丧，皆有利焉。得主、得朋，或得主、丧朋,其理一也。主与朋相对,而可兼取者也。于用九、用六,义承上九、上六,则不若兼承二爻为正。于泰《大象》曰:"……'天地交泰',此物阜民康之会;后以此'财成天地之道,辅相天地之宜',裁成其太过,辅相其不及,'以左右民'。盖人居于天地之中,位列三才,而'后'者天地之子也;'天地之大德曰生','圣人之大宝曰位';当乾坤交泰,民物资生之始,后以天地之子,躬膺宝位,辅相财成,懋昭大德,宏济群生;此所以参天地,副三才也。"此解以过、不及当"裁成"、"辅相",与象义殊合;以"后"为天地之子,亦由原义"继体君"引伸而可相成;"后"本之以左右民,乃能得中而副三才。于象二五正成既济,当位而生生不穷,泰之所以可贵也。于随之"小子"、"丈夫",以阴阳爻当之。二曰:"六二前有六三,是小子也;后有初九,是丈夫也。"三曰:"六三上有九四,是丈夫也;下有六二,是小子也。"盖以系于在上一爻,而失在下一爻,取象亦可备一说。于噬嗑三曰:"……承因矢获,矢镞有毒,噬之尚浅,未及金矢,而先遇其毒。……"于四曰:"……乾胏适口,金矢伤人,天下事未可但见小利而忘大害也。"此以"矢"、"毒"合解,法诸虞氏,本有可取。然"得金矢"及五爻之"得黄金",义皆谓所得者善。金为贵物,矢为直道,黄为中色,是也;故毒则可谓矢镞之毒;若噬得之金矢,非即为毒矢也。于井《大象》曰:"……凿井及泉,必以坚木为基,后用甃甓,乃不塌陷。木上有水,此谓之井。"又自加小注曰:"旧注谓以木取水,此则取水用瓶,非木器也,而亦未见古用木器取水。且取水之器,亦未尝恒在井下;又谓桔槔、辘轳之类,则又在井上;是水上有木,非木上有水。"夫此以坚木为井底之基,以当木上有水,于理亦合。然言非一端,以当汲水之瓶及桔槔、辘轳亦无不可;虽非恒在井下,而取水时必为木上有水之象也。于小过五曰:"……艮为狐、为鼠,皆穴居;公用坎,云弋之取彼在穴之兽。舍飞鸟而取走兽者,飞鸟既去,走兽在穴,上逆而下顺也。"此以卦辞之"不宜上宜下",以解"弋取在穴"之义,殊可取。

此外,凡释卦爻,义皆平稳;至若取象,大半尚合。惜未究乎卦爻之变,乃每就原卦而取之,故象有不同,则失取象之义焉。如于屯曰"震为诸侯",则是;于晋又曰"离为诸侯",则非。他如取艮为龟,显与《说卦》未合。又取离为群、兑为大川等,皆未可。群者,当以坤,坤为众,故又为群。大川者,水之动者也,当为坎,而不当为兑;兑泽者,止水也。若曰"心火象离",故以离为心,尤不可。盖因医家属心于离火之位而云然,然亦可以心属土。此皆为以五脏属五行而配卦位耳,与取卦象决不可混为一;不然坎、离、艮、坤皆可为心,彼此不一,亦何贵乎取象也?

若解《系辞》以"《易》有圣人之道四焉"为主,此未可谓非,凡此四道,确为《易》之大用。然因此而大改《系辞》之次序,以某章某节当属尚辞,某章某节当属尚象等,乃任意以分四者,故章节颠乱,莫此为甚。又以释爻之辞属于《文言》,《说卦》之文反有并入《系辞》者,纠缠错杂,不亦谬哉!他如《文言》、乾《象》、离《象》等及《杂卦》之末节,亦皆以意改之,可谓无忌惮矣。黄氏于《说卦》曰:"宋儒狂妄,如欧阳修辈动辄云非夫子之书,可谓无忌惮之至者矣。"然妄疑经文与黄氏颠乱经文,此实五十步笑百步耳。《四库提要》曰:"至《系辞》全移其次第,并多删节。"然今读其书,唯删"是故夫象圣人有以见天下之赜……"一节,盖重见而删去之,所谓"多所删节",未得其实也。

161. 徐文靖《周易拾遗》提要

《周易拾遗》十四卷,清徐文靖著。文靖字位山,当涂人。雍正举人,乾隆时举鸿博不遇,复荐经学,授检讨。平生考据经史,讲求实学。是书自识于乾隆二十一年(1756),年已九十,然则生于康熙五年。又是书属于经言拾遗,可见他经亦有拾遗,唯未闻见。此十四卷中,以古本之二篇十翼为十二卷,十三卷为《易学补遗》,十四卷为徐氏之侄婿毛大鹏(字云翼)所辑之《易学源流》。

于书中未全录经文,必有所考据始录之。首引先儒说,下加"靖按"以自言所见。再者,徐氏此书有据于赵胥山、徐在汉之《易原》而增益之。考赵振芳字胥山,山阴人,著《易原》二卷。徐在汉先名之裔,字天章,晚年乃易今名,字寒泉,歙之练溪人。二氏初遇于烟霞山中,后共同学《易》。徐又著《易或》十卷,时当明末清初,书名见《经义考》,《四库》未收,《存目》亦未录,或已佚矣。今由此书,知《易原》中有从《释文》中检出《易》之异文。又靖按:"徐寒泉、赵胥山所辑古《易》,会萃群经,可谓勤矣。"然则盖以考据为本,体例当与此书同。若徐氏曰:"间有未安者(谓《易原》),为补正之。如乾三'夕惕若厉',谓'若'字绝句,与丰'发若'、巽'纷若'、节'嗟若'、离'沱若'、'嗟若'同。'夕惕若厉',《说文》作'若夤',古皆作一句读。据《文言》'虽危无咎'之文,则'厉'字不属上,宜另为句。今窃谓不然。魏王弼注:'至于夕惕,犹若厉也。'《淮南·人间训》:'夕惕若厉,以阴息也。'《汉书·王莽传》:'《易》曰:终日乾乾,夕惕若厉。公之谓矣。'……《后汉书·谢夷吾传》:'尸录负乘,夕惕若厉';张衡《思玄赋》:'夕惕若厉,以省愆兮,惧余身之未敕也。'晋傅咸《叩头虫赋》:'无咎生于惕厉。'后周保定三年诏:"惟斯不安,夕惕若厉。"宋隆兴元年九月,马骐讲乾'夕惕若厉',上曰:'当读为若厉。'是古者皆以'若厉'为句。'厉'只是震动严格之意,非危地也。三重刚不中,居下之上,乃为危地。《文言》'虽危无咎'者,言朝乾'夕惕若厉',虽处危地而无咎;非即以'厉'为危也。《本义》以为'终日乾乾'而犹惕若,则是以'厉'为危矣;以'厉'为危,可谓'虽厉无咎'乎?"则此书之义,反不及《易原》之善。盖《易原》以经证经,当"若"字断句;又"厉"之训危,有十翼为证。至于徐氏之引证,虽博而未经;且"夕惕若厉"四字为句,似可对于"终日乾乾",乃徒以文句言,宜多从"厉"字断句矣。按经旨当"若"字为句,而以"厉"为危义长。然徐氏务实之功,盖已可见。故谓《易》言有太极,不当言无,是即形成清朝之朴学,一反明朝心学之虚,亦易道之自然消息也。

其间可取者,如离三解"缶"曰:"《尔雅》:'盎谓之缶。'郭注:'缶,盆也。'《诗·陈风》:'坎其击缶。'则乐器亦有缶;又《史记》蔺相如使秦王鼓缶,是乐器为缶也。缶于《易》凡三见:比初'有孚盈缶',则缶是注水之器;坎曰'用缶',注云:'设玄酒以缶。'则缶又酒器也;此云'鼓缶',则缶又乐器也。"大壮三解"罔"(见《补遗》)曰:"《大禹谟》'儆戒无虞,罔失法度,罔违道以干百姓之誉,罔怫百姓以从己之欲'。'罔'字中有儆省戒防之意,非但训'不'而已;杨子《太玄》曰:'罔者,有之舍。''罔'非无也,有在其中矣;故曰'君子用罔'。"涣四解"丘"曰:"孔安国《尚书序》曰:'九州之志,谓之九丘。丘,聚也;九州所有,皆聚此书也。'则是'丘'当训聚。言涣四散其小群,与五合志,乃能聚群策群力,以成大群,是涣也而转有丘聚之象,匪平常思虑所能及矣。"凡此等皆确然有据。师上"小人勿用",谓系大君命之之辞;同人二曰"于宗",谓"宗"字非宗族也,当如有子云:"因不失其亲,亦可宗也"之"宗",亦有其理。于《系辞》之"唯其时物"曰:"'物'盖乾阳物,坤阴物之'物'也。六爻之中,初、三、五皆阳,以阳物居之为时;二、四、上皆阴,以阴物居之为时;故曰'时物'。"则以既济之象当"时",尤合《易》之大义;与惠栋以既济之象当"利贞",二而一者也。能本此时物之例,以释全经三百八十四爻,则足与惠氏媲美;惜徒存空例而唯成拾遗耳。又过泥于辞,如本"悬象著明,莫大乎日月",而必谓月亦发光,则非矣。末卷毛氏所附之《易学源流》,盖由史传录出历代易著凡数百家,足供参考。

162. 惠栋《易汉学》提要

《易汉学》八卷,清惠栋著。惠氏始末详《周易述》提要。此书无序、跋,未详何年所著;以成于六十岁论,即乾隆二十一年(1756)。八卷中,凡一、二卷明孟氏易;三卷明虞氏易;四、五卷明京氏易,附干氏;

六卷明郑氏易；七卷明荀氏易；八卷为辨河图、洛书，辨先天、后天，辨两仪、四象，辨太极图。所以重兴汉易，以斥宋易者也。

其于孟氏易阐明卦气、消息；引用古籍甚博。于虞氏易阐明纳甲等；又集其逸象三百三十一，虽尚未全，然系初创，已极可贵焉。于京氏易，明其纳干支及八宫、世应、飞伏、五行、占验等。间有曰："先曾王父朴菴先生(讳有声，字律和)《易说》曰：硕果不食，故有游归。"其言殊精。于郑氏易，明其爻辰而已，间正朱汉上合十二律吕之非，诚是，盖朱氏误以京氏之说为郑氏之说也。于荀氏易，则本其升降，而阐明《易》尚"时中"说，义极醇正。若辨图书，则不用其名，未尝不用九、十之数。于先天图则曰："宋人所造纳甲图与先天相似，蔡季通遂谓先天图与《参同契》合。殊不知纳甲之法，乾坤列东，艮兑列南，震巽列西，坎离在中；别无所谓乾南坤北、离东坎西者。道家所载乾坤方位，亦与先天同；而以合之《参同契》，是不知《易》，并不知有《参同》者也。盖后世道家，亦非汉儒之旧；汉学之亡，不独经术矣。"此论可谓巧辩焉。实则纳甲之于先天图，以消息言，绝无所异；或以方位论，则先天图唯本天尊地卑之大义，而乾上位于南，坤下位于北，其他六卦皆可自然而定，所谓"八卦相错"是也。纳甲者实本先天图，然以阴阳消息之理，配合于月之盈虚，故方位有异；然以方位之异，安可非其消息之同耶？况"神无方"《系》有明文，何可执方位而不知神而明之乎？又曰："邵子一分为二，二分为四，四分为八之说，汉、唐言《易》者不闻有此。"然《系》有"易有太极，是生两仪，两仪生四象，四象生八卦"之文，可不谓古有先天图乎？又曰："道教莫盛于宋，故希夷之图，康节之《易》，元公之无极，皆出自道家。世之言《易》者，率以是三者为先河，而不自知其陷于虚无而流于他道也，惜哉！"夫惠氏之于道家，能采《参同契》坎离正位之说而不疑，以发千年之绝学，可谓有功焉。奈于希夷之说，又因他道而斥之；焉知其说之亦密合于《易》而本属于《易》者乎。况宋儒固已取之，此与虞氏之取纳甲无异，乃不得不以道家亦分汉、宋，殊无取焉。故惠氏之发挥汉易，其见卓矣；奈以之而排宋，则仍囿于汉注，未能直以经文辨是非。况孟、京之易其本则是；若其占验等，亦未必为《易》之正宗乎。

163. 惠栋《周易本义辩证》提要

《周易本义辩证》五卷，清惠栋著。惠氏始末另详《周易述》提要。是书未详何年所著，以成于六十岁论，当乾隆二十一年（1756）。按书中有云"说详《易汉学》"，可见此书较《易汉学》晚成。然未知其详，乃皆以成于六十岁论。

考惠氏专心经学在五十岁后，所可贵者，能旁搜远绍，而恢复汉易，即成《易汉学》八卷。其后或即著此书，盖以古义以辩证朱子之《本义》，间颇采《朱子语类》及宋后诸家之说，以足成《朱义》，于《折中》亦多所引用。凡于《本义》，或则推明其义之所出，或则考其用字之异同，或则纠正其未当，或则补足其未备；故实能发挥朱子之说，较一意奉行《本义》者，反为有功于朱子者也。惜不信图书、先后天等，乃唯一大疵。他如正朱子从郭京《举正》之非，以卦变为卦体之疑（《语类》中已谓上下往来疑当为卦变，而《本义》尚谓卦体），皆是。又《文言》"贤人在下位"，朱子谓九五以下；今惠氏谓九三，更切合于象。渐之三言"孕妇"，朱子不晓其象；惠氏补之曰："案三至五约象离，离中女，故称妇；为大腹，故称孕；离体非正，故不育。三、五皆体离，故皆称'孕妇'。互体约象之说，朱子所不用，故云'不可晓'也。"凡此等每多可取，盖能以宋理合诸汉象，说《易》之正也。若于卦变，惠氏著此书时，尚自有所疑。如于蹇卦曰："愚按：以卦例求之，蹇不当自升来；仲翔谓观上之三，又与《象》辞'往得中'不合；慈明谓乾动之坤五，不言自何来；未详孰是。"后惠氏之《周易述》，则已谓蹇由升来，所以欲合"往得中"之辞；然二、五升降，爻变而非卦变，确未合卦例，而不当取者也。至于朱子取小过来，实切于《象》之"往来得中"，而亦未违卦例。又朱子于损、益取三上、初四变,亦合二爻往来之通例;若虞氏之取初上反旋,系卦变之另一例;此可并存而不悖者也。惠氏之必是虞氏而非朱子,亦未可取也。唯朱子于泰、否亦取卦变,故惠氏正之曰:"消息卦自乾、坤来,不当言卦变。"诚是。不然,卦变将成循环;推其极,即成一卦变六十四卦之尚占;此尚变、尚占,殊未可混淆者也。然朱子自有其例,另详《周易本义》提要。若《系》首章之末句曰:"马、王肃作'而《易》成位乎其中',荀慈明曰:'阳位成于五,阴位成于二;五为上中,二为下中;故曰成位乎中。'王辅嗣(按:此误,当为韩康伯)云:'成位况立象。'此言成《易》之位,非言成人之位。'易则易知'以下,《本义》谓人法乾坤之道;而以成位乎中,为圣人参天之事;愚窃以为不然。"此以《释文》马、王之说,以增"易"字,乃与"易行"、"易立"同例,故可取。然成《易》之位犹成人之位,《朱义》亦可取,五二之位中,即人参初四地、三上天也。

夫详观全书,虽得失互见,然能推本求原,以明其意,故已能贯通汉、宋;读《本义》后,此书亦宜读之。且可见朱子之言皆有本,岂以意说经者所可望其项背耶?

164. 惠栋《易微言》提要

《易微言》二卷,清惠栋著。惠氏始末详《周易述》提要。此书尚系草稿,未成而卒,后附刊于《周易述》。若其著作之时,当以卒年论,即乾隆二十三年(1758)。夫惠氏于汉易造诣殊深,惜天不假年。凡《易大义》、《易法》、《易正讹》皆有目无书,《易例》及此书又仅草稿耳;故所成之书,惟《周易本义辩证》、《易汉学》及《周易述》,况后者仍有所阙。呜呼,何其不幸耶。此书向无目录,特为编目于下:

易微言上

元 体元 无 潜 隐 爱字义附 微 三微附 知微

之显　几　虚　独　蜀独同义

易微言下

道　远　玄　神　幽赞　幽明附　妙　诚　仁附　中　善
纯　辨精字义　易简　易　简缺　性命　性反之辨　三才
才　情　积　天地尚积　圣学尚积　王者尚积　孟子言积善
三五　乾元用九天下治义　大　理　人心道心附　诚独之辨
附　生安之学附　精一之辨附

观此目录,未免凌乱,盖尚未成书也。凡于每目下,或引经文,或
录先秦及汉儒之说;下则自抒所见,或自引《周易述》语。其间采录殊
博,故大可为读《易》之资料。其案语未多,且有前后重复者,然已有可
取。如于"知微之显"曰:"《中庸》曰:'莫见乎隐,莫显乎微,故君子慎
其独也。'又云:'知微之显可与入于德矣。'太史公《史记》赞曰:《易》
本隐以之显。'愚谓'隐'者,乾初九也;至二,则显矣。故云'隐以之
显'。《文言》释九二云'闲邪存其诚',二阳不正,故曰'闲邪','存诚'
谓慎独也。荀子曰:'不诚则不能独,独则形,隐犹曲也。'《中庸》曰:
'其次致曲,曲能有诚,诚则形,形则著。'《孝经纬》:'天道三微而成
著。'皆是义也。'唯天下至诚',谓九五也;'其次致曲',谓九二也。
(自注:"'唯天下至诚',诚者也;'其次致曲',诚之者也;'致曲'即《孟
子》'思诚'。")二升坤五,所谓'及其成功,一也'。"又曰:"乾善九五,坤
善六二;乾二中而不正,三正而不中,四不中不正;二养正,三求中,兼
之四。以《中庸》言之,二、三'学知',利行者也;四'困知',勉行者
也;五'生知',安行者也。及其知之,及其成功,则一也。"此以消息、升
降之正言,合诸《中庸》等,义皆周密;盖《中庸》实即发挥易义者也;惠
氏以汉易融而一之,其功伟矣。他如释《经解》"洁静精微,《易》教也",
谓"洁静,坤也;精微,乾也",于易象亦切;或更分析之,则巽洁,坤静,
乾精,震微,合而论之,即为乾坤阴阳也。又于"一"曰:"一,在《易》为

太极,在爻为初。凡物皆有对,一者,至善不参以恶;参以恶则二矣。又为独。独者,至诚也;不诚,则不能独。独者,隐也;爱莫助之,故称独。"又曰:"一,亦作壹,古壹字从壺吉。一之初,几也;几者,动之微,吉之先见者也;以此见性之初有善而无恶。"其言皆是。然曰:"'几'有善而无恶,周子言'几善恶',非也。"于"理"又曰:"'理'字之义,兼两之谓也。人之性禀于天,性必兼两,在天曰阴与阳,在地曰柔与刚,在人曰仁与义,兼三才而两之,故曰'性命之理'。《乐记》言天理,谓好与恶也;好近仁,恶近义。好恶得其正,谓之天理;好恶失其正,谓之灭天理。《大学》谓之'拂人性'。天命之谓性,性有阴阳、刚柔、仁义,故曰天理。后人以天人、理欲为对待,且曰'天即理也',尤谬。"则即所谓汉、宋之争也。然仍为名之争,其实何尝有异。盖性之初,本有善而无恶,《系》曰:"继之者善,成之者性。"《孟子》道"性善"是也。然继道而兼两,岂无好恶,即由太极而生两仪。以惠氏言,即"一在《易》为太极,在爻为初"。而太极即无对,初爻则自然有初九、六二之对焉;故于乾初曰"隐",于坤初又曰"早辨"。若周子之"几善恶",指"早辨"言;程子又言"天即理",则反以兼两之性,归元于初性之有善无恶也。然则由一而二,汉、宋何别?惟惠氏以"一"为性之初、为微、为几、为独等,以二为兼两之性、为理等。程子则以"一"为理,周子则以"几"为二耳。故若此之争,必宜息之。又总观全书,因未成而未明言其旨。今以意推之,凡上卷本于元,谓乾元之至善;以下所及者,什九为绝对者。下卷本于道,谓一阴一阳之对待;以下所及者,什九为相对者。然则书名《微言》者,即指太极;而是生两仪,由阴阳正位而归于既济欤。

165. 惠栋《周易述》提要

《周易述》十九卷,清惠栋著。栋字定宇,一字松崖,吴人。祖周惕(字元龙,一字研溪),父士奇,皆以经学名。学者称士奇为红豆先生,因称研溪为老红豆先生,松崖为小红豆先生。幼笃志向学,自经、史、诸子百家、杂说,及释、道二藏,靡不穿穴。家贫,课徒自给;五十后专心学术,尤邃于《易》。乾隆二十三年五月卒,年六十二。是书尚未完,故著述之时,当以卒年(1758)论。凡缺鼎至未济十五卦及《序卦》《杂卦》,幸大义已可见。若分卷,各本略有出入,然无关宏旨(另详《周易述补》提要);作十九卷者,从学海堂本。此书后尚附刊《易微言》,提要亦另详。

夫惠氏于《易》,家学渊源,且能博览反约。此书已专主汉易,较其父之义说尤纯,于卦变、取象、升降、旁通等,悉准诸汉儒之说。观清代之兴汉易,实始备于此书,其价值可见矣。于乾卦曰:"……乾初为道本,故曰'元'。息至二,升坤五,乾坤交故'亨'。乾六爻,二、四、上匪正;坤六爻,初、三、五匪正。'乾道变化,各正性命,保合太和,乃利贞';《传》曰:'利贞,刚柔正而位当也。'"此全《易》之通例。以既济《彖》证"利贞"之义,与汉儒荀、虞等说莫不密合;揆诸天地万物贞一之理,又曲尽其妙;是诚继往开来,大有功于易道者也;或能深味乎此,思过半矣。书用自注自疏体,亦善;注既简明,疏又详尽。凡言皆有本,非望文生义、以意取象者所可比拟。于订正经文,如履卦辞"亨"字下当有"利贞",萃"亨"之"亨"字衍等,亦皆有据。惜未免好奇过甚,如"箕子",从赵宾说作"其子",究非正义。"旁行而不流",从京房说"流"作"留",亦未为是;盖不留犹流,此言"不流",实与"周流"相对为义者也。他如改从古字而未安者,段玉裁已为正之,可参阅江氏《周易述补》。至若卦变之象,什九从虞注,奈尚缺十五卦,故全例未成。其于蹇卦曰:"升二之五,或说观上反之,与睽旁通。"则于虞注外,另有所取。自疏曰:"卦自升来,升六五'贞吉升阶',虞氏谓'二之五',故云升;此卦二之五,与师二上之五成比同义也。"然二阴二阳卦,似未可例于一阴一阳卦;且虞氏于井卦注"二之五",实指升降以之正,非卦变也;故惠氏以蹇自升来,于卦变、之正,尚混而未分。于《系辞》下"天地之大德曰生"五句,以"生"为"天地爻","位"为"福德爻","仁"为"专爻","财"为"财爻","义"为"系爻",盖合以京氏之义,于五行生克之理殊切,可成一家之言。然卜筮与解经,究有居动之别;况汉儒重家法,若此书之兼采,仍为未纯,故后有专主虞氏之张惠言出焉。凡此易学之变化,亦易道之自然消息,其间得失互见;能善观其变者,于易道几矣。

166. 惠栋《易例》提要

《易例》二卷,清惠栋著。惠氏始末,详《周易述》提要。此书亦为未完成之书,故著述之时,当以卒年论,乃乾隆二十三年(1758)。体例与《易微言》相同,皆为征引古说,以证易义;若能成书,则彼言易道之本,此言易道之迹也。原书无目录,特为编之如下:

易例一　太极生次　太易　《易》　伏羲作《易》大义　伏羲作八卦之法　大衍　太极　元亨利贞大义　利贞　天地之始象五帝时书名　八卦　兼三才　《易》初爻　虞氏之卦大义　占卦　左氏所占皆一爻动者居多　阴爻居中称黄　扶阳抑阴　阳道不绝阴道绝义　阳无死义　中和　《诗》尚中和　《礼》《乐》尚中和　君道尚中和　建国尚中和　《春秋》尚中和　中和　君道中和　《易》气从下生缺　卦无先天　古有圣人之德然后居天子之位　纬书所论多周秦旧法不可尽废缺　中正　时　中缺　升降　大衍之数五十一章即伏羲作八卦之事后人用之作卜筮即依此法缺　《左传》之卦说缺　承乘缺　应缺　当位不当位附应　世应附游归

易例二　飞伏　贵贱　爻等　贞悔　消息　四正　十二消息　乾升坤降　元亨利贞皆言既济　诸卦既济　用九用六　用九　用九用六之法在乾坤二卦　甲子卦气起中孚　既济　刚柔　天道尚刚　君道尚刚不尚柔缺　七八九六　天地之数止七八九

六　九六义七八附　两象易　反卦　反复不衰卦　半象　爻变受
成法　诸卦旁通　旁通卦变　旁通相应　震巽特变　君子为阳
大义　《说卦》方位即明堂方位缺　诸例　性命之理缺　君子小
人　离四为恶人　五行相次　土数五　乾为仁　初为元士　震
为车　艮为言　中和之本赞化育之本　乾五为圣人　震初为圣
人缺　乾九三君子缺　坤六三匪人缺　易例

　　夫《易例》一凡目四十二，缺七；《易例》二凡目四十八，缺六；
共凡九十目，缺十三。其间庞杂繁芜，较《易微言》尤甚，实系草稿
耳；然《易例》之大义已具焉。今试综合之，可得十二例。

　　一、太极八卦例　　二、元亨利贞成既济例　　三、扶阳抑阴例
四、中和例　　五、卦无先天例　　六、当位世应例　　七、尚占例
八、易数例　　九、易象例　　十、卦气消息例　　十一、旁通之卦例
十二、诸例

　　若成既济、尚中和等，确得易例之要。其言曰："易道晦蚀且二千
年矣。'元亨利贞'乃二篇之纲领。魏晋以后，注《易》者皆不得其解。
案革《彖》辞曰：'巳日乃孚，元亨利贞，悔亡。'虞翻注云：'悔亡'谓四
也；四失正，动得位，故'悔亡'。离为日，孚谓坎；四动体离，五在坎中，
故'巳日乃孚'。已成既济，'乾道变化，各正性命，保合太和，乃利贞'；
故'元亨利贞，悔亡'，与乾《彖》同义。'又乾《文言》曰：'时乘六龙，以御
天也；云行雨施，天下平也。'荀爽注云：'乾升于坤为'云行'，坤降于乾
为'雨施'，乾坤二卦成两既济，阴阳和均而得其正，故曰'天下平也'。
是汉已前解四德者，皆以既济为言。庄三年《穀梁传》曰：'独阴不生，
独阳不生，独天不生，三合然后生。'《乾凿度》曰：'天地不变，不能通
气。'郑玄注云：'否卦是也。'又曰：'阴阳失位，皆为不正。'注云：'初六
阴不正，九二阳不正。'故虞翻注下《系》云：'乾六爻，二、四、上非正；坤
六爻，初、三、五非正。'盖乾必交坤而后亨，爻必得位而后正。若四德

399

专谓纯乾,独阳不生,不可言'亨',二、四、上爻,不可言'贞',既非化育之常,又失用九之义。原其所以,因汉末术士魏伯阳《参同契》用坎、离为金丹之诀,后之学者惩创异说,讳言坎离,于是造皮肤之语以释圣经,微言既绝,大义尤乖。殊不知圣人赞化育,以天地万物为坎、离,何嫌何疑而讳言之乎。今幸东汉之《易》犹存,荀、虞之说具在,用申师法,以明大义,以溯微言,二千年绝学,庶几未坠,其在兹乎,其在兹乎。"又曰:"《易》二五为中和,坎上离下为既济,天地位,万物育,中和之效也。《三统历》曰:阳阴虽交,不得中不生,故《易》尚中和;二五为中,相应为和。"此乃惠氏之心得,继绝学于千载之下,厥功伟矣(若元胡双湖亦明此义,惜未以解经)。反观王弼之《易略例》,创"忘象"及"初上无位"等谬论,遗误千载,范宁谓其"罪过桀纣",岂虚言哉。然则惠氏《易例》之以取象、正位为主,正中王氏之失,是诚针膏肓起废疾也。曰:"天地之数五十有五,虚五而可衍;大衍之数五十,虚一而可用;一与五,皆道之本也;一者大也,五者极也,故谓之太极。"又曰:"《洪范》五皇极,郑注云:'极,中也。'扬子曰:'中和莫尚于五。'"此谓一而五,犹五皇极而合于一,一五行而分为五,一五之变化,即太极也,亦得易数之本。然以"一生二"言,即周子所谓"二五之精,妙合而凝",故汉、宋之数,亦莫不可通;唯惠氏未思及此,且必斥先天图等,则仍未免有成见(另详《易汉学》提要)。此盖有限于时,亦矫枉过正,读是书者宜慎取焉。

167. 周世金《易解拾遗》提要

《易解拾遗》七卷,清周世金著。世金字仲兰,衡山人,成而自序于乾隆二十六年(1761)。《四库》入《存目》。佺安郘校刊,已当道光元年(1821),距成书之时已六十年矣。是书纯以象数解《易》,盖以图书先后天诸图为本,卷一、二为《图解》,三、四、五为《观玩》,六为《杂解》,七为《总解》。

《图解》者，首明图书，犹数学中之数论，能有所见。惜以五行生成及《洪范》九畴为图书之旁支，而非其正解，盖纯以数言。实则数有其象，象有其理，五行犹象，而九畴犹理，当合论之为是。于《序卦》本先天图而以顺逆数之，凡上经三十卦坎、离，下经三十卦涣、节，其数皆四十九；虽可谓巧合，而周氏深思之勤，未可忽也。且"《序卦》反正之图"、"《序卦》顺逆之图"实具至理，即综及错综耳。又"伏羲六十四卦方圆二图相应之法"，盖中判方图以各应半圆，乃得方图一画应（即阴阳不同）圆图二画，二画应三画，三画应四画，四画应初画，五画、六画则仍应五画、六画，乃亦得自然之数。其图如下：

伏羲六十四卦方圆二图相应之法

401

惟相应之法亦多焉,尚可以乾合坤,然后顺方图之次(即由乾之泰,乃接履之临,以次而终于否之坤),左右合于圆图(即夬应复,大有应剥,大壮应颐,小畜应比等是也),则相应二卦之象,即初应二,二应三,三应四,四应五,五应上,上应初,是即初上旋一画之错卦也。附图于下,此图因观周氏之图有感而作,义可相通者也。

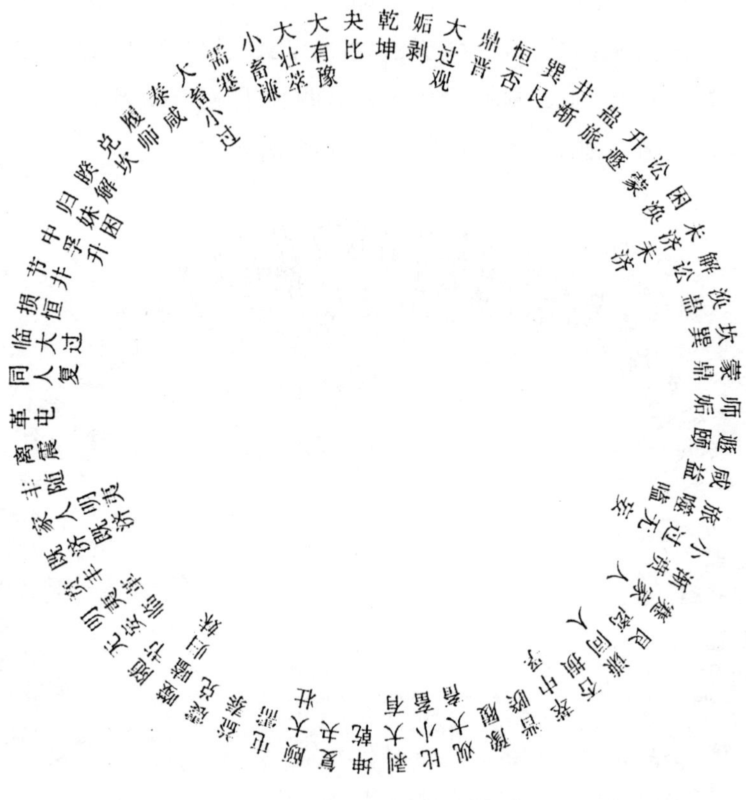

伏羲六十四卦方圆二图旋爻相应之法

尚有"八运图",即合两象易为一,每运十五卦乃方图中行列相同之卦是也。因本方图而作体图四、用图八,犹今之矩阵;体用者,旋一直角耳。以方阵算法言,体当主对角线,用当副对角线。又一体二用,以当理一气二,于义殊精。若文王六十四卦之"次序""方位"二图,盖本三索及后天方位二图化出，能见二者之自然次序，亦为发前人所未发。又于《本义》所载卦变图之次，则为《本义》取由下而上，以为《启蒙》之序；而周氏乃取由右而左以为序，是仅行列之不同而已，以方阵算法言，其值仍同。

以下三卷《观玩》者，凡分四法：第一法者，以二篇之辞分系于先天之次。凡一贞八悔，初作八卦总论，下则八卦分述，皆为四言韵语，以明是卦之大义。第二法者，以二篇之辞分系于先天相对之次。凡错卦合一，为文三十有二，皆以骈文出之，以见阴阳之对待。第三法者，以先天八卦之次，而下上二体逆行。且上体依次旋转，乃成八类，即用图八，亦以二篇之辞分系之。第四法者，综成三十六卦，亦系以二篇之辞。后二法皆未作文。若此四法中，二、四两法即来氏之错综，确为观象玩辞所必知。第一法者，即八卦之因重，或以三索之次（如贾公彦疏《周礼》用之），或以先天之次，于义一也。其一贞八悔之理，亦为观象之要旨。若第三法者，可谓周氏之心得。今更有进者，如旋对角线即为四体图（四体图亦可分为八，八用图亦可合为四）。然则体用、理气之异，主、副对角线之差一正负号耳，其绝对值仍同。以卦象言，用则两象异向而旋，体则同向而旋也。总上四法，周氏可谓知象矣。若其释辞，略觉文胜，然有载道之象，非灭质之文所可比拟者也。

以下解四德、二用、《大象》等，皆孜孜于圣人所系之辞，且顾及各字之总数，如曰"元"凡二十七见，"亨"凡四十四见，"利"凡一百一十七见，"贞"凡一百一十见。与动辄改易经文者，贤亦多矣。然因之而立象，谓元象圆，亨象方，利象勾股弦，贞象平面，则其义可取；奈必纠合于字数，实为附会；且径一围三又非密率，月行二十七日周天，又未合天象。若"亨"字本通"享"、"烹"，一字也；然则四十四亦非确数。且各家之文，据《释文》所载，异亦甚多，何可拘泥哉？至于四德之可合圆方三角平面，于理极妙，当另有所据。夫《系》曰："蓍之德圆而神"，即太极乾元；"卦之德方以知"，即六爻之发挥旁通。利者义之和，凡三角形三线之比率,莫和于勾三、股四、弦五者也。贞者事之干,宜由周围而成面积,如著为四十九而卦为六十四也。以上卷五下,共七文,据下文自言当名"合解",而目录无载,特拈出之。

以下卷六《杂解》者,共二十四文。如解龙马、十年、八月、甲庚、东西邻等,什九言象数,仅于本卦取象,不用卦爻变,一意合于先天卦数等,乃觉不若汉易取象之简明。若解《杂卦》为《归藏易》,殊无确据,"《杂卦》原本羲图之数"以数卦次,及"《杂卦》图"之计其阴阳,皆未见精妙。卷七《总解》者,凡解乾至同人十三卦,又及随、颐、睽、蹇、解、归妹、中孚七卦,其间蹇、解二卦合解之,故共为十九解,以明是卦之大义,仍常以先天图象取义,及蹇、解之方位等。又颐则用循环五卦,盖法《杂卦》之末节;蒙之初筮再三,则以筮法之三变当之;讼之三百户,又以策数合之,然皆未臻完美。随之"小子"、"丈夫"则以二为系三失初,三为系四失二,乃取阳爻为丈夫,阴爻为小子。又谓渐初小子阴也,故随初阳爻不得为小子。夫初震不得为小子固矣(释随卦或取初为小子者,皆未可,周氏非之甚是)。然"小子"与"丈夫"同当为阳,即震为丈夫,而艮为小子。渐之小子,指下卦艮。若随者,下卦为丈夫,下参为小子,二、三处其间,乃或系或失。而周氏之取象尚未及乎此,盖专心于图书,而未究乎汉易耳。

夫周氏之致力于易学亦深矣,尤以图书、先后天、《序卦》等为优。若释经文似非所长,故《总解》亦唯及二十卦,与《合解》、《杂解》间,皆难免有附会之处,非解经之正途。虽然,于图书、先后天之象数,实有所得,与人云亦云空说义理以解经者,不可同日而语;清代易家中,已可别树一帜。

168. 周世金《周易读本》提要

《周易读本》四卷,清周世金句读。依王弼本,凡上下经二卷,《系辞》一卷,《说卦》、《序卦》、《杂卦》一卷。于经文旁皆加句读字,犹今所谓加标点符号耳。《周易》之异读甚多，故句读之，亦非易事。如乾三之"夕惕若厉无咎"，有"若"字句、"厉"字句之别；而周氏句于"若"字，则与"戚嗟若"等同例，甚是。若讼四之"复即命渝安贞吉"，又有"命"字句、"渝"字句之别；周氏取"命"字句，"渝"连"安贞"句，"吉"字句，原其意，盖唐石经之《小象》无"吉"字，故于"贞"字句，使爻辞"吉"一字为句。实则《集解》本之《小象》本有"吉"字；且即以无"吉"字论，乃《小象》之引经文，亦时有简省，未可因之而句于"贞"字；盖"贞吉"、"安贞吉"等必当为一句，未可分者也。而"渝安贞"句，全经文无例可援，故此处宜为"渝"字句；如即取"命"字句，"渝"字仍当一字为句，"安贞吉"则三字为一句。又贲卦辞"亨小"句，极是，与既济之"亨小"同例。《象》又于"故亨"、"故小"句，于文始顺，实得其真；或疑衍字者，可以息矣。然用《周易举正》义，以弼注"刚柔交错"四字入于经文，殊未可。此外得失互见，存一家之读本可也。于《系辞》以下，用《本义》之分章，唯以节断之，未加句读。《杂卦》以"咸速也"为另节，犹《序卦》之二篇，可取。夫此书乃附刊于《易解拾遗》者也。

169. 翟均廉《周易章句证异》提要

《周易章句证异》十二卷，清翟均廉著。均廉字春沚，仁和人。乾隆三十年己酉中举人，官至内阁中书。是书无序跋，已自署官爵，故成书之年，以中举后二年(1767)论。《四库》所收之易著，是书为殿。全书以古本《周易》二篇十翼为十二卷，遍引各家异文、异音、异义、句读，及《系辞》以下之分章，凡自许氏《说文》、陆氏《释文》、吕氏《音训》等所引，及宋儒之异同，以及近人黄宗炎、惠栋、毛奇龄等诸家之说，悉加胪列，博采广征，可云详焉。间附己意，则加"案"字。如于震上引毛奇龄曰："'索索'，即'虩虩'字，云'索'、'虩'、'愬'同音同义。"加案语曰："《释文》'虩'许逆反，'索'桑洛反，是音不同也。'虩虩'，马、郑同训

'恐惧';'索索'马训不安貌,郑训犹'缩缩',足不正也。是义亦不尽同也。"此正毛氏之失,甚是。盖"虩虩"与"愬愬"为同音同义;若于"索索",则不同者也。然则所加之案语未多,可谓引而未发,故此书徒为学《易》之工具耳。至于《系辞》、《说卦》详载各家所分之章次,则为前人所未及;合而观之,分章之得失易见,殊便参考;惜于颠乱经文之处,亦惟引征而未加一语,以明其非,未免蒇矣。

170. 杨潮观《易隅》提要

《易隅》八卷,清杨潮观著。潮观,梁溪人。乾隆时举人。是书成而自序于乾隆四十年乙未(1755),盖已当晚年。一生数任地方官,曾任河南固始知县,有声誉,人以"杨固始"称之。又任四川邛州知州,感司马相如事,建吟风阁,有《吟风阁杂剧》行世,剧凡三十二,今尚盛传于邛州。现吟风阁遗迹已无,仅有"觉路桥石碑",乃杨氏于乾隆三十六年所书。若此书,则未知作于何地。其内容盖援《系辞》释九卦十八爻之例,凡有会心处辄书之,共计二百二十九节,颇多二象二辞相同或相似者合论之,亦不乏可取者。

如解"硕果不食"及"雉膏不食"曰:"剥之上九曰'硕果不食',可食而不食,幸之也;鼎之九三曰'雉膏不食',可食而不食,惜之也。孔子之身,其周原之硕果乎?其类尽矣,受剥在当时;孔子之道,其周鼎之雉膏乎?其行塞矣,终吉在后世。"解"王假有庙"及"王假有家"曰:"'王假有庙',上沿祖祢,尊尊也;'王假有家',下沿子孙,亲亲也。尊尊亲亲,而周道备矣。假,感格也。《传》曰:'王假有庙,致孝享也。'孝行于有庙,而一国之中莫不知所尊矣。《传》曰:'王假有家,交相爱也。'爱洽于有家,而一家之外莫不知所亲矣。然则孝爱其假之本欤?"解"朋亡"及"朋至"曰:"泰之九二曰'朋亡',解之九四曰'朋至'。至公无私故'朋亡',至诚无伪故'朋至';'朋亡'可以观我,'朋至'可以观民。"凡此等皆确然有见,阐明《易》义,有益于世道人心者也。他如明既、未济之循环,及噬嗑、贲、丰、旅四卦用刑之宜,明辨大、小畜之"说辕",亦皆有得于象理者也。

　　间有引证史事,则前人用此法者甚多;而此书之特点,能皆合数象以类比之。如解"振恒"及"冥豫"曰:"推原祸本,有宋天下坏于变法之王安石,有明天下坏于废法之申时行。王安石以其主锐于求治,于是变旧章而自作聪明,使天下不胜烦扰,是谓'振恒'。申时行以其主倦于临朝,于是废纪纲而谬为简易,使天下日就痿痹,是谓'冥豫'。此二臣者,其误世之术不同,其'孚于剥'一也。宋、明两神宗,盖皆基祸之主。"是也。再者,解"因贰以济民行"曰:"天下之动,贞夫一者也。盖以道之体言,即《中庸》'其为物不贰','因贰以济民行';盖以道之用言,即程子加一倍法。"解"穷理尽性以至于命"曰:"《易》曰'穷理尽性以至于命',其旨于《孟子》发之。'尽其心者,知其性也,知其性,则知天矣',即《易》所谓'穷理'者是。'存其心,养其性,所以事天也',即《易》所谓'尽性'者是。'夭寿不贰,修身以俟之,所以立命也',即《易》所谓'至命'者是。《孟子》不言《易》,而《易》在其中矣。"凡此等又能得理学之本焉,故此书殊多可观。然以天地日月解四象,而以阴阳老少当四象为非,则未免固执。盖以先天图言,天地日月而当八卦,即乾、坤、坎、离;如以四象视之,犹阴阳老少也。又以用九、用六唯当乾坤本卦而胥视三爻,亦未若泛指一百九十二阴阳爻为切乎九六之义。若是书之编辑,有感于《系辞》之杂引九卦及十八爻之例,故皆前后混杂,则有违于"言有序"之旨。反观忧患九卦,何尝违《序卦》之次? 十八爻之杂引,由上《系》始中孚,下《系》始咸视之,亦未可谓无义。故杨氏之一意于举隅,而忽乎全《易》之次,亦微有可议焉。

171. 江藩《周易述补》提要

　　《周易述补》二卷,清江藩著。藩字子屏,号郑堂,江苏甘泉人。监生,少受学于元和惠栋与吴县余萧客、江声,博综群经,尤熟于史事。

阮元督漕淮安时，礼为丽正书院山长。著述有《汉学师承记》、《经师经义目录》、《宋学渊源记》等。按余萧客、江声亦为惠氏弟子。盖江藩之师事惠氏，尚系少年，乃惠氏卒后，复学于余氏等。是书有凌廷堪序，谓于癸卯春闻江氏作此书，则当乾隆四十八年(1783)，距惠氏之卒已二十五年矣。是书补惠氏《周易述》之缺，悉遵其体例。惠氏书以二篇为八卷，《彖》二卷，《象》四卷，《系辞》四卷，《文言》、《说卦》则未详其分合；或全书未成，分卷未最后确定。学海堂本分为二十卷；又第八卷缺，故为十九卷。而江氏则以全书为二十卷，盖合《文言》、《说卦》为一卷。所补者为卷七之一部分，及卷八当鼎以下十五卦之卦爻辞，卷十一部分为《象》，卷二十为《序卦》、《杂卦》，其间补足一部分者，卷数已计于原书，故此书宜以二卷论。夫江氏之足成师志，其意可嘉；然于自注自疏中，与惠氏未免有出入。如惠氏于坎《大象》用"水洊至"，江氏于震《大象》用"洊雷震"，且谓"坎卦之'水洊至'当作'洊'"。又惠氏于萃、升二卦用"禴"，江氏则用"礿"字；惠氏于屯卦等用"昏冓"，江氏则仍加女字用"婚媾"。然其义皆一也。至于小畜、归妹、中孚三卦之"月几望"，惠氏于小畜"几"用"近"字，读为"既"。盖字从子夏，义取孟氏；注中孚卦之说，则于中孚卦惠氏亦作"近"可知，有《周易本义辩证》为证。而江氏于归妹、中孚皆作"几"，盖从虞氏说，乃显与惠氏不同。又艮上注曰："邱一成为敦邱、敦艮者，兼山之象也。"盖从《尔雅》之说，而惠氏则取过应敦厚于阳。且于复五疏曰："与临、艮上九同义也。"若江氏之以"敦邱"解"敦艮"，惟"艮"取邱象则可，然"艮"字非徒邱象也，合以临上、复五，亦未能同例。他如惠氏于"食"字不取噬嗑象，而江氏亦从虞氏而取焉。总观所注，每从虞注，此盖所存之汉易中，本以虞注为多也。若与惠氏之出入，盖亦见仁见智耳。

又凌氏序曰："予以为江君体例，同于惠氏，兹不再论。独惠氏之书，《彖下传》家人'女正乎内，男正乎外'，注：'内谓二，外谓五。'《象下传》'泽水无困'，注：'水在泽下，故无水。''木上有水井'，注：'木上有水，上水之象。'犹不免用王弼之说。江君则悉无之。方之惠书，殆有过之无不及也。"夫是言殊偏，虽誉江氏，实则暴其短尔。盖王弼之非在扫象，然可谓无一言可取乎。《集解》所收者，尤有可取，若凌氏所引之例，皆《集解》所采而惠氏取之，合诸《彖》、《象》，于义皆善，是必相传之古义，而王氏取之耳。其可不问言之是非，唯其出于王弼之口，乃是者亦非乎？故惠氏取之，可谓有见。且于家人卦，尚有所正之。然则江氏"悉无之"，门户之见又深于惠氏。呜呼！此时使之然耳，汉、宋之争尤烈焉。

172．李富孙《易解賸义》提要

《易解賸义》三卷，清李富孙辑。富孙字既方，又字芗沚，嘉兴人。嘉庆拔贡。精小学，著述甚富。此书自序于乾隆五十五年庚戌(1790)。谓自癸卯（乾隆四十八年）起学《易》，纵观《易》解百种，以汉易为是；而汉易之存，仅赖李氏《集解》，然尚多未采；其遗文賸义间见于陆氏《释文》、《易》、《书》、《诗》、《三礼》、《春秋》、《尔雅》义疏，及《史记集解》、《后汉书注》、《隋书》、《唐书》、李善《文选注》、《初学记》、《北堂书钞》、《太平御览》、唐宋人易说等书，乃缀录搜集而成此书。其取舍精审，用力亦勤矣。考乾隆之时，治汉学者蔚然成风，于《易》亦然，由康熙之《折中》，一变而为乾隆之《述义》矣。

若求残存之汉易，必不外于李氏《集解》；然攻研既深，不得不遍征他书，以足成其义。虽只字片义，亦莫不可贵；故李氏之书，大有裨益于治汉易者。卢文弨序其书曰："今学者多知宝资州之书，则安得不并宝是书。"可谓得其要。凡今后刻《集解》者，此书大可附刻于后，较胡震亨之附录郑注，更便于学者焉。

173．张惠言《周易虞氏消息》提要

《周易虞氏消息》，清张惠言著。此书与《周易虞氏义》同成于嘉庆

二十年(1797)。若欲明虞氏义之大旨,必由此而入,庶能迎刃而解。故欲究虞注者,此书不可不读。全书十六节,目如下:

　　一、易有太极为乾元　二、日月在天成八卦　三、庖羲则天八卦　四、乾坤六位　五、乾坤立八卦　六、八卦消息成六十四卦(以上卷一)

　　七、卦气用事　八、乾元用九　九、元　十、中　十一、权　十二、反卦　十三、两象易　十四、系辞引爻　十五、归奇象闰　十六、占(以上卷二)

　　凡卷一明太极乾元之消息变化,间以一、七、九、二、八、六合八卦六位,本纳甲、消息、参天两地,而成一阴一阳之道,盖已融会虞注而成其体例矣。又由八卦消息成六十四,乃全书之精华,亦张氏于虞注之妙悟,一生研《易》之中心也。准"否泰反类"及坤《文言》三、四爻之注,以明消息之分阳盈阴虚,此非虞氏后千数百年之唯一知音乎(按虞氏卒于 239 年,距张氏此书为一千五百五十八年)。若消息所生卦之次,谓全同虞氏,则亦未必;盖文献不足,非张氏之失。以今存之虞注,而能布成此六十四卦消息,使全经会通,述之无碍,可云至矣;非信之笃,思之诚,曷克臻此。曹元弼以此为读《易》之通例,以别于一家之言,岂偶然耶。除二篇十翼外,欲于古注中得全《易》六十四卦之相互关系,实唯此图耳。或未深究虞注而轻视之者,安能识张氏爬罗剔抉之苦心哉。于卷二首明卦气,虞氏世传孟氏易也。曰乾元用九者,之正成既济之谓。既知卦位皆当成既济,又曰:"其在消息卦德不备,或消息中阴阳未成,乃为别例。"盖更以消息为主。凡消息与之正等,皆各当其用而可并行者也。以下诸节皆明取象之大义,亦每以消息分辨之。于反卦合以《序卦》极是,惜虞注所存仅数卦耳,故未能考其全。若两象易,实荀氏一体俱升之例,卦爻辞中每有其象,未可忽者也。于《系辞》

引爻，亦虞注不备；然知此自为消息而说之，理亦可取。考订虞氏之筮法曰：“每扐则别起一卦，归奇常在扐合之后。”象数皆是，于虞注亦合。“再扐而后挂”之“挂”字，从京氏作“卦”，当布卦之一爻，尤合《系辞》之义，字当作“卦”。作“挂”而作“挂一”解，于象未切。谓虞本后人传写之误，或亦然也。占有取乎乾五之坤五，是当虞氏先天之义。总观全书，虞义具焉，易道之整体亦显焉，此张氏之易学所以不同于流俗也。

174. 张惠言《易义别录》提要

《易义别录》十四卷，清张惠言辑。张氏一生研《易》，于发扬汉易之功殊大；专主虞氏，可谓继绝学。此书遍辑所存之汉易，除虞、郑、荀另详外，凡得十五家。未详辑于何年。序中言已推明虞氏义乃辑，考《虞氏义》成于嘉庆二年，故此书以嘉庆三年（1798）论。于每家之前皆作序，以明其源流，全书又有总序。计所辑之十五家，曰孟氏、姚氏、翟氏、蜀才氏，此四家属孟氏；曰京氏、陆氏、干氏，此三家属京氏；曰马氏、宋氏、刘氏、王子雍氏、董氏、王世将氏、刘子珪氏，此七家属费氏；曰子夏传，列为一家。夫张氏之明辨师承，语极中肯；遍采各书，又极审慎；如不信刘瓛之同人注等，辑佚之外，能考其是非优劣，尤为可贵。故凡究汉易者，此书实不可不读。

总序曰：“《易传》自商瞿子木以至田生惟一家，焦氏后出，及费氏为古文，而汉之《易》有三。自是之后，田氏之《易》，杨、施、孟、梁邱、高氏而五，惟孟氏久行。焦氏之《易》为京氏。费氏兴而孟、京微焉。”语极简要。然以《子夏传》为非汉师说而未及。考《子夏传》虽或有后师之言，而其源实出于卜商子夏。《集解》序曰：“卜商入室，亲授微言。”即兼指卜商子夏、商瞿子木也。又焦氏之《易》，或渊源于《易纬》者也。至若孟氏易，似与费氏之古文易有异。然《易经》未遭秦火，非如《尚书》有今、古文之争；且孟氏古文，见于《说文》；故或有异同，其大义未必相乖。以十翼解说上、下经，孟氏亦宜同者也。而张氏则过信虞氏，乃序孟氏时曰："藉非虞氏，则商瞿所受夫子之微言，其遂歇灭矣。"未免过甚其辞。盖十翼既存，微言决不至歇灭，虞氏易亦得于十翼者也。爰作表于下，以明各家源流之大概。

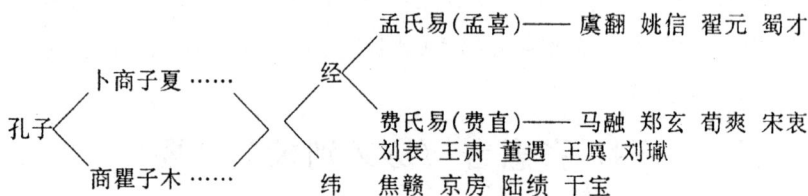

```
                                  孟氏易(孟喜)—— 虞翻 姚信 翟元 蜀才
              卜商子夏……    经
孔子                            费氏易(费直)—— 马融 郑玄 荀爽 宋衷
              商瞿子木……           刘表 王肃 董遇 王廙 刘瓛
                            纬     焦赣 京房 陆绩 干宝
```

175. 张惠言《易纬略义》提要

《易纬略义》三卷，清张惠言著。张氏擅《易》，著述甚多。始末另详《周易虞氏义》提要。此书未详何年所著，当亦于乾嘉之际。考《周易虞氏义》成于嘉庆二年，此书以嘉庆三年(1798)论。

夫《易纬》存于今者凡八种，张氏此书盖合而论之。于《后汉书注》无目之《乾坤凿度》、《乾元序制记》二纬，于前者舍而不论，后者目为宋人抄撮他纬而成，故惟取足成他纬之义者；若《是类谋》者，以言机祥谶验为主，亦不甚取之；张氏之审慎可见。自叙曰："纬者，其源出于七十子之徒相与传夫子之微言，因以识阴阳五行之序，灾异之本也。"此得《纬书》之精义。若宋以后诸儒，皆谶纬不分，一概排摈之，以至先秦古说，又多散佚。盖于宋时《易纬》尚全，今皆残缺，惜哉。至于过信灾异，则由《纬》入谶，固不足道也。若张氏又曰："《稽览图》论六日七分之候，《通卦验》言八卦暑气之应，此孟、京氏阴阳之学。《乾凿度》论乾坤消息始于一，变而七，进而九，一阴一阳相并，而合于十五，统于一元，正于六位，通天意，理人伦，明王度，盖《易》之大义，条理毕贯，诸儒莫能外之，其为夫子之绪论，田、杨以来先师所传习，较然无疑。至其

《命图书》、《考符应》、《算世轨》，则其传湮绝，文阙不具，不可得而通，亦非达士之所欲说也。"可谓至当。

此书钞录《易纬》原文，依类序之，每类下略言其大义。计卷一之目曰："《易》三义"，"易数一七九"，"上下经"，"六位"，"八卦用事"，"六日七分"，"七十二候"，"六十四卦主岁"。此八类皆《易纬》之精义。若"六十四卦主岁"，即爻辰之本。又张氏因注（非郑氏注，乃后人正郑注者，未详何人）而推得六十四卦贞辰图，用力殊专；然略觉琐碎，于易简之理似未合。卷二之目曰："卦轨"、"入厄"、"卦气"、"风雨"、"雷"、"霜水旱"、"杂异"。于"卦轨"一类，尚依各家之注，而推论其得失，亦确然有据。夫"卦轨"者，自然之数也，是成《系辞》所载之策数。若本之以推休咎，亦一法耳；验之与否，人为主，法乃用于人者也。卷三之目曰："《通卦验》八卦候"、"六十卦候"、"二十四气候"、"图书"，皆明卦气之应验。凡此三卷，实已尽所存《易纬》之义；名曰"略义"者，张氏之谦也。惟《乾坤凿度》之言，孔疏中有作《乾凿度》而引之（见《乾·文言》疏）。则此书内容亦系古义，似宜存之。

176. 孙星衍《周易集解》提要

《周易集解》十卷，清孙星衍辑。星衍字渊如，阳湖人。乾隆进士，授编修。深究经、史、文字、音训之学，旁及诸子百家。此书辑成于嘉庆三年（1798）。缘《周易》之有《集解》，其来古矣。若《九家易》之集荀氏等九家，张璠之集钟会、向秀等二十二家，阴弘道之采子夏、孟喜等一十八家之说，皆是也，惜已失传。今唯存李鼎祚之《集解》，乃采古《易》三十五家，所存之汉易什九在焉。清自乾隆时起，崇尚汉易，乾隆之《述义》、惠栋之《周易述》诸书，影响良多，皆源于李氏《集解》者也。故李氏书人皆宝之，惟其可宝，乃有订之、补之、疏之、释之者。若惠栋即加校勘订正；李富孙《易解賸义》即加补缀搜辑；更有李道平《纂疏》、曹元弼《补释》等,发挥《集解》之精蕴,亦已详矣。而孙氏此书,盖属补辑一类。凡于经文下载明各家异文,下分《解》、《注》、《集解》三类。曰《解》者,李氏《集解》之原文删去王、韩注;曰《注》者,全录王弼及韩康伯注;曰《集解》者,则为孙氏所采补,极详尽。按李氏《集解》之《序卦》,因分列各卦之首,其后仍有全文。而孙氏去其散者,以免重复,诚是;奈于各家之解亦删,而未录入其后之《序卦》;盖一时之疏忽,其后刻是书者,殊宜补足之。

卷首载序并注,叙《周易》之源流也。据《淮南·要略训》而谓"重之为六十四者伏羲",甚是。若《管子》曰"六垚",亦可为证。又曰:"或传汉宣帝时得佚篇益之,其言不可信。"自注曰:"按《论衡》云逸《易》一篇,隋《志》言三篇已误。……或云老屋,或云老子屋,说俱乖异不足信;且《易》本未逸,或后又得藏篇,书中仍有之,非益也。"殊可解千载之疑。又曰:"自王弼以老、庄之学注《易》,而古学失其传。"自注曰:"按王弼注虽为当时所讥,然既是注疏本,行之既久,不可偏废;且弼用道家之言解经,疑亦袭取古注,是以兼存之。"夫孙氏之兼存王、韩注,乃此书之特色。盖凡究汉易者,莫不敌视王、韩,因其废古义也;然孙氏网罗旧注外能并存之,所见广大,岂固执于汉易者所可比拟哉!唯既能由汉而晋,奈于宋易发扬之易图仍无所知,则亦为时所囿,任之可也,不必求备于一人。

177. 孙堂《汉魏二十一家易注》提要

《汉魏二十一家易注》,清孙堂辑。堂字步升,平湖人。辑成此书时当嘉庆四年(1799)。有阮元序,称孙氏年方少壮,是时为诸生;以后未详,亦未闻更有《易》注。然此书之成,已觉可贵。所辑之二十一家,为子夏《易传》、孟喜《周易章句》、京房《周易章句》、马融《周易传》、荀爽《周易注》、郑康成《周易注》、刘表《周易章句》、宋衷《周易注》、陆绩

《周易述》、董遇《周易章句》、虞翻《周易注》、王肃《周易注》、姚信《周易注》、王廙《周易注》、张璠《周易集解》、向秀《周易义》、干宝《周易注》、蜀才《周易注》、翟元《周易义》、九家《周易集注》、刘瓛《周易义疏》。其间惟郑注四卷，虞注十卷，他家各为一卷，故共为三十三卷。于究心汉易者大有裨益。较张惠言之《易义别录》，多郑玄、荀爽、虞翻（张氏已有《周易虞氏义》及《周易郑荀义》，故此三大家无收录）、张璠、向秀、九家《周易集注》六家。于荀爽与九家分辑之，亦是。盖九家虽以荀义为主，然究有他家之说，未可即以为荀氏说；书已有二，李氏《集解》亦分别引之；故辑佚时宜作二家。

　　若孙氏于各家所作之序文，皆能明其始末，考据已详。于郑玄、陆绩、干宝三家，前人已有辑，乃全录之，而正其误失，补其未备，不没先儒之功，尤见笃实明辨。析《释文》中所引之四刘氏，及正张璠之误张伦等，皆精细。计援引书目共一百九十三种，且兼及不同之版本；夫用力之勤若是，此书之价值可见。汉易之仅存于世者，可谓已备什九焉。然以《释文叙录》所及之书目为准，尚有汉易之说未辑；马国翰之《辑佚》，则又可补此书之不足。至若孙氏于汉易，似泥于卦气、纳甲之说，故序虞翻《易》唯及其纳甲，而未言其取象、消息等，未免有买椟还珠之失。序《九家易》而以逸象为古经逸文，亦未合乎《易》义；盖间有不可从者，乃后人所增。于各家之学说，更未及张氏《别录》之能溯其源流，此皆孙氏之短。凡读此书者，取其长而舍其短可矣。

178. 冯经《周易略解》提要

　　《周易略解》八卷，清冯经著。经字世则，南海人。此书收入《岭南遗书》。冯氏于乾隆庚寅举于乡，自云服习讲贯积数十年。故此书之成，以庚寅后三十年论，即嘉庆庚申（1800）。末有伍崇曜跋，作于道光己酉。

　　此书首明图书、卦位等，谓"图右上互异，左下略同，中五则一"，诚得图书异同之要。作图曰"河图捷式"、"洛书捷式",可取。又合观先后天之卦位,谓:"后天离坎,在先天之乾坤,其乾坤在先天之艮巽,其艮巽在先天之震兑,其震兑在先天之离坎,如两相递嬗也。"亦简要自然。若以手指节数以合挂扐,则可备一说;数之尚五尚十,确与手指有关者也。又明爻变、互卦、六宫、辟卦等,皆卦象之当然。然谓《左传》载战鄢陵遇复,疑是明夷之复;曰"南国蹙,射其元王,中厥目",即九三"明夷于南狩,得其大首"。乃以意推之耳,或非本义;此不言变,卜辞又非《周易》,必为《连山》或《归藏》之说。又曰:"穆姜遇艮之八,为随者五爻皆变,惟二少阴不变当占,随不变爻曰'系小子,失丈夫',正切穆姜与叔孙侨如而失季孟。筮史讳之,不敢明言,聊从六爻尽变之例,举随《彖》'无咎'以对;而穆姜自知其咎,与占法暗合矣。"则于理尚当,可备一说。

若解经文,盖出入于程、朱,而参以一爻变之意;且每能比类以见义;略述卦象,尤以辞简为长。如乾初曰:"全经言'勿用'者十一,始于乾之姤,终于既济之屯。此未遇时,但曰'勿用';姤则所遇不可与长,故曰'勿用取女';屯遇难生,曰'勿用有攸往';既济思患豫防,故曰'小人勿用'。中间蒙之蛊亦曰'勿用取女',师之蒙亦曰'小人勿用',皆非利用之人也;泰之大畜曰'勿用师',颐之贲曰'十年勿用',坎之井亦曰'勿用',遯之同人亦曰'勿用有攸往',小过之谦曰'勿用永贞',皆非利用之时也。"大过四曰:"《本义》以应初为'有它',然凡言'有它'者,皆因它爻非正应也。比初'有它吉',喜其因二而吉;此言'它吝',恐其因三而桡,犹中孚初本'虞吉,有它不燕',恐其因三而鼓、罢、泣、歌耳。大过、中孚两象互易,大过之四即中孚之初,故意略相似。"屯初《象》曰:"初阳为贵为大,二、三、四阴为贱,互坤为众,故'得民'。震有长人之象,解震在坎上,故曰'往得众';屯震在坎下,故'贵下得民'。"屯二曰:"爻凡三言'匪寇婚媾',屯二、贲四、睽上,皆近坎而正应,柔正为'女贞'。凡言'十'者,地数十也;复、颐言'十年',损、益言'十朋',皆互坤也。"凡此等皆能合全经而明之,且是时汉象已盛行,冯氏亦能因辞取象，非濡首于宋易者可比。又如比初曰："比之屯也，屯初'建侯不宁'，比初即'不宁方来'，孚即'上下应也'。"否上曰："否之萃也，先戒不虞，后顺以说矣。"大有上曰："大有之大壮也，天地之情见矣。君子顺天休命，天亦申命用休，盖五能应天时行，故下应之为'人助'，上应之为'天祐'，本无不利。"离五曰："离之同人也，'先号咷而后笑'也，五为继体之君，任大责重，忧以天下者，《闵予小子》诸诗是也。又按离目兑泽如涕。"凡此皆以爻变取义，亦解《易》之一法也。于《系辞》以下，大半从《本义》。若下《系》首章，以为止于"圣人之情见乎辞"，其下"天地之大德曰生"为下章首，似不若旧分为是。盖"古者庖羲氏之王天下也"，宜为章首而不可变者也。夫总观是书，盖得说经之慎焉。惜不信卦变，亦未究爻变之精，徒以一爻变立义，尚非观象系辞之本旨也。

179. 李钧简《周易引经通释》提要

《周易引经通释》十卷，清李钧简著。钧简字小松，黄岗人。中乾隆四十四年己亥副榜。是书成于嘉庆十六年辛未（1811），距中榜之时已三十二年。自序曰："自束发受学，经书成诵后，……积思数十年，广览诸家，博参经解，取各经之语，合于《易》之《象》、《象》爻传者，为之字释其诂，句释其义，节释其旨，以疏通而证明之，遂得荟为成书。"盖深得费氏以经解经之旨。数十年之功，使十三经皆会归于《易》，殊有益于易道者也。

如乾初引《尔雅》"初，始也"，又"潜，深也；潜，深测也"，引《诗》"潜虽伏矣，亦孔之昭"，引《论语》"用之则行，舍之则藏"，引《孟子》"舜之居深山之中，与木石居，与鹿豕游，其所以异于深山之野人者几希"，于义自明。若又引《书·洪范》九畴"初一曰五行"以释初九，注曰："九畴自初一至次九，以其数而序之也；六爻自初至上，以其位而序之也。"则于义尤广。他如蒙之"再三渎"，引《公羊传》"亟则黩，黩则不敬"等；

师之"师出以律",引《周礼》"大司马以九伐之法正邦国",及"大师执同律,以听军声而诏吉凶",又引《书·牧野》"不愆于六步、七步,乃止齐焉"等;复之"天行",引《孟子》"天之高也,星辰之远也,苟求其故,千岁之日至可坐而致也"等;旅三之"焚次"、"丧仆",引《左传》之"臣妾多逃,器用多丧",又引《书》之"离心离德"等;兑上之"引兑",引《孟子》之"物交物,则引之而已矣",又引"务引其君以当道,志于仁而已矣"等,注曰:"当道之引,其道光明,未光所以为'引兑'之戒也。"凡此等等,莫不密合爻义。盖十三经之精蕴,本属一贯;如是释《易》,于空说义理者,岂可同日而语哉。若剥上之"硕果不食",引《论语》"吾岂匏瓜也哉,焉能系而不食";蛊四之"裕父之蛊",引《孟子》"岂不绰绰然有余裕哉",则犹取字释其诂。如以旨言,《孟子》所谓"余裕",宜当晋初之"裕";《论语》之"不食",宜当渐初之"饮食衍衍"为切。

再者,《系辞》之"无方"、"无体",以《论语》"瞻之在前,忽焉在后",《中庸》"视之而弗见,听之而弗闻,体物而不可遗"释之;"继善"、"成性",以《中庸》"孝者,善继人之志,善述人之事者也"释之;"阳卦多阴,阴卦多阳",以《周礼》"日南则景短多暑,日北则景长多寒"释之;于《说卦》之"坎为加忧,为心病",引《诗》"耿耿不寐,如有隐忧;忧心悄悄,愠于群小;心之忧矣,如匪澣衣",又引《左传》"明淫心疾",《孟子》"独孤臣孽子,其操心也危,其虑患也深,故达"释之;《杂卦》之"既济定也",引《书》"震泽底定",《孟子》"定于一",又"瞽瞍底豫,而天下之为父子者定"释之;亦莫不体合十翼之旨者也。又总释《说卦》之"广象"及《序卦》三百八十四爻之序次,皆合易简之理。于卷十之"释图"、"释象",计取河图、洛书、太极、两仪、四象、八卦,八卦有流行、对待二者,凡二图;于宋易所发挥之易图,虽尚未全,然已得其本;较自囿于汉易而致力于排斥易图者,贤亦多矣。于释象则分卦象、爻象以释六十四卦,皆因象明义,说《易》之大途也;免汉易之琐碎,宋易之虚浮,故此六十四篇亦练达可诵。总之,李氏于《易》得乎洁静精微之易教,能以经为本,无所偏倚,非一曲之士所可比拟。凡学《易》者大可以此书入门，不难登堂入室矣。

180. 李林松《周易述补》提要

　　李氏《周易述补》五卷，清李林松著。林松字仲熙，号心庵，上海闵行人。嘉庆元年进士，官户部员外郎。事亲孝，母卒，不复出。经术遂深，尤精汉学。好《易》，题所居曰"易园"。是书未详何年所著，然已见张惠言之说，或成于晚年其母卒后，今可以嘉庆二十年（1815）论。

　　此书所以补惠氏《周易述》之缺，凡鼎以下十五卦，合《彖》《象》，分为三卷；卷四曰《序卦》、《杂卦》；卷五为《读易述札记》。其所补者，颇引用惠氏《周易本义辩证》，则犹以本人之言补之，故较江氏之补，反合于惠氏之义。如以归妹作"月几望"，中孚作"月近望"；节之"不出户庭"，用兑闭门、震开门义。因惠氏有"其经师授受各有源流"之说，乃谓"惠氏不注《序卦》，非阙也，盖不信焉尔"，似未得其实。盖于《本义辩证》中，尚详论其字句之得失，岂不信耶？况其不注《杂卦》等，又有何说。若于《杂卦》之最后八卦，李氏自发新义曰："此一节圣人极卦变之义，凡往来摩荡、错综变化、反复旁通、互体两象，毕具于此八卦中。而作《易》之旨，亦见乎此者也。"以下详论其变化，而归于可以无大过之微言。于取象等尚有可取，惟略嫌烦琐。于卷五中论虞氏之卦变，谓无妄、大畜、损、益乃虞本传写之误耳，殊未可从。此以初上互旋论卦变，亦卦变之一例；李氏执于二画往来为卦变，而忽此一画之循环，恶乎可？由未究其义，而妄疑传写之误，其失尤大。又考定家人《象》曰："注上之三成既济定，当云上动成既济定，惠偶误文也。"亦未是。乃惠氏从虞氏三权变受上之义，非误文也。故凡此以考定惠氏之说者，皆非。若谓《文言》之"直其正也"，"正"不当为"敬"，据段氏而谓乾三当夺"夤"字等，皆可取。

　　夫李氏此书之成，距惠氏之卒已五十余年，且已见张惠言之《虞氏义》；然有张氏之必从虞氏，乃李氏反以为不必曲为之义。且曰："仲翔之卦一例,疑其为未定之说,故半农亦以为凿。"则其退亦甚矣。盖《周易述》用之卦,即可贵于半农之《易说》。张氏之独尊虞氏,或略有曲为之说,乃虞注之未全也;其较松崖之言,又有更可贵者,安可轻之而更以虞氏为未定之说耶。可见李氏之于汉易,其识远逊于松崖、皋文也。

181. 吴邦选《读易琐记》提要

《读易琐记》三卷,清吴邦选著。邦选字客山,长州人。嘉庆六年中举,事迹未详。此书成于嘉庆二十一年(1816),刻于二十四年。首有李尧栋序。

夫吴氏于《易》似未深究,曰"琐记"者,盖读各家易著,于某卦某爻系辞以下之某句,凡某家之注有得于心,即录之,每卦仅录三、四句而已。所采及之易著,则有六七十家,以宋易为主。虽及李氏《集解》,然未详读。如虞注复卦"出入无疾"曰:"谓出震成乾,入巽成坤,坎为疾,十二消息不见坎象,故出入无疾。"而吴氏竟录成"入巽成坤为疾,出震成乾故无疾",不亦误乎。且所录之说,或称名,或称字,或称书名等。如同一朱震说,而引作"《汉上易传》曰"、"汉上朱氏曰"、"朱氏震曰"、"朱子发曰"、"荆门朱氏曰",他家亦然。有自诩博览之失,于各家之精华,实无所得。间亦有自加案语。于"素履"曰:"履曰'素履',礼贵得中也。贲曰'白贲',绘事后素也。"于否四曰:"泰九三曰'有福',否九四亦曰'畴离祉'者,君子安身待命,必有转祸为福之机,故否塞之时,已具泰交之象也。"又用《商颂·列祖》之诗"奏假无言,时靡有争"当"下观而化"之义,尚有所见。然仅此数节而已。

182. 万年淳《易拇》提要

《易拇》十五卷,凡《图说》七卷,《经说》等八卷,清万年淳著。年淳字弹峰，华容人。学《易》三十余年而成此书。《经说》自序于嘉庆二十二年(1817)，《图说》自序于道光四年(1824)，当以后者为准。自乾隆末年起，尽嘉庆一代，至道光初年成，时历三朝，可谓勤而有恒矣。

《图说》凡七卷。其一始于河图之中五及中五十，盖取邵子"图皆从中起，万事万化生于心"之义。万氏曰："图书皆中五，五者，万事万化之原；而五圈又原于中一圈，中一圈乃五之归根也。"又曰："终始在此一圈，可想水土同源之妙。"又曰："统于一，此一之所以为太极；统于五，此五之所以为皇极；《易》之太极与《洪范》之皇极，无二旨也。"理极可取。明图书之阴阳方圆，数之自然也。以伏羲、文王八卦之互配于图书，述生克之说，亦简明。又合伏羲、文王八卦之体用，其言曰："无体不立，无用不行；安有得其体而略其用，得其用而遗其体者乎。盖体用固宜合为一者也。"若不取先天、后天之名，乃后学之误用其名耳；天实一也，何来先后？不善学者每以先天、后天自诩，此宜为万氏所斥；虽然，其名已见《文言》，则亦不必因误用而废其名也。以下配伏羲八卦之数，乃虚五，故阳仪同；而阴仪为巽六、坎七、艮八、坤九。此一家之言也，非指阴阳相生之次，欲以合九畴耳。若两顺相加成河图，一顺一逆相加成洛书，及以下回环等四图，皆合自然之数理。间以生数推成数为知来，以成数含生数为藏往，于义密合。神者知五也，知者藏五也。下及伏羲方圆图，又以方图化成圆图，实即胡居仁《易象钞》中之"一中分造化方图"；外圈注明十二辟卦，则卦气图之精义亦具焉。又互卦图而兼及五划之伍卦，较前人之图为备。以伏羲卦之大用在坎、离，亦合既济、未济消息之大义。若"乾坤代谢图"，本洛书之乾西七之西北六，坤东三之西南二，减一位为代谢，似未得其缊，备一说耳。下及"伏羲八卦竖立分三才之图"，虽即胡居仁之"竖图"，然配合殊妙，特录于下：

```
金        火        木        水        土
⌒                  ⌒                  ⌒
乾兑      离        震巽      坎        艮坤
天      离为火为     人     坎为水为      地
       日附于天          月附于地
```

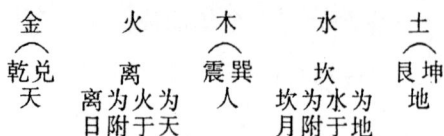

万氏曰："二气行于三才之中,而三才实类二气以成其才,此坎、离所以为大用也。"极是。今更有进者,离上坎下为未济,当日月交而济,即坎、离易位,则五行之次成金、水、木、火、土相生之序,此正位之可贵,宜为圣人之大宝也。

若《图说》二,首明太极图,以当两仪互根;四象、八卦、十二辟卦诸图,皆合阴阳自然之消长。下以纳甲为孔子八卦,其次当乾甲、坤乙、艮丙、兑丁、震庚、巽辛、坎壬、离癸,乃万氏一家之言也。若以《序卦》为文王之次序,《杂卦》为孔子之次序,固得其实。又作类卦图,殊得卦象之自然。下明辨卦爻辞中之象辞、占辞及爻辞中引卦名之多寡,皆分别具表,极有益于观象系辞之理。考端木国瑚之《周易指》略后于此书,或有取于此乎。

《图说》三明《大象》,全录之以为学《易》之本;又缀合论之,其文亦可观。末曰:"反复《大象》所言,体用俱备,本末皆赅,总虞、夏、商、周之《书》,据《洪范》、《官礼》之要,一部《论语》,两篇《学》、《庸》,尽在此矣。"则万氏之深得于《大象》可见,确为读《易》之准则也。又作八卦、六十四卦之取象表,本《系辞》而分天、地、鸟兽之文、与地之宜、近取、远取六者,亦得其要焉。若赵继序之分类,则取天、地、人、物四者,盖鸟兽之文、与地之宜,即动、植物也。二家之说可参阅。赵氏本此四纲,而又分目;万氏者,唯分六类。下曰:"万有一千二百五十积算图",未免附会,殊无取焉;即算得策数,仍为私智,况须加六十以凑合耶?诸纳甲之图,其理本有应于月之盈虚。《参同契》、虞氏等皆用之,实京氏亦同;曰"十二支纳甲表",即京氏易也。又二十四问之出于《淮南子》,固有与于《易》之大义。若推及九星、纳音、克墓等,乃属于卜筮者也。曰"纳音旋宫图",犹京房六十律;以函三为一,而合于《太玄》,万氏所自得者也,扬子亦未尝言此。末以八风、八音配八卦,理确可合;然八风可准《易纬》,八音者各家有异,此图亦一说耳。

《图说》四明忧患九卦,提出损、巽,各以所存之八卦配先天图,于象义非确切不可移者也。分上、下经次第,说乃本《折中》。曰"大衍之数全图",谓传自希夷,其本在天五、地六二图,乃始见于俞琰之《读易举要》,即洛书之变化也。下及《图说》五,明方数勾股弦等,皆数之自然;间及七数者,即《乾凿度》曰"一变而为七"。又本八宫而及《洞林》诸数,有得于象数之自然。弈阵图、洛书、筹算等,亦巧思也。

《图说》六、七、八皆明天象。其时西方之说已东渐,万氏略有所取。然至今百余年,变化亦多焉。以地动说言,近人爱因斯坦之相对论,创坐标不同以释之,其理始大明。盖变易与不易,犹阴阳之相合者也;以二者而言,此阳则彼阴,此阴则彼阳,何能必其阴阳哉。其唯二而三,阴阳物始成,故日地之外,参以其他行星,方可以易简之理辨之。若以地为中心,其算行星之轨道也繁;如以日为中心,则算行星之轨道也简。故合行星而成太阳系;或更推广于银河系及螺旋星气等,其中心又非太阳也。然则坐标于日,亦非易简,则仍不妨以地言。若二十八宿者,即坐标于地;或位于日而观之,其象大异矣。此可见变与不变之相对,而惟宜易简是从,故《易》含三义,易简而天下之理得矣。今读万氏此数节,虽不免有附会,而大义仍是。本先天图之次,以乾、坤、坎、离当三垣;此外六十卦凡三百六十爻,以当二十八宿之三百六十度,殊易简可取。若各象之配合乃一家之言,与林光世之《水村易镜》有同功异曲之妙,皆宜得其神而不可执其迹者也。

以下为《经说》,兼及《例说》、《通说》、《附说》。凡《经说》者,未录经文,逐章言其大义耳。以明理为主,大半从程朱;间或取卦象,尚未得汉易之精。如曰:"'元亨利贞'四字,只完得一个'健'字。""'元'字惟乾、坤足以当之。""《文言》乃圣学之渊源,曾子之《大学》,子思之《中庸》,皆从《文言》出来。"理极可取。又以智信兼配于贞,谓:"可见水土

有同源之妙,八卦之终于坎、艮,有以也。"乃贯通于《图说》,亦是。若
讼二以"归而通"连下读,谓:"'邑人'谓私党;'三百户'言党与之众
也。"以"讼必有众起"证之,可另备一说;然未若程、朱之正。师"失
律",以《左传》所谓'南风不竞多死声'之类"解之,盖取律吕之义。又
每多并及二辞以论之。于比曰:"五以二为内,所以正室家之防;四以
五为外,所以定上下之分也。"于小畜曰:"大畜畜天下之德,小畜畜一
己之德也。"又曰:"霜之履也慎其始,月之望也戒其终,皆谨小慎微之
意。"于履曰:"兑以泽承天,尊尊之义也;以说承乾,亲亲之仁也;此礼
之所由生也。"又曰:"屯'建侯而不宁',可知禹、稷'饥溺'之急;'履帝
位而不疚',可想尧、舜'犹病'之心。"于泰曰:"'平陂往复'者,理之常;
'消息盈虚'者,天之运;而'坚贞勿恤'者,人之力也。"于同人曰:"二之
于宗有党,三之于莽有仇。"于谦曰:"骄矜生于多寡之相形,'哀多益
寡',无相形之势,'平其施',所以平其气也。"于豫曰:"屯之'建侯',聚
其归心;豫之'建侯',防其逸乐也。"又曰:"贲之'贲趾',见行义之正;
豫之'介石',见守道之贞。"又曰:"'盱'人之'豫'则悔,'观'人之'颐'
则凶,所以君子贵自强也。"于临曰:"比之五曰'显比',见王者光被之
远;临之五曰'知临',表王者明作之功。"于观曰:"三、五皆曰'观我
生',三则审己以从人,五则察人以修己;三则量而后入,五则本身征
民。"又曰:"五之'君子无咎',美之也;上之'君子无咎',勉之也,辞同
而意异。"于贲曰:"贲之初曰'义弗乘',义胜于爵也;明夷之初曰'义弗
食',义重于生也。而二义皆系于初,欲人之不苟于初也。"又曰:"履之
初,制礼之始,故初曰'素履';贲之上,反朴之时,故上曰'白贲'。"于复
曰:"乾元言仁,坤二言义,仁一而义分也;复二言仁,姤二言义,仁阳而
义阴也。"于无妄曰:"初之吉,四之贞,赤子之心也;二之利,五之喜,大
人之心也;三之灾,上之眚,小人之心也。"于颐曰:"'颠颐'者,失上下
之分;'拂颐'者,无中正之德。"于坎曰:"需之'饮食宴乐',所以俟其事
机;坎之'樽酒簋贰',所以将其诚意也。"于晋曰:"晋二'受介福于王

母'，王母至尊，得中正之道；剥五譬'贯鱼于宫人'，宫人至卑，有'承宠'之私。"于明夷曰："于师著'畜众'之易，于明夷见'莅众'之难。"于睽曰："'上天下泽'，君子以之辨名分；'上火下泽'，君子以之辨同异。"又曰："'丧马勿逐'，无失得之心也；'见恶人无咎'，无彼此之嫌也。"又曰："'遇主于巷'，所以通吾道之穷；'纳约自牖'，所以格君心之非。"于损曰："虽有'三锡'之荣，不废'二簋'之用；纵得'十朋之龟'，不嫌'一矢'之亡。所谓'损益盈虚，与时偕行'也。"此释因"上祐"而兼及师与旅之"天宠"与"上逮"也。于升曰："'肥遯'之无所疑，自信之深也；'升虚邑'之无所疑，信人之深也。"又曰："'冥豫'而曰'有渝'，与以迁善之路；'冥升'而曰'不息'，启其复善之机。"于鼎曰："井之九三'井渫不食'，祈王命而受福；鼎之九三'雉膏不食'，忧鼎养之不终也。"又曰："'虎变'、'豹变'，王者革命之象；'金铉'、'玉铉'，王者鼎新之期也。"于震曰："乾以'惕'而'无咎'，震以'恐'而'致福'，故曰'惧以终始，其要无咎'也。"此释以乾三当下卦之终，震初为下卦之始；或惕或恐，乃同归"无咎"。于渐曰："'大人否亨'，曰'不乱群'，见君子之易退；'其羽可用为仪吉'，曰'不可乱'，见君子之难进。"于丰曰："'勿忧，宜日中，宜照天下也'。可见不能照天下，便有许多可忧处。"于巽曰："比'王用三驱'，开一面之网，取物之仁也；巽'田获三品'，备四时之需，取物之义也。"于既济曰："《象》言'初吉终乱'，数之无可如何者也；《象》言'思患豫防'，人之所宜自尽者也。"又曰："一在离终，一在离初（谓伐鬼方）。既济则系于终，未济则系于初；终所以防乱，初则志方行也。"凡以上所引，皆辞简义长，可见万氏深思之情；与宋了斋、复斋之《易说》体例殊多相似，足以媲美焉。若以明夷初为"以飞避祸，当飞而飞者也"（见小过），则非"垂翼"之义，此缀文而失实也。以遯二为"假中正之道"，则未合"执革"之义。"固志"不消，"小利贞"也；至于"浸长"而否，乃九四之小人，非六二之过。又以萃四为"上得君而下得民，大吉之象也"，亦违"位不当"之《小象》，惟其"位不当"，故必得大吉，始为

"无咎"耳，未可以为得君得民，此不知正位之理也。

若《经说》三《系辞》等，宜与《例说》一并读，分章皆准《本义》。夫万氏之于《系辞》等，能析其文义，提其纲要。《例说》之精审，为他家所未及，足承项安世而又详焉。如首章提出"易则易知，简则易从"二句，谓之"二易"，于《例说》一曰："按首一章圣人言学《易》之事，恐人之苦其难也，而以'易知'、'易从'开示天下后世，犹《孟子》所谓'良知'、'良能'也。'知'与'从'，即《中庸》所谓'明'、'行'。圣贤之学，知行并进，知为良知，故易知也；能为良能，故易从也。"此王阳明之说，确有与于易义者也。以下提出"四象"，谓"失得之象"、"忧虞之象"、"进退之象"、"昼夜之象"；"二观"，谓"观其象"、"观其变"；"四言"，谓"言乎象"、"言乎变"、"言乎其失得"、"言乎其小疵"；"五存"，谓存乎"位"、"卦"、"辞"、"介"、"悔"。凡此等等，皆深合玩辞之旨，于圣人载道之文，思过半矣。若以初、二、三、四、五、上六位，无九、六为六虚；以"生蓍"、"倚数"、"立卦"、"生爻"为作《易》四例，亦皆合于理。《经说》中曰："曰'显诸仁'者，言大业本盛德来也；曰'藏诸用'者，言盛德中自有大业在也。'显'即'小德之川流'，'藏'即'大德之敦化'。但《中庸》是相对说，此是回互说。"以"富有"、"日新"二句亦是回互说，同切于阴阳互根之易道。本"生生之谓易"，而推之曰"存存之谓圣人"，亦极精微。于《杂卦》曰："无成见，方能随人，故曰：'随，无故也。''故'谓新故之故。"又曰："'丰多故'与'随无故'之'故'同，'亲'、'故'一也。"则于《杂卦》"无故"、"去故"、"多故"之义，皆能明辨焉。

《例说》二者凡十六篇，盖明《易》之通例，皆类聚经文，合其相对者以究其义，用力殊深，非空言易例者所可比拟。于"元亨利贞"第一曰："乾，太极也。元亨，阳也；利贞，阴也；两仪也。元，少阳；亨，太阳；利，少阴；贞，太阴；四象也。元属木，震、巽也；亨属火，离也；利属金，乾、兑也；贞属水，坎也。贞有正、固二义，正是知，属水；固是信，属土。艮、坤属土，水土同源，则八卦之象也。一部《周易》，开端只五字，已包举一书之义。"夫此言极是，亦万氏此书之精义所在，唯元当为太阳，亨当为少阳也。

于吉凶第二曰："五之言吉者二十七卦，言凶者二卦而已。盖二、五居中，中则无过、不及之弊，故吉多而凶少；《易》之所以贵二、五者，贵其中也。三之言凶者十二卦，言吉者四卦而已；四之言吉者十七卦，言凶者五卦而已。《传》曰：'二与四同功而异位，二多誉，四多惧；三与五同功而异位，三多凶，五多功。'三之言凶者多，故曰'多凶'；四处多惧之位，而能小心敬畏，以消其凶，故不曰'多凶'，而曰'多惧'，惧则免于凶矣。故三与四同处不中之位，而三多凶者，四反多吉。《传》曰：'吉凶者，贞胜者也。'盖天定能胜人，人定亦能胜天。所谓'惧以终始，其要无咎'者，《易》之道也。"若此节者，盖本《系辞》之言，证诸二篇以立义。他处每用此法，实即费氏之家法，说《易》之正道也，殊可贵。

于阴阳第四曰："刚柔者，阴阳之质也；小大者，阴阳之材也；贵贱者，阴阳之品也；善恶者，阴阳之性情也；纯杂者，阴阳之极致也。"其言亦善。于五行第十一曰："昔人言：《易》不言五行，《范》不言八卦。此说非也。《范》言占用二，曰贞曰悔，非卦乎？《易》之言五行也，则不一而足矣。"又曰："《易》之数取象无所不有，而不以五取象，不用五也。不用五，而五自在其中；犹四时不言土，而土自在其中也。"亦皆确有所据。且由五行而及"五常"、"五伦"、"五官"，于五官第十四曰："五常、五伦原于五行；而五官者，则人生之五行也。"又于易数皆属于五行，中则属五常之礼，正则属五常之知，乃有得于周子人极之说；且于信而及疑，取相对也。若以卦解卦者，即卦爻辞中系及他卦之卦名。其言曰："凡以卦解卦者，皆可以旁推交通而参究其义者也。"甚是。惜有其言而未曾明其象，其他各篇亦于此为未足；故于焦循之《易通释》，尚有一间。若"亨"、"享"、"烹"，一字也，万氏说"元亨利贞"时，乃未合为一。又说"承"字，而未及节四之"承上道"。说"一"字，而未及萃初之"一握"，皆偶失耳。于六子卦之主爻，震、坎、巽取初，艮、离、兑取上，亦未

427

若取贞爻之为得也。

《通说》之目凡七:曰"周易源流"、"象数"、"理气"、"义例"、"圣学"、"诸贤之学"、"诸子之学"。述"源流"本诸伏羲十言之教,曰:"'消息'非卦也,而卦之妙尽此二字。"得《易》之精也。又曰:"古本《易》不独十翼自为一书,即河、洛、羲、文诸图,亦各自为书。自费直、王弼以理说《易》,不言象数,散传文于《彖》、《象》之中,而河、洛诸图失其传,于是方外之流以为丹灶之术。至邵子乃反之于《易》而还其旧,朱子言羲、文图说非希夷、康节之说,乃孔子之说也,可谓卓矣。"亦得其实,是亦濡首于考据者所可知耶。述"象数"颇引天文,然未能明卦象;若不信卦变,即未究卦象之失也。述"理气"有曰:"圣人之易学,圣人之心学也。"又曰:"天位乎上,地位乎下,人居其中,故曰人者天地之心。惟圣人乃能为天地之心。"盖亦有悟于圣心乎。明大衍之数凡十三说,如以勾股弦说,以方圆说,实合数之自然。谓:"四七二十八而适足,三七二十一而有余,故又有三七二十一之说,是虚一不用,其中固自有一在也,此造化秘妙之绪,非可以私智参也。"极是。此十三说或有足成宋丁易东之《大衍索隐》者也。述"义例"有曰:"八卦、九畴原相为表里,易象与《春秋》亦然。《春秋》譬犹病症,《易》乃其脉候也。"所喻亦当。述"圣学"谓:"《周易》之用,不出'贞'、'悔'二字。""《洪范》乃说《易》之祖。"又曰:"《易》至孔子,而易道始备。颜、曾、思、孟,其得力只在一卦上。颜子得力于复,曾子得力于艮,子思得力于乾,孟子得力于节。"义皆可取。述"贤学",以阐明颜、曾、思、孟等,亦实有所见。述诸子之学,由老、庄以及焦、京、《参同契》及宋六君子等,亦能得其要。明"林"字有生生之义,曰:"惟《易》而后可谓之林。树木之生,自下而上,分枝析干,相对而出,千条万竿,同此一本,全是一部《周易》之象。"可谓妙悟。

末卷《附说》释郑注及征引各家之异文等,然皆未全。又明《周易》之字数,谓二万一千五百九十字;且妄为之说,殊觉附会。此数乃王弼本之字数也,已加《彖》曰、《象》曰等。且万氏于《经说》时,既曰

《文言》中"重刚"之"重"字不必衍,此又谓宜衍;此谓渐《大象》之"贤"字不必衍,《经说》时于此字外,又谓"居"字宜衍;凡此皆前后不一。以《系辞》中"开而当名辨物"句,谓宜衍"开"字,又与上句同移"而"字,而成"微显而阐幽,当名而辨物",亦未可从。下说"《洪范》纲目衍义",理有可取,惜上下改移殊非。又订正周子《通书》亦上下颠乱,是皆承朱子改《大学》之弊也。

夫总观是书,万氏之用力于《易》殊深,与人云亦云、剽窃他说以成书者,固未可与并论。其究象数之原,明经义之相对,提十翼之纲领,有足多矣。若附会之处亦有所未免,乃未知卦象,而谓朱汉上不得《易》之肯綮;既视《易》、《范》相表里,而又不取蔡沈之《范》数,且笑来氏之错综等;皆未免有成见焉。又书名《易拇》者,取象于下也,本"咸拇"以见其止,本"解拇"以见其动,动止于下,犹《庄子》所谓"每下愈况"乎?

183. 李锐《周易虞氏略例》提要

《周易虞氏略例》一卷,清李锐著。锐字尚之,一字四香,元和人。善算学。卒于嘉庆二十二年,年四十五。是书无序跋,亦未详成于何时,今以其卒年(公元 1817)论。按李氏少张惠言十三岁,曾读张氏书,此书即以张氏之《周易虞氏消息》为蓝本。凡分十八例,目如下:

一、日月为《易》　二、日月在天成八卦　三、乾　四、消息　五、临观否泰遯大壮例　六、乾二五之坤成坎坤二五之乾成离　七、旁通　八、震巽特变　九、反　十、两象易　十一、半象　十二、体　十三、四时象具　十四、十二月卦　十五、中　十六、正　十七、成既济定　十八、权

于例之开合,略异张氏,而大义则同(另详《周易虞氏消息》提要)。

内有半象与体,为虞氏取象之大法,张氏于消息中未提及,李氏补入例中,极是。谓两象易本诸荀爽,亦有据。若张氏之"八卦消息成六十四",乃张氏深究虞注后之心得;实即此书中四、五、六、七、八、十三诸例之会通;而李氏以为虞氏未尝言六十四卦皆消息,故以张氏为非;未免浅解张氏之义焉。盖六十四卦消息,虞氏确未言;然六十四卦消息之象,虞注中屡言之,即七、八、十三诸例;又由辟卦生爻,亦屡言之,即四、五、六诸例;合而观之,六十四卦在焉,非六十四卦消息而何。又李氏言消息而未及否泰反类,言旁通而未及旁通卦之通变(即八、十三例),皆未能融贯虞注。若皆明辨各例,于虞氏之大义亦及十之七八;故凡研习虞氏易者,固可先读此以见眉目云。

卷九

清（下）

184. 丁晏《周易解故》提要

《周易解故》一卷，清丁晏著。晏字柘堂，号俭卿，江苏山阳人。嗜典籍，勤学不辍。道光元年举人。学宗郑玄，署其堂曰"六艺"，取康成《六艺论》，以申仰止之思。复熟《通鉴》，故经世优裕。少多疾病，迨长，读书养气，日益强固。治一书毕，方治他书。光绪元年卒，年八十二。此书成而自识于嘉庆二十四年（1819），则著时年当二十六。

《解故》者，详考经文音义、句读等之异同也，什九录自《释文》，颇引《汉赋》及《说文》等以证之。初辨上、下经之分，文王、周公时已然；若必谓爻辞为周公作，殊不必，阙疑为是。以下屡辨王肃改经文之不可从，郭京《举正》之无据，皆是。谓坤卦辞之当"主"字断句，"嬴"、"累"之可通，"同人曰"三字之不衍，他如"贲亨"之"亨"，鼎"元吉亨"之"吉"，亦不以为衍，莫不有合于古。存"大衍章"之原次，《附论》中谓十翼之定论乃不得有异辞，更合于易道者也。唯噬嗑《大象》之"雷电"，宜以石经作"电雷"，盖所以经文自明，证莫善焉。又答苏秉国，明师五"利执言"之"言"宜训讯，谓执俘而讯其言，则另备一说耳；实当以

431

《程传》明其罪而讨之为正。苏氏泥于五爻乃师之成功，不待此时方执辞伐罪；丁氏即推论其说而得之。然以观象论，六爻有时位之异；以时言，则五爻已将成功；以位言，则明罪讨之正宜五爻也。

185. 刘沅《周易恒解》提要

《周易恒解》六卷，清刘沅著。沅字止唐，四川双流人。乾隆五十七年，由拔贡中式举人。道光六年，选授湖北天门县知县，安贫乐道，不愿外任。改国子监典簿，寻乞假归，遂隐居教授，著弟子籍者，前后以千数。著述甚丰，于《易》、《诗》、《书》、《三礼》、《春秋》、《四书》，皆有《恒解》。咸丰五年卒，年八十八。是书成而自序于嘉庆二十五年 (1820)，时年五十三岁。今见豫诚堂版本，注明为晚年定本；则于五十三岁后，或曾加增删编定欤？六卷中包括卷首之"义例"、"易图"；他五卷为上、下篇各二卷，及《系辞》以下合一卷。全书以义理为主，间或以互体、爻变取象，盖与乾隆之《周易述义》相似；然于汉、宋之见，反不若《述义》之允。于"义例"中曰："历代言《易》者，大半皆偏于术数。王辅嗣始专以理言，厥功甚伟。程、朱皆衍其说，不可非之。第其见多滞，不能即圣人之言究其精微，而旁牵别绪，故不足为典要耳。"夫以程、朱衍王氏说，不可谓无见；论王氏见之多滞，亦是。然易道本具理学，或反之专以理言，则岂足以尽易道哉。《系》曰："《易》者象也。"又曰："圣人立象以尽意。"故穷理尽性之道，可舍易象乎。刘氏乃曰："历代习术数者多神异，然其师不本于忠孝节义，反罹殃咎，皆舍理求象之过，此最不可不察也。"则视象为术数；又以术数家为唯知利害，而不知辨义理者；此乃大误焉。盖易象固非术数，而本术数以明理，亦非唯知利害而已。由数以穷理，由象而尽性；象理之本，二而一者也。或有违者，固不足论。奈刘氏未明乎此，即以术数二字抹煞汉易及后代以象数明《易》者，其见不亦隘乎？于"图说"中载有"六十四卦反对变不变图"四

432

幅,则系综合李挺之变卦反对图八篇而圆布之,较李氏之图简洁。

于解经文颇重乎文理,于每卦每章末,皆著"附解"以总论之,理多可取。如于小畜曰:"小畜之义,重以一阴而畜众阳;然其畜也,乃阴以巽顺处刚,于天道为风云畜雨之象,于人事为臣子巽承君上之象,皆畜之美者,故《彖》言'亨',而六四、九五言'有孚'之善。因阳大阴小,故多小畜;非谓畜道之小,所畜之事小,故名'小畜'也。上九一爻,旧解尤误。圣人既喜阴能顺阳,又恐阳为阴制,故言'既雨既处,尚德载',勉阴之'尚德'矣;又设为二象,此戒妇人侵阳,君子徇阴;其维世之心,不亦至乎。"于同人曰:"人同此心,心同此理,五伦以正,相与共成有情之世界,则反否为泰,同人之所以次否也。第同人者,必有至公、至明、至诚、至虚之量,始能合四海为一人,'同人于野',即是意也。六爻皆无全吉,故文王开端,不第言'同人',而言'同人于野',盖特揭'同人'之义;继之曰'利涉大川',言如此则无事不可为;又曰'利君子贞',言必君子之贞而后可。故孔子申之曰:'惟君子为能通天下之志。''类族辨物',则至公、至明、至诚、至虚该焉,是所以'通天下之志'也。圣人以天下为一家,中国为一人,而情无不孚、恩无不洽者,岂非'同人于野'之意哉。'于门'取善即于至近,故'无咎'。'于宗'亦未大失,但狭隘则难推行,故'吝'。三、四'伏莽'、'乘墉',始也包藏祸心,继而归于分义,故圣人恕其始而嘉其终。五与二中正相遇,而不能不待于'大师',以小人阻之也;若非'中直',岂得遂其同人之志哉。'同人于郊',无应而亦无争,特免于'悔'。综观六爻之义,圣人贵同,又欲人别同中之异,以化异为同,故取君子之贞,又陈小人之状,莫非所以勉人于中正而已。"皆能深切卦义。于复卦曰:"乾孕于坤之中而为性,坤藏于乾之中而为命,后天性情之所以颠倒,而人心之所以惟危也。"于《说卦》曰:"'穷理'句乃就学《易》者言,性即理也,在天曰命,在人曰性。本天而为性者,一本也;率性而散见于事物者,万殊也。穷究事物之理,一一返求诸身,内外交养,本末交修,久之而性尽命立,则天命之原在吾身矣。"此释性命之学,亦有见。盖能深体乎"穷理尽性以至于命"之义,方能"先天而天不违,后天而奉天时"矣。他如于井卦曰:"初'井泥',二'井谷',皆废井也。三'井渫',渫初之泥;四'井甃',甃二之谷;即渫且甃,则井道全矣。故五'井冽泉寒',而上六'井收勿幕',乃'大成'其及物之功。"是犹本比爻之义。于震卦曰:"震之为义有三:天之震,雷也;事之震,忧患也;心之震,戒惧也。阳气郁极而必舒,人事困极而必变,志气惰安而必警。此理之常,即圣人此卦垂象之意也。"盖成终必成始,然帝出乎震,岂易言哉;故君子于恐惧修省,宜三致意焉。又如"好遁",以"孔子之以微罪行,孟子之三宿出昼是也";"小人退",以"'退'即《论语》'不仁者远'意";皆合。于中孚之"虞吉",谓:"虞,祭名,葬之明日而祭也。"亦可备一说。然于否卦及《系辞》之"阳卦多阴"章,皆明阴阳不可偏胜义,是即魏荔彤之说,有违"首乾"之义。盖"保合太和"而定于既济,阴阳本不可偏胜;然于消息时,宜扶阳抑阴,其可忽乎哉。又刘氏于《易》仅能逐卦逐爻因文而执其一义,盖未能明卦爻之变通,故于先儒之说理,每多未能并收;而亟辨其非,则于"见天下之至赜而不可恶也"之旨未合。再者,是时虽正当盛清,而衰象已起。奈刘氏尚未能见及而有所垂戒,此不知象之弊也,故不及汉易家多矣。

186. 黎世序《河上易注》提要

《河上易注》八卷,合《图说》二卷,凡十卷,清黎世序著。世序初名承惠,字湛溪,罗山人。嘉庆进士。知南昌县,善治状,累官至南河总督,为治河名臣。性淡泊。谥襄勤。是书著于治河时,故名《河上易注》,成于道光元年(1821)。全书自成体例,归于乾、坤、坎、离用中之说。其言曰:"凡卦三阳为乾,以象天;三阴为坤,以象地。乾施坤中,乾变离,坤变坎,坎、离象日月;再以坎中之阳,还入离中而成乾。此阴阳互济,水火相资,日月合明,君臣辅政,实即圣人中正之道,所以止于至善也。"又曰:"《易》以三阴三阳为体,其有阳多阴少、阴多阳少之卦,亦裁为三阴三阳;阴阳交则变成坎、离,由坎、离以还乾、坤,此圣人损过就中之义也。艮、震、巽、兑四卦阴阳皆不中,而亦裁为坎、离,此圣人补偏用中之义也。"凡此殊合泰《大象》之"裁成天地之道,辅相天地之宜";于汉易正位、既济之道,亦有所可通。以坎、离再成乾、坤者,后天之复返先天也,当贞下起元。盖既济一阴一阳之道,太和犹太极也。

若于释经时兼象理以自述所得,下则或有"集说"以明先儒之先得吾心。可见黎氏之言,实有悟于变易之大义,非偏执汉、宋或拘守一先生之言者。于复上曰:"复性者,反乎降衷之初,所谓大人者,不失其赤子之心者也。赤子之心,固当守而勿失;然'人生而静'以上不容说,赤子之心亦不过合阴阳理气而成。天命之性,固在其中;而气禀之性,亦即随之。有'继善',即有'成性',善正之功,不可废也。'非礼勿视,非礼勿听,非礼勿言,非礼勿动',此成性之功也。《系辞》曰:'成性存存,道义之门。'程子曰:'清浊皆水也。'如此,则人不可不知澄治之功。故用力敏勇则疾清,用力缓怠则迟清,此皆复性以后之功用也。若持有性善之说,赤子之心,任其骄纵;天理之性,汩没而不见;精气充足,济恶而有余;此所谓凶德也。'迷复'之'凶',正谓此也。究之天理之性既亡,恃其强而黩武,终必并其精气而亦亡之,天用剿绝其命,故'以其国君凶'也。性命之理甚微,因记所见于此。"此释"迷复"之"凶",殊切。《大学》曰:"自天子以至于庶人,壹是皆以修身为本。"其可不加澄治而忽乎哉。乃易象复初综上,故初为修身,而上则迷矣。于未济《大象》曰:"火在水上,水火不交,是为未济。'物',物理也;'辨物',即格物也。'方',方位也。水火之性,相反而相资,物理在所当辨;离南坎北,方位各有宜居;君子当未济之时,敬慎以辨别物理,审阴阳向背而辨其方位。凡此皆未济而求济,思诚之事也。"此尤合经义。

若变易以取象,亦什九有所本。然取离为文,虽为坤之中,不若仍遵《说卦》取坤文为是。且因离文而取坎武、坎素,则非;当为坤文而乾武、乾质;若素者,宜取巽白为素。于《系辞》曰"霆即电也",乃谓此节

"言六子而不及艮、兑者,亦略举大义耳"。似有可议。盖此节四句,明天地自然之象;霆为雷余声,非电也,于象当为艮;或欲配八卦,雨亦可取兑象;则未尝不及艮、兑。且有乾寒、坤暑之易象,又何可谓徒言六子哉? 凡此皆取象之小疵耳。于解《说卦》之取象,尚多可法。如明震巽之消息,盖本虞氏说而发挥之。又解"反生"曰:"反生,子落重生也。凡禾稼结子成实,则阳在上,故艮为果蓏;若复种于地,乾阳复于初。"亦合"穷上反下"之大义。

夫黎氏以六十四卦贯注于既济、未济、否、泰四卦,即取乾、坤、坎、离交不交之反复循环也。然曰:"否、泰之吉凶,《彖》传已具。至否亦有好处,天尊地卑,君上臣下,君子在位,小人在野,上健下顺,其秩然之分,与履何异? 泰亦有不好处,天地反覆,臣上君下,小人在位,君子在野,阴陵阳,臣犯君,小人操制君子,亦悖乱之道也。故《易》辞有定而象无穷,故当活看。"则虽有其理,而殊多语病。盖凡象决无绝对之好坏,然不可不知相对之是非;若否当天尊地卑,此荀氏之说也,然可不知卑高以陈乎? 阴消如是,可谓同于履耶? 唯其一心于三阴三阳之和,乃有意同视否、泰、既济、未济之辨;则于消息之利不利,既济定位之当不当,有未合焉,非此书之大疵乎。

于所采之易图,能得汉、宋之要,谓"河图即太极"、"洛书即皇极",可取。下附"易说粹言",即录先儒说《易》之大义;"《易》玩辨疑",明重卦、三《易》、《系辞》、十翼、经传分合五者;"易学臆说",自述《易》之总纲,其间皆明三阴三阳用中之说,故于应比等,皆有所忽;曰"古太极图",即俗传之图。又注周氏之"太极图",大体宗朱子"《易》传源流",略述易道之传授及注疏传义等十数家,归结于《折中》、《述义》而已。

187. 史褒《周易补义》提要

《周易补义》六卷,清史褒著。褒字嘉之,高淳人。自序于道光三年(1823)。史氏始末未详,或系困守乡土之宿儒。此书酌补先儒所未备及其阙失;然前详后略,盖尚属稿未就。后郭月栽司铎高淳二十年,搜采遗编而及之,山阳丁寿宝为之整理。跋曰:"其稿手自缮录,穷四十年之精力,累加改削,不无陵杂错舛之病。今其乡有志之士,谋鸠资付刊,表乡先生专经宿学,洵盛举也。爰不揣谫陋,厘其编次以归之。"然则六卷之分,丁氏所编者也。首二卷上经,卷三下经,卷四《系辞》以下,卷五杂著,卷六图论。时光绪十三年,上距史氏之自序已六十五年,手稿之能刊行,郭、丁二氏之功大矣。按山阳丁氏有晏及寿昌父子,俱以《易》名,晏卒于光绪元年,年八十二,寿宝或其族侄欤。

夫史氏之《易》,尚不外乎宋易,补先儒之阙失者,什九对程、朱言。于屯五曰:"卦之吉者,至外卦则时过;卦之凶者,至外卦则时来。全《易》皆然。五上在屯之末后,屯极之地也,否极则泰来,屯极则解来,不得谓时势既失也。"于贲上曰:"文胜则质弊而文亡,其专驰于外,则内意灭矣。自春徂夏,文盛已极,更进不已,则精华尽泄,阳力穷矣。……故敛之以秋气,秋德在金,其色白,故为白贲。……渐收渐敛,至于孟冬,则阳尽敛入阴中,还于无极之前,阴涵阳,是为北方坎水,其色黑,不为贲矣。坎一阳养于二阴之中,是以心亨。人文当昼而盛,精力已竭,继以晦,休敛而养之,为来日动作之本,此当然之理也。"于复《彖》曰:"有生之初,其性本善,非由于恶极也,此第一义也。然第一义乃乾元也,非复也。若复卦,则圣人本取第二义。盖名既为复,则必先尝剥矣;若前此未尝剥,则可谓之姤生,而不可谓之复来;可谓之乾元,而不可谓之复卦。……元前无剥,则元非复;复后有亨利贞,则复皆元也。"凡此三节,有与于《易》之大义者也。皆确然有见,穷毕生之精力,可谓悟其要焉。他如咸四《象》"未感害",以例于大有初《象》"无交害";震初《象》"恐致福"之"恐"当"震来虩虩","福"当"笑言哑哑";"后有则"之"复"谓五;又小过五之"穴",象当重坎其穴深,以及需坎穴为浅,兼论乾、无妄、中孚等;亦皆可备一说。若六十四卦中,论贲卦独多,盖史氏由此卦而得阴阳之消息。其言曰:"先儒以文质有本末先后之论,不敢谓阴为本、为先,阳为末、为后,事理非可执一而论也。……盖尊于阴而为大、为先者,阳之体也;下于阴而为泰、咸,附于阴而为文者,阳之用也。"至于《系辞》仅补二条。《说卦》则仅论卦象,其说间有可取;然谓:"此章夫子以己意言八卦之象,非为经文发凡也。文王、周公、孔子各言其意,故不尽同;即'乾为马'二章,求之于经已不尽合矣。"此乃宋易不知卦象之通病也。若于《杂卦》末节曰:"自姤而未济而渐而剥,自复而既济而归妹而夬,相距皆十一卦,此其伦次也。不言剥、复,以颐兼之也。大过足以兼夬、姤,而又言夬、姤者何也?曰姤始而夬终之,自明所言之为消息也。"则密合先天象数,可与李光地之环互并传。于"杂著"中,不信朱子之卦变,未是;盖卦变之象,虽未可必,其理实未可废,合各家之心得,庶几能言卦变,奚可贸然非之。又释"吉"、"凶"、"悔"、"吝"曰:"圣人以闻道成仁为吉,不以死为凶。"则大义凛然,断辞之精也。"图论"中有曰:"诸卦相生有五义焉:因而重之,此一义也;逐爻渐生,则一分为二,阴阳平分,直至六十四卦而止,所谓'《易》有太极,是生两仪'云云,又一义也;乾坤合而成诸卦,阴阳合生,所谓大父母,又一义也;始于复、姤,中于泰、否,成于乾、坤,阴阳渐长,此欲消而后彼息,阴阳相继,所谓小父母,又一义也;卦变图刚柔互换,又一义也。"此分辨可取,惜未深究其象。夫是时汉易已兴,史氏似尚未闻,故仍出入程、朱;然已能味乎消息之理,若更上究汉易,其成就当不止于此也。

188. 蒋珣《易义无忘录》提要

《易义无忘录》三卷,清蒋珣著。珣字少泉,姚江人。曾设馆于那氏,后为罗阳司铎,教学二十年,深于《易》。此书成于道光五年(公元1825)。自序曰:"敬遵《折中》为圭臬,旁及诸家,汇参众义,窃付鄙见,次第而联属之,录成上、中、下三卷。上卷专明卦、爻,兼及《彖》、《象》、《文言》;自画卦、命名、定位,以至理、象、数;观象、玩辞、玩占,以至异同解;皆为之类聚而条贯。中卷专明上、下《系》及《说卦》、《序卦》、《杂卦》各传。融会乎章旨节意,详明乎疑义微言,显竭乎余辞遗义,皆不敢穿凿附会。下卷先明图、书,次及象、数与后世仿《易》之作诸本异同之辞,则明乎易道之源流,辨乎易理之真赝,判乎易文之正讹。皆为之删繁而就简,亦欲使学者穷源竟委,循诵习传,而不为众说所眩,以期有得于己,而无忘诸心也。爰以《易义无忘录》标之,示生徒便讲贯耳。"夫是书大义,自序中尽矣。若所谓次第而连属之,即会通全《易》,以类相从,殊得类族辨物之旨;虽以《折中》为主,确兼及各家。初明太极,本《乾凿度》一、七、九、二、八、六及太易、太初、太始、太素之说;于六十四卦,亦以阴阳画之多寡及所居之位以分类;于二篇及《彖》、《象》中,皆以字为主,字同者合而论之;于卦象则分天道、人事、物理,尤合于自然;取象兼及伏卦、覆卦、互卦、卦变等;论元、亨、利、贞、吉、凶、悔、吝、往、来、行、止等,莫不全《易》贯串而辨之。故上卷极可贵,文而有质者也。若中卷仅依章节而述之;且章节之义,悉本《传义》、《折中》而已。下卷明图、书外,兼及九章、勾股、纳甲、爻辰、历象、星辰(本黄道周《易象正》)等。仿《易》者,如《太玄》、《元包》、《潜虚》、《洪范》数、《易纬》之世轨等,皆及焉;然唯信邵氏《皇极经世书》,又屡以史事合诸卦象,殊难免附会。末载各家《易》文,则未加取舍。

若全书皆以对偶之文出之,盖为时所尚耳。首载统体太极图,盖成于嘉庆元年(1796),系三十年前之旧作。其图凡七圈:中一圈为黑,第二圈为白,第三圈为黑白各半,第四圈为五段黑、五段白相间,第五圈同第三圈,第六圈同第二圈,最外第七圈同中一圈。此图者,本阴阳五行之义,合周子之太极图而成者也。然以人道之静而本诸阴,非首乾之义;乾、坤皆有动静,静不可谓阴。又理当阳实阴虚,而蒋氏谓:"阴无不遍而常居,故体实;……阳不能遍而有去,故体虚。"亦非。夫总观是书,蒋氏之勤于《易》已可见,非数十年之功不能至此,惜略有文胜之弊,又烦琐寡要,忽乎动贞夫一者也。

189. 乐涵《易门》提要

《易门》十二卷,清乐涵著。涵字情澜,蛟川人。北闱中举后,即闭户读《易》,以后未详。自序于道光八年(1828)。末有自跋,谓学《易》自庚辰年始,至丙戌年稿已六七易;是岁秋因梦而悟,乃改易全稿而成。又以任钓台为喻。夫因梦而悟,虞氏已言及,盖精神专一所致,用心未勤者,不能知也;然未足为奇,亦自然之现象,必欲梦悟则大误,而待梦而悟亦多矣。计此书凡九年而成,能自有所见,异于人云亦云者也。序中谓:"循路求之,而门可得也,路何在?义是已。"又曰:"吾人戴天履地,使不法坤二之行义,以完生我之理,则心之远于天者且自绝于天,纵深究夫象数之源,何与于《易》之生生者乎?"故首载《义略》,即曰:"愚以法坤承天为学《易》第一义。"夫能法坤承天,于先迷失道,其可免焉。又明分体用,以言其理。于图书,谓书之十五"是取图之中体,散之为用,故十不见也;盖终于十者为体数,终于九者为用数,用藏体也"。于解乾、坤及《系辞》等,亦动则以体、用言之,盖以乾、坤阴阳物而刚柔有体,由爻用九、六而合德,乃《易》之门也。此书之本旨,其在此乎。

解经时,能象理皆取,博引先儒之说,非蔽于汉宋门户之见者也。于乾《象》曰:"'无首'者,乾元之'藏诸用';'首出'者,乾德之始乎坤。"此以辟卦之消息言,乾为首而藏于坤用为"无首",来复出震为"首出",故始乎坤;然"首出"者即"显诸仁",复二《象》曰"下仁"是也;又位五"显比"为"首出",飞龙之象也。于乾四《文言》曰:"有常有恒者,坤之君子居中之体;而无常无恒者,乾之君子应变之用。"又乾上曰:"时极而天不极,数穷而理不穷,不失其正,权中之经,乾元之所归宿也。"于理皆是。于坤《彖》曰:"乾《传》曰'终始',运以神也;此曰'先后',区以迹也。"盖"终始"者时,"先后"者位,六位时成,御天变化,而各正性命,其迹神矣。于坤初曰:"乾一为道心,坤二为人心。龙潜者,'道心惟微'也;'履霜'者,'人心惟危'也。"其喻亦切。于需上曰:"敬之一念,盖有作穷阴之气,而膺意外之吉矣。三之敬,畏寇也,保身以远害;上之敬,爱客也,虚己以承休。"于三、上之敬,能辨其境之异;虽然"直内"之理一,殊不必因外物而异其敬也。于否曰:"泰六爻不言泰,人不见为泰,处泰而无忘保泰之心。否六爻三言否,欲人明见为否,处否而善用济否之道;二、五亨,存正气也;五、二休,养阳气也;上之倾,消阴气也。"又曰:"圣人恐人身处否难而惊疑自阻,故以极则必反以示人,以厉气有为也。"可谓深得其旨焉。于大有初曰:"《易》所重在交,然利害皆从交起。居下而交于分内,利也;援上而交于位外,害也。"于理甚是。《系》曰:"情伪相感而利害生。"以位言,"正当"为情,"不当"为伪;故以大有论,初"非咎",四"非其彭",虞注"害谓四"是也。然则交乃不可不重,而情伪之感尤宜致意者也。于豫《大象》曰:"乐由阳来,礼以阴作。地之功成于兑,故法泽下,而礼见于履;天之命出于震,故法雷奋,而乐宣其豫。"此释礼、乐,密合象义;乃六三、九四人道未正,圣人以制礼作乐,居仁而由义也。于豫初曰:"旅之初,小人骤流离者也。志穷则气歉,歉则取琐尾之灾。豫之初,小人之骤富贵者也,志穷则气盈,盈则至骄暴之凶。"此合旅初之"志穷"而言,殊能类族辨物;然更有进者,爻象凡三言"志穷"、"鸣豫"与"旅琐琐",皆"频巽"之吝也。于随曰:"三、四之有得有获,固不如初'交有功'之大;二、三之系之偏,更不如'上穷'之系之一;夫惟贞于一,乃有以成动之大亨也,随之义也。"盖以初上为动说之主,故云然,夫穷上反下,随时之义大矣哉! 又于蛊曰:"随之上'拘系'以成随之功,蛊之上'高尚'以止干之事。"乃一语而概括二卦之旨矣。于临二曰:"二本兑体,三为兑主,刚长上进,柔来下阻,于行未顺,道固无如命何也。然君子虽逆知命之将穷,而以正己者

441

正命,以修身者立命,惟冀吾道之得行,岂遽顺命而坐废,命能穷其身而厄其用,洙泗之为泽长矣。"是能发程、朱所未发,息阳之生气,或未顺乎命,君子固宜正之、立之者也。又曰:"二爻曰'未俟命'于阴之未至,三爻曰'既忧'于阴已及也",亦合爻义。于颐曰:"颠者,倒也,上求于下,颠与震动之象类也;拂者,逆也,下求于上,拂与艮止之象背也。"此承黄幹之说而能足成其义。于坎曰:"乾五之'天德',天命之性也;坤二之'地道',率性之道也;坎之'习教',修道之教也。"于义理亦合。坎二之离五成比、同人,即乾二升坤五,庸言之信,庸行之谨,以正中道修,而各正性命也。又曰:"爻主'既平',既济之'既';而《易》终未济,济终于未,习之功亦未有已也。"此深体乎《小象》,与明吴桂森之《周易像象述》可互明。他如于晋初《象》曰:"受命则宽裕为旷职,'未受'则宽裕为养德。"夬初《象》曰:"爻言'不胜'在往后,象言'不胜'在往前。君子论理之是非,不论事之胜负;乃本有可胜之理,而不必谋必胜之方;自处不胜而犹往,理虽无乖,事难无咎。"义皆可取。于萃《彖》曰:"其至不一者,形也;其无不一者,情也。咸之情通,恒之情久,而归于萃之情一;一而二,是舍本求末也,非所云萃也。"是即"乃乱乃萃,一握为笑"之义;天地万物"咸速"、"恒久"之情,"至孝亨","顺天命",莫不萃聚矣。于困曰:"于剥而曰'柔变刚',以柔为主也;于困而曰'刚揜',仍以刚为主。盖剥就天运而言,君子之不能不变于小人,天为之也;困就人事而言,君子之不欲受揜于小人,人胜之也。"此以剥、困并言,于困之不失其所亨,甚合;然以剥言,硕果不食,而仍为民载,亦何尝变于小人哉。于井曰:"《易》取器以名卦者,鼎与井而已。水、火为天地之大用,井、鼎又为用水、火者之大用;水、火在天地以气用,人之用水、火以形用;故皆有资于木焉。而且凿井于地,铸鼎以金,合天生之材而并用之,此圣王以前民用,而井、鼎固与水、火终始也。"此由井、鼎二卦,亦可明阴阳五行之一端焉。于渐上曰:"蛊上艮也,无位而止于外者也;渐上巽也,无位而入于世者也。入世而不可乱,故可用。"又以孔子当渐上,夷、齐当蛊上,于义尚切。于兑初曰:"和者,性之发,情之正也。其未发为情也,与万物相保于太和;其方发为情也,与万物各全其亲爱。赤子之笑啼,纯乎天也,故吉也。"盖以初九乾元当兑说,性发情正而和,宜其吉也。于既济初曰:"'曳轮'者,曳之登于陆也。凡兽涉水先揭其尾,发陆,则尾乃垂而濡焉。"此盖另发一义,于曳轮尚可;然既已发陆,而曰濡尾,殊于爻义有间。于《系辞》曰:"变化之道,圣人之道也,故《易》周乎民用。未筮曰辞,已筮曰占;阴阳未定曰变,阴阳已定曰象。"所释圣人之四道,极易简可取。又曰:"后世侈陈符瑞,凡无利民用者,俱属怪诞不经。圣人则神物图书,而著其教于天下,象、辞、变、占,初无异用,物之神者,理之常也。"立意尤淳正。以下各章,如释三陈九卦等,义亦中肯;解《说卦》之象,乃兼采汉儒之说及孔疏等。于《序卦》曰:"上篇坤不言受;此则咸不言受者,三画之卦,天、地、人并立为三,而无所受也。"又曰:"《易》者,亘古一未济之运;作《易》者,始终一未济之心也。"于《杂卦》曰:"以刚柔释象之旨,见易道切于人事,人勿以未济诿诸世运,而君子小人之辨自在人心。此孔子之序《易》,孔子济世之心也,所以望后世之君子也。"极体乎《序卦》、《杂卦》之精义矣。此外,如释临观曰:"临不以位而以德,观不以迹而以神。"释道德曰:"内之蕴蓄者为德,外之发抒者为道。"释义曰:"义者,所以裁度时位者也。"等等,莫不自有所得焉。

若所引证者,凡七十余家左右,除汉、宋杰出之三四十家外,有他书不经见者,如刘启东、邓汝极、黄陶庵、张彦陵、苏君禹、葛懋斋、姚承庵、乔还一、王逹、谷拙侯、朱兹泉、陆次晏、徐衷明、龚泉峰、陈大士、孙质卿、钱塞庵、颜应雷、张雨若、倪韮山等是也。惜乐氏未能如厚斋之附录各家之始末及易著,故今皆未知。

夫总观此书,象能本诸荀、虞,理能发挥程、朱。然于汉易仅知取象耳,于卦爻旁通之变化一无所及,故取象亦未能精密。如巽为命,而取乾为命,则与乾为性混;坎弓离矢,而取离弓坎矢,则与《说卦》之坎为弓轮不合。于左右,而曰左静右动,乃谓阳爻言右,阴爻言左,则显与震左兑右不合;盖左右各有动静,以阴阳论,当为阳左阴右也。若于说理则颇审慎,惟过泥于体用为小疵耳。

190. 孙澂、孙澍《太玄集注》提要

《太玄集注》四卷,清孙澂、孙澍兄弟合注。孙氏岷阳人。澂字瘦石。兄弟皆以讲授为业,其详待考。此书成于道光十一年(1831)。首载澂之"读《太玄》"及澍之《自序》,澍曰:"家兄瘦石,曩尝考订《玄首》、《文》,并次《玄摘》、《莹》、《掜》、《图》、《告》、《数》、《衡》、《错》八章,凡篇作小注,散于首、测、赞词之间,而后《玄》之文义大备。澍从瘦石讲授,不揣固陋,……增补温公《集注》脱误二百五十余条,以明训诂。……"夫孙氏昆仲,皆以《太玄》为刺莽,盖承曾巩、高似孙之说,其义可取。澂之读《太玄》,即明此旨。其言曰:"莽篡汉,自谓黄帝后,色尚黄,以黄帝二十五子分赐厥姓,十有二氏;虞帝之先,受姓曰姚;又尧姒姓,《高帝本纪》赤帝子,应劭注曰:'汉赤帝子,尧后。'莽自明代汉,如虞舜故事也。尧之咨舜曰'执中',首曰'阳潜萌于黄宫,信无不在乎中',志讽也;曰'颐水包贞',示臣则也;曰'庳虚无因,大受性命,否以下贼上,以柔履刚',明莽不能大受也;次六'月阙其抟','月'臣道,戕莽盈也;次五曰'正于天',曰'君德',思复辟也;曰'黄不黄,覆秋常',自绝于天也;曰'颠灵气形反',时日曷丧也;继'中'曰'周','周'准复,则又明思汉官,颂中兴也。……"以此推测扬氏之心,虽不中,或亦不远。惟扬氏草《太玄》,约于哀帝元寿元年,则其所讽者,非仅莽耳;于丁傅、董贤等,亦有所刺焉(详《太玄经》提要)。若澂所考订之《玄首》、《文》,犹以《文言》附乾、坤,于中下即曰"罔直蒙酋冥",虽似无据,理亦可取,此五字确为扬氏法元、亨、利、贞而云然。至于各篇之次,原为《首》、《衡》、《错》、《测》、《摘》、《莹》、《数》、《文》、《掜》、《图》、《告》,凡十一。然《首》

犹《彖》,《测》犹《象》,晋范望已散于赞词之间;《文》犹《文言》,澈又入"中"首;故赞词后存八篇。移其次者,盖《摛》、《莹》、《掜》、《图》犹《系辞》,《告》、《数》犹《说卦》,《衝》犹《序卦》,《错》犹《杂卦》也。

澈之注,仅明九九八十一首之大义,承首述之而已。如"傒"首曰:"傒准需,有孚,云上于天,上天孚佑下民。"则于"物咸得其愿"亦切;以"格君非心"注"格",尤合准大壮"攘而却之"之义。更观澈之注,凡前人之注未备而加之曰"增",前人之注已阙而足之曰"补";所增补者,殊多可取。如"戾"次四之"夫妻反道,维家之保",以"男女睽而其志通也"解之;"毅"次六之"毅于栋柱,利安大主",以"栋隆吉"解之;"勤"次八之"劳踏踏,心爽蒙柴不却",以"王臣蹇蹇,匪躬之故"解之。皆得《太玄》法《易》之本义。又以"交"次七之"交于鸟鼠,费其资㠌",当孔子曰"友便辟,友善柔,友便佞,损矣"之义;以"文"次三之"大文弥朴,孚似不足",当《老子》"大智若愚,大巧若拙"之义;以"装"次八之"季仲播轨泣于道,用送厥住",当蹇叔哭师之事;以"遇"次四之"偁偁兑人,遇雨厉",当韩非《说难》,致离秦罗之事;亦皆有合。"干"次八曰:"赤舌烧城,吐水于瓶",注之曰:"烧城,谓众口胜铄也;水能厌火于瓶,静也。君子知者,察事之不可以口舌争,故缄默解祸。"于理甚当,皆可谓扬子自处之象。其上九曰:"干于浮云,从坠于天。"非心识莽之必将坠于天乎。若"常"次七曰:"滔滔往来,有常衰,如克承贞。"测曰:"滔滔往来,以正承非也。"注曰:"滔滔往来,众多杂遝,貌莽时天下大乱,炎火几熄矣;后光武龙飞,白水是克,承而正也;卒擒赤眉,剪新莽,戡刘盆子之乱,光赤伏符,兴复汉室,故曰'以正承非'。"则未免附会。盖雄卒于天凤五年,不及见光武之兴也。于《玄错》之终"成"注之曰:"《易·杂卦》首乾终夬,盖夬以五阳决一阴,决尽则为纯乾,故曰'君子道长'。《玄错》首中终成,盖成准既济,为中之极功,故曰'功就不可易'。"此能阐明六位既济定之大义,尤为可贵。总上所述,孙氏诚扬氏之功臣;究《太玄》者,大可以此书为入门。

191. 伍荣轫《大易心义》提要

　　《大易心义》六卷,清伍荣轫著。荣轫字鋆轩,开平幕村人。善数命之学。首有陈鸿墀、叶履二序,分别作于道光十一年冬及十二年春;故是书之成,可以道光十一年辛卯(1831)论。全书以取象为主,用错综变互之法:凡卦辞及《彖》、《大象》,用综互而不用错变;爻辞及《小象》,则四法俱用。大体犹来注,变即一爻变也。凡例中有曰:"凡读《易》,须先读《说卦》十一章八卦之'为'字,而后《易经》可得其门而入。"诚得"《易》者,象也"之义。

　　若伍氏所取之象,可否互见。其未合者,如取坤寒(复卦),则未合乾为寒;震明,震玉,震忧,则未合离为明,乾为玉,坎为忧;兑月,则未合坎为月;是皆显背经文。至于坤为躬,坎为志、为思,艮为贤、为仆等,《说卦》虽未明言,然证诸象义,考诸二篇,参阅汉象,亦已确然可从。故伍氏之另取坎躬、离志、离思、兑贤、乾仆等,仍远乎易象者也。再者,伍氏用乾一至坤八及后天配洛书之数以取象;乃谓《文言》数当五十,孔子未及作乾、坤以下六十二卦之《文言》,故有加年之叹。又谓"归妹"之"娣"其年为十八岁,"丰蔀"当七十四岁等,穿凿附会,尤非取象之正。于《系辞》以下,亦字字取象;则为先儒所未及,而为理之所当有。或能舍其四、五爻之妄执(伍氏谓《系辞》以下俱用六四、六五二爻),慎取逐字之象,实有补于易道者也。总上所述,可见伍氏之于《易》,有其象焉;奈其法未正而流于小道,尚未合说经之体,充其极仍囿于尚占耳。

192. 秦笃辉《易象通义》提要

　　《易象通义》六卷,清秦笃辉著。笃辉,汉川榆村人。始末待考。此书收入《湖北丛书》,自序于道光七年。又载《凡例》数十则,大义在焉。

谓此书始嘉庆十八年(1813),迄道光十五年(1835)乃成,凡二十三年。读其全书,秦氏用力殊深,与所费之时可谓称矣。《凡例》曰:"义者,象之所以然;象者,义之所当然。论所以然,有义而后有象;论所当然,通象而后通义。故谓《易象通义》。"夫秦氏以"所以然"、"所当然"贯穿象义,有见焉。盖象、义者,实二而一、一而二者也。有一象,必有合于是象之义;有一义,亦必有合于此义之象。若执象而合义,则安能正其象;执义而合象,又安能制其义。故知象而不知义,宜其象之穿凿而琐碎;知义而不知象,又见其义之固塞而不达。其必通之,则琐碎之象,皆为大义;不达之义,亦含妙象。而秦氏者深通乎此,即此书之可贵处也。

凡每卦每爻皆明其义而取其象,已得说《易》之正;又有取乎注疏,尤非囿于汉易者所可比拟。自序曰:"……(王注)虽有扫除象、数之嫌,而解义明正,十居六七。……且纵有涉于老、庄者,其精解独不可择而取之乎?"又曰:"其书(孔疏)虽以王辅嗣、韩康伯注为主,而兼取百家,包罗万有,初非王、韩所能笼罩,诚得明者抉择,实学《易》之标准也。"此说虽觉过誉,然能畅开门户,极可取,与孙星衍《集解》之兼取王注同义。又秦氏亦博览而兼采各家之说者也;间有略附史事,亦切。然尚未及汉易之卦变、之正等。故取象时未免有碍,乃屡以一爻及半卦取之,则疏而未密。盖一爻、半卦之象,宜偶取之,而未宜时取者也;不然何象不可得? 又何能制其义哉? 若以离为口,或本颐卦推得,有取乎象形也,然与《说卦》未合;又取坤为利居贞,亦不若取艮止为利居贞等不必取象者也。(或以四德合诸卦象,则震当元,离为亨,兑为利,坎当贞。此系总论二篇中之元、亨、利、贞等,则宜取例而不宜取象。)他如坤为野、为远,兑为郊,亦未合;盖柔之为道不利远者,故郊、野、远皆乾象,坤当为近。于蒙三之"金夫",以上九当之,则从王注之失;当从虞注为二。又曰:"离为文明,知象。"亦反;当取坎为知,知者效水也。若此者,一失耳;大体皆可取,于易象已有得。故于《说卦》之"广象章"曰:"详明爻象,乃彖爻取象之实据,非孔子天纵之圣,不能推衍;

后儒或轻视之,宜其昧象而义亦晦也。"非深究乎象学者,能作此语乎。《凡例》曰:"象须字字拆得开,句句合得拢,方免鹘突。"实甘苦之言。又曰:"涂改删增,数十百易。"洵非虚语。若解两仪、四象之四象,必以卜筮之"象两,象三;象四时,象闰"当之,谓:"老阴、老阳、少阴、少阳,至汉人始有其说,以便画版分别爻变之用。《易》无明文,孔子何由预言之?"则未免自拘。夫《易》以道阴阳,由父母三索生六子而有老少,安得谓无阴阳老少之说?且进而言之,四象之生八卦,亦为先天图自然之次;而秦氏之排斥图、书、先、后天之说,并四象亦不取,隘矣。于解"天一"至"地十",乃顺次以当"帝出乎震",谓震一、巽二木也,离三、四火也,坤五、六土也,兑、乾七、八金也,坎、艮九、十水出高原也。盖不信河图而别出心裁,不亦多此一举乎?夫陈抟、邵子所传之《易》,确有其理,未可废者也;秦氏斥希夷为异端,言邵氏为自我作古,非也。奈执其说者,每未能深究二篇十翼之义;若秦氏之既究乎十二篇,又不信焉。呜呼!易道之难全也。十二篇中,岂无与于陈、邵之说哉?因不信之念梗之,乃虽有合者,亦谓孔子非此义;不知神而明之,于易道亦远矣。

秦氏曰:"陈抟谓:'学《易》者,当于羲皇心地驰骋,无于周、孔注脚盘旋。'此不问而知是异端也。予为之反其说曰:当周、孔注脚盘旋,方能于羲皇心地驰骋。盖羲、文、周、孔同一《易》,为明理寡过之根源;陈抟别一《易》,乃成仙炼丹之借经;决不可比而同之也。"实则《易》乃一也,无不可同者。希夷之言,盖明失传已久之伏羲易,故作壮语耳。秦氏之言,当视为读《易》而不究二篇十翼者戒。今合而同之,三古之心,岂有二哉。河图、洛书、先后天之《易》,亦皆备于二篇十翼者也。

193. 徐鼒《周易旧注》提要

《周易旧注》十二卷,清徐鼒述。鼒字彝舟,号亦才,六合人。道光进士,官至福宁知府。于道光二十九年己亥(1839)治《周易》,不满王、韩、程、朱之说，故遍集旧注，而将为《周易旧注疏证》；然旧注已得，尚未及为疏证而卒；壮志未酬，惜哉。后有子承祖出使日本，乃校而刊于扶桑使廨，时当光绪十二年丙戌(1886)。谓："先大夫捐馆已二十余年。"则徐鼒之卒，当于咸丰、同治之际。以同治元年论(1862)，距治《易》之时已二十年左右，然竟未成《疏证》，天乎？人乎？

至若所集之《旧注》，什九与孙星衍之《周易集解》同，惟多采《京氏易传》，又每卦下注明京氏八宫及孟喜卦气；于《说卦》末总述各家之易象，极详于虞氏，又能补张惠言之阙。共得乾象九十有五，坤象百二十有九，震象七十有七，巽象四十有九，坎象八十有三，离象三十有五，艮象六十有四，兑象二十有四，可云尽矣。其言曰："皆据注文采获，宁复毋删，抱残守缺之义也。"则徐氏孜孜辛勤之情盖可见。与方申《虞氏易象汇编》同功，而方氏之必以"也"字、"为"字、"称"字等分类，反觉丛脞，不若即分八类之为得也。今读此书，可见清儒治学之笃实；奈引而未发，徒存读《易》之资料耳。

194. 卞斌《周易通解　释义》提要

《周易通解》三卷，《释义》一卷，清卞斌著。斌字叔均，号雅堂，归安人。嘉庆六年进士，官至光禄寺卿，所至有声绩。著述尚有《尚书集解》、《论语经说小笺》、《说文笺正》、《七经古文考》、《声律刻鹄集》等。此书自序于道光十九年(1839)，上距中进士已三十九年，故曰："束发受《易》，嗜而玩之，且四十年。"于《通解》三卷，盖解全经，言极简要；《释义》一卷，则言通例。

夫卞氏于《易》有会合先、后天之志，然于先天仅取八卦方位一图，以相对后天之八卦方位。谓："先天八卦，乾道也，天地四时消息于其中，故以察天时焉。……后天八卦，坤道也，阴阳五行根据于其中，故以察地理也。……先天非后天不用，后天非先天不神。"然后以相重之六画卦为中天,其言曰:"先天以察天文,以知盈虚晦朔;后天以察地理,以知向背死生;中天以察人身,以知阴阳脉络。先天三画卦象天,后天三画卦象地,中天六画卦象人;人道兼天地而用之。"若六十四卦之次,即本《序卦》《杂卦》各分上、下;其志可取,理则未是。盖先、后天各具六十四卦,况即以三画卦言,已当三才;六画者,兼三才而两之耳,非有六画而始象人。至于《杂卦》宜分上下,宋郑东卿已言及,确为遵乾、坤、咸三才以次六十四卦之大义。至于明十翼之次,以《文言》为五,《系辞》上、下为六、七(其他同),则未若置《文言》于《系辞》后为是。盖《彖》、《象》四翼,为直翼卦象及卦、爻辞;以下皆总言其理,故宜《系辞》上、下为五、六,即以辞为本。《文言》者,明物相杂之文起于乾坤,乃翼之实承于《系辞》者也;以下《说卦》,即以卦为本;若《序卦》、《杂卦》,即承于《说卦》者也。故十翼之次,先儒所传必有所自,不宜妄改也。又于卦下小注四字(即乾下、乾上等),改为大字,则可取。盖此四字似当翼《大象》时所加,确宜以经文视之。全书取象与汉儒同,说理亦中肯。于"由豫"、"由颐",皆谓由之而成;于"冥豫"、"冥升",皆谓上为终日,而日且冥;于"频复"、"频巽",皆谓初、三厓隔;于"敦临"、"敦复"、"敦艮",皆谓重象曰敦,盖以临、复皆重坤,艮则重艮;于"剥床"、"巽在床下"之"床",皆以上实下虚当之。又解比三曰:"坤阴为非,故坤人在三曰'匪人',与否《象》同;象国无正人,乱本成矣;远阳无援,所以伤也。"于卦变,谓观而晋,中孚而睽,巽而鼎,以当"柔进而上行"(同于宋易被《周易总义》)。于萃《彖》曰:"天地生物之情,感则通,久则成,聚则盛,故圣人于咸、恒、萃三卦言之。"凡此等可谓通焉,殊符《通解》之名。又以甲子、甲戌、甲申为"先甲三日",甲午、甲辰、甲寅为"后甲三日";庚午、庚辰、庚寅为"先庚三日",庚子、庚戌、庚申为"后庚三日",则可备一说而已。于《系辞》中,以六十四卦、三百八十四爻当"精气为物",四千有九十六卦、二万四千五百七十六爻当"游魂为变",于理亦通;即郑氏"七、八精气,九、六游魂"之注解也。于"参伍以变"曰:"参以变者,谓二五往来,参三爻以成变。若颐之二、四同功,皆曰'颠颐'；观之三、五同功，皆曰'观我生'，是也。伍以变者，谓本末不齐，伍五爻以成变。谓如益之初、五时行，皆曰'元吉'；损之二、上时行，皆曰'弗损益之'，是也。"则深得乎参、伍卦象之变化。虞氏曰："参伍以变，故能成六爻之义；六爻之义，易以贡也。"卞氏能阐明虞义焉。伍以变者，即虞氏所谓"过以相与"；至若三以变，荀氏明由谦而比，由明夷而屯，是也。且参以变，非限于二、五往来中；卞氏明"频复"与"频巽"，即当初三。盖共有四参：初三、二四、三五、四上是也。于《说卦》之象，言之亦明。以蕃鲜当巽之洁齐，则震巽周流焉；若以兑为羊，当作详，则不必。又同人《彖》之"同人曰"三字，以之为衍文，亦非是；而卞氏更以上句"得位"二字亦为衍文，则殊不可。

又是书有一大误，即未知之正之理。《自序》中曰："荀爽二、五升降之说，徒长奸雄，殆无所取。虞翻三爻消息，颇精易旨，惜其他说尚多沾滞。"夫以二、五升降之说以长奸雄而不说，是诚因噎废食；史有借禅让之名者，而可不信尧舜之道乎？谓虞氏说多沾滞者，亦指之正。于既济曰："三刚居阳位，三柔居阴位，六爻各居其正，虞翻遂以既济六爻为既济定位，未达既济终穷之谊，又未达既济初吉终乱之旨。如虞说泰二、五当互易成既济；以泰尚中行而论，此即《左传》所云'往不济'者，何往来吉亨之有？"此言尤未是。谓凡人必将死，而谓医可废，其可乎？且既济、未济之变化，即乾坤之消息；盖有消息之时，自然有既济之位。泰中行而济，吉言无疑；或往而不济者，实未能以泰象往；如否而未济，即何往来吉亨之有？夫观卞氏之说，益信成象之难，惠、张、焦、姚、曹诸家之说，更形可贵矣。若卞氏之于汉易，已登堂矣，惜未入室，相似于苏秉国之《易象》云。

195. 方申《方氏易学五书》提要

《方氏易学五书》五卷，清方申著。申字端斋，仪征人。少不治举子业,年逾四十始应童子试,道光中以经解补县学生。以孝闻,安贫乐道,终身未娶;道光二十年庚子卒,年五十四。"易学五书"者,谓《诸家易象别录》、《虞氏易象汇编》、《周易卦象集证》、《周易互体详述》、《周易卦变举要》五书,每书一卷,积数年而成,始于道光十六年(1836),迄于卒年(1840)。

卷一别录易象,有得自《易纬》、《诗纬》、《春秋纬》、《孝经纬》、《左传》、《国语》诸书,易家有子夏、孟喜、京房、马融、荀爽、郑玄、刘表、宋衷、陆绩、王肃、姚信、干宝、蜀才、翟元、九家、何妥、姚规、崔觐、卢氏、侯果、崔憬、李鼎祚等,若刘歆、陈钦、贾逵、服虔、杜预之取象得自《左传注》,又贾逵、韦昭得自《国语注》,郑玄取象得自《易纬注》,宋均得自《诗纬》、《春秋纬注》,诸家易象共得一千四百七十二则,收集可谓备矣。卷二汇编虞氏易象,共得一千二百八十七则,颇有订正惠氏、张氏者。自序曰:"惠氏所述凡三百三十则,张氏所述凡四百五十六则,其搜集可谓勤矣。……(此卷)多于惠氏者几及四倍,多于张氏者几及三倍。此非后人之学能逾于前人,实以创者难而因者易耳。"卷三集证者,录《说卦》之取象,乃载各家曾取此象之例。如"坎为曳"下曰:"宋衷注引坎曳一则,既济初九爻注。虞翻注引坎为曳五则,履六三爻注,睽六三爻注,夬九四爻注,归妹初九爻注,九四爻注。姚信注引坎为曳一则,未济九二爻注。是也。"夫读此三卷,方氏孜孜之情状,诚令人钦服。若于卦象之分类,本《说卦》"震,东方也",而有"也"字之例;"乾为马",而有"为"字之例;"乾,天也,故称乎父",而有"称"字之例;"震一索而得男,故谓之长男",而有"谓"字之例;"艮以止之",而有无"也"、"为"、"称"、"谓"而顺言之例;"帝出乎震",而有无"也"、"为"、"称"、"谓"而倒言之例;又既言"离为中女",又言"离再索而得女,故谓之中女",而有"也"、"为"与"称"、"谓"并见之例;既言"乾为君",又言"乾以君之",而有有"也"、"为"、"称"、"谓"与无"也"、"为"、"称"、"谓"互举之例;则亦精细甚焉。然取象之本义,盖以卦象以象天下之至赜,故凡卦象犹天下至赜之象;

其间之关系，一"为"字已足，《说卦》末章是也。若不用"为"而用"也"，其义无异；如"乾为天"，"乾、天也"；或更欲简者，"乾为马"而改为"乾马"，亦未尝不可。若"称"、"谓"者，言所以取象之理；如乾为天，而父犹天，故乾亦为父；离所以谓之中女者，盖再索也。其义莫不同，唯行文之异耳。故方氏此分类，殊未及质，徒增烦琐而已。方氏曰："君子傥能辑众说为《说卦》之义疏，援《说卦》为经文之义疏，以求折衷于至当，此实不朽之盛业也。蒙盖有志焉，而未逮矣。"或使方氏舍此烦琐之分类，而成其义疏之志，则于易学之功，当不止此也。

　　卷四详述互体，凡分三图。一曰"三画、四画、五画诸互"，即逐卦注明四三画卦、三四画卦、二五画卦。二曰"半象"，即两画互。凡卦有半象五；又分上半，下半，初二不以上半取象，五上不以下半取象；中互三半象，则各有上下半半象者；异于三画卦之象。如屯二三四为坤，故二三下半作艮象，三四上半作震象是也。三曰"爻体"，即一画互。凡初四震巽，二五坎离，三上艮兑，以阴阳分之；如屯初为震、蒙初为巽是也。夫由此三图，本卦之象皆备焉。卷五卦变举要，凡分四图。一曰"旁通、反复、上下易诸变"，即逐卦说明所变之卦。旁通即错，反复即综，上下易即两象易。又注明上下卦之旁通反复。二曰"变化"，即逐卦注明一爻变及八宫之所属，谓附于旁通，诚是。凡旁通者，即两错卦之同时爻变耳。三曰"往来"，即逐卦注明此爻互易，凡有初二、二三、三四、四五、五上、上初六变。又注明卦变以来自辟卦，中孚、小过乃取二次互易，又注明当位与不当位，谓附于上下易。盖以此三图，足成第一图者也。原夫卦变之极，必一卦而及六十四卦；然不以尚占论，惟究其变化之迹，则此四图虽尚未全，已可谓得其要。故方氏于互体曰"详述"，于卦变曰"举要"，其名甚当。

196. 袁秋亭《羲经庭训》提要

《羲经庭训》二卷，清袁秋亭口授，子海山述，孙炽昌录梓。袁氏合肥人,海山为江苏委吏,炽昌为鳌洲参军。是书于同治十二年癸酉梓于上海公廨,则海山述时当早于此数十年,惜自序中未记其时,今以三十年为一世论,是书约成于道光二十三年癸卯(1843)。夫袁氏于《易》悟有一图,其式如下:

乾
兑　　　　　巽
离
坎
震　　　　　艮
坤

是书什九为敷演是图;实则是图即消息纳甲,由先天图而归坎、离于中,《系辞》所谓"周流六虚"是也。袁氏本此图以明三索,诚是;盖先、后天本可互通者也。然执此而反不信先天图之阴阳加倍生生,殊未明是图即出于先天图耳。再者,以震、兑、巽、艮当春夏秋冬四时,又三画变成十二卦当十二月,且吟诗以明其象,其卦如下:

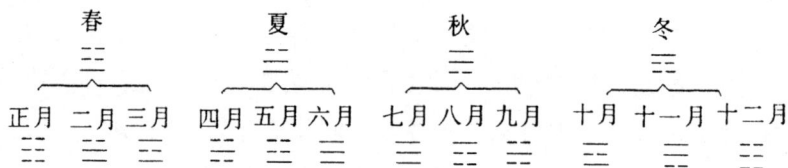

春　　　　夏　　　　秋　　　　冬

正月 二月 三月　四月 五月 六月　七月 八月 九月　十月 十一月 十二月

夫是亦以三画卦配十二月之一法。然袁又执此而非十二辟卦,则未免狂焉;盖辟卦之理,象数显明,且有经文为证,况以周流六虚而兼两之,即十二辟卦也,何其不思所同,而必欲立异耶?若以《序卦》分为九节,以配是图,凡乾之比八卦,小畜之蛊十卦,临之复六卦,无妄之离六卦,咸之明夷六卦,家人之姤八卦,萃之鼎六卦,震之兑八卦,涣之未济六卦,则尚合卦象之自然,此九图可谓是书之精华。间有释"能研诸侯之虑",其言曰:"此'侯'字不作公侯解,乃即《诗经》'射侯'之'侯';侯,的也。所虑者每事必中的,如射者每发必中的,所谓能也。"亦可取，义合《说文》。郑司农曰：“方十尺曰侯是也。”且诸侯之名，本由此义而得，然则“侯之”二字，确非衍文。此外妄论乾坤十翼，屯卦以下八翼，徒以《彖》、《象》、《文言》分段当之，尤觉附会可笑。故是书中虽有一二可取，奈因陋穿凿，迹近腐儒矣。

197. 丁晏《周易讼卦浅说》提要

《周易讼卦浅说》一卷，清丁晏著。晏字柘堂，号俭卿，山阳人。始末另详《周易解故》提要。此书成于道光二十六年丙午冬(1846)。书极短，未满千字，唯浅说讼卦耳。然欲以劝邑人之息讼，用意善焉。间如“入于渊”之“渊”字，以“如临深渊，危莫甚焉”解之，殊切。又“邑人三百户，无眚”，谓“比邻无连坐之苦”；“不克讼”，谓所以深戒之；“终朝三褫”，谓天道好还。皆深入浅出，足以砭愚箴顽。好讼者，其鉴诸！

198. 翟云升《焦氏易林校略》提要

《焦氏易林校略》十六卷，清翟云升著。云升字文泉，东莱人(今山东掖县)。道光进士，官国子监助教。师桂馥，工隶书，有《五经岁编斋集》。此书名“校略”者，盖以宋椠本《焦氏易林》未善，故勘以各本，证以诸书，参以它说，而是正之。成而自序于道光二十八年(1848)。凡全书参合，详加考核，用力殊深。

如乾之恒、兑之临四句辞同，惟前者第三句曰：“百家送从”，后者曰“百喜送从”，乃正之曰：“皆当作‘嘉’；原其意，一以音误，一以形误。而原文第二句曰‘会合俱食’，尤见以‘嘉’为是；盖焦氏即取《文言》‘嘉会足以合礼’之义也。”如师之无妄、夬之革四句辞同，第三句曰“冤烦诘屈”，乃以《楚辞·九章》之“烦冤瞀容”证之，谓“冤烦”当作“烦冤”；又以东方朔《柏梁诗》“迫窘诘屈几穷哉”以明“诘屈”之典，亦以证或本

"诘"作"结"者非。如艮之否曰："独登西垣,莫与笑言,秋风多哀,使我心悲。"乃谓："此疑用《氓》次章诗义也。"又证"'登'作'尘'者非"。若此等等,皆确有所见,此书之可贵在焉。至于谓坤之蹇中"爱亡"当作"庆忌",明夷之解中、下二句衍文宜删,似亦可信。惟既济之观曰："此非一卦之辞",则未必。按原辞曰："结衿流粥("粥"或本作"溺"),遭谗桎梏,周、召述职,身受大福。"此四句似属二义,实则仍相连贯;其唯述职者为周、召,始可免遭谗而结衿流粥也。又依《说苑·指瑞》"孔子反袂拭面,流涕沾衿",以证"结"当作"沾"、"溺"当作"涕",则尚可取。考《说苑》虽著于刘向,实为集前人之说,"流涕沾衿",亦必古有是语,乃《易林》用之耳。

总上数例,大旨可见,翟氏之校略《易林》,诚焦氏之功臣也。又首引"栖霞牟陌人庭校正崔氏《易林》序",牟氏此序撰于嘉庆二十一年(公元 1816),谓《易林》非焦氏著,乃崔骃之祖崔篆延寿所著,唯据伪撰之费直序中"王莽时建信天水焦延寿之所撰也"一语,谓此语当为"王莽时建新大尹崔延寿之所撰也"。以《后汉书·儒林传·崔骃传》等证之,实则伪撰之文,未可据也。且汉儒以《易林》名书者甚多,惜皆失传,无可佐证;而此书者,可以《隋志》为信。后人之略加改易,未可谓必无;若规模大体之仍当成于焦氏。翟氏之引此序者,盖已信其说,然曰"相沿已久,未便据改",尚知所慎。

199. 戴棠《郑氏爻辰补》提要

《郑氏爻辰补》六卷,清戴棠著。棠字召亭,丹徒人。曾授徒。始末待考。此书于道光三十年庚戌示于李承霖,而李氏有序;然于道光二十九年己酉有刻本,若著成之时,不妨即以此年(1849)论。

夫爻辰者,郑氏取象之一例也。惜郑氏《易注》已亡,今求之于辑佚,仅得十余例而已。幸总例尚能推得,故戴氏本其例而补之,凡三百八十四爻之象,皆以爻辰明之。于卦辞则兼及之;若《系辞》、《说卦》,亦及其有与于天象者;他如《彖》、《象》、《文言》、《序卦》、《杂卦》,盖略焉。考爻辰之总例有二名,曰"乾坤十二爻例"及"八卦方位图",详以下图:

一、乾坤十二爻例

戌	巳
申	卯
午	丑
辰	亥
寅	酉
子	未

二、八卦方位图

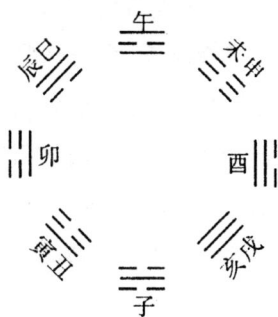

本此二例,以读郑氏之说,莫不可合。且以乾坤十二爻为本,间以方位之辰参之,凡十二辰之位,以当十二分野,而上合天象;由天象之名义,以见卦爻辞之大义。此亦《周易》取象之一法,或古有其例,因郑氏之善天文,乃有所发挥焉。其后有补足爻辰之说者,亦有数家,然仅及数爻或十数爻耳;若爻爻皆本爻辰说,则唯此书。其取先儒之言爻辰者,计有宋朱震,明何楷,清毛奇龄、徐文靖、惠栋、钱大昕、庄存与、王昶、张惠言、黎世序等,可云集爻辰之大成矣。

首载郑氏爻辰图二,一本惠栋,一本张惠言。又载王昶六十四卦爻辰分配图,则爻辰之原在焉(实则张氏之图已兼惠图之义,故张、王二图亦足矣)。且绘入南、北极两星象图,则确能开卷了然,殊便学者;戴氏之擅于天文,亦可见。然以易道言,天文乃一端耳;谓其重要尚可,谓易道皆在于是,究未可也。盖伏羲作卦,首则仰观于天,其后更须俯察于地,及近取、远取等等;故悉以爻辰明经,于象亦未备。观郑氏之用爻辰,或亦未必爻爻用之;如噬嗑上郑注:"离为槁木,坎为耳,木在耳上,何校灭耳之象也。"又曰:"臣从君坐之刑。"则象义已明,虽原书尚在，或亦未必更及爻辰也。而戴氏补之曰："上九辰在戌，得乾气，乾为首，上为故，五为耳。"似反觉蛇足。又戴氏有本卦变、爻变以取爻辰者，如于井四曰："井泰息卦，泰上体坤，辰在未，未为上。"此以卦变言也。于履二曰："二爻位变成震，辰在卯，上值房；《天镜经》云：房南间为上道，中间为中道，北间为下道，故云'履道'。"此以爻变言也。考郑氏易未及卦、爻变，此虞氏之所以讥郑氏也。或谓郑氏未尝非卦爻变，今本未言者，辑佚耳，非全书也；则或有其理，盖三义中固有变易之义者也。唯于爻辰则自有其例，必以某卦某爻之象当之，于所存之十余例中，绝无例外；故戴氏之推及卦爻变，实非爻辰之本义也。虽然，其思已巧，如《说卦》之象，皆使一一合诸天象，不亦妙哉！《系》曰"在天成象"，戴氏盖有其象焉。或欲究爻辰者，观此书足矣。

200. 陈世镕《周易廓》提要

《周易廓》二十四卷，清陈世镕著。世镕皖江人。此书起戊申，讫庚戌，三年而成。庚戌为道光三十年（1850）。凡解六十四卦十六卷，《系辞》以下四卷，《图说》、《汉易源流考》、《春秋筮法》、《读易杂说》各一卷。书名《周易廓》者，自序曰："扬雄有言：'杨墨塞路，孟子辞而辟之，廓如也。'今之言《易》者，其害岂但杨墨哉！世无孟子，欲以穷乡下士障百川而回狂澜，诚知其难也。虽然，天下之生久矣，一治一乱，斯文未丧，焉知四圣人不亟思拯人心之陷溺，而相余廓之归于一治乎？"盖亦有抱负焉。然所辟者，乃宋陈抟、邵雍所传之先天图，及惠栋、张惠言所复之汉易，不亦大谬乎！陈氏实非知《易》者也。

于《图说》中曰："《易》本无可图也。图之兴，起于陈、邵河、洛先天，托附羲、文，驱天下学者舍辞、象、占不求，而求之于图。图愈多，《易》愈晦。试问：其图之蕴，与三百八十四爻吉凶悔吝之旨，有相涉否耶？且图既足以尽《易》，则文王之象、周公之爻皆为赘疣，孔子又何用

'加年以学'也?"

此节有五误:

一、《易》本有图,河、洛及卦象皆图也,古者左图右书,《易》尤重图,何可谓《易》本无可图?

二、陈、邵河、洛先天诸图,乃《易》所固有者也,非托附羲、文。

三、图以明《易》,以图而求辞、象、占,能得其本,故图愈多,《易》愈明。而或求图而舍辞、象、占,流弊耳;未可因噎废食,以求图为非。

四、圣人观象系辞,而有吉、凶、悔、吝;图者,象之本也,与断辞之关系极密,岂无相涉。或执迹无神,不求所以至吉凶之由,则二篇不啻为谶语,岂其然哉?

五、以二篇十翼为赘疣,固易道之大厄;然归咎于图殊非。图者,有助于易道者也;二者相辅,并行而不悖,何可主一斥一耶?

又陈氏于自序中辟汉易曰:"……虞氏以遯为子弑父,坤为臣弑君;否、比、坤灭乾,剥小人道长,临八月有凶,兼弑君父;师上六、比六三、临六三、姤初六、益上、节、中孚初、既济二皆弑君父者;讼上亦欲弑,幸三之二,弑不得成;张氏又增噬嗑之三为坤弑遂行。于是六十四卦而弑逆之卦十五,皆时数所值不得不然,则是伏羲、文王恐天下不为乱臣贼子,特作《易》以道之也。"呜呼,是何言耶!舍本齐末,不亦陋乎!《文言》曰:"臣弑其君,子弑其父,非一朝一夕之故,其所由来者渐矣,由辩之不早辩也。"此戒人早辩弑逆之祸,亦可谓作《易》以道之乎?须知忧患作《易》,即学《易》之君子,亦不可不知忧患也;知忧患而辩之早,弑不必成,此《易》所以为寡过之书。加年学《易》,以转消为息,倾否为泰,大过之颠,乃知免矣。若虞、张二氏之注,皆此义耳;岂谓此十五卦皆时数所值不得不然哉?夫《易》尚变,若陈氏之刻舟胶柱,可谓知《易》乎?

于《文言》乾五曰:"孔疏谓广陈众物之相感应,以明圣作物睹。虞翻则曰:震巽雷风相薄,故相应;艮兑山泽通气,故相求;流湿就燥,离上而坎下,水火不相射。乾为龙,云生天,故从龙;坤为虎,风生地,故从虎;方以类聚,物以群分,故各从其类。惠定宇申之,谓因二五相应而广其义,明八卦阴阳本有是相应之理,于象亦合。惠以震、坎、艮皆出乎乾,与乾亲,故曰本乎天者亲上;巽、离、兑皆出乎坤,与坤亲,故曰本乎地者亲下;则支离难通。张惠言又创为初震二巽贞地位,故同声相应;五艮上兑贞天位,故同气相求;三贞下坎,水流湿也;四贞上离,火就燥也;天尊贞五,坎体成于乾,云从龙也;地卑贞二,二巽位,风从虎也。乃无一字之通。尝慨易道至虞氏而大阨,虞氏又至张而大阨,此学术人心之害,不得不昌言以告承学之士,非好辩也。"读此,可见陈氏虽于他处极多取象,而其实仍承王弼之扫象耳。夫孔疏明万物之相感应,诚是;然所以能感应者,有其象焉,虞氏易即明其象;惠、张二氏生于虞氏后千五百年,又从而阐明之,于易学之功,不亦大乎,岂大阨哉?若虞氏取象,什九有据,因象而明类聚、群分,易道之消息睹矣;惠氏之明亲上、亲下即三索,及阳卦多阴、阴卦多阳之理,何尝支离难通?张氏之贞爻,即"六位成章"、"刚柔正而位当"之义,乃无一字不通;此实能正人心,发展学术者也。惜陈氏之固蔽,尚未足以知此。呜呼!廓者非廓也,自囿而自陷于坎窞耳。

又全书中每多取象,此得说《易》之正;奈于取象之真义,似觉昧然,故解虞氏取震为生曰:"观我生,震为生;震苏苏,震为生,故苏苏;《系辞》万物化生,出震故化生;此皆是也。又以乱之所生,言语为阶,生亦谓震,则迂谬矣。"夫"观我生"等,取震为生,固是;乱之所生,以震为生,亦何尝迂谬?盖震者,一阳积于下,生气也;故圣人系辞,凡有生字者,皆观于震象而云然;则乱之所生,何以不取震为生?《系》曰:"乱之所生也,则言语以为阶。"谓由言语之不慎而生乱也;是即由阳生阴消而成坤乱,反之,则由阴生阳息而成乾治;生治生乱,亦即坤初之不可不早辩者也。若此之象,乃一念之间,皆起于震生。虞氏取象以明之,绝非迂谬;以之为迂谬者,不知象者也。且陈氏虽以虞氏于"观我生"取震象为是,而于解观卦时,又取坤为生;盖据于坤《彖》"万物资生"及益《彖》"天施地生"。安知益象本有震生,即"大作"也;坤之"资生",乃承乾元之"资始",当出震而复也。故陈氏之以坤为生,不亦先迷乎?此外如"知"、"思",皆坎心象;陈氏仍取坤为知、为思,亦非。

于解颐卦曰:"此颐之卦专言养生之道,其本在初,其成在上。《参同契》曰:'初正则终修,本立末可持。'曰龟、曰虎、曰颠,示其用也;曰拂,正其趋也。义象深切著明如此,圣人所以握造化之机,而尽性命之理者,此也。后世儒者失其传,道家乃窃之以为丹诀;三千年来,言汉易者未之及也,言宋易者亦未之及也。予今为此言,世必谓以异说汩羲、文,试息心参之,当知斯言之不易也。"又解《杂卦》曰:"此篇所言,盖道家养生之旨,故乱其序,使人骤读,迷惘不得所归;试以阴阳消长、水火升降之故举似之,未尝不跃然可会。易道无所不包,前于颐已论及;《参同》纳甲,其源实出于此。儒者失其传,道家乃窃之以为丹诀者也;今故即以此旨为之诠释云。"又曰:"易道内圣外王,何所不有?养生亦其一端;而或以为诟病,则不知《易》者也。"凡此盖以养生之道明《易》。考《系》曰"包牺氏之始作八卦"曾"近取诸身",是即养生,亦即医学之本;若《系辞》有曰:"无妄之疾,勿药有喜"、"损其疾"等,皆可以养生解;而复初《小象》明言"修身",更有与于养生者也。至于因颐养而全卦皆以养生解之,则羲、文义决不如是之固者也;乃全经中互言,岂可徒执一卦哉!如复初之"修身",即颜渊之"潜龙";孔子告以"复礼",亦即履礼于虎尾也,是亦养生家之所谓"龙虎"。故庄子言"坐忘"、"坐驰"、"虚室生白"等,皆本孔子、颜渊之言;此可明养生与易道之关系亦密矣。然解经自有其体例,《易经》究非道书,其可以一端揜全体乎?若《杂卦》之能以养生解,其诠释之穿凿附会比比皆是;于颐卦亦然;故养生非异说,奈未当其处,不亦诬乎?再者,虞翻之纳甲固本《参同契》,然其可贵在明易道之消息;陈抟之《易》亦有与于养生,然精粹在图。而是皆为陈氏所廓,反取道家各自为说之丹诀,《参同》纳甲之余涎,以之解经,岂知《易》哉!

至于陈氏此书,亦有其可取者,即能融贯群经,兼采百家。如泰之"包荒",以《禹贡》"荒服"明之;随上之"拘系之",以《诗·小雅·白驹》"絷之维之"当之;临五之"高尚其事",以孟子所谓"舜视弃天下犹弃敝屣"之意合之;恒五之"震恒",以《公羊传》"葵邱之会,桓公震而矜之,叛者九国"言之;皆与爻义体切。又解噬嗑四之"金矢"曰:"大司寇以两造禁民讼,入束矢于朝然后听之。其辞未备,后儒以为疑;谓先取其金,而后与之听,虽昏乱之世不为,况成周之治。考《国语》,齐桓公尝踵行此法,轻过而移诸甲兵,索讼者三,禁而不可,上下坐成以束矢。《管子》亦云:三禁而不直,则入一束矢以罚之;三禁而不可,始令出束矢之待听;听之而不直,始罚其矢以入官。无非欲弭争息讼,非先罚而后听也。"其辨亦正。此外,于观卦、震卦等明礼,详考"苋陆"之异字,释"枹瓜"之象义等,皆足参考。盖陈氏于学,可云博焉;惜食旧未化,其见乃迂。

若《汉易源流考》,叙汉易之传授颇详;然误信失《说卦》三篇之说,故曰:"《隋志》云'三篇',或言合《序卦》、《杂卦》为三;《史记》无《杂卦》。疑所失乃《杂卦》。故今《杂卦》之文,多与卦义不相比附,而《序卦》意为联属,后儒亦多疑非孔子作也。"此以意猜度,殊未可取。孙星衍曰:"《易》本未逸,或后又得藏篇,书中仍有之,非益也。"则已得情实,故失《说卦》之说,何必妄加推测哉。至若《史记》记事,难免以文为主,故于十翼,即以"序《彖》、系《象》、说《卦》、《文言》"八字概括之也。又曰:"……转相传述,历六世二百八十余年之久,岂有不增一义,不溢一辞者乎?而谓田何之学尽出于孔子,吾不敢信也。"夫此疑古之说,亦未必是。盖学说之传述,贵乎得神,或有增益,大体仍是。且精神所钟,岂一义一辞所能变;或变其意者,又何能得神而传述哉。如陈氏之见,必流于琐碎之考据,非易道之本也。于《春秋筮法》,即录《左传》及《国语》之筮占而略加注释。然《左传》引《易》之文未全录,如伯廖言丰之离、史墨说龙等;《国语》亦未及董因筮及之泰之八。末卷《读易杂说》,乃类以观象,明爻位互体等,亦有可取者。

201. 成蓉镜《周易释爻例》提要

《周易释爻例》一卷,清成蓉镜著。蓉镜字芙卿,宝应人。始末待考。此书收入《皇清经解续篇》,无序跋,亦未详何年印著。若成氏著《禹贡班义述》,自序于道光三十年庚戌。此书亦以是年(1850)论。

夫此书凡分四节,以释六爻之例,曰二、五,曰三、四,曰初、上是也。爻例者,犹取爻位之象,为取象之一法。成氏曰:"凡二、五爻称中",确可成例,当上、下二卦之中也。下加按语,遍引孔子、孟子、《中庸》、刘子(见《左传》成公三十三年)、董仲舒、荀爽、程明道之言"中",极是。过犹不及,可不以中自勉乎?又引伸而曰:"二、五称黄",证诸爻辞,为坤五、噬嗑五、离二、遯二、解二、鼎五,亦多可合;唯革之"黄牛"当初九耳(此例已有惠栋之《易例》)。曰:"凡三、四爻称内",本于中孚之《象》;盖以综卦言,而三、四在内。然以六爻之初、上言,初、二为内;故此例未可执者也。又曰:"称'际'、称'或'、称'疑'、称'商'、称'进退'、称'往来'、称'次且'",乃本上下反复一义之引伸,证诸爻辞,亦不无可合;然若"进退"者,《说卦》已明言为巽象,似不必更取爻例。又"往来"者,兼及六爻,未可徒指三、四;按语有曰:"坎之六四,刚柔际也。'际'谓二、五二刚,三、四二柔之际。"此义甚是。然则坎四之际,实指四、五及二、三之间;更推明之,凡二爻之阴阳不同,皆有其际,三、四乃上下卦之际也。曰:"凡初爻称'始'、称'下'、称'卑'、称'足'、称'趾'、称'履'、称'屦'、称'籍'、称'尾'、称'穷'。"除"履"外皆可取。履者,上天下泽也,当以卦名论。又始有乾象,卑有坤象,足、趾等有震象,尾有艮象,皆宜与爻位象并存者也。然成氏执于爻例而不知卦象,竟以虞氏取"乾为始"为非,未免自囿。于上爻曰:"称'终'、称'末'、称

'上'、称'尚'、称'亢'、称'穷'、称'角'"等,亦是。若称"高",则宜取巽象;称"天"、"首"、"顶",皆乾象也。又此爻之按语盖已佚焉。

总观是书,不无可取,爻例实可补卦象之未备。惜成氏徒知爻例,以之求爻义,殊觉固陋;观象系辞,岂一端可尽哉!

202. 丁晏《易林释文》提要

《易林释文》二卷,清丁晏著。丁氏始末,另详《周易解故》提要。是书成而自序于咸丰四年(1854)。书仿陆德明《释文》例,未全录《易林》,惟有所考据注释则录之。夫其时有黄丕烈重校宋本《易林》行世,而丁氏以旧传汲古阁毛子晋本及《汉魏丛书》何见中本校之,颇有旧本不误而黄本妄改之者,乃作是书以正之。后又见翟云升《易林校略》,谓视黄本为善,然仍有所误,亦兼正之。且于顾亭林疑为东汉以后人撰;翟云升取牟陌人说谓系崔延寿撰;皆明辨其非实,确有所见。其言曰:"亭林曰:此时《左氏》未立学官,《易林》引《左氏》语甚多;又往往有《汉书》中事,如长城既立,四夷宾服,交和结好,昭君是福,事在元帝竟宁元年。晏按:《左传》当两汉时虽未立博士,贾谊已为训故,河间献王传其学,《毛诗故训传》多依用之,于《易林》何疑焉。至昭君不必为元帝时事;或取昭明之义,如《毛诗》平王之类;萃之临曰:昭君守国,诸夏蒙德。此'昭君'又何以解焉?且元帝之世,延寿固当见之矣。"夫此说较《四库提要》之言尤善。盖虽实指昭君为王嫱,延寿亦能见之。今以长于京房二十岁论,则竟宁元年焦氏仅六十五岁耳。可见焦氏之著《易林》,体例早定;若其系辞,则晚年尚有所修订增补。又辨牟氏之说曰:"牟氏亦云:序假名费直,妄人加'东莱费直长翁曰'七字。既明知旧序之伪,犹以为莽时。且谓崔篆盖字延寿。'盖'者疑辞,遍检书传,篆无延寿之字。臆说纷腾,疑误后学,夫何取焉。"此亦能一语中的,牟氏之疑,甚无谓也。

若丁氏之释文,确能无偏见,既列各本之异同,凡宋本及翟校之善者皆取之,未明者阙疑,唯未善者乃订正或增补之。如乾之坎"黄鸟未集",云:"何本作'来集',当从之。作叶字之误。宋本作'采菉',翟本作'采蓄',皆臆改,不可从。"按:此辞用《诗·小雅·黄鸟》篇义,诗云:"黄鸟黄鸟,无集于穀。"下二章则改"穀"为"桑"及"栩";而焦氏即取其义而云"来集",意极明显。若"采菉"或"采蓄",反迂曲焉,则确当从何本。又如师之否"羿张乌号,毂射天狼",翟本未注。丁氏乃曰:"案:乌号,弓名,《文选·子虚赋》:'左乌号之雕弓。'《史记·天官书》:'其东有星曰狼;下有四星曰弧,直狼。'天狼星也,如羿射十日之类。"又如姤之需"卑斯以思,为君奴婢",丁氏之以"斯"训贱,与翟氏同,乃皆本《后汉书·左雄传》注;而更用旅卦"斯其所取灾"证之,于义尤切。凡此皆能补翟注之未足。然丁氏于《易林》之同辞,未若翟氏之能全书注明。又兑之随,丁本为"如蝟见鹊,偃视怒肠,不敢拒挤",翟本"怒肠"作"以复","拒"作"距"。夫"拒"、"距"可通;若"怒肠"与"以复",据《淮南毕万术》曰:"鹊令蝟反腹者,蝟憎其意而心恶之也",则宜以"以复"为长。故此书与翟氏之《校略》,皆有所得,同为研《易林》者不可不读之书;而丁氏之深信为西京故书,则其见与翟氏异焉。又书末有丁氏之年侄仪征刘毓崧跋,间以避讳等义,以证焦氏《易林》作于昭帝之时,亦一说也。

203. 丁晏《周易述传》提要

《周易述传》二卷,清丁晏著。是书成而自序于咸丰五年(1855),是年已六十二岁。

盖丁氏于《易》,泛滥旁求百数十家;六十后笃嗜《程传》,以为孔子后一人而已,乃深味乎程子之忧患云。《述传》者,述《程传》也;未及全《易》,惟于《程传》有述,始录经文,下引《程传》,末加"案"字以自抒所得。间有证以史事者，如于同人五曰："如周公之于成王，霍光之于昭帝，非先号咷而后笑耶？周公不幸而遇管叔，霍光不幸而遇上官杰，卒能兴师诛叛以安朝廷，可谓大师克相遇矣。"于睽初曰："人而不仁，疾之已甚，乱也，况当睽异之时乎？陈太邱之见张让，郭汾阳之见卢杞，皆合此爻之义。"他如师二在师中，以淮阴侯登坛拜大将；井三求王明，以苏文忠上神宗书喻之，皆是。是犹《诚斋易传》，唯仅及数十爻耳。间又引证古义，如益上"偏辞"，以孟喜作"徧"为长；丰上"无人"，以《论衡》无贤人当之；未济"汔济"，从郑、虞训"几"而不作"仡"；则足以补正《程传》。又如小过《象》曰"有飞鸟之象焉"，《程传》以为不类，丁氏亦证以古本，而明非误入；大过上之取义，则以《本义》杀身成仁为长。凡此皆能尊信而不迷，可谓善学《程传》矣。若于蒙上曰："兵以御寇，而其弊乃至于为寇，三复爻辞，为之怃然；故善用兵者，安静无哗，节制之师，必自不扰民始，惟不扰民，而后能御寇也。"于家人《象》曰："家人严君，兼言父母，古之哲士，多有贤母以毓成之；吾见今之士大夫家，往往父训甚严，而其母溺于姑息之爱，子有过则匿不以闻，以致败行丧家者多矣。故家人利女贞。"则亦有感而言，夫是时兵丁之扰民，及治家之过严而酷，以致母溺而姑息，皆晚清之大弊也。

再者，丁氏书后曰："窃谓非程子明理之学，不能为此传；非程子进讲之忠，不能为此传；非程子身罹忧患，远窜流离，亦不能为此传。惟其阅历既深，造诣益进，洞然于阴阳消息之数，吉凶悔吝之机，其见几也微，其取旨也远；言之者无罪，闻之者足以戒；可以立身，可以处事；举而措之，可以治天下国家。此圣人之学也，第视为解经，抑末矣。夫圣人十翼之传，明白显易，不烦注言。而后儒之说《易》者，解愈繁而义愈晦，理愈凿而道愈歧；即便探赜索隐，抉幽洞微，亦非圣人易知简能之学，支离曼衍，庸有当于《易》乎？"可谓深知程子之心焉。然谓十翼不烦注言，则未是。原程子之未注《系辞》以下，时不及也，岂不欲注耶？至于后儒之说，诚有穿凿者；而能发挥精义者，亦不乏人。故丁氏之主程而一概斥之,未免偏执矣。

204. 周韶音《易说》提要

《易说》二卷,清周韶音著。韶音字谐伯,沭阳人。受业于山阳鲁通甫,首有山阳鲁蕡叙,必系其师之子侄辈。叙曰:"吾友周君谐伯,博览群籍,喟然贯通,既屡踬于有司,乃益发奋,闭门覃精,求古人之所未及;所著《易说》二卷,辨而不凿,切而不拘,其义长于引申,旁征史例,不假枉就。"时同治五年,谓周氏已没七年。末有其孙跋,谓:"先王父极矜慎,未肯遽出;弃养后始付梓。"则周氏成此书,当以卒年为准,即咸丰九年(1859)。

其体例未及全《易》,仅于二篇之某卦某爻,十翼之某象某象、某章某句,有感有辨则说之耳;间多引证史事,于义理不乏可取者。如于泰二曰:"九二治泰之主。'中行',九二之德;'包荒','中行'之用也。然'包荒得尚于中行'者,以'用冯河'之勇,'不遐遗'之智,'朋亡'之公也;公即仁也,有智仁勇之德,而宽以居之,此所以'得尚于中行'也。不务乎是,而曰以宽为本,则庆历之优柔,适所以致熙宁之变法耳。历观汉、唐以来长有天下者,莫不得之于宽;而其亡也,亦必由之。盖徒知'包荒'之贵,而不得乎'中行'之义矣。"此配合三达德,殊切。于睽九二曰:"同寅协恭,和衷共济,君臣一德之时也。至于睽乖之际,君子但不枉道以求合,然其'纳约'之诚,有不能径行其意者矣。故以孔子之圣,至于历国应聘,见可而仕,思为之兆而后已,诚欲以救时也;孟子沼上之答,雪宫之对,好色好货之称述,无不因势利导,引其明而徐通之,未尝进一逆耳之论。而吾之以道事君者,究亦无所于屈;如是而不用,然后知其君之不足有为,而吾无憾矣。后之人不为诡遇,则为已甚;即有心孔孟之心者,知闭门逾垣之非礼,而不知陈善闲邪之有方,数进不用难听之言,以撄人主之逆鳞,所谓未信而谏者也,亦何惑乎古道之难行哉?"此深得"于巷"之义矣。

他如以《无逸》戒"包无鱼",以萃四明事君,以曾子当艮上,以丰之"勿忧"为忧之深,皆有见地。惜未悟先后天而非之,屡斥朱子之卦变,于当时盛行之汉易尚一无所知;盖困守一地,所见隘矣。说随《大象》有曰:"……至于洋舶互市,火德为灾,举国若狂,几无不俾昼作夜者;此开辟未有之奇事,盖阴阳之令于是而大悖矣。祸福无常,惟人所召,胥天下而反易天明,则其他亦何所施而不可,毋惑乎其舍昭昭而即昏昏也。"可窥是时书生之见,虽难免固陋,然以百年之史事观之,亦未始非知几之士也。

205. 丁寿昌《读易会通》提要

《读易会通》八卷,清丁寿昌著。寿昌字颐伯,号菊泉,江苏山阳人。道光进士,博学。官严州知府,有治绩。晏子,年未五十,先父而亡。按晏于同治五年序其书,念其子也。序曰:"道光初年,儿甫七八岁。"或初年非确指元年。今以元年为七岁论,则亡于同治元年(1862),实为四十八。其书未及《系辞》以下,盖不及著而卒。卷一为《总论》,述《周易》始末殊详,犹孔疏之《八论》也;于《周易》授受源流,有取乎《四库提要》二派六宗之说。末录其父执苏秉国(字蒿坪)《周易通义》及其父《周易解故》、《周易述传》之序,则丁氏《会通》之旨在焉,乃欲兼通汉、宋而归于苏氏及其父之说也。然全书仍以宋理为主,汉象仅附属而已,盖苏氏及其父之说本然;可见会通汉、宋,岂易言哉。

于《易》名,取乎郑氏一名三义,诚是。而不取日月为《易》,实则并存无碍;《说文》既载《秘书》说,证诸《系辞》,本有"阴阳之义配日月"之文者也。于重卦之人,以为伏羲,本《淮南·要略训》"伏羲为之六十四变",亦是;考早于《淮南》之《管子》,有云"伏羲造作六峜",亦可佐证。于卦爻辞,谓"冲远父统子业之说,最为名论"。于十翼之数,亦遵孔疏,皆得其正。能取卦象,可谓有见。不取卦气、爻辰、纳甲等,亦未可非。至于不取旁通、升降,则误矣。谓"云行雨施",当从孔疏释"亨"德,苟、虞乃附会升降之义;安知升降(旁通亦然)犹亨,乃丁氏未明亨通之象,故惟知汉易之定象,而未知汉易之变象,此全书之大疵。又不信卦变,亦此失也。故丁氏于汉易,尚屯邅于篱外者也。若于宋易,盖欲斥先天、河洛之说,亦未免隘。谓《本义》首载九图,非朱子意,尤大误。以下释经,乃摘录王注、孔疏、《程传》、《朱义》四家。于卦爻下,则录《释文》、《音训》等之异音异义,后加案语,以取各家说,盖欲以会通也;于象颇采苏氏说,于本卦外惟取一爻变耳;于《易》义,尚能明辨各家而会通之。

如于讼四曰:"案王注曰:初辨明也;盖谓四与初'不克讼',四与初为正应也。《程传》谓:四承五履三而应初,俱'不克讼';取象稍远。又《正义》云:王注若能反从本理者,释'复即'之义;变前之命者,解'命渝'也。是以'复即'为句,'命渝'为句。案王注云反从本理者,是释'复即命','命'即本理也;变前之命,是释'渝'字,不连上'命'字。《释文》单出'渝'字,不连上下为句;《正义》误解王注,割裂经文,以'复即'为句,非也。《程传》以'复即命'为一句,'渝安贞'为一句。案坤《象》亦云'安贞吉',不当连'渝'字为句。《朱子语类》曰:'不克讼'句,'复即命'句,'渝'句,'安贞'句。伊川以'渝安贞'一句读,不甚自然。虞仲翔曰:失位,故'不克讼';'渝',变也;'不克讼'故复位,变而成巽,巽为命令,故'复即命';渝动而得位,故'安贞吉'。虞氏此读,与朱子正合。苏蒿坪曰:互震为动,有渝象;互艮为止,有安象。"夫此辨孔疏之误,及虞、朱二家之句读同,皆可取。若《程传》谓"四承五履三而应初"者,除应爻外,兼及上下二比爻耳,应、比皆《易》之大义,未可谓"取象稍远"。又虞注于"安贞吉"下,尚有"谓二已变,坤,安也"七字。盖"不克讼"故复位,谓四、初正而卦成中孚,初阳为复,是谓复位;又二变成益,二、三、四下参坤象为安,

且下复又有复卦象。乃丁氏未知虞氏之取象,故于"复即命渝"之
"复"字未明;且本苏氏一爻变取象,则卦成涣,既无坤象,故不得不
取艮止为安,实则安象宜从坤顺,于艮止尚不甚切。若其言曰"虞氏
此读与朱子正合",亦有语病,似虞氏在朱子后;此盖丁氏本以宋理
为主而兼及汉象耳,乃于行文中自然而见,岂曰无偏汉、宋耶。又
曰:"虞氏往往舍本爻,而取他爻之变卦,则求深而反晦矣。"(见震二
上)言虞氏取象之非,殊误,尤非知《易》者言。盖爻变宜由本爻而及
全卦、旁通卦,以致全《易》为一,其可孜孜于本爻而不及他爻乎?若
于姤上曰:"案虞仲翔曰:乾为首,位在首上,故称角;动而得正,故无
咎。《程传》谓:无所归咎,与中无咎之例不合,非也。"此盖上九失位
之正,犹一爻变,乃与虞氏义同以之正,《程传》可取。又于萃上曰:
"案《程传》谓:求萃而人莫之与,其穷至于'赍咨'而'涕洟',由己自
取,又将谁咎? 与释姤上九'无咎'同,非通例也,故《本义》仍从旧
说。'未安上'者,虞仲翔曰:乘刚远应,故未安上也。与王注不敢自
安之意同。《程传》谓:未便能安于上。亦非。苏蒿坪曰:'赍咨涕
洟',取兑与互巽互艮之象,兑口、巽眼、艮鼻也。"此明虞、王同意,以
正《程传》之非,亦是。若王氏之扫象,可谓大异于虞氏矣,而丁氏每
能由异而同之,此可贵者也。惜于取象必限于苏氏,则囿于私见,未
得易象之正。如离目为眼,巽则离目上向,即离初画至上画成巽,故
为多白眼,而巽象何有眼象? 乃苏氏未究虞注三之四体离、坎之精
义,每迁就卦画,以附会易象(如艮为安,巽为眼等等是也),不亦颠
乎。丁氏乃未见于此,反取之而舍虞注,不亦大谬乎。设或能本惠
栋、张惠言等之取象,以之合宋理而言,则庶几成"会通"之名;而今
则唯通于理,而未通乎象者也。丁氏曾取乎惠氏之说,然于正位、取
象之大义未从;于张氏说则未取。或不以为是乎? 虽然,丁氏于历
代之易著,已能有见于心,与道听途说或固执一二家之言者,其贤亦
多矣;乃天不假年,而未成《系辞》以下,亦未能更进一步以会通汉、

宋,惜哉。

206.丁叙忠《读易通解》提要

《读易通解》十二卷,清丁叙忠著。叙忠字秩臣,长沙人。此书述于晚年,本名《读易初稿》,凡八卷,时当同治二年癸亥,为家塾课本。后数年多所改正,乃名《通解》,分为十二卷。至八年谋付梓,丁氏已卧病,且于是冬卒。若此书之成,宜以同治八年(1869)论。夫丁氏于《易》,悉准周、邵、程、朱,可谓纯乎宋易者也。凡卦爻之义,皆切近人事,又每引传义及先儒之说,每卦末有总论,颇简洁可取。

如于泰卦曰:"六爻之义,初与四应;初'以其汇',阳之汇也;四'以其邻',阴之邻也。居泰交之始,故特发引类召群之义。二与五应;二以'包荒'得尚于五,五居泰交之终,故特发维持保护之义。"于颐卦曰:"颐有上庇下,下求上,阴阳相求,神形交养之义。其象则以初、上两阳总摄群阴于内,初阳震动,欲其有守;上阳艮止,欲其有为。有守,所以立颐养之防;有为,所以大颐养之用。二者非阳刚莫能也。中四阴俱以与阳比应取义。二以阴柔比初,而在动体,恐其兼有上求之义,故告以'于丘'之凶;五以阴柔比上,而在止体,不可独操下养之权,故严'涉川'之戒;三与上应,而以阴形之养奉其上,所求者私,故以'拂颐'而凶;四与初应,而以阴形之养给其下,所为者公,故号'颠颐'而吉。学者诚于义、利、公、私之间辨之,可以得养道之正矣。"于咸卦曰:"四当心位,合言感应得失之理。……下三爻有感于内而不能自止之象,上二爻有说于外而不能自主之象;二者皆心得之累,所谓神为形役也;而三、上之累心为甚。"于遁曰:"内体艮止,有止于事中之象,曰系、曰执、曰勿往,愈下则愈不能遁,在内故也;外体健行,有出于事外之象,曰好、曰嘉、曰肥,愈上则愈利于遁,在外故也。他卦以初上为事外人,此则远阴者为事外人,遁贵知几故也。"若此等确然有见,言皆有物者也,有条不紊，得说理之正矣。

又首"六十四卦说"一文，盖依《序卦》之次，法《杂卦》之体，以明六十四卦之大义，亦即每卦总论之提纲也。如曰："乾，健也，动而无息；坤，顺也，静而有常。屯，阳长于内而未申也；蒙，阳达于外而犹稺也。需，阳相待也；讼，阳相达也。师，阳用阴也；比，阴戴阳也。小畜，一阴畜五阳，所畜者小也；履，一阴履五阳，所履者危也。……无妄，动以天，天心无伪也；大畜，止其健，天德愈纯也。……夬，阳决阴也，决必尽，君子防患于后也；姤，阴遇阳也，遇必慎，君子察几于先也。……中孚，感于内也；小过，敛于外也。既济，事已济也，戒其止于终也；未济，时可济也，忧其不续终也。"夫由上摘录，大义已见，此文而有质者也；丁氏之能由博返约，殊非空说义理、散漫无当者所可比拟。

至于解《系辞》以下，大半从《本义》，然亦能合而观之。如于《系辞》上第二章曰："上章言造化自然之易，贯彻天人，为作《易》之本。此章乃言圣人作《易》，举凡人事、天道、三才至极之理，莫不包孕于其中，故君子体之，而动与天合；盖承上章言之，以起下诸章之义也。第三章至十一章，又所以反复申明此章之义。十二章乃合全篇而总论之。"可见丁氏之治学，得会归有极之理。然是时汉易之行已久，奈丁氏尚无所知。如曰："'朋'者，偶也，凡《易》中言'朋'，皆以阴言，先儒似未解此。"（泰二）实则兑为朋，虞氏早言之。又曰："《易》中言'涉大川'，多有以乾言者，如同人、大畜之类；又止极必动，故独于艮上言之；大畜'利涉大川'，亦以艮上言也。"此唯以本卦论之耳，亦未全合，盖未知震足涉坎大川之易象，安知观象系辞之妙哉。原自王弼扫象，而宋易承其弊，每不言象；然迨清室中叶，汉易取象已渐复，而丁氏者仍固执于宋理，于易象尚作此言，未免陋矣。盖时尚所趋，有善不善焉，故孔子有从众、从下之别。若易道之由宋及汉，此清儒之功，乃善者也；或必以汉斥宋，则又成门户之偏，而不善焉。然虽有不善，君子宜择善而从，其可不知时尚乎。

207. 陈鼎《槎溪学易》提要

《槎溪学易》三卷,清陈鼎著。鼎字作梅,溧阳人。始末待考。书刊于同治十三年,首有李鸿章序,谓:"陈君既卒之明年,其孙公亮奉《学易》遗稿,丐黄君子寿为之校正。……刻既成,予为之序其端。"则陈氏之最后定稿,约可以同治十年(1871)论。

全书以说理为主,间参证史事,且能取乎卦象,凡卦皆注明宫世,又从来氏错综之义。若所取之象,大半有据于汉易,然未悟之正之大义,故于汉易尚有一间。如注乾《彖》有曰:"贞为终,元为始,圣人大明乾道终始,则见卦之六位各以时成,而乘此六阳,以行天道,是则圣人之'元亨'也。"又曰:"乾以通坤,变化万物;物所受为性,天所赋为命。'太和',阴阳会合冲和之气也;'各正'者,得于有生之初;'保合'者,全于已生之后。所谓一物一太极也,是则天之'利贞'也。"按此明四德之理,极是;然"元亨"犹卦变,"利贞"犹之正,一物太极者,各卦皆成既济之象。奈陈氏能言其理,而未观乎整个易象,故于所取之卦象,亦散漫而未能贯穿;若小畜取互离为舆,大有取错坤为舆,剥取坤为舆,睽取互坎为舆,大畜"舆"字则不取象,未免错乱。按舆者坤象,《说卦》已明言;坎者于舆为多眚,非舆也;以离为舆犹谬。盖大畜、小畜皆取错坤为舆;如大有之象睽者当四,明坤舆未正,则舆多眚而坎曳是也。又以一爻变取象,谓豫上"变离则明,能补过而'无咎',所以广迁善之门也"。于临三曰:"兑以一阴悦二阳,故曰'甘';阴柔不中,说之不明道,故'无攸利'。然互震则有恐惧之心,变乾复有'夕惕'之象,忧惧而从阳,乃'无咎'也。"按或仅以理言,仅以一爻变之旨,则此二爻似皆可取;然以之正之象言,则后者是而前者非。盖临三位不当而当变,豫上则位当而不当变;此"圣人之大宝曰位",不可不知者也,亦即汉象之精。不然变化无的,而言人人殊,无怪乎王弼之扫象矣。于损曰:"乾、坤交为泰、否,山、泽交为损、益。"亦有语病,于象未合。于升四"王"明指文王,似未若泛指王者为善。

若所说之理,有可取者。如于否五曰:"周公相成王,歌《七月》,陈《无逸》,此之谓也。"于明夷初曰:"飞而垂翼,伤之微也;君子见几欲决,避祸欲早,行矣。三日不食,可也;立于朝而道不行者,义不食禄也。明既夷矣,道既穷矣,虽往乎,主人有言矣;直道而事人,焉往而不三黜,君子亦守其不食之素而已,伯夷以之。"于艮上曰:"敦,笃实也;艮成始成终,故初以'永贞'始,上以'敦艮'终。圣人定之以仁义、中正而主静,立人极焉,敦之至也。震言'慎独',坎言'时中',艮言'主静';所以行之者,乾而已矣。"于涣三曰:"忧自外至者,其涣也易;悔自内生者,其涣也难。自私自是之疾,固结于中,必躬自涣之,以去其有我之私;我私既去,则脱然而无累矣,尚何悔焉。"于节初曰:"于学曰'含章',于口曰'括囊',于道为'默识',于战阵为'坚壁',皆不出之义也。"凡此等皆简明而密合爻义,节初所谓于道犹潜龙,于战阵犹左次也。又于贲上曰:"卦言贲饰,而初曰'舍车',三曰'永贞',四曰'白马',五曰'束帛',文胜之弊,圣人固心忧之矣;尚文者,非周公之志也。"或有感于是时文胜而云然?实则文不当而灭质固不可,若郁郁之文,何可不尚?此十翼所以述《文言》也。于恒《象》曰:"乾咸宁,坤咸亨,乾恒易,坤恒简;乾、坤之咸、恒也。咸化生,恒化成,咸、恒之乾、坤也。"盖综述三才之变化,殊得其要。于《易》之四道曰:"因象而后有变,因变而后有辞,因辞而后有占,四者作《易》之纲也。"此明四者之相因亦善,然可增加"因占而后有象"一语,则四道周焉。若《序卦》、《杂卦》之各分六段,《序卦》为乾之泰、否之贲、剥之离、咸之益、夬之丰、旅之未济,《杂卦》为乾之蒙、震之贲、兑之困、咸之鼎、小过之讼、大过之夬;其间能见消息之几,可备一说。夫陈氏此书,盖受当时汉学之影响,故亦取象;然仍未出宋易说理为主之藩篱,与惠(栋)、张(惠言)等之汉易,尚未可并论。

208. 俞樾《周易互体徵》提要

《周易互体徵》一卷,清俞樾著。樾字荫甫,号曲园,德清人。官编修,提督河南学政。罢官归,一意治经,主讲杭州诂经精舍,前后共三十一年,成朴学之宗。光绪末卒,年八十六。著有《春在堂全集》,凡五百余卷。此一卷收入《皇清经解续编》,未详何年所著;以成于五十岁论,当同治十一年(1872)。初据《左传》陈侯之筮,谓:"是在孔子未赞《周易》之前,已有互体之说,其可废而不用乎?"盖观象而系辞,辞准乎象;既观互体之象而系之辞,则玩辞时可不观互体之象乎? 凡汉易皆存其说,迨王弼扫象而互体废,钟会"《易》无互体论"虽亡,而其弊已深入人心。迨清之乾、嘉而汉易大成,互体之说亦粲然而明,此非大幸欤。若俞氏此卷,征引互体共三十九条,实仅互体中之一小部分而已。又专说爻辞,且未及四画以上之互;至于虞氏之正而取象,俞氏尚未悟其妙;故唯知本卦之互体,不知卦爻变之互体。此仍承高邮王氏之误。故俞氏于易学之造诣,尚逊于张(惠言)、李(道平)、姚(配中)诸氏者也。

209. 万裕沄《周易变通解》提要

《周易变通解》六卷,清万裕沄著。裕沄字澍辰,黄冈人。邃于《易》。京试不得志,更入山读《易》。同治初,以贫故借补崇阳县学训导,仍以研《易》为事。是书作于咸丰三年(1853)至同治十二年(1873),凡二十年六易稿而成,用心亦苦矣。于汉、宋绝无所偏,既准汉易之取象,使同归于既济;复明先、后天之卦位,释阴阳之自然消息。可谓得说《易》之正者也。

所谓"变通"者,"变"犹十二辟卦之阴阳互变,"通"谓一阴一阳、二阴二阳、三阴三阳之互通;故由通而合于辟卦之变,即乾坤十二爻也。
又凡卦皆贞既济,故大体同虞氏。若取象之法本诸变通卦,通卦犹卦
变;然各卦皆及数卦,乃于易象亦能圆通。惟于虞氏取爻变之象,尚有
逊色;盖爻变时阴阳之多寡亦变,非徒阴阳爻数相同之卦互通耳。于
所取之象,什九有据。若取兑为言,较虞氏取震为言,更合兑口之义。
惟以虞取离飞为非,而取坎为飞,则不可;盖离雉为飞鸟,即离火炎上
之义。又取坎为舆,震为自,亦未可。虽先儒有取之者,仍当遵《说卦》
坤为大舆,坎则可为轮,于舆乃多眚也;自则当取坤我为自。

　　至于参合先天以取象,如大过之"老夫"等,既本变通以取象,复
曰:"……其象实自先天卦来。先天乾左、右为巽、兑,乾,老夫也;巽、
兑,女妻也。坤左右为震、艮,坤,老妇也;震、艮,士夫也。大过为巽、
兑,中有纯乾;错颐为震、艮,中有纯坤。在大过之时,故取'过以相与'
之象。得者,阳得阴、阴得阳也。"亦深得易象。于《杂卦》最后八卦曰:
"大过下八卦不对者,盖言先天乾阳之流行,而以之象天体者也。八卦
除坤不用,以巽始,以兑终,中以坎、离相往来,象日月。先天乾左兑右
巽,合之则大过,故以大过为首;乾右为巽,乾合巽为姤,故次以姤;乾
右方巽二阳、艮一阳,合之则渐,故次以渐;乾下方艮一阳终,震一阳
始,合之则颐,故次以颐;巽、艮、震、兑中为坎、离位。颐下次以既济
者,月上日下,望象也;归妹下次以未济者,日上月下,朔象也;乾左方
震一阳,兑二阳,合之则归妹,故次以归妹;乾左为兑,兑合乾则夬,故
终以夬;终以夬,实终以乾也。八卦去坤不用,以用坤则乾坤相对,阴
阳相交,不能以乾阳一气周流。有姤、夬而无剥、复,以言剥、复,则乾
阳有始终,亦不能以一气周流;惟有姤、夬而无剥、复,则乾阳惟有消长
而无始终,此乾阳之所以一气周流也。姤以见乾阳之消,夬以见乾阳
之息,渐则阳之降而消,归妹则阳之升而息,颐则一阳未终一阳已始,
既、未济则日月往来相推而成岁,可见天地间皆乾阳之气流行不息;而
《易》之为书,即发明此不息之理。"此尤能发先儒所未发,且密合象理,

绝无穿凿之弊；与李光地环互之说，可并传者也。又载有此八卦之图，亦录存于下：

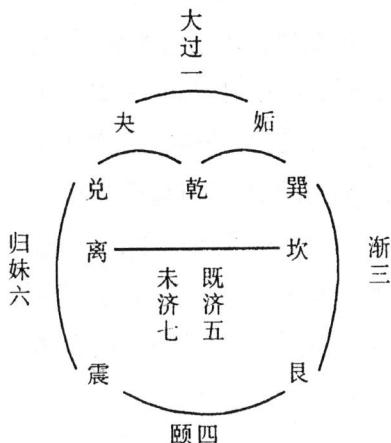

他如解《系辞》上第一章曰："天地之雷霆，鼓其阳以上行，乃震雷艮霆，依乎坤地之象；天地之风雨，降其阴以下润，乃巽风兑雨，依乎乾天之象；天地之日月，东西运行，而一寒一暑分焉，乃离日坎月居乎乾坤中之象；离为日而坎为月，火主暑而水主寒也；此四句乃先天卦象。下四句为后天卦象。乾为父，得乾道而成震、坎、艮三男；坤为母，得坤道而成巽、离、兑三女；后天乾统三男，坤统三女。后天阴终戌亥，以乾居之者，乾知大始也，后天阳卦以乾始之也；坤居未申，物至未申皆已成就，坤化成之也。"此亦深得观象系辞之大义。若寒暑二象尚可取乾坤，即先天之乾、坤成后天之坎、离，乃火主暑而水主寒，则阴阳之互交，所以成先后天也。凡上所引皆自然有合于卦象，融汉、宋于一炉，其见较以汉易为标榜者更可贵也。

若于颐卦曰："《易》中言'贞'有变例，若坎、巽为下卦，艮、离为上卦；坎、巽初、二，艮、离五、上，《易》每以'贞'许之。四卦阴阳本不当位，而初六顺承九二之阳，六五顺承上九之阳，得坤顺承天之道，故《易》以'贞'许之。其反乎此者，若震在下卦，初、二虽贞，而《易》以乘刚为嫌;坎在上卦,三爻皆贞,而上以失道是戒。《易》固以阴阳当位为吉,而阴阳顺逆较所处之位尤重,《易》岂尽以九居阳位、六居阴位为贞乎。"是乃由汉易之贞爻,兼及宋易所重之乘承顺逆之例。实则贞位之于顺逆,各有所当,如以正位言,则定于既济,位乃圣人之大宝,决无失位反吉之变例。然此以六十四卦总言,而或各卦分言之,本不可不明辨各卦自有之时,若乘承应比等,皆属于卦时者也。故万氏之言,于理诚是;然于时位之辨,略有所混,乃有变于"刚柔正而位当"之大义焉。若"元吉"、"贞凶"等义,皆本先天图以明之,亦能全书一例,足与焦循之《易通释》媲美。故总观是书,万氏实深得于《易》,绝无汉、宋门户之私见;二十年之苦功,有其果焉;决非道听途说、执一先生之言者所可比拟也。

210. 章世臣《周易人事疏证》提要

《周易人事疏证》八卷,清章世臣著。世臣字豸卿,又字乔非,望江人。司铎数十年,晚年专一于《易》。生于嘉庆十九年(1814),卒于光绪十六年(1890),年七十七。此书始辑于同治六年丁卯(1867)。有正、续编各八卷,今仅见正编。自序于同治十二年(1873)。此外于《易》尚著有《传家易传义存疑》、《易经从善录》;前者提要另详,后者未刻,未识稿本能否保存乎?

若此书者,博采历代史、文易著约二百家,凡其言以《易》义明人事者,悉依《周易》之次编之;经文不录,仅题卦名,下分"彖辞"、"彖传"、"大象"、"六爻"、"总论"。《系辞》以下,或以节,或以句为段落,如天地数等;未能直接有与于人事者盖略焉。于逐卦逐爻皆辑有数家之说,多则十数家,众说缤纷,变化不一,可见各家之象;喜以人事味经文者,此书可谓总汇,收集资料,学者便焉。固非李光、杨万里等一家之说可比,较李衡之《义海撮要》,内容亦简而富。间有自加案语,论断甚精。

下录数爻，以见一斑。

如解卦上六引来知德曰："隼栖于山林，人皆得而射之；惟栖于王宫高墉之上，则如城狐社鼠，有所凭依，人不敢射。盖六五之'小人'，乃宦官、宫妾；上六之'隼'，则外戚之小人，王莽之类是也。"又引汪瑗曰："以元老之重，抱已成之器，除君侧之金壬，待时而动，收解全功，不亦宜乎？王沂公之除丁谓，韩魏公之除任守忠也以之。"又引李兆贤曰："郭汾阳之克安、史，裴晋公之擒吴元济，皆此象。"下更有按语曰："来氏以乘墉之隼为外戚之象，则如平、勃之诛诸吕相似；李说太宽泛。"

于损卦九二引胡敬斋曰："汲黯在朝，淮南寝谋；温公为相，金人不敢扰边；贤人之势重如此。"又引林希元曰："桐江一丝，系汉九鼎，清风高节，披拂士习，可当此爻之义。"下亦有按语："智伯欲伐卫，南文子告主备之；智伯曰：卫有贤人，先知吾谋也。魏文帝出广陵，望大江曰：彼有人焉，未可图也。亦林氏、胡氏之意。"更引吴尚默曰："此爻旧主隐逸者，辨者谓二、五正应，则所谓刚中自守，已在正色立朝见之。但二以刚居柔，虑其媚说以徇乎五，故利乎贞以自守，而不得以征取之，戒词也。'弗损益之'，正明所以利贞之故。盖不自损其刚贞，乃能益其上也；若失其刚而用柔悦，适以损之而已。如汉汲黯、魏高允二人，在朝为不少，足以知'弗损益之'之义。"又引李兆贤曰："如孟子不应召，正以大有为望王之意。"又引唐治曰："损之九二曰：'利贞，征凶，弗损益之。'枉己者，未有能直人者，孟子不见诸侯，诚弗损矣；而天下万世，因是知有礼门义路，不至靡靡然胥为蝇营狗苟之徒，其所益岂有量哉！"又引陈洪冠曰："贡赋责之编氓，奔走属之下士，吾所以益吾君者，义与理而已；德义或亏，害必中于天下国家，是故朝乾夕惕，敬为吾君守之；萧然槃涧之中，皭然尘垢之外，上以启吾君乐道之心，下以敦士类廉耻之习，其所以益于上者，岂浅鲜哉！"

于益九五引顾懋樊曰："诗曰：'立我烝民，莫匪尔极。'盖我之'惠以孚',则民之德其惠与亦出于孚,《彖》谓'民悦'、'大光'者此,即其'元吉'也。"又引李兆贤曰:"真心益下,下必真心戴上,此三代仁主也。后世惟汉文屡下蠲租之诏,略足当之。"又引姚鼐曰:"上诚'有孚'以益其下乎,始或人有不顺焉;而待其既,无不顺我之德,而谓上之爱我矣。盘庚之迁殷,周公之伐武庚,始者人容有未即顺;然定居殷邑,既胜武庚之后,使人情终不以为悦,则又其有孚之道不足矣,岂盘庚、周公之所敢出者哉?"下有按语曰:"李圭海以汉事当此爻,虽于'惠心'、'惠德'意有关合,而只切卦义,不定属本爻。惟姚氏之说,为不可易矣。"更引汪烜曰:"此如蠲租、赈卹之类,事出非常者;若寻常之德政,不谓之损上益下。"

由上引三爻,可例全书,特择有按语者,更可窥章氏之义。如足成林、胡二氏之意,盖不主隐逸之说;辨李氏之宽泛,是姚氏之确切,皆有所见。然全书中加按语之卦爻仅什一耳,盖守乎"引而不发"之象者也。又卷首录有《春秋》筮法,即《左传》、《国语》中所引及之《易》筮,实录自陈世瑢之《周易廓》云。

211. 庄忠棫《周易通义》提要

《周易通义》十六卷,清庄忠棫著。忠棫字中白,江南丹徒人。流寓泰州。性玄穆,好深湛之思。少治《易》,通张惠言、焦循之学,又好读律。世业盐。时家道中落,中白好读书,益尽废生产,贫甚。曾国藩礼为上客,兵间仓卒无成,乱定校书淮南、江宁。光绪四年卒,年未五十。著述不下十种,如《易纬通义》、《东庄读诗记》、《静观堂文》、《蒿庵遗集》等。自谓平生心力所注者唯此书,本名《大圜通义》,其友谭献嫌其夸,改题《周易通义》。庄氏著此书,自下元癸亥七月,至上元乙亥六月,历十二年而成,以应岁星之一周。按乙亥即光绪元年(1875)。全书共八十一篇,义皆会通全《易》,而合以《春秋》经世之道;旨见于始、终二篇,曰"《精气》第一",曰"《贞下起元》第八十一"。

于《精气》一曰:"神无方而易无体,言乎神无不之。神无不之,而曰精气为物,游魂为变,何也? 气含精,精藏魂,魂凝物,物归变。(廷注:以上十二字,要旨在焉。)是故魂阳物,惟阳物故精,惟精故无体,惟无体故无不之,无不之故无变无不变,无变无不变故魂或凝于物,物必返于魂。魂无体,疑于阴而为阳;物有体,疑于阳而为阴;阳与阴合,则魂藏于物,而为精、为气;阴与阳离,则魂遁于虚,而为变、为化。魂虽变,不能不依于物;物有质,不能暂离乎魂;离乎魂,则其质失;不依乎物,则其精气不呈。故曰一阴一阳之为道也。"按庄氏以魂无体为阳,物有体为阴,以当一阴一阳之谓道;合则为精气,离则为变化。理易简可取。下又明其变化曰:"物类无尽,故变亦无尽,变变而物物,则失其变矣;物物而究所以变,则返乎变矣。惟《易》与天地准,则乎地,则知物之所以成;知乎天,则知物之所由范。范围天地之道而不过,曲成万物而不遗,通乎昼夜之道而知。……地者,信也,因乎天者也;天者,仁也,统乎地者也;惟仁能统地,惟信能承天。信不变而仁无方,故物资于阴气而魂无不之;仁者,诚也,故至诚无息。"此谓变变而物当则地属信,物物而变当知天属仁;仁以统信,信不变而仁无方。乃仁及万物而至诚无息,理即四德周流而本诸元,其中则为不变之信是也。盖明变不变相合之义。又曰:"纯乾纯坤之时,未有文章。阳入坤,阴入乾,更相杂成六十四卦,乃有文章。人参乎天地,故人之精不得比乎天地绳缊;人参乎天地,文相杂,故吉凶生焉。""精之化,始之端也;魂之变,终之极也;魂不得为精也。""乾流坤体者,乾元流坤而为坎、离,变成六十四卦,杂糅其阴阳、消息、升降,以与天道相出入、循环、往来,莫测其际,万物之魂无所不之,不与生命俱尽。以阳入阴,故谓之乾流坤体,故谓之游,故谓之变。若精之化,则杂乎阴血而为形,故不能无所隔阂,而与生命俱尽。""男女之精有形,精气为物之精无形;有形故与有生俱尽,无形故不与有生俱尽。不与有生俱尽,故精、气、魂分之则离,合之则一，求其一之之故，斯精、气与魂合矣。'穷理尽性以至于命'，此之谓也。"此阐明精、气、魂三者之异。又以精分有形无形，而明人与天地之异。异犹六十四卦之吉凶相杂，盖合卦变言；以穷理尽性以至于命，当同此三者，即终始间之天行；知死生之说，知鬼神之情状，太和反太极之谓也。此确为易道中要义之一。末结论曰："物不能无动，动而不已故变，变必有所之，之而反求其本，故复初《易》之道，其大圜乎！……大圜无端故神无方；游魂精气绵绵延延，相承而勿替，……魂之变而鬼也，异乎乾之通而坤也；魂而合于纯粹之精，则魂亦阳物也，而变亦乾神也；神则无方矣。变之始，则坤鬼而游魂也；言乎魂则为鬼，言乎神则为乾，言乎乾则通于精气矣。魂与精气通，乾与坤通，人与天地通，此所以为大圜也。"此以剥、复当大圜之象，诚是。若其实，则以魂通神鬼，当通神即乾，通鬼即坤；由神则与精气合，乃乾与坤通，亦即人参天地而通。理亦简洁可取。盖始变游魂，确宜慎者也；参天地之人悉本此，几希以异于禽兽者；魂通精气，其可忽乎哉？夫观此大义，与汉易合，谭献序谓其通张惠言、焦循之学，可信。以下八十篇，皆基此"大圜"之义，分取《易》中之一言一理而详加发挥，间颇多心得，宜逐篇略记之。

《远近》二，明身、物二者之变化，由藏器而推至不动、感通为大成，虑周旨切。

《负且乘》三，由解上而解三，通于需之"致寇至"，以明豫、蹇等象，终以谦为是。盖谓上不可招盗，用意亦善。

《珠华》四，盖以珠当圜象。又曰："旋者，圜也，故称元焉。"极是。明之正等，又通释诸卦之"元"、"征"，盖已活用焦循之说。以下诸篇皆同。

《地道》五，明综卦之理曰："犹上可之初，而三可之四也；二五正应正言之，其他通言之也。"则已推广焦氏之正之例焉。解方圜亦善，其言曰："圜以见方，非必方之为方也；坤为方，统乎圜而言之也。"

《鸿宝》六，明既济六位大宝，以辨得失吉凶之变化。

《文王箕子》七，曰："《周易》与《洪范》，皆通贯天地之说也。……伏羲、禹与箕子、文王，下及周、孔，固相为一贯者也。"所见亦正。

《剥复》八，即阐明首篇剥、复当大圜之义。

《升降》九、十，由七、九、八、六以明升降之理。合诸卦爻，则曰："乾、坤不能不成既济，既济不能不反未济，反未济者何？当升而不升，当降而不降也。"间取荀爽乾、坤成两既济之说，亦已推广焦循之说。又曰："泰、否不以二、五为升降，此《易》变例也，亦《易》通乾坤之大义也。"凡此皆深合易象。泰、否之二、五不升降，乾坤之消息也；升降之即坎、离，既济、未济之消息是也。

《往来》十一，往来即明消息，曰："上《系》终乾坤，下《系》终六子，明乎乾坤往来之为六子，明乎六子往来而终不越乎乾坤，此又往来之大义也。"此象亦合乎往来之当辨乾、坤与既济、未济。

《贞悔》十二，以明《易》与《洪范》所用之"贞"、"悔"，义各不同，所言亦是。然《洪范》所用之内贞外悔，《易》中亦宜用之，尚变尚占，各各有当，并取无碍者也。

《尊卑》十三，论各卦二五或敌或应之尊卑，并分论初、三、四、上四爻之吉凶变化。末云："未济者，六爻皆错也。乾、坤通乎坎、离而始得用，否则乾自为乾，坤自为坤也；坎、离亦必相通而始济，否则坎自为坎，离自为离也。然而未成于既济，则坎、离有待济之义焉；至于既济，而未济成矣，故未济在既济之后，非由未济以成既济也；离卦曰'离上而坎下也'，盖一易位而各不相通矣。《易》终于未济，《易》之微言，不在此乎。"此明由乾、坤而坎、离，由坎、离而既济、未济，合于消息变通之道。由既济一易位而未济，尤见大宝之可贵，是诚《易》终未济之微言。虽然，既明微言，若有未济之象，又安可不由未济以济之，则《易》之大义在矣。子曰："天下有道，丘不与易也。"犹此义。

《亨帝》十四，谓亨帝之礼，属于先王；由涣、豫证之，亦确。

《改命》十五，曰："不改革，则上不能承五，下不能以应初，故汤、武之君，必有伊、吕以辅之。"此密合象义。又由革而推论六永卦（革、明夷、蹇、家人、屯、需），更得卦象之自然分类。

《建侯》十六，谓建侯与设险，名异而实不异，所以捍卫邦国；实则非徒捍卫而已，安民以安国，侯不宁而天下宁，庶当先王建侯之旨。且侯之用可分阴阳二者，设险守国当用阴，晋昼继明则当用阳；故设险外，宜知险知阻，始能"说诸心"、"研诸侯之虑"；然则建侯与设险，亦不可不辨。

《后妃》十七，明后妃无出道。既无子，则妾之子即后妃之子；所以正后妃之位，而防孽嬖之上凌；于鼎初之理亦合。然母以子贵，未尝失礼，盖在善于因礼损益，乃能凝命取新而未悖也。

《昏媾》十八，其言曰："先寇而后昏媾者，匈奴之终于和亲也；先昏媾而后寇者，鲁桓之于齐也；昏媾与寇迭相见者，春秋之秦、晋也。"又通论各卦所言之昏媾。末结曰："君子之道，造端乎夫妇。其得正也，则虽寇而亦可昏媾；其失正也，虽夫妇而亦反目。甚且老妇士夫降及金夫之淫，亦可儆矣；垂示万世，不亦深且远哉！"可谓深得《易》言"匪寇昏媾"之大义。

《养正》十九，谓君父当善择保傅以教子弟，子弟当善受保傅之教，保傅则当善教子弟，合之乃能养正。且曰："夫蒙之有待于师儒，非仅《诗》、《书》之谓；日用事物，胥赖有人执之以正也。"亦合修道之大义。道岂可须臾离，故日用事物之于《诗》、《书》，其实一也。

《行权》二十，谓："后以施命诰四方，则行权之说也。""无制不可以行权，制者，行权之极致也。""不称则令无以行，不隐则将凌且偪矣。"释"行权"之理殊切。

《击蒙》二十一，合言击蒙与迁邦，谓："失其正，则戎生者即在其身焉。""坎为律，失其律，则坎即为寇；师中之坎，可不慎欤？"又曰："迁邦者，不得已也，亦坤未至于迷复也。"皆深味乎易象之言。

《龟卜》二十二,谓不可废卜筮,而不以京氏世应等为是;又谓太乙、奇门、六壬皆无于《易》,亦是。盖凡术数,皆《易》之支流耳。

《日》二十三,《晦朔》二十四,盖明日月运行,已知顺逆绕地一周必有少一日者。于月述纳甲之义,于日主行夏建寅。

《天文》二十五,不以郑氏爻辰为是,盖以日月为主。实则爻辰虽不可执,然天文不可不知星象。曰:"天文起甘石,羲孔说自殊。"未是。

《人文》二十六,谓人者著于文,犹天之著于日、月、星辰也;一以征机祥,一以明是非、决嫌疑也。解贲之五、上,或聘之,或终于丘园以立言,义皆是。

《礼》二十七,明吉、凶、军、宾、嘉五礼,谓:"即一人之身而论,则冠、昏、丧、祭也。"依次配"元、亨、利、贞"四德,诚是。又曰:"军也,宾也,非人之一身所有也;大刑用甲兵也。宾者,列邦之侯封,至后世之贡士亦谓之宾也。"间明历代之变迁,论科举贡士之失,盖是时弊已见焉。

《乐》二十八,略述历代之乐。然并未深考乐律,仅悲古乐之沦亡耳。

《书契》二十九,谓:"非契不能尽书之用,非书不能明契之别,是以书与契并言之也。"是犹刊行以传布之,乃能五阳决阴也。

《日中为市》三十,明商。《耒耜》三十一,明农。《沟渎》三十二,明水利。《葬》三十三,明送死。《井》三十四,明养生。《舟楫》三十五,明交通。以上诸篇,皆本制器尚象之义。

《雷》三十六,明震雷相荡之变化,与宋徐总幹《易传灯》同例。

《水》三十七、《火》三十八、《风》三十九,皆明卦象之本然,仅总论之。末曰:"地、水、火、风,释氏之说也。释氏之言与羲、孔殊,地所以配天者也,故不能合水、火、风而言地也。然风与水、火并言,羲、孔以后唯释氏言之也。后人习于五行家言,知有木,不知有风也;且不知羲、孔之初,固以风言,而未尝以木言也。"此言未圆,盖四大本与五行各有所当,若风与木,一言其气,一言其形,木即源于风者也。巽为风、为木,《说卦》固已并言,《大象》亦因卦而互用之;奚可偏废? 又以天地对言,合雷、水、火、风,盖取八卦相综之象,即"鼓之以雷霆,润之以风雨,日月运行,一寒一暑"之义,与释氏说亦各有所当。

《既济》四十,曰:"《大易》言用归于兹。"即由用归体。又曰:"终难首出万物。"并及贞凶之象。又曰:"人能求元不求亨,逆以施功大圜境。"即终则有始,而贞下起元,太和而太极,有体而无体,易道在焉。

《未济》四十一,曰:"离上坎下,离与坎之所欲也;从其所欲,则坎自为坎,离自为离;故既济虽为至治,反即成未济也。……从其欲而遂至相离,君子之所以惧也。"其言不亦恳切乎?《系》曰"惧以终始",宜勉之。

《御寇》四十二,曰:"兵者,可一日不用,而不可一日不备者也。"又曰:"御寇之说,有数端焉;其先欲发而使不发,次则欲发焉而使之不及发。至于既发,而能御与不能御,固未可知也。"亦语简意长。

《设险》四十三至四十六,详述历代设险守国之要,并论其得失。

《乘埤》四十七、四十八,述守城之理,明攻与围攻,有援与无援。以上诸篇,盖因时而发。若用兵之道,固具于易象者也。

《曲成》四十九,明曲成以该《周髀》。曰:"非曲不可以察圜之情,非曲不可以尽万物之用。"象理皆合。

《弧矢》五十,谓弧矢由曲成而生,张之则为大圜也。又曰:"弧矢易而为火器者,圣人之所不忍言也。"是犹今日宜禁用核武器之象。核亦为圜,故《易》之力诚无穷者也。

《水旱》五十一,《备水旱》五十二,曰:"水旱一听之于天乎? 不能不听之于天,而能详究其所自;则虽由于天,而实由于人也。"理极正。又曰:"祈祷之事,《繁露》言之详矣。""若董子之言,则出于不得已者,而要之祷祈之故,亦人君与师儒所当为也。"亦自然之感应,或视之为迷信者,其自陋耳。

《疫》五十三,《备疫》五十四,大义与上二篇同。于疾疫明无妄五、豫五之象,谓无妄之疾非疫,守正可也;豫乃情动偏胜之气攻之而生疫。凡疫,水、旱、兵、风虽各不同,而要之同归于热治之忌;散热寒,当辛通而滋润之,节宣其气以引之于大和可也。于医理亦是。

《虚一不用》五十五,谓:"有不用,始有用;有一,始能合不一而归于一;故乾之九五,虽飞龙在天,而其始实基于一也。"是即复初乾元也。

《甲庚》五十六,始述虞翻、马融之说,继明其理。曰:"盖后甲即先庚。先甲之辛庚之变,而复归于甲也。后庚之癸,万物之所灭藏也。"亦得简要之旨。

《朋》五十七,谓朋当坤众,乾阳纯一不杂,不必相比附而居。复卦辞、豫四皆指五阴朋盍附一阳;他及各卦之朋,皆取此义。亦可备一说。

《前言往行》五十八,谓:"震得乾之气,乾之于震,非前言往行乎?"故曰:"人之生,未有不因乎天者也。"盖得首乾之义焉。

《三皇》五十九,谓羲、农、黄帝为三皇,尧、舜、汤、武继之,禹则由箕子《洪范》称述。

《范围》六十至六十二,明地球及黄道、赤道,总归于大圜。言或限于时,理仍未误。

《五行》六十三,即明上述雷、水、火、风四者,以通于五行耳。

《七十二候》六十四,述卦气图。并谓当先启蛰后雨水,曰:"启蛰后云上于天需,继之于泽雷随,雨水之象也;泰三阳奋而蛰启矣,讵得谓在雨水后哉?"凡此气象,因地域之不同自然有异,未可执者也。

《牛马》六十五,述乾马坤牛以引重致远。

《鸟兽》六十六,述离鸟艮黔喙之属。为兽,鸟阳而兽阴,卦则艮阳而离阴,谓:"阴阳交杂而成《易》也。"然以先天两仪言,离亦为阳,艮亦为阴。

《鳞介》六十七,述巽鱼、离龟等水族之象。

《草木》六十八,述巽、震等草木诸象。

《近取诸身》六十九,述首、腹、耳、目诸象,皆合卦爻辞言,不乏可取者。

《动静》七十,谓:"阳常主动,阴常主静;阴之静也,非不动也,待阳之动而后动也。"合"乃顺承天"之义。明不可不动,而不可不知几,理尤可取。此之卦所以名悔欤?

《视履》七十一,曰:"非视曷由以见,非履曷由以行,视、履之于人,讵可不慎重哉!"间明诸卦之离目震行,诚有见之言。曰:"其由上而下,离至于四得正,故曰'其旋元吉'。"则"旋"字之象义明矣。若此"视、履",以今日之言,视即认识论,履即实践论耳;故索索、瞿瞿之眇、跛,曷足以语之哉!

《变化》七十二,曰:"变为乾神者来合于坤,坤合于乾,乾阳出震,故称变;化谓震初之阳与乾之阳同,而究不得谓之乾也。……乾来通坤,随坤变化,则坤合于乾,因乾以成其变化,则巽与震之谓也。阴由阳以成其化,阳不凝于阴,则汤汤穆穆行于太虚而不见其迹也。"又曰:"引而伸者谓神,反而归者为鬼。变化固不能自主也,故魂为游魂。若神则异于鬼也,其合于阴而变化,则不可知也。"凡上之说,皆深得消息之理,足以发挥张惠言之说。又曰:"六道轮回讵释氏论。"亦妙,然贵乎出入三界。若曰:"释氏色空之论未尽也。"或未详究内典而云然。今简而言之,入三界犹色,当巽之化;出三界犹空,当震行于太虚而不见其迹也。能"出入无疾",即色空不异,庶能"其合于阴而变化,则不可知也"。亦可见《易》与佛,其理一也。

《先后》七十三,曰:"震为后,为乾之后也。升降之先后,亦因乾、坤之各极其用也。卦为先后止及于离,离为日,万物之所化;与震之息乾,同为要义也。"此明乾、坤之先后,实即震、巽之乾、坤消息;离日当晋、明夷之先后,实即既济、未济之消息。

《存性》七十四,明"成性存存,道义之门"。其言曰:"义所以辅道也,……义所以存性者也。以义为用,以性为归;性者不与有生俱敝者也。"此所谓性,即乾元,即行于太虚者也。

《颜氏之子》七十五,明克己复礼之可贵。曰:"非礼勿视,非礼勿听,非礼勿言,非礼勿动。动即履也,勿视、勿动,即'视履考祥'也;坎为耳,非礼勿听,得其中正,既济之象也;兑为口,履之口'慎密而不出'也。心能复礼,则从心不逾矩,何难渐以期之哉?故孔子独称颜氏之子也。"合诸易象,自然之至。盖克己复礼即之正以定于既济也。

《三九》七十六,曰:"阳奇阴偶,而三生焉;三而三之,而九著焉;三合三,故三为生;十返于一,故九为极。……爻以三,爻之体也;合外内而言之为六,体则三也;数以九,数之穷也。……天为乾,地为坤,合乾、坤而成《易》,合天地而生人,合奇偶而为三也。言乎三而九出焉,言乎九而十寓焉,言三、九而万事该矣。"是即《洪范》洛书,亦即九、六二用。如合以六龙图,尤见三、九之可该万事。下论及律以三节,更可证三、九之自然。

《河洛》七十七,略述河图、洛书。夫能不废图书,较囿于汉易而必斥之者,所见已广。

《人鬼》七十八,明艮、震为人,坤、兑为鬼,乾为神。神由鬼而引申之,通乎乾,与日月运行而不敝;鬼乃人之所归,鬼则游魂为变矣,变则已不能自有主焉。即当乾、坤消息之义。

《易简》七十九,曰:"简之要,在于《易》承乎天相递及。"即坤以承乾,二元合于一元之道,此天下之理也。

《效天法地》八十,曰:"天者,周流而无滞者也;地者,在于天之中,百物所依附也。天精气以流形,形昭著而为地;不有地,曷由见为天乎?"此明天地之义,庶合健行不息、地势载物之象。下明效之、法之,当知崇礼卑。谓:"不有礼,无以立;不有知,无以行。"又谓:"地惟法天。"即上篇之义。

《贞下起元》八十一,曰:"横而推之,终于未济;圆而推之,则由乾以生姤,自姤以成乾;是以《易》为大圜也。《易》为大圜,则贞下起元也。"此明消息及四德之周流,即是书之大义。末云:"精气游魂往复起",以应于首篇之精气,是亦大圜也。

总观是书,实得于《系辞》中"精气为物,游魂为变"二句之义,即以是为体,然后合消息而通贯全《易》,且及经纶天下之大法;语十九中肯,庄氏之学识,可云博焉。然全书以致用为主,乃于《易》道大圜之象,未能详加阐明;故既无若张惠言之消息图,亦无若焦循之《易图略》,以大义言,亦未若姚配中之明显,故是书似略逊一筹;若原其悟得于《易》者,实亦无所多让。又是书之篇次,亦略有微意。初末既明矣,他因六位而鸿宝次六;因蓍数可当万物,而曲成次四十九;弧矢次五十者,准大衍数,盖以弧圜为四十九,矢为一是也;虚一不用次五十五者,本天地河图数以减六之义;七十二候次六十四者,即准卦气图之象;又变化次七十二者,用八卦九畴之积数是也。

212. 康中理《周易灯》提要

《周易灯》四卷,清康中理著。中理字少眉,晚号阳九老人,南汇人。是书定本于光绪三年(1877)。康氏年七十七,然则生于嘉庆六年。始末未详。自跋云:"此篇自同治戊辰逮今,积十年心力,稿经数易,恐无一当;然吉凶消长之理,进退存亡之道,胥在是矣。书既成,因授门下,录而藏之。"此书未刊印,今惟见抄本。自署曰"汇参",盖全书皆引先儒之说,自言者实绝无仅有。而所录者则汉、宋兼及,《集解》之说大半取焉,可谓知象。于宋理则除传义外,特有取乎明沈泓《易宪》之说。首载易图,除《本义》诸图外,复采录周子之"太极图"及惠栋所作之"郑氏爻辰图"。书末尚有"补遗",则本诸孙堂所辑之《汉魏二十一家易注》摘出。又有"附记前人《易》义要论"。于序、跋,什九出于朱氏《经义考》。故全书皆纂集而已。又自注曰:"此书应合《诗经》、《书经》为一部,亦曰《三经纂要》。"今虽未见他二经,其大义可自见,实系编集前人说以课徒耳。以《易》言,能无间汉、宋为有见,惜郁而未发,拘谨过甚,未免近于学究气。首释"易"字,取《容斋随笔》蜥蜴可祷雨之说,尤不足为训。夫由此书,可见清末一般塾师之思,既达用说桎梏而往,其何能养正发蒙哉? 与变动不居,周流六虚之易道,相去亦远矣。

213. 陈懋侯《周易明报》提要

《周易明报》三卷,末有《易义节录》及《读易要言》,合一卷,共凡四卷,清陈懋侯著。懋侯闽人,曾任蜀学使者、翰林院编修。是书经十二寒暑,而成于光绪八年(1882)。夫陈氏于《易》,幼受家学,长则自悟,无师传,自有体例;自云得于小过上下顺逆之理,《系辞》进退变化之义,及吉凶失得无咎补过之故。凡于二篇逐句注明得失,得则吉,失则凶,本《系辞》"以明失得之报",书名《明报》,全书之大义在焉。

谓卦爻辞皆主五爻刚中,间及二爻柔中,初、三、四、上无与,又曰:"《易》之六位以五为主,九居则得,六居则失,上下各爻皆发挥五位之义,泥本爻以求之则窒矣。此六十四卦之通例也。"陈氏所悟者即此耳。盖能综合一卦而有所主,不为他爻所惑;以佛学之名喻之,犹能舍我相而得法相也。然尚未悟通六十四卦为一而同归于既济;故虽不泥本爻,仍有本卦之泥;况主爻者宜因卦而求之,何可泥于五爻哉?

于解经文难免有附会之处,如于夬卦曰:"柔乘五刚,谓以六乘五,此全《易》乘刚之例,非谓上六乘下五爻也。"按"柔乘五刚"之谓上六乘下五爻,《易》义甚明。而陈氏因欲明其六居则失之例,乃谓曲解;推其意,谓上六之柔居于五位,是为柔乘五刚,迂曲穿凿,殊未可取。于艮卦曰:"以九居五则上下应,故相与;以六居五刚上下敌应,故不相与。"又于中孚卦释"得敌"曰:"敌谓柔与刚敌;得敌,上下敌应皆是。"此亦未合《易》义。盖一阴一阳之谓道,何可云敌? 敌者,二刚二柔也;而陈氏亦欲成其九五得上下应,六五失为敌应之例,乃于"敌"字、"应"字之例,皆未可通。于蛊上曰:"'不事王侯',谓九不得位,不行王侯之事,非谓不事君也。"亦非爻义。若不行王侯之事,乾初有其象,非蛊上之义。至于取象唯分刚柔,乃未精细。如曰:"刚在中为德、为志、为心、为意,刚发外为行、为功、为业、为事。""株木、蒺藜、石、金车,刚象;葛藟、朱绂、赤绂,柔象。"是也。又曰:"黄,中色;黄金、黄矢皆刚中也。"则未合。盖天玄而地黄,故即以刚柔分,当取柔中。

以上所述者,此书之短也。若其所长,能全书一贯,较拾人牙慧者固已优焉;成象之谓乾,此书已具其例,亦不乏可取者。如于临卦曰:"惕无咎,忧无咎,艰无咎,厉无咎,赍咨涕洟无咎,所谓惧以终始,其要无咎也。"于噬嗑卦曰:"利用狱,利用刑人,利用行师,利用御寇,皆用刚之事也。"于贲卦曰:"有喜,有庆,有嘉,有福,阳得位也。"于剥卦曰:"鱼阴象,贯鱼,包鱼,阳制阴也;不能制阴,则为包无鱼。"皆是也。释《系辞》以下,亦颇简洁。末载《易义节录》,乃取先儒数十百家之言,以明易道之大义;《读易要言》者,自述心得而明是书之体例。

214. 杨以迥《周易臆解》提要

《周易臆解》六卷,凡上、下经各二卷,《图说》二卷,未及十翼;清杨以迥著。以迥金匮人,始末未详。自序未署年份,而首页有"光绪十年仲春月,大成黄本宅开录"字样,今以著成即刻论,则当光绪十年(公元1884)。其言曰:"窃惟卦卦爻爻,自具本象,其发为义理,亦卦卦爻爻本象中自具之义理;初无俟泛引旁通,以期偶合也。"故此书皆就本卦本爻言。凡首引先儒之说,计有《注疏》、《传义》、苏氏(东坡)、项氏(安世)、胡氏(炳文),偶及李氏《集解》等十余家之说;后加"案"字,以自述所见。能全书一例,解尚简明。卦爻之具有本象义理,未可谓非;若二象或数象之间,其可无关系乎?《文言》曰:"六爻发挥,旁通情也。"岂可无俟泛引旁通哉?

　　若于六十四卦,皆取有主爻及其应爻,其法本诸阳卦多阴、阴卦多阳之少者为主;于乾坤则不取。且以内卦为体,外卦为用,主爻必准内卦;如内卦为乾坤,则准外卦。特为之作主爻表于下(○为主爻△为应爻):

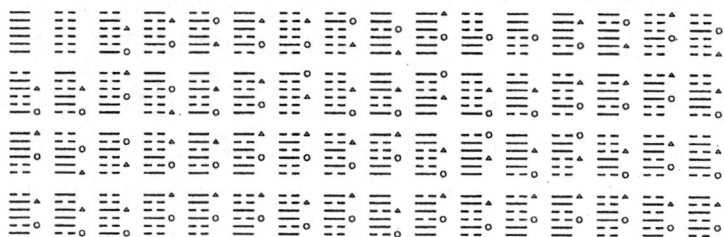

　　其间以多阴多阳之少者为主,诚是;唯于乾坤不取,殊不必,当以乾五、坤二为主;于泰、否亦可以二、五为主应。至于以三爻为主者,取消息之气,则虽是而与临、观、遯、大壮不例。再者,于《图说》中,言主爻之有合于经文之“贞”字,且遍举其例;然或合或不合。如随卦之初、四爻固有“贞吉”、“贞凶”,然三爻亦有“利居贞”未及之;讼卦其二、五爻皆不言贞,而三、四爻反皆言贞,又有何说? 可见圣人观象系辞之情,岂易言哉。又固执内外卦之三才体用,以六画分三才为牵合体用而穿凿,则与程廷祚《大易择言》之说恰反。程氏以六画当三才则是,二体分三才则非。实则初、四或初、二为地,二、五或三、四为人,三、上或五、上为天,皆有所合;其所差者,即同功异位耳。奈程氏与杨氏皆各是其所是,而各非其所非,何其陋耶。

　　若不信十翼,仍承欧阳氏之故技,绝不足取。他如不信纳甲、爻辰、卦气等,尚有可说,而其见已隘;又并旁通、之正、阴阳位皆非之,则尤不可。如虞氏消息顺逆之理,盖合阴阳自然之变化,杨氏必反其顺逆;实则藏往知来,岂容颠倒哉。至若爻之九、六,实与象之七、八并言,阴阳老少之说,于象理数皆合;然杨氏以为无征不信,而谓得于律数。夫黄钟九寸,林钟六寸,确应乎阴阳爻之九、六;然九、六之数,非本乎黄钟、林钟者也,乃黄帝得黄钟之音,以其管长为九寸而定尺度,若所以作九寸者,即本老阳参天为九(亦即五生数中一、三、五之和),又三分损益而林钟恰为六寸,是即老阴两地为六(亦即五生数中二、四之和)。而杨氏之言系倒果为因,殊失考。

此外以乾坤十二爻作十二辟卦,则古有是说,而以之释"无咎无誉"曰:"誉,阳之积;咎,阴之积。秋分阴阳平,故'无咎无誉'。乾三与四爻辞皆占'无咎',同此义也;然不言'无誉'者,以春气发育,不言'誉',亦不得谓'无誉'也。"于理可备一说。又释"龙"曰:"龙,鳞族也。鳞族皆潜,阴性也;羽族能飞,阳性也。龙以鳞族而能飞能潜,用以喻二气之流行。一物而兼飞、潜者只此,他如《中庸》之'鸢'、'鱼',庄子之'鲲'、'鹏',则以飞、潜两物分譬。……鸢、鱼、鲲、鹏,即龙之会意肖象也。"亦可取。释三品为"川"、"原"、"林",曰:"林禽亲上,阳性也;川禽亲下,阴性也;原禽不飞不潜,得阴阳之中,和平之象也。"此另出新意,于义尚顺。若释"月几望"、"十朋"之数,又屡用生克解经,皆未免穿凿。于主应爻外之四爻,名之曰散爻,而不取其应,尤违应爻之大义。

于《图说》中,作有"玩象指掌图",实同"二十四方向图",即以干支、八卦、十二辟卦等相合为一;以复当子丑之间,于气亦是。又以五常、五事、八音、八风、五虫、五灵、五音、五应、五色、五味、五臭、五祀、五藏、九窍、五情、四声、四液等,配于八卦,皆略可参考而已。若以先天图为盖天,后天图为浑天,乃略有所似;而因谓先天图当上古推验未精,则岂其然哉。总观全书,有术士气,略有所见,即骄若狂人,动辄非先儒之说,且所疑皆无据,可谓非圣无法。

215. 章世臣《传家易传义存疑》提要

《传家易传义存疑》三卷,清章世臣著。世臣始末,另详《周易人事疏证》提要。此书自序于光绪十年(1844),三年后刊。自序有曰:"夫圣贤之书,有肆情攻驳者,乱臣也;有曲意回护者,佞臣也;有据理校正者,功臣也;吾辑是编,不足为功臣,不肯为佞臣,而终不敢为乱臣。其与《传义》有异同者,必征引旧说以折衷;至其说之得失,吾犹未敢自决,故名之曰'存疑',存之以候人之自择焉。曰'传家'者,自视未堪以问世,聊仿白云郭氏之意,藏诸家笥,俾后人知所研习焉耳。"则主旨已明。全书之体例,凡于《传义》有疑者,始录经文、《传义》及各家之异说,间亦自加按语,计疑者每卦三、五条而已。

夫程、朱之书,实有尚辞、尚占之异趣,后人同以理观之,其差别甚多;如能得其本,可不辨而自知。然于推崇《传义》时,势成易理即《传义》,故屯邅于程、朱者不一而足;近七百余年之易学大势,为程、朱所拘,然皆未达其精,可慨也。若章氏之校正,似已可贵;惜尚琐碎而未得其全也。于"凡例"中明不信先天图及卦变,此大误;毁朱子之功,其可乎哉。谓《本义》卦变与首载之卦变图不相应,尤非知言(另详《周易本义》提要)。于乾"元亨利贞",章氏按语曰:"他卦以'利贞'设戒者有之,而乾卦则无;乾之德刚健中正,纯粹精也,孔子《文言》赞美不尽,岂犹有不贞而必待戒以'利贞'乎?'贞'训正固,健而正,非正固乎?"于随卦又曰:"《彖》传'大亨贞无咎',正释彖辞,并无设戒之意;《春秋传》亦曰'有是四德,随而无咎'。"此二者,皆指《本义》言;实则朱子谓筮得者,言尚占不可不戒。章氏之疑,未免误解。

至于释"亢龙"以"亢"为是,其按曰:"俗解以为知进当知退,知存当知亡,知得当知丧;甚且如王肃本,改上'圣人'为'愚人',真不知而作者;若如此说,则旋乾转坤之责,谁与任之?而藉口于明哲保身者比比然矣,岂圣人作《易》以教人之旨哉?"于蹇卦又曰:"凡卦以主卦之爻为重,五为卦主,又居坎险之中,大蹇之所在;其余五爻,无论阴阳,皆当有拯救之义;数'往蹇'者,非戒人以避蹇,正勉人以赴难,如后世勤王之师一般。惟赴难有远近,四近君,宜速速同志以济;三当翻然发愤以济;初当待招而应;则于诸'往'字融会为一。故'往蹇'只作赴难解,不得云往则蹇也;而'来'字只作招徕解;不必截然分作两念,以'来'为急难,'往'为避难也。'反'字诸家作反内解,此作向外说,即何可幡然改曰之意;反其艮止之性,而翻然改图以赴难也。'内喜'指二言,二喜其赴难,非喜三之向内也。'来连'谓连合众志,同力济蹇,故九五曰'大蹇朋来'也。"他如既、未济之"曳轮",以倒曳不进为非;大畜者亦不取止乾。以上诸义,虽先儒已有言者,然章氏自有一贯之见。盖是时已近清末,国事日非,苟且因循之俗,乡党自好者其何以堪;章氏者,非有志之士乎? 奈于易理未得其本,故其志可取,其号非也。若以"亢"为是,能无悔乎? 蹇而不止,知云何哉? 乾不止,何以日新其德? 轮不曳,何以既济初吉? 易理"时乘"大义奚可以一时而言;章氏之义,于屯、师、解、震诸卦中可见,何必又言于大畜、蹇、既济诸卦耶? 以之正程、朱,不亦浅薄哉。

216. 陈大文《解易》提要

《解易》三卷,清陈大文著。大文石城人。自序于光绪十八年(1892)。谓于光绪三年丁丑任赣州府长宁县教谕,日以经义与诸生相切磋,积十五年成此书。凡上、下经各一卷,《系辞》以下一卷。尚有"解《诗》、《书》、《春秋》各一卷,《离骚·远游》一卷",故全书为五卷。今见前三卷,系手抄本,未题书名;以序中有"浅而解之"之语,又本"解《诗》、《书》、《春秋》"之名,名曰《解易》。

夫陈氏于《易》,专主乎宋,于先天图,乃有悟乎"参伍以变,错综其数";首载经义十一则,全书之大旨在焉。曰"图",谓:"自邵子所传之图出,凡汉、魏诸儒所拟之图,谓之自成一家之言则可,谓必附羲、文诸图之后则不可。"曰"变",谓:"参者,三也;伍者,五也;又偶即二也。八卦之变,有数至五位而变者,初爻是也;有数至三位而变者,二爻是也;有数至二位而变者,三爻是也。"又曰:"其外卦之四爻五变,五爻三变,上爻二变,犹乎内卦之变,而不离乎参伍与相推也。"此盖以乾阳为主,而变为巽、离、兑。巽数五,爻位为初、四,离数三,爻位为二、五,兑数二,爻位为三、上,是也。曰"错综",谓:"错者,阴阳对待之数也;综者,合阴阳对待之数而总计之也。如乾一与坤八相错,综一、八则九。……若以六画卦之数计之,如乾一之一错坤八之八,综之九十九;夬一之二错剥八之七,综之九十九。……"又曰:"本数始于一者终于九,至十则归一矣;乘数始于一之一者终于九之九,至百又归一矣。"此盖明"八卦相错"之义。变九之九曰九十九者,乃以进位言。曰"通",谓:"《易》之为道,有变焉,有通焉;变者一爻之变,通者全体之通。"乃以"通"字作反覆,即来氏之综卦。故以反覆不衰卦八,名之曰"刚柔相易";若错综卦八,以为可"上下无常",可"刚柔相易";此外四十八卦,皆名曰"上下无常"。曰"六爻",谓:"卦名如题目,卦辞如总论,六爻如八股也。"此盖因时取义耳,义亦可通。又曰:"六爻发挥,旁通情也。斯言也,为乾卦言之,实为六十四卦言之,特于乾发凡起例耳。故读《周易》者,以先读孔子之十翼,乃可得其门而入;抑必笃信孔子之十翼,而后可解羲、文、周公之《易》。"此言以十翼解二篇,本为费氏之家法也。曰"辞",谓:"《易》有辞同而义不同者,如'月几望'之辞三见,在归妹则取象于妇德不亏,足以为配;在中孚则取象于信义充满,足以相孚;在小畜则取象于阴盛敌阳,敢与阳抗。……故泥象以求辞,辞不可得而知也;泥辞以求意,意不可得而见也。"曰"动",谓:"善恶之分,其姤、复之间也;其分也,其动而之善、动而之恶之几也。"又曰:"君子必审几以慎其动,而卜筮在所后矣。"此义即坤初之"早辩"也。曰"象",谓:"程、朱言义理,而象数自在其中。"此与前则曰"辞",皆本宋易以立言者也;尚以汉易取象为泥象,乃有所自囿,盖未能明辨乎象辞所致。若"月几望"之辞,圣人观乎阴将盈之象而系焉,故三见其辞于象,皆为坎月离日将相对乎震东兑西也;至于其义,确因卦时而异,所以尽言,故卦象何可泥哉? 王弼唯泥于卦象,乃于乾龙坤马而疑焉(陈氏仍承王氏说)。安知乾由复息,未尝无震龙;坤积成乾,自然有乾马。此消息之大义,非泥象者所可知。故泥象者不知消息之变化也,岂乾为马,坤为牛之谓耶?乃泥象何以知辞?然求意本象,虽不泥于辞,亦何以见其意哉?《系》曰"立象尽意","系辞尽言";陈氏之失,违乎此耳。曰"中正",谓:"程、朱之言义理,乃《周易》大中至正之道。"曰"观玩",谓:"读《易》易,学《易》难,读者明其文义而已,学则效法之谓也。"此为"非知之艰,行之惟艰"之义。曰"变化",盖以老阴变少阳,老阳变少阴;又以老阴化少阳,老阳化少阴。虽曰发《启蒙》之义,实与朱子不同。

于解经文极简练,大半出入于程、朱,间有自见者。如观上曰:"局外闲观,品评月旦,惟君子之人平情论事,公道待人,可以无咎;《象》曰上九之'观其生',必'君子'而后'无咎'者,以论人易于刻薄,志稍不平,不必讪讪怨望,皆足致咎。"剥三曰:"三居下之上,既不能救初、二之剥于先,又不能杜六四之剥于后;徒以阴居阳位,此等之人,虽'剥之'亦无咎也。《象》曰'剥之无咎',因三失事上容下之道,上不以之为臣,下不以之为长,虽'剥之'不为过也。"凡此皆另立新义,于本爻尚有所合。然以全卦言,观乃阴观阳,上九亦为阴所观;剥乃阴剥阳,唯三为应上不剥;则仍以《传义》为得。又于遁上曰:"处遁之终,不肯早遁慕高蹈之名,必俟天下国家肥而始遁,则君臣上下无有不利。《象》曰:'肥遁,无不利。'言臣无震主之威,君无不赏之忌,故无疑也。"亦可备一说。若解逆数,即以"参伍以变",谓:"初爻五,二爻三,三爻二,由多而少,逆也。"于理可通,惜三爻二之二,未切于"参伍以变"也。若《杂卦》末节用蔡氏本,未可为是。以之而作"综卦图"(陈氏名之曰"通"),《杂卦》之前十八卦尽于节,亦未合《杂卦》之上下;盖一以综卦求之,未知用互卦之失也。

217. 孔广海《周易史论》提要

《周易史论》未分卷,订成二册,今以二卷论;清孔广海著。广海字仙洲,阳谷人。乡捷后不乐仕宦,专志教授。是书为《十三经读本》第一,大部成于光绪十九年,首尾补全于二十一年(1895)。是年六十三。盖以程、朱义理为主,参以史事,与《诚斋易传》相似。又每卦之末各有总论,殊能阐明是卦之大义。

如于蛊卦曰:"'裕父之蛊',坐视莫救,陷亲不义,不孝孰大焉。'高尚其志'者,事无如何不得已,如泰伯之采药而去,亦一则也。'干父之蛊'者,必诚身以悦亲,初六之'承考'是已;或因人以喻亲,六五之'用誉'是已;即至亲不悦,而挞之流血,不敢疾怨,起敬起孝,悦则复谏,九三之'有悔无咎'是已。惟'干母之蛊'为尤难,既不可恃正以直前,尤不可守愚而自毙,令人穆然于《凯风》。此治一家之蛊也。若以天下论之,穆王车辙遍天下,豫之日也;厉王流彘,蛊之时也。宣王承暴乱之余,鸿雁安民,车攻饬武,刚柔相济,恩威并施,其得'干蛊'之道乎?故古今谈中兴者,必啧啧周宣。逮夫汉之元成,宋之元祐,天下之蛊日深,而汉臣则优游靡断,惟'裕蛊'之安,宋臣则矫枉过正,又不免为'干蛊'之悔;天下事从此日非矣。虽然,能为'干'之悔,勿为'裕'之吝也。"此于义理史事皆切,得蛊饬之旨者也。又如于恒卦曰:"不恒之弊有三:当其始而求之太深,初六之'浚恒'是也;当其中而见异思迁,九三之'不恒'是也;及其终而守之不固,上六之'振恒'是也。能恒之弊仍有二:或久非其位,如九四之'无禽';或执固不通,如六五之'从一'。善于恒者,其惟九二之'久于中'乎?惟中故恒,惟中故庸,由善人而君子而圣人,胥是道也。"此分析恒之为德,简洁详明,合乎"杂物撰德"之理。他卦亦多可观,凡此六十四节,可谓是书之精华也。若所引之史实,则各自有见;故以此类易著并观之,每异多于同,乃事繁而卦爻有限,不得不随感而合之,犹举例耳。况于卦爻之义,亦各自有见乎。是书即有二引史事,以切二家爻义之不同者,诚是,可见以史证经尤未可执,且多断章取义。故或以某事当某卦某爻,后即以是事解是卦是爻之义,则倒果为因,以意附会,于经学荒矣。凡是类易著皆所难免,读时不可不明辨之。

解《系辞》以下,皆加注于经文之中,使上下贯穿而明其义。如上《系》第一章之首节曰:"试观'天尊地卑',而《易》之'乾坤定矣';天地之万物'卑高以陈',而《易》之'贵贱位矣';'动静有常',而《易》之'刚柔断矣'。'方'如事情之顺逆'以类聚','物'如人品之臧否'以群分',而《易》之'吉凶生矣'。"则亦为解经之一法。其优点,注可简约,而大义已见;其缺点,仍囿于经文而未能畅明其旨。若于《文言》"何谓也"中,加《小象》以解之,如初曰"何谓阳在下也",二曰"何谓德施普也",等等,乃变其义焉;盖《文言》此节,当以解爻辞为是,不当为解《小象》也。又解"知至、知终"四句曰:"'知'德之宜'至'于纯,而忠信以'至之','可与'察性命之微'几也';'知'业之宜'终'于成,而修辞之诚以'终之','可与存'事物之'义'理也。"则确能深得经义。

218. 吴丽生《读易一斑》提要

《读易一斑》四卷,清吴丽生著。丽生字淦泉,丹徒人。是书创始于丁卯,更订于甲戌,甲戌即同治十三年(1874),然未肯公诸世。当光绪二十二年丙申(1896),吴氏没已经年,亲友始为刊印。其内容,盖读《易》而综述各家之说,以己笔出之,非直引原文。凡卷一明三《易》、图书、先后天,卷二明《序卦》、应比、六位等,卷三明卦爻辞、《彖》、《象》、吉凶等,卷四明《系辞》以下。今推其原,若述三《易》,乃取乎朱元升《三易备述》;述《序卦》,乃取乎萧汉中《读易考源》;述六位,乃取乎许衡《读易私言》;述三陈九卦,乃取乎《折中》;述《杂卦》之大过以下,乃取乎胡一桂之说;他如法汉易以取象;宗邵氏以言数;于同辞之卦爻,又能稽类而合论之,则义近焦循;可见吴氏读《易》殊博,洵非虚言。

间有曰:"巽初六'进退',慎而无礼,则葸也;九二'巽在床下',恭而无礼,则劳也;大壮九三'羝羊触藩羸其角',勇而无礼,则乱也。"于理甚合。然未及直而无礼则绞，今可以大壮初九"壮于趾"当之；盖直必有孚，奈无礼而孚穷，是以征凶矣。又自序曰："由采择群言而成，非皆己出也，如或以是为余病，请以大畜'多识前言'之说应之。"此章中失误之处亦难免，如曰："有对易（即错）而虽非本卦而仍不离此反易（即综）之两卦者，泰、否也，既、未济也。"则尚缺随、蛊、渐、归妹四卦。计《大象》之称名，于复卦惟计其称先王，而未及复乃兼称后者也。于计重言卦名中尚漏井，并于取象中，有误以异为巫。于上九之"尚贤"，则误大畜为大有（此或刊印之误）。又曰："乾为寒，则巽之暑、坤之凉可知。"亦未及从虞氏取坤暑为是，盖有《系辞》"日月运行，一寒一暑"为证。若凉象于《易》中虽未提及，然可以消息推之，则当震、兑；且可取后者，盖合正秋之大义。然此等皆小疵耳，以全书论，仍不失为学《易》之参考书，较株守一家说者为优。

219. 谢维岳《易象数理分解》提要

　　《易象数理分解》八卷，清谢维岳著。维岳号龙山，湖南邵阳人。始末未详。此书自序于宣统二年（1910），翌年刊行。

　　书名《分解》者，盖注解分录经文之左右，于左者解经文之字义，于右者解经文之理；且自为一文以明之，于初读者可云方便。间亦引有先儒之说，凡卦爻前或有简要之大纲，卦末则录喻逊之总论。喻逊号连峰，始末亦未详。

　　夫谢氏之解，较为浅近，体例亦善，大可为初学之读本。下引数节，以见一斑：

小畜《象》

	六四	柔居阴位	九五、上九	初九、九二、九三		应四
《彖》曰：小畜，柔		得位	而 上	下		应之，曰小畜。

《彖》曰:小畜,阴柔小人得居大臣之位,而上下阳刚之居子皆为其所畜,曰小畜。

谦初六

| 六柔 | 初下 | 初为刚位 | 涉大川,宜小心,不宜轻暴 |
| 初六,谦 | 谦 | 君子, | 用涉大川,吉。 |

人以柔顺之心,执逊下之道,谦而又谦之君子,则退让而不争先,虽用以为艰难之事,亦万无一失之吉。

睽六五

象求己之宗亲,有噬肤肉之易。

| 六阴,居五阳尊 | 六柔中,应刚中, | 九二阳,为六五之阴所宗 | 五离中虚口 | 六柔脆 | 五位应九二 |
| 六五,悔 | 亡。 | 厥宗 | 噬 | 肤, | 往何咎。 |

柔弱之人,居至尊之位,难以救睽,宜其有悔;然以柔中之主,下应刚中之臣,则其悔可亡。盖刚中之臣,实为己之宗亲,志欲行道,性情易合,往而求之,明良相遇,何乖睽之咎,此悔之所以亡焉。

中孚六三

象得其敌人,或鼓进,或罢退,或悲泣,或笑歌,失其中孚。

| 三上应,不中正,悦极巽极 | 六柔 | 三刚位 | 六柔 | 六柔爻 | 六柔 | 六柔爻,兑泽 | 六柔 | 三刚位,兑悦 |
| 六三,得敌, | | 或 | 鼓 | 或 | 罢, | 或 | 泣 | 或 | 歌。 |

阴柔不中不正之人,极其逸悦,而所得与者,巽极不果,正己之匹敌,失中孚之德,其弊作止无定,哀乐无常。

由上四则,大义可观,说理可取;然于取象,尚为本爻所拘。如睽五之噬,即以口象论,当取下卦兑;然限于本爻,而以离中虚为口,显违《说卦》。全书中此类之失甚多,盖未悟体象错综之妙,遑论卦爻。不以郑玄、虞翻、来知德为是，其情可见。

若释《说卦》之象，甚简洁。知巽究震为躁卦，极是；惜知震究健为乾，而尚未知蕃鲜为巽也。以《杂卦》之"蒙杂而著"，作"稚而著"，理似可通。而末节从蔡氏改本，亦未可。于先天图仅取横图，实则方圆诸图一也，或取或舍，知云何哉。

220. 张之锐《易象阐微》提要

《易象阐微》，凡分目三十，合订二册，可以二卷论，清古穰张之锐著。自序于宣统二年庚戌（1910）。自序曰："……东、西洋两文明潮流，与接为构之势益剧，嗣后两文明特质化合，必放一异样之光彩，可断言也。东洋文明当以我国为代表，惟因国权微弱，列强人士，恒鄙夷而不屑道；谭世界文明史者，往往于我国三古学术，加以诋訾；此固势利之常情，要亦我国之学子，于先圣已开之文明，未能发挥而光大之也。易象者，我国最古之形数的哲学也。第其道深邃幽渺，秦、汉以降，智者颇鲜，己且不知，而又何怪于外人乎？家有藏金，而仰屋忧贫；艳人之富，俯首摇尾以丐其余。我耻之或痛之，我于是乎有《易象阐微》之作。彼西洋学说有合于我易象者，我取之；其不合者，我弃之。我无中、外之见，我无新、旧之观，我惟知有真理而已。"读此，全书之大义已见。盖时当清末，拒外、媚外者，各趋于极；乃国势危颓，朝野惶惶，有志之士，安得不痛心哉。张氏能信两大文明将化合，可谓有见；且以易象合之，尤得其要，古今中外，岂有外于《易》者哉。

三十目为"《周易》界说"、"《周易》之名义"、"太极之真象"、"阴阳"、"卦象之几何"、"《周易》用数之例"、"消息与变动"、"象篇"、"河图洛书之作用"、"论性"、"天演界"、"循环与进化"、"人身之动静"、"用中主义"、"《周易》之名学"（以上上册）。"分理"、"求等"、"尚贤"、"功名"、"刑罚与教育"、"道德与宗教"、"乾元用九而天下治"、"论位"、"人群最终最大之目的"、"方圆"、"物理一斑"、"日为光色之原"、"《春秋》义例本于《周易》"、"八卦为六书之滥觞"、"《周易》正传"(以上下册)。

于"《周易》界说"中,凡定二十八条,以《易》学为剖解造化之生理学,即取于"生生之谓《易》"。谓《易》不言"无极",故不言空,不言无,乃断自太极以下;其理亦正。虽然,周子之所谓"无极",犹《易》之无思无为;《诗》曰:"上天之载,无声无臭",实亦易理;奈须善加体会,不然势将流于空无寂寞。若张氏之必言有,所以起清末之弊耳。谓:"一元者,生之根也;二元者,生生之根也。""一元"即首乾,"二元"即阴阳。又谓:"知之者不以为神,而不知者以为神矣;故易学之能前知者,非神也,不过本生理之脉络筋节,批郤导窾,剖之解之,考得其神经系之所以运动而已。"乃取于穷神知化而神以知来,可谓合于科学之原理矣。以下本细胞、电流、机械之倚点、力点、重点等,以释阴阳太极之分合;以几何之点、线、面、体明卦象;尤合参天两地、用九用六之自然。若爻字之交,作图形如下:

可谓巧思。于"象篇"中,分象为"玄象"、"察象";前者若健顺、内外等,后者若天地、公侯等;然其间之界限,似未妥切。又以时空分之,时有过去象即因象,现在象即现象,未来象即果象;空有主观象,客观象。凡消息往来属时间,卦变等当之;上下远近属空间,卦爻辞所指之象当之。殊合观象系辞之大义。"《周易》之名学"所见亦是,原于修辞立诚,确合逻辑之本义。他如论刑罚、教育、道德、宗教等,亦皆有见。至于近世之科学,则西方之改进日新不已,故难免有限于时,此不足为病。若其失,可以数理喻之。盖中、西二大文化,犹函数也,如欲合之,必须明其变化之情形;于《易》者,不可不知准天地而能范围天地,曲成万物;本此以合西方文化,自然莫不可合,虽其变化不测,亦莫能外焉。至于准天地者,有则河图、洛书;有坎为水,离为火,震、巽为木,乾、兑为金,坤、艮为土之五行;有七、八象不变,九、六爻变之易简之理;有六爻之正成既济之各正性命等等。凡此皆不可忽。而张氏或不信,或忽之,则自隘于易道;即自变函数未备,乃将不合于反函数焉。末节论"《周易》正传",唯以虞氏易为正;虽是仍拘。于民国后,以科学合易道言者,不乏其人;而张氏此书,可谓得风气之先。

221. 文嗣《周易实事》提要 *

《周易实事》十五卷,清文嗣著。嗣号馨生子,述此书于豫章易室,时当乾隆重光大渊献(1791),刊版时未详,版藏明道堂。民国后,由四川成都学道得,茹古书局经售。

《自序》中谓于作噩冬弃举子业,于作噩夏遇师授此心法,乃知弃儒入道,经十二年而始得。如以丁酉至己酉当之,即公元 1777—1789;已酉得法而著此书,二年余而成。当然亦可提前十二年,以致二十四年。然仍宜以重光大渊献为准,是时正完成《四库全书》的编纂,治《周易》之学风,当宋易急转成汉易之时。若文嗣此书,进一步引《易》入道,可云别开生面。

首有《作易源流辨》、《易学歧途辨》二文。前文谓伏羲重卦,文王作卦爻辞与《象》,周公作大、小《象》,孔子作《系辞》上、下,《文言》《说卦》、《序卦》、《杂卦》。此属一己之猜测,未可为据。又明三《易》,则由三代上推,自伏羲卜筮而演于神农黄帝。如以《系辞》所述之次,补入

尧舜,可作下表以示之:

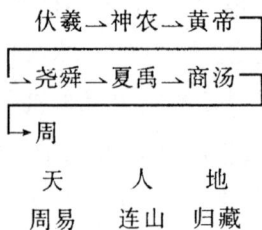

```
伏羲→神农→黄帝┐
┌────────────┘
└尧舜→夏禹→商汤┐
┌──────────────┘
└周

  天      人      地
 周易    连山    归藏
```

凡《周易》首乾为天易,神农、夏禹首艮为人易,黄帝、商汤首坤为地易。此可发展《周礼》所记载的三《易》之义。

后文方属此书之要旨,引《易》入道而以《易》谈道,所以辨明修道之歧途。因自汉魏伯阳《周易参同契》出,《周易》与养生早已配合,经张伯端《悟真篇》之发挥,谈道者什九假借易象以喻之。然道之所及,分派殊多,法亦大异;而此书所辨之歧途,主要排斥"御女闺丹"及"独修身心"两方面。结论曰:"四圣人作《易》,言兴于中古。须知中古之世,邪教旁门盈千累万,混乱大道,特作《易》书,将大道自始至终之口诀,点点滴滴,尽藏于《易》中。无非为后人印证其师之诀,免以向上之志而为一切邪教旁门所误也。"所谓"中古"者,见《系辞》下注,取邵子《皇极经世书》之说,且以太古、上古、中古、下古各分上、中、下以当十二会。其目如下所示:

```
亥会   上太古   盘古氏为主
子     中太古   天皇氏为主
丑     下太古   地皇氏为主
寅     上上古┐
卯     中上古│
辰     下上古├ 人皇氏为主
巳     上中古┘
```

午	中中古	人皇，有巢，燧人，伏羲，文王（易道兴）
未	下中古	易道当渐渐而减
申	上下古	易道收
酉	中下古	易道无 ⟩ 不谋行易道
戌	下下古	天地闭

明戌会曰："此时之人，犹物实收藏家中，久久不沾天地之气，自归朽腐，其物之实未干者则即腐。故恶人阴气甚，至戌而即灭。其物之元气不足者则先腐，故善人未行易道者，至亥则阴灵先灭。其物之元气足而未甚者则后腐，故善人行易道而未造乎其极者，至亥则灵气后灭。此神圣之大劫，即神圣之忧患也。其物之元气至足者则不腐，虽多历年所，种之亦生，故善人行易道而造乎其极者，至亥则阳神不灭。此时之万物则俱无有矣。行易道而造乎其极者，至子则以《易》之一阳之道助天而天始开，至丑则以《易》之一阴之道助地而地始辟，至寅则以《易》之一阴一阳之道生人而始有男女。至于万物之生，则以《易》中之小道而变化之也。"此当我国乾隆时之宇宙生灭论，仍在充实宋邵雍之理，考一元为十二万九千六百年，虽不足与今日之"光年"相比，已与岁差之周期可通。然由宋至清，除少数从邵学者外，唯道者取之，较拘拘之儒生其见已广。奈此类初具自然科学理论之认识论，久已埋没于宗教迷信中，此实儒者之过。故此书明辨歧途之两方面，"御女"者仅知男女而不知未分阴阳之前之气，"独修"者仅知人身而不知沾天地之气。知此非一非二而人参天地，确属易理为三才之道，故此《易学歧途辨》之思维形象甚正，决非孜孜于举子业之儒者所可理解。或能识此歧途者，方可通读全书而无碍。

以下有"卷首"论《易实事象》，分十六段四十八层，乃层层深入，盖已心喻"《易》者象也"之理，且反身而出入无疾，故穷变通久，无入而不自得，全书所行"中和"功夫之道，悉在其中。此文宜反复观玩，自然可得馨生子之象。下有《河图实事》、《洛书实事》、《河洛天地数》,即以易数足成易象。观此易学之象数,似穿凿附会而实非穿凿附会。虽非穿凿附会而实皆有心之言,唯知有心则任心而言,何往而不可?未得其意者,固未能读道书,穿凿附会云何哉?至于不贵"外丹",又谓《易书未详天文》,其言未备。于《伏羲八卦实事》、《文王八卦实事》,理皆可取,然不取先天图与洛书之配合,未免尚有所碍。

于全书十五卷中,凡卷一至卷七解上经,卷八至卷十三解下经,卷十四解《系辞》上、下,卷十五解《说卦》、《序卦》、《杂卦》,尚有《读法》与《错误》二文。

凡解二篇十翼,悉准书前之例。知其道,句句可诵;违其思,只字难信。与儒家之《易》截然不同,然不可谓此书非《易》。易学之内容固无所不包,未可裂道术为方术,则金丹养生之道,本属"近取诸身",何必以此书为异。然由儒家为儒教,则不必为文嗣讳言,故于《读法》曰:"⋯⋯切勿以少小未学,不解圣贤书旨,便皈依僧道,奉习教门,以求捷径,即自误其身心性命也。今录发愿疏式二则于左,多宜誓天勉行。"此所谓"学《易》疏式",乃上于"盖天古佛武圣帝君"。且于一岁行春秋二筮,能连筮二卦,先得乾次得未济,则易道尽矣;先未济而后乾,犹未尽。于去乾、未济八卦之外者,则易道失之远矣。仍不得不纳入偶然性之范畴。末篇《错误》,犹《易学歧途辨》之摘要,亦以见文嗣所体认之易道以此为重。此书宜收入《道藏续编》,可入"洞玄部"。

222. 苏天木《潜虚述义》提要 *

《潜虚述义》四卷,清苏天木著。天木字戴一,高要人。乾隆三十三年岁贡生,学于新建刘斯组,至老学益苦,病甚,犹伏枕磨勘此书。年八十三卒,惜未知卒于何年。今以此书之成,定于乾隆三十三年后之五十年,即嘉庆二十三年(1818),当相差不远。夫《潜虚》者,八图也。此解"气"、"体"、"性"、"名"四图，皆简要；于"行"、"变"、"解"三图，能深思其象，非泛泛而读者可比。凡每行每变，多系韵语数句，于变解以四字二句为多，确能观象有得者也。如行图之 ▦▦ 言，注曰："木金合体，象似木铎，舌动发声，如人能言。"行图之 ▦▦ 湛，注曰："木生火以抒其能，火得木以益其明，岂不乐哉。"盖明乎由体性以定名，宜乎释行之有合也。又如 ▦▦ 郤之变解"二纳履而顾，心留迹去"，"纳履而顾，心有望也"，注曰："接淅而行，去就之明。" ▦▦ 夏之变解"四掔牛之狂，服亩遵场"，"掔牛之狂，能自制也"，注曰："以礼范人，导之以身。"又"六斐如煌如，纪如网如，四海王如"，"斐如煌如，王者事也"，注曰："礼教修明，众志成城。"则又明乎命图之断，因行图之变而注之，亦得其精者也。"去就之明"，虽否无碍。夏之四"臧"六"吉"，然可忽乎二七离火之礼乎？"导之以身"，庶免"天且劓"，君子鉴诸。若行变解之注，莫不如是，苏氏实入温公之"左腹"焉。于命图后，又备列五行之象，作"图象辨"，所以明行图与体、性二图之同异，皆可取。若别作五策以占，犹《易》之以钱代蓍，求其便耳。末附载张行成《潜虚数义》，实录自张氏《元包数总义》。

卷十

近　代

223．易顺豫《易释》提要

《易释》五卷,易顺豫述。易氏乃清室遗老,其详待考。此本无序跋,或非全书。夫易氏于民国十余年,颇有著述。今此书之成,约以民国十年(1921)论。五卷中仅释二篇,凡各卦各爻皆定其主旨,然后略加发挥。下录其各卦之总纲,全书之大义在焉。

乾言健礼也易礼也	坤言顺礼也
屯言作之君也	蒙言作之师也
需言让礼也	讼言争礼也
师言军礼也	比言亲民也
小畜言畜德也	履言以礼为践履也
泰言天下之所由治也	否言天下之所由乱也
同人言大同也	大有言富民以富国也
谦言谦退之礼也	豫言豫备也
随言随时也	蛊言守旧之礼也
临言立大学以教民之礼也	观言立象魏以化民之礼也

噬嗑言惩恶之礼也　　　　　　　贲言聘士之礼也

剥言乱之极也　　　　　　　　　复言善之复也

无妄言各正性命也　　　　　　　大畜言尽己之性以尽人之性
　　　　　　　　　　　　　　　　以尽物之性也

颐言养心也　　　　　　　　　　大过言改过也

坎言习也　　　　　　　　　　　离言明明德也

咸言格物也　　　　　　　　　　恒言诚意也

遯言弭内忧也　　　　　　　　　大壮言消外患也

晋言天子进诸侯之礼也　　　　　明夷言天子任三公之礼也

家人言齐家之礼也　　　　　　　睽言迁国之礼也

蹇言义以正我也　　　　　　　　解言仁以爱人也

损言自损之礼也　　　　　　　　益言天子益天下之礼也

夬言柔远人也　　　　　　　　　姤言子庶民也

萃言天子之得民也　　　　　　　升言天子之得贤也

困言修身以德也　　　　　　　　井言治国以法也

革言诸侯受命为天子之礼也　　　鼎言太子继世为天子之礼也

震言诸侯之所以保其国也　　　　艮言大夫之所以守其位也

渐言选举之礼也　　　　　　　　归妹言嫁娶之礼也

丰言天子之所以保其社稷也　　　旅言卿大夫之所以使于四方也

巽言以退为进所以制变也　　　　兑言有进无退所以劝民也

涣言礼之文也　　　　　　　　　节言礼之节也

中孚言信之大也　　　　　　　　小过言所过者小也

既济言成也　　　　　　　　　　未济言未成也

夫易氏盖以礼明《易》，内圣外王之道，皆分置于各卦。于卦爻间所发挥之义理，能融贯群经。如否上以孔子作《春秋》当之，复三"频复"以孟子所谓"动心忍性"当之，大畜上"何天衢"则当尽性以参天地，离二"黄离"乃合"黄裳"而当孟子所谓"见面盎背"。分晋、升、渐之进而曰：晋以诸侯言,升以卿大夫言,渐以士言。成既济之礼为"君君臣臣,父父子子,兄兄弟弟,夫夫妇妇",凡此等言皆有当,是此书之长。于六爻二用之变化例归既济,尤合六位之大宝。其言曰:"《易》出于太极,太极者一周天象也。凡十二爻合两既济,是曰'两仪',天地雷风山泽皆在其中,是曰'四象',分而出之,是成'八卦'。盖所以穷天下之变也。变则有正有不正也,故为之礼以复之,此爻之所由作也。乾坤相交犹天地相学,《易》之作者,若曰天地且犹不可不学也,而况于人乎?初与四、二与五、三与上,内之外、外之内,位相应也。乾与坤,震与巽、坎与离、艮与兑,左之右,右之左,情相感也。故曰'天地定位,山泽通气,雷风相薄,水火相逮',是为四象、八卦。正其不正者而皆成两既济,是曰'穷理尽性以至于命'。是之谓《易》,是之谓'礼'。"按此言极是,惜释经文时未能用之,至若逐卦定一大纲,似觉固执。于释六爻时,每爻更定其大纲中之一义。如比言亲民,于六爻曰:"初六,此言亲民之本也;六二,此言亲亲以亲民也;六三,此言小人不可亲也;六四,此言亲贤以亲民也;九五,此言亲之大也;上六,此言比之穷也。……比之穷者,民不亲也。"其他各卦皆然,则其义虽是,究非《易》义,附会亦难免焉。程子曰:"以一时而索卦,则拘于无变,非《易》也;以一时而明爻,则窒而不通,非《易》也。"是即易氏之蔽。于蛊卦曰:"《左传》曰:'女惑男,风落山,谓之蛊。''风落山'者,言不知维新而但知守旧之辞也。'女惑男'者,言不知守旧而但欲维新之辞也。"于六爻曰:"初六,此言守之以正,即所以新之也;九二,此言守之以顺,即所以新之也;九三,此言守之隘,则不足以新也;六四,此言守之慢,则不足以新也;六五,此言守之中,则可以新之也;上九,此言守之定,即所以新之也。"盖明当时之境耳。发挥上爻之义曰:"《孟子》曰:'世衰道微,邪说暴行有作。'此言不能守其旧也;'诸侯恶其害己也,而皆去其籍。'此言上不能守其旧也。是以孟子独以其身守先王之道,以待后世,士何事曰'尚志','高尚其事'之谓矣。上九,致仕之臣也。《礼》七十曰'老而传',父传子代,故亦得曰'不事王侯,高尚其事'。《表记》曰:'终事而退,臣之厚也。'《易》曰:'不事王侯,高尚其事。'言不能守之则退而守之,盖皆守之定者也。"不啻自述其志也。又于豫上曰:"此言内断之于心也。'冥豫'者,言慎密不出以豫之于几先也,则成与不成皆无咎矣。"于升上曰:"此言君臣相得之诚也,《书》曰:'元首明哉,股肱良哉,庶事康哉。''冥升'之谓矣。冥者,以心相感之辞,所谓诚也。《中庸》曰:'惟至诚无息。'不息则久,久则征,故曰'利于不息之贞'。"夫于《易》致思于冥,其心可见。更于节二曰:"门远于户,故'不出户庭无咎',而'不出门庭'已'凶'。盖不出'门庭'已出'户庭'矣。此其所以凶也。"呜呼! 其心可谓苦矣。

224. 尚秉和《周易古筮考》提要

《周易古筮考》十卷,尚秉和辑并释。秉和始末另详《焦氏易诂》提要。此书成而自叙于民国十五年(1926)。其言曰:"战乱以来,屏营忧虑,颇思学《易》。而古人筮案散在百家,毛西河尝录之,附《说卦》中;李刚主为《筮考》,又只十余事,较西河尤略。欲窥其全要难,乃发愤搜辑,上自春秋,下迄明清,传记所载,凡以辞象占而存有本卦者概为辑录;其只有事验而本卦遗失者,则以其无益推测,摈弗取焉。凡得筮案百六则,一百十卦,揲蓍之法灿然不备;其或词义怪奇深奥难知者,则推求本卦,章解句释以期洞明,俾学者有所遵循而得其途径焉。"按其言毛西河尝录之,附《说卦》中;《说卦》系《春秋占筮书》之误。又辑录筮案者,除毛、李二家外,钱大昕有《演易》,李道平有《易筮遗占》,来次柯有《春秋内外传筮辞考证》等,于章解句释各有所见;然收集之富,此书为最。盖儒者什九轻视术数,故或及卜筮者,不离《春秋内外传》而已,京房以下皆所讳言,管辂、郭璞尚然,遑论程良玉、胡宏辈。而尚氏之《易》,以卜筮为主,虽轻程良玉之专取用爻,奈仍主"五行明而筮道备",则上与先秦,下与朱子之筮尚有一间。至若纳甲、世应之说,确亦有理,安可一笔抹杀;惟致远恐泥,不可不防。如书中所辑之百六则,未免庞杂附会。神以知来,岂易言哉！间引管辂之"射覆"六,已失本卦,尚氏皆依词推出之,盖亦善于巧思者也。于《春秋》引《易》而不待筮卦者,如郑子太叔谓楚子当"复之颐",王子伯廖以曼满当"丰之离",知庄子以晋师当"师之临"等,尚氏曰:"古人之于易学精熟如此,可随事取占,不必布蓍。""神乎技矣,自《春秋》后不复有此。"实则是即"以言者尚其辞",玩辞玩占各有所当;尚氏之书分筮辞与引《易》为二,其例明矣。他如蔡墨言龙之属玩辞,以乾之坤当"用九"者,盖非以六爻全变,何以指明"见群龙无首吉"之"龙"字;然则以"用九"为乾之坤之占辞,未尝不可当筮时得六、七、八、九以布一爻,凡知筮法者莫不知焉,确为"用九"之义;然此何碍于以"用九"当乾之坤。乃尚氏必以当筮法为是,而当占辞为非,谓"屏除千百年来注疏家之蒙说",实仅一孔之见耳。若筮案辑次,既以时之先后,又分动爻之多寡,由静爻一爻动至六爻动是也,其例可取。述纳甲说亦简要。又及先后"甲"、"庚"义,其言曰:"蛊上艮、下巽,下互大坎,上互大离;艮土也,巽木也,坎水也,离火也。'先甲三日'者,辛壬癸也;辛壬癸者,水也。'后甲三日'者,乙丙丁也;乙丙丁者,火也。即外互大离也;而外卦艮土以火生之,亦所以救蛊之敝,即所以'干蛊'也。……巽顺也,柔也,于五行木也。'先庚三日'者,丁戊己也;丁火戊己土,巽木生火,火生土,乃君子得位以'美利利天下'之义,所谓'君子以经纶'也。'后庚三日'者,辛壬癸也;辛金壬癸水,水生巽木,乃君子得位宜尚贤能,容纳善类以自助之义。所谓君子以反身修德,求外来之益也。"则象义尚切,可备一说。末为《筮验辑存》,尚氏于取象可云活焉。然四道偏一,究非《易》之全,况筮占者不得已而为之,岂恃覆射以自神乎？

225. 杨树达《周易古义》提要

《周易古义》七卷,杨树达编辑。树达字遇夫,长沙人,生于清光绪十一年(1885)。是书盖甄采古说,断自三国,以明易道之切近人事也。自十七八岁始治《易》已志于是,后则间断,于民国十六年复赓续而编检类书,多所补缀,成于翌年(1928),时已四十四岁。故自序曰:"自始事以迄今,兹凡历二十六七载矣。"

其所征引,可云博焉。古籍中明易道者皆会聚之,殊便参考。又甄别亦严,凡涉迷信、谶语皆不引,若于同人引《汉书·王莽传》:"……《易》言:'伏戎于莽,升其高陵,三岁不兴。''莽',皇帝之名,'升'谓刘伯升,'高陵'谓高陵佼子翟义也。言刘升翟义为伏戎之兵,于新皇帝,世犹殄灭不兴也。"乃加按语曰:"此竟以《易》为谶文矣。录之以见王莽之好附会尔,于其义无取也。"诚得玩辞之正,然《左传》所载者亦未免犯此。盖以类属诸玩占,又不论玩辞、玩占皆宜以象数明其是非,不然圣人观象所系之辞,将无别于谶,《易》亦何能为六经之原耶?故必究乎象数,庶可免穿凿附会之弊。杨氏于《易》似未明于此,其自序曰:"颇不然汉儒象数之说,而独喜宋程子书,以为博大精深,切于人事,与孔子系《易》之义为近。……及涉猎《史》、《汉》、诸子,见有说《易》者,大要皆明人事则大喜,以为说《易》之道当如此矣。"夫易道当切于人事,乃确然无疑者也。然象数之说,岂不切人事哉!其唯准诸象数,则知某卦某爻某句某字之恰切于某类人事;不然,舍象数而空说义理,何能免附会之失。贤如程、朱,尚难免以意解《易》,他家更有甚者,其弊与王莽之附会实同;可见不究象数而言人事,未免逐末,于易道有间焉。

若书名《古义》者,自序曰:"《汉书·儒林传》记丁宽已从田何受《易》,至雒阳复从周王孙受古义,然则《易》有古义备矣,窃取其义以名兹编。"按"古义"之名,依常义论,尚合此书之例,或以丁宽从周王孙所学者当之,实未可。盖丁宽之《易》,受于田何,后复从周王孙受古义,周王孙亦田何弟子,故为丁宽之师兄;所谓"古义"者,即象数之说也。周王孙之弟子蔡公有"明卦变之例",可证。盖是时田何已老,乃仅以大谊授丁宽,《汉书·丁宽传》云"作《易说》三万言,训故举大谊而已"是也。故至雒阳,复从周王孙受象数之古义,则其说始有本,凡施、孟、梁丘三家之《易》,皆出丁氏而古义具焉。故学《易》君子宜由人事以明《易》,宋而汉兼及此书所采录之古义,以窥象数之古义,则庶几于易道矣夫。

又于豫《彖》引有魏相之说(见《汉书·魏相传》),杨氏加按语曰:"相传云:相少学《易经》,有师法,不详何家。今按'震司春'云云,与孟喜卦气之说同,然则相盖治孟氏易也。"考魏相卒于宣帝神爵三年(前59),是年京房仅十九岁,或尚未从焦氏学《易》,而焦氏或尚从孟氏。再者,二年后(前57)梁丘贺为少府,八年后(前51)施雠、梁丘贺与诸儒论五经异同于石渠阁,则魏之年似长于施雠、梁丘贺。若孟喜先卒,似长于施与梁丘。然三人同受《易》于田王孙,差别当亦不大;故魏相与孟喜实同时人,少学《易》者,安得云治孟氏易。若"震司春"云云,实本后天图;故由魏相之说,反可证四时卦之说亦《易》之古义,孟氏之卦气盖有本者也。

226. 姚永朴《蜕私轩易说》提要

《蜕私轩易说》二卷,清末桐城姚永朴著。永朴字仲实,晚号蜕私老人。此书无序、跋。据王蘧常所著之《桐城姚仲实教授传》(载于开明书店印行之《国文月刊》第五十七期),知姚氏卒于民国二十八年,年七十八(1862—1939)。姚氏所著之书甚多,于《易》类中唯此书,未言何年所著。夫姚氏年十三已《十三经》卒业,中光绪二十年举人,年三十三。马其昶《周易费氏学》已引及姚氏,然尚未有易著;今其易著以晚号名之,必为晚年所成,以七十岁论,约当民国二十年(1931)。

是书仅通论六十四卦,未录经文,以一卦一文,明卦爻之大义。文极畅达,有祖风,说理亦通顺。于乾坤曰:"君子法乾坤之道,内之可以高其道德,精其学问;外之可以大其国家,新其世界。'大哉乾元',其以此欤?""君子法坤之道,内之可消忮求之心,而人格以立;外之可泯争夺之祸,而人类以安。'至哉坤元',其以此欤?"义极淳正。于比曰:"如唐太宗之使天下英雄入彀中,此牢笼也;秦始皇之焚书坑儒以愚黔首,此驱迫也。牢笼非'显比'也,驱迫非'失前禽'也。"亦得"比吉原筮元永贞"之理,夫下之顺从,其可牢笼之或驱迫之乎? 于坎曰:"文王特加一'习'字,孟子所谓'动心忍性,增益其所不能',正'习'字之义也。"又曰:"坎'有孚维心亨',窒欲之学,《洪范》所谓'沉潜刚克'也。离之'畜牝牛',则惩忿之学,所谓'高明柔克'也。"皆于《易》义戚戚焉。于升曰:"'富'也者,积极之义,故阳爻当之;'不富'也者,消极之义,故阴爻当之。"亦可备一例。于革曰:"大抵衣服、器械、文章、制度,皆可得与民变革者也。若并尊尊、亲亲、长长、男女有别之理而胥革之,则革而不当,不能不有悔也。"盖或有感而言,于"征凶居贞吉"之义亦合。于归妹曰:"《摽有梅》之诗,先之曰'其实七兮',继之曰'其实三兮',终之曰'倾筐塈之';今乃'承筐无实,刲羊无血',庶士之求不终,安望有及时之乐耶? 嗟乎! 此卦之《大象》所以言'永终知敝',固不独婚姻之事为然也。"读此可明"有时"之义;六十四卦中,唯归妹之四参象合乎四时,盖人之终始,不可不有时也。于未济曰:"四之伐鬼方,较既济之三加一'震'字者,盖既济言既伐之后,此则言方伐之时。"于象亦合。此外以"忍耐"释需,"自内"释履,"平等"释谦,及以比、同人、萃、涣四卦当"群学"等,于象辞确可相通,非贸然而言者也。若随《彖》之不从王肃本,诚是;大有"匪其彭"之"彭"字作"旁",亦于古有据;又以"旁"字通"邪",乃可备一说。然于鼎卦辞以"吉"字为衍,渐上"陆"字亦从"达"字解,则未免宋儒改经之弊。又以"观而不荐"作"观而未荐"解,于义亦有间。再者,姚氏不信卦变,解《彖》之刚柔上下,其总论之曰:"此等处,止依古注作虚象说,最是斩断葛藤,胜后儒说多多矣。"则所见偏矣。"古注"者,或指王弼注乎。舍实而虚,失观象系辞之旨。若虞氏等古注,莫不言卦变者也。又释蛊卦,有取于王安石"祖宗不足法"之语,则系"裕父之蛊"而非"干父之蛊",此不可不明辨之。

227. 尚秉和《焦氏易诂》提要

《焦氏易诂》十一卷,行唐尚秉和著。秉和字节之,号槐轩主人,又号滋溪老人。行唐人。生于清同治九年(1870),卒于公元 1950 年,年八十一。以古文辞知名于世。于《易》善尚占。民国十五年成《周易古筮考》,盖辑录历代筮案,另详《周易古筮考》提要。此书则究乎《焦氏易林》而成,时当民国二十三年(1934),首载王树枏及门人黄寿祺序。

夫尚氏此书用力勤矣,一言以蔽之,于《易林》盖已成象,可谓焦氏之知音。视翟云升、丁晏诸家之仅释文义,确乎进焉。其言曰:"昔人知《太玄》拟《易》,故往往即《玄首》以解经;而不知《焦氏易林》亦拟《易》也。呜呼! 后之人有究心易数者乎,愚以为《太玄》其阶;有究心易象者乎,《易林》其薮也。"不亦善乎。故尚氏之诂《易林》,可比温公之注《太玄》也。能明先天象数于焦氏,收获不亦大乎。彼不信先天者,读此可以解其蔽;是即尚氏之创见,而有益于易道者也。又曰:"《焦氏易林》实第二《易》也。《周易》卦辞爻辞无一字不从象生;《易林》亦无一字不根于象。"尤为有见。至于所用之象,尚氏分本象、对象、覆象、半象、中爻、纳甲、辟卦、大象等。其间对覆即错综;半象当二画取象,犹一爻变;中爻即互卦;大象为二爻以上阴阳相同者合为一爻,如颐为离,剥为艮,大壮为兑等。凡此诸法,实为取象所资。然观象之道,变化尚多;今所存之汉易中,除上述诸法外,能见六爻发挥之变。读《易经》之文有观如是之象而系辞,《易林》之文亦有观如是之象而系者。而尚氏于"凡例"中曰:"易象用于此而合,用于彼不合,须再三变始得其象者,皆误象也。"则知尚氏所悟之象,限于静而未及乎动。以易象言,必合动静而一之,今舍其半乃偏焉,故所得之象未免有误;且执之以非荀、虞之象,殊不可。按荀、虞之象,确乎有未合者,当以经义为准;然以动变取象之例,实为观象必备,而尚氏非之,是为此书之失也。

若其书编次,第一卷述《焦易渊源》等,以推及《易林》中有乾南坤北等八向,乾一兑二等八数,及邵氏之日月星辰水火土石八象。第二卷明《易林》取象之例及《易林》之评议等。三卷以下皆以《易林》所得之象证诸《易经》。凡卷三、卷四为上经,卷五至卷七为下经,卷八为《系辞》以下。若其象不限于一卦一爻者,则总入于卷九、卷十。又卷十一者,总论《易林》之象数。云数即合诸先天河图、洛书、纳甲、辟卦、蓍策;象则合诸六十四卦之象、《说卦》之象、荀九家逸象、《左传》所用象、孟氏逸象五者,以见其同异。末则标出《易林》失传之象,是即尚氏十余年究《易林》之心得也,特录于下:

乾为日、河、海、山、陵、南、顺。(七)

坤为水、江、淮、河、海、鱼、渊、云、虚(同墟)、薪、逆、北。(十二)

震为武、旗、鸿、隼、鸟、箕子、南、射、爵、樽、食、鹤、君、伐、姬(周姓)、甕、胎(即孕)、舟船、飞、翼、老夫、商旅、公(父同)、口、神、襦、缶、瓶、辰、篚、登、狩、乘、华、羽、东北、萌芽、翰、发、袜。(四十)

巽为母、齐、姜、少姜、寡、陨、落、嬴、虫、石、隙、袖。(十二)

坎为大首、肉、土、众、肺、揖、西、脯、鬼、矢、夫。(十一)

离为枯、星、东。(三)

艮为火、鸟、鸿、隼、面、簪、须、祖、臣、臣妾、角、啄、豕、豚、负、何、寿、贵、邑、邦、床、西北、斯析、贝、金、观、光、明、龟、视。(三十)

兑为月、华、老妇、鲁、资斧、牙。(六)

上从《易林》寻得失传之象,共百二十一。又有为《易林》所无,只见于《左传》者一象,即"震为镀"。计共百二十二象,至汉、魏皆失传。除"姬"、"旗"、"姜"数象可释《左传》外,其余无一字不与《易》有关,可据以更正昔儒误解之象,不啻拨云见天,如暗夜之逢华烛也。至其所推广之象,奇诡百出,如一一列举,虽数倍于孟氏逸象而不能书也。

又末有《易象补遗》亦分类录之:

坤为心志、忧、疾、毒、劳、风、蛇。(七)

震为羊、周。(二)

巽为豕豚、盗贼。(二)

坎为孤。(一)

艮为天、刀剑、枕、鳏、牛。(五)

兑为耳、雉、燕。(三)

计《补遗》二十象,合上为百四十二象;非深思明辨,曷克得此。故曰:"于《易林》盖已成象。"然如能悟得易象之变化,则造诣将不止此,于先儒之说亦决不如是抵牾矣。

228. 王承烈《易变释例》提要

《易变释例》十二卷,汉阳王承烈著。承烈字闻幡,号汉沕逸人。清岁贡生。皓首穷经,自述读《易》始末云:"……嗜《易》,尤天性也。光绪丙子时年十三,先君子口授《本义》。……弱冠后,知朱《易》本乎伊川,兼取《程传》读之。……于《易》之要领,初未有得也,继而求之汉儒,……以虞氏为主,以诸家为辅,……欲观其会通则无从矣。清代遵汉注者,惠定宇首辟蚕丛,征引渊博,中多至理名言,惜未得其主指。张皋文专宗虞氏,于其所阙略有补释,于其所失不无曲徇;且所云虞氏消息者似精实肤,以虞氏本未识消息之义也。焦理堂精于字诂,可为读《易》之资,其《通释》之比类合谊,尤足启人颖悟,而主张太过,武断为多。孙渊如叙《易》原委极为详审,而其《集解》则杂录古注,取其备不择其精,亦一蔽也。姚仲虞纵览诸子百家,其引以证易辞者,颇称淹雅;而于言象言变之旨实无与焉。予寝馈诸家,历有年所,……而年逾四十未能得其要领,仍如故也。间尝苦索穷思,私谓众卦生于乾坤,乾坤阴阳爻相交,每变必生二卦,此二卦连体共气,其言象言变彼此必堪互证,此非求之旁通卦不为功。……虞氏例以本卦六爻与彼卦六爻阴阳平对为旁通。……一日忽悟虞氏升降之法,……此卦下卦与彼卦上卦互易,此卦上卦与彼卦下卦互易。……然后叹不讲旁通,万难明《易》;不由荀氏升降之例以讲旁通,亦万难明《易》。予于《易》得从入之门者,盖自此始矣。……乾卦各爻先合坤,变家人与屯,又由家人与屯反为睽、蒙,而循环不已。坤卦各爻先合乾,变为睽、蒙,又由睽、蒙反为家人与屯而循环不已。雷风也,水火也,山泽也,其象皆备于此四卦之中。……需、讼以后六十卦,每卦必言变及此四卦者,亦以此四卦为天地之正象,……变此四卦为归宿也。……晚读《易林》、《太玄》,……二书所言变法,一一本之《易》。《易》之变例至东汉已失其传,得此可以为证。……此外之大资助益者,犹有二焉:其一为小学,……其一为西学,……予于《易》得解太迟,晚岁弥加奋励,……决不敢稍掺臆说,欺人以自欺;以故观玩终身,握椠十六年,八易稿而书始成。……辛未春月闻幡氏私记,时年六十有九也。"按王氏一生之心力胥在于《易》,孜孜之情现于言表。观其读《易》之次,约分三期:一十三岁至三十岁左右读宋易,二三十岁至四十余岁读汉易,三四十余岁后自悟易道而著成此书。又此文记于辛未,年六十九,则十三岁时当为光绪乙亥,曰"丙子"则时年十四,盖记忆有误。

此书初刊于辛未(1931)夏,后又改正百余条,未及重刊而王氏卒矣。门人有李六侯者,深韪是书,既为之初刊,复珍惜其遗著,时当中日战争,李氏于四川万县为之校雠,因众力而重刊于民国三十一年(1942)。初,李氏特编《周易常识便读》(另详《周易常识便读》提要)以介绍王氏遗著,此刻亦附刊焉。今并读两次刊本,体例未变,惟重刊本征引较多,而序文另作,益《易变释例例略》一文,总述《易》变之例。又书中李氏间加案语,末附《易变释例跋》、《识刻王先生〈易变释例〉始末》二文。夫推行此书,李氏诚有功者也。若王氏成此书,当以初刊时为准。全书十二卷者,三卷释上经,三卷释下经,三卷释《系辞》以下,卷十总明卦象,卷十一《通义》,间有附图,卷十二《绪言》。

夫王氏于《易》,自成体例者也。能得其"通义",全书迎刃而解。其例约有旁通、反复、递变、升降、互卦、消息六者。"旁通"指本错卦之阴阳应爻易位,且本诸乾坤,故旁通卦为错卦之两象易。"反复"即综卦。"递变"明《序卦》之次,由旁通而生。中分近承、远承二者,前者依次相承,即乾坤而屯蒙,屯蒙而需讼,以至中孚、小过;后者各隔十卦相承,即泰、否承乾、坤,同人、大有承屯、蒙,凡上下经各三段六十卦,既济、未济为全《易》总结,不用近承、远承之例。中孚、小过则仍用颐、大过远承随、蛊,然递变中或用远承或用近承或兼用之,无截然之例。"升降"指两象易又旁通卦,即本错卦之上下两体错,与焦循《易图略》中"八卦相错图一"同。"互卦"者,分三爻、四爻。三爻消息者,以十二辟卦合其旁通卦之谓。由此六例以贯通全《易》,体例严明,可与焦循之易著媲美,诚不易多得佳构也。数十年之苦索穷思,可云有获;间以乾坤变成屯、家人、蒙、睽,此四卦之反复以为全《易》之枢机。

考王氏旁通之义,实与焦循同。焦氏以六十四卦论,故皆为错卦旁通,是当之正利贞,爻变之谓也;而王氏以乾坤论,故由乾坤旁通所成之旁通卦,皆为错卦之两象易,是当消息元亨,卦变之谓也。然卦爻变之变化殊多,《文言》曰"六爻发挥,旁通情"是也。以之正言,当合应比;故加比爻之正于焦氏之例,发蒙之正之道莫外焉。若卦变者,除应比外,尚有功过爻之执谦,而王氏反执应爻以概其余,未免自囿。甚者谓经文误字,如晋四《小象》曰:"'位不当也'当作'位正当也',释'贞'字,岂有既称'贞'而位有不当者乎。后儒不知'硕鼠'指变为睽、蒙,亦不知'贞厉'指睽、蒙变为家人;概以'硕鼠贞厉'为晋卦之本象。因晋四爻之位不正,遂疑古注有误而改为'位不当也'。"他如谓萃四《小象》当作"位当",小过四《小象》当作"位正当",升三《小象》当作"有所疑";谦二上"鸣谦"曰"'鸣'当作'名'"(以王弼本作"名谦",其说未是),豫初"鸣豫"曰"'鸣'当作'冥'"等,皆不足训。且不注《序卦》,李氏问其故,答曰:"《易》之次序,本由前两卦转入后两卦,如乾、坤变屯、蒙,屯、蒙变需、讼,需、讼变师、比,皆以卦爻之变为用,予于此有详细图说;如不知此,必难通《易》。若夫《序卦》,徒以卦名相受,无关深意,且其辞非确切不可移易也。如'物穉不可不养也,故受之以需,需者饮食之道也',倘于'物穉不可不养也',下继之曰'故受之以颐,颐者养也',未始不可,此非不可移易者也。……自宋以后疑《序卦》者,代有其人;为真为伪,予不敢轻断,故推置之不论不议而已。"此乃承欧阳修之见也。至于近承者,盖脱胎于林粟之《周易经传集解》,且于旁通有变化者,乃另创隔十卦远承之例;其唯移易不一,反谓《序卦》之辞亦可移易,何不思乃尔。至于轻视宋理,不信先天图,于历代易家究其失而不取其长,如论清代汉易家之失皆未是,于汉注亦多误解,如误解虞氏之旁通、荀氏之升降等,弊在徒执其名而未究其实也。

若能洞察以上诸点之失,则可观玩此书。盖此书之变例,确得乎卦象之自然,知综卦之反复,犹"之正"与"行权";此虞氏之例,焦循未悟其妙而非之者,今有王氏足成之。又焦氏一味于旁通之象而忽乎卦象,今王氏亦能二者兼收并畜;于卷十中分六十四卦名之象,全卦之象,补足八卦之象,一字有二象以上之兼象,互卦之象,互卦中又分五爻、四爻,其分类汇编较方申之辑象为善。全书取象条理清晰,是皆此书之长;至于所取之象与虞氏易象之辨误,则失得互见。如以临为臣、妾,以既济为定、为成,艮为士、为人,坎五为圣人等,皆是。然虞氏取乾为人、为圣人,亦未可非;此非两可之辞,盖人与圣人等象,本有如是之不同,必欲是一非一,反失其义。他若乾远坤近,故郊野象宜为乾;今非虞氏而野取坤,未是。食取颐,亦未若取颐中有物之噬嗑为宜。

霆当雷余气,恰合震而艮,今雷、霆同名为震象,未若虞象之切。又以巽高为天、为雀、为飞等,皆未是。至于字义,如明"黄"通光(坤五);"毒"训保(师《象》);反目即盼,多白眼也;"彭"与"尪"同训曲胫,以"彭"同"跰","跰"曲胫马也;又以《太玄》"侯"上"侯尪尪"证其象即侯准需,需上卦错为大有是也。凡此皆可备一说。以《太玄》准夬之断,由"谊断仁"以明大壮而夬,亦是。然以"我心孔硕,乃后有铄"为升而蒙、大壮而睽,未免附会。盖《太玄》之取易象,变化殊多;应爻者其一端耳,何可以成某卦之应爻为限乎? 于《系辞》以下,亦大半以屯、蒙、家人、睽四卦取象,用心良苦。释《说卦》之象能细绎其原委,所见极是。

229. 李介侯《周易常识便读》提要

《周易常识便读》,汉阳李介侯编。李氏从王承烈学《易》,善其书。民国二十年既为之初刊,王氏复增改百余条,旋卒,时当中日战争,李氏抱王氏遗著入川,恐不易付印,特编此书,存其概要以介绍之。于民国三十一年(1942),因众力于万县重刊王氏之《易变释例》(李氏间有案语),此书亦以副本附刊。时李氏于万县红卍字会云。

全书凡八言韵语,四百九十四句,明《周易》之常识,旁或加小注。初明《周易》大义,继言历代传受及各家著作,皆言之有实,论之有据,足称《常识》之名。其言曰:"确然示易,馈然示简;天下理得,易简着眼;儒家约简,道家抱一;两家学理,皆从此出。"盖以《易》通儒、道。又曰:"前后逆转变有定例,过去现在未来三世。"小注曰:"前后逆转有一定之例,以过去为母卦,未来为子卦,现在为本卦。""爻变互用必有所因,升降反复妙转法轮。"小注曰:"蛊升降变渐,渐反复即为归妹;归妹升降变随,随反复即为蛊。此四卦爻变互用,有彼有此,相因之理。"此"三世"、"法轮"等语皆佛家语,亦以易象通之,夫理得而一,三教未尝不可同源。若述传受,皆本于史所引之易著,尚能得其要;论断之语,盖主汉易。而或不信先天方位,以宋易为理义空陈,未免自隘;三教既可通,象、理先后天之说反不可通乎? 于末言及其师王承烈(字闻皤,别号汉汭逸人,湖北汉阳人,清贡生)所著之《易变释例》一书,谓九易其稿,历五十年而成。又小注中载王氏之言,乃于惠栋、张惠言、焦理堂、姚配中等皆有所不满,且以虞翻亦未识消息之义,其他易注不论言象言理,俱各有失,未免狂焉(另详《易变释例》提要)。李氏亦誉之过甚,实为此书之蔽。

230. 宋国宾《宫世研究》提要

《宫世研究》一卷,宋国宾撰。国宾字恪三,江都人。业医。学《易》于杨真如,一年而成此书。自序于癸未(1943)元旦,大义谓京房之宫世可以例测,知某卦属某宫某世,以免记诵,盖加以规律化而已。乃同世之卦,其为正应或敌应皆同,故以"—"表正应,"--"表敌应;即本宫为☳,一世为☶,二世为☵,三世为☴,四世为☲,五世为☶,游魂(改名为六世)为☶,归魂(改名为七世)为☷;凡此八象,名之曰"应与图",由此可知某卦属某世焉。如䷿者初四应,二五应,三上敌,而象为☵,则知为二世。至于世定以定宫者,凡一、二、三世视上卦,盖尚无变化;四、五、六世视下卦之错卦,盖下卦已全变;七世则即当下卦,盖已还复。夫此法可云易简,发前人所未发。所谓应与图者,即先天图也。

再者,杨真如于策数另有新说,其式如下:

—	$6 \times 4.5 = 27$	
—	$5 \times 18 = 90$	
—	$4 \times 4.5 = 18$	
—	$3 \times 18 = 54$	
—	$2 \times 4.5 = 9$	
—	$1 \times 18 = 18$	
	216	

--	$6 \times 12 = 72$	
--	$5 \times 0 = 0$	
--	$4 \times 12 = 48$	
--	$3 \times 0 = 0$	
--	$2 \times 12 = 24$	
--	$1 \times 0 = 0$	
	144	

宋氏引杨氏之义曰:"《周易》之所以有策数,犹物类之有价格,黄金、粪土未可同值。"若此说者,盖以既济正位为准。凡阳九、阴六,正位者倍之,失位者阳则半之,阴则零之;倍之者本爻与正位策数之合,半之者本爻失位之阳为正位之阴所掩,零之者本爻失位之阴全为正位之阳所掩;至于乘以一、二、三、四、五、六者,爻等之谓也。或以数论,仍为乾策二百一十有六,坤策百四十有四,故二篇之策亦同万有一千五百二十;唯各卦各爻分其贵贱耳,杨氏之思亦巧焉。由是六十四卦之策数,既济独多,为三百有六;未济独少,为五十四;且凡错卦之和皆为三百六十。此策数图可录之,名之曰"杨氏策数图":

未济 54	晋 69	睽 72	噬嗑 87	鼎 108	旅 123	大有 126	离 141
蒙 84	剥 99	损 102	颐 117	蛊 138	艮 153	大畜 156	贲 171
讼 144	否 159	履 162	无妄 177	姤 198	遯 213	乾 216	同人 231
涣 174	观 189	中孚 192	益 207	巽 228	渐 243	小畜 246	家人 261
解 99	豫 114	归妹 117	震 132	恒 153	小过 168	大壮 171	丰 186
师 129	坤 144	临 147	复 162	升 183	谦 198	泰 201	明夷 216
困 189	萃 204	兑 207	随 222	大过 243	咸 258	夬 261	革 276
坎 219	比 234	节 237	屯 252	井 273	蹇 288	需 291	既济 306

夫杨氏之策数增减,以位合乎"圣人之大宝"而"以财聚人"之义;然本谓各卦各爻阴阳同则策数同,实系策数之所由起,原于大衍之用数四十九,此何可忽。而宋氏曰:"若按前法(指旧说)推算,则同爻数者均同策数,否、泰、既、未等是齐观,岂非黄金、粪土同值?而策数又复有何效用? 此真如先生所以辟新法也。"未免过崇师说

而失言矣。

若究此策数,而有得于末字,如曰:"若以下卦作主卦而论,则一六之卦均以乾、离为主,二七之卦均以震、兑为主,三八均以艮、巽为主,四九均以坤、坎为主。"又知初三皆阳,则末数非一即六;皆阴,则非九即四;初阳三阴,则非七即二;初阴三阳,则非三即八。由是更观二上二爻,凡同仪为偶数,异仪为奇数;故六十四卦策数之末数皆可知焉。如☲者,初阳三阴,故非七即二;又二上异仪,故奇而为七是也。又如曰:"同世诸卦,其末数各不相同。""同世卦内两数相加成十者,其两卦必为错卦。""同世卦内两数相减为五者,必为变卦。"(按所谓变卦者,谓二五二爻之阴阳变成错象也。)凡此皆详加整理而得。故宋氏此书,远则为京氏之功臣,近则为杨氏之英才也。

231. 贺勉吾《周易卦序之研究》提要

《周易卦序之研究》八章,兼图四十七,表二十九,算式七,末有附载十节,贺勉吾著。贺君业工程,于业余之暇研究《周易》,于民国十九年(1930)春成此书,而出版已当民国三十三年(1944)一月,由西安正报社印刷发行。八章之目次为:一"总论",二"论方图",三"论错综互",四"论卦变化",五"论策数",六"论变动数",七"论经卦",八"论卦序"。

"总论"者,概述伏羲八卦、六十四卦之次序、方位四图,及文王八卦之次序、方位二图,且以《序卦》为文王六十四卦之次序,名之曰"经卦"。又述全书之要凡八点:一、六十四卦与六次方之二项式关系;二、用坐标法及数字代替卦爻位次以演方图;三、六十四卦分为六种综卦之说明及其关系;四、卦之动数、变数、化数等之运用;五、卦分阴阳与和之新说;六、以乾、坤、颐、大过、离、坎、中孚、小过八卦为《周易》卦序之新说;七、卦变总表之调制;八、卦变研究片之发明(卦片)

及其与经卦之关系。(按著者《自序》中言及要旨,则分十点,实同此八点。)以下诸章即明此八点耳。

"论方图"者,盖明一、二两点。原夫八卦六十四卦之成,实为二项式之方。二项者犹阴阳两仪,故二次方当四象,三次方当八卦,以至六次方当六十四卦是也。若纵横以列六十四卦即成方图,可以名数坐标示之。贺君以阳为0,阴则分1、2、3、4、5、6以代六位。如下卦兑为3,上卦震为5、6等,详见下表:

名数坐标表

	乾	兑	离	震	巽	坎	艮	坤
上卦	0	6	5	56	4	46	45	456
下卦	0	3	2	23	1	13	12	123

方图八卦之次除伏羲八卦外,以"乾坎艮震巽离坤兑"列之为文王方图。更以《说卦》所述之次而列之,计有"乾坤艮兑震巽坎离",注曰:"本图对称行各卦为二五综。""震巽坎离艮兑乾坤",注曰:"本图对称行为一四综。""乾坤震巽坎离艮兑",注曰:"本图对称行为三六综。"殊能发前人所未发。至于"震巽离坤兑乾坎艮"之次,实即文王方图以易方位而已。

"论错、综、互"者,明第三点。盖贺君读来氏之错、综后,更观综卦间之不同,乃分一爻综、二爻综以至六爻综六种综法。以象言,贺君之所谓"综",即历代易家所谓"爻变"也。一爻综即一爻变,二爻综即二爻变,以至六爻综即六爻变,故贺君曰:"六爻综者,即来氏所谓错卦也。若错成三十二,互成十六,而归于乾、坤、既济、未济四卦,义与先儒同。"分成八团者,即京氏之八宫,惟丰、涣、噬嗑、井当属2团,家人、解、屯、鼎当属4团,贺君有误。末附载之二曰"分宫新说",使每宫成十卦则卦多重复,既未若宫世之絜齐,亦未如虞氏六十四消息之自然;

且八团之分,贺君纯以标数推得,或尚未知即当八宫云。至于纵用"乾巽离兑艮坎震坤",横用"乾兑离巽震坎艮坤"之次,以得综卦方图;又于伏羲圆图中分观一综至六综;则深得观象之理,合成六综方图,盖能类族辨物焉。特录如下:

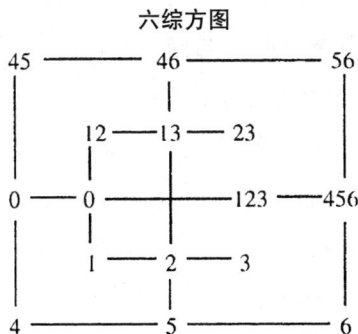

六综方图

```
45 ———————— 46 ———————— 56
 |                |                |
 |      12 ——— 13 ——— 23         |
 |       |       |       |        |
 0 ——— 0 ————————+——— 123 ——— 456
 |       |       |       |        |
 |       1 ——— 2 ——— 3          |
 |                |                |
 4 ———————————— 5 ———————————— 6
```

　　按内方当内卦,外方当外卦;以名数坐标代入之即为六十四卦,故卦名从略。附载之一曰"《周易》卦纲",同此图;原此图之成,乃以先天卦位,或以四正顺时针旋九十度,或以四隅逆时针旋九十度,皆可得之。

　　"论卦变化"者,明第七点及第四、第八之一部分。曰"卦变化"之义,凡分"卦变"与"卦化"。卦变乃准朱子之卦变图所调制之"卦变总表",既法《序卦》之次,复合卦变之序,故成四千有九十六变,不啻汉焦赣《易林》、宋朱子《启蒙》之合也。卦化则明卦变时之先后,故一卦变六十四卦时,卦化数计有一千九百五十六,可以组合法求得者也。至于所发明之卦片,凡一片示四卦,两错卦及初爻变之两错卦是也;故六十四卦以十六片代之,其数如下:

　　0,12,13,14,15,16,23,24,25,26,34,35,36,45,46,56。

　　举 46 一数言,其卦为需,错为晋,初爻变井,井之错为噬嗑,故 46 数之一片即为需、晋、井、噬嗑四卦,余可例推。以此十六片可观诸爻变之象;又以任何一片为首,其他十五片皆有自然之序,此于易象消息时宜致意焉。惟汉易言消息,以乾、坤、既济、未济合一,而贺君以乾、坤、姤、复合一,义与邵康节相似;若自然之序则何以异? 若《易》之三义当为易简、不易、变易,贺君曰:"《易》有三义曰:不易,曰交易,曰变易。"则未是。盖交易之义仍在变易之中。清毛奇龄创五易之义曰"变易、交易、反易、对易、移易",实明变易之法耳;故虽增三而五,反仅及三义之一。贺君取"交易"而舍"易简",则得三义之二;《系上》曰:"易简而天下之理得矣。"其可忽乎哉。

"论策数"者,尚未合生蓍言,故仅得本卦之策数七类;若合之卦言,策数当有十九类。而贺君即以七类策数合诸六综卦观之,又合经卦及六十四卦合十六互卦而观之,且使二卦之策数相加,则非策数之本义;能明十九类生蓍之策数,二卦在其中矣。今以二卦之策数言,义当二卦之二卦,已含四卦焉。言此章者,盖为下章论变动数之基。

"论变动数"者,亦明第四点,分变数、动数为二。变数者,以卦变图之次而定,故任何一卦为首,皆有其自然之序,即以一至六十四当之;唯贺君所制各表,皆以乾为一而言。若动数者,其式如下:

动数＝策数＋变数

由是以观六综、四综、二综、经卦四类卦象之动数变化。凡经卦合错、综(综准来氏之义),动数可合成九级,乃成"经卦动数级次表",此表于卦序之关系甚大,可谓此书之核心,宜录之:

经卦动数级次表

卦　　名	动数	级次	动数	卦　　名
屯 蒙	439	1	411	革 鼎
震 艮	437	2	413	巽 兑
临 观 晋 明夷	436	3	414	需 讼 遯 大壮
蹇 解	434	4	416	家人 睽

卦　　名	动数	级次	动数	卦　　名
师 比 剥 复 谦 豫 萃 升	433	5	417	无妄 大畜 小畜 履 夬 姤 同人 大有
损 益	432	6	418	咸 恒
噬嗑 贲	430	7	420	困 井
涣 节	427	8	423	丰 旅
乾 坤 颐 大过 泰 否 随 蛊	425	9	425	渐 归妹 既济 未济 坎 离 中孚 小过

于附载之四曰："经卦动数图",一名"经卦太极图",即以此表动数之多寡以纳于太极曲线而成者也。

"论经卦"者,明第五点等。初言六综之义,附载之十曰"伏羲方图之综法",盖属乎此,于观象时殊可参考。谓经卦之配合皆当综卦方图之泰、否对角线,此综卦方图之所以妙也。然综卦方图亦有种种变化。若论阴卦、阳卦、和卦,乃准"阳卦多阴"、"阴卦多阳"之义,凡上、下二卦皆为阳者为阳卦,皆为阴者为阴卦,一阴一阳者为和卦;由是以观上、下经,则上经多阳卦,下经多阴卦。然贺君以为新说,实先儒已屡言之。又以九级言,则下经遍及九级,上经仅当一、三、五、七、九奇数之级;此则前人所未言,贺君之巧思也。至于上、下经之数,其说有三:其一,上经三十卦之变数为1042,下经三十四卦之变数为1038;即上经之数比下经之数多4,故各加上、下经之卦数乃同为1072。其二,取"参伍以变"之义,谓于方图之纵横三、五处分之,则成 $3 \times 3, 5 \times 5, 3 \times 5, 5 \times 3$ 之四部,前二者之和当三十四,后二者之和当三十,贺君以变数之理列之,凡各行之和皆为260;而于三、五处分之,乃成上、下经之三十与三十四卦,诚善于安排焉。其三,上经阴爻数为94,下经阴爻数为98,故减卦数64,即为上、下经之卦数。若此三说中,于第二说有自然之理焉。

"论卦序"者,明第六、第八两点,间以九"忧患卦"言,略同于《周易折中》。若以九级观之,分上、中、下三部,亦可备一说耳;尚未见确切不移之理。至于以卦片列成八类,以当反复不衰卦八;且合于先天之次,则得卦象之自然,综卦之变化在焉。贺君以爻变名综,似可不必;(按《自序》中亦欲改"综"字为"道"字,以取一阴一阳之义;实则已有爻变之名,可不必另取他名。)然此分成八类之综卦,可谓发来氏所未发,有功于观象者也。唯以卦片列成飞鸟式即卦变图次,其形如下:

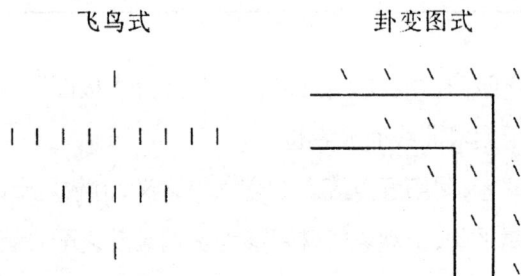

末言及《杂卦》之次,然语焉未详。言最后八卦之序,亦未及《周易折中》之中肯。

于附载中尚有"立体之研究"及"标准画卦法"二节,可备一说。总上所述,贺君于易学深思之情可喻,惜于先儒之易说似未广闻,故略有事倍功半之感焉。

232. 熊十力《新唯识论》提要

《新唯识论》四卷(目分上、中、下三卷,然下卷又分一、二,实为四卷),黄冈熊十力著。熊氏治佛学唯识有得,后不以为是,乃出入儒、佛而非儒、非佛,故自造《新论》,以《易》义为本。此论初成于壬申(民国二十一年,公元 1932 年),为文言本;丁丑(民国二十六年,公元 1937

年)起译成语体文本,历时六年余,由商务印书馆印行;又于辛卯(1951)冬从事删改,约三分去二,成而自记于公元一九五二年壬辰中秋。今据"壬辰删定本"论述之。

夫此论凡《明宗》、《唯识》、《转变》、《功能》、《成物》、《明心》六部分。于《明宗》曰:"今造此论,为欲悟诸究玄学者,令知宇宙本体非是离心外在境界,及非知识所行境界,唯是反求实证相应故。"则全书要旨已备。若"实证相应"者,名之曰"性智",以别"量智"。"性智"者,是自性的明解,此中自性即目本体。"量智"者,是思维和推度与简择等作用,亦名"理智",元是"性智"的发用;而有别者,因"性智"作用依官能而发现,即官能得借之以自用。按此理实取于末那识之缘阿赖耶识为自体耳,亦即《易》义中坤之"先迷"。又曰:"性智贞明,无虚妄分别;量智恒驰逐于物,即常以物为外界独存,……此由其杂于迷妄之习也。量智亦能明辨事物之理则,及于所行所历简择得失而不谬者,此乃量智之悬解。……悬者,形容其无所系也;解者,明睿义。暂离系故,亦云明睿。然以为真解则未也,以其非真离系。……必妄习断尽,性智全显,量智乃纯为性智之发用而不失其大明之本然,始名真解,此岂易言哉!"按是犹坤二"不习无不利"之义。谓哲学以明本体为主,或不知而不言本体仅及知识论者,殊非哲学。又谓哲学之工夫,要在思修交尽,思以睿理智,修以养性智,二智圆融,而后为至人之学。按此亦坤二"敬内直外"义。故此论之宗,与伊川、朱子之论"敬义",其理一也。

曰《唯识》者,破外境,又明妄识亦空。妄识者,即有宗之内境。谓印度诸师以境是识所变,今谓境识为不可分之整体,且破有宗之缘生法,谓识本身即为因缘,非由种子生识。识有自动力,即性智之发用,非虚妄;或逐于物,即成官体之浮明,则为虚妄。其理智当空宗言缘,所以破缘生有自体,而有宗明心由缘生,乃以之为构造论,即空宗以缘生为遮诠,以俗谛可有真谛当空,有宗以缘生为表诠,非缘生之本义。又谓有宗以种子现行当生灭法,真如为不生灭法,二者犹体用,未能相通亦非。其结论曰:"不许有离心独在的境,却不谓无境。……明妄心无自体,无自体故空。然许心有因缘,是妄心虽空而本心之发用毕竟不空。夫妄心空而仍非无心,外境遮而仍非无境,然则心物依何而有不可以无说,故次之以《转变》。"按此结论亦有见,若其论有宗,则未足取(详见下)。

于《转变》曰:"旧说一切行无常,隐存呵毁。本论则以一切行只在刹那生灭灭生活活跃跃绵绵不断的变化中;依据此种宇宙观,人生只有精进向上,其于诸行无可呵毁亦无所染着,此其根柢与出世法无相似也。"按此理亦是,然未悟佛教中"觉他"精义。盖凡有执者,安可不说"一切行无常"以破之;隐存呵毁者,所以显真如之不生灭法耳。无为法既显,三身中本具此理,亦即乾《大象》曰"自强不息"是也,故必谓与出世法无相似乃大误。又总括本体得六义:"一、本体是备万理、含万德、肇万化,法尔清静本然;二、本体是绝对;三、本体是实有,而无形相可得;四、本体是恒久无始无终;五、本体是全的圆满无缺不可剖割;六、若说本体是不变易却已是变易的,若说本体是变易却是不变易的。"按所谓本体者,于吾国即为"易",于佛教中即为"真如",其义一也。又明本体为能变,且谓非与所变对,乃即体显用,用全显即无体,因显用故名能。若成变者,本相反相成,其言曰:"恒转是一,其显为翕,而几至不守自性,此便是二,所谓'一生二'是也。然恒转毕竟常如,其性决不会物化,故当其方翕,即有辟的势用俱起,此辟便是三,所谓'二生三'是也。……此中所谓一、二、三,只是表示变动的符号,并不是有一、二、三的片段可分,更不是有由一至二、由二至三的先后次第,一只是表示本体无对而已。全显为大用,二和三都是表示用之殊诡。"又曰:"即依翕故假说物行,……即依辟故假说心行。"于"附识"中引文言本中二句扼要语曰:"翕以显辟,辟以运翕。"按以上明成变,盖本易《系》上"坤其静也翕,其动也辟",全论之中心在焉。又以刹那生灭见一翕一辟之势用,且破世俗之有常,彰变有五义:"一、幻有义,

二、真实义,三、圆满义,四、交遍义,五、无尽义。"按变之义不外九阳变、六阴变而已矣。又述空有宗,以空宗对众生或诸外道种种迷妄悉予破斥,有遮诠而无建立,此其妙也;以有宗之说便增迷惘。则以《易》言,犹宗王弼之扫象耳。

　　于《功能》曰:"《转变章》尅就变言,则说为一翕一辟之生灭灭生而不息,若乃斥指转变不息之本体而为之目,则曰'恒转'。恒转势用大极,故又名之以'功能。'"首明体用之意义,谓:"'用'者作用,或功用之谓,其本身只是一种动势,亦名'势用'。'体'者对用而得名,但体是举其自身全显为万殊的大用,不是超脱于用之外而独存。故体者用之体,不可离用去觅体。"按此更明即体显用,不可谓非,然用名"势用"乃误,以《易》言,仅知用六而未知用九,宜其明翕、辟而未明专、直。若内典于行相隐存呵毁,实当用六之势,盖势用将先迷而不可不斥者也;至于行健之不息,即乾元之上出,此专而直,何可呵毁? 夫有宗立第八识义犹乾元,故熊氏之不信第八识,于《易》义亦自然不言乾之专、直,而唯言坤之翕、辟,故此论之境界未能出于阴仪者也。若于成物之理,本诸《乾凿度》"太易、太初、太始、太素"之说。以下皆综述空、有宗而论其非。始述《心经》,以明五蕴皆空,盖以显空宗,其言曰:"余于真谛颇有契于空宗,古今谈本体者,只有空宗能远离戏论。凡哲学家各凭臆想,组成一套宇宙论,直须空宗快刀斩乱麻手段断尽纠纷。"下又曰:"然余颇有疑者,则以为空宗是否领会性德之全,尚难判断。"按即此一疑,戏论与焉。其言曰:"夫至静而变至寂而化者,唯其寂非枯寂,而健德与之俱也;静非枯静,而仁德与之俱也。健,生德也;仁,亦生德也。曰健曰仁,异名同实;生生之盛大而不容已曰健,生生之和畅而无所间断曰仁。大《易》之书,其言天德曰健,亦名为元,元者仁也,为万德之首,万德皆不离乎仁也。性地肇始万化畅达无亏,是名亨德,仁之通也;性地肇始万化含藏众宜,是名利德,仁之制也;性地肇始万化永正而固,是名贞德,仁之恒也。《易》之言天或性,则以'元亨利贞'四德显示之。四德唯元居首,亨利贞乃至众德皆依元德发现成差别,故《老子》云:'元德深矣、远矣。'又曰:'生而不有,为而不恃,长而不宰,是谓元德。'夫'元德'者,生德也。生生不息本来真故,恒如其性故,生而无染本圆明故,生而不有本寂静故。是则曰真曰如,言乎生之实也;曰圆明,言乎生之直也;曰寂静,言乎生之几也。是故观我生,因以会通般若与大《易》之旨,吾知生焉,吾见元德焉。此本论所由作也。"夫会通般若与大《易》之旨,其理可取。明大《易》之"生德"以通于《老子》之"元德",亦有所见。然此论之必基于疑空、有宗,则有流弊。盖龙树、提婆等焉能不明生德,至若清辨之流于恶取空,有宗早已正之;故有宗者,所以足成空宗者也。如于有宗疑之尤甚(详下),则儒、佛何能会通耶? 若继之曰:"吾始治佛家唯识论,尝有撰述矣;后来忽不以旧师持义为然也,自毁前稿,久之始造新论。吾惟以真理为归,本不拘家派,且吾毕竟游乎佛与儒之间,亦佛亦儒、非佛非儒,吾亦只是吾而已矣。"则见其治学之路径也。以下述有宗而明其非曰:"……今核其大谬,略言以四:一曰划种、现二界,……二曰始变缘起说为构造论,……三曰种子分本有、新熏成大混乱,……四曰种子真如是二重本体有无量过。"按此四者皆未谬。若"划种、现二界"者,明能所耳,于《易》犹阴阳;又种子当"在天成象",现行当"在地成形",象、形之不可不分,犹种、现二界之不可不划。曰"始变缘起说为构造论"者,即变遮诠为表诠耳,此实有宗之一大进步,盖有见而言,何谬之有? 三曰"成大混乱"者,妄见所至,惟其分本有、新熏,庶足以尽天下之啧。四曰"二重本体"者,尤非;盖种子为生灭法,真如为不生灭法,宜由种子以悟真如,何谓二重本体? 此实未悟转依所致。其结论曰:"空宗谈体而遗用,由其有趣寂之情见在,有宗根本未改趣寂宗趣而复以不谈用为未是,故着重依他起性而建立种子以变更空宗缘起说,遂成构造论,反空而不彻底,其归本真如无为犹秉空宗本旨,其立种子为生化之源,既与真如并为二重本体,又与现行判为能、所二界,种种支离,自相矛盾。余于有宗绳正空宗一往谈空之失,深美其用意,独惜持论支离破碎,未可折空宗也。"本论以"体用不二"为宗,极反空宗之恶取,救有宗之支离,此述空、有宗之大旨而论其得失,即此《新论》之基。夫此论之于空有、宗,犹匠石之于质也;惜于空、有宗之大旨,仅视其迹而忽其履,故所论之得失尚未是。宗"论"未宗"经",宜其触处生疑;盖空、有宗者,皆因时发挥佛经而已,岂有二旨哉? 空妄以显真,安可视为恶取? 而反之真显而明用,何支离之待救? 若以"体用不二"为宗,固有取焉。间有曰:"辟乃谓神,翕便成物。"乃取《系辞》"辟户谓之坤"及"坤作成物"之义。明理气曰:"'气'字只是一种作用的意思,此气是运而无所积。……'理'字本具有条理或法则等义,但不可如宋明儒说是气上的条理。……'理'之一词是体与用之通称,'气'之一词但从用上立名。"则亦为一家之言耳。又"功能"者,有宗以当种子,此论以当真如,则名同而实异;或核实而论,则究竟位之三身犹真如之功能,翕辟之运行犹种子之功能也。辨"功能"与"习气"曰:"功能即主宰,习气但为资具;……功能唯无漏,习气亦有漏;……功能不断,习气可断。"则以功能当法身言,实与有宗全同(习气与有宗无大出入),乃执名言之争,殊无谓。后于功能之根本大义重行提示,凡五:"一曰体、用二词随义异名,其实不二。……二曰至真至实、无为而无不为者,是谓'体';……从其生化流行彰以'用'名,非用别成一物与体对待。……用外无体,体外无用。……三曰用也者,一翕一辟之流行而不已也。……四曰宇宙万象惟依大用流行而假施设。……五曰穷神顺化,即于流行而识主宰,于化迹而悟真实。"按全论大旨不外"体用不二"而已,确亦有见;然既有"随义异名",当明其随义之变通,此以《易》言,即"六爻之动,三极之道也",象当旁通之正而成既济耳。以有宗言,即由转依而显得大涅槃,生得大菩提也。惜此论未悟乎此,故于大《易》与般若未得其真;所谓不二之体用由翕辟之势用以显,究未备广大之易道,于究竟位之法身亦有间焉。

于《成物》曰:"本章首刊定旧师(佛家唯识论师)建立物种以说明物界是其妄计('物种'旧云'相分种子'),次依本体流行有其翕之方面,翕则分化于是成立小一系群,由此施设物界终之以八卦。大义毕举,心、物虽异用,究竟不二,边见之诤庶乎其免诸。"按"翕"犹相分,"种子小一系群"犹相分现行,唯异其名耳。若仅及八纯卦以明物,未免草率,曰心、物异用而不二,则殊有见,即相、见二分之合一,形上形下之变通也。

于《明心》曰:"余所严辨者,唯在本心与习心。人生陷于罪恶之中,只任习心作主,若识得本心,纵操存力弱,而隐微间一隙之明,犹自有所不忍于不敢,已有振拔之机,未有亡失主公而可冀其凶迷能悟也。"又曰:"夫发明心地,直指本来面目,单刀直入,活泼有力,吾爱禅家,然旅人望门投止,未可便谓到家。'首出庶物,万国咸宁',大哉孔子之道,内圣外王,本未尝遗物,要归于心为物主,学者可不知所趣乎?"此以"首出庶物"之心,会通于禅家之本来面目,原则可取。又以根身取小乘《俱舍论》义,谓有实质,略近于今日之神经系,乃不取有宗以根为阿赖耶识之相分,且曰:"根可以妨碍本心,且与染习为缘,将恒为本心之敌乎? 此亦误解。本心之发现,毕竟以根为其利用之具,在无生物之层级中,根未形成而心不得显,此明征也。"由是约以四点,以明作用见性。"一、作用者即尅就见闻觉知等等而名之也。二、此见闻觉知等等,实即心之力用发现于根门者;故此不即是心体,但心体亦非离见闻觉知而独在。三、见闻觉知等等通名作用,固如上说;但精以析之,则根不从心,且与染习叶合,其发为见闻觉知等等,固不得名为作用也。若乃心帅乎根,亦无染习为障,则其发为见闻觉知,方是真实作用。恶紫乱朱,不可不严辨。四、作用义既刊定如上,则作用见性义亦不待深谈而可知。夫作用者,即本体之流行而言之也。问流行未即是体之固然,云何作用见性? 答:全体成大用故,不可离用觅体,是故于流行而识体;易言之即于作用见性。"凡此四点,犹此章之大义,然与有宗虽名义不同,或核实而论,其归仍同。所谓作用者,即依他起性,所见之性即圆成实性也。其结论曰:"吾国自孔门而外,言唯心者,易于忽视格物,梵方传来之出世法且不论,道家即有反知与反格物之主张。宋明诸儒,如程、朱一派,其释《大学》'格物'虽无误,而其治学精神究不在此,故未尝注意于格物之术。陆、王一派,求识本体,固立乎其大,独惜曲解《大学》'格物'之教,高谈本心,忽视格物,其流不趋于佛家出世,即有离群遗世甚至玩世之病。夫物无心而不自识,故一言乎物,已有心在;心遗物则游于虚,故一言乎心,当有物在。主唯物者,固不能屏心而不用;主唯心者,又何可绝物而不之格乎?儒者求仁之学,博约兼资,内圣外王合而为一,成己成物,的然不二,此百世无可易也。"按此归于孔子之仁,确然有见。若必以之非佛,未免有执。曰:"自佛法普遍深入于中国,颇无好影响,此亦余之《新编》所由作也。"则所谓"颇无好影响",仅见流弊耳,安可归咎于佛法之本源乎。以下更有斥有宗之"闻熏"曰:"'闻熏',吾亦不谓其可废,安知'闻熏'但为'不违仁'工夫作一种参验而已。若如无著一派之学,众生从无始来,唯是有漏流行乃教之专靠闻熏以造命,毁生人之性,莫此为甚,吾何忍无辨耶?"按误解有宗之义,莫此为甚,教以"闻熏"造命,犹坤初之"积",不善之绝不可积,善之不可不积,何可谓之"毁生人之性"耶?今人每未解"早辨",故亦每视礼乐为毁生人之性;此与熊氏之见虽异而其源实同,可谓时使之然。继论有宗之六位五十一心所,乃并合移删成四位二十四心所,其目如下:

> 恒行心所——触、作意、受、欲、想、思,凡六。
> 别境心所——慧、寻、伺、疑、胜解、念,凡六。
> 染心所——无明、贪、嗔、慢、恶见,凡五。
> 善心所——定、信、无痴、无贪、无嗔、精进、不放逸,凡七。

此以意变易,殊不足为训;大误者,莫若以烦恼心所之疑,移入别境心所，实则亦时使之然，乃今人之好疑也。《易》睽上是其象，安能遇雨而亡群疑哉。若熊氏之移入别境而不入恒行者，或尚自谓逾于无所不疑者乎。实则疑之所起，烦恼即随，尚何菩提之可言。究此论之作，基于疑空（法性）、疑有（法相），此所以不足贵也。夫《孟子》贵"反经"，以四库论，"经"、"子"分门；以三藏言，"经"、"论"异类。然"子"与"论"皆以明"经"，为是离经则非；若"子"、"论"间皆未免乎有出入，盖时位所致，且所以别于"经"者也。而熊氏之学一生明辨"论"之异同，而不悟其同为明"经"；且自反以体认，而体认所得者，仍异而未同，故于"反经"尚有一间。至于儒、佛之经，其本实无一毫之别，盖天下之理一而已矣；然此理更须以神智悟之，或孜孜于辨析名言者，何能有得耶？或谓神智之源何在？可曰在悟信与迷信。如佛法、易道之重信，皆自然尊信之而绝非迷信，故《易》贵有孚，又卦气起中孚者，信也。《金刚经》曰"信解受持"，《华严经》曰"信为道元"，亦皆信也。乃熊氏之尊信真理盖基于疑，则所尊信者实迷信耳。是故究有宗有得而疑之，参空宗有悟而亦疑之，至若于十翼又疑为有后儒之说。他若汉荀爽之升降，清姚配中之发挥汉易，皆有功于易道者也。而熊氏亦断章取义而加以非难，可见于易道尚未能以辞而观象，仅以意而言耳。熊氏于《易》批评清儒之说，而推崇宋杨简，盖其流亚也，此派所谓"心易"者，实易道之一支，非易道之全也。再者，即以《新论》言（不言其斥空有宗），实同王阳明之"即体而言用在体，即用而言体在用"之义，亦犹"知行合一"之谓。

　　末尚有附录，载有宗之说极详，凡究有宗者，大可参考；而其评有宗之失者则非。择录《答辨客难新论》者，亦可参阅，以明此论之旨。至于此论之是非，读后自知，若其痼疾，可谓在移烦恼之疑入别境而已。

233. 周志辅《易卦十二讲》提要

　　《易卦十二讲》，至德周志辅著。此书出版于 1958 年，凡十二讲，以明八卦六十四卦之来源及其变化。一、二讲述六画卦之渐次相生，犹吴澄《易纂言》卷首之图而加详焉。三、四讲述卦之关系及组织，犹林至之互体及方申之《周易互体详述》等图而综合焉，又本阴阳爻之多寡以分类。五、六讲述卦之对待及正倒，即汉易之旁通反卦，而来知德明之曰"错综"者也，又兼及两象易。七讲述卦之连锁，盖本虞翻及李挺之卦变图而论之。八讲述卦之排列法，本京房之八宫而能探其赜焉。十讲述卦之形态，所以究错、综、覆卦之缊，且求卦变之理，殊得类族辨物之道。十一讲述卦之次序，即先天图间列先天八卦方位，其右旋一图(图十七)，乃朱元升《三易补遗》中目之为《归藏》者也。十二讲述卦之概念，犹总论也。

周氏言曰："一部《易经》，本来是广大悉备，天地人三才之道无不包罗在内，时无古今，地无遐迩，凡是宇宙间的现象都可以用它来解释；而且仁者见仁，智者见智，任何一方面都可以解得通，这才是学人对于《易经》的正当看法。"又曰："在解释经文卦义的时候，必须遵守古训，绝对不可以望文生义，离开了汉儒的家法。这是读《易》者惟一的信条。"所见极是，执两用中庶能明乎阴阳之易道。其唯周氏之邃于《易》，乃能深入浅出以宣扬易理，嘉惠士林，其功亦大矣。至若朱子之置九图于《周易》前，乃其超人之远见，后人攻之者皆有蔽。且朱子未尝疑及十翼，曾谓欧阳修无见，《易童子问》之说殊非。再者，本男性女性以释阴阳画之源，数十年来其说大行，与"乾道成男，坤道成女"之理亦可相通；然此盖属"近取诸身"，他若仰观俯察等等决不可忽，不然未合乎庖牺氏作卦之旨。又《太玄》数尚九，故曰"五与五相守"而不言十，十一讲中误引。

234. 周志辅《易解偶记》提要

《易解偶记》，周志辅著，与《易卦十二讲》合册。此书乃解经文，以取象为主,纯合乎汉易之家法者也。然未及全文,盖于卦爻及《系辞》等有得则记之,故名《偶记》。凡所记者皆有见,周氏必深入于《集解》而能会通焉。《易卦十二讲》之体例各极其所宜,斯为可贵矣。

如坤、讼、睽三卦之六三爻皆以变阳为有终,乃合谦卦"君子有终"之义。蒙、观之相通,既合顺巽之象,与"童观"、"童蒙"、"睽观"、"纳妇"之辞又可互证,则由取象而又通乎焦循之《易通释》,而二升五降,本为荀氏之大义。"养蒙以正",即先王省方观民所设之教也。随二、三之"丈夫小子"以震艮当之,虽异于虞氏,反切合卦象,毛奇龄亦尝取之,足补汉易象之阙。于咸、恒之卦变,仿虞氏无妄、大畜、损、益之例,亦可备一说。且推其例以释困初、丰上之"三岁不睹",尤见观象系辞之妙;原此取象之法,《杂卦》末节固已用之矣,然本之以取象者,尚未多见。震二之"七日得",取四爻变为复,亦较虞氏为简洁。于中孚之三、四为敌,以明同功相拒之理,则"敌"字之象明焉。

他如比二、小畜二之皆以得正为言,"谦谦"、"劳谦"之均应各自为句等,莫不适当。惟于履三以"眇明而能视,跛愈而能履"之义释之,则与《小象》之"不足以有明"、"不足以与行"未合。"由豫"之作"犹豫",马融之说也,其失在未能与"由颐"一例。咸上之"媵口说",以"吉人之辞寡"证之,亦宜从郑、虞二氏之注为是,达于口舌,其通亦薄矣。又解艮象曰"坤为思","坤"字或为"坎"字之误。

235. 熊十力《乾坤衍》提要

《乾坤衍》二卷(书中名之曰"二分"),黄冈熊十力著,阅二年而成于公元 1961 年。书共分二分:第一分《辨伪》,第二分《广义》。自序有曰:"学《易》者必通乾坤,而后《易经》全部可通也。'衍'者推演开扩之谓,引伸而长之,触类而通之,是为衍。余学《易》而识乾坤,用功在于衍也,故以名吾书。"于《辨伪》中原其所准有三,一准皮锡瑞"六经皆作于孔子"，二准康有为"孔子托古改制"，三准王阳明"朱子晚年定论"义而成"孔子晚年定论"大义。谓："上考孔子之学，其大变盖有早、晚二期，而六经皆作于晚年，是其定论。早年思想，修明古圣王遗教而光大之，所谓小康礼教是也。晚年思想，则自五十岁读伏羲之《易》，神解焕发，其思想界起根本变化，于是首作《周易》、《春秋》二经，主内圣外王之弘规。内圣者，深穷宇宙人生根本问题，求得正确解决，笃实践履，健以成己，是为内圣学。外王者，王犹往也，孔子倡明大道以天下为公，立开物成务之本，以天下一家谋人类生活之安。此皆依于大道而起作为，乃至裁成天地，辅万物人道之隆，可谓极矣。此非偶然可至。浩浩宇宙，芸芸万类，共同戮力向往大道，健而直趋，无有不遂，故外王之道不托空言，存乎向往之真，见诸行动实践，实践不力何能成物？'王'之义为往，富哉斯义！外王立名取义在一往直前，深可味也。《易经》广大，虽内外皆备而内圣为宗，五经同出于斯，《春秋经》继《易》而作成万物者，王道虽以圣学立本，而王道特详《礼》、《乐》、《诗》、《书》四经，皆《春秋经》之羽翼也。"夫言内圣外王义极是，即佛之自觉觉他。若分期义极非，乃谓孔子六经皆遭改窜，汉人之五经几乎完全是小康思想；推而上之，谓孟子以至七十子之徒犹然，唯孔门青年派子游、子夏是大道之儒，即颜子亦未能肯定其为晚期思想。故《易》则田何所传为古术数说，非孔子义，汉、宋群儒以易学名家者，无一不是伪学。《书》则自西汉初年以至今世，无有一部不是伪书（皮氏尚以今文为真），孔壁之真本已为武帝毁于秘室。《诗》则孔子删定三百篇，必作传以发其旨，惜乎《诗》传全亡。《礼》则《仪礼》为礼古经，非孔子作，另称《周官经》及《礼运经》为孔子作，且以非康氏之"《周官》作伪于刘歆"说，然未得其实一也。于《儒行篇》中仅取"忧思之儒"，名之曰"革命之儒"，为大道学派之儒，其余十四儒皆为小儒。《春秋》者以三世消灭统治。解何休之三世曰："据乱世者，……奋起革命；……升平世者，革命初成；……太平世者，国界、种界一切化除，天下一家。……"谓何休得公羊高所受于子夏之秘文。若公羊寿之三世与《繁露》同，专就君臣恩义立言，乃小康之曲学。以《左传》为六国时庸材杂抄成册，歆采而增益之，立伪《左传》欲毁灭孔子之《春秋》。又以《孝经》亦为六国时小康之儒所伪造，何休伪造孔子"行在《孝经》"之语，其用意在保固封建思想，与孔子《春秋经》之思想绝不相容。凡此种种，皆以意而断也，非辨伪也。

于《广义》中谓："乾乃生命心灵之都称耳，坤乃物质能力之总名耳。"且以斥阴阳二气之非，谓"气"为气体之气，言"二气"即古术数之迷误；实则"气"有流动义，即固体中电子之旋转亦为气，何可以"气"字仅当气体之气。凡乾乃生命心灵，是即阳气；坤乃物质能力，是即阴气。古今异名，其可未加核实而空斥名义耶？至于以坤之物质能力当从乾之生命心灵合于"体用不二"义，于理可取。若所解之《易》仅乾、坤二《彖》，又坤《彖》止于"后顺得常"，其下"西南得朋"至"应地无疆"谓或是小儒增入，此外动则言小儒所改所增，其弊不亦大乎。至于解《彖》准六义：一、体用不二。二、一元实体之内部含藏复杂性，非单独一性可成变动。三、肯定万物有一元，但一元即是万物自身本有之内在根源，不可将一元推出于万物以外去。四、宇宙万有从无始以趋于无尽之未来，是为发展不已的全体。五、乾坤之实体是一，而其性互异，遂判为两方面。六、孔子之外王学于乾、坤二卦创明废绝君主，首出庶物，以群龙无首建皇极，《春秋经》与二《礼》同出于《易》。凡此六义盖亦有见，惜执碍重重，言多偏颇，以之衍《易》，何能得其实也。

236. 玄隐外史《易学发隐》提要

《易学发隐》十二卷，浙西玄隐外史著。全书名《天乐集》，共百余卷。公元1964年仍在继续著述。此十二卷当全集之卷五十七至六十八。首二卷总论易学之纲要，中八卷分述六十四卦，曰《诸卦钩玄》，末二卷杂释

《系辞》传等，及《读易觚賸》二十则。原书无目，特为编之如下：

《天乐集》卷六十一

坎离屯蒙蹇解剥夬损益中孚大过

《天乐集》卷六十二

泰否暌革鼎履晋明夷既济未济

《天乐集》卷六十三

谦节涣井困恒观

《天乐集》卷六十四

旅渐临归妹蛊无妄需讼噬嗑贲

《天乐集》卷六十五

遯

《天乐集》卷六十六

遯续前卷

《天乐集》卷六十七

《系辞传》杂释

《说卦传》提要

《杂卦传》提要

大《易》重视道德之一斑

文字与易象相通

读《易》觚賸一

读《易》觚賸二

读《易》觚賸三

读《易》觚賸四

读《易》觚賸五

读《易》觚賸六

读《易》觚賸七

读《易》觚賸八

《天乐集》卷六十八

夫首节之《师说缘起》，犹自序也，宜录存之，全书之精蕴在焉。其言曰："予昔读李清菴《中和集》内'画前密意'十六章，知《易》与丹道相通也。近读清郑和阳《易说》，更信《易》与丹道实相契也。先师晚年喜阅明来瞿塘《周易集注》，_{此书先师曾赞叹 推为易注中最佳。}谓予曰：'熟玩易象，则火候自明。'"又曰："瞿塘于易注之首绘一圆相○，傍注曰：'主宰者理，对待者数，流行者气。'此三句十二字，包括易道始终，无遗蕴矣。是反而说到至约之地也。今约心易而论，所谓'主宰者理'，即○虚空一着也。'对待者数'，即心与息、神与气也，必要两相合并，方有造化。故丹道主心、息相依，神、气互融，性命合一矣。'流行者气'，即逐节火候变化也。元气进退即成阳火阴符，即为抽添，为火候起止之节度。总之，一个主宰是独立的，两个阴阳是对待的，三者和合而成用，顺而行之则为凡道，逆而行之则为仙道。魏公著《参同契》，'参'即三也，是即虚空与心、息三者同参而共契矣。"又曰："伏羲八卦乾南坤北先天之易，约丹道指法身言，即身外虚空一著也。文王八卦离南坎北乃后天之易，约丹道乃色身、神气也。学者返还之初，若从文王后天八卦入手，着于色身行持，则只能后天而奉天时，不能先天而天弗违，故必求之于伏羲先天八卦，向身外虚空中安神调息，打成一片，与虚空融为一炉，自能感召虚无中先天真阳，返还之路通矣。吕祖指丹道系两重天地，是即乾坤坎离身外身内能成一片，修法身而兼后天色身也。先师所诏予者，如此而已矣。予早岁故未尝读《易》，对于易理实未深究也，比以战乱，杜门静养，间取《大易》反复诵之，触类旁通，妙义显豁，往往出于旧注之外。遂笔录所得，成《发隐》十二卷，俾后之君子有志于《易》者有所参商焉。"

至于首二卷各节，旨趣超逸，妙喻迭见。明三《易》曰："艮者大寂定也。""老氏致虚守静、归根复命之学，亦以纯坤为之先也。""乾元统天，备众卦之德，以表圣人修证之极位也。"诚要言不烦。谓河图数之中十即四方一、二、三、四之和，于一、二、三、四各加中五即成六、七、八、九，此水、火、木、金皆赖于中土之象。凡东三南二合成一五，当庄子所谓南海之帝名儵；西四北一合成一五，当北海之帝名忽；中五者，即中央之帝名浑沌。三五归一，中央之玄机也。中即玄关一窍，字从○从丨，○当真空，丨当妙有，融和而显其体用，其"中"字之妙谛乎？又谓乾卦之"保合太和"与坤卦之"黄中通理"，乃儒家养气一贯工夫。"保合"之"合"字，含有以内合外之意，以我身之和合天地之和，彼此融洽，遂能"黄中通理"而乐在其中矣。"黄中"即黄庭云。谨按此义得中数五十之机，孔子五十以学《易》，盖亦取乎河图之中数也。若以复卦为摄生之要，艮卦为大定全真；若以离二之"黄离"为中正妙定，阴阳对待为药物，流行为火候，随"宴息"即凝神调息，鼎"凝命"即结丹，咸四心位犹琴心三叠,"憧憧"为思虑之神,"同归一致"正是元神;重乾为大还之义,重坤为无心三昧,乾坤子午交乃"九还"边事,反出身外之先天;坎离龙虎交乃"七返"边事,反出身内之先天,两相融和名曰"刀圭"。又以《易》言"外"、言"出"等,密指身外虚空一着,逆数原始实推到未生前之太极。涣卦示外身忘形,复、姤为天根月窟,修出世法之路线不外消息,隐遯之极则犹退藏于密。莫不反身有得而深切乎易象、易义者也。于末节曰:"所谓藏天下于天下者,实示两重天地互相融洽、互相浑化。成如此之象,以我身之神气,_{坎离二
重后天。}归纳于虚空界,_{乾坤一
重先天。}则身心与太虚浑化,我与法界冥合为一,法界即我,我即法界,岂更有所遯哉。故知道家归虚之指,即游于物之不得所遯而皆存也。初则蛰心于虚,继则反一无迹,此玄宗之藏身三昧也,渊乎妙哉!"噫嘻! 微矣,达此则体用同源,天人合发,易学之隐、玄宗之渊,其在此乎,其在此乎。

中八卷为《诸卦钩玄》。其首曰:"《周易·序卦》首乾坤,终既济、未济,予今阐玄《易》,以玄修为标准,故始于巽而终于遯。始于巽者,巽为息风,玄修重凝神调息入手,故置于首焉。终于遯者,得丹之后宜怀玄抱德,化迹隐沦,含华隐耀,不露圭角,方为'贞吉',故以遯卦殿后焉。考易卦包罗三才之道,入世出世一切法,原非专主丹道,然丹法运用亦必契乎易象。予覃研诸卦爻象义理,举最契丹道者列于前,少分相契者列于后,每卦诠释有详有略,各视其与丹道契合之程度以为衡,故爻辞有全举者,有略举者,有不举者,不一律焉。至蒙倒则为屯,中孚倒则为大过,颐倒则为小过,需倒则为讼,泰倒则为否,比倒则为师,睽倒则为革,晋倒则为明夷,既济倒则为未济。每因一倒而卦之臧否分焉,为便利研究计,将各倒卦前后相继疏释焉。圣人之作《易》之本意在即蹇而通,故否卦每多'贞吉'之语;安不忘危,故佳卦每多警惕之辞。此释以融通玄修为主,而于明哲保身处世之方亦略及焉。"此解六十四卦明丹道为主,义当"近取诸身"。卦次之始巽终遯,为大巽象,故可谓终始于巽。巽风为息,身赖之而成,又为命,乾性凝焉,宜丹道贵之。《系辞》曰："巽以行权。"子曰："可与共学，未可与适道；可与适道，未可与立；可与立，未可与权。"此孔子之重视巽权也。缘坤初当巽始之善、不善不可不"早辨"，则辨得其善，即乾初"潜龙"之"遯世无闷"，则此书之始巽终遯，虽准玄修，亦易理所固有。所谓倒卦者，即荀爽曰"一体俱升"，虞翻曰"两象易"，俞琰名之曰"交卦"者，此象与瞿塘之"综卦"于乾、坤、坎、离同，于震、巽、艮、兑则不同。观此六十四卦之次，或以倒卦相继，或以错卦相继。始复、姤、坎、离或以综卦相继，如巽、兑、损、益或随意取之，盖不可一例所拘；若释经文亦详略从心，此未可以经生之见绳之者也。于各卦中每有独见，谓巽之"申命"，鼎之"正命"，皆为性命之命。离、晋、大有、贲四卦合于鼎五上之"金铉"、"玉铉"，犹金鼎玉炉；"井食寒泉"，即醍醐灌顶之内服食。"兑说"者，阳和美景之谓，"随息"者，凝神入炁穴之意。咸为妙感，感不碍寂。艮为妙止，止不碍行。巽有随、入、齐、伏、制五字之火候，坤含静、柔、谦、弱、下、和之六德。贲饰而又为无色，即色即空之象；履礼而不处，无所住之心也。家人之内以精气神结为内丹，中孚之信及豚鱼自证以化他。于家人卦曰："予观家人之秘，在内养天和，由内以化外，内外一如，方是家人之极则耳。"正合齐家治国之次。颐养而分色、法身，亦切"自养"、"所养"之养正。丰与萃皆是养气而气充。明夷"入左腹"，即致虚心斋；"冥升"不息，当不动之定相；"劳谦"犹老子之"弗居"、"不去"也。屯三宜忘机心，大观则物我一如。离四、旅上谓真阳之走失。由复息而大壮，则小还而大还。夬决犹大周过关，天衢乃豁达无碍。凡此等等，观象以味之，皆言妙万物，不亦神乎？又曰："《易》虽六十四卦，能将震、艮、复、姤、随、咸、乾、坤、同人、巽、兑、小畜、大畜十三卦参透，知阴阳、反覆、动静、互用、寂感不二之旨，已得《易》之妙键。"或实有所指欤？于既济曰："《杂卦传》曰：'既济，定也。'揭一'定'字，实为全部《易经》之眼目。乾卦'保合太和'，坤卦'黄中通理'，艮卦'艮背亡身'，泰卦'小往大来'，微大定则不为功。"此乃之正、成章之理，汉易之精萃。二千年来儒生悟此者极少,而道家莫不重既济之定。最后一卦,遽独占二卷。盖编引历代高士之事迹、诗词,不啻一《隐逸传》,其间佳境无穷,令人向往焉。又于每卦后皆作四字句之辞,少则十余句,多则八十余句,殊能总述是卦之大义。

末二卷之《系辞传》杂释,乃偶举数语以释之,既未全释,亦未依次,故曰"杂"。谓父母六子之相对犹偶谐三昧,解上"射隼"如阳生时下手采取之机用。"几者动之微"密示定中阳复之顷,气动神觉也。"成性存存"合于《庄子》之"吉祥止止",存而又存,止而又止,功到自化也。"先天"即《老子》之"象帝之先"。义皆精深。于《读易觚賸》二十则中,颇引古人读《易》之神迹。于说玄理亦多要义。如曰:"《易》以太极阴阳为体,阴阳和合为用,动静互存为机。"又曰:"我侪研《易》之主要目标,在以天地之造化密移我身,使我与天地相为交通,我之身心与天地同其消长,我出入息之运行与造化同其阖辟。"若谓小畜卦当与复卦合契,与虞氏取象不谋而合;逆生死流,返本还元,方能转未济为既济,即之正之大义也。其他各节如明周子大《易》之重视道德、《太极图说》之兼及顺逆等,义皆中肯。末节引吕祖《大易吟》、邵子《观易吟》及郑和阳《读易吟》二首结篇,尤得心易之旨。

夫总观此书,洋洋二十余万言,纯以玄修为主,身体力行,义在言表;较儒生孜孜于训诂与空谈义理者,未可同日而语者也。实能玩辞见几,观象悟道,合孔、老而贯串之,继《参同契》而扩大之。彼暖姝者,濡需者,卷娄者,蔽蒙者,倒置者,何足以知之。老子曰:"知我者希,则我者贵。"然则何患乎知音之鲜耶。

237. 陈懋鼎《修三居士易稿》提要*

《修三居士易稿》,清末陈懋鼎著。懋鼎字徵宇,号修三,闽县人,公元1940年卒,年七十一。毕生研《易》,数十年如一日,全稿反复涂改,一而再三,用力之勤,致思之苦,盖可见矣！惜最后一稿尚未定稿,若天假以年,仍将更有所得,故全书之纲领、凡例、读法、序、跋等等,蓄于心而未言,则盈尺之易稿,散乱错杂,令人难解。今于全稿中参合前后,得易图四,可谓此书之体皆在。陈氏观象之法,玩辞之情,略可言焉。图录于下(图见 555—558 页,卦名另加)。四图之义,《易稿》中殊未说明,实发先儒所未发,大有功于《序卦》,陈氏之独见也,宜代为释之。

图一者,列六十四卦以《序卦》之次,此图凡读《易》者莫不知之。由图一而图二,始为陈氏之心得,盖合用九、用六于一位,以分观各卦之九六;即图一仅分六位,图二于六位中各分九六,以当十二爻名,义如下示:

$$
\begin{array}{lllllll}
\text{图一——} & \text{上位} & \text{五位} & \text{四位} & \text{三位} & \text{二位} & \text{初位} \\
\end{array}
$$

$$
\text{图二} \left\{
\begin{array}{llllll}
\text{上位} & \text{五位} & \text{四位} & \text{三位} & \text{二位} & \text{初位} \\
\text{上九} & \text{九五} & \text{九四} & \text{九三} & \text{九二} & \text{初九} \\
\text{上六} & \text{六五} & \text{六四} & \text{六三} & \text{六二} & \text{初六} \\
\end{array}
\right.
$$

图三者,视图二之十二爻名,以九六为主,不论六位,其义如下:

$$
\text{图二——} \begin{array}{llllll}
\text{上九} & \text{九五} & \text{九四} & \text{九三} & \text{九二} & \text{初九} \\
\text{上六} & \text{六五} & \text{六四} & \text{六三} & \text{六二} & \text{初六} \\
\end{array}
$$

$$
\begin{array}{lllllll}
\text{图三——} & \text{九六} & \text{九六} & \text{九六} & \text{九六} & \text{九六} & \text{九六} \\
\end{array}
$$

然后以卦居之,庶见六位之变化,理当本卦中由上位趋于初位。如屯卦之初九、六二、六三、六四未可变;而六四之上有九四之位,屯九五即居之,九四之上有六五之位,屯上六又居之。又如蒙卦之初六未可变,而上有初九之位,蒙九二即居之;上有六二之位,蒙六三又居之;依次而上,蒙六四居于六三,蒙六五居于六四,蒙上九居于九四。以下各卦同例。

图四者,更变图三之六十四卦,仍以九六为主,不论六位,以使后一卦趋于前一卦,惟其不限本卦,初位亦可变,非若图三之初位皆未可变者也。故图三者,图四之渐;图四者,图三之成。如坤上六之上,有

上九之位,屯初九即居之。以下屯六二居于初六,六三居于六二,六四居于六三,九五居于九三,上六居于六四。其后接蒙卦,故蒙初六居于六五,九二居于九五,六三居于上六,六四居于初六,六五居于六二,上九居于九二。下又紧接需卦,可同例类推。

合此四图,谓明辨十二爻名之九六,依《序卦》之次,观六位之变。夫位者,圣人之大宝,举凡动天地泣鬼神,得失成败之德业,生死精气之消息,与夫可愕可悲可忧可喜之情,莫非位之变。陈氏准《序卦》而观之,或验诸自然,或证诸人事,考诸史反诸身,能不懔然于怀,戚戚于心乎? 此所以终身不厌欤?

至于玩辞主于二篇,亦别出心裁以应四图。当图一而图二,首宜明辨阴阳,故于卦爻辞,亦详分为二。爻辞之九六,经有明文,自不待言;唯卦之阴阳,或以两仪辨之,或以"三索"辨之。此稿乃以《序卦》之次辨之,即乾为阳卦,坤为阴卦,屯为阳卦,蒙为阴卦,以至既济为阳卦,未济为阴卦;乃同乎《参同契》"朝屯夜蒙"之义。由卦辞之阴阳已定,凡乾、屯以至既济三十二卦之卦辞与用九,乃一百九十二阳爻,其辞为阳;坤、蒙以至未济三十二卦之卦辞与用六,乃一百九十二阴爻,其辞为阴。阴阳既判,进而玩其六位之变。以易理言,卦辞者,义主本卦六爻,是谓之彖;爻辞者,义主本卦本爻。然本卦可及他卦,是谓卦变;本爻可及他爻,是谓爻变。历代易家之纷争,每因于卦爻变有不同之见界。此稿等视卦爻辞,依《序卦》之次,令经文逐字配合于一爻。其辞阳者,当一百九十二阳爻;其辞阴者,当一百九十二阴爻。如卦爻辞之经文五字者,可连续当五爻;十字者,可连续当十爻;二十字者,可连续当二十爻;本卦不足,可及他卦。计每卦之卦辞一爻辞六,多则百字左右,少则五十字左右;逐字反复配之,皆可兼及十卦左右。此卦爻辞之往来于卦爻间,犹一卦变及他卦,一爻变及他爻之义;各卦六位,由是变通,即图四之象,陈氏之卦爻变也。

观全稿之反复涂改,皆在经文与卦爻之配合。考其配合之法,稿

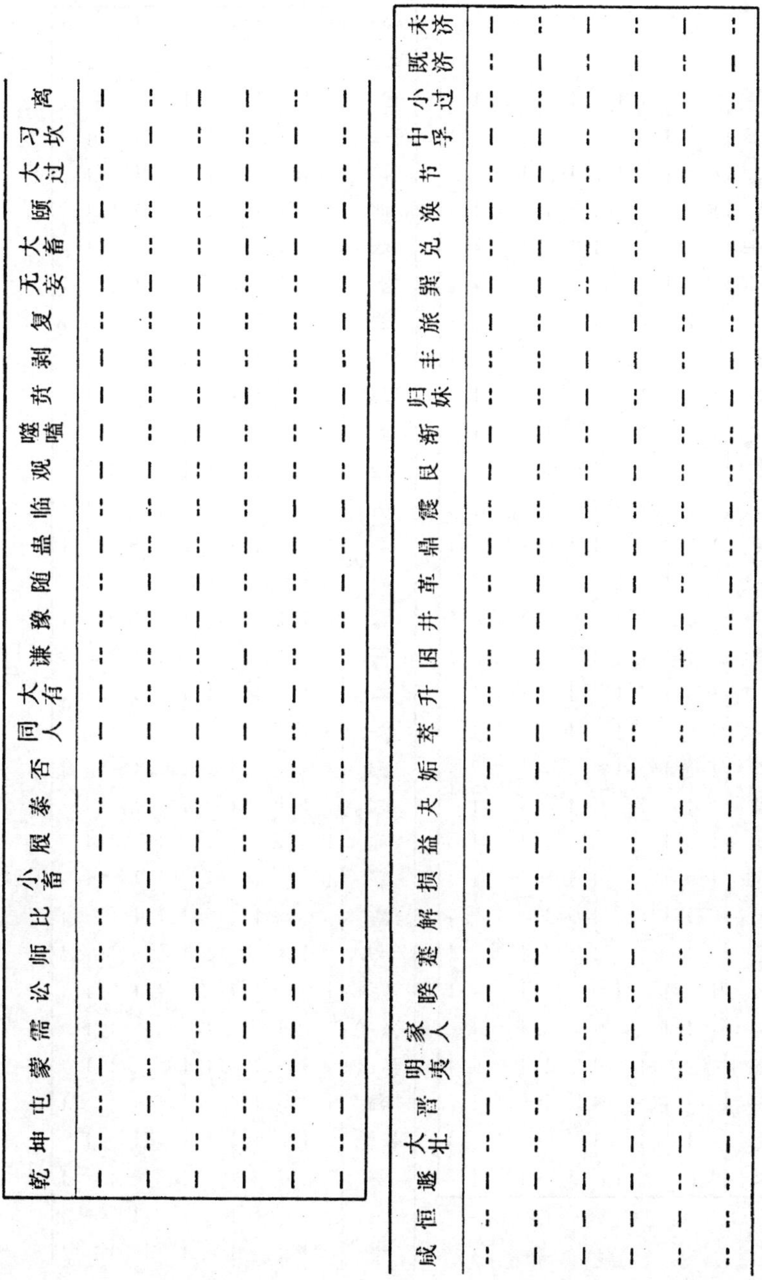

图一

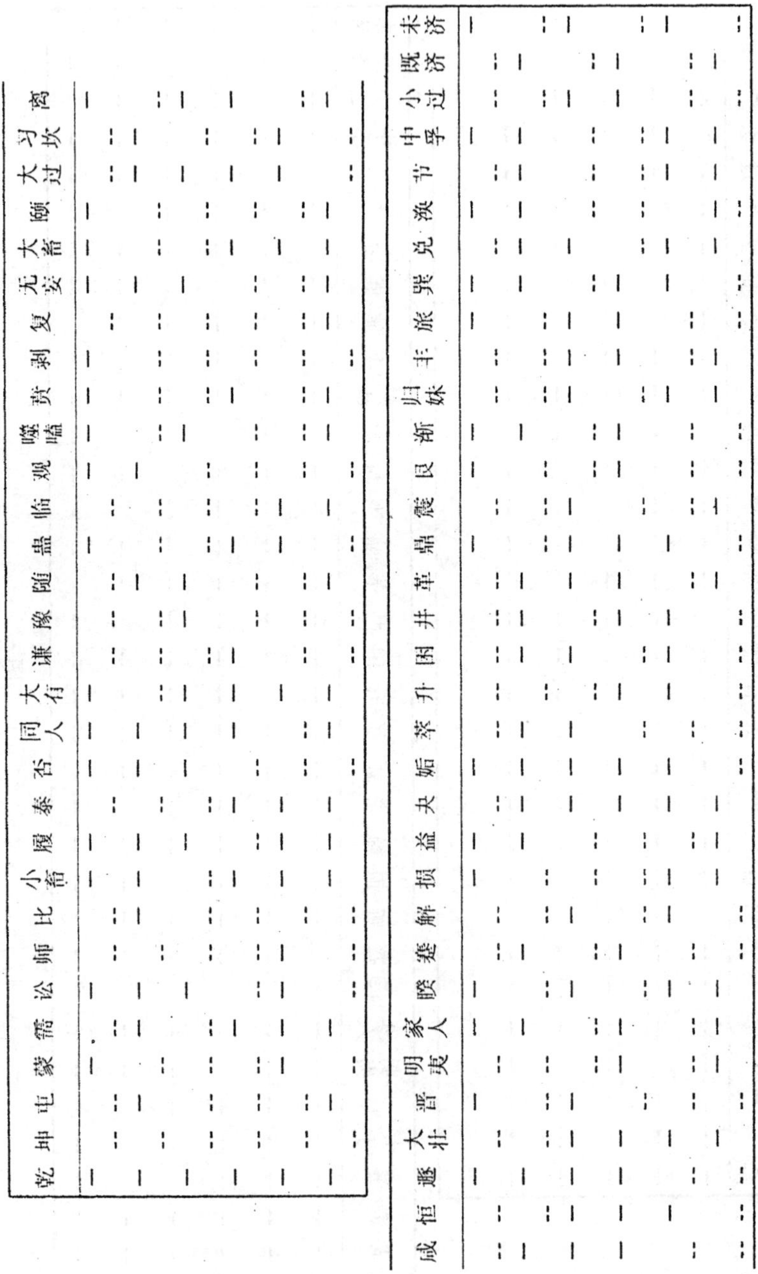

图二

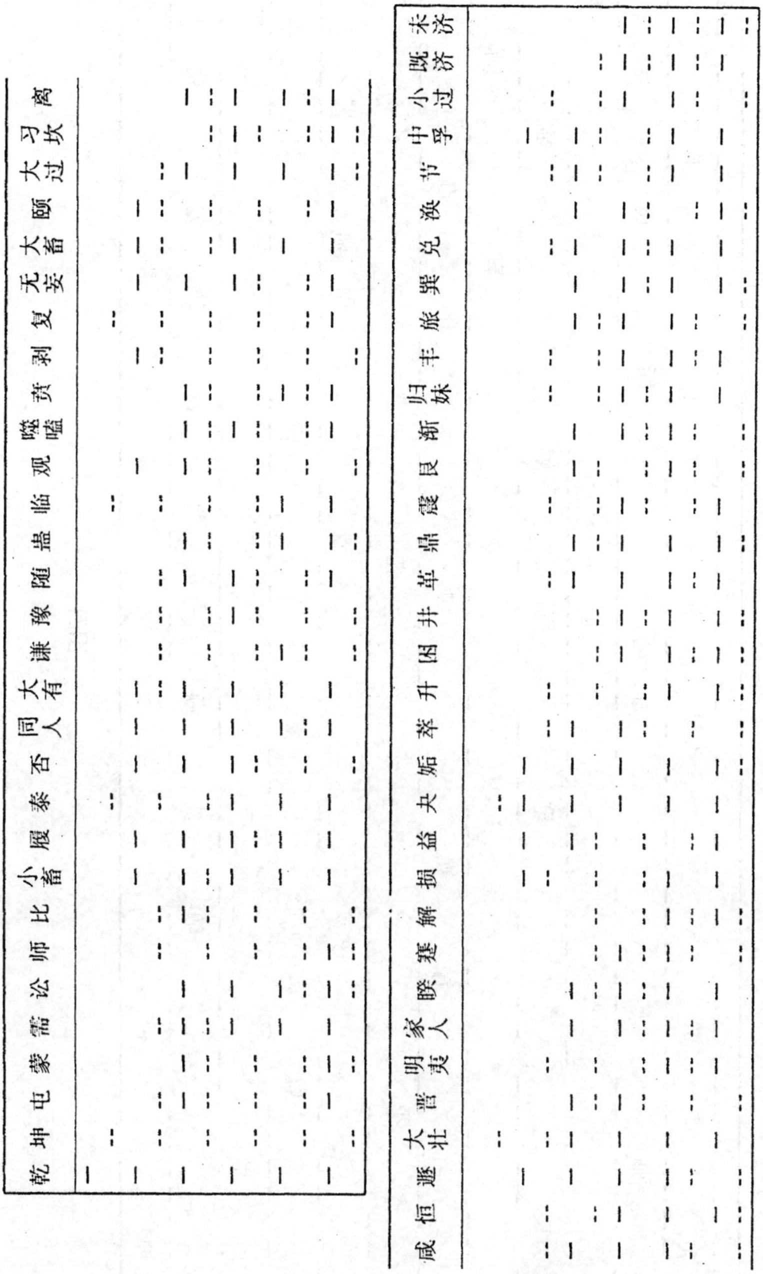
乾 坤 屯 蒙 需 讼 师 比 小畜 履 泰 否 同人 大有 谦 豫 随 蛊 临 观 噬嗑 贲 剥 复 无妄 大畜 颐 大过 习坎 离
咸 恒 遯 大壮 晋 明夷 家人 睽 蹇 解 损 益 夬 姤 萃 升 困 井 革 鼎 震 艮 渐 归妹 丰 旅 巽 兑 涣 节 中孚 小过 既济 未济

图三

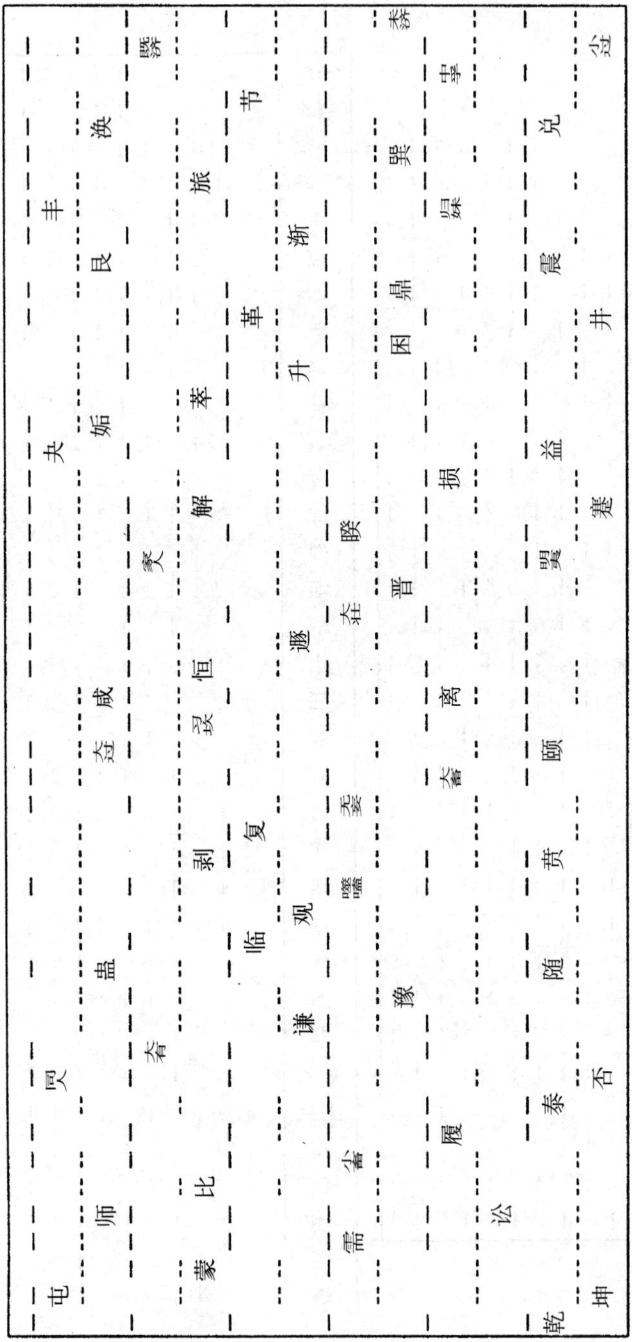

图四

乾 坤 屯 蒙 需 讼 师 比 小畜 履 泰 否 同人 大有 谦 豫 随 蛊 临 观 噬嗑 贲 剥 复 无妄 大畜 颐 大过 坎 离 咸 恒 遁 大壮 晋 明夷 家人 睽 蹇 解 损 益 夬 姤 萃 升 困 井 革 鼎 震 艮 渐 归妹 丰 旅 巽 兑 涣 节 中孚 小过 既济 未济

中引有《说卦》之"数往者顺"、"知来者逆"二句,虽未说明,其义可喻。谓有往来顺逆四法:往者,经文由卦之初爻以及于上爻;来者,由卦之上爻以及于初爻;顺者,及他卦时顺《序卦》之次;逆者,及他卦时逆《序卦》之次。若往来改变、顺逆改变者,皆当各卦阴阳爻之两端;然往来改变之爻,可配一字,可配二字。更究四者杂用之例,诸稿中尚不一致。况每卦之第一字,起于某卦某爻,诸稿中皆不同,是诚屯邅、般桓、观生、进退之象。又经文经此配合,每爻平均字数较原文略多二三字。因卦辞已分散于六爻,然此"爻辞"以字为主,无义可言;而陈氏深信此无义之义间有大义存焉。原其心,欲于错杂之事物中,以求其不易之理;盖事物之错杂,有不起于往来顺逆之变化者哉。是以反复凝思,历数十年之久,于最后一稿,似已得乎心;于稿特印有图一,且防每爻单字之紊乱难辨,使卦爻及初、二、三爻为一组,四、五、上爻为一组,六十四卦共分一百二十八组,每组所及之卦,以本卦为中心,兼及前后数卦。观每组中各爻,仅有三四字,于往来逆顺之变化,可一目了然。奈稿中仍有改动,亦有误观阴阳之处,故知尚非定稿。其所悟者,在乎四德,故卦爻辞中遇"元"、"亨"、"利"、"贞"四字,皆字外加圈;于"元"、"贞"二字必位于二、五而不及初、三、四、上,于"亨"、"利"二字,必位于初、三、四、上而不及二、五。此经纶所得,变中之不变显矣!

　　夫以"贞元"中处,以"亨利"辅弼,上下莫不相应,阴阳辞见其所间,敬错然之履,祗不盈而平,正四德之位,凝取新之命。陈氏读《易》之志,研《易》之成,其在此乎,其在此乎。

　　廷按:《修三居士易稿》,由其妹懋恒女史于 1966 年 5 月间送至舍下,谓其兄亡已二十六年,此稿适从京带沪,望有读《易》者能知其旨,庶不负其兄毕生之精力,惜尚未成书而逝。且谓知其兄治《易》者甚多,读此《易稿》者亦不乏其人,然皆未知其所指,故盈尺之《易稿》未加编次,未经清稿,涂改颠乱,已不可卒读。廷受而读之,经反复观玩,略窥见其所谓。奈风云顿变,不克深究,将成此记,不期突如来如,舍下数十年之藏书藏稿,什七荡然,此《易稿》亦同遭厄运。事后心歉无已,仅成此记以归之。懋恒女史又谓以此稿示人,尚未闻能道其旨者,不期初遇知音而全稿又失,其幸耶! 不幸耶! 廷闻之,郁然有间,此戋戋数页,何可当盈尺之稿? 然事已如是,能不慨然。今距懋恒女史之逝亦且十年,重睹此记,特述其原委以备考。

1982 年 9 月

238. 杜而未《易经阴阳宗教》提要 *

《易经阴阳宗教》,杜而未著,作为宗教丛书之九,出版于台湾学生书局。作者自序于台北国立台湾大学,时当民国七十年(1981)。大义谓:"《易经》的一切问题,都与阴阳相关。《庄子·天下篇》说'《易》以道阴阳',说得很对,明白了阴阳是什么,就明白了整个《易经》。""《易经》成书时代,当在战国初年,该书定然也包括更古的成分。""《易经》是一部宗教书,若不以宗教眼光看,《易经》就没有什么意思;《易经》是一部月神宗教,可以断言。"究其义,认为成书时代在战国初年,可取。所谓"月神宗教",仅得纳甲之卦象,而谓《易》即是月神宗教则大误,已不足与辩;且未能分辨卦爻辞与《系辞》等的完成时期,故所论者杂乱无章,一无是处。

据参考书目,知作者尚著有《易经原义的发明》、《中国古代宗教系统》、《山海经神话系统》,皆于公元一九七七年由台湾学生书局出版。准书名以观,知作者系研究古代宗教者。虽然,神话、宗教问题,确宜深入研究。以吾国之历史观之,时当一万年以前之情况。而以战国初期成文之《易经》为月神宗教,殊觉可笑。

239. 范良光《易传道德的形上学》提要 *

《易传道德的形上学》,范良光著。良光字晚晴,生于 1949 年,台湾桃园人。获哲学硕士,现专事易注。此书《自序》前有牟宗三序于九龙,时当民国七十一年(1982)。牟谓:"悟解《易经》者最忌迂、巫、妖、妄。迂者愚痴无解,固无论矣。"又谓:"汉人象数则多巫气","医卜星相、近人之相对论、创世纪等附会之,则皆妖"。又曰:"言《易》而不本诸孔子之仁教,则漫荡而无归。见有宇宙论之辞语,则诬之以为宇宙论中心者,则妄也;见有存有论之辞语,则诬之以为对于道德价值作存有论之解释者,则又妄中之妄也。此并非对于道德价值作存有论之解释,乃正相反,此乃对于存在作价值学之解释。此乃正是道德的形上学,而非形上学的道德学也。"此义是非参半,尚未了《易》之旨。由是而谓:"良光此作,顺孔门之义理而前进,除巫、除妖、除妄而不落于荡;其中精义络续,多所发明,读者当自能比观而得之。"则全书之旨已见。若《自序》谓:"吾人可肯定《易传》在仁教系统之地位,即它乃是先秦儒家继承《论》、《孟》、《中庸》而来之后期的充其极之发展。"则对《文言》及部分《系辞》确是;而十翼中尚有其他易理,何况在十翼之外? 作者是牟之弟子,其原可知;又为黄振华之弟子,黄之情况未详。

240. 胡自逢《先秦诸子易说通考》提要 *

《先秦诸子易说通考》,胡自逢著,民国六十三年(1974)台北文史哲出版社出版。全书分类聚集先秦书中所引及之易学,殊有文献价值。《自序》中自叙全书内容,宜录之以见其旨。

兹编分五章:

> 一曰《绪言》,明先秦诸子与《周易》攸关之事体;
>
> 二曰《先秦诸子易说辑存》;
>
> 三曰《先秦诸子易说析论》;
>
> 四曰《先秦诸子中所见之占筮法》;
>
> 五曰《余论》,掇拾诸子《易》说中散见之言论。

此书可说是杨树达《周易古义》之补充。

241. 傅隶朴《周易理解》提要 *

《周易理解》，傅隶朴著。傅生于公元 1908 年，此书自序于民国七十年(1981)，台湾商务印书馆出版。全书注解六十四卦，以义理言，主王弼否定汉易。然历代注《易》者已多，今更增加一种，亦何贵之有。卷首有象数解，皆言不及质。今已得数字卦，更见语语不妥，亦历代不知象数仅知义理派之失。本书首介绍，傅字守知，湖北天门县人，日本明治大学法学士，尚著有《中国韵文概论》、《国学概论》、《修辞学》、《赋选注》、《春秋三传比义》等，可见治学之方向，实以文学为主，尚未足以语易学。

242. 南怀瑾、徐芹庭《周易今注今译》提要 *

《周易今注今译》，南怀瑾(1918—　)、徐芹庭(1941—　)合注合译。此书属于"古籍今注今译"之一，该丛书由王云五主编。此书首载王之"编纂古籍今注今译序"(作于 1969 年)，谓经部今注今译第一集选十种，白文字数见下：《诗》39124 字，《书》25700 字，《易》24207 字，《周礼》45806 字，《礼记》99020 字，《春秋左传》196845 字，《大学》1747字，《中庸》3545 字，《论语》12700 字，《孟子》34685 字。白文共483379 字。

《周易今注今译》初版于 1974 年 12 月，于 1983 年 4 月已出七版，台湾商务印书馆发行。南怀瑾有《叙言》，分汉、宋两派，又及一占卜，二灾祥，三谶纬，四老庄，五儒理，六史事，七医药，八丹道，九堪舆，十星相十宗。更提及蕅益之《周易禅解》，道盛之《金刚大易衍义》等；语及曹洞宗之爻象,实即《宝镜三昧》。且谓:"上述四宗(指后四宗)所涉及的易学,都以象数为主,比较偏向于固有的科学性质,素来不为寻章摘句循行数墨的学者所能接受,因此在过去的学术专制时代中便被打入江湖术士的方技之流,无法有所增益与发明,颇为可惜。事实上《易经》学术思想的根源,如果离开象数只是偏重儒理,对于中国文化来说,未免是很大的损失,古人所谓'象外无辞'也便是这个意思。如果潜心研究象数的易学,配合科学思想的方法,相信必有更新的发现,很可能会替中国文化的前途开发更大的光芒。"此语极有见地。又以易学的精神归诸理、象、数三者,更合历史事实。南氏为浙江乐清县人,旧制玉溪书院、中央军校政治研究班毕业,金陵大学研究院福利系肄业,著有《禅海蠡测》、《楞严大义今释》、《楞伽大义今释》、《禅与道概论》、《禅话》、《习禅录影》、《论语别裁》、《新旧的一代》、《佛门楹联》等书,书虽未见,可喻所学之理。盖能贯通三教,庶能见易学象数之重要,亦有得乎古今之变,始可与语《易》。此书南氏及观卦而止,以下为徐氏所足成。徐氏为国立台湾师范大学国文研究所博士,现任国立中央大学教授,著有《汉易阐微》、《易经研究》、《周易陆氏学》、《周易口诀义疏证》、《修辞学发微》等书。于《易》盖从事于汉象者,于今释中已能明虞注等,殊可取。此书出第四版时徐氏有序言(作于公元 1978年),谓《系辞》上属付弟子黄君,《系辞》下属付弟子洪庆峰译注,而于上传不满,故为新注,时当 1969 年,徐正作博士论文《两汉十六家易注阐微》、《虞氏易述解》、《周易异文考》三书(合名《汉易阐微》),因受南先生之嘱,更作此书。总观此书之内容,虽经三人之手,体例尚能一致。虽未见能阐明易学之整体,然未忘象数,处处引用汉注而不废宋理,斯为可取。每卦各列错综之卦象,乃准来氏之例,徐亦自言于 1969 年时曾"以明来知德《周易集注》教授诸生",则又见徐于易学之所长。

243. 金文杰《大易探微》提要 *

《大易探微》,金文杰著。文杰自号宣阳子,湖南长沙人,1922 年生。四十余年来,处境坎坷而专心研《易》。学有师承,然未言其详,或多本人之心得。全书分三部分。其一《理玄篇》,自序作于 1985 年元月;其二《管窥篇》,前言作于 1986 年 11 月;其三《灵犀篇》,前言作于 1987 年 5 月。盖累积平生之精力,直至最近二年中始为之总结成书。

卷首有十图,为全书之旨。一、"太极图",贵能变二维平面圆成三维立体球;二、"河图",能虚中五与十,以观八方之旋;三、"洛书",已见到"金火易其位"而图书互变;四、"先天八卦图";五、"后天八卦图";六、"先天八卦合洛书图";七、"后天八卦合洛书图"。以上四图,即以先后天八卦方位配合于洛书。八、"先天六十四卦圆图";九、"先天六十四卦方图";十、"先天六十四卦方圆合图"。以上三图,即分第十图为八、九两图而各有所指。总观此十图,确属宋易之精华。

于《理玄篇》提出道象理数四,谓"道无不在","象无不包","理无不具","数无不行"。全书能行其数,以明道象之理。于行数之法,使八分三维球以中心为五,球面为十,此二数皆可不言,所八分的球体,即以一二三四六七八九当之。且以洛书的方位,合诸先后天的八卦方位,然后取三数以示其种种变化的象数。其自序曰:"用九六三与七四一纪天地丕运之盈虚消长,则二五八秉一阖一辟阴阳变化之权衡。九一为极而乾坤之体立,三七交会而水火之用分,四六为往来之通衢,二八作导引之先行,中枢主五,合十还真。此河洛为数理之本,而其用在参伍错综,是即数之排列组合,固所以为《易》之演变成文,极数定象之由也。而数联事物,文义方生;数传信息,命意在人。寓意于数始自大《易》,故《易》之所指者为数,而人之所贵者在明,此学《易》者不可不知也。"此言极是,且已深入浅出。惟见及《易》本象数,乃能终身执之而不舍,不逾方圆规矩,斯为易学之精华。至于排列组合之法,以洛书连续的三数,如八三四、三四九、九四三、四三八等等,示四正四隅之顺逆反复而四,合成厞形图八,计有 512 种三数的变化,可视之为旋转三维球的坐标,故不啻为爱因斯坦的四维时空连续区,此纯属中国所固有,已积二三千年的历史。然先天方位图等,为宋代陈抟所创作,故此象数为宋易,尚与汉易不同。继之作六十四首七律以当六十四卦,字数为 3584 字。首加"数理易微,法天象地,要妙无多,三三九七"十六字,合为 3600 字,以喻周天。而此十六字中的"三三九七"四字,应为《理玄篇》的主旨。三三为坐标,九七为图书之变。又有"序诗"与"跋诗"。序重九七,跋明三三。末二句为"若然问我师传处,顶礼青城数震宫",即取生木之象,理与道教有关。

于《管窥篇》分五:一、"《易》书简介";二、"图象释意";三、"本经纲要";四、"十翼主旨";五、"翼贯图经"。主要以三三九七之数,合诸图经十翼,间多说明《理玄篇》。八种变化以反复顺逆厞形同异名之,能确有所指。以数合诸自然科学,亦属可取处,然仍信传统之说,执为三圣所作,难免不合史实。

于《灵犀篇》分九:一、"清源";二、"正本";三、"述理";四、"明机";五、"化裁";六、"通变";七、"广意";八、"经要";九、"汇通"。此分九者,取洛书数,相应于六十四首卦数。每章诗数亦有含义,以见天干、地支之变化。诗义反复阐述,以贯通道象理数。基本之旨,仍不外三三九七。前言曰:"夫以《易》之博大精微,岂个人毕生之精力所能及,八卦而小成,愿亦斯足矣。"则作者已自言全书之要,尤见其有得于八卦之象。

244. 潘雨廷《易学史简介》提要 *

准历代易著的具体内容为资料,根据历史条件、时代趋势以叙述易学的形成及其发展过程。考察易学内容,以阴阳为核心,从自然科学、宗教、哲学三方面加以说明。由易著的内容,可了解此三类文化史的发展情况,亦见易学本身的发展。

易学史的分期,以《汉书·艺文志》所谓"人更三圣,世更三古"为划时代的标准,以《易经十二篇》为易学的原始资料。凡自伏羲氏至文王为"上古"。伏羲氏作卦之说归诸原始宗教,直至殷、周之际,今已得以数字表示阴阳变化的原始"卦象"。自文王至孔子为"中古"。据《春秋》内、外传中所引,于孔子时当有以卦爻辞及二用构成的"二篇",文字与今本不可能全同,今以马王堆出土的帛书"二篇"为最早的实物。自孔子至扬雄为"下古"。在扬雄著《太玄经》前,"二篇"、"十翼"的内容必已固定。今由考古所得,正可补足《易经十二篇》中所未备的易学内容,故不当为经学所束缚。

三古后分汉易、魏晋易、唐易、宋易、清易、现代易。汉易以象数为主,合诸律历、制度等,尚得先秦治《易》之方法。魏晋易结合道教中有关象数的《易》老思想。唐易结合三教思想,李鼎祚所谓"权舆三教,钤键九流",是时已兼及贤首宗之象,李通玄、澄观等皆深通易学。宋易自陈抟始,至朱熹而定型,直至清初未变,归本于象数,为易学大进步。清易于雍正时转宋易而汉易,其得在能恢复汉易之象数,其失在不理解宋易已发展之象数。惟能由汉易以见其发展之史迹者,方足以代表清易。清亡迄今为现代易,正在结合科学。数十年来主要考核三古易学的资料,然不应忽视二千年来的易学史迹。今当阐明自古以来易学在发展过程中本具的科学思想,是即科学易,所以示人类对天地人三才之道的认识过程,迄今仍有继往开来的作用。

人名索引

书名索引

书名索引

后　记

　　《读易提要》是潘雨廷先生的一部遗稿。潘先生从 1949 年起开始研究易学,先后师从唐文治、周善培、马一浮、熊十力、丁超五、沈瓞民、杨践形、薛学潜、钟泰诸大家,其中与唐、马、熊、杨、薛关系较密切,与杨、薛两师更是朝夕过从,有着深厚的情谊。潘先生的研究范围兼及全部中国哲学史,对易学和道教为核心的传统学术致力尤深。他有志于撰写《易学史》和《道教史》,并分别撰写《提要》,以免空论之失。现存的这部《读易提要》,就是他写作《易学史》的准备工作之一。《读易提要》的撰写大约开始于 1959 年,此年潘雨廷先生合历年读《易》笔记略加整理而成《提要》。最初未足百篇,当年增加六七十篇,至 1960 年已积成 200 余篇。此后又络绎续写,共撰有 500 余篇。然而在"文化大革命"期间存稿遭劫,损失大半。所幸尚存 200 余篇,以后又有所增写,也就是今天留存的这部书稿。

　　潘先生一生治学思想曾几经变化,在《读易提要》的写作中也留下了痕迹。他在五十年代初期大致属于学习阶段,当时主要为诸师整理著述,并自撰读书心得。五十年代末六十年代初对易学形成了整体看法,思想基本成熟,这才有了《读易提要》的写作。由于思想已然成熟,所以《提要》虽然涉及众多复杂内容,而且在较长时间内锱铢积累地写成,但仍然毫无凝滞,犹如一气呵成。然而进入七十年代,由于包括美国阿波罗飞船登月和中国文化大革命等事件在内的中西社会的变动发展,也由于包括马王堆帛书、西周数字卦在内的地下材料的陆续发现,在七十年代后期潘先生思想发生了进一步变化,于易学的象数和义理两方面均已上出,而绝不仅以传统经学为念。《提要》写作的本来目标之一是弥补《四库提要》易类分经、子为二且不明象数之失,然而以易学本身的发展来衡量,完成这一改良性质的目标仍然未足。凡《易》由天地自然而来,其变动生生不息,如果仅从经学以及《四库提要》的角度入手,虽然也能有所得,但此种局限终宜化去。潘先生在八十年代多次表示要对自己的早年著作重作修订,随着他把著述重心放到了其他方面,《读易提要》也不再作有计划的增添。然而潘先生在讲《易》时,有时还会抽出几篇《提要》以为例证,可见此书在他本人的思想发展中仍然有着重要地位,决非准备弃置之作。总观现存的《提要》近 300 篇,包括了易学史中的许多名著,其中相当部分为《四库全书》所未收。而对历史上一些疑难著作的要点,《提要》进行了透彻的解析,对学《易》者有着莫大的帮助。潘雨廷先生的《读易提要》既总结了前人的成果,也包含了自己的心得,无论在数量上和质量上,都是《四库提要》以来崭新的发展,具有重要的参考价值。

1991 年 9 至 10 月间,京沪两地出版社多次约稿,希望能整理出版这部《读易提要》。当时潘先生已在病中,要求我协助他完成此书的修订。修订分以下几方面:一、增补篇目;二、删改内容;三、文字润色。当时还拟订了部分增补篇目,根据当时的笔记,拟增补的篇目有:汉代马王堆帛书《易》、《易纬》七种;唐代李鼎祚《周易集解》;五代宋陈抟《易龙图》;清代姚配中《周易姚氏学》、李道平《周易集解纂疏》;近代杭辛斋《学易笔谈》、周善培《周易杂卦证解》、唐文治《周易消息大义》、《忧患卦释义》、曹元弼《周易郑氏注笺释》、《周易集解补释》、《周学》、薛学潜《超相对论》、《易与物质波和量子力学》、杨践形《周易讲演录》等。然而天不假年,可恶的病魔终于夺走了潘先生的生命,使他未能完成许多重要著作,其中也包括这部《读易提要》。

潘先生毕生从事易学研究,逝世后留下了相当数量的遗稿,具有重要的学术价值。金德仪师母保存先生的遗稿,并委托我进行整理。参与整理并担任抄写工作的,还有同济大学的倪学寨先生和复旦大学的刘松先生。根据潘先生生前的设想,我们对遗稿作了以下的工作:一、分卷与新增篇目。《提要》原稿依据年代排列,装订成五册,今依据年代分为十卷。为尊重原著的本来面貌,新增篇目的工作不再进行。潘先生原来有部分《提要》手稿散失在外,今作了搜辑整理补入全书。增补篇目附于每卷之末,并于题首打＊以示区别。所补篇目计卷三1种,卷七1种,卷九2种,卷十7种,另有一种潘先生本人自撰的《易学史简介》提要殿于全书之末,所补共计12种。二、查核内容与文字。如前所述,《读易提要》是潘先生比较早期的著作,所依据的划时代标准还是传统的"三古三圣"之说。潘先生晚年再三强调"八卦不是伏羲作,二篇不是文王作,十翼不是孔子作","三古三圣"之说只能适用于传统的经学范围,在现代要依据考古所得加以修正。他晚年从事的《易学史》即依据新标准写作。《提要》的修订原拟据此删改,但因潘先生已然逝世,此类观点仍予保留,只是对表述时所用的过于肯定的推拟以及强调或感叹的语气,整理时作了相关的技术处理。原稿有部分阙字,如卷四《皇极经世书》提要中的"以□代声,以○代音",原稿阙字,今查核补入。又如卷十尚秉和《周易古筮考》中的"李刚主",原阙"刚"字,今亦查核补入。至于原稿由于易学本身内容以及潘先生特殊行文风格所造成的难读之处,仍予保留以存原貌。三、其他。《提要》全书无序,1991年10月,潘雨廷先生拟重写序言,稿未成而逝。今试以另一长文《易学史简介》作为本书的代序,以此通贯全书,或者能见及潘先生晚年思想的一斑。

愿此书的出版能满足潘先生毕生治《易》的部分心愿,愿它能给读者理解易学带来帮助。

张文江

1995 年 4 月 2 日

修订本补记

　　二十世纪九十年代，我整理完成了潘先生四种著作：1990年完成《周易表解》，1995年完成《读易提要》，1997年完成《易学史发微》，1999年完成《易老与养生》。然而，从1993年《周易表解》半自费出版以后，其他著作一直到2000年后才得以出版。当时社会上不太认识潘先生著作的价值，可见一斑。《读易提要》整理完成在先，出版却在《易学史发微》(2001)、《易老与养生》(2001)之后。此书已和北京某出版社签订合同，但迁延日久，还是没有出版。后来下决心取回，由上海古籍出版社接手，于2003年出版了精装本。以后又改正了部分错字，于2006年出版了平装本。

　　《读易提要》精密详审，牵涉极其广泛。本次修订，请黄德海先生校正一过，并编出书名和人名索引。潘先生其他易学著作的提要，尚可参考《道教史发微》中"介绍《道藏》中收录的易著"，包括相关提要19种。

张文江

2012年9月20日